Die Frau in der Literatur

Vita Sackville-West

Jeanne d'Arc
Die Jungfrau von Orléans

Geboren am 6. Januar 1412
Als Ketzerin verbrannt am 30. Mai 1431
Heiliggesprochen am 16. Mai 1920

Mit vier historischen Karten und
dem Stammbaum des Hauses Valois

Mit einem Nachwort von
Rita Hortmann

Ullstein

Die Frau in der Literatur
Ullstein Buch Nr. 30290
im Verlag Ullstein GmbH,
Frankfurt/M – Berlin

Titel der englischen Originalausgabe:
›Saint Joan Of Arc‹
Deutsche Übersetzung von
Hans Wagenseil

Ungekürzte Ausgabe

Umschlagentwurf:
Theodor Bayer-Eynck
unter Verwendung eines Photos aus dem
Archiv für Kunst und Geschichte, Berlin ©
Alle Rechte vorbehalten
© Vita Sackville-West, 1936, 1964.
© der deutschen Übersetzung:
F. A. Herbig Verlagsbuchhandlung GmbH,
München
© dieser Ausgabe 1992 by
Verlag Ullstein GmbH,
Frankfurt/M – Berlin
Printed in Germany 1992
Gesamtherstellung:
Ebner Ulm
ISBN 3 548 30290 4

Oktober 1992
Gedruckt auf Papier
mit chlorfrei
gebleichtem Zellstoff

Die Deutsche Bibliothek – CIP-Einheitsaufnahme

Sackville-West, Vita:
Jeanne d'Arc, die Jungfrau von Orleans: geboren am 6. Januar 1412, als Ketzerin
verbrannt am 30. Mai 1431, heiliggesprochen am 16. Mai 1920; mit
vier historischen Karten und dem Stammbaum des Hauses Valois /
Vita Sackville-West. Mit einem Nachw. von Rita Hortmann. [Dt. Übers. von
Hans Wagenseil]. – Ungekürzte Ausg. – Frankfurt/M; Berlin: Ullstein, 1992
(Ullstein-Buch; Nr. 30290: Die Frau in der Literatur)
Einheitssacht.: Saint Joan of Arc < dt. >
ISBN 3-548-30290-4
NE: GT

INHALT

»(Und es wurde ihr gezeigt,) wie bedenklich und gefährlich es ist, neugierig die Dinge zu erforschen, die über das Begriffsvermögen eines Menschen hinausgehen, und neuen Dingen zu glauben ... und sogar neue und ungewöhnliche Dinge zu ersinnen, denn die Dämonen verstehen es, sich in solche Neugierde einzuschleichen.«

An Jeanne d'Arc gerichtete Ermahnung.
Prozeßakten, I. Band, S. 390.

»*Pauvre Jeanne d'Arc! Elle a eu bien du malheur dans ce que sa mémoire a provoqué d'écrits et de compositions de diverses sortes.*«

Sainte Beuve.

VORWORT

Dieses Buch weist viele absichtliche Weglassungen auf.

Wer sich mit dem Studium der damaligen Zeit beschäftigt, wird vielleicht fragen, warum ich nicht eingehender auf solche Dinge wie die Beziehungen zwischen den Herzögen von Burgund, Bretagne, Bedford und Gloucester, dem Kardinal Beaufort und dergleichen eingegangen bin.

Meine Antwort lautet: daß ich meine ganze Aufmerksamkeit habe auf Jeanne d'Arc selbst richten und nur das Notwendigste an damit zusammenhängender Politik habe heranziehen wollen.

Jeanne d'Arc schien mir weit wichtiger und problematischer als irgendeine der sie umgebenden Gestalten und politischen Verwicklungen. Es erwies sich als notwendig, auf einige dieser Gestalten und Verwicklungen näher einzugehen: aber außer diesem vereinfachten Hinweis habe ich immer Jeanne d'Arc auf Kosten anderer Interessen in den Vordergrund gerückt. Kurz gesagt, es schien mir, Johanna habe ein grundlegendes Problem von tiefster Bedeutung dargestellt, während die politischen Schwierigkeiten ihrer Zeit von einem örtlich beschränkten und somit untergeordneten Interesse waren. Die Geschichte Frankreichs im fünfzehnten Jahrhundert kann heute nur noch Interesse für den Gelehrten haben. Andererseits bleibt die seltsame Laufbahn Jeanne d'Arcs eine Geschichte, deren Schlußfolgerung bis jetzt noch nicht gefunden worden ist. Ich erhebe keinen Anspruch darauf, sie in diesem Buche gefunden zu haben. Meiner Ansicht nach können viele, vielleicht Hunderte von Jahren verstreichen, ehe sie überhaupt gefunden wird.

Die Frage der Anmerkungen bereitete mir viel Kopfzerbrechen. Ich hatte zuerst beabsichtigt, überhaupt keine zu bringen, kam dann aber nach und nach zu der Einsicht, ein völliges Fehlen von Hinweisen auf die benützten Quellen sei für den Leser störender als sein ständiges im Text Unterbrochenwerden. Von zwei Übeln hoffe ich das kleinere gewählt zu haben.

V. S.-W.

1. Kapitel

JEANNE D'ARC

> . . . *Et Jehanne, la bonne Lorraine,*
> *Qu'Englois bruslèrent à Rouan;*
> *Où sont-elles, Vierge souveraine?*
> *Mais où sont les neiges d'antan!*
> FRANÇOIS VILLON

I

Man kennt kein zeitgenössisches Bildnis Jeanne d'Arcs. Vielleicht hat es nie eines gegeben. Sie verneinte, jemals für ihr Porträt gesessen zu sein, wenn sie auch einräumte, sie habe in Arras ein Bildnis von sich gesehen, auf dem sie in voller Waffenrüstung dargestellt war, wie sie vor dem König kniete und ihm einen Brief überreichte. Diese Malerei war nach ihrer Versicherung das Werk eines Schotten. Sonst hatte sie, ihrer Behauptung nach, nie ein anderes Bildwerk, das ihre Person darstellte, gesehen oder herstellen lassen. Die Fresken mit der Schilderung ihres Lebens, die Montaigne an der Stirnwand ihres Hauses in Domremy auf seinem Weg nach Italien hundertneunundvierzig Jahre nach ihrem Tode sah, waren schon damals in schlechtem Zustand und sind heute vollkommen verschwunden; *l'âge,* schrieb er, *en a fort corrumpu la peinture.* Und doch war sie außer Frage auch schon zu ihren Lebzeiten eine Persönlichkeit, die man an hundert verschiedenen Orten dargestellt zu finden erwarten durfte; sie war eine Persönlichkeit der Legende. Wolken von Schmetterlingen begleiteten ihre Standarte; Tauben flatterten wunderbarerweise auf sie zu; Menschen fielen in Flüsse und ertranken; tote kleine Kinder gähnten und erwachten zu neuem Leben; Scharen von kleinen Vögeln ließen sich in den Büschen nieder und sahen zu, wie sie Krieg führte[1]. Die Magistratsbeamten von Regensburg zahlten um 1429 vierundzwanzig Pfennige für das Vorrecht, ein Bild betrachten zu dürfen, auf dem dargestellt war, wie die Jungfrau in Frankreich gefochten hatte; aber sie und nicht wir haben die Unkosten und auch den Vorteil davon[2]. Nichts vermöchte uns mehr zu berichten, wie Jeanne d'Arc ausgesehen hat, wenn uns auch Eugélide, Prinzessin von Ungarn, mit einiger Berechtigung glauben läßt, sie habe einen gedrungenen Nacken und ein kleines leuchtendrotes Mal hinter dem rechten Ohr gehabt.

II

Andererseits haben Hunderte von erfundenen, nach ihrem Tode entstandenen Darstellungen in Stein, Bronze, Gips, Buntglas, Fresko, auf Leinwand oder Holz eine weder undeutliche noch schwankende, sondern nur allzu bestimmte, unverbürgte und feste Vorstellung in uns hinterlassen. Feder und Tinte haben gleicherweise geschäftig ihre Dienste der willfährigen Einbildungskraft geliehen, so daß sich aus diesen verschiedenen Hilfsmitteln des Künstlers und Geschichtsschreibers klar ein zweifaches Bild herausgeschält hat: das Bild einer versonnenen und schäferidyllischen Johanna, oder das Bild einer kriegerischen und heldischen Johanna, wobei die wahre Grundlage beider Deutungen dick mit den Farben der Sentimentalität und der Romantik über-

1 *Procès,* Bd. V, S. 294: Manuskript 891 der Vatikanischen Bibliothek, in der Sammlung der Königin von Schweden (NB.! In diesem Manuskript werden die Schmetterlinge nicht erwähnt.)
2 *Procès,* Bd. V, S. 270: *Item, mehr haben wir gebe von dem Gamael zu schaun wie die Junckfraw zu Frankreich gefochten hat, 24 pfennig.* Stadtrechnung, Regensburg.

pinselt ist. Wenn man diesen Auslegungen glauben darf, dann saß Johanna das Bauernmädchen ständig mit gefalteten Händen und zum Himmel erhobenen Augen da, und Johanna der Feldhauptmann bestieg ständig ein Streitroß, dessen Vorderhufe nie den Boden berührten. Ein Freund der Wahrheit sucht vergeblich nach einem einfachen Bildnis, das ohne Schmeichelei, verbürgt und ungeschminkt gemalt wäre; ein Bildnis, das nicht eine möglichst malerische Wiedergabe jenes merkwürdigen Schicksals versuchen würde und nur die dramatischen Augenblicke festhalten will, sondern eine ruhige Feststellung dessen wäre, wie Johanna ausgesehen hat, sei es nun während ihres alltäglichen Lebens im Vaterhaus oder während der wenigen angespannten Monate, in welchen sie unter dem Beifall des Volkes in ganz Frankreich und im größten Teil Europas plötzlich aus dem Heer der Ungenannten hervortrat, nämlich als die Jungfrau von Orléans, *Mulier illa quae Puella vociferatur.*

Eine solche Darstellung, sofern sie jemals zustande kam, fehlt. Nur durch Schlußfolgerung, nur durch Heranziehung der Wahrscheinlichkeit und mit Hilfe gewisser gegebener Hinweise ist es möglich, heute die äußere Erscheinung entweder Johannas des Bauernmädchens oder Johannas des Feldhauptmanns wiederherzustellen. Das Bauernmädchen kommt der Zeitfolge nach zuerst. Es hält als offenbar gewöhnliches kleines Mädchen von zwölf oder dreizehn Jahren seinen Einzug in die Geschichte. Es stammt von gesunden Eltern ab, verrichtet seinen Teil bei der Hausarbeit, bei der Feldbestellung, beim Hüten des Viehs und im allgemeinen Jahresverlauf einer einfachen, werktätigen Landfamilie. Mit vollem Recht stellt man sich dieses Mädchen zäh und derb vor, aus Gründen rassischer, urkundlicher und einleuchtender Natur. Rassisch ist jeder Grund vorhanden, sie sich eher gedrungen und stämmig, als groß und schlank vorzustellen; mit vollem Recht hält man sie für muskulös, mit einem eher schlichten als hübschen Gesicht.

Viele Männer und Frauen, die sie in ihrer Jugend gekannt hatten, traten später vor, um Zeugnis abzulegen von ihrem sittsamen Charakter, ihren früheren Verrichtungen, dem von ihr empfangenen persönlichen Eindruck und der Liebe und Achtung, die sie für sie empfunden hatten; aber nicht ein einziger von ihnen erwähnt auch nur in einer nebensächlichen Bemerkung, daß sie hübsch gewesen sei. Wäre sie hübsch gewesen, so hätten ihre zeitgenössischen Verteidiger diese vor allem für lateinische Denkungsart im Falle einer Frau hervorragend wichtige Tatsache sicherlich erwähnt. Zum mindesten hätte sie einer von ihnen angeführt, wenn auch noch so an den Haaren herbeigezogen, um die Entschuldigung, die in ihrer Jugend, ihrer Begeisterung und in ihrem weiblichen Geschlecht lag, zu erhöhen. Die Tatsache, daß es keiner von ihnen tat, nicht einmal Perceval de Boulainvilliers, dessen Bewunderung für sie hinreichte, um ihn zu der Bemerkung zu veranlassen: *Haec Puella competentis est elegantiae* (was etwa heißt: »sie sieht soweit gut aus«), darf eher als Beweis für als gegen die Schlußfolgerung gewertet werden, Johanna sei nicht hübscher oder anziehender gewesen als die meisten Mädchen aus ihrer Gegend und Volksschicht[1].

Aus dieser gewiß berechtigten Schlußfolgerung können andere Schlüsse aus der Lebensweise, die sie daheim führte, und aus der Mühsal, die sie später ertragen zu können bewies, gezogen werden. Das Klima Lothringens ist nicht immer mild und begünstigt, wie diejenigen, die es nur im Frühling und Sommer kennen, vielleicht glauben möchten; auch besteht das Dasein des arbeitenden Bauern in Lothringen oder sonstwo nicht darin, ständig zwischen den Butterblumen einer goldenen Wiese zu liegen, während zufriedenes Vieh bei den Wassern eines verträumten Flusses wiederkäut. Johanna mußte ihrer Mutter im Haushalt und

1 *Procès,* Bd. V, S. 120: Brief Perceval de Boulainvilliers an Filippo Maria Visconti, Herzog von Mailand.

beim Spinnen helfen, ihrem Vater und den Brüdern beim Pflügen und beim Einholen der Ernte. Harte Hände, eine von der Sonne gerötete, vom unwirtlichen Wetter rauh gewordene Haut, eckige Gliedmaßen und gedrungene Muskeln – die unvermeidlichen Folgen einer solchen Lebensweise – können kaum zu den weiblichen Reizen eines Mädchens beigetragen haben, dessen weibliche Reize, wenn solche überhaupt vorhanden waren, auch von denen, die sie von früher her kannten und liebten, niemals auch nur erwähnt wurden.

Wenn gesunder Menschenverstand vermutlich eines ihrer hervorstechendsten und wertvollsten Charaktermerkmale war, dann schulden wir es wenigstens ihrem Andenken, sie nicht über Gebühr zu romantisieren, da sie sicherlich niemals gewollt hätte, romantisiert zu werden. Es liegt genug, mehr als genug Romantik in den Ereignissen ihres Lebens, als daß man die Legende von der porzellanenen, auf ihren Rundstab gelehnten Schäferin erfinden müßte. Johanna war nicht aus Porzellan, noch hatte sie, außer in dichterischer Fabel, viel von einer Schäferin. Es ist besser und wahrheitsgetreuer, sie prosaisch nüchtern zu sehen, vernünftig und logisch, wie sie selbst es gewünscht hätte, gesehen zu werden, ohne Beschönigung oder falschen Anspruch.

Alle, die sie auf Grund unmittelbarer oder mittelbarer Bekanntschaft schildern, geben im großen und ganzen ein übereinstimmendes Bild. Ihr Haar, sagen sie, war kurz und schwarz, ihre Gesichtsfarbe, wie zu erwarten war, dunkel und sonnenverbrannt. Der Verfasser des ersten Teils von *König Heinrich VI.* läßt sich selbst als *black and swart* (schwarz und versengt) bezeichnen; ein so zügelloser, unzuverlässiger Chronist Shakespeare auch war, so ist es doch recht wahrscheinlich, daß seine Aussage in diesem Punkt von einer weitergegebenen Überlieferung stammt. Die von Zeugen, die sie noch gekannt hatten, gegebene Beschreibung ihres Haares erfuhr eine seltsame kleine Unterlage der Bestätigung, als 1844 in Riom ein Brief ans Licht kam, der an die Bürger dieser Stadt gerichtet und mit »Jehanne«[1] unterzeichnet war. Aber interessanter noch als diese Unterschrift war das Siegel; denn ein einzelnes schwarzes Haar war mit einem Finger hineingepreßt worden. Das war eine Gewohnheit der damaligen Zeit, und es ist verführerisch zu glauben, daß sowohl der Fingerabdruck als auch das Haar von Johanna stammten[2].

Keiner dieser Zeugen erwähnt ihre Augen; aber aus rassischen Gründen waren sie sehr wahrscheinlich braun; man kann auch annehmen, daß sie, wie bei anderen Schwärmern, ein wenig vorstanden. Alle stimmen darin überein, sie sei stark und gut gebaut gewesen: *Estoit de grande force et puissance. Bien compassée de membres et forte. Belle et bien formée.* Ihre Brüste waren wohlgeformt, sagte der Herzog von Alençon, der während ihrer Feldzüge oft neben ihr geschlafen und sie als junger Mann, der er war, beim Ausziehen beobachtet hatte. Aber er ließ es sich angelegen sein, hinzuzufügen, sie habe nie ein fleischliches Verlangen in ihm geweckt. Soweit scheinen alle übereinzustimmen. Nur über die Frage ihrer Größe besteht offenbar Unstimmigkeit. War sie klein oder groß? Die *Chronique de Lorraine* beschreibt sie als *haulte et puissante;* aber die *Chronique de Lorraine* ist weder ein verläßliches noch ein zeitgenössisches Dokument. Andererseits erzählt ein italienischer Soldat, der bei ihrer Ankunft in Chinon zugegen war, dem Philipp von Bergamo, sie wäre klein von Gestalt. Die Wahrheit ist vermutlich, daß sie, wenn auch für eine Frau ziemlich groß, als Mann gekleidet viel kleiner aussah, eine Behauptung, die von jedermann persönlich nachgeprüft

1 Johanna lernte wohl ihren Namen schreiben, konnte aber sonst weder schreiben noch lesen.
2 *Procès*, Bd. V., S. 147, und Marquis de Pimodan, *La première étape de Jeanne d'Arc*, S. 10. (Ich möchte jeden Enthusiasten warnen, eine Pilgerfahrt nach Riom zu unternehmen, um dort selbst diese einzigartige Reliquie zu besichtigen: Das Haar ist verschwunden.)

werden kann, der eine sogar große Frau in Männerkleidern gesehen hat.

Wir können also annehmen, daß sie ein starkes, gesundes, einfaches und stämmiges Mädchen war. Stark und gesund war sie sicherlich, denn sonst hätte sie nie ihr tägliches Teil der Landarbeit als Kind leisten können oder späterhin plötzlich das ungewohnte Gewicht einer Rüstung zu tragen und die langen Überlandritte auszuhalten vermocht – Ritte, die sie nach jeder Richtung hin nahezu über fünftausend Kilometer unserer heutigen Rechnung führten, also über mehr, als die Entfernung von Frankreich nach Indien beträgt. Es gibt keinen Beweis dafür, ihre geheimnisvolle göttliche Führung habe sie bei diesen Anforderungen körperlich gestützt; es scheint eher umgekehrt gewesen zu sein, daß nämlich ihre körperliche Tüchtigkeit ihrer himmlischen Sendung zugute kam. Der heilige Michael, die heilige Katharina und die heilige Margarete hatten ihre Dienerin gut ausgewählt. Auf die unerklärbare Weise der Heiligen war ihre Wahl auf ein unwissendes, kräftiges Mädchen gefallen, dessen frühzeitige harte Schule es für die aufreibenden Anforderungen geeignet machte, die sie an seine Zähigkeit und Ausdauer zu stellen gedachten.

III

Zieht man alles das in Erwägung, so ist wahrscheinlich die kleine Statue im Museum von Domremy diejenige Nachbildung, die Johanna, wie sie wirklich war, am nächsten kommt. Die Geschichte dieses Standbilds ist anfechtbar und verworren. Örtliche Überlieferung besagt, Ludwig XI., der Sohn Karls VII., habe seine königliche Gnade der einfachen Hütte der Familie d'Arc in Domremy angedeihen lassen, und das heute im Museum befindliche Standbild, mit seiner in einer Nische über der Türe von Johannas Haus stehenden Kopie, stelle einen Teil seines Tributs an die Befreierin des

Königreiches seines Vaters dar. Dem sei, wie ihm wolle. Viel wahrscheinlicher scheint zu sein, daß das Standbild im Domremy-Museum eine viel spätere Nachbildung ist, die den Ideen der Zeit entsprechende Abänderungen erfuhr und aus einer steingehauenen Gruppe stammt, die 1456 von den Damen von Orléans auf einer Brücke errichtet wurde, welche den dortigen Fluß überspannt. Sicherlich kann das Standbild in Domremy nicht einmal ein unmittelbar hinterlassenes Abbild sein; es kann kein so beinahe zeitgenössisches Bildwerk sein, daß wir annehmen dürfen, der Bildhauer sei, wenn nicht mit Johanna persönlich, so doch jedenfalls mit solchen Menschen bekannt gewesen, denen ihre äußere Erscheinung vertraut war und deren Anweisungen er ihren Gesichtszügen und ihrer allgemeinen Gestalt zugrunde gelegt haben könnte. Und doch ist an diesem rohen und unbeholfenen kleinen Standbild etwas, das eine Überzeugungskraft ausstrahlt, die anderen und anspruchsvolleren Werken fehlt. Allerdings ist das Abbild in verschiedenen Einzelheiten falsch. Die Halskrause und Rüstung sind offensichtlich unrichtig für die Zeit; sie gehören eher in die Regierungszeit Heinrichs IV. oder sogar Ludwigs XIII., als in die Regierungszeit Karls VII. Ferner ist Johanna mit langem Haar dargestellt: so langem Haar, daß es bis auf die Schenkel des knienden Standbildes herabfällt, so betont langem Haar, daß sie darauf hätte sitzen können, wenn sie aufrecht dasäße statt zu knien. Das ist ganz verständlich, wenn man bedenkt, daß einer der ihr gemachten Hauptvorwürfe der war, sie habe Männer-Art und -Tracht angelegt; naturgemäß ließen es sich ihre Verteidiger und Ehrenretter angelegen sein – in Verlegenheit gebracht durch ihre männliche Laufbahn –, sie in möglichst weiblicher Gestalt darzustellen. Sie gingen so weit, ihr steingehauenes Haar zu vergolden, und Spuren dieser besonderen Ehrenrettung erhielten sich noch bis ins neunzehnte Jahrhundert. Trotzdem ist diese unförmige, unwahre kleine Statue imstande, den Eindruck eines vernünftigen, alltäglichen Abbildes von Johannas Erscheinung zu machen, was andere romantischere Darstellungen nicht fertigbringen. Etwas an diesen dicken kurzen Schenkeln, diesen gedrungenen Armen läßt einen an das reizlose Bauernmädchen denken, welches der heilige Michael, die heilige Katharina und die heilige Margarete so weise für ihre Zwecke auserwählten.

Es ist, glaube ich, nicht ungerecht, sie als reizlos zu bezeichnen. Männer versuchten keine Vergewaltigung, Frauen waren nicht eifersüchtig. Ihre Sache war Krieg, aber nicht Liebe. Diejenigen, welche sich für den rein religiösen Gesichtspunkt entschieden haben, mögen einwenden, eine geistige Eigenschaft in ihr habe sie über alle solche menschlichen Verirrungen erhaben gemacht. Möglich. Aber Menschen sind Menschen, die langsam darin sind, die außergewöhnlichen geistigen Eigenschaften zu erkennen, und es besteht kein Grund zu glauben, die Menschen seien im fünfzehnten Jahrhundert weniger menschlich gewesen als heute. Trotzdem bleibt die Tatsache bestehen, daß Johanna Tag um Tag, Nacht um Nacht in kameradschaftlicher Weise mit Männern zusammen reiste und schlief und dabei ihre Jungfräulichkeit bis zuletzt unberührt bewahrte. Auch daß sie mit verschiedenen Frauen in Berührung kam, welche die ersten gewesen wären, Johanna einer für sie gefährlichen Annäherung zu beschuldigen. Aber so oder so erregte sie trotz aller Aufregung des Zaubers ihrer Bekanntschaft weder das natürliche Verlangen der Männer, noch den neidischen Argwohn der Frauen. Die Männer ihres ersten Gefolges, welche elf Tage lang unter den vertrautesten Bedingungen mit ihr gereist waren und dabei nachts an ihrer Seite schliefen, bekannten sich in deutlichen und in Einzelheiten gehenden Worten dazu, völlig frei von fleischlichen Gedanken gewesen zu sein. Die Kriegsleute in Vaucouleurs waren sogar noch weniger höflich, denn als ihr Anführer Robert de Baudricourt scherzweise vorschlug, Johanna zum Vergnügen dieser Soldaten zu überrumpeln, waren einige unter ihnen, die dieses Angebot ausgenützt hätten; aber sobald sie

Johanna sahen, verließ sie die Begierde und sie verspürten keine Lust mehr. Man nehme auch die Liste der Frauen zum Zeugnis, deren Bewunderung sie sich erworben hatte, wie die der Dichterin Christine von Pisan. Oder jener, die sie zu ihren Freundinnen zählen konnte, nicht nur zu Dorffreundinnen ihrer Kindheit, nicht nur die Matronen von Neufchâteau, Vaucouleurs, Chinon, Poitiers, Bourges, Tours und Orléans, nicht nur die drei Damen von Luxemburg, sondern auch Prinzessinnen wie Yolande d'Aragon, Marie d'Anjou und die junge Herzogin von Alençon.

Offensichtlich brachten die Verwicklungen des Geschlechts wenig Schwierigkeiten für Johanna selbst oder für andere im Hinblick auf sie mit sich.

Ihre Ansichten über Weiblichkeit waren, was sie selbst betrifft, charakteristisch deutlich und herzhaft: »Es ist wahr, daß ich in Arras und im Schloß von Beaurevoir dazu angehalten wurde, Frauenkleider anzulegen; ich weigerte mich und tue es noch. Was nun aber das sonstige Gebaren der Weiber angeht, so gibt es ja dazu genug Frauen.«

Gleichzeitig kann man unmöglich glauben, ihre ungewöhnlichen Erlebnisse sollten keine Spur auf ihren Gesichtszügen hinterlassen haben und hätten keinen entsprechenden Ausdruck in ihren Augen gefunden. Man beginnt nicht im Alter von zwölf Jahren vier oder fünf Jahre in der täglichen Gesellschaft von Heiligen zu verbringen und hegt nicht insgeheim den Gedanken eines Auftrags von so beunruhigender Schwere, ohne daß sich der eigene Ausdruck durch die Begeisterung, das Geheimnis und die Ehrfurcht verändern würde. Selbst eine so kurze Spanne Zeit wie vier Jahre muß bei ihrem zarten Alter genügt haben, um ihr Merkmal auf ihr zurückzulassen. Noch weniger kann man mit der Gabe geboren sein, sich in solcher Gesellschaft zu bewegen und von ihr mit einer solchen Sendung beauftragt zu werden, ohne daß ein Anzeichen dieser Veranlagung für das Auge des Beobachters sichtbar würde. Trotzdem war solche innerliche Schönheit des Ausdrucks, wie ihn Johanna besessen haben mag oder sicher besessen haben muß, nicht von der Art, die fleischliche Begierde von Kriegsmannen zu erregen oder Johannas Keuschheit durch Erhöhung des Reizes ihrer Jugend und ihrer Weiblichkeit zu gefährden. Eher muß sie diejenigen endgültig entmutigt haben, die so feinfühlig waren, diesen Ausdruck zu bemerken; vielleicht auch muß er auf eine unmerklich unterbewußte Weise entmutigend auf die Gröberbesaiteten gewirkt haben, die sonst in dem gesunden Körper nur eine Versuchung zu Unfug und natürlichem Spiel gesehen hätten. Freilich mochte es eine Weile dauern, bis diese Ausstrahlung ihre Wirkung tat. Jene, die sie kannten, mochten sehr wohl nichts als eine rein platonische Verehrung für sie gehegt haben; wie aber verhält es sich mit ihren erklärten Feinden und mit nicht unterrichteten Neuankömmlingen, denen ihr Geschlecht und ihre Jungfräulichkeit nichts war als ein zotiger Witz? Selbst Robert de Baudricourt hatte, ehe sie ihn für sich gewann, seinen schmutzigen Spaß auf ihre Kosten getrieben, so daß nur die Abneigung seiner Soldaten, sobald sie Johanna erblickt hatten, diese vor Schlimmerem bewahrte.

Nun genügte ihr freilich nicht zu wissen, sie brauche nur in eigener Person zu erscheinen, um diese verabscheuungswürdigen Gedanken zu verscheuchen. Etwas Drastischeres mußte dagegen getan werden: die praktische Unannehmlichkeit, dem unrichtigen Geschlecht anzugehören, mußte ins Auge gefaßt und überwunden werden. Und mit dem ihr eigenen gesunden Menschenverstand tat Johanna den sichtbaren Schritt, sich nach außen hin einer Frau so wenig ähnlich wie möglich zu machen. Herunter mit Rock und Haar. Es war eine gebotene Maßnahme – eine Maßnahme, die tatsächlich notwendig war für ein Mädchen, das in Begleitung von sechs Männern Hunderte von Meilen durch ein von Soldateska wimmelndes Land reiten wollte –, aber es muß zu dieser Maßnahme allerhand sittlicher Mut gehört haben. Man fragt sich, welches wohl ihre Gefühle waren, als sie zum erstenmal ihren geschorenen Kopf betrachtete und ihre

Beine unbehindert von dem roten Rock bewegte – dem derben roten Rock, der von den Bäuerinnen Lothringens seit Menschengedenken auch heute noch getragen wird. Die ungewohnte Männerkleidung, die sie damals anlegte, gehörte nicht einmal ihr: sie hatte sie von ihrem Vetter Durand Lassois übernommen, der den Umstand philosophisch und ohne Erläuterung feststellt, indem er nur einfach sagt, sie habe sie »von ihm bekommen«, *Ipsa recepit vestis ipsius testis.* Er meint in Wirklichkeit, daß Johanna sie an sich nahm. Bald schon scheint sie von dieser Lösung nicht mehr befriedigt gewesen zu sein, und man darf hoffen, daß Lassois, der sowieso schon so viel durch sie erdulden mußte, wenigstens seine Kleider zurückerhalten hat, als seine eigenwillige junge Verwandte die Bürgerschaft von Vaucouleurs veranlaßte, ihr eine vollständige Männertracht – hohe Stiefel eingeschlossen – zu kaufen. Mit welchen Mitteln sie oder ihre Freunde es dahin brachten, wird nicht berichtet. Sicher ist, daß Robert de Baudricourt nichts damit zu tun hatte, denn als sie später ausdrücklich gefragt wurde, ob ihr Kleiderwechsel nicht auf Baudricourts Geheiß hin erfolgt sei, leugnete sie diese Beeinflussung und räumte in dieser Frage niemand anderem Zuständigkeit ein als Gott und seinen Engeln. Wie immer sie es fertigbrachte, es war so weit: sie stand da, gewandet und gewappnet als Mann und Soldat. Laut dem *greffier* des *Hôtel de Ville* von La Rochelle kam sie in Chinon mit einem schwarzen Wams, einem kurzen dunkelgrauen Waffenrock (*robe courte de gros gris noir*), hohen Stiefeln und einer schwarzen Kappe bekleidet an. Da sie von Vaucouleurs geradewegs nach Chinon gereist war, dürfen wir mit Recht annehmen, daß es sich dabei um die ihr ursprünglich von der Einwohnerschaft Vaucouleurs gestellte Ausrüstung handelte; denn sie dürfte kaum Zeit damit verloren haben, sich unterwegs aufzuhalten und eine andere zu kaufen; die Verzögerungen, die sie sich in Städten gestattete, waren dem Gottesdienst gewidmet. Das wichtigste an dem Bericht, den uns der *greffier* von La Rochelle liefert, ist seine

Bemerkung über ihr Haar. Es war, teilt er uns mit, schwarz und kurz. Das klärt ein für allemal eine Frage, über die sich sonst eine Debatte hätte erheben können.

Was aus ihrem eigenen roten Kleid geworden ist, ist unklar: es will scheinen, als habe sie es mit sich genommen, denn auf ihrem Weg nach Reims zur Krönung des Dauphins traf sie in Châlons Jean Morel, ihren Paten aus Greux bei Domremy, und übergab ihm ein ihr gehörendes rotes Kleid. War es dasselbe, in dem sie von Domremy nach Vaucouleurs gereist war? Wenn ja, muß das Geschenk das letzte Bindeglied mit ihrem früheren Leben bedeutet haben; ein für sie zweifellos kurzer bedeutungsvoller Augenblick – ein Augenblick, der sie auf der Höhe ihres Ruhmes nach Hause zurückversetzte.

IV

Es wäre ein Irrtum, Johanna so darzustellen, als ob sie bei ihrer raschen Bereitschaft zur Ablegung ihres weiblichen Äußeren schöne Kleidung und entsprechendes Zubehör nicht zu schätzen gewußt hätte. Bei all ihrer persönlichen religiösen Lauterkeit neigte Johanna doch im öffentlichen Leben nicht zum härenen Hemd. Sie betrachtete sich vermutlich als den Feldhauptmann, nie als die Heilige, wenn auch andere Leute lieber in ihr die Heilige sehen würden als den Feldhauptmann; und als Hauptmann scheint sie ein schmuckfreudiges Gefallen an Ausstattung und malerischem Beiwerk gefunden zu haben. Sie scheint rasch in erfreulicher Weise üppig-prachtvolles Gepränge geliebt zu haben, einer der rührenden inneren Widersprüche ihrer einfachen, überrumpelten Natur. Bei all ihrer Strenge, all ihrer Herzensreinheit war etwas von einer Frau in ihrer Aufmachung, das unentwickelt war, teils infolge ihrer großen Jugend, teils wegen der ihrer Unerfahrenheit so früh auferlegten ungewöhnlichen und erschreckenden Sendung, teils wegen des schlichtbäurischen, aller Grazie und Eleganz baren Lebens, das sie rings um sich gesehen und selbst geführt hatte. Es erheitert einen, wenn man beobachtet, wie die Frau in Johanna das meiste aus der Möglichkeit herausholte, die ihr dadurch geboten wurde, aus der Unbekannten plötzlich zu einer Persönlichkeit des öffentlichen Lebens zu werden. Das in eine Prinzessin verwandelte Aschenbrödel konnte kaum in größere Verwirrung geraten sein und es spricht sehr für Johanna, daß sie nicht vollständig den Kopf verlor – denn ihr gesunder Menschenverstand hielt diesen Kopf immer auf beiden Schultern –, sondern sich stets nur in solchen harmlosen dekorativen Ausschweifungen gefiel, wie man sie von ihren Jahren, ihrem Geschlecht und der ihr gebotenen Gelegenheit erwarten durfte. Man bedenke, was geschehen war. Das dunkle kellerartige Zimmerchen in Domremy war durch die Pracht von Chinon und den entsprechenden Komfort von Poitiers und Tours ersetzt worden. Der derbe Umgang mit Bauern war ersetzt worden durch die Gesellschaft von Prinzen, Höflingen und Damen. Statt der Bauernpferde ihres Vaters hatte sie zum Reiten ihre eigenen Streitrosse; sie brach mit einem königlichen Herzog Lanzen; statt einer Heugabel trug sie ein Banner und ein Schwert; statt selber niedrige Arbeit zu verrichten, hatte sie in ihren Dienst gestellte Pagen. Von einem kleinen Mädchen, das seine Eltern hierhin und dorthin schickten, war sie plötzlich zur Sendbotin Gottes erblüht, die einen König dazu einschüchterte, dem Geheiß des Königs der Könige zu gehorchen. Die Verwandlung der Umwelt und der Umstände muß zum mindesten schwer zu begreifen gewesen sein.

In dieser verwandelten Welt konnte Johanna praktisch alles haben, wonach sie verlangte: Gewänder, Fahnen, Pferde und jegliches Gepränge. Um ihr Gerechtigkeit widerfahren zu lassen, will es scheinen, als habe sie nicht danach zu fragen brauchen, sondern habe diese Dinge nur mit Vergnügen angenommen und sich ihrer bedient, wenn sie ihr gegeben wurden. Es gibt zeitgenössische Urkunden, die

Waffenröcke aus Goldstoff und Purpur, mit edlem Pelzwerk verbrämt, erwähnen. Zeitgenössische Rechnungsbücher vermerken den Einkauf von karmesinfarbenem Brüsseler Tuch, von grünem Stoff und weißem Atlas durch den Herzog von Orléans; man kleidete sie in die Farben des Hauses Orléans – scharlachrot und grün – und stickte die heraldischen Nesseln von Orléans auf ihr Gewand; die Bürgerschaft von Orléans unterschrieb die Verpflichtung, ihr so vielfältige Geschenke wie Getreide, Wein, Brot, Rebhühner, Fasanen, Kaninchen und Kapaune zu senden. Vermutlich machten diese Tribute ihrer Art nach weniger Eindruck auf sie als die Geschenke von Gewändern, denn was Essen und Trinken anbelangt, war sie ebenso enthaltsam, wie sie in ihrer Liebe zu Schmuck natürlich war. Es würde angedeutet, und ich glaube mit Recht, daß Johanna der Feldhauptmann sich schlau des Wertes schöner Kleidung, fliegender Standarten und schimmernder Waffenrüstung, um die Gefolgschaft zu begeistern, bewußt war. Aber es widersprach in keiner Weise ihren Idealen, daß sie mit einem Lächeln einräumte, der Dienst an Gott sei in diesem Punkte angenehm mit den Neigungen ihres Alters und ihrer Weiblichkeit vereinbar.

Die anderen weiblichen Züge sind von ihren Zeitgenossen in einer Chronik niedergelegt; überraschend und rührend wie sie sind: nämlich ihre frauenhafte Stimme und ihre schnellbereiten Tränen. Sie mildern das Vorstellungsbild, das sonst leicht zur Rauheit neigen würde. Beide, Gui de Laval und Perceval de Boulainvilliers, der eine in einem Brief an seine Mutter, der andere in seinem Sendschreiben an den Herzog von Mailand, tun ihrer Stimme Erwähnung: *Assez voix de femme*, sagt de Laval; ihre Stimme ist fraulich, sagt Boulainvilliers. Der letztere versucht jedoch nicht, sie fraulicher darzustellen als nötig, denn im vorausgehenden Satz sagt er offen, daß sie etwas Männliches in ihrem Gebaren hatte, und bemerkt auch, ihre Widerstandskraft gegen Ermüdung sei so groß gewesen, daß sie sechs Tage und sechs Nächte durchhalten konnte, ohne ein einziges Stück ihrer

FRANKREICH
zur Zeit der
JEANNE D'ARC

0   50   100   *Km*   150

évoir
Quentin

Laon
rèque

Aisne

ssons
té-Milon

⊙REIMS

Verdun

⊙Metz

Epernay

⊙Chalons-
sur-Marne

Chat.Thierry

Marne

Montmirail

mmiers

Toul

⊙Nancy

Meuse

rovins

Vaucouleurs⊙ Maxey

Joinville ⊙ *Poissons*
St Urbain

DOMRÉMY

*ray-sur-
Seine*

⊙Troyes

Neufchateau

CHAMPAGNE

LORRAINE

Moselle

ens

Villeneuve
⊙Joigny *Brienon*
St Florentin

nne

⊙Auxerre

B U R G U N D

⊙DIJON

⊙Besançon

harité

Saone

Doubs

Nevers

Pierre-le-Moutier

⊙Moulins

J.F.Horrabin

Rüstung abzulegen. Diese helle Stimme bei einem derben Bauernmädchen fiel offenbar beiden jungen Männern als etwas angenehm Überraschendes auf. Boulainvilliers wiederum zeichnet im selben Brief verantwortlich für eine Bemerkung über ihre Tränenfreudigkeit (wenn er auch keineswegs unser einziger Gewährsmann ist): ihre Tränen, sagt er, fließen bereitwillig. Sie war in der Tat leicht zu rühren und weinte bei jeder sich bietenden Gelegenheit reichlich – eine so seltsame Mischung weiblicher und männlicher Eigenschaften, wie sie nur je den Feind unermüdlich bestürmt hat und dann bitterlich weinte, wenn sie ihn verwundet sah.

II. Kapitel

DER HUNDERTJÄHRIGE KRIEG

I

Es wird zur Begründung dieses kurzen Kapitels (vielleicht unberechtigter-, aber, wie ich hoffe, verzeihlicherweise) vorausgesetzt, daß der Leser keine größere Kenntnis von den Verhältnissen in Frankreich zur Zeit von Johannas Geburt und ihrer ferneren Laufbahn besitzt, als er sich dieser vielleicht undeutlich und verworren aus den unerquicklichen Büchern seiner Schultage erinnert. Ich habe beobachtet, daß durchaus gebildete Leute nicht mehr als die verschwommene Vorstellung besitzen, Jeanne d'Arc sei ein Bauernmädchen gewesen, das Stimmen gehört, Gesichte gehabt, die Belagerung von Orléans zuschanden gemacht habe und von den Engländern in Rouen verbrannt wurde. Geht man einen Schritt weiter, so wird einem vielleicht erzählt, ein englischer Soldat habe zwei Holzstücke zu einem Kreuz zusammengefügt und es ihr gegeben, als die Flammen des Scheiterhaufens über ihr zusammenschlugen. Solche romantischen Tatsachen und Einzelheiten haben sich der Allgemeinheit eingeprägt, liebenswürdig unterstützt von so glänzenden und unverläßlichen Künstlern wie Bernard Shaw und Anatole France. Aber fragt man, was die Engländer in Frankreich zu tun hatten und warum Johannas eigene Landsleute bei ihrer Verbrennung im Einverständnis mit den Engländern handelten, so kann man keine klare Antwort erhalten. Ich habe auch beobachtet, daß viele zu der Ansicht neigen, man wisse sehr wenig von Johanna, außer den maßgeblichsten Tatsachen ihrer göttlichen Eingebung, ihrer Vollendung und ihres Todes. Nichts könnte unrichtiger sein. Wir kennen praktisch jede Einzelheit ihres passiven Daseins als Kind, und was die wenigen Monate ihrer aktiven Laufbahn betrifft, so sind sie so sorgfältig urkundlich festge-

legt, daß wir genau wissen, wo sie jeden Tag weilte und mit
wem sie jeden Tag verbrachte, was sie anhatte, welches Pferd
sie ritt, welche Waffen sie trug, was sie aß und trank und,
wichtiger noch, welche Worte sie äußerte. Eine Anzahl ihrer
Freunde, Nachbarn, Anhänger und Waffengefährten hat
eine lebhafte Darstellung ihres Äußeren, ihrer Gesten, Gewohnheiten, ihres Charakters und ihrer Sprechweise hinterlassen. Die Vorstellung, es herrsche irgendein Mangel an
Material, um ihr Leben und ihre Persönlichkeit neu erstehen
zu lassen, ist im höchsten Grade irrig.

Die anfängliche Schwierigkeit liegt jedoch darin, die ver-
worrenen Fäden der Geschichte zu entwirren, ehe die Gestalt Johannas sich klar, einfach und ohne Ausschmückun-
gen abheben kann. Der Stand der politischen Parteien, die
Vielzahl der Persönlichkeiten, die endlosen Nebenbuhler-
schaften, Kämpfe, Waffenstillstände, Verträge, Ermordun-
gen, Verwandschaften, Bündnisse, Feindschaften und Verrä-
tereien verwirren den Leser zum Verrücktwerden. Es scheint
zuerst unmöglich, daß er je hoffen dürfte, sich durchzufinden. Alle diese verschiedenen Könige und Fürsten – alle
scheinen sie mit demselben Namen oder mit einem Namen,
der aus einer armseligen Handvoll Namen ausgewählt
wurde, getauft worden zu sein. Sie scheinen alle einer des
anderen Oheim, Neffe, Vetter, Schwiegersohn, Schwager
oder manchmal auch nur Vater und Sohn gewesen zu sein.
Die Schwierigkeit, die man als Kind darin gefunden hat, sich
in den eigenen Verwandten durchzufinden, die doch wenigstens lebende Personen waren mit unterscheidbaren Gesichtszügen, persönlichen Charaktermerkmalen und bekannten Wohnungen, ist nichts im Vergleich zu der
Schwierigkeit, diese fernen Gestalten der Geschichte auseinanderzuhalten, deren Gesichter unbekannt und deren Namen zum größten Teil bedeutungslose Etiketten mit einer
angehängten römischen Zahl sind. Es ist lächerlich schwer,
ohne bewußte Anstrengung zwischen einem Karl V., einem
Karl VI. und einem Karl VII. zu unterscheiden. Wie sehr lei-

den die Opfer dieser Art Namensgebung unter ihrer alles gleichmachenden Unpersönlichkeit! Sofortiges und instinktives Erkennen will sich nicht einstellen. Auch kann ich nicht glauben, daß irgendein ehrlicher Leser behaupten will, gelegentliche schmückende Beiworte würden ihm wirklich helfen: Johann der Gute, Johann Ohnefurcht, Philipp der Kühne, Karl der Schlechte – solche schwarz-auf-weiß-Malerei überzeugt nicht und hilft nur sehr wenig zur sofortigen Feststellung der Personengleichheit. Dann wiederum versuchen Geschichtsschreiber in dem fast unvermeidlichen Bestreben, schwerfällige Wiederholungen zu umgehen, ihre Bezugnahme auf den augenblicklich in ihrem Kapitel besprochenen Fürsten abzuwandeln: er wird »der Schwiegersohn des verstorbenen Königs«, oder »der jüngere Bruder der Königin«, oder »der Neffe des Kardinals«, bis sich der unglückliche Leser den Kopf in dem Bemühen hält, sich zu erinnern, wer denn der verstorbene König war, oder wer die Königin ist oder wer der Kardinal. Im Falle der Geschichtsschreiber Jeanne d'Arcs kommt noch eine besondere Verwirrung hinzu: denn da sie immer auf den jungen Mann anspielen müssen, den Johanna wieder auf seinen Thron einzusetzen versuchte, nennen sie ihn einmal den Dauphin, dann wieder den König, jetzt Karl VII., dann wieder einfach nur Karl, dann wieder »den Sohn des verstorbenen geisteskranken Königs« – statt *eine* Form der Bezeichnung zu wählen und dann dabei zu bleiben. Alle diese Fallen lauern auf dem Wege des Geschichtsschreibers und damit auch seines Lesers. Ich selbst habe darunter so sehr gelitten, daß ich zu dem Ergebnis gekommen bin, es sei selbst auf die Gefahr eintöniger Wiederholung hin besser, wieder und immer wieder zu sagen: Frankreich, Frankreich; England, England; Burgund, Burgund; Dauphin, Dauphin; Orléans, Orléans – als eine vielleicht gefällige, sicher aber verwirrende Abwechslung einzuführen. Die Schwierigkeit, die Lage Frankreichs zu der Zeit, als Johanna ein Kind war, zu verstehen, ist auch ohne die Einführung stilistischer Erschwerungen groß genug.

Um die Aufgabe verstehen zu können, vor die Johanna gestellt war, muß man einigermaßen mit der Geschichte Frankreichs um die Zeit ihrer Geburt vertraut sein. Nie war ein Land so unglücklich zerspalten. Nicht nur die Franzosen waren unter sich uneinig, sondern auch um das Königreich selbst stritten sich zwei verschiedene Throne. Krieg – Bürgerkrieg und Krieg mit fremden Mächten – hatte seit über siebzig Jahren mit Unterbrechungen getobt. Kurz umrissen war die Lage, die zum Krieg geführt hatte, folgende:

Infolge ihrer Abstammung von Wilhelm dem Eroberer hatten die Könige von England immer Anspruch auf die Herrschaft über den größeren Teil Frankreichs erhoben und diese Herrschaft auch genossen. Die Normandie gehörte ihnen selbstverständlich, und durch Mathilde, die Enkelin Wilhelms des Eroberers, die Geoffrey von Anjou geheiratet hatte, besaßen sie auch Maine, Anjou und die Touraine. Mathildens Sohn, Heinrich II. von England, erwarb zu diesen ererbten Provinzen die Gascogne, Limousin, Poitou, die Angoumois und andere Ländereien durch seine Heirat mit Eleonore von Aquitanien hinzu. Man wird leicht einsehen, daß eine solche Aufteilung von ganz Frankreich dazu angetan war, ernstliche Schwierigkeiten herbeizuführen. Dann gab es noch andere mitwirkende Umstände, auf deren Einzelheiten hier nicht weiter eingegangen zu werden braucht, von denen aber die dauernde Einmischung der Franzosen in schottische Angelegenheiten und die französische Einmischung in die Lehensgrafschaft Flandern erwähnt werden müssen. Es war offensichtlich für Eduard III. von England unmöglich, die Anwesenheit französischer Truppen in Schottland zu dulden; gleicherweise unmöglich war es für ihn, eine Bedrohung des englischen Handels mit den Flamen durch das Eingreifen Frankreichs zu erlauben. Die Flamen selbst baten unter der Führung Jakobs van Artevelde den englischen König um Hilfe und gingen dabei so weit, ihm vorzuschlagen, er solle endgültigen Anspruch auf die französische Krone erheben. Es hätte den Flamen wunderbar gepaßt, die Vasallen Englands zu werden, statt die von Frankreich; denn die englischen Interessen waren ihre eigenen, und wenn sie auch kaum dem König von England gegen den König von Frankreich beistehen konnten, solange dieser ihr gesetzmäßiger Herrscher war, so hätten sie sich sehr wohl und logischerweise dem König von Frankreich zugunsten des englischen Königs widersetzen können, wenn ersterer zum Usurpator erklärt würde.

Dieses Angebot der Flamen lieh Eduard III. einen willkommenen Vorwand, seine Ansprüche offiziell seinem eigenen Parlament und seinen königlichen Standesgenossen auf dem Kontinent vorzulegen. Es war freilich ein ungerechtfertigter und, wie sich zuletzt erwies, außerordentlich törichter Schritt. Jedenfalls tat er ihn, durch die Unterstützung des deutschen Kaisers, des Herzogs von Brabant und anderer Machthaber gedeckt. Der Hundertjährige Krieg zwischen Frankreich und England hatte begonnen (1337). (Siehe die Karte auf den Seiten 24 und 25.)

Der Hundertjährige Krieg bedeutet kurz gesagt, daß die Könige von England hundert Jahre lang versuchten, Frankreich unter einer Krone, nämlich ihrer eigenen, zu vereinen. Sie versuchten es mit Erbberechtigung und versuchten es mit Waffengewalt. Keiner der beiden Versuche war auf die Dauer erfolgreich. Ohne jeden Zweck wurde eine Menge Blut vergossen und beiden Völkern eine große Last von Leiden auferlegt. Der Hundertjährige Krieg war einer der törichtsten und schlechtestberatenen Kriege, die je geführt wurden.

Zum Glück ist es durchaus nicht notwendig, das Auf und Ab der englischen Sache während der ersten achtzig schwankenden Jahre des Krieges zu verfolgen. Die Schlachten von Poitiers, Crécy und Agincourt waren nur Zwischenfälle in der allgemeinen Verwicklung, welche die zögernde Jeanne d'Arc zwang, die Retterin ihres Landes zu werden. Die Verträge von Tournai (1340), Brétigny (1360), Auxerre (1412), Arras (1414), die Waffenstillstände von Calais (1347), Brügge (1375) waren nur zeitweise Unterbrechungen in einem Streit, der bereits endlos und unlösbar zu scheinen angefangen haben muß. Diese Schlachten und Verträge und Waffenstillstände gingen alle dem Tage voraus, an dem Johanna in Chinon einritt, um die Lage in die Hand zu nehmen, und sie bedürfen nur einer vorübergehenden Erwähnung. Allerdings ist es notwendig, den entscheidenden Vertrag von Troyes (Mai 1420) eingehender zu erklären. Nach dem Wortlaut dieses Vertrages war man übereingekommen, Heinrich V. von England solle:

a) den Titel eines Regenten und Erben von Frankreich führen;
b) Katharina, die Tochter des französischen Königs Karl VI. ehelichen, den Thron Frankreichs übernehmen und so Frankreich und England vereinigen.
c) Weiterhin wurde vereinbart, daß Karl, dem »sogenannten« Dauphin, dem Sohn des derzeitig regierenden Königs Karl VI., keine Zugeständnisse gemacht werden sollten: kein Friedens- oder Einigungsvertrag durfte mit ihm ohne Einverständnis »von uns dreien« geschlossen werden (d. h. den Königen von Frankreich, von England und dem Herzog von Burgund).
Diese ungewöhnliche Klausel in dem Vertrag von Troyes bedeutete in Wirklichkeit, daß der Dauphin Karl von nun an und gesetzmäßig nichts mehr in den Angelegenheiten Frankreichs zu sagen hatte. Er wurde zum Bastard erklärt, wenn auch nicht mit diesen Worten, so doch tatsächlich.[1]

Die Heirat Heinrichs V. von England mit Katharina von Frankreich fand wie vorgesehen (im Juni 1420) statt; aber

1 Selbstverständlich gab es noch mehr Klauseln; aber um der Vereinfachung willen habe ich die drei wichtigsten ausgewählt.

weder Heinrich noch Karl VI. überlebten sie lange. Heinrich
V. starb zwei Jahre später (August 1422) und Karl VI. zwei
Monate nach seinem Schwiegersohn (Oktober 1422). Zwei
Männer von sehr verschiedener Art, hinterließen sie jeweils
einen Sohn, der aus Gründen des Alters und der Veranlagung völlig unfähig war, mit der mehr als mißlichen Lage,
die der Vertrag von Troyes geschaffen hatte, fertig zu werden. Es gab jetzt tatsächlich zwei Könige von Frankreich, deren einer ein neun Monate altes Kind, der andere ein unnüt-
zer neunzehnjähriger Junge war. Wie hätte der kleine
Heinrich VI. von England oder der unfähige Karl VII. von
Frankreich das Problem meistern sollen, das ihm sein Vater
hinterlassen hatte? Heinrich VI. scheidet naturgemäß von
dem Wettbewerb aus. Seine Klapper war ihm noch viel
wichtiger als sein Zepter. Zähne zu bekommen, beunruhigte
ihn weit mehr als die Nachfolge auf den Thron von Frankreich. Karl VII. schied gleichfalls aus, wenn auch aus anderem
Grunde. Nicht sein zartes Alter hinderte ihn, seine Rolle in
den öffentlichen Angelegenheiten zu übernehmen, sondern
die ihm angeborene Charakterschwäche. Daraus darf man
ihm vielleicht ebensowenig einen Vorwurf machen, wie
man Heinrich VI. vorwerfen darf, er habe die zweifache
Krone von England und Frankreich in einem Alter geerbt,
als er noch weder richtig gehen noch sprechen konnte. Karl
VII. konnte nichts dafür, daß er als ein rückgratloses Ge-
schöpf geboren wurde, so wenig wie Heinrich VI. dafür
konnte, neun Monate alt zu sein. Keinem von beiden stand
dabei eine Wahl offen. Von kleinen Leuten soll man nicht
fordern, große Könige zu werden. Eine solche Schicksalsfor-
derung ist weder recht und billig gegenüber dem Herrscher
noch gegenüber dem Königreich.

Karl VII. hatte die weitere Entschuldigung eines schlimmen Erbes. Wir können nicht sicher sagen, wer sein Vater
war, nachdem seine Mutter, Isabeau von Bayern, laut jener
Klausel des Vertrags von Troyes, stillschweigend zugegeben
hatte, daß er nicht der Sohn seines offiziellen Vaters, Karl

VI., war. Andernfalls hätte sie ihn wohl kaum als den »sogenannten« Dauphin bezeichnen lassen. War er der Sohn Karls
VI. oder war er es nicht? Vielleicht hätte nicht einmal seine
Mutter diese Frage mit einem Ja oder Nein beantworten
können[1]. Jedenfalls ließ sie zu, daß es alle, die zwischen den
Zeilen des Vertrags von Troyes lesen konnten, so verstanden, als sei die Herkunft ihres Sohnes zum mindesten zweifelhaft. Weder die erste noch die letzte Frau, der solche
Zweifel begegnen, ragt sie doch als eine der wenigen Frauen
aus der Geschichte, welche die Stirne hatte, diese Zweifel in
einem amtlichen Schriftstück zuzugeben.

Ob nun Karl VII. der Sohn des wahnsinnigen Karls VI.
war oder nicht, jedenfalls war sein Erbe mütterlicherseits
hinreichend gefährlich. Isabeau von Bayern war eine Frau
vom Herrschertyp, der dazu neigt, schwache Söhne hervor-
zubringen. Ob er nun der Sohn Karls VI. war oder nicht, so
war er doch zweifellos der Sohn Isabeaus, einer Mutter, die
nicht nur die öffentliche Behauptung zugelassen hatte, ihr
Kind sei ein Bastard, sondern auch erlaubt hatte, daß in Ausdrücken von ihm geschrieben wurde, wie sie selten so belei-
digend auf einen königlichen Prinzen angewandt worden
sind. Er wurde von allen öffentlichen Angelegenheiten ausgeschlossen – *considéré les horribles et énormes crimes et débits per-*
pétrés audit royaume de France par Charles, soi-disant dauphin
viennois – wie es im Vertrag von Troyes hieß. Wenn auch nur
wenig zugunsten Karls VII. gesagt werden kann, so kann
man doch dem Sohne einer solchen Mutter nicht alles Mitgefühl vorenthalten. Der Druck ihrer Persönlichkeit muß
auf ihm in seinen jungen Jahren zermalmend gelastet haben,
und darüber hinaus war er zu seinem Unglück mit der Veranlagung geboren, Beleidigungen demütig einzustecken.
Seine Mutter wie seine Feinde durften ihn ungestraft belei-
digen. *Ihr, Karl von Valois, der Ihr Euch Dauphin zu nennen*

---

1 Böse Nachrede behauptete, sein wahrer Vater sei Ludwig Herzog
von Orléans, der Bruder Karls VI., gewesen. Siehe Stammbaum S. 161.

pflegtet und Euch nun ohne Berechtigung König nennt . . ., so redet ihn der Herzog von Bedford in einem Brief an, in welchem er Karl zu einer Begegnung auf offenem Felde aufforderte. Karl wußte dieser Unverschämtheit nicht mehr Vergeltung entgegenzusetzen als früher der Roheit seiner Mutter. Ein armes Wesen – ein armes verkümmertes schwaches Wesen, das er war – ist es nicht weiter erstaunlich, daß er es geduldet hat, sein Königreich auch in Zukunft unter der Herrschaft anderer Fürsten aufgeteilt zu sehen, die bei allen ihren sonstigen Fehlern wenigstens tatkräftigere Männer waren als er.

III

Der vorhergehende Hinweis auf die Herrschaft anderer Fürsten bedarf unvermeidlich einer weiteren Erläuterung, wie die Verhältnisse im unglücklichen Frankreich beim Tode Heinrichs V. und Karls VI. im Jahre 1422 lagen. Diese Lage der Verhältnisse war damals so verwickelt, daß der einzige klare Weg nur eine zahlenmäßig geordnete Darstellung sein kann:

1. Heinrich VI. von England, ein neun Monate altes unmündiges Kind, wurde nach den Bestimmungen des Vertrags von Troyes als König von Frankreich und England anerkannt; sein Oheim, der Herzog von Bedford, wurde während seiner Minderjährigkeit als Regent eingesetzt.
2. Karl der Dauphin, dem Namen nach Karl VII. von Frankreich, wurde durch die Vertragsbestimmungen von Troyes von der Nachfolge auf den französischen Thron ausgeschlossen.
3. Die Franzosen selbst waren in zwei Parteien gespalten, bekannt als Burgunder und Armagnacs. Die erstere Partei hatte ihren Namen von ihrem Oberhaupt, dem Herzog von Burgund, die letztere von Bernhard von Armagnac, der die Führerschaft an Stelle der drei jungen Söhne des

ermordeten Herzogs von Orléans übernommen hatte. Die Armagnac-Partei hätte deshalb späterhin richtiger als die Partei der Orléanisten bezeichnet werden sollen; aber da ihr der Name Armagnacs anhaftete, wurden ihre Anhänger stets als Armagnacs bezeichnet. In groben Umrissen angegeben, war der Westen und Süden armagnacisch gesonnen, der Norden und Osten burgundisch.

4. Diese beiden Parteien lagen in bitterer Fehde. Ihre Feindschaft, die aus der alten Rivalität um die Macht zwischen den Herzögen von Burgund und Orléans entsprungen war, wurde durch die Ermordung Ludwigs von Orléans durch Johann von Burgund aufs neue angefacht. (Bei dieser Gelegenheit hatte Bernhard von Armagnac die Führung der Partei für die jungen Söhne des ermordeten Herzogs übernommen.) So erbittert war diese Feindschaft zwischen den beiden Parteien sowohl in persönlicher als auch in politischer Hinsicht, daß alle vaterländischen Bedenken beim Kampf um die Vormacht hinweggefegt wurden. Natürlicherweise hätten sich die Franzosen vereinen sollen, um die Engländer für immer aus Frankreich zu vertreiben. Weit davon entfernt, gingen die Burgunder ein offenes Bündnis mit den Engländern ein, weshalb ihre Partei oft als die englisch-burgundische Partei bezeichnet wird.

5. Ihr Haß erhielt Nahrung durch die Ermordung Johanns von Burgund (der selbst der Mörder Ludwigs von Orléans gewesen war) im Jahre 1419 zu Montereau, wohin er sich zu einer Zusammenkunft mit Karl dem Dauphin begeben hatte. Man weiß nicht sicher, ob Karl selbst mitschuldig an dem Anschlag war, aber er wurde von den Burgundern für schuldig angesehen und Philipp, der neue Herzog von Burgund, tat einen Schwur, nie solle der Mörder seines Vaters die Krone Frankreichs erringen. In Verfolgung dieser Rache wurde er von Karls Mutter, Isabeau von Bayern, unterstützt, und der Vertrag von Troyes (1420) war das unmittelbare Ergebnis, durch das die Eng-

länder mehr denn je in ihrem Anspruch auf Frankreich bestärkt wurden.

6. Die Armagnacs andererseits können für die nationalistische Partei gelten, weil ihr Widerstand gegen die englisch-burgundischen Parteigänger sie logischerweise in Feindschaft mit den Engländern verwickeln mußte.

Diese außerordentlich karge und vereinfachte Darstellung mag helfen, die Lage in Frankreich zu der Zeit zu erklären, als Johanna ihre ersten himmlischen Befehle in Domremy erhielt.

IV

Sie mag auch dazu beitragen, die Größe der Aufgabe zu erklären, zu der sich Johanna berufen fühlte. Ein Kind an Jahren, war von ihr die Lösung eines Problems gefordert worden, um welche sich die erfahrensten und ungestümsten Männer zweier Nationen fast ein Jahrhundert lang bemüht hatten. Ihrerseits mußte sie mit der armseligsten Unterstützung rechnen. Einen Eindruck auf Karl VII. erzielen zu wollen, war fast ebenso zwecklos wie der Versuch, eine bleibende Beule in ein Kissen machen zu wollen. Auf der anderen Seite hatte sie wenigstens zwei Männer von hervorragender Persönlichkeit und Fähigkeit zu ihren Gegnern. Welches Bauernmädchen könnte sich einem Philipp von Burgund und einem Johann von Lancaster ebenbürtig erweisen?

Johann von Lancaster, Herzog von Bedford, Sohn Heinrichs IV. und der Maria Bohun, Bruder Heinrichs V., Oheim und Pate Heinrichs VI., weilte schon dreiundzwanzig Jahre auf dieser Welt, als Johanna in sie eintrat, und hatte so das Alter von vierzig Jahren erreicht, als sie aufstand, um die Waffen gegen ihn zu ergreifen. Der Unterschied in ihrem Alter war sogar noch weniger wichtig als der Unterschied in ihrer Erziehung. Der Sohn des Königs war in der Pracht des Hofes erzogen worden; im Alter von zehn Jahren war ihm der Bath-Orden verliehen worden, mit elf der Hosenbandorden, mit fünfzehn sein Herzogtum; als er fünfunddreißig Jahre alt geworden war, hatte man ihn zum Vormund seines Neffen, des unmündigen Königs, ernannt. Nicht sehr lange danach wurde er auch Regent von Frankreich. Sein soldatischer Bruder, Heinrich V., hatte ihm auf seinem Totenbett (1422) befohlen, diese Stellung dem Herzog von Burgund anzubieten; der Herzog von Burgund hatte abgelehnt. Der Mantel der Regentschaft fiel zurück auf Bedfords eigene Schultern. Zwei Monate nach dem Tode Heinrichs V. wohnte er der Beisetzung Karls VI. in St. Denis bei und kehrte nach Paris zurück, das nackte Schwert der Herrschergewalt vor sich hertragend.

Innerhalb sehr weniger Monate (April 1423) hatte er ein Bündnis mit den Herzögen von Burgund und der Bretagne geschlossen und die junge Schwester des Herzogs von Burgund, Anna, in Troyes im Juni desselben Jahres geheiratet.

Eine so unerquickliche Erscheinung er die Parteigänger Jeanne d'Arcs auch gedünkt haben mag, so war doch der Herzog von Bedford in Wirklichkeit kein dunkler Charakter. Seine Aufgabe war, soweit in diesem Zusammenhang erwähnenswert, über die englischen Interessen in Frankreich zu wachen, und indem er das tat, erfüllte er nur seine Pflicht. Als englischer Prinz und als Soldat konnte er nicht weniger tun. Zu seinen Gunsten muß daran erinnert werden, daß er als Verweser sein möglichstes tat, um dem von ihm regierten Volk Zufriedenheit und sogar Wohlfahrt zu verschaffen, wenn ihm dazu Zeit blieb neben seiner Aufgabe, das Land in Unterwerfung und die unruhigen Elemente in Schach zu halten. Er bemühte sich, den Handel zu ermutigen, die entwertete Währung zu heben, und, soweit es in seiner Macht stand, Mißbräuche wie die Mißhandlung Gefangener und das vorherrschende System der Bestechung abzustellen.

Heißblütig und rotgesichtig wie er war, mit starker, gebogener Nase und kräftigem, vorspringendem Kinn, überraschen uns seine in diesem wilden Zeitalter unerwarteten menschlichen Eigenschaften. Im Krieg war er immer ein Gegner vorschnellen Handelns, wenn auch sein Mut außer Frage stand. Im Frieden ein würdiger und nüchterner Diener seines Landes, gestattete er seinem persönlichen Ehrgeiz nie, zwischen ihn und seine der Krone geschuldete Pflicht zu treten. Der dunkelste Fleck auf seinem Namen freilich ist die Behandlung Jeanne d'Arcs, als sie ihm durch einen Handstreich in die Hände gefallen war; aber selbst da muß man sich erinnern, daß er sie nicht nur für den gefährlichsten Feind der englischen Sache hielt, sondern auch für ein böses Etwas, das von einer Art Schwarzkunst geleitet handelte, die für einen ergebenen Sohn der Kirche, wie Bedford es war, nur des Teufels sein konnte. »Diese Ausgeburt des Bösen« nannte er sie und meinte es zweifellos auch so. Bei soldatischem Großmut aber hätte er ihr nicht die Achtung für die erstaunlichen Dienste absprechen dürfen, die sie Frankreich geleistet hatte.

Von seinen Schwierigkeiten daheim, insonderheit mit seinem Bruder Gloucester, braucht hier nicht gesprochen zu werden. Sie haben keine unmittelbare Beziehung zu dem dringlichen Problem, vor das sich die Tochter des Jakobus d'Arc im Tal der Maas gestellt sah.

III. Kapitel

DOMREMY (1)

I

Domremy, ein kleines Dorf im Maas-Tal, war verhältnismäßig weit abgelegen von den Wirren eines verwüsteten Frankreichs. Verhältnismäßig, aber nicht völlig. Sowohl politisch als auch geographisch war seine Lage im kleinen ebenso ungereimt verwickelt wie die Lage seines größeren Nachbarn, des übrigen Frankreich. Es hatte das Unglück, ein Grenzdorf zu sein, dessen eine Hälfte in Frankreich, die andere im Herzogtum von Bar gelegen war[1]. Man streitet sich sogar darüber, ob Jeanne d'Arcs Haus zu dem französischen oder dem barischen Teil des Dorfes gehörte. Siméon Luce neigt zu der Ansicht, es sei im französischen Teil gelegen gewesen. Ohne näher auf die Frage einzugehen, welche Hälfte das Recht, Johannas Geburtsort zu sein, beanspruchen durfte, bleibt doch die Tatsache bestehen, daß die Unterta-

1 Da dieser Hinweis auf das Herzogtum Bar naturgemäß alle verwundern wird, die gewohnt sind, Johanna als eine gebürtige Lothringerin anzusehen, folgt hier wohl besser eine Erklärung. Das Herzogtum von Bar bildete ganz einfach einen Teil des Herzogtums Lothringen, wenn es auch einem besonderen Regenten unterstand. Der Teil von Domremy, der nicht unmittelbar der französischen Krone unterstand, war dem Herzog von Bar und somit nur mittelbar dem Herzog von Lothringen unterstellt. Deshalb ist es richtiger, von Johannas Dorf als im Barischen anstatt im Lothringischen gelegen zu sprechen, obgleich man dieses Dorf auch weniger genau dem geographischen Namen Lothringen zuzählen kann. In der volkstümlichen Ausdrucksweise hat sich der Gesamtbegriff durchgesetzt, nicht der Teilbegriff.

Laut Jules Quicherat, dem maßgebendsten von allen Geschichtsschreibern Johannas, »liegt Domremy am linken Ufer der Maas, am Fuß einer Böschung, deren oberer Teil damals zum Herzogtum Bar gehörte; die Höhen auf dem jenseitigen Ufer bezeichnen die Grenzen Lothringens; somit war nur das Tal mit dem hindurchfließenden Fluß französisches Gebiet«.

nenverhältnisse der Einwohner von Domremy schwer auseinanderzuhalten waren. Die eine Hälfte des Dorfes gehörte nämlich unmittelbar, amtlich und geographisch zu Frankreich, und die andere zu einem Herzogtum, das zu der englisch-burgundischen Partei hielt. Das bedeutete darüber hinaus, daß laut Vereinbarungen in dem 1428 zwischen der englisch-burgundischen Partei und dem Herzogtum von Bar geschlossenen Kapitulationsvertrag, der gestützt war durch eine den Baroisern vom Herzog von Bedford erpreßte Treueerklärung, das nach zwei Seiten abhängige Dorf Domremy große Gefahr lief, völlig unter die Herrschaft der englischen Waffen zu geraten – eine Gefahr, die Johanna, war ihre Vaterlandsliebe erst einmal geweckt, niemals hätte ertragen können. Es war schlimm genug für sie zu hören, daß ganz Frankreich von der Fremdherrschaft bedroht war; es schmerzte sie besonders, gab ihr einen persönlichen Stich, das Heimatdorf in derselben Weise bedroht zu sehen. Es brachte die Drohung näher an die Heimat heran. Domremy war trotz seiner ihm geographisch aufgezwungenen Lage nicht im mindesten geneigt, sich der englisch-burgundischen Herrschaft zu unterwerfen: laut Johannas eigener späterer Aussage gab es nur einen einzigen erklärten Burgundischen unter seiner Einwohnerschaft, und sie hätte wohl gewünscht, man legte ihm den Kopf vor die Füße, wenn das mit Gottes Willen hätte geschehen können. Ob nun dieser eine Burgunder ihr eigener Mitpate war oder nicht, macht wenig Unterschied. Johannas ungewöhnlich rachsüchtiges Urteil zeigt, was sie von den Burgundischen in ihrem Dorf hielt. Mögen auch ihre erste Abneigung und ihr erstes Erkennen der drohenden Gefahr begrenzt und örtlich gebunden gewesen sein, so brauchte sie doch nur ihren Kreis ein wenig weiter zu ziehen und den Fluß hinauf und hinunter zu blicken, um zu merken, daß Domremy unter den Dörfern des Maas-Tals nicht allein mit seiner unglücklich geteilten Lage dastand. Badonvilliers, Burey-en-Vaux, Mauvages, Goussaincourt, Saint-Germain und andere litten unter demselben Zustand. Umgekehrt waren gewisse andere Nachbardörfer, wie Maxey-sur-Meuse, von ganzem Herzen englisch-burgundisch. Das Erstaunliche dabei ist, daß trotz dieser Unterschiede und Schwierigkeiten in den amtlich geteilten Dörfern selbst der lokale Zwist nicht gefährlichere Formen annahm. Auch nicht zwischen solchen Dörfern wie Domremy und Maxey, die in ihrer Politik vollkommen entgegengesetzt waren, sowohl in geographischer Hinsicht als auch aus Überzeugung. Kleine Jungen und die rauflustige Jugend nahmen Partei bei den gegenseitigen Streitigkeiten, die ein Echo des sich im größeren Frankreich abspielenden Streites waren. Aber ein gewisser Doktor Liétard, aus Domremy gebürtig, erzählte Siméon Luce, er habe selbst als Knabe zwischen 1840 und 1850 an den Balgereien der Schuljugend teilgenommen, die noch immer zwischen Domremy und Maxey weitergingen. Nun, im Jahre 1840 konnte der Hundertjährige Krieg kaum mehr dafür verantwortlich gemacht werden, und es scheint wahrscheinlicher, daß die Zeitgenossen Johannas im Jahre 1420 und um diese Zeit herum so wie die Jünglinge von 1840 um des Raufens willen rauften als gesundes und natürliches Ventil für ihren Trotz und ihr heißes junges Blut. In Johannas Tagen freilich erhob sich der Streit aus einem näherliegenden Vorwand. Es war natürlich, daß der streitlustige junge Mann aus dem Maas-Tal sich so aufspielte, als gehöre er mit glühender Begeisterung der burgundischen Partei oder deren Gegnern an. Es wurde sogar behauptet, Johanna habe selbst an der Kurzweil mit den Jungen teilgenommen; aber auf diesen Punkt antwortete sie, sehr wenig glaubwürdig, sie könne sich nicht mehr daran erinnern. Immerhin entsann sie sich, Kinder aus Domremy gesehen zu haben, die sich mit Kindern aus Maxey geschlagen hatten und böse zugerichtet und mißhandelt nach Hause kamen (*bene laesi et cruentati*). Wir müssen hier Johanna beargwöhnen, ihren Richtern nicht ganz wahrheitsgetreu geantwortet zu haben. Entweder zog sie mit den Knaben von Domremy aus, um die von Maxey zu bekriegen oder nicht. In beiden Fällen konnte sie es nicht ganz vergessen haben. Was immer die Wahrheit sein mag und aus welchen Gründen auch immer Johanna sie umgangen hat, es scheint kein besonderer Grund zu der Annahme vorhanden, sie habe an diesem Unfug teilgenommen. Es scheint unberechtigt, sich Johanna als Wildfang vorzustellen. Im Gegenteil deutet der ganze Tatbestand darauf hin, daß sie ein ernstes und zurückhaltendes kleines Mädchen war, ja sogar von den anderen Kindern eher für eine eingebildete Eigenbrötlerin angesehen wurde. Dieser Punkt ist vielleicht der Überlegung wert, wenn man sich erinnert, daß ihr späterhin das Anlegen von Knabenkleidung zum Hauptvorwurf bei der Anklage gemacht wurde.

II

In dem Dorfe Domremy hatte Jacques – oder Jacquot – d'Arc eine achtbare Stellung inne. Er war kein Einheimischer von Domremy, sondern in Ceffonds in der Champagne, das zum Kirchensprengel von Troyes gehörte, 1375 geboren. Er übersiedelte nach Domremy kurz vor seiner Verheiratung mit Isabella Romée aus Vouthon, einem anderen, acht Kilometer von Domremy entfernt liegenden Dorf. Merkwürdigerweise war sein Name gar nicht wirklich d'Arc, oder richtiger: er klang nicht so, wenn er von den Leuten Lothringens ausgesprochen wurde. Er klang wie d'Ay. So zwingend war (und ist heute noch) diese örtliche Gewohnheit, das r zu verschlucken und das a kurz auszusprechen, daß der Name tatsächlich und sprachklanglich d'Ay in einem höchst pomphaften und gewichtigen Dokument geschrieben ist, das, mit einem großen Siegel aus grünem Wachs gesiegelt und mit einer doppelten Verschnürung von roten und grünen Bändern versehen, kein geringeres Schriftstück darstellt als den von Karl VII. Johanna und ihrer Familie verliehenen Adelsbrief. So ergibt sich das Paradoxon, daß der aus der Champagne gebürtige Jakobus vermutlich seinen Namen auf die eine Art, und seine Kinder, mit ihrem lothringischen Akzent, ihn auf eine andere Art aussprachen.

Jakobus d'Arc wurde einmal als sehr arm und ein andermal als sehr wohlhabend geschildert. Die Wahrheit liegt wie gewöhnlich in der Mitte. In Wirklichkeit war er offenbar das, was wir heutzutage einen bäurischen Gutsbesitzer nennen würden, der mit gewissen amtlichen Befugnissen betraut worden war auf Grund seines und seiner Frau vorbildlichen Charakters, als auch seiner Stellung und Zahlungsfähigkeit wegen. Ein aufrechter Mann an einem kleinen Ort! Es war natürlich, daß er zu solchen Ämtern wie *adjudicataire* des örtlichen Schlosses bestellt wurde (1419) und in der Folge zum Vorstand oder Gerichtsbeamten von Domremy (1423), dessen Rang unmittelbar auf den des Bürgermeisters und des Oberrichters folgte und dem die Einziehung der *tailles* oblag, einer Steuer, die von nicht adeligen oder kirchlichen Personen erhoben wurde. Er ist auch unter sieben anderen verdienstvollen Männern seines Dorfes zu finden, die für den vom *damoiseau* von Commercy erhobenen Tribut (1423) verantwortlich sind. Vier Jahre später (1427) finden wir ihn als Beauftragten seiner Nachbarn bei einem Streitfall tätig, der vor dem Statthalter von Vaucouleurs, Robert von Baudricourt, ausgetragen wurde, einem Hauptmann, der dazu bestimmt war – wenn auch noch so zaudernd und sehr zu seiner eigenen Überraschung –, eine wichtige Rolle zu Beginn der ungewöhlichen Laufbahn von Jakobus d'Arcs Tochter zu spielen.

Nimmt man alle diese Tatsachen zusammen, so wird es offenbar, daß Jakobus d'Arc eine Persönlichkeit von einem gewissen Ansehen in seiner Wahlheimat war. Er stand nicht nur amtlich an dritter Stelle unter den dortigen Honoratioren, sondern war auch mit verantwortlichen Ämtern in den dortigen kleinen örtlichen Angelegenheiten betraut. Das ist keine sehr rühmliche Gloriole, die sich für den Vater der allbekannten Jungfrau von Orléans anführen läßt. Das Dorf war nur klein und bescheiden; Jakobus d'Arc war ebenfalls klein und bescheiden. Er lebte in einer Hütte. Er heiratete ein Mädchen aus einem Nachbardorf. Die Aufzeichnungen über seine amtliche Laufbahn deuten nur darauf hin, daß er in seinem Ort geachtet war; sie deuten in keiner Weise an, er habe irgendeine andere Rolle gespielt außer in örtlichen Angelegenheiten. Er erwarb sich die Achtung und das Vertrauen der übrigen Dorfbewohner. Er vertrat sie, wenn Vertretung erforderlich war. Er war ein frommer und anständiger Mann, und allem Anschein nach war auch seine Frau eine fromme und anständige Frau. Sie waren beide in keiner Weise auffallend und werden vielleicht am besten als zu der guten, nützlichen und ausdauernden Art gehörig beschrieben.

Es läßt sich nicht sehr viel, auch durch Ableitung nicht, aus dem schlußfolgern, was wir von Jakobus d'Arcs Charakter wissen. Seine Linien sind die einfachen der Rechtschaffenheit, Frömmigkeit und vielleicht auch einer gewissen Strenge – wenn auch der schottische Schriftsteller Andrew Lang meint, es seien »gesellige Elemente im Charakter dieses rauhen Familienoberhauptes vorhanden gewesen«. Diese Behauptung stützt er auf die Tatsache, daß Jakobus d'Arc, als er sich zur Krönung nach Reims begab, nachdem er ein Geldgeschenk vom König erhalten hatte, dort zwei ganze Monate hindurch in der Herberge zum *Ane Rayé* blieb, die von der Witwe Alice Moriau gegenüber der Kathedrale geführt wurde, anstatt nach Beendigung der Feierlichkeiten nach Domremy zurückzukehren. Andrew Lang zieht daraus den Schluß, er habe mehr Vergnügen in Reims, einer für ihre Weine berühmten Stadt, als daheim gefunden.

Nach allem, was wir von seiner Frau Isabella – oder in der örtlichen Mundart Zabillet – wissen können, gehörte sie genau demselben Typus an wie Jakobus. Es herrscht Übereinstimmung in den Aussagen ihrer Freunde und Nachbarn, die dieses achtbare Paar als eine gut zusammenpassende Verbindung bezeichnen. »Sie waren gute und gläubige Katholiken; tüchtige Arbeiter (*laboratores*) von gutem Ruf, die ein ehrbares Leben ihrem Stande gemäß führten.« »Sie waren arbeitsam, wirklich gute Katholiken, ehrenhaft und achtenswert, gemäß ihren Mitteln, denn sie waren nicht reich.« »Sie waren gute Katholiken, von gutem Ruf, ehrliche Leute, ehrliche Arbeiter.« »Sie waren ein ehrliches Paar, Katholiken, von gutem Ruf, die hart arbeiteten, ehrbar in ihrer Armut, denn sie waren nicht reich.« »Sie waren Leute von gutem Ruf, gute Katholiken und achtbare Leute.« Wenn man alles das und noch mehr in diesem Sinne gelesen hat, ist man bis zum Überdruß von der unangreifbaren Achtbarkeit des d'Arcschen *ménage* überzeugt. Von Isabella sagt man sogar, sie habe ihren Beinamen Romée von einer Pilgerfahrt nach Rom bekommen; aber das ist ein ungewisser Punkt und es ist sehr gut möglich, daß sie das Recht, sich Romée zu nennen, von irgendeinem Vorfahren geerbt hat, der die fragliche Pilgerfahrt gemacht hatte. Ob sie nun in Rom war oder nicht, jedenfalls war sie eine Frau von frommem und tadellosem Charakter. Sie erzog ihre Kinder gut, lehrte sie das Vaterunser, das Ave und das Credo; sie hielt ihre Tochter Johanna dazu an, eine gute Hausfrau zu werden und ihren Stolz in die handwerklichen Verrichtungen zu setzen, die als ihrer Weiblichkeit angemessen galten. Es war nicht die Schuld Isabella Romées, wenn sie statt eines Huhnes einen Adler ausbrütete.

Sie muß eine Frau von stolzer Gesinnung gewesen sein. Sie war es, die sich – obwohl zu der Zeit *très fort malade* – 1440 im Alter von sechzig Jahren von Domremy nach

Orléans begab, ungefähr neun Jahre nach dem Tode ihres Mannes und ihrer Tochter, und nach dem Ablauf weiterer zehn Jahre eine Berufung einlegte, welche den Papst veranlaßte, eine Wiederaufnahme des Verfahrens gegen diese Tochter anzuordnen. Zu der Zeit, als dieser Wiederaufnahme stattgegeben wurde, war sie *décrépite par l'âge* und bat, man möchte sie von der Anwesenheit bei sämtlichen Sitzungen entschuldigen. Nur eine Frau von Charakter konnte einen solchen Versuch auch nur ins Auge gefaßt, geschweige denn ihn durchgeführt haben. Wenn man die Umstände der fraglichen Parteien in Betracht zieht, so scheint es erstaunlich, daß eine Frau, die als Bäuerin im Frankreich des fünfzehnten Jahrhunderts geboren war, den Mut gehabt haben sollte, sich an eine so erhabene und geheimnisumwitterte Gestalt wie den Papst in Rom heranzuwagen. Man fühlt unwillkürlich, eine solche Mutter, die trotz ihrer Krankheit den Papst in solchem Maße beunruhigte, sei es als Mutter wert gewesen, eine solche Tochter, wie sie geboren hatte, zu gebären, und man habe ihr vielleicht nie gebührende Gerechtigkeit widerfahren lassen.

IV

Das Leben in dem kleinen Haushalt von Domremy kann mit solchen Eltern an seiner Spitze für die Kinder nicht immer gelinde gewesen sein. Isabella konnte schimpfen, Jakobus drohen; und wenn Jakobus drohte, tat er das nicht in gemäßigten Worten. Seine Drohungen verstiegen sich so weit, bei Gelegenheit zu sagen, er selbst würde seine Tochter ertränken, wenn sich ihre Brüder weigern sollten, dies zu tun. Da sprach kein weichherziger, verwöhnender Vater, sondern ein Vater, der seine Tochter in einer passenden, sittsamen Lehre erzog und ihre Tugend beschirmte, wie das ein Vater tun soll. Er hätte sie lieber ertränkt, als ihr erlaubt, ihre Tugend zu verlieren. Armer Jakobus d'Arc, er scheint für sein Teil mit der Vorahnungsgabe seiner Tochter begabt gewesen zu sein. Er litt unter den qualvollsten Träumen von ihr – Träumen, in denen sie mit bewaffneten Männern davonzog, statt die behagliche Heirat zu machen, die er für sie plante.

Es waren anständige, sittenstrenge, achtbare Leute, denen im Januar 1412 als viertes Kind ihre zweite Tochter geboren wurde, der sie den nicht sehr erfindungsreichen Namen Johanna gaben[1].

V

Legenden entstanden später und unausweichlich über die Begleitumstände dieses Wintertages. Man kann das Leben nicht als bloß ein gewöhnlicher kleiner Schreihals von Johanna in einer Hütte irgendwo in einer französischen Provinz beginnen und sich dann in eine Jungfrau von Orléans, eine *Pucelle* von gefürchtetem Ansehen verwandeln, ohne daß um den Tag der Geburt eine Legende entstünde. Aber dieses eine Mal, statt ihn zu verwirren, helfen solche Legenden dem Geschichtsforscher, das Datum, nach dem er fahndet, festzustellen. Johanna, die Tochter des Jakobus d'Arc, wurde am 6. Januar geboren, an Epiphanias, in der Zwölften Nacht (nach Weihnachten), am Tag der Heiligen Drei Könige. Sie hätte passender gewählt, wenn sie sich den Festtag des hl. Michael, der hl. Katharina oder der hl. Margarete zu ihrem ersten Erscheinen auf der Welt ausgesucht hätte. Aber das stand nicht in ihrer Wahl. Angesichts verschiedener hübscher Märchen enttäuscht es einen, wenn man feststellen muß, daß das Dorf im Augenblick der Geburt nicht mehr in

1 *Procès*, Bd. I, S. 46: Sie wurde zu Hause immer Jeannette genannt und erst Jeanne, als sie nach Frankreich zog. Die anderen Kinder waren Jacquemin und Jean, ihre älteren Brüder; eine Schwester Catherine, von der angenommen wird, daß sie in jungen Jahren gestorben sei, und ein jüngerer Bruder Pierre.

Aufregung über die Wehen Isabella Romées geriet als über die Wehen jeder beliebigen anderen Frau eines Dorfbewohners. Eine Frau ertrug ihre Pein, nun die Reihe an ihr war; sie machte ihre notwendigen Stunden durch, und nach der benötigten Zeit wurde sie entbunden. Die Leute auf dem Land nahmen diese Dinge als etwas sehr Selbstverständliches hin. Aber in der Folge erinnerte sich, wie es sich von selbst versteht, natürlich jedermann, daß Johanna am Epiphaniasfest geboren wurde. Selbst das Federvieh des Dorfes schien das, laut einigen Erzählungen, bemerkt zu haben. Perceval von Boulainvilliers schwelgt in seinem Brief an den Herzog von Mailand mit wahrhaft mittelalterlicher Phantasie in seiner Darstellung des Geschehnisses: »Es war in der Epiphaniasnacht, als sie zum erstenmal das Licht dieser irdischen Welt erblickte, und – wunderbar zu berichten! – die armen Einwohner des Ortes wurden von einer unbegreiflichen Freude befallen. Noch ohne von der Geburt der Jungfrau zu wissen, liefen sie einer zum andern und fragten, was Neues geschehen sei. Für einige war es ein Anlaß, wieder neuen Lebensmut zu fassen. Was läßt sich dem hinzufügen? Die Hähne, wie Herolde dieser glückhaften Neuigkeit, krähten auf eine nie zuvor gehörte Weise und schlugen mit den Flügeln; zwei Stunden lang fuhren sie so fort, dieses neue Ereignis zu verkünden.«

Andrew Lang, der gewöhnlich zum Romantisieren neigt, soweit es ihm sein Gewissen erlaubt, erklärt diesen Fall mit nüchternem, gesundem Menschenverstand. Er sieht keinen Grund vorhanden, warum das nicht so gewesen sein sollte, noch sieht er ein, warum die Tatsachen nicht als höchst wahrscheinlich statt als wunderbar angesehen werden sollten. Die Zwölfte Nacht (nach Weihnachten) wurde selbstverständlich mit Lärm und Festlichkeit gefeiert; die Dorfbewohner »liefen in gehobener Stimmung herum und weckten das Federvieh«. Späterhin freilich, als Johanna berühmt wurde, legten die Abergläubischen die Tatsachen lustig drauflos so aus, wie sie zu ihren eigenen Absichten paßten.

Das ist für Andrew Lang, wie auch für mich, über kurz oder lang die Geschichte. Das Wichtige daran ist, daß uns die Legende ermöglicht, das genaue Datum von Johannas Geburtstag festzustellen.

VI

Johanna wurde in der kleinen Kirche von Domremy von einem gewissen Johannes Minet – oder so wenigstens glaubte sie sich zu erinnern – getauft und ihrer Paten und Patinnen waren viele. Ihre Eltern waren wohlbekannt und sehr geachtet, sie hatten viele Freunde unter ihren Nachbarn. Zieht man in Betracht, daß Jakobus d'Arc und Isabella Romée bereits drei Kinder hatten, so scheinen sie trotzdem noch viele Freunde gehabt zu haben, um sie bei der Geburt ihres vierten Kindes aufmarschieren zu lassen. Darüber hinaus bestand noch der Brauch, seinem Kind eine Menge Paten zu geben, deren Anzahl noch nicht von dem Konzil von Trient begrenzt war. Der Gedanke ist seltsam: wären diese ehrenwerten Leute nicht eingeladen gewesen, dieses besondere Kind über das Taufbecken zu halten, so wären sie heute von der Dunkelheit des Todes und der Namenlosigkeit verschlungen, ohne mehr Erinnerung an ihre Namen und Persönlichkeiten als Millionen und Abermillionen ihresgleichen. So wie es ist, wurde es ihnen erspart, unter die ungezählten und unbekannten Toten einzugehen. Wir kennen sie alle bei Namen und einzelne von ihnen ihren Berufen nach. In manchen Fällen haben wir eine Aufzeichnung des Wortlauts ihrer Aussagen, die sie etwa vierundzwanzig Jahre später machten, als die Vertreter des Papstes – die sicherlich ebenso gefürchtet waren wie einst die Soldateska, von der ihr kleiner Täufling Frankreich befreit hatte – über sie herfielen, um sie zu befragen, woran sie sich noch aus der Kindheit dieses Täuflings erinnerten. Durch eine der vielen Launen der Geschichte verlieh dieses Kind, ohne es zu wollen, diesen biederen Bauern, die vor so langer Zeit wie um 1412 zufällig Freunde ihrer Familie gewesen waren, eine bedingte Unsterblichkeit.

Johanna legt über die Namen und die Anzahl ihrer Taufpaten eine erstaunliche Ungenauigkeit an den Tag. Sie erwähnt nur die ersten sechs von den zehn, wenn sie auch hinzufügt, ihre Mutter habe ihr gesagt, sie habe deren noch andere gehabt.

Jeanne, Ehefrau des Bürgermeisters von Domremy, Aubéry oder Aubry.

Agnès, Familienname unbekannt.

Jeanne, Familienname unbekannt, außer Johanna meint, was wahrscheinlich ist, die Ehefrau Thévenins des Stellmachers, von der es bekannt ist, daß sie eine Patin Johannas war.

Sybille, Familienname unbekannt.

Jean Língué.

Jean Barrey.

Jean Morel, Arbeiter aus Greux bei Domremy.

Beatrice, Ehefrau Estellins, eines *cultivateur* aus Domremy.

Jeanette, Ehefrau Thiesselins, eines Angestellten von Domremy, aus Vittel gebürtig.

Erwähnt wird auch Jean Rainguesson, aber da sowohl er als auch Jean Língué tot waren zu der Zeit, als von Johannas Paten Aussage über ihren Täufling gefordert wurde, weiß man zu ihrem Unglück nichts von ihnen außer ihren Namen.

Sie waren dem Alter nach sehr verschieden: Beatrice Estellin war sechsunddreißig, Jeanne Thévenin und Jean Morel jeder sechsundzwanzig, Jeannette Thiesselin erst sechzehn. Somit war im Jahre 1456 bei ihrer Berufung zur Zeugenaussage Beatrice Estellin gerade achtzig Jahre alt, Jeanne Thévenin und Jean Morel gerade siebzig und Jeannette Thiesselin sechzig. Sie scheinen ihre früheren Pflichten nicht sehr ernst genommen zu haben, denn Johanna machte die Bemerkung, niemand außer ihrer Mutter habe sie die Glaubensartikel gelehrt. Sie stimmten trotzdem alle darin überein, Johanna sei ein ungewöhnlich frommes Kind gewesen und als echte Katholikin erzogen worden. Sie bestanden sehr nachdrücklich und einstimmig auf diesem Punkt, ebenso nachdrücklich und einstimmig, wie sie Wert auf die Betonung der vorbildlichen Ehrbarkeit und Sittenstrenge der Eltern legten.

IV. Kapitel

DOMREMY (2)

I

Das Leben der Jeanne d'Arc während ihrer Jugendjahre in Domremy, über das sich so viel Lärm, wissenschaftlicher Streit und Legenden erhoben, war tatsächlich ein denkbar einfaches und gewöhnliches. Dieses Leben war hart; es ist auch heutigentags für den Bauern in Domremy hart. Wenn man durch die Straßen dieses armseligen Dorfes geht, kann man sich schwerlich einen großen Unterschied zwischen den damaligen und den heutigen Zuständen vorstellen. Die Häuser sind immer noch kaum viel mehr als Schuppen, feucht, schlecht gelüftet und in baufälligem Zustand. Ganze Familien leben in Zimmern, deren Schmutz wir kaum in einem Stall dulden würden. Dank der Omnibusladungen von Touristen, die für ein paar Stunden den Geburtsort der Nationalheiligen besuchen kommen und durch die einstmals von Johannas Schicksal geweihten Örtlichkeiten schlendern, ist die Dorfstraße sauberer gehalten als die meisten Dorfstraßen in diesem Distrikt, in dem Mensch und Vieh in einem Zustand der Geselligkeit leben, wie er sonst vielleicht nur noch in Irland vorkommt. Geht man aber hinter die Häuser, so findet man die Hühner auf dem Misthaufen herumkratzen, der noch übel duftend und traufend neben der Küchentüre gehäuft ist. Man darf mit Recht annehmen, daß sich zu Johannas Zeiten niemand darum kümmerte, ob der Misthaufen zu sehen war oder nicht, so wenig wie sich heute in den weniger ansehnlichen Dörfern Lothringens jemand darum kümmert. Auch darf man sich berechtigterweise vorstellen, der Zustand der Behausungen sei, wenn etwas, dann bejammernswerter und gesundheitsschädigender als heute gewesen. Jakobus d'Arc war allerdings in einer etwas gehobeneren Stellung als ein gewöhnli-

cher Bauer; aber die dunklen kleinen Zimmer seines recht-
winkligen grauen Hauses werden jedermann von dem Zustand äußerster Dürftigkeit und Unbequemlichkeit überzeugen, in welchem Johannas Tage zu Hause verstrichen, einer
Dürftigkeit und Unbequemlichkeit, die sie freilich für
selbstverständlich hinnahm. Sie hätte fast ebensogut in
einem Keller schlafen können, und trotz Jakobus d'Arcs gehobener Stellung gab es gewisse Begleiterscheinungen des
Lebens in Domremy, denen sich selbst der Wohlhabendste
nicht entziehen konnte. Niemand, der in diesem Tal lebte,
konnte den dichten Morgennebeln entgehen, welche die
Wasserwiesen überzogen und die sich durchkämpfende
Sonne aussperrten. Keiner konnte diesem kalten und durch-
dringenden Dunst entgehen, am wenigsten von allen diejenigen, die früh aufstanden und in einen derben Mantel gehüllt auf die triefenden Weideplätze hinaus mußten. Es war
ein mehr rheumatisches als fröhliches Dasein. Die Bauern
von Domremy sind bis auf den heutigen Tag kein vergnü-
gungssüchtiges Volk, und ich bezweifle, ob jemals Fröhlichkeit in Johannas Leben und in das ihrer jungen Gespielinnen
einzog, außer soweit sie sich selber Kurzweil durch gewisse
harmlose Vergnügungen schufen, die später unter den
schmählichen Beschuldigungen des Gerichts so schwer ins
Gewicht fielen. Im übrigen war das Leben für ein Domre-
mykind eine gestrenge und mühselige Angelegenheit. Es
war auf prosaische Weise streng, ohne sich in romantische
Höhen aufzuschwingen, streng im mühseligen Sinn, sowohl
mit seinen fröhlichen Augenblicken, seinen Stunden des
Sonnenscheins als auch seinen trüben Stunden voll Nebel
und Regen. Vielleicht scheint es aus diesem Grunde um so
schwieriger, die Quellen von Johannas ungewöhnlicher
göttlicher Begeisterung zu verstehen. Sie war keine Emily
Brontë, die ein wildromantisches Heideland bewohnte. Sie
war ein ganz gewöhnliches kleines Bauernmädchen, das gewohnt war, das Rauhe mit dem Sanften hinzunehmen, in
einer Landschaft geboren, die nicht den Gedanken weckte

an heftige Gegensätze zwischen der von ihr gelebten Wirklichkeit und der Wirklichkeit, wie sie ideal gelebt werden sollte. Wohl ließen sich gewisse Erscheinungen anführen, die dazu angetan waren, die Phantasie eines Kindes zu erregen, aber erstens besteht kein Grund, Johanna in ihren gewöhnlichen Stunden als ein besonders phantasiebegabtes Kind darzustellen, und zum zweiten gingen die Überlieferungen jener Gegend als solche keineswegs über den Rahmen der üblichen auf dem Land verbreiteten Volksmärchen hinaus. Es gab große Wälder, alte Bäume und Waldquellen, an die sich entsprechende Märchenerzählungen knüpften; es gab besondere Tage, an denen die Kinder der Nachbarschaft geschlossen hinauszogen, um Kränze und Blumengebinde durch das Astwerk zu winden – unschuldige Feste, die in der einen oder anderen Form über ganz Europa mit keiner größeren Bedeutung als dem Weiterleben eines örtlichen, wenn auch alten Aberglaubens verbreitet waren. Jedermann in Domremy war mit diesen Bräuchen groß geworden und jedermann nahm sie infolgedessen als etwas Selbstverständliches hin. Es war ein wenig hart für Jakobus d'Arcs Tochter, die mit der Schar der anderen Kinder von jeher hinausgezogen war, seitdem sie alt genug gewesen war, so weit zu zotteln, sechzehn Jahre später unter der Anklage götzendienerischer Machenschaften verbrannt zu werden.

II

Wenn Johanna heute nach Domremy zurückkehren würde, fände sie nur wenige Veränderungen im Aussehen dieser Landschaft vor. Sie könnte auf dem Gipfelpunkt der Hügel stehen und über das Tal hinweg auf die jenseitigen Hügel mit derselben flachen, charakteristischen, tischähnlichen Abplattung blicken. Sie würde wahrnehmen, daß sich die Wälder nicht mehr bis zum Fluß hinunter erstrecken, sondern die Bäume bis zur halben Höhe herauf abgeholzt worden sind, offenbar um einen Ausblick von den Stufen einer neuen, riesigen Basilika zu schaffen, welche ihr zu Ehren errichtet worden ist, wie sie bald mit Bestürzung entdecken würde. Beim Eintreten würde sie mit Überraschung feststellen, daß sie, die als Hexe gebrandmarkt ihren letzten Atemzug unter der Folter ausgehaucht hatte, jetzt als Heilige verehrt wird. Und daß die Engländer, deren Hände sie auf den Holzstoß zu ihrer Verbrennung gehoben hatten, heute ihre Fahne aufpflanzten zur Ehrung ihres Namens. Ein wenig verwirrt durch die Wandelbarkeit der menschlichen Meinung, könnte sie zum Dorf hinuntersteigen, wobei sie auf dem Wege an einem Kruzifix vorbeikäme, das genau an der Stelle errichtet worden ist, wo der einstmals von ihr nach Neufchâteau eingeschlagene Fußpfad durch die Felder einmündet. Und dann würde sie herunterkommen, zwischen den Häusern durch und hinaus auf die Dorfstraße, wo die winzige Kirche einen nahezu altvertrauten Anblick darbieten würde, aber bei näherer Besichtigung würde sich herausstellen, daß sie mit umgekehrter Front hingestellt worden ist. Vergeblich würde sie nach dem Château de l'Ile Ausschau halten. Aber erst einmal draußen vor dem Dorf, fern den Schöpfungen der Menschen und mitten unter den Schöpfungen Gottes, könnte sie sehr leicht und ohne über Gebühr abgelenkt zu werden, ihren Weg zu den ihr vertrauten Orten und Plätzen einschlagen.

Domremy selbst, ein kleines graues Dorf, liegt, wie schon gesagt, im Maas-Tal. Das Maas-Tal fächert zwischen den bewaldeten Hügeln Lothringens aus. Es ist eine grüne, weite, sanfte und undramatische Gegend. Die Maas fließt bei Domremy mit langsamer und sanfter Strömung dahin. Die Wiesen an ihren Ufern sind saftig und im Frühling voll Butterblumen. Es stehen dort mehr Kirschbäume in Blüte, als einer einzigen Provinz erlaubt ist, und mehr Schlüsselblumen und Löwenzahn, als nötig sind, um Gras in Gold zu verwandeln. Im Herbst stehen die bewaldeten Hügel in einem Farbenbrand, der vom Dunkelgrün der Föhren bis zum Gold und Rot der Buchen abgestuft ist. Es ist ein weltverlorenes, liebliches, ländliches Stück Gegend, mit seinen dem Flußlauf entlang in Abständen wie Rosenkranzperlen an silberner Schnur daliegenden Dörfern.

Es ist nichts Finsteres oder auch nur Andeutungsvolles an Domremy oder dem Maas-Tal. Es liegt ziemlich vom Wege ab, aber das war in jenen unglücklichen Tagen, als Engländer, Burgunder und Armagnacs wie rauflustige Hunde knurrend das ganze übrige Frankreich durchstreiften, nur zu seinem Vorteil. Die Erschütterungen des Krieges, der dieses Tal heimsuchte, beschränkten sich auf gelegentliche Einfälle und die Balgereien zwischen der Jugend der benachbarten Dörfer. Für ihre zerschlagenen Köpfe war mehr der Stand der französischen und englischen Politik verantwortlich, als etwas, was in der Natur des lothringischen Herzogtums begründet gewesen wäre. Wären nicht die kriegerischen Elemente in den weit entfernten französischen und englischen Lagern gewesen, so hätte die lothringische Bevölkerung, jung und alt, ihren vorgeschriebenen Lebenslauf ohne Beunruhigung und Störung weiterführen können. Es war nichts Beunruhigendes oder Störendes an ihren Feldern und Wäldern. Nichts in der Natur gemahnte an Böses, Gewalt oder Geheimnis. Alles war ruhig und offen, dem Landmann sogar gnädig gesonnen, der dankbar für seinen fruchtbaren Boden den Erfordernissen ergeben war, die der gewohnte Wechsel der Jahreszeiten mit sich brachte. Es gab weder hohe Berge noch steile Klippen, keine Schluchten, Klüfte oder Gießbäche, keine melodramatische Szenerie, keine Drohung durch Riesen, Dämonen, Gespenster oder böse Geister. Eher ein Weideland als ein Ackerland: wenn die Sonne durch die morgendlichen Nebel bricht, ist der Landstrich ebenso freundlich und heiter wie viele andere Teile des ländlichen Frankreich.

Ferner sind da die Wälder: Meilen von Buchengehölz, leuchtend und sonnedurchzittert, durchsichtig grün wie nur junge Buchen grün sein können, mit einem Teppich von

Anemonen, Maiglöckchen und wilden Erdbeeren, durch den sich die jungen Triebe des Salomonsiegels drängen, von vielen Pfaden durchbrochen und aufgetan zu Lichtungen, mit Klaftern sauber aufgestapelten frischgeschnittenen Holzes. So wenigstens ist es heute: ein reichbewaldetes Land zu beiden Seiten des Maas-Tales, und wenn es zu Beginn des fünfzehnten Jahrhunderts einen Unterschied gab, so waren damals sicherlich die Wälder eher noch tiefer und die Pfade weniger begangen. In einem solchen Wald stand einer von Johannas Lieblingsschreinen (Notre Dame de Bermont), ein paar Meilen von ihrem Heimatdorf entfernt, so daß sie ihre Schritte oft in diese Richtung lenkte, und sie muß den Weg durch das Gehölz ebensogut wie ein Eichhörnchen oder ein Kaninchen gekannt haben.

Eine andere Waldung, berühmter in der Geschichte, lag näher beim Dorf am Hang eines Hügels und man konnte sie sehen von Jakobus d'Arcs Schwelle. Dieser Wald war bekannt als das *Bois Chenu,* oder der altersgraue Wald, was dem Doppelsinn des französischen Wortes entsprechend auch als Eichenwald gedeutet werden kann. Der Chenu-Wald galt aus zwei Gründen für einen zu meidenden Ort: er war eine Heimstätte von Wildschweinen und Wölfen[1], auch galt er von Feen verwunschen. Johanna selbst leugnete später, diese Sage gekannt zu haben, fügte aber hinzu, verschiedene Leute hätten sie bei ihrer Ankunft in Chinon gefragt, ob es nicht ein Gehölz namens Chenu in ihrer Heimat gäbe, weil offenbar gewisse Prophezeiungen umliefen, die verkündeten, daß aus dem Umkreis eines Wäldchens, das so hieß, eine Jungfrau kommen sollte, die Wunderbares zu verrichten hätte; »doch«, fügte sie hinzu, »ich legte diesen Reden niemals Gewicht bei«. Auf Grund dieser Aussage möchte es scheinen, als habe sich der Chenu-Wald nicht nur eines örtlichen, son-

1 Es gibt auch heute noch einige Wildschweine im Bois Chenu; aber Wölfe sind so selten geworden, daß man im Falle ihres Auftauchens annimmt, sie hätten sich aus anderen Teilen Frankreichs hierher verirrt. *Ils sont égarés* (laut Information an Ort und Stelle).

dern eines weiter verbreiteten Rufes erfreut (es sei denn, was möglich ist, Johannas eigene Gefährten hätten das erste Gerede darüber mit nach Chinon gebracht, als sie dort, von Vaucouleurs kommend, mit ihr einzogen). Merlin und Hochwürden Bede wurden beide für diese Prophezeiungen verantwortlich gemacht. Johannas eigene Ansicht über Magie war bündig, vernünftig und geringschätzig: »Ich halte alles das« – sagte sie – »für Zauberei.« Ähnlich antwortete sie auf die Frage, was sie mit ihrer Alraunwurzel angefangen habe: sie besitze keine Alraunwurzel und habe nie eine besessen; sie hätte erzählen hören, sagte sie, daß es eine Alraune irgendwo unweit des Dorfes gäbe und ein Nußbaum darüber wachse, wenn sie auch die Örtlichkeit nicht wisse. Sie hätte auch gehört, diese Alraune sei ein schlimmes, gefährliches Ding und sie zu besitzen sei böse. Aber sie hatte sie niemals gesehen und kannte nicht die Zwecke, denen sie dienen mochte. Kurzum, wenn sie auch gehört hatte, diese Wurzel verschaffe Reichtum, so glaube sie das doch nicht und ihre Stimmen hätten ihr niemals hiervon gesprochen.

Dessen ungeachtet bedrängten ihre Richter sie mit Fragen über andere magische Überlieferungen ihres Heimatdorfes, und auf diese Fragen war sie bereit, etwas eingehender zu antworten. Als die Richter sie nach einem gewissen Baum fragten, antwortete sie offen – ohne so zu tun, als wisse sie nicht, auf welchen Baum sie anspielten –, es gäbe da tatsächlich einen Baum, der *Arbre des Dames* oder von anderen Baum der Feen genannt werde; er werde wohl auch *le Beau May* geheißen, einen großen Baum, eine Buche, die nahe bei einem Quell stand. Sie hatte gehört und mit eigenen Augen gesehen, daß Fieberkranke hingingen und aus dem Quell dort tranken, aber sie wußte nicht, ob sie jemals geheilt wurden. Sie hatte auch gehört, die Kranken seien, wenn sie sich wieder vom Siechbett erheben konnten, zu diesem fraglichen Baum hinausgepilgert. Wenn das auch ihre Altersgenossen nicht mehr gesagt hätten, so hätte sie doch alte Leute davon reden hören, daß Feen dort ihr Unwesen trieben.

Ihre eigene Patin, die Ehefrau des Bürgermeisters von Dom-remy, eine ehrbare Frau, weder eine Wahrsagerin noch eine Hexe, hatte in ihrer Gegenwart gesagt, sie selbst habe die Feen (Dominas Fatales) im Schatten dieses Baumes be-lauscht; aber sie, Johanna, konnte nicht angeben, ob sich das wirklich so verhielt. Sie selbst hatte ihres Wissens nie die vorerwähnten Feen im Umkreis dieses Baumes gesehen, wenn sie auch nicht wußte, ob sie sie andernorts gesehen hatte oder nicht. Sie wußte nur, daß die Mädchen Blumen-gebinde zwischen die Zweige hingen und daß sie selber manchmal dort Gebinde mit ihren Gespielinnen aufgehängt hatte; zuweilen ließen sie diese Kranzgewinde hängen oder sie nahmen sie wieder mit fort, wie es gerade kam. Sie fügte hinzu, seit sie erfahren habe, daß sie nach Frankreich ziehen müsse, habe sie sich so wenig wie möglich an diesen Spielen und Vergnügungen beteiligt. Sie könne sich nicht erinnern, seit sie in das Alter der Besonnenheit gekommen sei (was in ihrem Falle mit zwölf oder dreizehn Jahren übersetzt wer-den muß), unter dem Baum getanzt zu haben. Es könnte sein, sagte sie, daß sie dort mit den Kindern getanzt habe, aber selbst dann hätte sie häufiger gesungen als getanzt. Warum sie es für weniger anstößig hielt, zu singen als zu tanzen, ist nicht erklärt. Vielleicht weil sie das in keine kör-perliche Berührung mit anderen Menschen brachte, nicht einmal mit Kindern.

Sie konnte oder wollte nicht sagen, ob die heilige Katha-rina oder die heilige Margarete jemals zu ihr bei dem Baum gesprochen hatten. Andererseits antwortete sie ohne Zögern, sie hätten zu ihr bei dem nahebei gelegenen Quell gespro-chen, konnte sich aber nicht entsinnen, was sie dort zu ihr gesagt hatten.

Alle diese Geschichten von Feen, Alraunen und Wunder-kuren scheinen wenig anderen Eindruck auf Johanna ge-macht zu haben als den der Empörung und des Unglaubens. Das ist um so erstaunlicher, wenn man bedenkt, daß sie als unwissendes Bauernkind möglicherweise ebenso gutgläubig und abergläubisch war wie der Rest von ihresgleichen. Sie scheint jedenfalls mit der ihr eigenen Gabe, alles beiseitezulassen außer der Sache, die sie unmittelbar und vordringlich beschäftigte, ihre heimatlichen Überlieferungen so abgetan zu haben, wie sie es verdienten. »Ja«, sagte sie mit Recht, »ich hörte von alledem, aber ich schenkte ihm niemals Glauben.« Wenn es überhaupt etwas fertigbrachte, sie zu überzeugen, so überzeugte es sie so unerschütterlich, daß sie alles übrige abtun konnte.

Alle diese Geschichten, wie dumm und kindisch sie auch sein mochten, waren ein Bestandteil des Landlebens. Als solcher waren sie unschuldig und unvermeidlich.

Solche Kurzweil, wie die Ausflüge der Kinder zum Frauenbaum, war nur die natürliche Flucht vor einem alltäglichen Dasein, das immer arm und manchmal hart war; es waren Ausbrüche aus der langweiligen Tretmühle ihres sonstigen Lebens. Kinder, die scheuern und graben und das Vieh auf die Felder treiben mußten, verdienten dann und wann einen Feiertag, und wenn erfundene Wesen wie Feen eine Rolle bei dem freien Tag spielten, so konnte dem kein finsterer Grund untergeschoben werden, der über die üblichen Märchen des Volksmundes hinausging. Johanna ging zum Spaß mit den anderen mit. Jedenfalls scheint der Baum, trotz der düsteren Auslegungen, welche ihm die Richter in Rouen gaben, vom ortsansässigen Standesherrengeschlecht, auf dessen Grund und Boden er stand, sehr wohlwollend behandelt worden zu sein. Verschiedene Domremy-Zeugen[1] sagten aus, die Standesherren von Bourlémont hätten diesen Baum mit ihren Damen und Töchtern besucht. Manchmal seien sie zu einem Picknick unter seinen Zweigen hinausgezogen, manchmal seien sie dort an besonderen Sonntagen sogar mit der Dorfjugend zusammengetroffen – was nicht

---

1 z. B. Jeannette Thévenin, Jeannette Thiesselin, Isabellette d'Epinal, Perrin le drapier, Jacquier de St. Amant und Gérardin d'Epinal, deren Aussage nach der Baum im Frühling so schön war »wie eine Lilie«.

nur auf eine erstaunlich demokratische Beziehung zwischen dem Dorf und den Mitgliedern des ritterlichen Herrenhauses hindeutet, sondern auch dem armen geschmähten Baum ein gewisses Gepräge der Achtbarkeit verleiht.

Dorflustbarkeiten, denen die edlen Bourlémonts dergestalt ihre Billigung angedeihen ließen, können nicht allzu verrufen oder fluchwürdig gewesen sein. Und wenn Johanna, nachdem sie in das Alter der Besonnenheit gekommen war, sich so viel wie möglich von den Belustigungen ihrer Gespielinnen zurückzuhalten beschloß, so war das nur, weil sie insgeheim ein richtigeres Gefühl für ihre nunmehrige Stellung zu derlei Dingen bekommen hatte. Wenn man von sich glaubt, sichtbaren, hörbaren und fühlbaren Umgang mit Heiligen zu pflegen, macht man sich nicht länger etwas aus solchen Spielereien, Gebinde zwischen die Zweige zu hängen, um den Feen zu gefallen.

III

Abgesehen von diesem verzeihlichen Aberglauben und den Belustigungen von Domremy, die späterhin von Johannas Widersachern eine so schlimme Auslegung erfuhren, war das Leben der Bauern und ihrer Kinder in diesem Dorf ebenso einfach und arbeitshart wie an jedem anderen Ort, wo das Leben von Korn und Vieh abhing. Sie mußten ihre Hände und Muskeln gebrauchen, um ihre kleine Wirtschaft in Gang zu halten. Daneben war im Hintergrund immer die Erschwerung durch Politik und Parteien. Frankreich und England befanden sich im Kriegszustand, waren so lange im Kriegszustand gewesen, daß kein lebender Franzose sich mehr erinnern konnte, wann sein Land frei von dem Anspruch von jenseits des Kanals oder von der Gegenwart fremder Truppen auf seinem Boden gewesen war, so lange schon, daß die Franzosen selbst uneins waren und nicht mehr deutlich wußten, ob es die französische oder die englische Partei war, die sie unterstützten. Selbst eine so entlegene Provinz wie Lothringen, ein so abgelegenes Dorf wie Domremy konnten dem nicht entgehen, von der Beunruhigung und Unsicherheit des größeren Frankreich in Mitleidenschaft gezogen zu werden. Alles das trug, wenn auch nur zeitweilig, zu den Bangigkeiten eines ohnehin schon mühseligen Daseins bei. Kleinvieh und Herden konnten fortgetrieben, Häuser und Kirchen verbrannt werden, ohne sonderliche vorhergehende Warnung. Trotzdem, wenn man auf die Berichte von den Zuständen zurückblickt, die, wenn man sie in ihren Einzelheiten schwarz auf weiß liest, unbehaglich und unsicher klingen, so muß man sich einen gerechten Abwägungssinn zu bewahren suchen zwischen den Tatsachen, wie sie sich gedruckt darstellen, und den Tatsachen, wie sie vermutlich denen erschienen sind, die sie wirklich erduldeten. Die menschlichen Lebensbedürfnisse passen sich sehr schnell und in erstaunlicher Weise den Notwendigkeiten an, und ein Volk, das unter den Drangsalen eines unklaren, aber fortwährenden Krieges heranwuchs, der ihm von seinen Großvätern hinterlassen worden war, nahm diese Zustände sicherlich in einem Geist der Ergebung und Philosophie als etwas ebenso Natürliches wie die Fährnisse der Feldbestellung oder die Schwankungen des Klimas hin. Kühe konnten unerklärlicherweise sterben, Heuschober Feuer fangen, Getreide durch Dauerregen oder Hagelschläge vernichtet werden, Soldaten konnten kommen und das Dorf in Brand stecken – alles das gehörte zum Tagewerk. So war eben das Leben und also mußte es so sein. Es war von jeher so gewesen, solange sich der älteste Einwohner und vor diesem dessen Vater zurückerinnern konnten.

Deshalb tut man vielleicht gut daran, die Drangsale, welche die Bauern eines kleinen Dorfes wie Domremy zu erdulden hatten, nicht zu übertreiben, wie manche Geschichtsschreiber sie anscheinend übertrieben haben. Das Leben dieser Menschen wäre auch in Friedenszeiten nicht leicht gewesen. Daß es nun Kriegszeiten waren, fügte eine neue Erschwerung insofern hinzu, als sie nun ebensosehr mit den Launen der Menschen rechnen mußten als mit den Launen der Natur. Aber im großen ganzen scheint das Leben für die Familie d'Arc während der Kindheit ihrer Tochter Johanna mit seinem Auf und Ab seinen üblichen Verlauf genommen zu haben. Freilich hat Siméon Luce, dieser peinlich genaue und gewissenhafte Biograph derjenigen früheren Jahre von Johannas Leben, welche sie in ihrem Vaterhaus verlebte, darauf hingewiesen, Domremy sei kein so entlegener Weiler gewesen, wie man glauben möchte, da es doch an der alten Heerstraße zwischen Dijon, Langres und Verdun lag. Auch fanden es die Einwohner von Domremy am klügsten, als Antoine und Jean de Vergy auf englischen Befehl im Juli 1428 in Richtung auf Vaucouleurs marschierten, sich in den zehn Kilometer entfernten benachbarten Marktflecken Neufchâteau zurückzuziehen und dabei ihr Vieh vor sich herzutreiben – um bei ihrer Rückkehr vierzehn Tage später ihre Kirche eingeäschert und ihre Felder in bejammernswerter Verwüstung wiederzufinden. Ich weiß auch, daß sich Neuigkeiten damals viel rascher verbreiteten, als wir es in einem Zeitalter primitiver Verkehrsmittel für möglich halten möchten, in dem jede Neuigkeit von Mund zu Mund weitergegeben wurde, ohne die Hilfe der Tageszeitung, des Telegraphen, des Fernsprechers oder der Funkübertragung, und die Bauern Lothringens sehr gut über die Ereignisse im übrigen Frankreich unterrichtet waren. Diese Ereignisse waren sicherlich beunruhigend genug. Trotzdem mußte sich nach fast einem Jahrhundert der Gewöhnung ihr Denken damit abgefunden haben, den Stand der Dinge fast als einen Normalzustand hinzunehmen, denn die unmittelbareren Bedürfnisse des täglichen Lebens drängten sich vordringlicher in den Vordergrund ihres Bewußtseins als das ferne Schwirren von Pfeilen auf den Schlachtfeldern Frankreichs.

IV

Eine weitere Erschwerung freilich entstand durch die politisch zweideutige Lage von Domremy selbst. Wie schon angedeutet, mochte Johanna zusammen mit den Knaben und dem Jungvolk an den Streithändeln zwischen Domremy und Maxey wohl teilgenommen haben; aber nichts weist darauf hin, daß die erwachsenen Männer ihre Hand zur Vermehrung der Unruhe in ihrem gemeinsamen Landstrich liehen. Sie waren sich vermutlich bewußt, daß es in ihrem Interesse lag, Frieden in ihren beiden Weilern zu halten, nachdem sie jeden Augenblick schon genügend unter dem Einfall bewaffneter Beutezügler von draußen zu leiden haben konnten, und ihr tägliches Leben durch die unbegreifliche Politik der hohen Parteien so wenig wie möglich stören zu lassen.

Was immer die unausgesprochene Unruhe in Johannas jungem, ernstem und erwachendem Sinn gewesen sein mag – es gab da noch einen anderen Grund, der die Bauern von Domremy getrieben haben muß, zu gegenseitigem Schutz zusammenzuhalten. Das war die Einrichtung, der zufolge es jeder Familie der Reihe nach oblag, die gesamten Herden auf der Weide zu bewachen. Wie Louis Bertrand, selbst ein Lothringer, sagt: jede Familie hatte nach einer im voraus vereinbarten Ordnung das zu stellen, was man in Lothringen einen pâtureau oder eine pâturelle nannte, einen Knaben oder ein Mädchen, die das Vieh am Morgen austrieben, es tagsüber bewachten und am Abend heimführten. Nach den späteren Aussagen der vielen Zeugen, die Johanna als kleines Mädchen gekannt hatten, gaben wahrscheinlich sowohl die Männer des Dorfes als auch die Kinder diesem Auszug der Tiere manchmal das Geleit. Man könnte sich vorstellen, dieses Geleit Erwachsener sei nicht die Regel gewesen, sondern sei nur gestellt worden, wenn ein Gerücht von möglichen Einfällen an ihre Ohren drang, und daß im allgemeinen den Kindern die alleinige Obhut anvertraut war, ähnlich wie heute der Autotourist in Frankreich ein kleines Mädchen am Straßenrand sitzen sieht, das sein Taschentuch als Kopftuch umgebunden hat, während drei oder vier Kühe in Rufweite grasen. Offensichtlich wäre es für Männer – wie ihre politischen Ansichten auch immer sein mochten – zu unverantwortlich und töricht gewesen, allzu offen anderer Meinung zu sein, wenn am nächsten Tag ihr kostbares Vieh der Obhut des Sohnes oder der Tochter ihres Gesinnungsgegners oder gar diesem Gegner selbst anvertraut war. Im großen und ganzen scheint es, als hätten die Bewohner von Domremy untereinander in Frieden gelebt, was kaum zu verwundern ist.

Gelegentlich, wenn die Gerüchte von einem drohenden Einfall allzu dringlich wurden, trieben sie den gesamten Viehbestand nicht aufs offene Feld hinaus, sondern in die Umfriedung einer von einem Wall umgebenen Burg, die als das Château de l'Ile bekannt war. Diese Burg ist heute verschwunden mit Ausnahme einiger spärlicher Spuren von den Grundmauern und ein paar verstreuten Steinen, die eine deutliche Vorstellung von ihrer ursprünglichen Lage im Dorf vermitteln, der Kirche gegenüber, dort, wo an der Nordseite die heutige Brücke über die Maas führt. Die Insel, welche der Burg ihren Namen gab, ist ebenfalls verschwunden und der Fluß, der sich zu Johannas Zeiten in zwei Arme teilte, fließt jetzt in einem einzigen Strom. Aber zur Zeit Johannas bildete er hier einen Ort des Verstecks und der Zuflucht. Diese Insel war privater Familienbesitz. Ihre Eigentümer, die Familie von Bourlémont, waren die Standesherren von Domremy, und nach dem Testament Jean de Bourlémonts um 1399 zu urteilen, waren sie christlich denkende Menschen. Jean de Bourlémont ließ es sich nicht nur angelegen sein, die Verfügung zu treffen, alle seine Edelleute und Pagen (*varlés*) sollten ihren Verdiensten entsprechend entlohnt werden; die Asche der heiligen Katharina solle wieder der Kirche von Maxey zurückgegeben werden (Asche, die ihm vom *Curé* von Maxey übergeben worden war und die

man *en Bourgogne en mon écrin* finden würde); Gebete sollten
für seine Seele gesprochen und Kerzen abgebrannt werden;
sondern er ging auch bis in solche Einzelheiten: wenn seine
Leute in Domremy sollten sagen und beweisen können, er
habe ihnen irgend ein Unrecht im Hinblick auf die zwölf
Dutzend Junggänse getan, die sie ihm alljährlich zu entrichten hatten, so sollten diese Gänschen durch seinen Sohn zu-
rückerstattet werden (*rétablis et restitués*). Ein solcher Wunsch
und ein solches Testament zeigen, daß im fünfzehnten Jahrhundert ein besseres Einvernehmen und ein demokratische-
rer Geist zwischen dem ortsansässigen Standesherrn und seinen Vasallen bestehen konnte, als im allgemeinen angenommen wird. Allgemein wird angenommen, in den Tagen
des Mittelalters habe der Große dauernd den Niedrigen, der
Reiche den Armen unterdrückt. Aber sicherlich deutet nichts
auf Unterdrückung in der letzten Verfügung Jean de Bourlémonts hin. Im Gegenteil äußert sich hier der deutliche
Wunsch, sowohl sein Gesinde als auch seine Dorfleute anständig zu behandeln. Hält man sich diese Gewissensregung
Bourlémonts vor Augen, so erstaunt es einen nicht mehr,
daß er seinen Dörflern von Domremy erlaubte, ihr Vieh im
Notfalle innerhalb der Wälle seines Privatbesitzes zu wei-
den. Große Herren litten nicht unter Skrupeln wegen Löhnung oder einigen Gänschen, es sei denn, sie waren von
einer Art sozialen Verantwortungsbewußtseins beseelt.[1]

1 F. J. S. Darwin, *Louis d'Orléans*, S. 106: Daß solche Rücksichtnahme
von seiten eines Standesherrn gegenüber seinen Bauern nichts Ungewöhnliches war, wird durch die fast aus den gleichen Jahren
(1398-1400) stammenden Rechnungsbücher des Herzogs von Orléans
belegt, der acht Kronen einem Landmann zubilligt, dessen Schafe von
seinen Hunden gescheucht worden waren, ebenso wie eine Vergütung
für den von ihm oder seinen Leuten in einem Haferfeld angerichteten
Schaden.

Diese Einrichtung der *pâturage*, die in Domremy zu gegenseitiger Bequemlichkeit üblich und, wie man glauben sollte, als solche unschuldig genug war – ersparte sie doch den fleißigen Bauern viele Mühe dadurch, daß sie ihre Kinder jeweils zur Gemeinde-Viehhut zur Verfügung stellten –, wurde späterhin Anlaß zu einigen merkwürdigen Unstimmigkeiten und Widersprüchen, als die Tochter eines dieser fleißigen Bauern aufgehört hatte, in der Hauptsache seine Tochter zu sein, und sich in eine Persönlichkeit von öffentlicher Bedeutung und solcher Wichtigkeit verwandelte, daß sie auf Betreiben einer großen Nation von den Vertretern einer großen Kirche zum Tode verurteilt wurde.

Diese Einrichtung fand vierundzwanzig Jahre später ihre Fortsetzung, als der Papst selbst zur Frage von Johannas hinterlassenem Ruf Stellung nahm und verfügte, seine ehrwürdigen Brüder, der Erzbischof von Reims und die Bischöfe von Paris und Coutances sollten das Zeugnis aller an der Sache Beteiligten (*intéressés dans la cause*) anhören, damit gerecht geurteilt würde. Sie setzt sich selbst heute noch fort in der Legende von Johanna der Schäferin, die in der volkstümlichen Vorstellung Seite an Seite mit der Fabel von Johanna dem Feldhauptmann und Johanna der Märtyrerin weiterlebt. Wie verdutzt müssen die Freunde und Spielgefährtinnen Jeanne d'Arcs gewesen sein, als sie unter anderem zur Beantwortung der Frage aufgefordert wurden, ob Johanna ihre Pflicht des Viehhütens ausgeübt habe oder nicht. Ihnen muß die Antwort so einfach geschienen haben: selbstverständlich ja. Sie alle taten es. Johanna, dachten sie, hat ihre Pflicht übernommen, wenn die Reihe an sie kam, wie alle anderen.

Nun war das Merkwürdige, daß Johanna im Verlauf ihrer Gerichtsverhandlung ihre Teilnahme an dieser Beschäftigung geleugnet hatte, und da Johanna seit vierundzwanzig Jahren tot war, konnten die Vertreter des Papstes sie nicht ihren früheren Bekannten gegenüberstellen, um so den Widerspruch zwischen deren Antworten und den ihrigen zu klären. Warum Johanna diese durchaus achtbare und sogar lobenswerte Verrichtung, die ihren Gehorsam als Tochter von ihr verlangte und die zu ihren Bürgerpflichten gehörte, verleugnet haben sollte, ist schwer zu verstehen – es sei denn, Louis Bertrand habe mit seiner Erklärung den Nagel auf den Kopf getroffen, »die von den Schäfern und Schäferinnen im Grünen gespielten Spiele seien nicht immer unschuldig gewesen«. Seine Theorie erfährt einige Unterstützung durch die Tatsache, daß Johanna darauf bedacht war, keine Antwort zu geben, die den Anspielungen ihrer Richter Wahrscheinlichkeit verlieh, wann immer diese Richter versuchten, ihr die Unsittlichkeit ihres Lebenswandels nachzuweisen. Persönlich vermag ich dieser Erklärung nicht ganz beizupflichten. Johanna war, wenn auch oft schlau in ihren Antworten, doch nie so vorsichtig, verschlagen zu werden. Fast unwandelbar war sie geradeheraus und ehrlich, manchmal sogar derb, und machte den Eindruck, als habe sie nichts zu verbergen, allerdings außer dann, wenn sie entgegnete, ihre Stimmen erlaubten ihr nicht zu antworten, und sagte: *»Passez outre.«* Noch war sie jemals so weitgehend eingeschüchtert, daß sie ihre Richter durch Unwahrheiten zu besänftigen versucht hätte. Vielmehr beantwortete sie deren Fragen oft in einer Art, die eher dazu angetan war, zu reizen als zu besänftigen. Nebenbei hätte die Unwahrheit dieses besonderen Punktes leicht von einem Dutzend Zeugen entlarvt werden können, wie sie selbst gewußt haben muß. Meiner Ansicht nach ist die Erklärung viel einfacher, als diejenigen glauben, welche gern *midi à quatorze heures* suchen. Ich glaube, daß sowohl Johanna wie auch die Domremy-Zeugen beide nach bester Erinnerung die Wahrheit sprachen; nur entsann sich Johanna, da ihre Erinnerung die jüngere war, genauer als jene. Es besteht kein Grund, die Domremy-Zeugen zu verdächtigen, sie hätten die Aussage über Dinge verfälschen wollen, die bis in ihre Jugendzeit zurücklagen. Sie erschienen letztendlich als Zeugen, um Johanna zu verteidigen, denn die Fragestellung der Richter deutete darauf hin, daß sie ihr ein günstiges Urteil zu fällen wünschten, sofern sich irgendeine Möglichkeit dazu bot. Die Domremy-Zeugen jedoch waren schon alle in vorgeschrittenem Alter, als ihnen der Lauf der Geschichte die Vertreter furchterregender Prälaten in ihre armseligen Hütten auf den Hals schickte. Diese waren mit einem *questionnaire* bewaffnet, der diese biederen Leute zwingen sollte, ihr Gedächtnis im Hinblick auf ein junges Mädchen zu durchforschen, das einmal ihresgleichen gewesen war. Johanna selbst war andererseits jung, sehr jung, erst neunzehn, als ihr in Rouen feindselige Richter dieselben Fragen über denselben Gegenstand, wenn auch in einem sehr anderen Geist gestellt, vorlegten. Die Antworten, die sie ihnen gab, stammten aus einer frischen Erinnerung, einer Erinnerung, die nur neun oder zehn Jahre zurückreichen mußte. Die Zeugen aus Domremy mußten an die vierunddreißig Jahre zurückblikken. Die Erinnerung mochte mit fortschreitendem Alter ein wenig verworren, wenn auch nicht unbedingt verlogen geworden sein. Johanna war, als sie vor ihren Richtern erschien, in einem Alter, in dem man vermutlich zutreffender antwortet als ihre früheren Freunde. Außerdem war es ihr eigenes Leben, an das sie sich erinnern mußte und als solches für sie lebendiger, während sich die Domremy-Zeugen in ihrem hohen Alter nur das Leben eines kleinen Mädchens unter vielen anderen kleinen Mädchen in ihrem Dorf ins Gedächtnis zurückriefen. Man darf daher vernünftigerweise folgern, daß Johannas Aussagen im großen und ganzen ein genaueres Bild ihres früheren Lebens darstellen als die späteren Aussagen ihrer Freunde aus Domremy, und daß weder sie noch ihre Freunde, trotz des offensichtlichen Widerspruchs ihrer Aussagen, absichtlich irreführen wollten.

Kurz: Johanna, die offen zugab, bei den häuslichen Pflichten im Hause ihres Vaters mitgeholfen zu haben, und sich sogar rühmte, sie stehe keiner Frau mit Nadel oder

Spindel nach, hatte verneint, das Rind oder andere Tiere auf die Weide hinausbegleitet zu haben. Ihre Worte sind ganz klar: »Und sie fügte hinzu, sie sei in ihres Vaters Haus der Hausarbeit nachgegangen, nicht aber mit den Schafen und anderen Tieren aufs Feld hinausgezogen.« Das war ihre erste Darstellung von der Sache als Antwort an ihre Richter. Zwei Tage später, als sie wieder darauf zurückkamen, setzte sie eine nähere Angabe hinzu. Sie hätte, sagte sie, die Frage bereits beantwortet, fügte aber hinzu, als sie älter geworden und in die Jahre der Besonnenheit gekommen sei, habe sie das Gemeindevieh nicht gehütet, wenn sie es auch auf die Weide hinaus und aus Furcht vor den Bewaffneten in eine Château de l'Ile genannte Burg treiben half; sie erinnerte sich nicht, ob sie es als Kind gehütet hatte oder nicht. Somit widersprechen sich auf den ersten Blick ihre beiden Aussagen, sind aber in Wirklichkeit durchaus vereinbar: sie trieb nur um einer peinlichen Genauigkeit willen Haarspalterei. Es schwebten ihr offenbar zwei sehr wichtige Unterscheidungen in ihrem Bewußtsein vor, und da sie ein gewissenhafter Mensch war (in jenem Augenblick auch ängstlich, nicht bei einer unnötigen Ungenauigkeit ertappt zu werden, die weiter ihr Leben gefährden konnte), bemühte sie sich, diese Unterscheidungen so klar wie möglich zu machen. Erstens wollte sie dahingehend verstanden sein, sie habe zwar als kleines Mädchen nicht die Gepflogenheit gehabt, bei den Kühen draußen auf der Weide zu bleiben, aber doch gelegentlich mitgeholfen, diese dorthin oder in die Inselburg zu treiben. Zweitens wollte sie feststellen, sie könne sich nicht erinnern, ob sie auch als Kind das Vieh jemals den ganzen Tag lang gehütet habe, wenn sie diese Behauptung auch nicht so bestimmt von sich weisen wolle als die andere. Sie unterschied offenbar sehr deutlich zwischen der vergleichsweisen Würde, Kühe am Morgen auszutreiben, und der vergleichsweisen Unwürde, sie den Tag über bewachen zu müssen; ebenso machte sie einen Unterschied in der Schicklichkeit, als junges Mädchen oder als Kind zu einem so unvornehmen Geschäft herangezogen zu werden. Es mag seltsam klingen, daß Johanna, die erklärte Verbündete von Heiligen, in diesem Augenblick aus Angst um ihr Leben so großen Wert auf eine so belanglose Unterscheidung gelegt haben sollte. Aber es ist eben eine von den Unterscheidungen, die in der bäuerlichen Vorstellungswelt eine unverhältnismäßig große Wichtigkeit bekommen können, während sie für den geistig Geschmeidigeren schwer richtig einzuschätzen sind. Es ist dieselbe Art falschen Stolzes, die einen Dienstboten so unbequem empfindlich im Hinblick auf seine Obliegenheiten macht, schwer verständlich, weil man schwer mitempfinden kann. Man muß einfach die Tatsache gelten lassen, die Art der Denkungsweise sei anders. Und Johanna war ein sehr einfacher Mensch, abgesehen von ihrer besonderen Führung durch die Heiligen. Wäre sie kein so einfacher Mensch gewesen, so wäre es tatsächlich unwahrscheinlich, daß sie dieser besonderen Führung so willig aufgeschlossen gewesen wäre. Sie besaß beides, die Einfachheit und die Unerklärbarkeit des Genies; nur war in ihrem Falle ihre Einfachheit paradox verwickelt durch ihren bäurischen Sinn, der einen wirklichen Unterschied darin sah, Kühe auf die Weide zu treiben, und darin, dabei zu bleiben, während sie grasten[1].

Die Antworten ihrer Domremyfreunde waren weniger verwirrend gewissenhaft. Sie sahen offenbar sehr wenig Unterschied zwischen einer gelegentlichen und einer regelmäßigen Kuhhirtin, zwischen einem Kind und einem jungen Mädchen. Was machte es aus, ob man neun Jahre oder drei-

1 Andererseits wird auch von Johanna berichtet, daß sie geäußert habe, sie wünsche, Gott möge ihr erlauben, zu ihrem Vater und ihrer Mutter zurückzukehren, um deren Schafe und Vieh zu hüten und zu tun, was sie tun gewohnt war (*et garder leur brebis et bestail, et faire ce que je soulois faire*). *Chronique de la Pucelle,* édition de Vallet de Viriville, Kapitel 59, S. 285. Diese Stelle, wenn sie überhaupt maßgebend ist, erweckt den Eindruck, als habe sich Johanna nach ihrer ruhigen Lebensweise und den einfachen Verrichtungen zurückgesehnt.

zehn alt war? Mit dreizehn war man noch ein Dorfkind, unterstand dem Willen seines Vaters, und seine Obliegenheiten waren noch die eigenen. Sie selbst waren alt, als sie aufgefordert wurden, ihr Zeugnis abzulegen, und hatten den riesigen und feierlichen Unterschied vergessen, den ein paar Jahre in den Augen der sehr Jungen ausmachen.

Es ist nichts Zweideutiges an ihren Aussagen, noch ist eine einzige darunter, die mit den anderen in Widerspruch stünde. Sie widersprechen nur Johannas eigenen Erklärungen, und noch heute ist es schwer, herauszufinden, warum. Die Schwierigkeit wird noch durch einen anderen Punkt erhöht: wenn Johanna sich rundweg geweigert hätte, ihre Pflicht zu übernehmen, wenn die Reihe an ihr war, so wäre eine solche Weigerung sicherlich im Dorf aufgefallen und ihre Zeitgenossen hätten sich selbst noch in ihrem Alter daran erinnert. In einem kleinen Dorf ist jeder Vorfall bekannt und liefert Stoff zu Klatsch: wenn Jakobus d'Arcs Tochter sich gegen die Befehle ihres Vaters gesträubt hätte, hätte Jakobus d'Arc ihr sicherlich eine Ohrfeige gegeben und das Echo dieses Schlages wäre durch ganz Domremy widergehallt. Entweder er oder seine Frau hätte einem alten Bekannten die unerklärliche Störrischkeit im Betragen der Tochter anvertraut. Und die alten Leute hätten sich daran erinnert. Kleine Ereignisse machen Eindruck auf kleine Geister. Darüber hinaus hätte die darauffolgende ungewöhnliche Laufbahn Johannas, die Berühmtheit, die sie ihrem bescheidenen Dörfchen verlieh, der dramatische Ansturm ihrer Siege, Gefangennahme, Verurteilung und ihr Tod sie naturgemäß in der Erinnerung der Alten herausgehoben. Nebenbei waren mehrere der Zeugen ihre Taufpaten, enge Freunde ihrer Familie, und wären als solche über die ungewöhnliche Unbotmäßigkeit ihres Patenkindes doppelt bestürzt gewesen. Die einzig mögliche Schlußfolgerung ist, daß Johanna sich niemals offen auflehnte. Sie drückte sich wohl nur, ohne offen Aufhebens davon zu machen, weil sie bereits wichtigere Dinge beschäftigten. Sie wollte schon allein sein, in einer Einsamkeit, die von einem reicheren Umgang als dem Umgang mit materiell gesinnten und vielleicht sogar hie und da anzüglichen jungen Männern und Mädchen erfüllt war. Es war ihre ruhige Art, zu erreichen, was sie wollte, ohne irgend etwas zu irgendwem zu sagen. Das ist keine phantastische Erklärung der Fehlaussage, welche die Einwohner von Domremy späterhin machten: es geht klar aus den Aussagen ihres Paten Jean Morel hervor, daß Johanna manchmal, wenn ihre Eltern sie auf dem Feld wähnten, ganz woanders war. Sie weilte bei dem Schrein Unserer Lieben Frau von Bermont (*quod, prout vidit, ipsa Johanneta libentur et saepe ibat ad ecclesiam sive heremum Beatae Mariae de Bermont, dum sui parentes credebant ipsam fore in campis, ad aratrum, aut alias*). Nun ist es aber ein ziemlich weiter Weg von Domremy nach Bermont, daher muß Johannas Fernbleiben oft reichlich lange gedauert haben. Man staunt, daß sie das Wagnis auf sich genommen hat; man wundert sich, warum sie bei ihrer Verhandlung nicht diese sehr einfache Erklärung abgab; denn so sehr sie auch früher gefürchtet haben mochte, wegen dieses Versäumnisses bestraft zu werden, mußte diese kindliche Befürchtung doch zweifellos hinfällig geworden sein, nur um durch noch viel ernstere Befürchtungen ersetzt zu werden; man wundert sich auch, warum ihr niemals jemand, der ihre Abwesenheit bemerkte oder ihr auf dem Weg begegnete, Schwierigkeiten bei ihren ahnungslosen Eltern bereitet hat. Nach ihren Aussagen zu schließen, war ihr Pate der einzige, der ihren Versäumnissen auf die Spur kam oder sich ihrer erinnerte, wenn sich auch andere Zeugen entsannen, sie bei anerkannten Anlässen nach Bermont begleitet zu haben. Und sowohl Michel Lebuin als auch Perrin der Tuchmacher sagen aus, Johanna habe manches Mal ihre Schwester mitgenommen. Sie muß entweder ungewöhnlich schlau gewesen sein oder ungewöhnliches Glück gehabt haben.

Bermont, wohin sie oft ihre Schritte gelenkt hat, war damals und ist heute noch eine entlegene kleine Kapelle im

Herzen des Waldes. Um es zu erreichen, ohne durch das Dorf oder das nächstgelegene Dorf Greux gehen zu müssen, hat sie vermutlich einen abkürzenden Fußpfad durch die Felder und Wälder eingeschlagen, der kürzer und auch verschwiegener war als die Landstraße. Es führt keine Straße zu der Kapelle selbst hinauf, nichts als ein steiler regelloser Pfad, der zuerst in ein kleines, sumpfiges, von Bäumen überhangenes Tal hinunterführt, das von Schilf bestanden ist, und dann vorbei an einem Quell, wo Johanna oft gerastet haben mag, den jenseitigen Hügel hinauf, um in einer unerwarteten Lichtung bei dem weißen grobgemauerten Bauwerk auszutreten, das die Einsiedelei ist. Armselig, einfach, verlassen und durchaus bäurisch – ein seltsam herzbewegender Ort. In der kleinen weißgetünchten Kapelle hängt über dem Altar ein Kruzifix, auf dem ihre Augen oft geruht haben mögen; auf einem Gestell steht eine grobe hölzerne Figur der gebenedeiten Jungfrau von Bermont, der ihre besondere Verehrung gegolten haben soll. Vielleicht kommt man so, an einem stillen Nachmittag in Bermont, einzig in der Gesellschaft der neben dem Stechginster knabbernden Kaninchen, dem Geist Johannas und den Einflüssen, die sie zu einer Jeanne d'Arc machten, am nächsten.

VI

Die Legende von der Schäferin wurde mittlerweile von Johanna selbst zerstört. Sie zerschlägt sie mit den Worten so unfehlbar, wie sie das Vorstellungsbild der Hure mit dem Hieb ihres Schwertes zerschlägt. Sie wird ersetzt durch die Gestalt im roten Rock, die sich verstohlen nach den Wäldern von Bermont aufmacht; durch die Gestalt des kleinen Mädchens, dessen Spielgefährtinnen es neckten, weil es zu fromm war; durch die Gestalt des kleinen Mädchens für alles (noch nicht durch die der Jungfrau von Orléans), das in seines Vaters Haus emsig mit seinem Besen ist, sich dann hinsetzt mit Nähnadel und Spinnrocken, weil es gerade nicht fortlaufen kann, denn seine Mutter läßt es im Haus nicht aus den Augen. Sie wird vor allem ersetzt durch die Gestalt eines Mägdleins, das höchst erstaunlicher- und erschreckenderweise von einer körperlosen Stimme angerufen wird, die zu ihm unter freiem Himmel im dramatischsten und bedeutungsvollsten Augenblick seiner ganzen Laufbahn spricht.

Johanna behauptete, sie sei annähernd dreizehn Jahre alt gewesen, als dieses Ereignis eintrat. Andererseits antwortete sie, als man sie zu Beginn der Verhandlung nach ihrem Alter fragte, ziemlich unbestimmt, sie sei ungefähr neunzehn. Ein andermal befragt, gab sie an, sie könne nicht sagen, in welchem Alter sie ihr Vaterhaus verlassen habe. Eine solche Ungenauigkeit von seiten der Hauptbeteiligten mindert zum mindesten die Verläßlichkeit ihrer Aussagen herab. Ihre Ungenauigkeit scheint sich aber nicht auf das Datum erstreckt zu haben, an dem sie zum erstenmal ihre Stimmen gehört hatte: sie sagt wiederholt, sie sei in ihrem dreizehnten Lebensjahr, d. h. zwölf Jahre alt gewesen. Sie kann über ihr Alter bei anderen Ereignissen im Zweifel gewesen sein, aber es bestand nie ein Zweifel bei ihr, Sankt Michael habe sie zum erstenmal besucht, als sie zwölf Jahre alt war. Ihre beiden Zeitgenossen, Perceval de Boulainvilliers und Alain Chartier glaubten, sie müsse ungefähr in diesem Alter gewesen sein (*tandem peractis aetatis suae duodecim annis;* und *ubi vero duodecimum annum attigit*). Alles das in Betracht gezogen, müssen wir also annehmen, daß ihr dieses ungewöhnliche Erlebnis im Jahre 1424 widerfuhr.

Zwei getrennte und etwas verschiedene Darstellungen sind uns davon überliefert: Johannas eigene, die einen der rührendsten und poetischsten Abschnitte einer Selbstbiographie darstellt, den man nur lesen kann, und diejenige von Perceval de Boulainvilliers in seinem vorhergehend erwähnten Brief an den Herzog von Mailand. Man kann de Boulainvilliers kaum für einen sehr ausgeglichenen oder glaubhaften Berichterstatter halten – vielmehr für einen eher leichtgläubigen als glaubhaften, wenn man sich an die wilde Märchengeschichte erinnert, die er in bestem Glauben über Johannas Geburt in der Epiphaniasnacht wiederholte. Aber da diese von ihm mitgeteilte hübsche Geschichte eine gewisse volkstümliche Verbreitung erfahren zu haben scheint, kann sie hier kaum übergangen werden. So lautet sein Bericht, fast wörtlich aus seinem Brief übertragen:

»Sie hütete ihres Vaters Schafe zusammen mit den anderen Mädchen, von denen einige auf den Wiesen herumspielten. Sie riefen ihr zu, bei ihren Wettläufen mitzutun, bei denen der Preis eine Handvoll Blumen oder etwas dergleichen war. Sie, die diese Herausforderung angenommen hatte, durchlief die Strecke zwei- oder dreimal mit solcher Schnelligkeit, daß eines der Mädchen ausrief: ›Johanna‹ (denn das war ihr Name), ›ich sehe dich über den Boden hinfliegen‹« (*video te volantem juxta terram*).

Diese seltsame Bemerkung, die mehr eine wörtliche als eine bildliche Auslegung zu verlangen scheint, läßt an eine von seiten der Sprecherin unbewußt gemachte Anspielung auf das rätselhafte Phänomen der Levitation denken. Erwähnt soll werden, daß Johanna unter Heiligen und Visionären keineswegs als die einzige dasteht, welche auf die Zuschauer diesen Eindruck machte. Ihrer Zeitgenossin Colette de Corbie und ihrer Vorgängerin Guillemette de la Rochelle wurde beiden dieselbe Gabe zugeschrieben, desgleichen der heiligen Katharina von Siena, ebenso der heiligen Therese. Johanna selbst machte nie Anspruch darauf, es sei denn, man höre eine Anspielung darauf aus ihren Worten an Bruder Richard heraus, als er mit ihr in Troyes zusammentraf: »Kommet unbesorgt näher«, sagte sie. »Ich werde nicht fortfliegen.« Aber diese Worte hatten in ihrem Munde sicherlich nicht die Bedeutung, daß Johanna selbst diese geheimnisvolle Gabe zu besitzen glaubte. Sie wurden gesprochen, weil Bruder Richard, als er sie gewahrte, das Zeichen des Kreuzes machte – das übliche Verfahren, wenn man sich in Gegenwart einer Hexe oder eines bösen Geistes wähnte; nun aber lautet ein allgemeiner Aberglaube, Hexen könnten sich, wenn sie wollten, vom Boden erheben, also in der Volkssprache gesagt, fliegen. Johannas Bemerkung war deshalb eher spöttisch als prahlerisch gemeint.

Freilich, wäre sie wirklich so unabhängig von den Gesetzen der Schwerkraft gewesen, so wäre dies eine restlose Erklärung dafür, wieso sie von einem siebzig Fuß hohen Turm herunterspringen konnte, ohne sich ein Glied zu brechen[1].

Um auf den Brief Boulainvilliers zurückzukommen:

»Sie zog sich dann an den Rand der Wiese zurück, als der Wettlauf vorüber war, um ihren ermüdeten Körper auszuruhen und wieder zu Atem zu kommen; sie war wie verzückt und ihrer Sinne beraubt (*quasi rapta et a sensibus alienata*). Dann kam ein Knabe des Wegs, der nähertretend zu ihr sagte: ›Johanna, geh heim; deine Mutter braucht dich.‹ Im Glauben, es sei ihr Bruder oder sonst ein Knabe aus der Nachbarschaft, eilte sie nach Hause. Als ihre Mutter sie sah, fragte sie, warum sie die Schafe im Stich lasse, und schalt sie. Das unschuldige Kind antwortete: ›Hast du denn nicht nach mir geschickt?‹ Ihre Mutter sagte: ›Nein.‹

Im Glauben, der Junge habe ihr einen Streich gespielt, wollte sie daraufhin zu ihren Gespielinnen zurücklaufen, als plötzlich eine leuchtende Wolke (*nubes praelucida*) vor ihren Augen erschien und aus dieser Wolke eine Stimme ertönte, die sagte: ›Johanna, du bist ausersehen, ein anderes Leben zu führen und Wunderbares zu vollbringen; denn du bist die vom Himmelskönig dazu Auserwählte, das Königreich Frankreich wiederherzustellen und König Karl zu helfen und ihn, der aus seinen Landen vertrieben worden ist, zu beschützen. Du sollst Männerkleidung anlegen; du sollst Waffen tragen und Führerin des Heeres werden.‹ Nach diesen Worten verschwand die Wolke und das Mädchen, staunend

---

1 Die ausführliche Schilderung dieses erstaunlichen Sprunges siehe Kapitel XIV, S. 356.

über ein solches Wunder, konnte es zuerst nicht glauben, blieb aber verwirrt stehen in seiner unwissenden Unschuld und wußte nicht, ob es glauben sollte oder nicht. Nachts und tags erschienen ihr ähnliche Gesichte, erneuerten und wiederholten ihre Worte. Sie hielt mit sich selbst Rat; niemandem, ausgenommen ihrem Pfarrherrn, sagte sie etwas; und in diesem Zustand der Verwirrung verharrte sie fünf Jahre.«

Die von ihr bei ihrer Gerichtsverhandlung gegebene eigene Darstellung ist kürzer; vielleicht weniger rührend hübsch, aber in ihrer Kürze viel überzeugender:

»Ich war kaum dreizehn Jahre alt, als eine Stimme mir von Gott kam, um mich zu lenken. Zuerst ängstigte ich mich sehr. Die Stimme rief um die Mittagsstunde, zur Sommerszeit, im Garten meines Vaters. Ich hatte am Tag zuvor gefastet. Ich vernahm eine Stimme zu meiner Rechten, aus der Richtung der Kirche. Selten höre ich die Stimme, ohne daß ein helles Leuchten sie begleitet. Dieses Licht strahlt immer dort, wo die Stimme ertönt.«

VII

Wäre nicht diese äußerste Einfachheit, welche dieser Darstellung ihren eigenen dichterischen Reiz verleiht, so wäre es schade, das Bild zerstören zu müssen, das am Anfang von Boulainvilliers Brief gemalt ist. Boulainvilliers Bild hat einen frischen und fast Botticellischen Liebreiz: die Schafe, das blumige Gras, die glücklichen Kinder, ihre Stimmen, ihr Lachen, ihre unschuldigen Belustigungen – bei einer so sorglosen, frühlingshaften und idyllischen Szene scheinen Kriegsgesellen und die Unruhen Frankreichs weit weg. Es wäre schade, es zu zerstören, könnten wir es nicht durch jenes andere und einfachere Bild ersetzen, wie Johanna im Sommer um die Mittagsstunde allein im Garten ihres Vaters weilt. Ich frage mich, ob es überhaupt wirklich ganz zerstört werden muß? Es ist wahr, Johanna selbst erwähnt niemals den trügerischen Knaben, der sie eilends zu ihrer Mutter heimschickte. Es ist auch wahr, daß Perceval de Boulainvilliers von ihr berichtet, sie habe diesen Knaben für ihren Bruder oder einen Jungen aus dem Dorf gehalten, eine Unterstellung, die genau betrachtet kaum glaubhaft ist; denn wie hätte sie eine so vertraute Gestalt wie die ihres eigenen Bruders oder auch nur eines ihrer täglichen Spielkameraden verwechseln können? – außer wir lassen die völlig logische Behauptung gelten, eine Erscheinung könne ebenso leicht die Gestalt eines Bruder oder eines Spielkameraden annehmen wie die eines Erzengels oder einer Heiligen. Abgesehen von dieser geringen und leicht überwundenen Schwierigkeit und abgesehen von der Tatsache, daß Boulainvilliers einen romantischen, wenn auch durchaus verständlichen Kult mit Johanna trieb, abgesehen auch von der Tatsache, daß er seine Ungenauigkeit in manchen anderen Einzelheiten verrät – viele »abgesehen«, wie ich zugeben muß –, kann ich trotzdem keinen Grund einsehen, die Gutgläubigkeit seines Berichtes anzuzweifeln. Ich sehe keinen Grund ein, warum ihm Johanna nicht selbst vertraulich und persönlich die Geschichte von dem Wettlauf der Kinder und dem trügerischen Knaben erzählt haben sollte, wenn sie auch beide Punkte bei ihrem Verhör vor den Richtern nicht erwähnte. Vermutlich war sie dahin gekommen, den trügerischen Knaben als unwichtig anzusehen. Sie mag dahin gekommen sein, ihn als ein nur wunderliches Vorspiel zu den weit wichtigeren Dingen, die in der Folge geschahen, zu betrachten. Sie mag Boulainvilliers nebenbei von ihm erzählt haben als von einer geringfügigen Anekdote, die der Wiederholung vor ihren Richtern nicht wert war und von den viel eindrucksvolleren Personen der Folgezeit völlig aus ihrem Sinn verdrängt wurde. Sie hat ihm vielleicht niemals die Ehre eines Sendboten Gottes zuerkannt: ihrer Ansicht nach hatte er sie, wie Boulainvilliers berichtet, zum besten gehabt. Er war ein Trug. Er konnte nicht von

Gott gekommen sein, und soviel wir wissen, erschien er niemals wieder[1].

Wiederum lassen sich die zwei Geschichten vereinen, so daß sie sich widerspruchslos zusammenreimen, indem man die eine als das Vorspiel der anderen ansieht. Johanna sagt ausdrücklich, sie sei *in ihres Vaters Garten* gewesen, als sie zum erstenmal die Lichtwolke erblickte; nun aber war sie laut Boulainvilliers heimgelaufen zu ihrer Mutter, war gescholten und zurück zu ihren Schafen geschickt worden. Der ganz offensichtliche Widerspruch könnte deshalb dadurch erklärt werden, daß man annimmt, sie habe das Licht auf ihrem Rückweg durch den Garten erblickt. Auch besteht kein Grund, warum Boulainvilliers die ganze Geschichte von dem trügerischen Knaben frei erfunden haben sollte: es scheint weit wahrscheinlicher, daß er sie aus Johannas eigenem Munde hatte oder jedenfalls aus dem Munde einer Person, der sie diese Geschichte anvertraut hatte. Sie klingt nicht wie eine Geschichte, die einem mit allen ihren Einzelheiten von selbst einfällt, noch weniger wie eine Geschichte, die jemand nur zum Spaß in einem ernsthaften Brief an einen fremden Fürsten erfindet.

VIII

Welcher Natur auch immer die Stimmen gewesen sein mochten und in welcher Gestalt immer sie kamen, sie waren gekommen und blieben. Nun sie sich einmal gemeldet hatten, verließen sie Johanna nicht mehr. Zuerst war sie er-

1 Auch wäre es möglich, daß sie die Geschichte in Gänze bei ihrem ersten Verhör in Poitiers erzählt haben könnte, dessen Niederschrift verlorengegangen ist oder vielleicht vernichtet wurde. Das Datum von Boulainvilliers Brief, 21. Juni 1429, weist auf einen nahezu drei Monate nach dem Verhör von Poitiers gelegenen Zeitpunkt hin, so daß es sein könnte, daß er die Geschichte von jemandem gehört hatte, der in Poitiers mitanwesend war.

schrocken und zweiflerisch und konnte nicht begreifen, was ihr widerfuhr. Nachdem sie dann ihren ersten Besucher verschiedene Male gesehen hatte, entschied sie, daß er kein anderer als Sankt Michael sei. Auf die Frage, wie sie letztendlich seine Personengleichheit erkannt habe, antwortete sie, sie habe ihn endgültig daran erkannt, daß er mit der Engelszunge sprach.

Woher wußte sie, fragte man, daß er die Sprache der Engel redete? Sie gab zur Antwort, sie habe es schon sehr bald nach Auftreten der Erscheinung geglaubt und es bereitwillig geglaubt – eine bezeichnende Antwort (*et eust ceste voulenté de le croire*). Jedenfalls war sie zuletzt völlig überzeugt. Wenn sie zuerst nicht überzeugt gewesen war, sagte sie, so deshalb, weil sie nur ein Kind und sehr bestürzt gewesen sei, aber in der Folgezeit lehrte und zeigte ihr Sankt Michael so viele Dinge, daß sie völlig an seine Person glauben lernte. Sie wäre ganz sicher gewesen, sagte sie, daß es nicht der böse Feind war, womit sie den Teufel meinte, der ihr in der Verkleidung eines Engels erschien, denn sie hätte sofort erkannt, ob es Sankt Michael gewesen sei oder etwas, das seine Gestalt nachahmte. Arme kleine kindliche Johanna, sie war offenbar erschrocken und beunruhigt gewesen, ohne eine Ahnung von der Tröstung und Führung zu haben, die sie zu erhalten ausersehen war. Der Augenblick, als sie *creust fermement que c'estoit il,* muß ein großer Augenblick in ihrem Leben gewesen sein: ein großer Augenblick, eine große Erleichterung. In diesem Augenblick ängstigte sie sich nicht mehr und erlangte statt dessen ein Vertrauen und eine Zuversicht, die sie nie mehr verlassen sollten. Als sie sich nicht mehr wunderte, nahm sie ihre wunderbaren Erscheinungen als zu ihrem täglichen Leben gehörig hin.

Der Erzengel war zuerst nicht sehr bestimmt in seinen Weisungen. Er scheint mit mehr Takt, Vorsicht und Überlegung vorgegangen zu sein, als übernatürlichen Erscheinungen gemeinhin zugeschrieben wird. Er versuchte niemals, Johanna zu drängen. Er übermittelte seine Botschaft sehr behutsam. Er begann damit, daß er sie gerechten Wandel lehrte, indem er sagte, sie müsse ein gutes Kind sein und Gott würde ihr helfen, und sagte ihr dann unter anderem, sie müsse dem König von Frankreich zu Hilfe kommen, wobei er sie darauf vorbereitete, jetzt würden ihr Sankta Katharina und Sankta Margarete erscheinen und sie müsse ihren Weisungen gehorchen, da sie auf göttliches Geheiß gesandt seien. Johanna lauschte alledem, ohne zu irgend jemandem ein Wörtchen davon zu flüstern.

Die Geschichte wird im Verlauf zunehmend seltsamer und seltsamer. Den Vorteil, Einzelheiten über die Stimmen und Erscheinungen zu wissen, verdanken wir vor allem Johanna selbst. Man braucht nicht seine Einbildungskraft zu Hilfe zu nehmen oder die Geschehnisse aus Bruchstücken der Zeugenaussagen zusammenzureimen: Johannas eigener eingehender, unbeirrbarer Bericht, den sie selbst ihren Richtern bei ihrem Prozeß gab, erzählt uns alles, was wir wissen wollen. Sie hat wohl dann und wann die Beantwortung einer Frage verweigert, da ihre Stimmen, wie sie sagte, ihr noch nicht die nötige Erlaubnis zum Sprechen gegeben hätten; aber trotz dieses gelegentlichen Verschweigens waren ihre Antworten offen und vollständig genug, um uns ein lebhaftes Bild von ihren Erlebnissen während dieser fünf seltsamen geheimgehaltenen Jahre zu vermitteln. Allein als neunzehnjähriges Mädchen vor die furchteinflößende Versammlung der Richter des Kirchengerichts und der Heiligen Inquisition gestellt, sprach sie *hardiment,* wie ihre Stimmen es ihr befohlen hatten, ohne jemals im wesentlichen oder im einzelnen von ihrem Glauben abzuweichen.

So lautet der nahezu wörtliche, auf ihren eigenen Antworten fußende Bericht von ihren Erscheinungen:

Der Geister, die ihr gewöhnlich erschienen, waren drei an der Zahl: der Erzengel Michael, Sankta Margarete und Sankta Katharina. Sie behauptete auch, den Erzengel Gabriel und mehrere hundert andere Engel gesehen zu haben, aber sie hatte es in der Hauptsache mit ihren drei besonderen

Vertrauten zu tun. Sie sah sie mit irdischen Augen, weinte, wenn die Erscheinungen sie verließen, und wünschte, sie hätten sie mitgenommen. Sie kamen immer von der Wolke himmlischen Lichtes begleitet. Sie konnte sie berühren und umarmen. Gefragt, ob sie sie um den Hals oder um tiefere Teile des Körpers umarmt hätte, antwortete Johanna, es sei passender gewesen, sie tiefer zu umarmen, womit sie wohl sagen wollte: um die Knie, und daß sie selbst vor ihnen niedergekniet sei. Gefragt, ob sie bei dieser Umarmung ihre Wärme gefühlt hätte, antwortete sie, sie hätte sie wohl kaum umarmen können, ohne sie zu fühlen und zu berühren. Die Geister sprachen zu ihr auf französisch, indem sie sie als *Jehanne la Pucelle, fille de Dieu* ansprachen. Warum hätten sie englisch sprechen sollen, fragte Johanna, da sie doch nicht auf Seiten der Engländer standen? Wohlgeruch umgab die Erscheinungen und auf den Häuptern trugen sie herrliche Strahlenkronen, aber sie konnte oder wollte ihre Kleidung nicht beschreiben. Gefragt, ob Sankt Michael nackt gewesen sei oder nicht, erwiderte sie mit der erzürnten Gegenfrage, ob sie denn glaubten, unser Herr habe nicht die Mittel, ihn zu kleiden? Gefragt, ob er Haare gehabt habe oder nicht, wollte sie wissen, warum sein Haar hätte abgeschnitten sein sollen? Gefragt, ob die zwei weiblichen Heiligen Haare gehabt hätten (die Richter scheinen merkwürdigen Wert auf diese Haarfrage gelegt zu haben, zweifellos darum, weil Johanna, von den ihr vorgeworfenen anderen Verbrechen abgesehen, die ihrigen abgeschnitten hatte), gab sie zur Antwort: »*C'est bon à savoir.*« Gefragt, ob ihr Haupthaar lang gewesen sei, antwortete sie, das wisse sie nicht, und noch erstaunlicher: sie könne nicht sagen, ob sie Arme oder andere Gliedmaßen gehabt hätten. Sankt Michael hatte Flügel, sagte sie; aber sie wollte keine Aussagen machen über die Gestalten und Gliedmaßen der heiligen Katharina und Margarete. Danach gefragt, was diese Weigerung bedeute, antwortete sie, sie habe ihnen gesagt, was sie wisse und mehr wolle sie nicht sagen. Gefragt, ob sie nur das Antlitz der Erscheinung gesehen habe, verlor sie die Geduld und antwortete unwillig, lieber lasse sie sich den Hals abschneiden, als irgend etwas zu sagen, was sie wisse; milder gestimmt, fügte sie hinzu, sie wolle willig alles aussagen, was das Gericht angehe. Indessen zauderte sie nicht zu sagen, sie hätten sehr gut und schön (*très bien et bellement*) mit sanfter und gütiger Stimme gesprochen. Sie seien ihr mehrmals am Tage erschienen, besonders im Wald. Wann immer sie kamen, brachten sie Führung und Trost.

Johanna scheint auch besonders für den Klang der Kirchenglocken empfänglich gewesen zu sein. Sie antwortete selbst freimütig und ohne Umschweife, sie habe während ihres Aufenthalts im Gefängnis ihre Stimmen dreimal am Tage vernommen: einmal des Morgens, ein zweites Mal zur Vesperstunde, und zum dritten am Abend, als das Ave Maria geläutet wurde. Es wurde von ihr nach ihrem Tode berichtet, sie habe ihre Stimmen am deutlichsten zu hören behauptet, wenn die Glocken zur Abend- und Morgenmesse läuteten, wenn das vielleicht auch ein weder zuverlässiges noch vorurteilsfreies Zeugnis ist. Die Zeugen, die sie während ihrer ersten Jugend in Domremy gekannt hatten, deuten zugegebenermaßen auf keinerlei Zusammenhang zwischen den Kirchenglocken und den Stimmen hin; aber ihre Worte wollen beweisen, daß die Kirchenglocken eine große Wirkung auf Johanna hatten, wie das wohl bei jedem gutgläubigen Katholiken der Fall ist. Ohne zu sehr auf einem Zusammenhang zwischen den Glocken und den Stimmen bestehen zu wollen, und indem wir uns immer gegenwärtig halten, daß die Kirchenglocken der Dörfer, die dieses Tal hinauf und hinunter läuteten, im Gewissen jeder frommen kleinen Einwohnerin widergehallt haben müssen, können wir ohne weitere Erläuterung die Zeugen aus Domremy mit ihren eigenen Worten sprechen lassen. Einer von ihnen sagt: »Wenn sie auf dem Felde war und das Läuten der Glocken hörte, beugte sie das Knie.« Ein anderer: »Wenn die Glocken läuteten, machte sie das Zeichen des Kreuzes und kniete nieder.« Thomas Basin, der spätere Bischof von Lisieux, wiederholt denselben Bericht.

IX

Nichts vermochte sie von ihren Überzeugungen abzubringen. Ebensowenig konnte sie irgend etwas dazu bringen, ein Wort mehr über ihre Heiligen zu sagen, als sie sagen wollte. Sie war sicher, sie gehört, gesehen, berührt und sogar gerochen zu haben, nicht nur einmal oder zweimal, sondern täglich, im ganzen Hunderte von Malen innerhalb eines Zeitraums von sieben Jahren. Als letzten Ausweg zog sie einen furchtbaren Tod dem Widerruf vor, der ihr Leben gerettet hätte. Über die völlige Ernsthaftigkeit ihres Glaubens kann kein Zweifel bestehen. Unser einziges Problem – das nach dem heutigen Stand unseres Wissens unlösbar scheint – ist die Frage, wieweit ihr Glaube berechtigt war. Erschienen ihr die Heiligen wirklich, wahrnehmbar für vier von fünf Sinnen? Oder war sie nur das Opfer ihrer Selbsttäuschung?

Besser verfolgen wir weiter die Geschichte ihres Lebens, ehe wir diese schwierige Frage erwägen.

V. Kapitel

DOMREMY UND VAUCOULEURS (1)

I

Im Mai 1428 machte Johanna, die damals sechzehn Jahre alt war, ihren ersten tastenden Versuch, nach Frankreich entsandt zu werden, um den Dauphin aufzusuchen. Die Stimmen wurden drängender und drängender. Sie selbst hatte das heiratsfähige Alter erreicht, und man darf mit Recht auf Grund der Aussagen annehmen, daß die Wünsche ihrer Eltern in bezug auf ihre Verheiratung gleichfalls drängender wurden. Ihr Vater, wenn er auch nichts von den seltsamen Erlebnissen seiner Tochter wußte, hatte begonnen, beunruhigende Träume über sie zu haben. Bei verschiedenen Gelegenheiten, während sie noch zu Hause lebte, genaugenommen zwei Jahre nachdem die Stimmen zu erstenmal gesprochen hatten, wurde Jakobus d'Arc von der nächtlichen Ankündigung heimgesucht, seine Tochter würde mit Soldaten fortziehen – einer Ankündigung, die ihn begreiflicherweise beträchtlich bestürzt zu haben scheint. Sie bestürzte ihn tatsächlich so sehr, daß er Johanna gegenüber nichts davon erwähnte, aber seine Ängste seiner Frau mitteilte, die sie dem Kind weitererzählte. Man darf Jakobus d'Arc kaum einen Vorwurf daraus machen, daß er sich den Gedanken, seine Tochter solle mit Soldaten fortlaufen, im denkbar übelsten Sinne ausgelegt hat. Ein einfacher, vernünftiger Mann, der er war, vertraut mit der Art der Soldaten – wie er allen Grund hatte, es zu sein –, konnte er nicht an eine religiöse Sendung gedacht haben. Jedes achtbare Mädchen, das sich zu einer religiösen Sendung berufen fühlte, wollte in ein Kloster, nicht in das Heer eintreten. Es konnte nur eine Auslegung für die Warnung geben, die eigene Tochter wolle mit Soldaten fortziehen, und Jakobus d'Arc legte es sich auch so aus. Er ahnte nur wenig von der

Behandlung, die seine Tochter später solchen Frauen angedeihen ließ, die sich dem Heer aus anderen Gründen beigesellt hatten; er ahnte nicht, daß sie ihr Schwert über dem
Rücken solcher Frauen zerbrechen würde. Infolgedessen
wurde die elterliche Aufsicht verschärft. Ihr Vater und ihre
Mutter ließen es sich angelegen sein, sie sorgsam zu beaufsichtigen und streng zu halten. Mehr noch, Jakobus sprach
mit seinen Söhnen darüber – ein Gespräch, das Johanna
wiederum von der Mutter hinterbracht wurde. Die Mutter
wiederholte ihr, was der Vater zu ihren Brüdern gesagt hatte:
»Glaubte ich wahrlich, mit meiner Tochter geschähe, was
mir träumte, so wäre mir lieber, ihr würdet sie ertränken;
und tätet ihr das nicht, so tät ich's selber.«

Das ist keine zweideutige Erklärung. Diese Worte haben
einen alttestamentarischen Klang von starrer und unnach-
giebiger Größe.

Ohne unangebrachte Phantasie darf man sich vorstellen,
daß das Familienfrühstück in Domremy nach einer Nacht, in
der Jakobus d'Arc von solchen Träumen heimgesucht worden war, keine sehr fröhliche Angelegenheit war. Da waren
der verdrossene Vater, die geängstigte Mutter, die bestürzten Söhne. Da war die stumme kleine Tochter, bedrückt von
ihrem gewaltigen Geheimnis und in großem Zweifel darüber, was wohl ihre Eltern und ihre Brüder denken mochten. Gleichfalls ohne angebrachte Phantasie kann man sich
die qualvollen Gespräche vorstellen, die zwischen Mutter
und Tochter geführt worden sein müssen, wenn die Männer
hinaus zu ihrer Feldarbeit gegangen waren. Johanna achtete
ihre Mutter; es muß sie, rein menschlich gesprochen, gequält haben, diesen Erzählungen von Träumen zu lauschen,
deren Berechtigung sie nur zu gut kannte. Ihr Gewissen muß
merkwürdige Auswege gesucht haben und in seltsame Verlegenheiten geraten sein. Es ist nie leicht, zwischen Recht
und Unrecht zu unterscheiden, besonders aber nicht, wenn
man erst vierzehn Jahre alt ist.

Wiederum ist es vielleicht nicht zu phantasievoll anzunehmen, ein seltsam seelenverwandtes Band habe zwischen Johanna und ihrem Vater bestanden, das sie die Qualen ihrer Irreführung doppelt fühlen ließ und das nur erklärt werden kann, indem man eine telepathische Verbindung zwischen den beiden annimmt. Denn was tat er alles in allem anderes, als ihre geheimgehaltenen Gedanken träumen? Meines Wissens hat auf diesen Punkt bis jetzt noch keiner ihrer Biographen aufmerksam gemacht.

Wie dem auch sein mag, sie verharrte bei ihrem ursprünglichen Vorsatz, nichts zu sagen. Sie ließ sich von der Mutter diese Geschichten erzählen, ohne sich ihr jemals zu eröffnen.

II

Gerüchte von einem neuen englischen Angriff liefen in Frankreich um. So spornten sowohl eigene als auch die Allgemeinheit betreffende Gründe Johanna zu ihrem ersten Versuch an. Im Verfolg dieses Versuchs gewann sie sich die Hilfe eines gewissen Durand Lassois oder Laxart, der ihre Base ersten Grades[1] geheiratet hatte, den aber Johanna aus Achtung vor dem Altersunterschied von sechzehn Jahren nicht Vetter, sondern Oheim nannte. Das scheint der hauptsächliche, wenn auch nicht der einzige Achtungsbeweis gewesen zu sein, den sie ihm jemals zollte; im übrigen scheint es, daß sie mit ihm nachgerade alles habe anfangen können, was sie wollte. Sie nahm ihm seine Kleider fort, als sie diese brauchte, gab sie ihm zurück, wenn sie ihrer nicht mehr bedurfte, zwang ihn, sein Ansehen bei ihren Eltern aufs Spiel zu setzen und ihr fast auf unglaubhafte Weise zu Diensten zu sein. Offensichtlich ein Mann von geduldigem, gläubigem und zugänglichem Charakter, seinen Verwandten Jakobus

1 Er heiratete Jeanne, die Tochter eines Arbeiters namens le Vauseul und Avelines, einer Schwester von Isabella Romée.

und Isabella wohlbekannt, eine passende Begleitung für ihre Tochter dank seiner Verschwägerung und der Blutsverwandtschaft seiner Frau, kurz, ein Mann, der das geeignete Werkzeug war, um Johannas Zwecken zu dienen, und mit Schläue und Entschlossenheit machte sie sich seine Dienstbereitschaft nach bestem Vermögen zunutze.

Durand Lassois und seine Frau wohnten in Burey-le-Petit, nur drei Kilometer von Vaucouleurs entfernt, und gerade nach Vaucouleurs mußte Johanna hingelangen. Sie hatte sich sehr weise und einleuchtend für Vaucouleurs entschieden, weil das der nächstgelegene Ort war, der im Namen des Dauphins besetzt war; eine kleine, auf einem Hügel gelegene Stadt mit einer Besatzung, etwa fünfzehn Kilometer im Tal nordwärts von Domremy gelegen. Vaucouleurs wurde zu jenem Zeitpunkt von einem gewissen Robert de Baudricourt befehligt, der von allen als gewöhnlicher wackerer Soldat geschildert wurde, der eine sich im Leben bietende Gelegenheit beim Schopfe zu ergreifen verstand. So hatte er es beispielsweise fertiggebracht, hintereinander zwei wohlhabende Witwen zu heiraten – wenn er allerdings auch so untüchtig oder vielleicht so leichtfertig gewesen war zuzulassen, daß ein paar Schafhirten den Karren mit den Mundvorräten stahlen, die für seinen Hochzeitsschmaus bestimmt waren. Er stammte aus einer angesehenen Familie: Seine Mutter war Marguerite d'Aunoy aus Blaise in Bassigny, sein Vater Liebault de Baudricourt, Kämmerer eines Herzogs von Bar und Statthalter von Pont-à-Mousson; seine Oheime hatten ebenfalls verantwortungsvolle Stellungen innegehabt, deren Erbe er angetreten hatte. Er war somit das, was man einen Mann von Stand nennen könnte, womit nur auf seine vornehme Herkunft hingewiesen sein soll, ohne daß das notwendigerweise bedeuten muß, daß er selbst ein Mann von verfeinertem Charakter gewesen sei. Kurz und gut, Robert de Baudricourt scheint weder besser noch schlechter gewesen zu sein als andere Männer seines Schlages; naturgemäß scheint er ziemliche Langeweile gehabt zu haben, festgefahren wie er in seinem kleinen Provinzkommando in Vaucouleurs war; er scheint ebenso bereit wie andere Männer gewesen zu sein, einen gewagten Scherz da zu machen, wo sich die Gelegenheit dazu bot; die Ankunft einer unbekannten Jeannette aus Domremy scheint für ihn gerade eine solche Gelegenheit gewesen zu sein, indem sie die Einförmigkeit seiner Garnisonstage unterbrach; er war anscheinend nicht der Mann, der eine Frau gefühlsmäßig zu achten geneigt war, außer wenn diese Frau ihm einen guten Grund dazu gab – kurz ein gutmütiger, sachlicher, stämmiger, raubautziger Hauptmann, der weder zynischer noch gutgläubiger war als die anderen. Das war der Mann, an den sich Johanna zu wenden gedachte, um den ersten Schritt ihrem wilden Abenteuer entgegen zu tun.

Sie mag Erzählungen über ihn im Familienkreise ihres eigenen Daheims gehört haben, denn es scheint wahrscheinlich, daß ihn ihr Vater einmal persönlich im März 1427 in Vaucouleurs getroffen hat, und zwar auf Grund folgender Umstände: Die Einwohner von Domremy und von Greux hatten die Verpflichtung, an den *damoiseau* von Commercy eine jährliche Abgabe als Gegenleistung für seinen Schutz zu entrichten. Vierzehn der führenden Männer der zwei Dörfer hatten die Abmachung unterzeichnet, unter denen Jakobus d'Arc unter der Bezeichnung eines *doyen de Domremy* erscheint. Im Winter 1423 sahen sich die Dörfler, nachdem im Herbst dieses selben Jahres der Vertrag in Kraft getreten war, außerstande, ihre Gebühr zu bezahlen. Im Bewußtsein, daß der *damoiseau* nicht der Mann war, eine Schuld zu übersehen, einigten sie sich dahin, zwei wohlhabende Männer aus der Nachbarschaft namens Jean Aubert und Guyot Poingnant, denen sie gewöhnlich ihr überschüssiges Heu und ihr Holz verkauften, sollten Bürgen für sie bei ihrem ungeduldigen Gläubiger sein. Der *damoiseau* jedoch beschlagnahmte und verkaufte, ohne auf eine gütliche Beilegung der Sache zu warten, an die zwanzig Wagenladungen Heu und achtzig Wagenladungen Holz, abgesehen von einer Anzahl von Pferden, die Guyot Poingnant gehörten, wobei der Wert der so eingezogenen Güter als kaum mehr als die Hälfte der Gesamtschuld veranschlagt wurde. Ein paar Tage nach diesem Raubzug wurde die Schuld in Gänze bezahlt, und Guyot Poingnant, der in der Zwischenzeit als Bürge in Commercy zurückgehalten worden war, brach eilends nach Vaucouleurs auf, um ein Verfahren gegen die Einwohner von Greux und Domremy einzuleiten wegen des Eigentumsverlustes, den er infolge ihrer vorübergehenden Zahlungsunfähigkeit erlitten hatte. Dieses Verfahren, das selbstverständlich Robert de Baudricourt in seiner Eigenschaft als Statthalter von Vaucouleurs unterbreitet wurde, zog sich nach Art solcher Streitfälle bis zum Frühjahr 1427 hin, als Guyot Poingnant am Ende seiner Geduld sich weigerte, die Vollmachten der zwei Schiedsrichter zu erneuern, die vorher mit beiderseitigem Einverständnis der Parteien eingesetzt worden waren. Es scheint so, als habe er sich mit seinem Verlust abzufinden beschlossen, denn der Streitfall wurde fallengelassen, und der *acte de refus* wurde von den zwei Schiedsrichtern den Verteidigern übergeben. Das Interesse an diesem kleinen örtlichen Streit liegt für uns in der Tatsache, daß unter den drei im *acte de refus* genannten Ortsvertretern der an zweiter Stelle angeführte Jean Morel aus Greux war, einer von Johannas zahlreichen Paten, und der dritte Jakobus d'Arc aus Domremy, ihr Vater.

So hatte Johanna von zwei Seiten von Robert de Baudricourt gehört, durch zwei Männer, die ihn vermutlich gesehen und mit ihm gesprochen hatten. Er war ihr in gewissem Sinne kein Fremder. So tief und mit Recht man dem Geschichtsschreiber mißtraut, der sich zu frei auf seine Einbildungskraft verläßt, um die Einzelheiten des kalten Umrisses auszufüllen, den die amtlichen Urkunden liefern, gibt es doch Gelegenheiten, bei denen es nur vernünftig von ihm ist, das zu tun. Die gegenwärtige Gelegenheit gehört meiner Ansicht nach zu der letzteren Art. Man kann die Annahme nicht umgehen, Jakobus d'Arc habe bei seiner Rückkehr aus

Vaucouleurs seine Erfahrungen in großer und wiederholter Breite seinen Freunden und seiner Familie erzählt. Schließlich war es doch ein richtiggehendes Abenteuer für einen kleinen Mann gewesen. Robert de Baudricourt war eine Macht in der örtlich beschränkten kleinen Welt des Maas-Tales. Er mag zwar kein königliches Ansehen in ihren Augen genossen haben, selbst nicht als Stellvertreter des Dauphins, kam aber diesem Ansehen doch etwas näher als der nach heutigen Begriffen etwa seiner Stellung entsprechende Ortsrichter. Er trug nicht nur das Schwert der Gerechtigkeit, sondern auch dasjenige eines königlichen Offiziers und vereinigte so das militärische mit dem zivilen. Und Jakobus d'Arc blieb, wenn er auch zu jenem Zeitpunkt Ortsvorsteher von Domremy war, ein einfacher Dörfler, für den der Statthalter von Vaucouleurs ein großer Mann war. Jean Morel, Arbeiter in Greux, muß gleichfalls beeindruckt gewesen sein durch seine Zulassung ins Schloß von Vaucouleurs und durch die Gegenwart seines Befehlshabers. Sie müssen beide, wie man sich vorstellen kann, ziemlich zahm und eingeschüchtert und zungenlahm gewesen sein, solange sie in seinem Bereich waren. Sie müssen beide gleicherweise auf dem Heimweg losgelegt, vielleicht ein wenig geprahlt haben, jedenfalls ihren Besuch in jeder Einzelheit immer wieder nach Art des Landmannes geschildert haben, dem eine ungewöhnliche Unterbrechung seines normalen Lebens widerfahren ist – eine Unterbrechung, die heutzutage einen endlosen Gesprächsstoff im Dorfwirtshaus abgeben würde. Im Frankreich des fünfzehnten Jahrhunderts ersetzte der Familienkreis das Dorfwirtshaus. Solche Treffpunkte gibt es kaum oder sie erfreuen sich jedenfalls keiner solchen gesellschaftlichen Bedeutung in Ländern, in denen die Kinder von ihrem dritten Lebensjahr an daheim Wein trinken lernen und nicht so heranwachsen, um das Trinken, sei es Wein oder Bier, als einen Ansporn zu geselliger Fröhlichkeit zu betrachten. In einem englischen Dorf ist das Wirtshaus der Klub. In einem französischen Dorf sind die Leute häusli-

cher. Wenn sie Lust zum Schwatzen haben, so schwatzen sie
ebenso gerne daheim. Die Kinder werden nicht früher als
ihre Eltern ins Bett geschickt, selbst heutzutage nicht, wo
man doch annehmen darf, daß die Propaganda für Kinder-
wohlfahrt sogar in die ländlichsten Gebiete des Kontinents
vorgedrungen ist, um wieviel weniger zu einer Zeit, als solche Aufklärungen noch nicht bekannt waren, sondern jedermann, Erwachsene wie Kinder, um dieselbe Zeit zu Bette
ging, zu jener Stunde, die nur vom Untergang der Sonne
und von der Notwendigkeit, früh am nächsten Morgen aufzustehen, bestimmt wurde. Deshalb darf man wohl mit
Recht annehmen, daß Johanna gern dabeisaß, wenn während des gemeinsamen Abendessens und selbst nach dem
Essen von Robert de Baudricourt gesprochen wurde, und
daß Jean Morel, wenn er aus Greux kam, um seine Freunde
Jacquot und Zabillet aufzusuchen, mit Jacquot in der Erzählung der Erlebnisse wetteiferte, die Jacquots Familie schon
hundertmal über sich hatte ergehen lassen müssen. Ein Mitglied von Jacquots Familie zum mindesten hielt seine Ohren offen, wenn auch ihre Mutter gegähnt und gewünscht
haben mag, sie möchte aufstehen können, um häuslichen
Verrichtungen wie Abtragen und Aufwaschen nachzugehen.
Dieses stumme, ungesprächige und gespannt zuhorchende
Mitglied muß sich jedes Wort gemerkt haben, das von dem
Stellvertreter des Dauphins in Vaucouleurs handelte. Das
Gespräch, wie oft es auch wiederholt wurde, wie langweilig
es für andere sein mochte, muß voll Wert und Aufklärung
für dieses wirklich interessierte Mitglied der Zuhörerschaft
gewesen sein. Für sie war Robert de Baudricourt eine wichtige, ja sogar entscheidende Gestalt. Was sie anbetraf, durften ihr Vater und ihr Pate so viel über ihn reden, wie sie Lust
hatten. Sie lieferten damit nur derjenigen eine wichtige Aufklärung, die sie wohl kaum im Verdacht hatten, jede Bemerkung zu ihren eigenen Zwecken zu verbuchen. Robert de
Baudricourt war der Mann, den sie sprechen mußte, ehe sie
zu ihrer entscheidenden Reise aufbrach. Er war der Mann,

von dem sie sich einen Geleitbrief, Pferde und eine Begleitmannschaft erwirken mußte. Deshalb war kein noch so kleines Bruchstück von Aufschluß über ihn unwichtig: Es traf
sich im Gegenteil ungewöhnlich günstig für Johanna, daß
ihr Vater und ihr Pate in der Lage waren, ihn so eingehend
zu beschreiben, ohne eine Ahnung davon zu haben, daß das
schweigsame Mädchen am Tisch im Laufe dieses Jahres den
gefürchteten Statthalter dahin zu bringen gedachte, sie zu
ihrem verstandesmäßig nicht faßbaren Auftrag nach Frankreich zu entsenden. Jacquot schilderte; Jeannette hörte zu.
Jean Morel gesellte sich gelegentlich dem Familienkreis bei.
Die Brüder waren vermutlich müde und recht gelangweilt.

Aber das Vergnügen des Geschichtsschreibers besteht
zum Teil darin, seine eigenen Theorien wieder zu zerstören,
nachdem er sie aufgebaut hat. Der vorausgehende Absatz
liest sich glaubhaft genug, und seine Grundidee wurde praktisch von fast jedem Biographen Jeanne d'Arcs angedeutet.
Den Tatsachen nach gibt es keinen Beweis dafür, Jakobus
oder Jean Morel hätten überhaupt jemals Robert de Baudricourt zu Gesicht bekommen. Tatsächlich wurde Jakobus
einmal in Vaucouleurs gesehen; fernerhin waren sowohl er
als auch Morel tatsächlich im *acte de refus* aufgeführt. Und es
ist ebenfalls eine Tatsache, daß Vaucouleurs nur zwanzig Kilometer von Domremy entfernt liegt, so daß Jakobus vermutlich öfters im Laufe seines Lebens dorthin ging; und
endlich ist es auch eine Tatsache, daß eine Erwähnung im *acte
de refus* noch nicht unbedingt eine persönliche Fühlung-
nahme mit Baudricourt bedeuten muß, so wenig wie ein
Pfandnehmer unbedingt in persönliche Berührung mit dem
Pfandschuldner kommt, dessen Unterschrift auf demselben
Schriftstück erscheint wie seine eigene. Allzu großes Gewicht auf diesen Punkt zu legen, mag übertrieben und klein-
lich scheinen. Aber der Punkt ist wichtig, ob Jakobus oder
Morel wirklich jemals Baudricourt gesehen hatten oder
nicht, nicht nur wegen des Vergnügens, erst ein Bild auszumalen und es dann wieder zu zerstören, sondern dieser

Punkt steht auch im Zusammenhang mit einer von Johannas sogenannten wunderbaren Erleuchtungen. Es ist wohl bekannt, daß sie nach ihrem endlichen Eintreffen in Chinon den Dauphin aus dem Getriebe des Hofstaates heraus erkennen konnte, obwohl ihr ein anderer Mann bezeichnet worden war in dem Versuch, sie zum Beweis ihrer Unglaubwürdigkeit irrezuführen. Johanna beansprucht dieselbe Befähigung des Erkennens im Hinblick auf Robert de Baudricourt, den sie ebenfalls vorher noch nie gesehen hatte. »Sie erkannte besagten Robert dank ihrer Stimmen, denn die Stimme hatte ihr gesagt, welcher es wäre.« Nun aber wäre es keineswegs wunderbar, sondern ganz natürlich, daß sie Baudricourt erkannt haben sollte, sofern ihr Vater ihn beschrieben hatte. Falls aber ihr Vater weder von ihm gesprochen, noch ihn infolgedessen geschildert hatte, darf die Tatsache, daß sie ihn erkannt hat, mit Recht den übermenschlichen Fähigkeiten ihres Wesens zugezählt werden, die schwer und unmöglich zu deuten oder wegzudeuten sind. Mit einem Rest von Vorsicht freilich muß man in Betracht ziehen, daß sie immerhin die Schilderungen anderer Personen gehört haben kann – wenn auch ihr Vater ausscheidet –, welche den Ortsstatthalter, wenn auch nur aus weiter Entfernung, gesehen hatten, beispielsweise während er durch die Straßen von Vaucouleurs ritt. Im großen und ganzen muß man wohl besonders dieses Wunder mit reichlichem Vorbehalt hinnehmen und späterhin nachweisen, daß das gleichgeartete Wunder, daß sie den Dauphin erkannte, ebenfalls auf ganz natürliche Weise erklärt werden kann.

III

Wie dem auch sein mag, Johannas Entschluß, Robert de Baudricourt in Vaucouleurs aufzusuchen, war natürlich, ja notwendig. Sogar ihre Stimmen hatten sie dazu angehalten. Mehr noch, sie versicherten ihr, er würde ihr Leute zum Geleit geben, um in Frankreich Einzug zu halten. Sie, bestürzt von diesen Anweisungen, entgegnete darauf zuerst ziemlich kläglich, sie sei nur ein armes Mägdlein, das nicht reiten könne und dem alles Kriegerische fremd sei. Die Stimme eröffnete ihr auch, sie solle zu ihrem Oheim gehen, ein Befehl, der ebenso tröstlich und beruhigend gewesen sein muß, wie der andere erschreckend war, denn Durand Lassois, der fragliche »Oheim«, war, wie schon angedeutet, ein umgänglicher Mann.[1] Nichts war natürlicher als Johannas Vorschlag, sie wolle einen kurzen Besuch bei ihren Verwandten machen. Der Besuch war allerdings kurz – er dauerte nur eine Woche; aber wenn es ihr auch nicht gelang, ihren Hauptwunsch zu verwirklichen, so nutzte sie während dieser Woche ihre Zeit doch aufs Vortrefflichste aus, und es glückte ihr, sich einen Weg zu bahnen, der sich für die Zukunft als sehr nützlich erweisen sollte.

---

1 *Vie de Jeanne d'Arc,* Bd. I, S. 67. Anatole France weist mit seinem gewohnten Scharfsinn darauf hin, die Stimmen hätten bei dieser Gelegenheit nichts anderes getan, als Johannas eigene Wünsche ausgedrückt. Er untergräbt unser Vertrauen in seine Zuverlässigkeit, und somit auch in sein Urteil, so ziemlich, indem er die fragliche Stelle falsch anführt und sie folgendermaßen wiedergibt: *Fille de Dieu, lui dit-il, tu iras vers le capitaine Robert de Baudricourt, en la ville de Vaucouleurs, afin qu'il te donne des gens pour te conduire auprès du gentil dauphin.* Nun aber ist im Original weder die Rede von einer *fille de Dieu* noch von einem *gentil dauphin,* wenn es auch wahr ist, daß diese Ausdrücke anderswo vorkommen. Aber nicht an dieser Stelle. Johannas eigene Darstellung, von den Verzierungen des Monsieur France gesäubert, lautet wie folgt *(Procès,* Bd. I, S. 52-3): *Dixit etiam quod sibi videbatur esse digna vox, et . . . cognovit quod erat vox angeli . . . Dixit ulterius vocem praefatum sibi dixisse, quod ipsa Johanna iret ad Robertum de Baudricuria. . . . et ipse traderet sibi gentes secum ituras.* Aus dieser Darstellung, bei welcher die Auslassungspunkte keine wesentliche Weglassung bedeuten, geht hervor, daß weder die *fille de Dieu* noch der *gentil dauphin* überhaupt auf der Bühne erscheinen.

Dieser erste Besuch bei Durand und Jeanne Lassois fand im Jahre 1428 statt, ungefähr am Himmelfahrtstag, der in jenem Jahr auf den 13. Mai fiel. Laut Siméon Luce schreckte Johanna davor zurück, ihren »Oheim« unmittelbar um seine Mithilfe bei der Verwirklichung ihrer eigentlichen Absichten anzugehen, bis sich ihr Besuch seinem Ende näherte. Vermutlich hatte sie die vorhergehenden Tage dazu benützt, um den Weg vorzubereiten, seine Mithilfe und Willfährigkeit zu gewinnen. Denn Durand Lassois war, wenn er sich auch überreden ließ, doch ein Bauer und deshalb von Natur langsam und vorsichtig, und der Vorschlag, den Johanna ihm zu unterbreiten hatte, war, bescheiden gesagt, verblüffend – er bestand in nichts Geringerem, als daß er sie vor den mächtigen Statthalter von Vaucouleurs bringen sollte. Wenn man bedenkt, daß sie ein sechzehnjähriges Mädchen war und ihr »Oheim« ein Mann von fast vierzig, der sie somit als eben erst der Kindheit entwachsen angesehen haben muß, bedenkt man ferner, daß allein der Gedanke, den Statthalter in seiner Festung zu behelligen, ihn als einfachen Arbeiter eine nahezu undenkbare Vermessenheit gedünkt haben muß, so beginnt man zu verstehen, was für ein unbequemer Besuch Johannas einwöchiger Aufenthalt für das Oberhaupt dieser beschränkten friedlichen Hausgemeinschaft in Burey-le-Petit gewesen sein muß. Der Plan selbst war verrückt: Er bestand darin, eine junge Verwandte, somit also noch dazu eine weibliche Person, bei Baudricourt einzuführen, eine junge Verwandte, die aus eigener Vollmacht den Anspruch darauf erhob, nach Frankreich aufzubrechen, um dort niemand Geringeren als den Dauphin mit dem wilden Vorschlag zu belästigen, Frankreich wiederaufzurichten, während dies erfahrenen Soldaten und Staatsmännern fast hundert Jahre lang nicht gelungen war. Man übersetzt es sich unwillkürlich in heutige Worte, indem man sagt: Was würde ein Landarbeiter heutzutage bei uns denken, wenn die sechzehnjährige Base seiner Frau auf einen einwöchigen Besuch in seine Hütte in einem kleinen Dorf käme, um ihm nach und nach beizubringen, sie fordere von ihm, vor den höchsten Landesbeamten gebracht zu werden, und das mit der Absicht, von diesem zum König nach Windsor entsandt zu werden, um diesem nicht nur zu sagen, was er für die Rettung seines Landes tun müsse, sondern um dieses Amt an seiner Statt selbst zu übernehmen? Stellen wir uns nur eben um der Deutlichkeit willen vor, ein solcher Vorschlag wäre irgendwann einmal während des letzten Weltkrieges gemacht worden; denn der Hundertjährige Krieg Frankreichs muß mit seiner langwährenden Zermürbung und Erbitterung den Franzosen des vierzehnten und fünfzehnten Jahrhunderts, als sich die Ereignisse langsamer abspielten, ebenso unheilvoll und endlos erschienen sein, wie uns der Weltkrieg in seiner gedrängten Form im zwanzigsten Jahrhundert. Es läßt sich schwerlich vorstellen, ein Landarbeiter in - sagen wir einem Dorf wie Herefordshire - hätte mit irgendwelcher Begeisterung den Vorschlag begrüßt, er solle die sechzehn Jahre alte Base seiner Frau dem höchsten Landesbeamten vorstellen, damit sie ihren Weg nach Windsor oder Downing Street fortsetzen könne, um in eigener Person die Befugnisse Marschall Fochs und des Erzbischofs von Canterbury zu vereinigen. Denn das war es schlechthin, was Johanna zu tun vorschlug. Sie wollte zuerst den Feind bezwingen und dann den König krönen. Gewiß, sie wollte ihm nicht die Krone eigenhändig aufs Haupt setzen: Ihre Bescheidenheit und ihre Achtung vor der Kirche hätten ihr gleicherweise ein so anmaßendes Programm verboten. Aber sie gedachte, den Feind zu besiegen, und war restlos überzeugt, die ausersehene Retterin zu sein. Sie brachte es ihrem armen bestürzten Vetter vorsichtig bei, indem sie ihre Absichten durch Anführung umlaufender Prophezeiungen unterstrich. Hatte er nicht gehört, fragte sie ihn, Frankreich, das durch eine

Frau verlorengegangen war, solle durch ein Mädchen wiederaufgerichtet werden?[1] Das war eine von einer gewissen
Marie d'Avignon verkündete Prophezeiung, die sich offenbar in Johannas Sinn festgesetzt hatte, denn sie wiederholte
sie später in einer fester umrissenen Form Baudricourt gegenüber; aber beim Gespräch mit Durand Lassois belief sie
es bei einer reinen Verallgemeinerung. Immerhin sagte sie
zum Schluß, sie müsse nach Frankreich gehen, um den Dauphin krönen zu lassen, und Lassois müsse sie mit diesem Ziel
vor Augen nach Vaucouleurs bringen.

Seine Zustimmung mag erstaunlich scheinen, aber sie
wird weniger erstaunlich, wenn man zwei Umstände in Betracht zieht: erstens, daß Durand Lassois selbstverständlich
Katholik war, und zweitens, daß die allgemeine Geneigtheit
zu religiöser Leichtgläubigkeit im fünfzehnten Jahrhundert
weit größer war als heute. Im ersteren Punkt trifft die Übereinstimmung mit dem Arbeiter aus Herefordshire nicht
ganz zu; zum zweiten ist zu bemerken, daß zu jener Zeit
Heilige und Wunder von jedermann, ob nun von Ungebil-
deten oder Gebildeten, weit mehr als etwas Selbstverständliches hingenommen wurden. Visionen, göttliche Stimmen
und Prophezeiungen waren Dinge von verhältnismäßig all-
täglichem Vorkommen. Visionäre wie Johanna gab es im
Überfluß, der Unterschied zwischen ihnen war mehr ein
gradweiser als ein grundsätzlicher und, wie spätere Ereignisse beweisen sollten, mehr einer des Vollbringens im Gegensatz zur Großsprecherei. Durand Lassois und Leute seines
Schlages müssen sehr wohl daran gewöhnt gewesen sein,
Klatsch und Gerüchte über dererlei Gestalten zu hören. Als
deshalb Durand Lassois entdeckte, seine junge Base bilde
sich ein, zu diesen Visionären zu gehören, können die Überraschung und die Ungläubigkeit nicht so groß gewesen sein,

1 Bei der Anspielung auf die Frau, durch deren Schuld Frankreich ver-
heert wurde, handelt es sich um Isabeau von Bayern, die Mutter des
Dauphins.

wie wir in unserem vernunftbetonteren Zeitalter annehmen. Wie immer die Erklärung lauten mag, er gab nach und tat, was sie von ihm forderte.

V

Zum Glück besitzen wir zwei Augenzeugenberichte von diesem ersten Zusammentreffen zwischen Johanna und Baudricourt, außer Johannas eigenem Bericht, der kurz und ungewöhnlich wenig mitteilsam ist. Der Kronzeuge ist natürlich Durand Lassois selbst. Seine Darstellung ist durcheinandergebracht und unvollständig; er unterscheidet zum Beispiel durchaus nicht deutlich zwischen dem erstenmal, als Johanna ihn dazu überredete, sie nach Vaucouleurs zu bringen, und dem zweitenmal. Offensichtlich verwechselt er die zwei Besuche, wenn er uns berichtet, Johanna habe in einem gegebenen Augenblick den Entschluß gefaßt, zu ihrer Reise auf die Suche nach dem Dauphin aufzubrechen und habe zu diesem Zwecke seine Kleider geborgt. Hier ist jedenfalls sein Bericht, der sich auf den ersten Besuch zu beziehen scheint: »Sie bat mich, zu Robert de Baudricourt zu gehen, auf dessen Veranlassung sie an den Ort geleitet werden sollte, wo sich der Dauphin aufhielt. Der besagte Robert sagte mir wiederholt, ich solle sie in das Haus ihres Vaters zurückbringen und ihr eine Tracht Prügel verabreichen.« Der zweite Augenzeuge führt mehr Einzelheiten an und ist ein gewisser Bertrand de Poulengy, der zu jener Zeit ein Mann von sechsunddreißig Jahren war und späterhin einer von Johannas treuesten Anhängern wurde. Er kannte ihr Vaterhaus in Domremy, denn er war oft zu ihren Eltern gegangen. Er war bei ihrer Unterredung mit Robert de Baudricourt anwesend. Er hörte sie zu Robert sagen, sie wende sich an ihn auf Geheiß Gottes mit der Weisung, besagter Robert solle eine Botschaft an den Dauphin senden, wonach er sich zurückhalten und sich auf keine Schlacht mit seinen Feinden einlassen solle, denn ihr Herr würde ihm nach Fastenmitte Hilfe angedeihen lassen. Die Begründung für diese ziemlich eigenmächtigen Befehle, die sie dem Dauphin erteilte, bestand darin, das Schicksal des Königreiches sei nicht seine Sache, sondern die Sache ihres Herrn. Nichtsdestoweniger gedachte ihr Herr, wie sie sagte, den Dauphin zum König zu machen und ihm das Königreich zum Lehen zu geben. Sie fügte hinzu, der Dauphin wolle trotz seiner Feinde König werden und sie selbst würde ihm den Weg zu seiner Krönung weisen. Als Baudricourt begreiflicherweise fragte, wen sie unter ihrem Herrn verstehe, gab sie zur Antwort: »Den König der Himmel.«

Diese bemerkenswerte Begegnung, wie sie dergestalt von Bertrand de Poulengy berichtet wurde, endete für Johanna als ein Fehlschlag. Baudricourt lachte sie einfach aus und sagte nicht nur zu Lassois, er solle sie nach einer tüchtigen Tracht Prügel nach Hause schicken, sondern scherzte auch noch derb, er würde sie seinen Soldaten zu deren Verlustierung überantworten. Erwies sich diese Begegnung auch als ein Fehlschlag, so läßt sie doch zwei merkwürdige Schlüsse zu. So deutet beispielsweise Johannas Hinweis auf die Fastenmitte des kommenden Jahres (1429) an, daß sie niemals daran dachte, ihre Sendung als ein sofortiges Ergebnis ihres ersten Besuches in Vaucouleurs durchführen zu wollen, sondern sie faßte diesen Besuch eher als ein einleitendes Geplänkel, ja fast als eine Warnung Baudricourts vor dem ernstlichen Angriff auf, dessen er sich späterhin von ihr zu versehen haben würde. Dann ist da ferner jener Punkt, dem meines Wissens bisher noch niemals Aufmerksamkeit geschenkt worden ist. Johannas erster Besuch fand Mitte Mai 1428 statt. Ihr zweiter Besuch währte von Anfang Januar bis gegen Mitte Februar 1429. Johannas Vorwand bei dieser Gelegenheit war, Lassois Frau sei im Begriff, ein Kind zu gebären, und sie, Johanna, könne durch ihr Bleiben bei ihren Verwandten helfende Hand anlegen. Nun aber hätte Jeanne Lassois, wenn sie im Januar 1429 ein Kind bekommen sollte, erst im Mai 1428 anfangen können, diese Tatsache zu vermuten. Auf jeden Fall lagen Burey-le-Petit und Domremy so nahe beieinander, daß dieses vorweggenommene Ereignis irgendwann einmal während der folgenden Monate Johanna zu Ohren gekommen wäre. Deshalb ist es wohl wahrscheinlich, daß sie ihr Vorhaben entsprechend verlegte, insbesondere weil die Fastenzeit immer viel für sie bedeutete und ihr als ein sehr günstiger Augenblick zum Beginn ihres Unternehmens erschienen sein muß. Auch ist beachtenswert, daß die heilige Margarete, eine der Heiligen, die Johanna gewöhnlich erschienen, die besondere Schutzheilige gebärender Mütter und der Bauern war.

VI

Wir haben keine Niederschrift davon, wie Jakobus d'Arc seine Tochter bei ihrer Heimkehr empfing oder ob die von Baudricourt anempfohlene Züchtigung jemals verabreicht wurde. Die Vorstellung, die wir uns machen müssen, ist die reine, wenn auch vielleicht nicht unberechtigte Annahme, Johannas Leben sei ihr während der darauffolgenden Monate des Jahres 1428 nicht allzuleicht gemacht worden. Sie mag sich glücklich geschätzt haben, daß Ereignisse von außen die Aufmerksamkeit ihres Vaters von der Überlegung ablenkten, ob seine Tochter nur überspannt sei oder einfach ein Rädchen zuviel im Kopfe habe. Denn die Lage in Domremy wurde ernst. Vaucouleurs selbst wurde von den Burgundern unter Antoine de Vergy bedroht, und in der zweiten Julihälfte war es offensichtlich, daß die Einwohner von Domremy wie auch die von Greux eine vorübergehende Zuflucht innerhalb der Schutzmauern der benachbarten Stadt Neufchâteau würden suchen müssen. Es ist nicht nötig, zu sehr auf Einzelheiten einzugehen. Zur Sache ist festzustellen, daß Johanna und ihre Eltern samt ihrem Viehbestand sich dem allgemeinen Auszug anschlossen, der ihr verlassenes Dorf dem Gegner preisgab. Zweifellos begleitete Johanna ihre Eltern bei dieser Gelegenheit oder war, was noch wichtiger ist, in deren Begleitung. Sie wurde denn auch in Neufchâteau von einem gewissen Jacquier de Saint-Amant gesehen, der sie dabei beobachtete, wie sie das Vieh ihres Vaters auf die Weide trieb. Diese Flucht nach Neufchâteau hatte für die arme Johanna üble Folgen bei ihrem Prozeß. Da sie und ihre Eltern Herberge bei einer gewissen Madame la Rousse genommen hatten, wurde es ihr als Belastungsmoment angerechnet, daß sie einige Zeit in einer Herberge gewohnt hatte, die in Wirklichkeit ein verrufenes Haus gewesen war. Die Anklage ist absurd. Nicht nur scheint die La Rousse eine völlig achtbare Frau gewesen zu sein, sondern Johannas Eltern waren kaum Leute von der Sorte, Herberge in einem Bordell zu nehmen, viel weniger ihrer Tochter zu erlauben, sie dorthin zu begleiten, und gewißlich nicht von der Sorte, ihre Tochter zur Mitwirkung bei den Lustbarkeiten eines solchen Hauses zu ermuntern. Die Anklage fußte offenbar auf der Vermutung, Johanna sei als Bedienerin in der Herberge beschäftigt gewesen, einer Annahme, die vermutlich dadurch entstand, daß Johanna als handfestes Mädchen, das der Mutter daheim bei der Hausarbeit zu helfen gewohnt war, in ihrer Gutmütigkeit so weit ging, auch ihrer Herbergswirtin bei der durch plötzlichen Zustrom von Gästen entstandenen Arbeit zu helfen. Wie Siméon Luce zu bedenken gibt, müssen die Flüchtlinge aus Domremy einige Schwierigkeit darin gefunden haben, ihre Zeit in der ihnen ungewohnten Umgebung auszufüllen; also war es nur natürlich, daß Johanna weiter ihren gewohnten Beschäftigungen nachgehen sollte.

Auch waren ihre Gedanken während dieses aufgezwungenen und unerquicklichen Aufenthaltes in Neufchâteau
wahrscheinlich mit anderen Dingen beschäftigt. Ein schat-
tenhafter Freier tritt zu diesem Zeitpunkt in ihr Leben, und
es wird behauptet, er habe sie während ihrer vierzehntägigen
Verbannung in Neufchâteau vor das bischöfliche Gericht in
Toul gefordert, das der Mittelpunkt des Kirchensprengels
war, damit sie sich dort in einem Verfahren wegen gebrochenen Eheversprechens verantworten solle. Er ist ein junger Mann ohne Namen, aber sein Verhalten in der Sache des
Eheversprechens verleiht ihm einen gewissen biederehrba-
ren Anstrich; ein junger Mann, von dessen Dasein wir niemals etwas erfahren hätten, wenn es nicht Johannas Richtern
beliebt hätte, ihn als ein weiteres Beispiel für ihre von jeher
schlechte Lebensführung zu erwähnen. Die arme Johanna
verteidigte sich gegen diesen Vorwurf so gut sie konnte. Sie
hätte, sagte sie, niemals ein Verfahren gegen jenen Mann
anhängig gemacht; im Gegenteil sei er es gewesen, der sie
vor das Gericht lud, aber sie habe ihm niemals ein Eheversprechen gegeben und habe ihre Jungfräulichkeit vom ersten Augenblick an, als sie ihre Stimmen vernommen hatte,
Gott geweiht.[1] Es sei, wie sie sagte, nicht wahr, daß er sich
deshalb geweigert habe, sie zu heiraten, weil sie in Neufchâteau in Gemeinschaft mit leichtfertigen Weibern gelebt
habe, noch wäre er gestorben, während der Fall noch un-
entschieden schwebte, ebensowenig habe sie, Johanna, aus
Besorgnis darüber ihren Dienst bei der Herbergswirtin
aufgegeben. Auch erwähnte sie, ihre Stimmen hätten ihr
versichert, sie werde den Prozeß gewinnen. Das war vielleicht kein sehr glücklich gewähltes Beispiel einer himmlischen Bestätigung, denn damit wurde Irdisches mit Himm-

1 Nähere Einzelheiten der Touler Angelegenheit siehe Anhang A,
S. 476

lischem vermischt. Trotzdem wurde ihre Bemerkung ohne Gegeneinwand hingenommen.

Der schattenhafte Freier war vermutlich mit ein Grund für Johannas Schwierigkeiten während der zweiten Hälfte des Jahres 1428 sowohl in Neufchâteau als auch bei ihr zu Hause. Es war eine harte Prüfung, sich mit streng fordernden Heiligen, mit beunruhigten Eltern, einem ungehaltenen Bewerber und einer Zukunft voller Drohungen auseinandersetzen zu müssen, aber vor allem biedere Heiratspläne in bezug auf die eigene Person besprechen zu hören, muß im höchsten Grade aufreizend gewesen sein. Es muß außerordentlich schwierig gewesen sein, darauf anders zu antworten als mit einer glatten Weigerung; und Eltern von guterzogenen Mädchen waren zu jener Zeit nicht gewillt, eine glatte Weigerung gutwillig hinzunehmen.

Sofern Johannas Freier sie wirklich gezwungen hat, während dieser Zeit nach Toul zu gehen, muß sie bewegte und anstrengende vierzehn Tage verlebt haben.

Wie dem auch sein mag, sie und ihre Eltern kehrten nach Domremy zurück, um das Dorf eingeäschert und die Kirche in Trümmern zu finden.

VIII

Der Krieg war sehr nahe herangekommen – in der Tat bis vor die Schwelle ihres Hauses. Johanna konnte der Messe nicht mehr an ihrem gewohnten Ort beiwohnen, sondern mußte nach Greux wandern oder vielleicht reiten, wo die Kirche verschont geblieben war. Abgesehen von diesen Sorgen und Ungemächlichkeiten drohte noch dringliche Gefahr durch bewaffnete Streifzügler, nach den Einschränkungsmaßnahmen zu urteilen, welche den Bewohnern dieses Gebietes zu ihrer größeren Sicherheit auferlegt wurden. So war es ihnen nicht erlaubt, sich weiter ins offene Land hinauszubegeben, als der Schutzwall der befestigten

Plätze reichte. Diese Einschränkungen waren anscheinend mehrere Monate lang in Kraft. Wir haben das Beispiel eines Arbeiters in Foug, namens Jean Bauldet le Vieux, der noch im November 1428 mit zwanzig Sous bestraft wurde, weil er aus der Stadt gegangen war, um nach seinem Pflug zu sehen, den er auf dem Feld im Stich gelassen hatte. Diese Schlaglichter machen die Geschichte weniger trocken und bringen sie einem menschlich näher: Man sieht im Geiste Jean Bauldet le Vieux hinausschleichen, um seinen wertvollen Pflug zu untersuchen, der in dem dunstigen Novembergras rostet – ein um so ernsteres Vergehen, da er beauftragt worden war, die Tore von Foug zu bewachen, während eine Anzahl von Bürgern auf Befehl des Kardinals von Bar nach Sorcey gegangen waren. Weit davon entfernt, seinen Mitbürgern ein gutes Beispiel zu geben – in deren Interesse wie in seinem eigenen die Anordnung, die Tore zu bewachen, erlassen worden war –, verließ er seinen Posten in dem Augenblick, als sie ihm den Rücken kehrten. Man fragt sich, was wohl *Haultchappel, sergent de Foug* zu ihm gesagt haben mag, als er seine Befehle unbeachtet fand. Vermutlich sparte er nicht an Worten, als Jean le Vieux zurückkam, der so waghalsig gewesen war, selbst aufs Feld hinauszugehen, aber nicht gewagt hatte, ein Pferd mitzunehmen, um seinen Pflug in Sicherheit zurückzuschleppen.

Das Leben muß unter solchen Bedingungen für alle aufregend und beschwerlich gewesen sein. Insbesondere für Johanna, die berufene und ungeduldige Retterin des unglücklichen Frankreichs. Die Verdächtigungen ihres Vaters, die Belästigungen des jungen Mannes, der ein solches Aufhebens von ihrer Weigerung, ihn zu heiraten, machte, müssen in der Tat angesichts der ihr auferlegten Pflicht, als diese drängender und drängender wurde, lästig und unerträglich erschienen sein. Noch aber wartete sie. Allerdings geht aus den Zeugenaussagen wohl hervor, daß ihre Verschwiegenheit ein wenig ins Wanken zu geraten begann. Sie fing ihre Ungeduld durch Hinweise und Anspielungen zu entschleiern an. Sie hatte bereits ihrem Freund Michel Lebuin am Vorabend zum Johannistag gesagt, ein zwischen Coussey und Vaucouleurs lebendes junges Mädchen würde, ehe das Jahr um war, den König von Frankreich zur Krönung veranlassen. Sie sagte zu einem anderen jungen Mann, Jean Waterin, sie würde Frankreich wiederaufrichten und das königliche Geblüt wieder einsetzen. Noch geheimnisvoller sagte sie zu Gérardin d'Epinal: »*Compère,* wenn Ihr kein Burgunder wäret, würde ich Euch gewisse Dinge sagen.« Er dachte sehr begreiflicherweise, sie spiele auf einen Mann an, den sie heiraten wolle. Was hätte Gérardin auch wahrscheinlicher dünken können? Heiratspläne lagen in der Luft, wie die Neufchâteau-Toul-Geschichte bewiesen hatte. Johanna war im heiratsfähigen Alter, und Heirat war außer dem Kloster die einzige Wahl, die ihr offenstand, es sei denn, sie wollte für den Rest ihres Lebens den Packesel für ihre Familie abgeben. Von Johannas Gesichtspunkt aus gesehen, war es ebenso klar, daß sie sich so schnell wie möglich vor einem solchen Schicksal retten mußte. Sie wußte sich zu wichtigeren Dingen berufen. Was ist begreiflicher, als daß sie nichts Entscheidendes über den von ihr geplanten Aufbruch sagte, da diese Ankündigung doch nur die Wirkung gehabt hätte, den Wunsch ihrer Eltern zu verstärken, sie gut in der Ehefessel untergebracht zu sehen? War sie erst einmal verheiratet, so war sie doppelt gefangen: Sie würde nicht nur einem Vater, sondern auch einem Ehemann davonlaufen müssen.

Die von ihr Gérardin d'Epinal gegenüber geäußerte Bemerkung war offenbar gerade vor ihrem endgültigen Aufbruch gemacht worden und bezog sich auf etwas ganz anderes als auf einen jungen Mann, den sie im Sinn hatte. Die dunklen Andeutungen, die sie zu Michel Lebuin und Jean Waterin bezüglich des jungen Mädchens machte, das zwischen Coussey und Vaucouleurs lebte und welches das Königreich von Frankreich wiederaufrichten würde, bezogen sich offenbar auf sie selbst. Bis zu jenem Zeitpunkt, an dem sie Domremy für immer hinter sich ließ, müssen ihre

Freunde und ihre Familie zumindest ihr Vorhaben geargwöhnt haben, wenn sie auch den genauen Tag nicht wußten, den sie sich zu ihrem letztendlichen Aufbruch vorgenommen hatte. Unter diesen Umständen erscheint es unerklärlich, daß ihre Eltern es ihr so ohne weiteres erlaubt haben sollten, ihnen ein zweites Mal zu entwischen. Vorhergewarnt war in diesem Fall nicht vorhergewappnet. Vielleicht nahmen sie Johanna bis zum letzten Augenblick nie ganz ernst. Das scheint um so unerklärlicher, wenn man sich an ihren ersten erfolglosen Besuch bei Robert de Baudricourt erinnert, einen Besuch, der sicherlich Anlaß zu allgemeinem Klatsch gegeben haben muß, auch wenn man annimmt, Durand Lassois habe aus Königstreue und Überzeugung Stillschweigen bewahrt.

VI. Kapitel

DOMREMY UND VAUCOULEURS (2)

I

Im Januar 1429 verließ Johanna, damals gerade siebzehn Jahre alt, Domremy für immer. Sie verließ es bei dieser zweiten Gelegenheit angeblich zu dem Zweck, während der Geburt von Jeanne Lassois' Kind wieder bei Durand Lassois und seiner Frau in Burey-le-Petit zu bleiben. Der erste Besuch war ein Kinderspiel verglichen mit diesem, welcher der erste wirkliche Schritt zu ihrer seltsamen und kurzen Laufbahn war. Nahezu fünf Jahre lang hatte sie ihre geheimen Weisungen für sich behalten. Jetzt war der Augenblick gekommen, diese geheimen Weisungen in ein öffentliches Bekenntnis von der Art umwandeln zu müssen, die zwei Nationen den Atem anhalten ließ. Ohne ein Wort zu ihren Eltern verlauten zu lassen und mit wenigen Worten ihren Freunden gegenüber, machte sie sich zu dem ersten Abschnitt ihrer irdischen Wanderung auf. Die Entfernung von Domremy nach Burey war nicht groß – weniger als sechzehn Kilometer –, aber bildlich gemessen war sie riesig. Sie bedeutete den ganzen Unterschied zwischen Johannas privatem und ihrem öffentlichen Leben. Es bedurfte eines ungeheuren Aufwandes an Mut und Überzeugung.

Auch muß dieser Aufbruch von einer innerlichen Qual begleitet gewesen sein, die nur ein entsprechender Zustand innerer Verzückung erträglich gemacht haben kann. Als tugendhafte, hilfsbereite und folgsame Tochter, die Johanna war, waren die kleinen Täuschungen, die sie bisher ihren Eltern in Form von kleinen Drückebergereien bei der Viehhut angetan hatte, und selbst die Flucht nach Vaucouleurs vor acht Monaten so gut wie nichts im Vergleich zu der größeren Irreführung, die sie nunmehr plante. Nur die Befehle Gottes selbst konnten die Autorität ihrer Eltern aus ihrem pflichtgetreuen Sinn verdrängt haben, und es geht aus ihren eigenen Worten deutlich hervor, daß die Erkenntnis dieses Zwiespalts der Autorität sie in letzter Qual zu der richtigen Entscheidung drängte. Sie sagte, lieber lasse sie sich von Pferden in Stücke reißen, als ohne Gottes Auftrag nach Frankreich zu gehen. Sie sagte auch, ihre Eltern seien fast um den Verstand gekommen, als sie von ihnen fortzog.[1] Man muß unwillkürlich mit leidenschaftlichem Mitgefühl bei den qualvollen Seelenkämpfen verweilen, die sich in dieser Kinderseele abgespielt haben müssen, die einerseits so schlecht, andererseits so wunderbar gut beraten war. Ihre ganze Erziehung, ihr ganzer Werdegang deuteten eher auf das Wort ihrer Eltern als auf das letzte Gesetz hin; ihr ganzes innerliches Erleben überredete sie dazu, der höheren Eingebung zu gehorchen. Man muß immerhin bedenken, daß sie dieser himmlischen Weisung, ohne ein Wörtchen darüber verlauten zu lassen, die vergangenen fünf Jahre hindurch gehorcht hatte, was eine sicherlich nicht ganz wertlose Vorbereitung für den Augenblick der ersten wirklichen Probe gewesen sein kann. Bedenkt man in der Tat die Kraft der Verschwiegenheit, die ein zwölfjähriges Kind damit an den Tag legte, daß es Offenbarungen von so erschreckender Wichtigkeit vor seinen natürlichen Vertrauten geheimhielt, so wird die entscheidende Handlungsweise des siebzehnjährigen Mädchens weniger erstaunlich. Weniger erstaunlich, aber rückblickend betrachtet man sie mit gleichem Mitgefühl.

Auf jeden Fall ist damit zur Genüge bewiesen, Johanna habe von jeher eine Willensstärke und eine Selbstzucht besessen, die über eine vernunftmäßige Erklärung hinausgehen. Es mag der Einwand gemacht werden, jedes Durchschnittskind wäre beim Erscheinen einer leuchtenden Wolke, aus der eine unbekannte Stimme sprach, schreiend zu seiner Mutter gelaufen. Jedes Durchschnittskind hätte

1 *Procès*, Bd. I, S. 132:»*à bien peu qu'ilz ne perdirent le sens.*«

sich später, wenn es im ersten Augenblick den Kopf oben behielt, doch noch zu diesbezüglichen Geständnissen hinreißen lassen; denn es gibt gewisse Stunden im Tagesverlauf, in denen das Vertrauen eines Kindes leicht und fast unfehlbar gewonnen werden kann. Dieser Einwand fällt jedoch angesichts der Tatsache in sich zusammen, daß keinem Durchschnittskind eine leuchtende Wolke erschienen wäre, so wenig wie es eine Stimme aus ihr gehört hätte. Die reine Tatsache, daß Johanna einer solchen Wolke begegnete und sich von einer solchen Stimme angesprochen hörte, bezeichnet sie als von anderen Kindern in einer grundlegenden Weise verschieden. Ihre Verschwiegenheit, ihre Selbstzucht, die sie während des langen Zeitlaufs von fünf Jahren bewahrte, beweisen nur, daß sie in normalem Zustand anormal war. Sie tragen auch viel zum Beweis ihrer fraglosen Selbstüberzeugtheit bei. Daß sie niemals über ihre Erlebnisse während der Jahre schwatzte, während welcher man sich von ihr Schwatzhaftigkeit erwarten durfte, ist ein großer, wenn auch einfacher Punkt zugunsten ihrer Ernsthaftigkeit. Visionäre schrecken im allgemeinen davor zurück, ihre Erlebnisse anderen Menschen mitzuteilen. Entweder die Angst, sich lächerlich zu machen, oder wahrscheinlicher noch ein innerer Trieb zum Selbstschutz schließen sie während der anfänglichen Probezeit in sich selbst ab, bis das vollgelaufene Staubecken seine Schleusen überflutet und die Dämme der Zurückhaltung dem anflutenden Bekenntnisdrang nachgeben. Man mag sich auf den ersten Blick über diese offensichtlich ungewöhnliche Verschwiegenheit von seiten eines Kindes sehr wundern. Man wundert sich weniger, wenn man bei längerem Nachdenken die natürliche Verschlossenheit eines Kindes in den Angelegenheiten seines eigenen innersten Lebens bedenkt und dann seine Phantasie auf ein Kind ausdehnt, das aus unerklärlichen Gründen entrückt war zu einem eigenen innersten Leben von fast unvorstellbarem Geheimnis, Offenbarung und Ehrfurcht. Es wundert uns nicht, daß sich Johanna von den Spielen der

Kinder unter dem Märchenbaum zurückgehalten hat, nachdem sie erst einmal selbst ein so erstaunliches eigenes Märchen zu leben angefangen hatte. Es erstaunt uns nicht, daß sie ihr Geheimnis vor der Mutter hütete, die neben dem ortsansässigen *curé* die einzige Führerin ihres religiösen Lebens gewesen war. Boulainvilliers behauptet allerdings, sie habe es ihrem Pfarrherrn erzählt; aber Johanna, eine sicherlich verläßlichere Quelle, bestreitet, es jemandem erzählt zu haben. Nehmen wir der Beweisführung zuliebe an, sie habe sich doch ihrem Pfarrherrn eröffnet (was man auf Grund von Johannas Aussagen unmöglich glauben kann)[1], wie hätte dann wohl sein Rat gelautet? Er hätte sie sicherlich angehalten, alles für sich zu behalten, weniger weil er ihr nicht Glauben schenkte, sondern weil sein Instinkt und sein überliefertes Wissen ihn gewarnt hätten, ein solches Geheimnis müsse um jeden Preis vor dem Urteil und der Berührung von außen her bewahrt bleiben, es verwehe dann wie ein Gewebe aus Spinnfäden unter der Berührung einer irdischen Hand. Er hätte in seiner eigenen Einfalt erkannt, daß eine Einfalt, wie die Johannas, in ihrem jungfräulichen Zustand geschützt werden müsse. In durchaus zu rechtfertigender Weise hätte er sie in dem Glauben ermutigt, das sei, sogar unter Ausschluß ihrer Eltern, eine Sache Gottes. Es wäre nur seine Pflicht gewesen, so zu handeln. Aber es muß eine der seltsamsten Beichten gewesen sein, die er jemals zu hören bekam, wenn er sie überhaupt zu hören bekam. Und – armer Mann! – wir können ihm unser Mitgefühl nicht versagen, wenn wir uns vorstellen, wie er Jakobus d'Arc oder Isabella Romée entweder auf der Dorfstraße oder im Beichtstuhl traf und sich an das Geheimnis erinnerte, das er ihre Tochter vor ihnen zu verheimlichen ermutigt hatte. Denn letzten Endes war

1 *Procès*, Bd. I, S. 128: *Interroguée de ces visions elle a point parlé à son curé ou autre homme d'église: respond que non, mais seullement à Robert de Baudricourt et à son roy.* Dazu ist am Rande bemerkt: *Celavit visiones curato, patri et matrie et cuicumque.*

er ebensogut ein Nachbar wie ein Priester: Sie waren alle untereinander gut Freund.

Welch merkwürdigen Verlauf das Leben oft nimmt! Unmöglich konnte Johanna bei aller ihrer Voraussicht vorhersehen, daß ich, die Verfasserin dieses Buches, die im Jahre 1935 die Tatsachen ihres Lebens von 1412 bis 1428 zu deuten versuchte, eine Besuchskarte von dem *Curé-Doyen de Domremy-la-Pucelle, Chanoine honoraire de Saint-Dié et d'Orléans, Chapelain d'honneur de Jeanne d'Arc, téléphone Greux 7,* erhalten sollte.

Wir brauchen allerdings unsere Sympathien nicht an einen *Curé* verschwenden, der sie fast mit Sicherheit nicht verdient. Wir lassen viel besser Johannas Feststellung gelten, sie habe sich niemandem anvertraut. Ganz abgesehen von jedem möglichen priesterlichen Einfluß und abgesehen von einem sie warnenden eigenen Instinkt, hatte sie hinreichend Grund, mit sich selbst zu Rate zu gehen. Allein schon die Träume ihres Vaters hätten genügt, um sie den Mund halten zu lassen. Johanna handelte immer klug; sie besaß sowohl die Schläue des Bauern als auch die Eingebung des Mystikers. Darin lag wohl ihre wirkliche Stärke.

II

Im Januar also brach sie auf, um bei den Lassois in Burey Aufenthalt zu nehmen, wobei sie das Kind, das Jeanne Lassois bekommen sollte, zum Vorwand nahm. Sie konnte Jeanne Lassois beistehen, indem sie helfende Hand im Haus anlegte, ähnlich wie sie Madame la Rousse in Neufchâteau geholfen hatte. Jeanne Lassois bei der Geburt ihres Kindes beizustehen, war naturgemäß eine Entschuldigung, die vermutlich auf Jakobus d'Arc und Isabella Romée Eindruck machte. In ländlichen Gegenden oder überhaupt überall dort, wo es notleidende Arme gibt, sind es die Nachbarn und Verwandten gewohnt, im Falle der Not einander beizustehen. Wenn Johanna einen solchen Vorwand gebrauchte, wer möchte ihr das zum Vorwurf machen? Man mag ihr vorwerfen, sie habe sich ziemlich verschlagen ihren Eltern gegenüber benommen; aber zu jener Zeit war sie überzeugt, ein höheres Gebot als das Wort ihrer Eltern sei ihr auferlegt; es blieb ihr keine andere Wahl, als zu gehorchen. Als ihre Richter wissen wollten, ob sie damit recht gehandelt zu haben glaube, ohne die Erlaubnis ihres Vaters oder ihrer Mutter davongelaufen zu sein, gab sie zur Antwort, sie sei ihren Eltern in allem folgsam gewesen, nur nicht in der Frage ihres Aufbruchs, aber inzwischen habe sie ihnen geschrieben, und sie hätten ihr verziehen. Auf die erneute Frage, ob sie sich keines Unrechts bewußt gewesen sei, als sie die Eltern dergestalt verließ, antwortete sie, da Gott es ihr befohlen habe, mußte sie gehorchen. Sie setzte in der ihr manchmal eigenen prunkvollen Art hinzu: Da Gott es ihr befohlen habe, so wäre sie fortgezogen, auch wenn sie hundert Väter und hundert Mütter betrübt hätte, und wäre sie sogar die Tochter eines Königs gewesen[1].

Unwillkürlich denkt man an eine andere Antwort: »Wisset ihr nicht, daß ich meines Vaters Willen erfüllen muß?«

Hatte sie ihre Stimmen um Rat gefragt – wollten die Richter wissen –, ob sie ihrem Vater und ihrer Mutter etwas von ihrem Aufbruch sagen sollte? Daraufhin antwortete sie: Ihre Stimmen hätten ihr das gern erlaubt, soweit es ihren Vater und ihre Mutter anging, wenn nicht der Kummer gewesen wäre, den sie ihnen durch dieses Geständnis bereitet hätte. Die Stimmen stellten es ihr anheim, ob sie es ihren Eltern mitteilen wolle oder nicht, gaben ihr aber zu verste-

---

1 *Procès*, Bd. I, S. 129: *Interroguée s'elle cuidoit bien faire de partir sans le congié de père ou mère, comme il soit ainsi que on doit honnourer père et mère: respond que en toutes autres choses elle a bien obey à eulx, excepté de ce partement: mais depuis leur en a escript, et luy ont pardonné.*

Interroguée se, quant elle partit de ses père et mère, elle cuidoit point péchier: respond, puis que Dieu le commandoit . . . s'elle eust C pères et C mères, et s'il (sic) eust été fille de roy, si fust-elle partie.

hen, sie dürfe es wohl ihrem Vater oder ihrer Mutter sagen, sonst aber müsse sie schweigen. Nachdem die Verantwortung solcherart Johanna aufgebürdet war, kam sie zu dem Entschluß, es den Eltern um keinen Preis zu sagen. Hier wie überall zeigt sich ihre weltliche Klugheit, denn wenn sie auch offen sagte, ihre Stimmen hätten sie niemals zu restlosem Stillschweigen verpflichtet, so hatte sie doch gezaudert, das Geheimnis preiszugeben, aus Besorgnis, die Burgunder oder insbesondere ihr Vater möchten ihr Reisen vereiteln. Somit wird es deutlich, daß sich Johanna doch, wenn die Entscheidung bei ihr lag, ihr eigenes Urteil zu bilden vermochte, wenn sie auch ihren Stimmen in der Hauptsache gehorchte und darin so weit ging, sogar gegen ihre natürlichen Neigungen und Traditionen einer gehorsamen Tochter zu verstoßen. Ihre Stimmen hatten sie ermächtigt, sich ihren Eltern anzuvertrauen; ihr eigenes Urteil hielt sie davon zurück. Ihre angeborene Klugheit bestärkte sie in dem Entschluß, zu welchem ihre zärtlichen Gefühle für ihre Eltern sie getrieben hatten. Sie wollte ihre Eltern nicht ungebührlich verletzen, noch von ihnen verletzt werden. Ihre Stimmen hatten sie gewarnt, das könnte leicht geschehen. Ebensowenig wollte sie den elterlichen Einspruch wecken, der sie vielleicht an ihrer Reise zu ihren Verwandten in Burey-le-Petit hätte hindern können. Denn über Burey-le-Petit führte der Weg nach Vaucouleurs zu Robert de Baudricourt und schließlich nach Chinon. Sie wollte ohne Behinderung oder Aufhebens heimlich entweichen. Tat sie recht oder unrecht daran? Die Entscheidung ist zurückblickend leichter für uns zu fällen als für die blutjunge Johanna im Januar 1429. Wir wissen heute, daß der Erfolg die Mittel rechtfertigte; aber wer sind wir, daß wir mit dem Vorteil, die Geschichte in ihrer mehr oder minder richtigen Perspektive zu sehen, das Mädchen tadeln dürften, weil es den sichereren, wenn auch vielleicht heimlicheren Weg unter dem furchtbaren Zwang dessen, was sie überzeugt für Gottes Befehl hielt, eingeschlagen hat? Offensichtlich glaubte sie richtig zu handeln, und ebenso offensichtlich litt sie menschlich darunter.

III

Die Berichte über Johannas Aufbruch aus Domremy beweisen ihre Seelenqual. Aus praktischen Gründen wagte sie nicht, sich von ihren Eltern zu verabschieden *(et par espécial doubtoit moult son père, qu'il ne la empeschast de véage faire)*, ja, sie vermied das aus gefühlsmäßigen Gründen auch ihren persönlichen Freunden gegenüber.

Naturgemäß hatte sie im Dorf viele solche Freunde, die sie ihr ganzes Leben lang gekannt hatte. Sie waren alle sozusagen miteinander groß geworden. Sie hatten stets die gleichen Lebenserfahrungen geteilt: in geborgenen und glücklichen Tagen die Freuden der Picknicks beim *Arbre des Dames* und auch die Schrecken der gefahrvollen Tage, während welcher sie, ihre Eltern und ihre Kühe Unterschlupf suchten, indes die Burgunder das Dorf und die Kirche niederbrannten. Sie hatten ihre Spiele, ihre Belustigungen, ihre Ängste und ihr Unglück miteinander geteilt. Es kann nicht leicht für Johanna gewesen sein, von solchen vertrauten Gefährten zu scheiden, ohne ihnen auch nur Lebewohl zu sagen. Ohne ihnen irgendeine Andeutung von dem Geplanten zu machen, sehr wohl wissend, sie würde sie aller Wahrscheinlichkeit nach niemals wiedersehen. Die Berichte dieser Freunde von Johannas Abschied sind rührend zu lesen.

Manchen warf sie ein Wort hin, ein nicht sehr bestimmtes vielleicht, aber dennoch ein Wort, auf Grund dessen sie sich ihrer vielleicht erinnern mochten, was sie denn auch taten. Sie rief zum Beispiel Mengette Joyart zu: »Leb wohl!« und anempfahl sie Gott, als sie nach Vaucouleurs aufbrach.[1] Jean

---

1 *Procès*, Bd. II, S. 431: Aussage von Mengette Joyart . . . *recedendo ipsa dixit eidem testi »Ad Deum!« et tunc recessit, et eam testem commandavit Deo,*

Waterin hörte sie verschiedenen Leuten »Lebt wohl!« zurufen, wie sie in ihrem geflickten roten Kleid auf ihrem Weg
durch Greux kam.[1] Gérard Guillemette, der jüngste unter
ihren Zeugen, der zu jener Zeit nicht mehr als vierzehn
Jahre alt gewesen sein kann, erinnert sich gleichfalls, sie am
Hause seines Vaters in Begleitung von Durand Lassois vor-
übergehen gesehen zu haben, wobei sie seinem Vater zurief:
»Lebt wohl! Ich gehe nach Vaucouleurs[2].«

Von Hauviette aber, ihrer von Kindheit an vertrautesten
Freundin, verabschiedete sie sich überhaupt nicht. Hauviette
war viel mit Johanna beisammen gewesen und hatte sogar
bei ihr im Vaterhaus geschlafen. Ein besonders unter solchen
Mädchen, die miteinander zur ersten Kommunion gegangen waren, allgemein verbreiteter Brauch, wenn auch in diesem Fall Hauviette die ziemlich seltsame Bemerkung macht:
jacuit amorose. Johanna vermied offenbar jede Form des Ab-
schieds von Hauviette, die »bitterlich weinte, als sie von
ihrem Fortgang erfuhr, weil sie Johanna heiß liebte wegen
ihrer Güte und weil sie ihre Freundin war«[3].

IV

Es ist schwierig, Johannas genaue Ortsveränderungen während der sechs Wochen auseinanderzuhalten, die zwischen
ihrem ersten Besuch bei ihren Verwandten Lassois in Burey,

---

et ivit ad Vallis-Colorem.
1 *Procès,* Bd. II, S. 421: Aussage von Jean Waterin: . . . *quod vidit eam
recedere a villa de Greu, et dicebat gentibus:* »*Ad Deum!*«
2 *Procès,* Bd. II, S. 416: Aussage von Gérard Guillemette: . . . *vidit ipsam
Johannam transire ante domum patris sui cum quodam avunculo suo, nuncupato
Durando Laxart, et tunc ipsa Johanneta dixit suo patri:* »*Ad Deum, ego vado ad
Vallis-Colorem.*«
3 *Procès,* Bd. II, S. 419: Aussage von Hauviette, Ehefrau des Gérard de
Sionne: . . . *hoc multum flevit, quisa eam multum propter suam bonitatem
diligebat, et quod sua socia erat.*

Anfang Januar 1429, und ihrem endgültigen Aufbruch nach Chinon am 23. Februar desselben Jahres stattfanden. Sie sind durch verschiedentlich sich widersprechende Zeugenaussagen durcheinandergebracht. Aber haben derlei Dinge wirklich große Wichtigkeit, außer für Gelehrte, von denen jeder darauf bedacht ist, den anderen bei einer Ungenauigkeit zu ertappen? Es scheint mir, vielleicht fälschlicherweise, daß die Frage nach einem strittigen Tag oder sogar einer Woche nichts anderes bedeutet als ein vielleicht zu peinlich genaues Interesse an dem Phänomen Jeanne d'Arc[1].

Die Verwirrung war vor allem groß, weil Durand Lassois, so hilfsbereit er sich auch Johanna gegenüber erwiesen hat, nicht das klarste und deutlichste Gedächtnis besessen zu haben scheint, so wenig wie die Gabe, seine Tatsachen in ihrer zeitlich unmißverständlich geordneten Folge weiterzugeben. Ohne auf allzu viele Einzelheiten einzugehen, müssen wir die Aussage einer gewissen Catherine le Royer beachten, in deren Haus in Vaucouleurs sich Johanna drei Wochen lang als Gast aufhielt. Lassois stellt fest, Johanna habe sich *sechs* Wochen lang in seinem Haus in Burey aufgehalten; demnach steht fest, daß die drei Wochen, die sie bei Catherine le Royer verbrachte, den sechs Wochen zugerechnet werden müssen, die sie unter Lassois' Obhut von Anfang Januar bis Mitte Februar verlebte, sofern Johanna Anfang Januar 1429 von Domremy nach Burey aufbrach und weiterhin am 23. Februar von Vaucouleurs nach Chinon ging. Sogar die Annahme, Lassois könnte Johannas ersten Besuch in seinem Haus im Mai 1428 mit ihrem zweiten Besuch im Jahre 1429 durcheinandergebracht haben, enthebt uns nicht der Schwierigkeit. Entsinnen wir uns aber, daß Johanna nicht nur zwischen Burey und Vaucouleurs hin und her pen-

1 Einige Gewährsleute haben sogar geltend gemacht, Johanna habe Durand Lassois nur *einen* Besuch abgestattet, nicht zwei. Das ist ein strittiger Punkt, aber im großen und ganzen neige ich zu der Anschauung, daß sie zweimal nach Burey-le-Petit ging: einmal im Mai 1428 und einmal im Januar 1429.

delte, sondern während dieser Zeit auch noch einen gesonderten Abstecher nach Nancy unternahm, daß ferner Lassois seine Zeugenaussage sechsundzwanzig Jahre später machte und als einfacher sechzigjähriger Bauer, der er zu jener Zeit war, vermutlich verdattert war, so wird sein Irrtum ganz begreiflich.

Diese Einzelheiten, wo genau sie ihre Zeit während dieser kritischen sechs Wochen verbrachte und wie sie diese Wochen zwischen dem Haus Lassois und dem Catherine und Henri le Royers verteilte, sind an und für sich ohne große Bedeutung. Wir können als sicher annehmen, daß sie entweder in dem einen oder dem anderen Haus weilte. Sie muß auch genug zur Beschäftigung ihrer Gedanken zu tun gehabt haben: da war Jeanne Lassois' Kindchen – dieses erwünschte Kind, das nie wieder in Johannas Geschichte auftaucht – und vor allem war hier die Aufgabe, Robert de Baudricourt für ihr Vorhaben zu gewinnen.

Diese Aufgabe war beträchtlich leichter geworden seit dem vorhergehenden Mai 1428. Erst einmal wurde die Lage in Frankreich immer verzweifelter. Orléans war seit Oktober 1428 von den Engländern belagert, Baudricourt selbst hatte seine Schwierigkeiten und Fährnisse in seiner eigenen kleinen Statthalterei von Vaucouleurs. Der dortige Standesherr, René Herzog von Bar, sein Freund und Bundesgenosse, widersetzte sich auch jetzt noch den Bemühungen des Herzogs von Bedford, ihn zu einem Vasallen des englischen Königs zu machen. Es schien Baudricourt nicht mehr so selbstverständlich, jede in Frage kommende Retterin mit Hohnlachen zu empfangen, selbst wenn diese Retterin sich unter so phantastischen Fahnen ankündigte. Wie Siméon Luce sarkastisch bemerkt: *quand on n'attend plus rien de la terre, on est moins prompt à dédaigner un secours annoncé au nom du ciel.*

Außerdem hatte sich Johanna inzwischen Freunde bei Hof erworben. Einer von ihnen, Bertrand de Poulengy, ist bereits auf der Bühne erschienen (siehe oben, Kapitel V, Seite 101). Der andere, Jean de Nouvilonpont oder Novelompont oder Nouillompont, allgemeiner als Jean de Metz bekannt, tritt zum ersten-, aber nicht zum letztenmal aus den Kulissen hervor auf die Bühne. Wenn auch weder Bertrand de Poulengy noch Jean de Metz Anspruch darauf erheben dürfen, zu den entscheidenden und beherrschenden Einflüssen in Johannas Leben zu gehören, und wenn sie auch späterhin von weit wichtigeren und lebendigeren Figuren in den Hintergrund gedrängt wurden, so müssen sie doch einen Ehrenplatz behalten als unter die Ersten gehörig, welche an Johannas erstaunliche Sendung glaubten und – wichtiger noch – ihr eine praktische Unterstützung zu einer Zeit angedeihen ließen, als sie diese am meisten benötigte. Man möchte glauben, daß sie als junge abenteuerliche Soldaten zu den letzten gehörten, von denen zu erwarten war, sie würden ihr Vertrauen einem Bauernmädchen schenken, das nicht das geringste von der Kriegskunst noch vom Befehlen verstand. Trotzdem verwandelten sie sich schon sehr bald in die Wegbereiter, ja fast Impresarios der Jeanne d'Arc, da sie *eine* Eigenschaft in ihr erkannten: nämlich die Eigenschaft, die sie nicht nur unter die Heiligen erhob, sondern auch unter die Heerführer der Geschichte.

Man weiß sehr wenig von beiden, außer der Rolle, die sie am Anfang von Johannas öffentlicher Laufbahn spielten. Beide scheinen Männer von verhältnismäßig edler Geburt gewesen zu sein – das heißt, sie stammten nicht aus derselben Gesellschaftsschicht wie Johannas eigene Eltern, Freunde und Verwandte, die meistens Arbeiter, Wagner und dergleichen einfache ländliche Leute waren. Bertrand de Poulengy und Jean de Metz standen beide eine Stufe höher. Sie waren Männer des Schwertes. Poulengy ist derjenige, von dem wir am wenigsten wissen. Wir wissen tatsächlich nur sehr wenig anderes von ihm, als daß er uns als *écuyer de l'écurie royale de France* geschildert wird und daß er von adliger Geburt war, was Jean de Metz nicht war. Von Jean de Metz wissen wir ein wenig mehr, aber doch nicht viel. Er mag, oder mag auch nicht, die *Seigneurie* von Nouillompont von seinem Vater geerbt haben; er hatte unter einem anderen Hauptmann gedient, ehe er unter Baudricourt Dienst tat und wurde um 1449 geadelt.[1] Poulengy war Mitte der Dreißig, de Metz zwischen achtundzwanzig und einunddreißig, als sie mit Johanna in Vaucouleurs zusammentrafen. Sie waren beide nur in geringfügige und unbedeutende Unannehmlichkeiten mit den Behörden verwickelt gewesen, ehe Johanna kam und ihr Leben umgestaltete – sehr den Unannehmlichkeiten ähnlich, in die auch heutzutage ein lebenslustiger junger Mann geraten mag –: Bertrand de Poulengy, weil er jemandem geholfen hatte, aus dem Gefängnis zu entfliehen, Jean de Metz, weil er einen *vilain serment* geflucht und eine ihm zuerkannte Belohnung zu Boden geschleudert hatte[2]. Kurzum, sie scheinen zu einer sehr bekannten Sorte junger Männer aus guter Familie gehört und sich recht so betragen zu haben, wie man es sich von solchen jungen Leuten erwarten darf. Was sie von gewöhnlichen jungen Männern unterschied – gewöhnlichen jungen Soldaten –, war ihr frühes Erkennen der Bedeutung Johannas und der Möglichkeiten ihrer Sendung. Keiner von beiden scheint sie persönlich gekannt zu haben, ehe sie nach Vaucouleurs kam, wenn auch Poulengy mit ihren Eltern bekannt war; doch war das vielleicht erst späterhin der Fall, denn er scheint Johanna nie in ihrem Elternhaus gesehen zu haben, sondern hatte nur von ihrem guten Ruf gehört. Er war, wie bereits berichtet, bei ihrer ersten Aussprache mit Baudricourt dabei. Jean de Metz hatte, wie aus seiner eigenen Aussage hervorgeht, von ihr und ihren Bestrebungen gehört, denn als er sie zum erstenmal im Hause von Catherine und Henri de Royer in ihrem armseligen roten Kleid traf *(pauperibus vestibus, rubeis, muliebribus)*, ging er auf sie zu und sagte: »*Ma mie*, was tut Ihr hier? Soll der König aus seinem Königreich

1 De Bouteiller et de Braux: *Nouvelles recherches sur la famille de Jeanne d'Arc.*
2 Archives de la Meuse, B. 1431 und ebenda, folio 100.

vertrieben und wir alle Engländer werden?« Johannas Antwort hierauf war entweder viel länger als gewöhnlich oder sein Gedächtnis war besser als das anderer Zeugen; daß Jean de Metz diese Antwort ganz oder teilweise erfunden haben sollte, ist nicht anzunehmen, denn sie trägt den unverkennbaren Stempel von Johannas Ausdrucksweise, so wie die der Königin Elisabeth immer den ihrigen trägt: »Ich bin in diese königliche Stadt gekommen«, sagte sie und meinte damit Vaucouleurs, »um Robert de Baudricourt zu bitten, mich entweder unter Bedeckung zum König zu geleiten oder mich hinbringen zu lassen. Er achtete weder auf mich noch auf meine Worte; trotzdem muß ich vor Fastenmitte auf meinem Wege zum König sein, und müßte ich meine Beine bis zu den Knien herauf ablaufen. Es gibt niemanden auf der Welt, weder einen König noch einen Herzog, noch eine Tochter des Königs von Schottland[1], noch irgend sonst jemanden, der das Königreich Frankreich zurückgewinnen könnte; es gibt keine Hilfe für das Königreich denn durch mich. Ich würde lieber neben meiner armen Mutter das Spinnrad drehen, denn diese Dinge sind nicht meines Standes. Trotzdem muß ich diese Dinge vollbringen, da Gott es so will.« Jean de Metz ergriff daraufhin ihre Hand und schwur bei seinem Glauben, er wolle sie mit Gottes Hilfe zum König bringen. Er fragte sie, wann sie aufbrechen wolle? »Lieber heute als morgen«, antwortete sie, »und lieber morgen als übermorgen[2].«

1 Johanna spielte auf die soeben stattgefundene Verlobung Margaretes von Schottland mit dem Sohn Karls VII., dem zukünftigen Ludwig XI., an.
2 *Procès*, Bd. II, S. 436: . . . *ipse testis loquens vidit dictam Johannam indutam pauperibus vestibus, rubeis, muliebribus; et erat locata in domo cujusdam Henrici le Royer, dictae villae de Vallis-Colore; qui locutus fuit sibi, dicendo: »Amica mea, quid hic factis? Oportetne quod rex expellatur a regno, et quod simus Anglici?« Quae Puella tunc sibi respondit: »Ego veni huc ad cameram Regis, locutum Roberto de Baudricuria, ut me velit ducere aut duci facere ad Regem; qui non curat de me neque de verbis meis; attamen, antequam sit media quadragesima, oportet quod ego sim versus Regem, si ego deberem perdere pedes*

Wie unbeabsichtigt vollständig ist das so entstandene Bild! Da Henri le Royer nur ein Stellmacher in bedürftigen Verhältnissen war, muß das Haus in dem mittelalterlichen Städtchen klein und das Zimmer dunkel gewesen sein. Wie auf einem Bild Rembrandts kann man die undeutlich beleuchtete Gruppe der drei sehen: Catherine le Royer schaut im Hintergrund zu; Johanna in ihrem roten Kleid ist ruhig und ernst; der betroffene Soldat steht vor ihr, geht dann auf sie zu und ergreift ihre Hand – aber solches Spielenlassen der Phantasie ist allzu leicht und man muß dieser Versuchung widerstehen. Es ist besser, auf die tatsächlichen Worte von Jean de Metz zurückzukommen, die uns in der Erzählung ein Stück weiterbringen.

V

Nachdem Jean de Metz seinen Verbündeten-, ja fast Untertanen-Eid geschworen hatte, scheint er sich sofort der praktischen Seite der Frage zugewandt zu haben. Wollte Johanna, fragte er, die Reise in ihren eigenen Kleidern unternehmen? Darauf antwortete sie, sie würde gerne Männertracht anlegen, woraufhin er sie mit Mannskleidern und hohen Stiefeln aus dem Bestand seines Gesindes ausstattete. Das scheint ziemlich sonderbar im Hinblick auf die Achtung, die er ihr so offensichtlich entgegenbrachte. Es mag zuviel von einem mittellosen Soldaten verlangt sein, vorzu-

usque ad genua. Nullus enim in mundo, nec reges, nec duces, nec filia regis Scotiae, aut alii, possunt recuperare regnum Franciae, nec est ei succursus nisi de memet, quamvis ego mallem nere juxta meam pauperam matrem, quia non est status meus; sed opportet ut ego vadam, et hoc faciam, quia Dominus meus vult ut ita faciam.« Et dum idem testis quaereret ab ea quis esset ejus Dominus, dicebat ipsa Puella quod erat Deus. Et tunc idem Johannes, testis promisit eidem Puellae, per fidem suam in sua manu tactam, quod eam, Deo duce, duceret versus Regem; et tunc idem testis loquens petiit sibi quando vellet recedere; quae dicebat: »Citius nunc quam cras, et cras quam post.«

schlagen, er hätte ihr sehr wohl eine neue, nur für sie bestimmte Ausstattung kaufen können, aber wenigstens hätte man sich von ihm erwarten dürfen, daß er ihr eher Kleidung aus seiner eigenen Garderobe zur Verfügung gestellt hätte, als eine so geringschätzige, von seinem Gesinde entliehene Gewandung. Es mögen Gründe vorhanden gewesen sein, die wir nach so langer Zeit nicht mehr beurteilen können. Vielleicht war er zu groß, als daß ihr seine eigenen Kleider gepaßt hätten. Jedenfalls beabsichtigte er damit seinerseits keine Herabsetzung; auch dauerte es nicht lange, ehe er es zusammen mit Poulengy bewerkstelligte, daß ihr die Leute von Vaucouleurs eine vollständige Männertracht stellten. Deshalb muß man die Anleihe beim Gesinde als eine vorübergehende Maßnahme ansehen.

Ich fürchte, Johanna kann nicht besonders verwöhnt in ihrem Geschmack gewesen sein. Das kann man von einem Bauernkind des fünfzehnten Jahrhunderts auch kaum erwarten. Aber von ihr zu erwarten, sie solle entweder Lassois' Kleider oder die eines gemeinen Soldaten tragen, ging vielleicht doch ein wenig zu weit. Wir müssen uns immerhin vergegenwärtigen, daß Gepflogenheiten wie persönliche Sauberkeit in der mittelalterlichen Vorstellung nur einen sehr untergeordneten Platz einnahmen. Wenn die gesitteteren Italiener Anstoß an den ungepflegten Gewohnheiten der französischen Aristokratie nahmen, so daß selbst noch gegen Ende von Johannas Jahrhundert französische Gäste in italienischen Palazzi ersucht werden mußten, ihre Nasen nicht in die Bettvorhänge zu schneuzen, wie müssen dann erst die Gewohnheiten des französischen Proletariats zu Anfang jenes Jahrhunderts gewesen sein! Um Johannas Lieblingsredensart zu gebrauchen: *»Passons outre.«*

Das rote Kleid war in Gefahr – das treue rote Kleid, das so oft erwähnt wurde und nun so bald abgelegt werden sollte. Es ist beachtenswert, daß Jean de Metz sich so rasch dem Problem von Johannas Kleiderfrage zugewandt hat, nämlich ob sie weiblich bleiben oder sich vermännlichen sollte. Hatte vielleicht sein praktischer Sinn, nachdem er sich einmal verpflichtet hatte, sie durch Frankreich zu geleiten, sofort die möglichen, in der Tat wahrscheinlichen Zwischenfälle erkannt, die einer Frau auf einer so gefahrvollen Reise begegnen würden – einer Reise, die für jedermann gefahrvoll war, um so viel mehr aber für eine Frau? Mit Recht nimmt man an, daß er sich in seiner Verantwortung erleichtert gefühlt hätte, wäre sein Schützling bereit gewesen, in knabenhafter Verkleidung statt in Frauengewändern zu reisen. Seine normale Erfahrung als Soldat hätte sicherlich diesen durchaus notwendigen Ausweg äußerlicher Geschlechtsumwandlung angeraten, um einen Ritt von über vierhundert Kilometern durch ein von Kriegswirren heimgesuchtes Land zu wagen[1].

VII

Es ist nicht festgestellt, ob Johanna noch ihre eigenen Kleider trug, als sie Robert de Baudricourt zum zweitenmal aufsuchte, oder ob sie schon das Bedienstetengewand angelegt hatte. In jedem Falle muß er von ihrem erneuten Auftauchen

1 Freilich muß man sich immer vor Augen halten, wenn man die offenbar vordringliche Sorge Jean de Metzens um Johannas Gewandung als »auffallend« bezeichnet, daß Zeugen wie er bestimmte Fragen beantworteten, die sich auf bestimmte Anklagepunkte bezogen, welche früher zur Zeit von Johannas Prozeß dieser vorgeworfen worden waren und unter denen die Beschuldigung, Männerkleider angelegt zu haben, als besonders wichtig hervorstach.

reichlich überrascht gewesen sein. Zuerst wollte er auch diesmal ihrem Anliegen nicht willfahren[1]. Dann aber scheint ein Sauerteig in seinem Sinn wirksam geworden zu sein. Diese beharrliche Visionärin, die immer wieder mit ihren phantastischen Plänen auftauchte, diese Visionärin, die weder Enttäuschungen noch Abweisungen noch derbe Leichtfertigkeit hatten entmutigen können – war es vielleicht doch der Mühe wert, ihre Forderung zu prüfen? Es konnte nichts schaden; schlimmstenfalls konnte das Mädchen vergewaltigt oder getötet werden; das war ihre Sache, nicht seine. Nebenbei war die Lage in Frankreich wirklich derart mißlich, daß jedes Versprechen auf Veränderung zumindest eine Hoffnung darstellte. Wunder waren letzten Endes schon früher geschehen; sie konnten wieder geschehen. Seine eigenen Leute, Poulengy und Jean de Metz, wackere Soldaten, keine Gefühlsdusler, waren Johannas Zauber verfallen, einem Zauber, der seltsam genug nichts mit der Frage des Geschlechts zu tun hatte. Zweifellos trug die Überzeugung seiner beiden jungen Hauptleute viel dazu bei, daß er seine eigenen Ansichten noch einmal einer Revision unterzog. Es muß etwas in Robert de Baudricourt gesteckt haben, was über den kernigen Soldaten, der eine sich ihm bietende Möglichkeit zu ergreifen verstand, hinausging: etwas von dem gleichen Element, das Johanna in Poulengy und Jean de Metz zu wecken verstanden hatte. Es war ein leichtgläubiges, unsicheres, tastendes Zeitalter, in dem sich Leben und Tod, Kirche und Staat, Geheimnis und Gewalt, in dem sich alles vermischte, und Baudricourt war ein Kind seines Zeitalters. Wenn er auch nicht mehr restlos geringschätzig von Johannas Vorschlag dachte, so war er doch entschlossen,

---

1 *Procès*, Bd. II, S. 446: Aussage von Catherine le Royer. Nach den Worten von Catherine le Royers Aussage könnte man annehmen, daß Johanna ihm eine Botschaft sandte, bevor sie ihn persönlich aufsuchte: *tunc fecit loqui domino Roberto de Baudricuria, ut eam ducerat ad locum ubi erat Dalphinus; qui dominus Robertus noluit.* Schickte sie vielleicht Poulengy oder Jean de Metz als ihren Abgesandten voraus?

noch mit Vorsicht zu Werke zu gehen. Augenscheinlich hatte er nicht die Absicht, unter seiner Ägide einen Scharlatan zu entsenden, oder, was noch schlimmer war, eine Hexe, um so Hohngelächter oder sogar das Mißfallen des Dauphins zu ernten. Aus diesem Grunde folgte eine zweite Szene in Catherine le Royers dunklem kleinen Zimmer.

Catherine berichtete darüber mit eigenen Worten wie folgt: »Sie (Johanna) spann gerne und spann gut; wir saßen bei mir zu Hause zusammen am Spinnrad ... Während dieser Zeit (d. h. während Johanna bei ihr weilte) sah ich Robert de Baudricourt, den hiesigen Statthalter, zusammen mit Hochwürden Jean Fournier, von dem ich bereits gesprochen habe[1], mein Haus betreten.« Hier nun scheint Catherine aus dem Zimmer geschickt worden zu sein, denn sie fährt so fort, als sei sie nicht länger Augenzeugin gewesen: »Johanna erzählte mir, der Pfarrherr habe seine Stola getragen und sie beschworen, ihnen fernzubleiben, falls sie eine Ausgeburt des Bösen sei; sei sie aber umgekehrt ein gutes Wesen, so solle sie ihnen näher treten. Johanna erzählte mir, sie sei auf den Priester zugekrochen, bis an seine Füße heran; sie fügte hinzu, der Pfarrherr habe nicht recht an ihr gehandelt, habe er doch bereits ihre Beichte gehört gehabt[2].«

Hier nun will es scheinen, als sei Catherine wieder ins Zimmer hereingelassen worden oder als habe sie, was sogar noch wahrscheinlicher ist, gelauscht. Sie war eine gute und ehrbare Frau, die ihren jungen Gast, der ihr bei der Spinnar-

1 Hochwürden Jean Fournier war damals *Curé* von Vaucouleurs, und Johanna beichtete bei ihm, solange sie sich in dieser Stadt aufhielt.
2 *Procès,* Bd. II S. 446: Aussage der Catherine le Royer: . . . *vidit intrare Robertum de Baudricuria, tunc capitaneum dictae villae de Vallis-Colore et dictum dominum Johannem Furnerii in domo sua, et audivit dici eidem Johannae quod ipse presbyter apporteverat stolam, et coram dicto capitaneo eam adjuraverat, dicendo sic, quod si esset mala res, quod recederet ab eis, et si bona, veniret juxta ipsos. Quae dicebat quod Johanna se traxit juxta ipsum sacerdotem et erga sua genua; dicebat etiam ipsa Johanna quod presbyter non bene fecerat, quia suam audierat confessionem . . .*

beit half, zu schätzen wußte. Aber wie von vielen anderen guten und ehrbaren Frauen darf man mit Recht von ihr annehmen, daß sie mit ihrem Teil Neugierde geboren war und daß ein Gast wie Johanna aus Domremy – ein Gast, dessen Familie sie nur dem Hörensagen nach kannte und der ihr von ihrem Nachbarn Durand Lassois aus Burey ins Haus gebracht worden war –, wie man wohl mit Recht annehmen darf, ihre Neugierde in höchstem Grade erregte. Am Ende war es kein alltägliches Ereignis, daß der Statthalter in eigener Person in der Hütte eines gewöhnlichen Stellmachers, von einem *Curé* begleitet, erschien, um dort eine unbedeutende junge Fremde aus einem Nachbardorf anzuhören. Nie zuvor waren ihrem Haus solche Ehren zuteil geworden. Etwas ganz Besonderes und Aufregendes mußte im Gange sein. Wer möchte Catherine de Royer einen Vorwurf daraus machen, daß sie an den Schauplatz dieser ungewöhnlichen Unterredung zurückkehrte, um an der Tür zu lauschen?

Jedenfalls hörte oder erlauschte sie den Rest des Gesprächs:

»Als Johanna sah, besagter Robert wolle sie nicht entsenden, hörte ich sie sagen, es sei geboten, daß sie sich an den Aufenthaltsort des Dauphins begebe, denn sie sagte: ›Habt ihr die Prophezeiung nicht gehört, daß Frankreich durch eine Frau[1] verlorengehen und durch eine Jungfrau aus den lothringischen Grenzlanden wieder aufgerichtet werden soll?‹ Da erinnerte ich mich, davon gehört zu haben, und war sehr erstaunt. Jeannettes Ungeduld war so brennend, daß ihr die Zeit des Hinwartens so lang erschien wie einer Frau, die ein Kind erwartet[2].«

---

1 Hier ist wiederum Bezug genommen auf Isabeau von Bayern, die Mutter Karls VII.

2 *Procès*, Bd. II, S. 446: . . . *et dum ipsa Johanna vidit quod dictus Robertus nolebat eam ducere, dixit ipsa testis quod audivit eidem Johannae dici quod oportebat quod iret at dictum locum ubi erat Dalphinus, dicendo:* »*Nonne audistis quod prophetizatum fuit quod Francia per mulierem deperderetur, et per unam virginem de marchiis Lotharingiae restauraretur?*« *Et tunc ipsa testis haec au-*

Vielleicht stammte der Vergleich mit der Frau, die kurz vor der Entbindung steht, von dem Erlebnis her, das sie soeben in Jeanne Lassois' Haus gehabt hatte?

VIII

Die unvorhergesehene Feuerprobe der Gegenüberstellung mit dem Priester und seiner Stola gestaltet sich zu einem vollen Erfolg für Johanna. Sie hatte weder geheult noch sich in Krämpfen gewunden, noch Schaum vor den Mund bekommen, noch zu fliehen versucht, noch irgendeins jener hysterischen Anzeichen verraten, die man sich von solchen Personen erwartete, die man von Teufeln besessen hielt. Und was das betrifft, daß sie sich auf die Erde geworfen hatte, so war sie nur auf die Knie gefallen, um sich dem Mann Gottes in der demütigsten Haltung zu nähern. Sie hatte jedenfalls keinen Schrecken vor ihm verraten. Robert de Baudricourt konnte nicht anders als beeindruckt sein. Darüber hinaus bestürmte ihn seine beharrliche Visionärin offensichtlich über sein Widerstandsvermögen hinaus und war auf dem besten Weg, ihn zu ihren Gunsten entgegen seinem besseren Urteil umzustimmen. Man muß unwillkürlich Mitleid mit dem armen Manne haben, wenn man eine Darstellung wie die eines anonymen Verfassers liest, der berichtet: . . . *fut moult ennuyeusement prié, requis et pressé ce capitaine par la dessus dicte Pucelle*. Das darf man gerne glauben. *La dessus dicte Pucelle* war nicht dazu angetan, ihre Überzeugung preiszugeben, nachdem diese einmal von ihr Besitz ergriffen hatte, wie weitgehend das auch bedeuten mochte, *ce capitaine* zu belästigen. Alle Fanatiker sind aus solchem Stoff gemacht, und sie können nicht Einhalt tun, um darüber nachzuden-

disse recordata est, et stupefacta fuit. Dixit etiam ipsa testis quod ipsa Johanneta bene desiderabat, et erat tempus sibi grave ac si esset mulier praegnans, eo quod non ducebatur ad Dalphinum.

ken, was für eine Last sie für andere nüchterner denkende Menschen werden, andernfalls könnten sie niemals die Dinge vollbringen, die sie sich zu vollbringen vornehmen. Außerdem war Robert de Baudricourt nicht so gänzlich abgeneigt, sich überzeugen zu lassen. Derselbe Chronist fügt hinzu, nachdem er seinen kleinen Beitrag an Mitgefühl jenem *capitaine moult ennuyeusement prié* gezollt hat: *lequel capitaine adjouxta quelque foy.*

Man ist sich keineswegs darüber klar, wie oft Johanna den Statthalter von Vaucouleurs heimgesucht hat oder was sich zwischen ihnen während der verschiedenen Unterredungen zutrug. Sie wurde später beschuldigt, ihm bei einer Gelegenheit gesagt zu haben, ihr würden drei Söhne geschenkt werden, von denen der erste Papst, der zweite Kaiser und der dritte König sein werde. Von Baudricourt wurde behauptet, er habe auf diese Verheißung galant geantwortet, er habe große Lust, die Vaterschaft an einem dieser drei Söhne selbst zu übernehmen, da sie dazu ausersehen seien, solch mächtige Leute zu werden, und er davon nur Nutzen haben könne. Worauf Johanna laut Bericht erwidert haben soll, es sei noch nicht an der Zeit, aber der Heilige Geist bahne sich seinen Weg. Von diesem Gespräch hatte Baudricourt laut Anklage oftmals erzählt und es in Gegenwart von Prälaten und Leuten wiederholt[1].

Verschiedene seltsame Geschichten, die genaugenommen keine Legenden sind, entstanden um Johanna, und sicherlich verdient die vorerwähnte zu ihnen gezählt zu werden. Es ist eine der verblüffenden Vorhaltungen im Anklageakt gegen Johanna. Rühmte sie sich wirklich dergestalt Baudri-

---

1 *Procès*, Bd. I, S. 219-20: ... *ipsa habitura erat tres filios, quorum primus esset Papa, secundus imperator, et tertius rex. Qui quidem capitaneus hoc audiens dixit: »Ergo ego vellem tibi facere unum, ex quo erunt viri tantae auctoritatis, ut ex inde melius valerem.« Cui ipsa respondit: »Gentil Robert, nennil, nennil, il n'est pas temps; le Saint-Esperit y ouvrera«; prout dictus Robertus praemissa in diversis locis, in praesentia praelatorum, magnorum dominorum et notabilium personarum, asseruit, dixit et publicavit.*

court gegenüber oder nicht? Wurde sie hier fälschlich beschuldigt und wenn ja, warum? Wie kam diese Beschuldigung zustande? War sie mit dem vereinbar, was wir von ihrem Charakter wissen? Wir wissen, daß sie sich der Jungfräulichkeit geweiht hatte, aber war dieses Gelübde notwendigerweise unvereinbar mit der Vorstellung, der Heilige Geist würde ihr zur Empfängnis ihrer Söhne verhelfen? Hätte sie tatsächlich Baudricourt gegenüber so geprahlt, würde das dann seinen Glauben an sie gestärkt haben oder im Gegenteil? Wäre dieser Anspruch seiner mittelalterlichen Leichtgläubigkeit irgendwie übertriebener erschienen als der Anspruch, sie könne Frankreich befreien? Das ist schwer zu entscheiden. Sicherlich sind die einleitenden Worte der Anklageschrift mit ihrer Beschuldigung, sie sei seine Geliebte geworden *(habita familiaritate dicti Roberti)*, nichts anderes als eine leere infame Beleidigung.

Anatole France unterstellt seiner Gewohnheit gemäß, sich die Gelegenheit zu einer Seite malerischer Ausschmückung nicht entgehen zu lassen, die Geschichte als wahr, nachdem er den auch nur leisesten Zweifel an ihrer Verbürgtheit in einer Fußnote abtut, und erfindet dann eine geistreiche Theorie im Hinblick auf diese Bemerkung Johannas, die darauf hinausgeht, sie habe nur allegorisch gesprochen. Mit ihrer Prophezeiung betreffs ihrer drei Kinder, sagt er, meinte sie, der Erfolg ihrer Aufgabe solle der Friede Christi sein, und nach Erfüllung ihrer Sendung sollen Papst, Kaiser und König Liebe und Eintracht in der Kirche Christi wiederherstellen. Der Hauptmann, fügt er hinzu, vermochte die Feinheit nicht zu verstehen, und da er ein schlichter und launiger Mann war, nahm er ihre Rede wörtlich und antwortete dementsprechend.

Das ist nicht unmöglich. Johanna war durchaus fähig, Allegorien zu erfinden, wenn sie ihren Zwecken dienlich waren. Sie erfand noch eine andere, viel weitläufigere und sorgfältiger ausgearbeitete als diese, die an entsprechender Stelle in diesem Buche besprochen werden soll. Aber was mir als Anlaß zu Baudricourts endgültiger Bekehrung weit wichtiger erscheint, ist die Tatsache, daß sie ihm nach ihrer eigenen Aussage als dem ersten Mann, dem sie ihr Geheimnis enthüllte, von ihren Stimmen erzählt hat. Nun muß dieses Gespräch – oder diese Gespräche – unter vier Augen stattgefunden haben, sagte sie doch selbst, sie habe niemandem etwas davon erzählt, außer Baudricourt und ihrem König. Sonst kann niemand anderer dabei gewesen sein. Und Johanna muß ihn bis zu dem Grade überzeugt oder jedenfalls beunruhigt haben, daß er tatsächlich ihretwegen einen Boten an den Dauphin entsandte. Das war für Johanna ein großer Fortschritt – der erste wirkliche Fortschritt, den sie bisher hatte machen können. Jetzt wenigstens trat sie in Verbindung mit ihrem Dauphin. Jetzt war wirklich ein Bote aus Vaucouleurs zu ihm unterwegs. Die Berichte über die Aufnahme, die Baudricourt in Chinon zuteil wurde, sind weder zeitgenössisch noch infolgedessen sehr zuverlässig. Trotzdem haben sie einen Anstrich von Wirklichkeit, der überzeugend klingt. Sie berichten von genau der Art Aufnahme, die man sich erwarten durfte. Sie berichten, daß einige Leute aus dem großen Gefolge des Dauphin Baudricourts Brief skeptisch aufnahmen und meinten, das seien alles Hirngespinste, denen man keine Beachtung schenken solle. Andere hielten im Gegensatz hierzu dafür, Gott plane, das unglückliche Frankreich durch den gesunden Menschenverstand und die Befehlsgewalt jemandes wiederherzustellen, den Er allein über die Grenzen menschlichen Begreifens hinaus begeistern würde. Diese Darstellung mag sich fast allzu romantisch lesen, um restlos glaubhaft zu klingen; trotzdem enthält sie vermutlich ein gut Stück Wahrheit. Wenn auch in gewissen Punkten sehr irreführend (z. B. in der Feststellung, Jakobus d'Arc und Isabella Romée seien nach Chinon geholt worden, was sicher niemals geschehen ist), so gibt diese Darstellung doch im wesentlichen die Wirkung wieder, die Baudricourts Brief in Chinon erzeugt haben muß. Baudricourt war kein verantwortungsloser Mann. Nein. Aber sogar

verantwortungsbewußte Männer konnten sich von Hexen-
kunst und Aberglauben betören lassen. So folgerten die Ge-
genparteien. Die Zweifler verloren. Johanna durfte zu guter
Letzt nach Chinon kommen.

IX

Ehe sie aber diese lang ersehnte Erlaubnis erhielt, war eine
lange Zwischenpause des Hinwartens vergangen, und viel
Zeit hatte ausgefüllt werden müssen. Es ist unschwer zu
glauben, ihr damals ruheloser und tatendurstiger Geist
könne wohl kaum in der fraulichen Beschäftigung, zusammen mit Catherine le Royer am Spinnrocken zu sitzen,
einen angemessenen Zeitvertreib gefunden haben. Sie war,
wie man sich erinnern muß, ungeduldig wie eine Frau kurz
vor der Entbindung. Jede Ablenkung, vor allem eine tätige
Zerstreuung war ihr willkommen. Anders wäre ihr Abstecher an den Hof des Herzogs von Lothringen nach Nancy,
den sie während ihres Aufenthalts in Vaucouleurs unternahm, wobei sie bis Toul von Jean de Metz und den ganzen
Weg bis nach Nancy von dem getreuen Lassois begleitet
wurde, sicherlich eine der befremdlichsten Unternehmungen in ihrer ganzen befremdlichen Laufbahn. Außer man
läßt die Entschuldigung ihrer Ungeduld gelten, erscheint
dieses Unternehmen nicht nur befremdlich, sondern sogar
sinnlos; eine reine Zeitverschwendung, die zu nichts führen
konnte. Warum war sie bereit, nach Nancy zu reisen, um
sich dort mit dem Herzog von Lothringen in ausgerechnet
dem Augenblick zu besprechen, als sie an Ort und Stelle in
Vaucouleurs hätte bleiben sollen, um Robert de Baudricourt
nicht aus den Augen zu lassen? Welchen Gewinn konnte sie
sich von dieser unzeitgemäßen Reise erwarten? Der Herzog
bekannte sich, wie sie gewußt haben muß, offen zur englisch-burgundischen Partei – er war mit anderen Worten ein
Feind, einer von denen, die auf den Vertrag von Troyes ge-

stützt Ränke schmiedeten, um Johannas Land der englischen Herrschaft zu überantworten. Deshalb konnte sie sich von ihm keinerlei Unterstützung der französischen Sache erhoffen. Ihre Einwilligung zu dieser Unterbrechung ihrer Bestrebungen, sofort nach Chinon aufzubrechen, wäre verständlicher, hätte sie auf diese Weise die Dienste eines großen feudalen Vasallen ihrem König zu gewinnen getrachtet. Im Falle des Herzogs von Lothringen konnte sie vernünftigerweise keine solche Hoffnung hegen. Er war englisch-burgundisch bis auf die Knochen. Trotzdem reiste sie zu ihm. Sie vergeudete kostbare und drängende Zeit. Warum? Es scheint keine triftige Antwort auf diese Frage zu geben, es sei denn, die Antwort liege nicht nur in Johannas nagender Ungeduld, sondern sehr einfach auch in der Tatsache begründet, daß sie der Aufforderung gehorchte, wenn sie ein großer fürstlicher Vasall zu sich entbot. Vielleicht wagte sie nicht, sich zu weigern. Sie hatte sich noch nicht die Umgangsformen irdischer Fürsten angeeignet, da sie bisher noch mit keinerlei Fürsten Umgang gepflegt hatte, außer mit denen des Himmels. Irdische Fürsten mögen ihr noch Respekt eingeflößt haben, so daß sie der Aufforderung Karls II. von Lothringen nachkam, als er sie zu sich entbot.

Soviel über Johannas Teilnahme an dem Abstecher nach Nancy. Aber warum dachte der Herzog, ein mächtiger Adeliger in seiner Hauptstadt, überhaupt daran, sie zu sich zu entbieten? Welche Gerüchte waren an sein Ohr gedrungen, die ihn auf den Gedanken hatten bringen können, nach dem Bauernmädchen zu senden, das erst vor kurzem in Vaucouleurs aufgetaucht war und das die gesunden Ansichten jenes gediegenen, vorsichtigen und skeptischen Soldaten Robert de Baudricourt so verwirrt hatte, daß er einen Boten an den Dauphin durch halb Frankreich entsandte? Die Neugierde des Fürsten war zweifellos geweckt. Als ein Prinz, der auf seinen Gütern ein Leben des Vergnügens und der Pflicht führte, darf man wohl von ihm annehmen, er habe jede außergewöhnliche Unterbrechung des eintönigen Einerleis von Vergnügen und Regieren willkommen geheißen. Die Jungfrau aus Domremy war eine Neuheit von draußen, und als solche mußte sie an seinen Hof gezogen werden. Nebenbei machte ihm der Zustand seiner Gesundheit Sorgen. Vielleicht konnte ihm die Jungfrau aus Domremy einen nützlichen oder gar wunderbaren Rat geben? Auf jeden Fall sandte er nach ihr. Und sie kam.

Aber als sie kam, fand sie heraus, daß er sich weniger um Politik als um sich selbst kümmerte. Ihre eigenen Worte mögen über ihre Unterredung berichten: »Ich sagte ihm, daß ich eilends nach Frankreich müsse. Er wünschte von mir zu erfahren, wie er seine Gesundheit wiedergewinnen könne, und ich erwiderte ihm, davon verstünde ich nichts, und eröffnete ihm nur wenig von dem Sinn meiner Reise (nach Frankreich). Ich bat ihn lediglich, mir seinen Sohn und ein Gefolge *(filium suum et gentes)* zum Geleit nach Frankreich zu geben; täte er das, so wolle ich Gott um Gesundheit für ihn anflehen.«

Diese kurze und bündige Darstellung Johannas ist voll Bedeutung. Nimmt man sie Satz für Satz vor, so zeigt sie erst einmal, daß Johanna von ihren eigenen Plänen erfüllt vor ihn hingetreten war: *Ich sagte ihm, daß ich eilends nach Frankreich müsse.* Als sie dann sah, daß er kein Interesse daran hatte, wird sie mit ihren eigenen Wünschen und Absichten zurückhaltend: *Ich eröffnete ihm nur wenig von dem Sinn meiner Reise;* trotzdem ist sie, wenn sie auch so schlau war, ihn nicht damit zu langweilen und vielleicht gar ärgerlich zu machen, daß sie auf einem unerwünschten Gesprächsstoff bestand, andererseits auch schlau genug, um bei dieser Gelegenheit einen Handel abzuschließen, indem sie ihm sagt, sie würde Gott um seine Wiedergenesung bitten, sofern ihr der Herzog seinen Sohn und ein Gefolge zum Geleit nach Frankreich geben wollte. Er gab ihr keines von beiden, gab ihr aber vier Franken für ihre Reisespesen, die sie pflichtschuldig Durand Lassois aushändigte, und er gab ihr auch einen Rappen. Ihr vier Franken zu geben, war vielleicht nicht sehr freigebig; aber sein anderes Geschenk erscheint doch seltsam, denn es erleichterte ja nur ein Unternehmen, das er als Anhänger der Englisch-Burgundischen nur mißbilligen konnte. Er gab ihr in der Tat ein Pferd, auf dem sie nach Frankreich reiten konnte – das letzte, was er sich gewünscht haben konnte, daß sie tue. War es ihre zwingende Persönlichkeit, die ihn dazu bewog? Oder war es als Bestechung gedacht, um sich ihrer Gebete zu versichern? Die Geschichte und Johanna schweigen über diesen Punkt.

Die freundliche Behandlung von seiten des Herzogs erscheint um so befremdlicher, wenn wir späterhin aus den Worten einer anderen Zeugin erfahren, daß Johanna es auf sich genommen hatte, ihn deswegen ordentlich auszuschelten, was sie sein böses Treiben nannte. Die Zeugin war Marguerite La Touroulde, die Frau des Schatzmeisters Karls VII., in deren Haus in Bourges Johanna sich drei Wochen aufgehalten hatte, wobei sie mit ihrer Gastgeberin im gleichen Bett schlief und mit ihr, wie ihre Gastgeberin späterhin andeutete, auf reichlich vertrautem Fuße stand. Die beiden Frauen hatten alle Stunden der Nacht oder des Tages zum Austausch von Vertraulichkeiten zu ihrer Verfügung. Anscheinend hat Johanna ihr erzählt, daß sie den Herzog von Lothringen *atteint d'une certaine infirmité* gewarnt habe, er würde nie mehr geheilt werden, wenn er nicht seinen schlimmen Lebenswandel aufgeben und wieder zu seiner tugendsamen Gemahlin zurückkehren würde. Das erscheint uns ziemlich hart gegen die tugendsame Gemahlin (Margarete von Bayern), aber vielleicht war Johanna über die Ansteckungsgefahr intimer Krankheiten nicht genügend unterrichtet.

Es ist einigermaßen erstaunlich, daß ein großer und mächtiger Adeliger einen so freimütigen Tadel von einem Bauernmädchen, das kaum mehr war als ein Kind, hingenommen haben sollte. Er war eher daran gewöhnt, Leute dieses Schlages in seiner Gegenwart erzittern zu sehen. Solche Unverschämtheit muß ihm die Stimme verschlagen haben. Nebenbei war er in seinen geheimsten Gefühlen getroffen. Denn in seinem einigermaßen fortgeschrittenen Alter von dreiundsechzig Jahren war er noch immer leidenschaftlich einer gewissen Alison Dumay zugetan, der Tochter einer Gemüsehändlerin aus Nancy, die ihren Laden vor den Toren des herzoglichen Palais hatte. Er hatte mit dieser Alison Dumay, die selbst ein uneheliches Kind – nämlich die natürliche Tochter eines Priesters[1] – war, fünf Kinder gezeugt und sich nicht damit zufriedengegeben, sie in einem vollständig mit Möbeln, goldenem und silbernem Geschirr ausgestatteten Haus unterzubringen, sondern hatte auch für ihre Kinder und ihre Mutter und ihre Schwestern gesorgt. Die Bürger von Nancy nahmen nach seinem Tode Rache an ihr, indem sie sie zuerst durch die Straßen von Nancy zu laufen zwangen und sie dabei mit menschlichem Kot bewarfen, um sie dann heimlich aus dem Leben zu schaffen.

Arme Alison Dumay! Sie nahm ein sicherlich erniedrigendes und wahrscheinlich qualvolles Ende, das sie nicht mehr und nicht weniger verdient hatte als viele Mätressen von Königen und Fürsten. Es war vielleicht zu hart gegen sie, daß man sie zuletzt so schwer bestrafte. War sie auch eine Buhle, so regt sich doch unser Mitgefühl bei dem Gedanken, wie sie ihr Haus, ihre Möbel, ihr Gold- und Silbergeschirr auf einen Schlag verlor. Diese Dinge mußten ihr so viel bedeutet haben – in ihrer begrenzten Art ebensoviel wie die Errettung Frankreichs Johanna. Hure und Heilige; Stoff und Geist. Beurteilt man jede nach ihrem Begriffsvermögen, so besteht wenig Unterschied dem Werte nach. Der Unterschied ist einer des Wesens, nicht des Grades. Trotzdem sollten wir wohl unser Mitgefühl nicht übertrieben vergeuden. Sie hatte zu ihrer Zeit ihre guten Tage gehabt. Es war nicht der Tochter jeder Gemüsehändlerin gegeben, die Geliebte eines regierenden Herzogs zu werden. Wie andere von ihrer Sorte war sie glücklich und unglücklich zugleich. Unwahr-

1 Arch. Nat., K. K. 1124, folio 216 und 217: *Nonobstant qu'elle soit bâtarde, file naturelle et illégitime de prêtre.*

scheinlich glücklich, solange ihr fürstlicher Liebhaber lebte, tragisch unglücklich im Augenblick seines Todes. Sie hatte jedenfalls ihre Tage genossen. Ihre Kinder, ihre Mutter und ihre Schwestern waren gut versorgt. Wir können nur hoffen, daß ihr die Bestimmungen im Testament ihres Liebhabers – Bestimmungen, die den französischen Kleinbürgergeist ein wenig getröstet hätten – bekannt waren, ehe sie die Bürger seiner Hauptstadt, ihre Landsleute, ihre ehemaligen Nachbarn und Freunde, fortschleppten und besudelt durch die Straßen führten, um sie zu guter Letzt einem ungewissen Tode zu überantworten.

X

Dieser Angriff auf die intimen Sitten des Herzogs erschöpft noch keineswegs die Gesamtheit von Johannas Unverschämtheiten gegen ihn. Zuerst einmal war es bis zu einem gewissen Grade unverschämt von ihr, der erklärten zukünftigen Dienerin Frankreichs, sich überhaupt in dieses englisch-burgundische Bollwerk zu wagen. Es war noch unverschämter vorzuschlagen, der Herzog solle ihr einen seiner Söhne mitgeben, um sie auf ihrer Suche nach dem Dauphin nach Chinon zu begleiten. Hier erhebt sich eine Zwischenfrage: Meinte sie einen seiner Söhne oder seinen Schwiegersohn, den jungen Herzog von Bar? Die Geschichtsschreiber haben für ausgemacht angenommen, daß sie seinen Schwiegersohn meinte. Johanna selbst jedoch sagt ausdrücklich, sie habe um *seinen Sohn (filium suum)* gebeten. Nun aber hatte Karl von Lothringen keine legitimen Söhne. Meinte sie damit, daß sie einen der illegitimen Söhne von Alison Dumay zum Geleit haben wollte, die damals anscheinend im herzoglichen Palais wohnten; oder meinte sie seinen legitimen Schwiegersohn, René d'Anjou, Herzog von Bar? Wiederum ist die Frage unentscheidbar und nicht zu beantworten. Im großen ganzen ist es recht wahrscheinlich, sie habe seinen

Schwiegersohn gemeint, da der regierende Herzog von Bar naturgemäß eine weit wertvollere Rückendeckung bei ihrer geplanten Unternehmung nach Chinon für sie dargestellt hätte als einer der illegitimen Söhne der Tochter einer Gemüsehändlerin. Es waren verschiedene Gründe vorhanden, warum Johanna so dreist und unverschämt um die Dienste des jungen Herzogs von Bar gebeten haben sollte. Erstens einmal hing das Herzogtum Bar vom Herzogtum Lothringen insofern ab, als Karl II. von Lothringen (Johannas Herzog) seine Tochter Isabella, Erbin seines eigenen Herzogtums, dem René d'Anjou ehelich angetraut hatte, als dieser ein zwölfjähriger Knabe und seine Braut noch jünger war. Während Renés Minderjährigkeit hatte der Herzog von Lothringen, als Regent von Renés Herzogtum Bar, seinen Schwiegersohn der englischen Sache verschrieben. Aber sobald René selbst die Regierung übernahm, offenbarten sich seine französischen Sympathien, die durch seine Freundschaft mit Robert de Baudricourt ermutigt und beeinflußt worden waren. Somit wäre es für Johanna ein wirklicher Triumph gewesen, René d'Anjou offen den Überzeugungen und Verpflichtungen seines Schwiegervaters zu entfremden. Es war ein kühner Versuch – ein Wagnis ganz nach ihrem Geschmack –, aber dieser Versuch schlug fehl.

Überdies scheint René d'Anjou ein phantastisch veranlagter junger Mann gewesen zu sein, der sich bereitwillig in ein so verrücktes Wagnis hätte verwickeln lassen, wie es die Jungfrau aus Domremy zu unternehmen vorschlug. Als jüngerer Sohn von Yolande, Königin von Sizilien und Jerusalem, Herzogin von Anjou, war er zu der Zeit, als Johanna nach Nancy ging, gerade zwanzig Jahre alt. Er hatte sich bereits einen Zwerg namens Didier als Possenreißer *(petit fou)* zugelegt und ihn seiner Hofhaltung einverleibt, ebenso einen Neger aus Marokko. Dieser arme Schelm forderte die Bürger von Metz bei einer Gelegenheit, als er zwei Hüte und einige Kaninchen zu seinem Herrn zu tragen versuchte, dazu heraus, ihm einen Schabernack zu spielen. Die Bürger

gaben zwar die Hüte wieder her, verspeisten aber die Kaninchen bei einem Festmahl, zu dem sie die lockeren Damen
von Metz einluden. Abgesehen von diesen absonderlichen
Bediensteten, die er seiner Person beigesellte, legte der
junge Mann andere Neigungen an den Tag, die ihn von der
Vielzahl der gewöhnlichen anderen jungen Leute unter-
schieden. Ein glänzender Reiter, gewandt im Gebrauch der
Lanze, schrieb er trotzdem Gedichte, machte Buchillustra-
tionen und fand Gefallen an den gewirkten Gärten der Gobelins. Offenkundig ein Fürst mit vielfältigen Neigungen;
ein junger Mann, ganz dazu angetan, an diesem Bauernmädchen aus Domremy Gefallen zu finden. Es war Johannas
Pech, ihn nicht sofort ihren Anhängern einreihen zu können
– wenn wirklich er es war, an den sie dachte, als sie Karl II.
von Lothringen bat, ihr seinen Sohn zum Geleit nach Frankreich zu geben. Sie brauchte nicht lange zu warten, wie sich
in der Folge zeigte, denn er verband sechs Monate später in
Provins (am 3. August 1429) sein Schicksal mit dem ihrigen
und dem ihres Dauphins[1].

Es war vielleicht nicht so seltsam, daß er sich so entschieden haben sollte, seine Unterstützung der Jungfrau von Orléans und ihrem neugekrönten Karl VII. angedeihen zu lassen. Es ist richtig, daß seine Mutter im Bund mit seinem
Oheim Ludwig, der ihr Bruder, Bischof von Châlons, hoher
Kirchenfürst und erblicher Herzog von Bar war, seine Heirat
mit der Erbin des Herzogs von Lothringen eingefädelt und
ihn damit anscheinend unwiderruflich der englisch-burgundischen Partei ausgeliefert hatte. Gleichzeitig mit dem Zu-
standekommen der Heirat (Vertrag von Foug, 20. März 1419)
erklärte sich der Kardinal-Bischof einverstanden, sein Herzogtum seinem damals erst zehn Jahre alten Neffen zu übergeben. Ein zehnjähriger Knabe kann nicht viel dabei zu sagen gehabt haben. Ein zehnjähriger Schuljunge von heute

1 Das *Journal du siège d'Orléans* führt jedoch an, er sei bereits bei der
Krönung in Reims am 17. Juli 1429 anwesend gewesen.

hätte keine sehr deutlichen Vorstellungen, wenn er plötzlich mit einem großen Herzogtum, einer noch in den Kinderschuhen steckenden Braut und den damit verbundenen Verantwortungen einer politisch gefährlich verwickelten Partei beschenkt würde. Was wußte der arme kleine René von Anjou mit zehn Jahren von Herzogtümern, von Englisch-Burgundern oder von Armagnacs? Er hatte vermutlich mehr Interesse daran, mit Holzsoldaten zu spielen. Erst nachdem er ins reifere Alter gekommen war, konnte er ernstlich eine eigene Entscheidung fällen. Nachdem er dieses Alter erreicht hatte, entschied er sich, seine wahren Interessen und die Frankreichs seien in Johanna und in ihrem gekrönten König verwurzelt. Die englischen Usurpatoren mußten um jeden Preis aus den französischen Landen vertrieben werden, trotz des Vertrages von Troyes, trotz persönlicher Familienbande. Das war René d'Anjous endgültiger Entscheid, und so verbündete er sich mit Johanna und Karl VII. fünf oder sechs Monate nach ihrem vergeblichen Bittgang zu seinem Schwiegervater nach Nancy, denn er war ein junger Mann mit selbständigen Entschlüssen; ein beachtenswerter junger Mann, in der Geschichte gemeinhin bekannt als *le bon roi René.*

VII. Kapitel

VON VAUCOULEURS NACH CHINON

I

Es will scheinen, als sei Johanna am 12. Februar aus Nancy nach Vaucouleurs zurückgekehrt, habe Baudricourt erneut heimgesucht und ihn mit der Nachricht aufgeschreckt, die Streitkräfte des Dauphins hätten an eben diesem Tage eine schwere Niederlage in der Nähe von Orléans erlitten und sie würden noch weitere erleiden, wenn sie, Johanna, nicht bald zu ihm entsandt würde. Andrew Lang meint mit einiger Glaubwürdigkeit, das könnte die Gelegenheit gewesen sein, welche Baudricourt dazu bewog, den *Curé* zu einer Aussprache mit Johanna in Le Royers Haus zu bringen. Denn als die Nachrichten von der Schlacht von Rouvray mehrere Tage später in Vaucouleurs eintrafen und es sich herausstellte, daß Johannas Behauptung erstaunlich richtig gewesen war, muß er sich allen Ernstes zu fragen begonnen haben: War sie nun eine Hexe oder nicht? Es konnte nicht länger mehr geleugnet werden, daß sie das zweite Gesicht hatte, und nach Baudricourts Glauben konnte das zweite Gesicht nur von Gott oder vom Teufel stammen. Wenn vom Teufel, dann war sie eine Hexe und würde sich dem Manne Gottes gegenüber verraten. Wenn aber nicht...? Sie verriet sich nicht dem Manne Gottes gegenüber, und Baudricourt schickte sie am 23. Februar nach Chinon.

II

Ein Bote des Dauphins hielt sich gerade in Vaucouleurs auf und wurde angewiesen, sie auf ihrer Reise zu begleiten. Man darf annehmen, dieser Mann namens Colet de

Vienne sei sehr wahrscheinlich der Überbringer der Antwort des Dauphins auf Baudricourts Brief gewesen, worin dieser bevollmächtigt wurde, seine junge Visionärin an den Hof zu senden. Colet de Vienne sollte nicht ihr einziger Begleiter sein. Jean de Metz und Bertrand de Poulengy sollten gleichfalls mitkommen, ebenso deren Bedienstete Julian und Jean de Honnecourt und eine Schattengestalt, von der wir nur den Namen kennen: Richard der Bogenschütze. Ehe sie aufbrechen konnten, mußte ihr Schützling ausgestattet werden. Baudricourt scheint der Meinung gewesen zu sein, er habe bereits genug getan, denn de Metz und Poulengy bezahlten nahezu die gesamten Unkosten aus ihrer eigenen Tasche[1], wobei ihnen Lassois und einige Bürger von Vaucouleurs Unterstützung zuteil werden ließen, insbesondere Johannas Gastgeber Le Royer und ein Mann namens Alain, der Johanna bei ihrem Unternehmen nach Nancy begleitet hatte. Poulengy liefert eine kurze Beschreibung der angeschafften Gewandung: ein männlicher Waffenrock, Sporen, ein Schwert und hohe Stiefel; aber mehr ins einzelne gehende Angaben verdanken wir jenem anderen Augenzeugen, der bereits angeführt worden ist (Kapitel I, Seite 20), nämlich dem *greffier* des *Hôtel de Ville* von La Rochelle. Er schildert uns Johanna, wie sie mit ihrem kurzgeschnittenen schwarzen Haar, grau und schwarz gewandet, in Chinon ankommt. Sie stellten ihr auch ein Pferd, das sie sechzehn Franken kostete. Es ist nicht sehr klar, was aus dem Pferd wurde, das ihr bereits der Herzog von Lothringen geschenkt hatte. Vielleicht hielten es ihre Beschützer, wie Siméon Luce andeutet, nicht für passend, die Jungfrau aus Domremy sollte an den Hof des Dauphins auf einem ihr durch die Freigebigkeit eines englisch-burgundischen Führers gestellten Pferd reiten. Vielleicht war es auch kein sehr gutes Pferd. Johanna war, trotzdem sie dem heiligen Michael entgegnet hatte,

1 Sie wurden später aus der königlichen Schatzkammer entschädigt.

sie könne nicht reiten, ziemlich wählerisch in bezug auf die Güte ihrer Pferde: So hat sie später die *haquenée*[1] des Bischofs von Senlis als für ihre Zwecke nicht gut genug zurückgewiesen und dem Bischof zu wissen getan, wenn er wolle, könne er das Pferd zurückhaben – eine Ablehnung, die ihr bei ihrem Prozeß vor dem Kirchen- und Inquisitions-Gericht von Rouen übel vermerkt wurde[2]. Jedenfalls verschwindet das Geschenk des Herzogs von Lothringen sehr rasch in der Versenkung und wird durch das Geschenk der Bürger von Vaucouleurs ersetzt. Robert de Baudricourt empfahl Johanna feierlich dem Schutz ihrer Fahrtgenossen an, gab ihr ein Schwert und entbot ihr den Abschiedsgruß. »Geh!« sprach er zu ihr beim Scheiden, als sie ihn verließ. »Geh! Komme, was da mag.«

Durand Lassois, ihr Erstbekehrter, wurde zurückgelassen, um wieder sein eintöniges Leben in Burey-le-Petit aufzunehmen – jenes eintönige Leben, das Johanna kurz und glanzvoll bei zwei Gelegenheiten unterbrochen hatte. Wie oft muß er sich gewundert haben, was aus der jungen Base geworden sein mochte, die ihn Oheim nannte, weil er sechzehn Jahre älter war als sie, die ihn vor den Statthalter von Vaucouleurs geschleift hatte, nur um für seine Bemühungen verächtlich behandelt und verlacht zu werden; die ihn veranlaßt hatte, sie bei seinen Freunden unterzubringen, deren bescheidenen Haushalt durch ihre Schuld ein so schreckeinflößender Besucher wie ein der Teufelsaustreibung frönender Geistlicher heimgesucht hatte; dessen Kleider sie auslieh; den sie an den herzoglichen Hof von Nancy schleppte; dem sie ihr Geld zur Aufbewahrung übergab – um dann zu guter Letzt als Mann gekleidet zu jener verrückten Sendung aufzubrechen, von deren Erfolg sie so fest überzeugt zu sein schien. Johanna ging nach Chinon; Durand Lassois blieb in

1 Zelter. Anm. d. Üb.
2 *Procès*, Bd. I, S 104-105: *Lui rescrist que il la reairoit, s'il vouloit, et qu'elle ne la vouloit point, et qu'elle ne valoit rien pour souffrir paine.*

Burey zurück. Vielleicht hatte seine Base aus Domremy mehr Unordnung in sein Leben gebracht, als ihm lieb war. Vielleicht fühlte er eine begreifliche Erleichterung, als er sein gewohntes Leben wieder aufnehmen konnte. Trotzdem zog ihn die Neugierde noch einmal in Johannas Bann, denn als er sie das nächste Mal sah, war sie in voller Rüstung und trug in der Kathedrale von Reims ihr Banner zur Seite des Königs.

III

Um die Spätmittagsstunde am Mittwoch, dem 23. Februar 1429, ritten sie durch die Porte de France zu ihrer Reise über mehr als vierhundert Kilometer quer durch Frankreich hinaus aus Vaucouleurs. Catherine le Royer gab ihnen das Geleit und, wie man annehmen darf, war auch ein Zulauf neugierigen Volks dabei. Ihr Aufbruch erfolgte unter nicht sehr günstigen Bedingungen. Die Regenfälle waren in jenem Winter ungewöhnlich heftig gewesen, und die Flüsse traten über ihre Ufer. Selbst der Herzog von Bar mußte auf das Fischgericht für seine Tafel der Überschwemmung wegen verzichten. Man glaubt, sie hätten um der größeren Sicherheit willen die Hufe ihrer Pferde umwickelt, und man weiß, daß sie manchmal zur Nachtzeit ritten. Poulengy, der neben Johanna herritt, fragte sie, ob sie wirklich das Versprochene durchführen wolle, und immer antwortete sie dasselbe: sie sollten keine Angst haben; sie habe Weisung zu tun, was sie tue; ihre Brüder im Paradies würden sie darüber unterrichten, was sie tun solle; und vier oder fünf Brüder im Paradies und Gott selbst hätten ihr bereits gesagt, sie müsse in den Krieg ziehen, um das Königreich zurückzugewinnen. Die Begleiter waren offenbar nervös – und wer könnte ihnen das wohl verdenken? Denn es war keine leichte Verantwortung, die sie übernommen hatten, eine himmelsgesandte Jungfrau durch ein von Kriegshorden beunruhigtes Land zu geleiten

– und dazu noch auf ihre eigenen Kosten –, aber Johannas unbeirrbare Antworten ermutigten sie und feuerten sie an. Es war nie schwierig für sie, das Vertrauen ihrer eigenen Leute wieder aufzurichten. Manchmal, wenn sie in leicht-launiger Stimmung waren, neckten sie Johanna. Vielleicht neckten sie Johanna weniger, als daß sie sie auf die Probe stellen wollten. Sie gaben vor, auf seiten der Engländer zu stehen. Sie taten so, als wollten sie fortlaufen, weil sie einen Überfall fürchteten. Keiner dieser mageren Witze berührte Johanna im mindesten. Ob sie diese Scherze nun ernst nahm oder nicht, jedenfalls verriet sie keine Unruhe, sondern be-merkte nur: »Lauft nicht fort. Im Namen Gottes, sie werden euch kein Leid antun.« Andererseits aber quälte sie ihre Fahrtgenossen mit Forderungen, denen deren praktische Männererfahrung nicht immer nachgeben konnte. Sie war gerne bereit, bei Tag oder bei Nacht zu reisen, wenn sie es für das beste hielten; sie machte ihnen keine Schwierigkei-ten mit ihrer Gesundheit, erwies sich doch ihre Ausdauer der ihrigen gewachsen, was bei einer Frau nicht zu erwarten war; aber sie lag ihnen ständig mit ihrem Verlangen, eine Messe hören zu wollen, in den Ohren. »Wenn wir nur die Messe hören könnten«, sagte sie zu ihnen, »so wäre alles gut.« Aber sie hatten Angst, erkannt zu werden, und nur zweimal wäh-rend der elf Tage dauernden Reise glaubten sie es verant-worten zu können, ihrem Wunsche zu willfahren.

Ihre Furcht, Johanna könnte erkannt werden, ist auf-schlußreich. Sie kann nur bedeuten, daß sich der Ruf der Jungfrau von Domremy schon weit verbreitet hatte. Wir können es nur als Anzeichen dafür werten, daß bereits über sie gesprochen wurde und die Neuigkeit vom Fortschritt ihrer Reise nach Frankreich bekannt war[1]. Trotzdem hatte sie bis dahin nichts besonders Dramatisches vollbracht. Es war

1 Wir wissen beispielsweise als feststehende Tatsache, daß der Bastard von Orléans lange vor ihrer Ankunft in Chinon von ihr gehört hatte. Siehe Kap. VIII, S. 189 oben.

ihr nur gelungen, die Aufmerksamkeit des Statthalters von Vaucouleurs und das Vertrauen zweier seiner Hauptleute zu erringen. Sie hatte das Vertrauen des Statthalters von Vaucouleurs bis zu dem Grade gewonnen, daß er ihr nach Chinon weiterzureisen erlaubte. Sie hatte das Vertrauen seiner beiden Hauptleute so weitgehend erworben, daß diese sich nicht nur bereit fanden, alle Gefahren auf sich zu nehmen, sondern auch die Reiseunkosten aus eigener Tasche zu tragen; eine Gebärde, die für alle, welche die Franzosen genauer kennen, eine sehr entscheidende Stellungnahme bedeutet. Allerdings bekamen die beiden ihre Auslagen später aus der königlichen Schatzkammer wieder vergütet. Aber als sie aufbrachen, konnten sie mit keinerlei Gewißheit auf diese Rückerstattung rechnen. Bis jetzt hatte Johanna noch nichts vollbracht, was sie nicht lediglich der Wirkung ihrer eigenen Persönlichkeit zu verdanken gehabt hätte. Sie hatte noch nicht wunderbarerweise den Dauphin unter allen anderen erkannt. Hatte Orléans noch nicht befreit. Hatte das Königreich Frankreich noch nicht wiederaufgerichtet. Sie hatte nur ihr Vertrauen auf ihre Befähigung, alles das zu vollbringen, beteuert. Diese paar Männer glaubten an sie, und wahrscheinlich hatten auch andere Leute von ihr gehört, so daß ihre kleine, gläubige Begleitmannschaft, die sich der von ihr verursachten Neugierde bewußt war, besondere Vorsichtsmaßregeln zu ihrem Schutze traf. Jean de Metz galt als Anführer des kleinen Trupps: Er glaubte restlos an Johanna, deren Worte ihn mit einer Liebe zu Gott erfüllten, die der Johannas gleichkam. Er glaubte ihr, sie sei von Gott gesandt worden, kam doch nie ein Fluch über ihre Lippen, ging sie doch gerne zur Kirche, machte sie doch beim Ablegen eines Schwures das Zeichen des Kreuzes und nahm oft Geld von ihm, um es zu barmherzigen Zwecken zu verwenden. Poulengy empfand ganz das gleiche, wobei er noch hinzufügte, ohne die prophetische Natur seiner Worte zu ahnen, sie sei genau wie eine Heilige.

Ihre Achtung vor ihrer Tugend war ebenso groß wie ihre Überzeugung von ihrer himmlischen Sendung. Männer in der Blüte der Jahre, Soldaten, rauhe Wirklichkeitsmenschen, die sie waren, reisten sie in Gesellschaft einer alleinstehenden Frau, eines gesunden Bauernmädchens; noch und noch hatten sie Gelegenheit, Johannas schutzlose Lage auszunützen, dennoch scheint ihnen nie der Gedanke gekommen zu sein. Wenn sie nächtens nicht reisten, schlief Johanna an ihrer Seite. Trotzdem konnte Jean de Metz von ihr sagen: »Jede Nacht, während der Reise, lagen Bertrand, ich und *la Pucelle* Seite an Seite, *la Pucelle* neben mir, ihre Ober- und Unterkleidung fest geschlossen. Ich empfand solche Achtung vor ihr, daß ich nie gewagt hätte, ihr einen unziemlichen Antrag zu machen, und ich erkläre eidesstattlich, daß ich nie ein böses Verlangen verspürte noch mir jemals eines sinnlichen Gedankens bewußt ward.« Und Poulengy sagte zur Bestätigung: »Jede Nacht lag Johanna bei uns, ich meine bei Jean de Metz und bei mir, der ich diese Aussage mache ... Ich war damals jung, trotzdem verspürte ich kein Verlangen oder fleischliches Regen *(attamen non habeat voluntatem, nec aliquem motum carnalem cognoscendi mulierem)*, und ich hätte der in ihr erratenen Tugend wegen nie gewagt, ihr einen unzüchtigen Antrag zu machen.«

Es ist schwierig, hierzu eine Erläuterung zu geben. Man kann es auf zweierlei Art deuten. Entweder heißt das, Johanna sei jeder sinnlichen Anziehungskraft in ungewöhnlicher Weise bar gewesen – was angesichts ihrer strotzenden Jugend und der ebenfalls strotzenden Jugend ihrer vermutlich nicht verwöhnten Begleiter, die sich ihr Vergnügen wohl da geholt hätten, wo sie es bekommen konnten, keine überzeugende Erklärung ist. Oder es heißt, sie hätten bei näherer Bekanntschaft wirklich eine besondere Eigenschaft in ihr herausgefühlt, denn dieses besondere Etwas begeisterte die beiden über ihre natürlichen Grenzen hinaus. Alle Aussagen weisen nicht nur im Hinblick auf Jean de Metz und Poulengy in überwältigender Weise auf diese zweite Auslegung hin[1].

1 J. Michelet, *Histoire de France au Moyen Age*.

Michelet bemerkt mit unbewußt humorlosem Patriotismus, weder ein englisches noch ein deutsches Mädchen hätten das Wagnis auf sich genommen: Das Anstößige einer solchen Art zu reisen, sagt er, hätte sie abgeschreckt – eine Anschauung, die sich vollkommen mit der französischen Theorie deckt, das Wort »shocking« spiele eine hervorragende Rolle im englischen Wortschatz. Aber trotzdem ist das eine Anschauung, die man kaum von einem ernst zu nehmenden, wenn auch überschwenglichen, gefühlsbetonten und ungenauen Geschichtsschreiber erwarten dürfte.

IV

Johanna, immer noch *virgo intacta,* bewies in der Folge, daß sie recht hatte: Sie kamen unbehelligt in Chinon an. Sie hatte mit ihrer Vorhersage recht behalten; obwohl sie durch ein auf allen Straßen von Feinden überlaufenes Land hindurch mußte, brauchte sie keine Angst vor ihnen zu haben, denn der Weg lag offen vor ihr da, und Gott ihr Herr würde Sorge tragen, war sie doch ihrer eigenen Behauptung nach zu diesem Zwecke geboren. Es scheint seltsam, daß der kleine Trupp von sechs Mann und einer Frau nirgendwo angegriffen worden sein sollte. Reisende wurden gerne angegriffen, wenn auch nur um der Wegelagererbeute willen. Aber in diesem Falle hätte vom englisch-burgundischen Standpunkt aus ein Grund mehr bestanden, mit einer Handvoll Menschen anzubinden, die zur Unterstützung des Dauphins unterwegs waren. Trotzdem kamen sie ohne jede Schwierigkeit durch. Die erste Etappe ihrer Reise war bis ins einzelne von einem Edelmann ausgearbeitet worden, der ein Schloß an der Straße besaß, die sie vermutlich weiterverfolgen würden, und der gerne vorgeschlagen hätte – das aber klugerweise unterließ –, die kleine Gesellschaft solle innerhalb seiner Mauern von Echènay Rast machen. Jedenfalls scheint es sicher, daß sie nirgendwo während der ersten Nacht rasteten, sondern so rasch wie möglich über die hügeligen Meilen vorwärtseilten, die Vaucouleurs von ihrem ersten Rastplatz St. Urbain trennten. Die Straßen waren gefährlich, es wimmelte von Feinden, die Jahreszeit war ungünstig, die Flüsse waren geschwollen und der Mond im Abnehmen. Es war keine Zeit zur Rast, wenn sie St. Urbain vor Tagesanbruch erreichen wollten. Sie wußten, es wäre besser, den finsteren und sturmgepeitschten Wald, der als La Saulxnoire bekannt war, zu vermeiden. In St. Urbain waren sie einer gastfreundlichen Aufnahme durch den Abt Arnould d'Aulnoy sicher, der ein Blutsverwandter von Robert de Baudricourt war. Die Abtei von St. Urbain stellte als solche eine Art Heiligtum dar, war sie doch von den ritterlichen Herren von Joinville schon um 1132 als Freistatt für Übeltäter anerkannt worden, so daß Johanna und ihre kleine Begleitmannschaft, wenn ihnen Verfolgung drohen sollte, im Notfall unbeschränkt lange Zeit dort hätten bleiben können. Kein Wunder, daß Jean de Metz und Poulengy, welche diese ganze Gegend gut kannten von den häufigen Streifzügen her, die sie kreuz und quer durch sie gemacht hatten, das gastliche Kloster zu ihrem ersten Ziel ausersehen hatten und darauf bedacht waren, ohne Verzögerung dorthin zu gelangen. Sie erreichten es bei Einbruch der Dämmerung und ritten durch den heute noch stehenden spitzen Torbogen ein, der jetzt in eine Art Gutshof führt, in dem Enten und Hühner beim Nahen des Fremden davonlaufen. Denn heutigentags ist St. Urbain ein weltverlorenes kleines Dorf, das nur mit Mühe zwischen all den Wiesen- und Seitenpfaden dieses abgelegenen Teils von Frankreich zu finden ist. Die große Kirche und die Ruinen des Klosters, nebst einer erstaunlich ungenauen *Plaque* an der Stirnwand der Kirche sind alles, was geblieben ist, um uns an die erste Rast jener Reisenden zu erinnern, die allda am 24. Februar 1429 mit hereinbrechender Dämmerung eintrafen.

Von da ab verliert sich jede genauere Spur von ihnen, und wir wissen nur, daß sie nach Auxerre weiterreisten, wo sie in

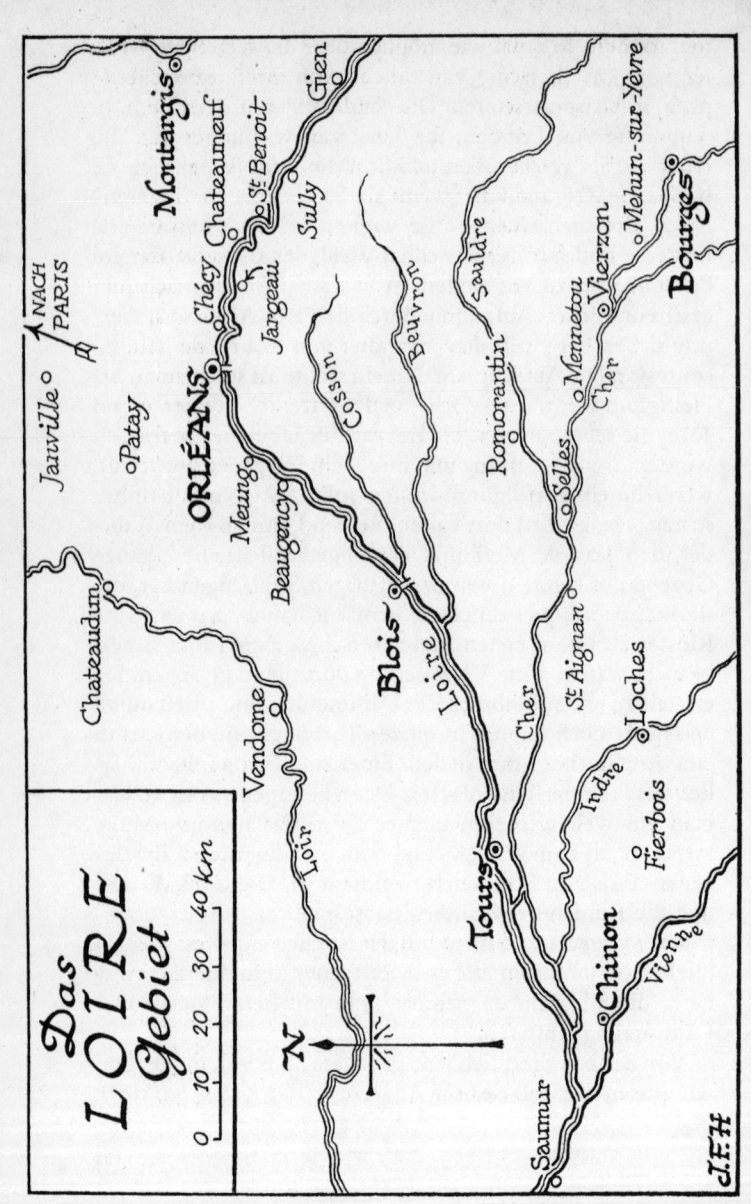

der großen Kathedrale mit den prächtigen Buntfenstern eine Messe hörten. Nachdem sie alsdann ihren Weg unbehelligt nach Gien fortgesetzt hatten, kamen sie zum erstenmal in ein Gebiet, das der französischen Sache verbündet war. Von jetzt an galt ihre Furcht nicht mehr den Feindseligkeiten der Englisch-Burgundischen, sondern nur noch den gewöhnlichen Gefahren durch Wegelagerer, die sie unvorbereitet hätten überfallen, mißhandeln und gar um des Lösegelds willen zurückhalten können. Und seltsam genug, nach Anatole France war es in eben jener Gegend, daß Johanna, wenn sie sich auch auf befreundetem Gebiet wähnen konnten, mit knappster Not entkam. Die unterbesoldeten, manchmal unbesoldeten Soldaten des Dauphins achteten weniger auf die politische Überzeugung ihrer Opfer als auf die Möglichkeit, Geld von ihnen zu erpressen. Hier, so folgerten sie, kommt eine wundertätige Jungfrau, nach welcher der Dauphin gesandt hat; wenn wir sie in eine Grube werfen, einen großen Stein darüber decken und sie dort drunten gefangenhalten, wird der Dauphin eine große Summe Geldes für ihre Freilassung zahlen. Es steht zu befürchten, daß das nur eine von Anatole Frances übertrieben ausgeschmückten Erfindungen ist. Wohl gibt es eine Geschichte, nach der sich ein paar Soldaten an der Landstraße in den Hinterhalt gelegt hätten, um Johanna zu ergreifen und zu berauben. Nicht daß sie etwas zu verlieren gehabt hätte, die Arme, außer den beiden geliebten Ringen an ihren Fingern. Im gegebenen Augenblick aber hätten sich die Soldaten nicht von der Stelle, wo sie im Hinterhalt lagen, zu rühren vermocht[1]. Es ist fraglich, ob diese Fassung der Geschichte glaubhafter ist als ihre Wiedergabe durch Anatole France.

Sicher und gewiß ist, daß Johanna von Gien nach Fierbois ging, einem kleinen halbwegs zwischen Loches und Chinon

---

1 *Procès,* Bd. III, S. 203: Aussage von Frère Seguin. Des weiteren ist da noch die Aussage von Marguerite la Touroulde welche behauptet, Johannas Begleiter hätten angefangen, sie für verrückt zu halten, und hätten sie in einen Graben werfen wollen. (siehe Kap. XIII, S. 318)

gelegenen Dorf. Fierbois sollte eine sehr wichtige Rolle in
der Geschichte Johannas spielen; einstweilen war es mit seinem Schrein der heiligen Katharina vermutlich der für sie
bedeutungsvollste Ort auf der ganzen Strecke. Dort konnte
Johanna vor dem Standbild der heiligen Katharina ihr Gebet
verrichten, das, wie jedermann mit eigenen Augen feststellen kann, der die Einsiedelei von Bermont und die Kirche
von Fierbois aufsucht, eine merkwürdige Ähnlichkeit mit
dem Standbild »Unserer lieben Frau von Bermont« hat. An
einem Tag hörte sie dort drei Messen. Sie diktierte dort auch
einen Brief an den Dauphin, in welchem sie ihm mitteilte,
sie habe hundertfünfzig *lieues* (560 Kilometer) Wegs zurückgelegt, um ihm Hilfe zu bringen, sie wüßte mancherlei
Dinge zu seinem Besten, und sie würde ihn unter vielen anderen erkennen können.

Sie waren jetzt schon ganz nahe am Ziel ihrer Reise angelangt. Sie trafen denn auch am Sonntag, dem 6. März 1429, in
Chinon ein. Es war der vierte Sonntag der Fastenzeit, der
Sonntag, den man *Lätare* nennt, genau der Sonntag, an dem
die Kinder von Domremy die Gewohnheit hatten, ihre unschuldigen Picknicks draußen bei der Wunderquelle abzuhalten, eine Gewohnheit, welche die arme Johanna später in
so gefährliche Schwierigkeiten brachte.

V

Das Schloß von Chinon überragt in prächtiger Rundung und
zinnengekrönt die grauen Dächer der gleichnamigen kleinen Stadt, die sich dicht am Ufer der breiten dunklen
Vienne erstreckt. Das graue und gedrungene Gemäuer über-
blickt den Fluß und das liebliche Land dahinter. Heutigentags mehr oder weniger eine Ruine, zwischen deren Sprün-
gen in den Mauern wildes Löwenmaul und gelber Mauer-
pfeffer wachsen, sah es Johanna zu jener Zeit in der ganzen
Großartigkeit seiner achtunggebietenden Bastionen, tiefen

Gräben und stolzen Türme, mit streng angelegten Gärten innerhalb seiner Umwallung, wobei die Türme in ihrer vollen unzerstörten Höhe weite Ausblicke über die Wälder und Weinberge der Touraine boten. Es verwundert einen nicht, daß der schlaffe Dauphin das Hof- und Schloßleben den edleren und mühsameren Leben der Feldlager und Schlachtfelder vorgezogen hat. Wie einer seiner Geschichtsschreiber bemerkt; »*Vraisemblablement il aurait préféré d'être un particulier heureux*[1].« Elftes Kind und fünfter Sohn seiner Mutter, wenn auch vielleicht nicht seines Vaters, hatte es nicht den Anschein, als habe das Schicksal jemals eine höhere oder verantwortungsvollere Stellung für ihn geplant als die eines jüngeren Prinzen, der seinen kleinen Hof in irgendeinem ergötzlichen Winkel von seines Bruders Königreich hält. Die Sorgfalt und der Luxus, mit denen er von frühester Kindheit an überschüttet wurde, war nur allzu bezeichnend für die Neigungen, die sich in seinen späteren Jahren entwickeln sollten. Bekannt als Graf von Ponthieu, hatte er drei Wiegen und drei Wandschirme, um ihn vor Zugluft zu schützen. Auch waren die Fenster seines Kinderzimmers mit Filzstreifen abgedichtet, um keine kalte Luft von draußen eindringen zu lassen. Er bekam ferner ein Harfe, *délivré aux gens de Monseigneur de Ponthieu pour en jouer devant ledit seigneur;* und ebenso *un petit chaudron le laiton, pour faire jouer et esbattre ledit seigneur, lequel estoit mal disposé* [2]. Wenn nun Monseigneur de Ponthieu sein ganzes Leben lang hätte Monseigneur de Ponthieu oder vielleicht sogar Herzog von der Touraine bleiben dürfen, wie er es eine Zeitlang wurde, hätte er vielleicht glücklich im Genuß solch zweitrangiger Titel mit allen ihren Vorteilen und keiner ihrer Verantwortungen gelebt. Wiegen, Wandschirme, Lustbarkeiten waren wirklich alles, was er sich wünschte. Unglückseligerweise ver-

1 Anquetil, *Histoire de France* (1805).
2 Du Fresne de Beaucourt, *Histoire de Charles VII*, Bd. I, S. 6–7.

wandelte ihn das Schicksal in einen Karl VII. von Frankreich, und als Karl VII. von Frankreich geht sein Charakterbild so wenig ehrenvoll aus seinem Zusammentreffen mit Jeanne d'Arc hervor, daß man kaum ein Lächeln der Belustigung über den ironischen Gegensatz dieser beiden Hauptgestalten unterdrücken kann: Auf der einen Seite der schwache, x-beinige, frömmelnde, ungebildete kleine Mann und auf der anderen Seite die rächende Jungfrau, die ihn, aus den Grenzgebieten seines Königreiches kommend, heimsuchte. Nicht nur, um ihn zu allen möglichen Dingen zu zwingen, die zu vollbringen er nicht die geringste Lust verspürte, sondern die auch auf eine Art und Weise, die keinen offenen Widerspruch duldete, von seiner brennenden, geheimen Bereitschaft, diese Dinge zu tun, überzeugt war. Es wäre interessant zu wissen, was Johanna wirklich von Karl dachte; gleicherweise interessant wäre zu wissen, was Karl wirklich von Johanna dachte. Nach außen hin drückte sie nie etwas anderes als restlose Königstreue und achtungsvolle Zuneigung aus. Für sie war er selbstverständlich der von Gott Auserkorene, der als solcher über alle Kritik erhaben war, so sehr sie ihn auch mit der versäumten Erfüllung seiner Pflicht plagen mochte. Wir müssen wohl trotzdem auf den kleinen Unterschied in der Art achten, wie sie Karl anredete, und der Art, wie sie – sagen wir – den Herzog von Alençon anredete. Karl war immer ihr *gentil dauphin* (wenn sie ihn auch gelegentlich die *oriflamme*[1] nannte, ein mehr heraldischer als angemessener Titel); Alençon war immer *mon beau duc*. Enthält die eine Anrede einen Unterton zärtlicher Bevormundung und die andere Wertschätzung eines ritterlichen Kavaliers – ein Unterton, bei dem wir uns fragen, ob es nicht Augenblicke gab, in denen Johanna insgeheim die Fäuste in Verzweiflung und Verzagtheit über Karls saumselige Art

1 *Oriflamme* hieß im Mittelalter die Kriegsfahne der französischen Könige. Anm. d. Üb.

schüttelte, so wie eine weiblichere Frau über die Trägheit eines angebeteten, aber kläglichen Geliebten seufzen mag. Johanna fanatisch begeistert, Karl insgeheim nur von dem Wunsche beseelt, in Ruhe gelassen zu werden; Johanna entschlossen, Frankreich zu retten, und unerschütterlich davon überzeugt, vom Himmel dazu auserkoren zu sein; Karl, dem nicht viel an Frankreich gelegen war, solange er ein paar angenehme Provinzen und Schlösser behalten konnte, um dort ein vergnügtes und zurückgezogenes Leben zu führen. Er muß es als außerordentlich lästig empfunden haben, bildlich gesprochen: gerüttelt und geschüttelt zu werden, bis seine dicken Knie zusammenschlugen und sein Mut wie seine Zähne klapperte. Mit der einen Hälfte seines Verstandes mußte er beeindruckt gewesen sein, um so mehr, als er ein guter Katholik war, durchaus keine böse, sondern nur eine schwache, liebenswürdige Natur. Mit der anderen Hälfte seines Verstandes muß er wohl Johanna als eine wirklich furchtbare Plage angesehen haben. Laue Menschen betrachten leidenschaftliche Menschen immer als eine Plage. Für ausweichende Naturen sind kraftgeladene Naturen, die ihnen sagen, daß sie das tun sollen, was sie, wie sie wissen, tun sollten, aber nicht tun wollen, immer lästig: Je berechtigter und unentrinnbarer die Belästigung, desto größer ist sie. Und Johanna war ebenso sicher im Recht, wie sie unentrinnbar war. Sie verstand es, ihren Weg bis vor die Gegenwart des Königs zu finden, erkannte ihn trotz des Possenstreichs, den er ihr zu spielen versuchte, und weigerte sich, wieder von ihm abzulassen, nachdem sie ihn einmal zu fassen bekommen hatte.

Armer Karl! Er macht keine stattliche Figur. Johanna mochte ihm wohl den symbolischen Titel *oriflamme* mit seiner Anspielung auf heraldischen Purpur und Gold verleihen; in Wirklichkeit waren seine Gliedmaßen so dünn und gebrechlich, daß die Leute erschraken, wenn sie ihn ohne seinen würdeverleihenden Mantel nur in seinem gewöhnlichen kurzen Wams aus grünem Tuch sahen[1]. Und wenn ein Chronist auch sagt, sein Antlitz sei recht ansprechend gewesen, so schildert ihn doch Anatole France vermutlich wahrheitsgetreuer, wenn auch nicht so höflich, als »sehr häßlich, mit kleinen, grauen unsteten Augen, dicker und knolliger Nase«. Johanna mochte ihn *gentil Dauphin* und noch großartiger und der Welt zum Trotz *oriflamme* nennen; aber andere Menschen nannten ihn wiederum wahrheitsgetreuer als höflich *le Falot,* was ins Deutsche übersetzt Hanswurst oder Possenreißer bedeutet — eine für einen König von Frankreich nicht sehr würdige Bezeichnung. Er war arm; so arm, daß er manchmal Geld von seinem Koch borgen mußte; er war gezwungen, die Kronjuwelen zu verpfänden; er ließ seine alten Wämser mit neuen Ärmeln ausbessern. Seine Armut gab sogar Epigrammdichtern Stoff:

Un jour que La Hire et Poton
Le vindrent veoir, pour festoyement,
N'avoient qu'une queue de mouton
Et deux poulets tant seulement[2].

Seine traurige Gestalt, seine verschmitzten Äuglein, seine Schlaffheit, seine Frömmelei, sein Sichgehenlassen, seine Schwäche gegenüber seinen Günstlingen, sein Neid auf Menschen, die entschlossener und erfolgreicher waren als er (der sich wohl nicht nur gegen andere Fürsten und gegen seine Ratgeber richtete, sondern auch gegen jene alles beherrschende Frau, seine Mutter), dürfte heutzutage im Lichte unserer größeren psychologischen Kenntnis mitfühlender

1 Amelgard, von Michelet in seiner *Histoire de France au Moyen Age* angeführt: *Il avait une physionomie agréable mais il n'était pas grand, il avait les jambes minces et grèles. Il paraissait à son avantage quand il était revêtu de son manteau, le plus souvent, il n'avait qu'une veste courte de drap vert, et l'on était choqué de lui voir des jambes si menues, avec de gros genoux.*
2 Martial d'Auvergne, 1440-1508, *Les Vigilles du Roy Charles VII,* Bd. I, S. 56.

Nachsicht begegnen. Vom menschlichen Standpunkt aus gesprochen, können wir seiner Mutter nicht alles Mitgefühl absprechen, die, abgesehen davon, daß sie mit einem Geisteskranken verheiratet war, einundzwanzig Jahre ihres Lebens damit zugebracht hatte, entweder den Tod eines ihrer Kinder zu erwarten oder ihn zu beweinen[1], und die außerdem derart an übermäßiger Leibesfülle und Gicht litt, daß sie die meiste Zeit in einem Rollstuhl verbringen mußte. Diese Schicksalsschläge hatten jedoch weder ihre Zuneigung zu ihrem unglücklichen Sohn noch ihre Klugheit in seiner Behandlung erhöht. Er war körperlich schwach. Er war geistig verkrüppelt. Seine eigene Mutter hatte ihn mit ebensoviel Worten zum Bastard erklärt. Von seiner eigenen Mutter zum Bastard erklärt zu werden, kann einer normalen Betrachtungsweise des Lebens nie sehr förderlich sein, wenn man älter wird und erkennt, was es heißt, ein Bastard zu sein. Es ist ebenso schlimm, ja vielleicht schlimmer, als ein Stiefkind zu sein – in beiden Fällen befindet man sich in einer schiefen und schwierigen Lage. Wenn man aber noch dazu in der Anschauung großgezogen worden ist, der rechtmäßige Erbe Frankreichs oder jedenfalls eines Teils von Frankreich zu sein, um dann von seiner leiblichen Mutter mit dem Vorwurf der illegitimen Geburt gebrandmarkt zu werden, so muß das, gelinde gesagt, eine sehr drückende Belastung gewesen sein. Es bedurfte eines starken Charakters, um einer solchen Feuerprobe standzuhalten. Der Dauphin besaß die-

---

1 Isabeau von Bayern, einstmals als schöne Frau gerühmt, gebar in den Jahren 1386 bis 1407 zwölf Kinder: Karl, der im Alter von drei Monaten starb; Johanna, mit zwei Jahren gestorben; Isabella, die zwanzig Jahre alt wurde; Johanna, die vierzig Jahre alt wurde; Karl, mit neun Jahren gestorben; Marie, zweiundvierzig Jahre alt geworden; Michelle, siebenundzwanzig Jahre alt gestorben; Ludwig, mit siebzehn gestorben; Johann, mit siebzehn gestorben; Katharina, im Alter von siebenunddreißig Jahren gestorben; Karl VII., der sie alle überlebte, indem er das Alter von siebenundfünfzig Jahren erreichte; und endlich Philipp, der am Tage seiner Geburt starb.

sen starken Charakter nicht. Er war doppelt unglücklich. Da war die Frage seiner illegitimen Geburt, die ihm Sorgen bereitete; und ferner, um ihm noch größere Sorgen zu bereiten, war da die Tatsache, daß sein Königreich von einer fremden Macht beansprucht wurde und teilweise besetzt war, eine Bürde, die ganz einfach zu schwer war für seine unzulängliche Kraft. Er nahm seine Zuflucht kurzerhand zur Frömmigkeit; einen Augenblick war er der Vielbeschäftigte, gleich darauf der Vergnügungssüchtige. Nicht nur seine Knie waren schwach und geknickt, sondern sein ganzes Wesen. Heute würde seine Unfähigkeit vielleicht größerer Duldsamkeit begegnen. So wie es sich verhält, sehen wir ihn, zwischen Mitleid und Verachtung schwankend, als einen außer Fassung gebrachten kleinen Mann vor uns, der von seiner ihn beunruhigenden Retterin dazu beschämt und eingeschüchtert wurde, Muskeln zu gebrauchen, die er ganz einfach nicht besaß, um die Bürde einer so belasteten Königswürde zu tragen. Johanna und Karl, die eine mit ihrer Einfachheit, der andere mit seinen Nervengeschichten, stellen sich in der Tat als die denkbar ironischsten Gegenspieler dar.

Er ließ es zu, von seinen Untertanen beleidigt zu werden. Jean Jouvenal des Ursins konnte ihm schreiben und in einer unübersetzbaren Wendung zu ihm sagen: *Vous voulez toujours être caché en châteaux, méchantes places et manières de petites chambrettes, sans vous montrer et ouir les plaintes de votre pauvre peuple*[1]. Das sind kaum die Worte, mit denen ein sich selbst achtender Herrscher sich ungestraft von einem Untertanen anreden lassen darf. Er ließ es auch zu, von seinen Feinden beschimpft zu werden. Schrieb ihm doch der Herzog von Bedford in Ausdrücken, die kein Mann von Geist oder Ehre unbeachtet hingenommen hätte. Und was noch bedenklicher war, zur Zeit von Johannas Ankunft war er unter den

1 Manuskript Saint Germain français, Nr. 352, folio 77, Bibliothèque nationale.

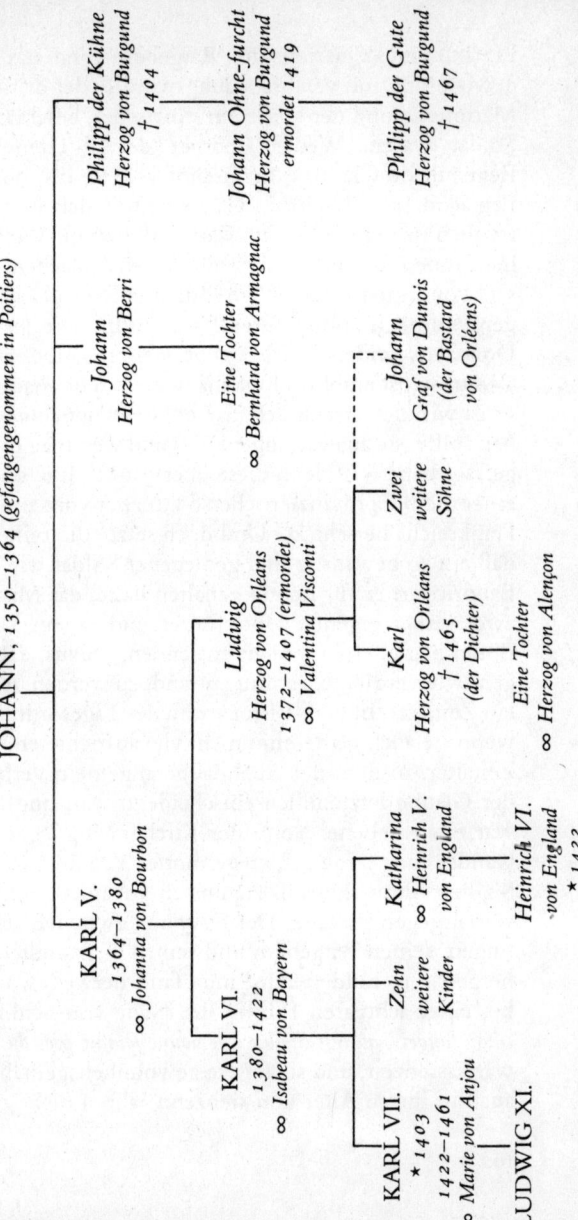

DAS HAUS VALOIS *(Französische Könige in Versalien)*

PHILIPP VI., *1328–1350*

JOHANN, *1350–1364 (gefangengenommen in Poitiers)*

Philipp der Kühne
Herzog von Burgund
† 1404

Johann Ohne-furcht
Herzog von Burgund
ermordet 1419

Philipp der Gute
Herzog von Burgund
† 1467

Johann
Herzog von Berri

Eine Tochter
∞ Bernhard von Armagnac

Johann
Graf von Dunois
(der Bastard
von Orléans)

Ludwig
Herzog von Orléans
1372–1407 (ermordet)
∞ *Valentina Visconti*

Zwei
weitere
Söhne

Karl
Herzog von Orléans
† 1465
(der Dichter)

Eine Tochter
∞ Herzog von Alençon

KARL V.
1364–1380
∞ Johanna von Bourbon

Katharina
∞ Heinrich V.
von England

Heinrich VI.
von England
* 1422

Zehn
weitere
Kinder

KARL VI.
1380–1422
∞ Isabeau von Bayern

KARL VII.
* 1403
1422–1461
∞ Marie von Anjou

LUDWIG XI.

Einfluß eines Quartetts von Ratgebern geraten, deren zwei gewissenlos und verabscheuungswürdig, der dritte nur eine Marionette und der vierte ein störrischer, beschränkter alter Soldat waren. Weder Georges de la Trémoïlle noch Regnault de Chartres, Erzbischof von Reims, noch Robert Lemaçon oder Raoul de Gaucourt tun sich irgendwie erfreulich in der Geschichte Karls VII. hervor. Vielleicht darf man ihnen das auch kaum zu Vorwurf machen. Es wurde viel von ihnen verlangt, sie sollten einen so lächerlich jungen und noch unbewährten Eindringling wie Jeannette aus Domremy widerstandslos ohne weiteres hinnehmen.

Karl selbst empfing Johanna in nicht sehr gnädiger Laune. Es ist wirklich erstaunlich, daß er überhaupt eingewilligt haben sollte, sie zu empfangen. Was und wer, mag er sehr wohl gefragt haben, ist denn diese überspannte Jungfrau, die mir einer meiner provinzlerischen Statthalter vom anderen Ende Frankreichs herschickt? Und doch setzte die reine Tatsache, daß ein so bewährter und gediegener Soldat wie Robert de Baudricourt es für richtig gehalten hatte, das Mädchen von zwei seiner eigenen Unterführer und einem königlichen Boten begleitet zu ihm zu entsenden, voraus, daß sie es irgendwie verdiente, zu ihm entsandt zu werden. Auch war es ein Zeitalter, in dem Visionäre an der Tagesordnung waren, wenn sie auch gemeinhin nicht viel ausrichteten. Es war ein Zeitalter, in dem der Aberglaube allgemein verbreitet und der Glaube letztendlich entscheidend war, und Karl selbst war ein ergebener Sohn der Kirche. Möglicherweise verwandte auch seine Schwiegermutter Yolande, Königin von Sizilien, ihren Einfluß zugunsten Johannas. Andere Leute waren gegen sie tätig. Der Dauphin, zwischen seinen Höflingen, seinen Ratgebern und seinen Verwandten hin- und hergerissen, zauderte. Johanna fand derweilen Unterkunft bei einer achtbaren Frau in der Nähe von Schloß Chinon *(mon lougeis, qui est cheiux une bonne femme près du chastel)*. Es war Fastenzeit, und sie fastete gewohnheitsgemäß, wenn sie auch in ihrem Alter von siebzehn Jahren nicht zum Fasten verpflichtet war; sie wäre nur zur Enthaltsamkeit verpflichtet gewesen[1]. Während dieses zweitägigen Aufschubs habe Karl, wie berichtet wird, Boten zu ihr gesandt, um sie auszuforschen und nach dem Zweck ihres Kommens zu fragen. Zuerst verweigerte sie die Antwort, indem sie sagte, sie würde nur mit dem Dauphin selbst sprechen. Als ihr aber die Abgesandten erklärten, sie seien im Namen des Dauphins zu ihr gekommen, ließ sie sich zu sagen herbei, der Himmelskönig habe sie mit einer zweifachen Sendung hergesandt: erstens, um die Belagerung von Orléans aufzuheben, und zweitens, den Dauphin in Reims krönen zu lassen. Auch wird berichtet, der Dauphin habe während dieser Zwischenzeit nach den *gentilshommes,* die sie begleitet hatten, geschickt, womit vermutlich Jean de Metz und Poulengy gemeint sind, und habe sie ausgefragt; denn diese hatten in der ganzen Stadt herumerzählt, wie sie Flüsse wunderbarerweise durchwatet hatten und Gefahren wie durch ein Wunder entgangen waren. Zuletzt wurde nach langem Hin und Her *(grand doubte si ladicte Jeanne parleroit au roy au non, et si il la feroit venir devers lui, sur quoy y eut diverses opinions et imaginations)* beschlossen, Johanna zu ihm zu entbieten *(et fut conclud qu'elle verroit le roy)*. Aber selbst nachdem dieser Entschluß gefaßt worden war, spielte Karl kein ehrliches Spiel mit Johanna. Vielleicht hatte man ihm das angeraten. Vielleicht wollte er sie in Wahrheit auf die Probe stellen. Möglicherweise wollte er wirklich herausfinden, ob diese inspirierte Jungfrau ihre Ansprüche rechtfertigen konnte, die, gelinde gesagt, sonderbar und außergewöhnlich waren. Beim Rückblick ist es im Lichte von Johannas späterer Bewährung

---

1 Zur Aufklärung für nichtkatholische Leser: *Fasten* bedeutet, daß man nur eine vollständige Mahlzeit am Tage zu sich nehmen darf, Fleisch selbstverständlich ausgeschlossen; *Enthaltsamkeit* bedingt jedoch nur, daß man sich des Fleischgenusses enthält. Niemand unter einundzwanzig oder über sechzig Jahre ist zum Fasten gezwungen, ebensowenig ein Kranker; gleicherweise sind Kinder unter sieben Jahren von der Enthaltsamkeit entbunden.

leicht, Karl ob der Vergeudung ihrer kostbaren Zeit zu tadeln. Von seinem Gesichtspunkt aus betrachtet, läßt sich seine Vorsicht ebenso leicht verstehen. Visionäre waren in jenen Tagen wohlfeil, und nur ein sehr kleiner Prozentsatz von ihnen erwies sich von irgendwelchem praktischen Wert. Warum hätte er, der immerhin der mächtige König von Frankreich war, seine Zustimmung zur Audienz eines völlig unbekannten Bauernmädchens aus einem entlegenen Gebiet seiner unsicheren Lande geben sollen? Warum hätte er das entgegen dem Willen seines halben Hofes tun sollen – mehr noch, entgegen dem Willen seiner ihn beherrschenden Ratgeber? Es ist vielleicht mit rein menschlichen, wenn auch streng historisch unzulänglichen Worten zu erklären. In Karl, wenn er auch fromm und in gewisser Hinsicht gewissenhaft war, überwog die leichtfertige Seite bei weitem die ernsthafte Seite seines Charakters. Er langweilte sich, und jede Zerstreuung war ihm willkommen. Mehr noch, vermutlich war er sich tief in seinem Innersten des Zustandes bewußt, in welchem sich Frankreich befand. Dann aber war auch seine religiös-abergläubische Seite von dieser unbekannten Jungfrau angerührt, die sich selbst als die von Merlin und anderen Propheten verheißene Retterin ankündigte. Alle diese Dinge vermischten sich vermutlich in dem wirrköpfigen und feigen Sinn des Dauphins. Man kann sich nur sehr schwer in den Geist Karls VII. versetzen. Man muß zwischen seiner Trägheit und seiner Gutwilligkeit unterscheiden, muß seine angeborene Schwäche und die praktischen Schwierigkeiten auseinanderhalten, mit denen er sich auseinanderzusetzen hatte. Aber wie schwierig ist es wiederum, diese feinen Unterschiede hinter der Maske seiner eigenen Freunde, ja sogar hinter der eigenen Maske herauszufinden?! Wer kennt sich wirklich? Und wer kennt einen anderen wirklich? Wenn wir nicht einmal uns und unsere Zeitgenossen richtig kennen, wie können wir dann logischerweise hoffen, einen Menschen zu kennen, der vor fünfhundert Jahren gelebt hat und dessen Charakter wir nur aus sehr unzulänglichen und beschönigenden zeitgenössischen Berichten wiederherstellen können? Wie wären Fehldeutungen zu vermeiden? Chronisten sind fast immer höflich gegenüber Königen. Könige, selbst schwache Könige, sind von einer gewissen Gloriole umgeben, die ihre Chronisten davon abhält, die volle Wahrheit über sie zu sagen. Es braucht einen wirklich mutigen Mann, um einen Monarchen verächtlich zu nennen, vor allem bei Lebzeiten dieses Monarchen: das wäre grob und tollkühn. Es ist daher sehr schwierig, zu einer richtigen Einschätzung des Charakters und der Beweggründe Karls VII. zu gelangen. Es ist besonders schwierig, sich eine richtige Vorstellung von der geistigen Verfassung zu machen, in der er Johanna empfing. Glaubte er an sie? Zweifelte er? Das ist eine der brennenden Fragen der Geschichte. Jedenfalls bleibt die greifbare Tatsache, daß er ihr nach einer zweitägigen Verzögerung eine Audienz gewährte. Der Dauphin und die Jungfrau aus Domremy standen sich endlich gegenüber.

VI

Es war wohl eine der bemerkenswertesten Begegnungen, die jemals stattgefunden haben. Johanna mußte den steilen Hügel hinaufsteigen, über die Hauptzugbrücke und unter dem Tour de l'Horloge hindurch, ehe sie ins Château du Milieu gelangte, wo der Dauphin seiner Gewohnheit gemäß Audienz erteilte. Als sie gerade das Schloß betreten wollte, parierte ein Reiter sein Pferd, um sie anzustarren und zu sagen: »*Jarnidieu!* Ist das nicht die Pucelle? Wenn ich sie für eine Nacht haben könnte, würde ich sie nicht im gleichen Zustand wieder fortlassen[1].« Johanna hörte seine Worte. »Ha«! sagte

---

1 *Procès*, Bd. III, S. 102: Zeugenaussage des Jean Paquerel. Die Übersetzung der Worte *negando Deum* mit dem alten Fluch *Jarnidieu*, was so viel wie *je renie Dieu* bedeutet, ist wohl gerechtfertigt im Hinblick auf das, was Johanna dann zu ihm sagte. Johannas eigene Worte werden in dem Originaltext französisch wiedergegeben; »*Ha! en nom Dieu, tu le renyes, et tu es si près de ta mort.*«

sie zu ihm, »*en nom Dieu,* Ihr verleugnet Ihn, Ihr, die Ihr Eurem Tode so nahe seid!« Binnen einer Stunde war der Mann ins Wasser gefallen und ertrunken.

Johanna war inzwischen weitergegangen. Sie überschritt die Zugbrücke. Sie sollte in der Grande Salle empfangen werden, einem prunkvollen Gemach im oberen Stockwerk des Château du Milieu, das etwa zwanzig Meter lang und acht Meter breit war, mit einem riesigen umkleideten offenen Kamin am einen Ende, drei großen Fenstern mit Blick auf die Gärten des Innenhofes und einem kleineren Fenster mit Blick auf die Dächer der Stadt, den Fluß und die Weite der Landschaft dahinter. Neugierde hatte den Saal gefüllt, in den Johanna von dem Grafen von Vendôme geführt wurde. Aber selbst jetzt noch spielte der Dauphin kein offenes Spiel mit ihr. Er versuchte sie irrezuführen, indem er sich, weniger prächtig gekleidet als einige seiner Edelleute, unter der Menge der Versammelten versteckte. Trotzdem fand sie ihn heraus, nachdem sie zuerst ziemlich mitleidheischend gebeten hatte, sie mögen sie nicht zu täuschen versuchen. Sie ging geradeswegs auf den Dauphin zu, verkleidet wie er war, machte einen Knicks (welcher den Zuschauern als höchst unvereinbar mit ihrer knabenhaften Erscheinung aufgefallen sein muß) und wandte sich mit folgenden Worten an ihn: »*Gentil Dauphin, j'ay nom Jehanne la Pucelle*[1]. Der Himmelskönig sendet mich zu Euch mit der Botschaft, Ihr sollt in der Stadt Reims gesalbt *(sacré)* und gekrönt werden und der Unterführer des Himmelkönigs werden, der da König von Frankreich ist[2].«

1 Siehe Anhang B, S. 478
2 *Procès,* Bd. III, S. 103: Aussage von Jean Paquerel. Es gibt verschiedene, ein wenig voneinander abweichende Fassungen von Johannas ersten Worten; z. B. ebendort Bd. III, S 17: Aussage des Raoul de Gaucourt; ebenda Bd. III, S. 92: Aussage des Herzogs von Alençon; ebenda Bd. III, S. 115: Aussage des Simon Charles; aber sie laufen sämtlich auf genau das gleiche hinaus.

Das Erkennen rief anscheinend ein gewisses Aufsehen hervor. Der Saal war von fünfzig Fackeln erleuchtet und gedrängt voll mit über dreihundert Menschen einer glanzvollen Versammlung von Soldaten, Höflingen und Prälaten, von denen einige feindselig eingestellt, andere leichtfertig belustigt, alle aber neugierig waren, dieses neue Schauobjekt zu sehen, das vielleicht wenigstens für eine Stunde Leben in ihr Dasein an einem Hof brachte, der nur dem Namen nach ein Hof war. Ein Tanzbär, ein Gaukler, eine Seiltänzertruppe hätten ihre kindliche Neugier in genau derselben Weise gekitzelt. Allein schon Johannas persönliche Erscheinung muß eine Regung der Heiterkeit hervorgerufen haben. Nicht nur, daß sie Hosen anhatte, sondern auch ihr gestutztes schwarzes Haar muß einen merkwürdigen Eindruck auf die Männer gemacht haben, die an modische Damen gewöhnt waren, welche kein Löckchen unter ihren seltsam spitz zulaufenden hohen Kopfbedeckungen und wehenden Schleiern hervorlugen ließen. Trotzdem verriet diese kleine, seltsame, einsame Gestalt, diese *paupercula bergereta,* kein Anzeichen von Unschlüssigkeit, Ratlosigkeit, Schüchternheit oder Verlegenheit, wie sie den Dauphin ungezwungen und ohne Scheu mit Worten entschlossenen Stolzes ansprach, die infolge ihrer Ernsthaftigkeit und Einfachheit nicht anmaßend genannt werden konnten. Man fragt sich insbesondere, was der anwesende Erzbischof von Reims gedacht haben mag, als er diese Anordnungen bezüglich seiner eigenen Kathedrale treffen hörte, hatte er ihr doch, obwohl seit über zwanzig Jahren Erzbischof von Reims, noch niemals einen Besuch abgestattet. Prälaten seines Standes waren nicht gewohnt, von Krönungen zu hören, die für sie von unbekannten Bäuerinnen veranstaltet wurden; Krönungen waren entweder fällig oder waren nicht fällig, gemäß der großen traditionellen Rangordnung von Frankreich. Der Dauphin führte seine Täuschung weiter durch und verlängerte die Probe: »Nicht ich bin der König, Jehanne. *Dort* ist der König«, sagte er und deutete auf einen seiner Edlen. Sie ließ sich nicht täuschen. »Im Namen Gottes, edler Prinz, Ihr seid es und kein anderer.«

Daraufhin gab er das zu und zog sie zu einer vertraulichen Unterredung außer Hörweite beiseite, ein Vorgehen, das dem übrigen Hof Tantalusqualen bereitet haben muß. Bei dieser Gelegenheit enthüllte sie ihm anscheinend etwas, was seinen Glauben an die Berufenheit ihrer Ansprüche wesentlich erhöhte. »Sire«, sagte sie, »wenn ich Euch so geheimgehaltene Dinge sage, daß nur Ihr und Gott allein sie wissen könnt, werdet Ihr dann glauben, daß ich von Gott gesandt bin?« Und als er sie dann fortzufahren ermutigte, sagte sie: »Sire, erinnert Ihr Euch nicht, daß Ihr am letzten Allerheiligentag[1], als Ihr allein in Eurem Betstuhl in der Kapelle des Schlosses von Loches weiltet, Gott um drei Dinge gebeten habt?« Er erwiderte, daß er sich sehr wohl daran erinnere. Hatte er, fragte sie weiter, jemals von diesen Dingen zu seinem Beichtiger oder irgend jemand anderem gesprochen? Das hatte er nicht. Dann sagte sie: »Eure erste Bitte war, es möge Gott gefallen, Euren Eifer, Frankreich wiederaufzurichten, erlahmen zu lassen, *sofern Ihr nicht der wahre Erbe sein solltet* (der Kursivdruck stammt von mir, d. Verf.), damit Ihr nicht länger an der Fortdauer eines Krieges schuld wäret, der so viele Leiden im Gefolge hatte. Die zweite Bitte war, einzig Ihr solltet bestraft werden, sei es durch Tod oder eine sonstige Buße, sofern die Feindseligkeiten und Drangsale, welche das arme französische Volk so lange erduldet hatte, Euren eigenen Sünden zuzuschreiben wären. Die dritte Bitte war, es möge dem Volke vergeben werden und Gottes Zorn möge sich sänftigen, sofern die Sünden des Volkes der Grund zu ihren Plagen sein sollten.« Der Dauphin gab zu, Johanna habe die Wahrheit gesagt[2]. Er war dementsprechend beeindruckt. Die Anwesenden nahmen, als er sich

1 Nämlich am 1. November 1428.
2 Etwas gekürzt nach dem Bericht des als »l'Abbréviateur du Procès« bekannten anonymen Autors; *Procès*, Bd. IV, S. 258-259.

wieder zu ihnen gesellte, die Veränderung in seinem Gesicht wahr.

VII

Johanna hatte in Wirklichkeit nur seinen eigenen Verdacht ausgesprochen, das Blut der Könige von Frankreich fließe nicht in seinen Adern. Man kann seinen Verdacht und seine Besorgnis leicht verstehen. Die Möglichkeit, er könne ein Bastard sein, muß ihn seit der Unterzeichnung des Vertrages von Troyes vor neun Jahren (Kapitel II, Seite 32) immer wieder verfolgt haben. Durch den Wortlaut dieses Vertrages war die Wahrscheinlichkeit einer illegitimen Geburt der weitesten Öffentlichkeit von seiner eigenen Mutter bekanntgegeben worden, die schließlich doch am besten darüber unterrichtet sein mußte. Sie hatte das in Ausdrücken getan, die gerade ausreichend und schicklich genug umschrieben waren, um ihren Sohn im Zweifel zu lassen. In diesem Zweifel hatte er seither gelebt. Für ihn war es eine lebenswichtige, persönliche Frage. Seine Mutter war zwar Königin von Frankreich, aber sein Vater der König? Nein, fast sicherlich nicht. Für sonst jedermann in Frankreich und England war es eine feststehende Tatsache, daß der Dauphin wohl überhaupt nicht der Dauphin war, sondern nur einer der vielen außerehelichen Söhne des Herzogs von Orléans, dessen Geliebte seine Mutter zu dem entsprechenden Zeitpunkt gewesen sein mochte[1]. Den meisten Menschen war dies ziem-

1 Die Annahme, der Dauphin sei der Sohn Ludwigs von Orléans gewesen, ist vielumstritten. In neuerer Geschichtsschreibung wird sogar verneint, Isabeau von Bayern sei jemals in irgendwelche intimere Beziehungen zu ihrem Schwager d'Orléans getreten. Aber war der Dauphin wirklich der Sohn Karls VI.? Zieht man die nachstehend aufgeführten Daten näher in Betracht, so zeigt sich die Frage vielleicht in einem anderen Licht: Karl VII. wurde am 22. Februar 1403 geboren. Seine Mutter muß ihn infolgedessen ungefähr gegen Mitte Mai des

lich gleichgültig, denn einerseits war er offiziell der während der Ehe geborene Sohn Karls VI., und andererseits schien er so wenig Neigung zu verspüren, seine Ansprüche auf den Thron geltend zu machen, daß er noch nicht einmal den einleitenden Schritt zu seiner Krönung betrieben hatte. Aber für Karl, als einen unsicheren Menschen, machte es sehr viel aus, und als Johanna mit ihren beruhigenden Versicherungen daherkam, horchte er naturgemäß auf.

Es kann wohl kaum ein Zweifel bestehen, daß sich das ihm von Johanna enthüllte berühmte »königliche Geheimnis« auf die Frage seiner Legitimität bezog. Warum es überhaupt jemals als ein Geheimnis betrachtet wurde, kann ich nicht recht verstehen, und ohne in meiner Einstellung zu diesem Beispiel von Johannas vermeintlicher übernatürlicher Ahnungsgabe ungebührlich zynisch sein oder scheinen zu wollen, kann ich schwer einsehen, warum die Enthüllung des königlichen Geheimnisses als etwas so Wunderbares angesehen werden sollte, wie das gemeinhin der Fall ist. Es scheint mir eher ein Beispiel für den gesunden Menschenverstand, der eine von Johannas hervorstechendsten Eigen-

vorhergehenden Jahres empfangen haben. Nun aber ist von seinem offiziellen Vater, Karl VI., bekannt, daß er gerade vor dem Pfingstsonntag, dem 14. Mai, einen seiner Anfälle von zeitweisem Irresein bekommen hatte, obwohl er sich bis zu diesem Zeitpunkt einer durchaus normalen Gesundheit erfreute, was durch seine Teilnahme an einem Turnier, das am 10. Mai begann und zwei Tage währte, bestätigt wird. Wir müssen daher annehmen, der Anfall von Geisteskrankheit habe am 12. oder am 13. Mai eingesetzt – möglicherweise beschleunigt durch die Überanstrengung und Aufregung beim Lanzenstechen während des Turniers – und wir wissen ferner, daß er bis Anfang Juni dauerte. Man muß anführen, um der Königin Gerechtigkeit widerfahren zu lassen, daß sie praktisch den ganzen Monat Mai im königlichen Palais von Sankt Paul in Paris verbrachte. Allerdings muß man um der Wahrheit willen noch in Betracht ziehen, daß ihr die geistige Erkrankung ihres Gatten während dieser entscheidenden vierzehn Tage in der zweiten Maihälfte ein beträchtliches Maß von Freiheit gestattet haben muß.

Die Daten beruhen natürlich auf Mutmaßung. Die Legitimität Karls VII. ist vielleicht doch möglich – aber nur vielleicht.

schaften war – ihren gesunden Menschenverstand, der von ihrem weiblichen Instinkt unterstützt wurde. Was war offensichtlicher, als daß Karl dieser brennenden Frage des allgemeinen Geredes nachbrüten sollte? Was war offensichtlicher, als daß er sich Trost ersehnte? Nebenbei muß daran erinnert werden, daß Johanna restlos und aufrichtig von seinem wahren Königtum überzeugt war. Sie hielt ihn mit ihren Beteuerungen nicht zum besten. Sie sagte ihm nur das, woran sie selbst glaubte und von dem sie richtig erriet, daß er es am liebsten hören wollte. Ihr Beichtvater Paquerel berichtet uns, daß sie sagte: »Ich sage Euch im Namen Unseres Herrn, daß Ihr der wahre Erbe Frankreichs und der Sohn des Königs seid« *(que tu es vray héritier de France et filz de roy)*; aber er deutet an, sie habe diese Worte zu Karl gesprochen, nachdem er sie beiseite geführt hatte; somit also privatim, nicht öffentlich. Warum, wenn die Frage seiner Legitimität so offen besprochen wurde, wartete sie dann, bis er sie beiseite geführt hatte? Warum erklärte sie ihn nicht sofort und in aller Öffentlichkeit zum wahren König, als sie ihm zum erstenmal gegenüberstand? Und warum wiederum war er während ihrer vertraulichen Unterhaltung so betroffen, daß seine Miene nicht nur vor Freude strahlte, sondern daß sie so aussah, als sei er soeben vom Heiligen Geist besucht worden[1]? Wir können Johannas Zurückhaltung durch keine spitzfindigere Erklärung deuten als durch ihre leidenschaftlich ergebene Treue zur Krone und ihren angeborenen Takt, als sie auf einen so empfindlichen Gegenstand anspielte, während dreihundert Menschen gleichzeitig zuhörten. Karls Erstaunen läßt sich schwieriger erklären. Man kann kaum annehmen, daß er nicht um die Verbreitung des allgemeinen Geredes über seine Geburt gewußt haben sollte. Weshalb war er dann so betroffen, als dieses plötzlich aus der Menge seiner unbekannten Untertanen hervorgetretene Bauern-

---

1 *Procès,* Bd. V, S. 133: Aus einem Alain Chartier, dem Sekretär des Dauphins, zugeschriebenen Brief an einen ausländischen Prinzen.

mädchen den Finger auf seine schmerzhafteste Wunde legte? Wir können es nur durch die Annahme erklären, in ihm müsse mehr von einem Vogel Strauß gesteckt haben, als man vernünftigerweise annehmen darf, wenn er sich wirklich einbilden konnte, das königliche Geheimnis sei überhaupt jemals ein Geheimnis gewesen.

Aber freilich, wenn wir erst einmal die Darstellung im *»Abbréviateur du Procès«* mit dieser ganzen Geschichte von des Dauphins geheimem Gebeten, wie er allein an einem bestimmten, genau festgestellten Tag in seinem Betstuhl kniete, als wahr unterstellen, dann freilich wird es leichter verständlich, warum er so dreinschaute, als sei er vom Heiligen Geist besucht worden – oder jedenfalls von etwas vernunftmäßig völlig Unerklärbarem. Wenn wir uns aber auf die Annahme beschränken, Johanna habe ihm lediglich gesagt, er sei nicht der Bastard, der er immer zu sein geargwöhnt hatte, dann wird das wunderbarliche Element ihrer Enthüllung hinfällig. Im Hinblick auf das ungewöhnliche Erstaunen des Dauphins möchte man fast an die Richtigkeit der Darstellung im »Abbréviateur« glauben. Ich selbst glaube nahezu fest daran, daß ihre Enthüllungen in etwas mehr bestanden haben als nur in der naheliegenden Versicherung, er sei kein Bastard, wenn auch seine Mutter ihn halbwegs für einen solchen erklärt hatte. Ich bin von der Glaubwürdigkeit der Geschichte nahezu überzeugt, wonach Johanna seine geheimen Gebete erriet. Nur die Enthüllung einer so geheimgehaltenen Einzelheit konnte solch starken Eindruck auf ihn gemacht haben. Die Versicherung, er sei kein Bastard, war zwar recht beruhigend für seine innere Unsicherheit, dennoch war sie bloß eine Bestätigung, die er letzten Endes von jedem begeisterten Patrioten hätte erhalten können, der von dem umlaufenden Gerede wußte. Sicherlich hat Johanna mit ihrem gesunden Menschenverstand und ihrem weiblichen Einfühlungsvermögen den verbreiteten Klatsch und die Unsicherheit des Dauphins nach bestem Vermögen auszunützen verstanden. Dennoch scheint es fast ebenso sicher, daß sie etwas gesagt haben muß, was ihn – abgesehen von ihrem Wissen um das Geheimnis, das letztendlich ein Allerweltsgeheimnis und durchaus kein Geheimnis des Königs war – endgültig überzeugte. Ich neige deshalb dazu, die Darstellung im »Abbréviateur du Proces« für verbürgt und nicht nur als eine Ausschmückung der tatsächlichen Ereignisse hinzunehmen, die sich während dieser vertraulichen Unterredung zwischen Karl und Johanna zutrugen.

VIII

Mag nun diese Auslegung richtig sein oder nicht, jedenfalls verging einige Zeit, ehe der Dauphin seinem Vertrauen zu Johanna irgendwelchen praktischen Ausdruck verlieh. Er war, von Natur und aus Erfahrung, ein eher vorsichtiger als leichtfertiger Mann. Wir mögen ihn darum achten, selbst wenn wir ihn wegen der Ängstlichkeit verachten, die ihn immer davon abhielt, eine großzügige Geste zu machen. Er hatte ein schweres Leben hinter sich. Seine Kindheit und seine Knabenjahre waren von verzweifelten und dramatischen Szenen durchsetzt gewesen, mit denen seine träge Natur ganz einfach nicht fertig zu werden vermochte. Sein Charakter hatte ihn daran gehindert, diesen Schwierigkeiten in der Art zu begegnen, wie ihnen ein größerer Mann begegnet wäre. Er war ein kleiner Mann, der ein böses Erbe angetreten hatte; eine unglückliche Fügung, die wohl unser Mitgefühl zu erregen vermag, nicht aber die Achtung beanspruchen kann, die wir nur einer Tragödie von großem Format zollen. Johanna bewegte sich immer auf großer Linie, obwohl sie nur ein Bauernmädchen war. Karl, obgleich er ein Fürst war, immer auf kleiner, schäbiger. Infolgedessen tritt Johanna stets als der großzügige, edelmütige Geist hervor; Karl als der kleinliche und zurückhaltende. Aber seien wir gerecht! Johanna war eine Fanatikerin, die sich von den Befehlen Gottes oder Seiner Stellvertreter inspiriert glaubte. Karl war ein von persön-

lichen Zweifeln und weltlichen Schwierigkeiten bedrängter
Fürst. Johanna war ein einfacher Mensch, der geradeswegs
auf sein Ziel lossteuerte, Karl ein komplizierter Mensch, der
sich durchaus nicht seines Zieles sicher war. Johannas Lage
war deshalb in gewissem Sinne leichter als seine. Sie zweifelte nicht an sich unter ihrer himmlischen Führung; Karl war
von Anfang bis Ende aus Zweifeln zusammengesetzt. Er war
nicht der Mann, unverzüglich Johannas Forderung nachzugeben, ihr ein Heer zur Verfügung zu stellen, um damit sofort zum Entsatz von Orléans aufzubrechen.

Hier wiederum können wir ihm keinen Vorwurf machen.
Stärkere Männer als er hätten gezaudert, ehe sie das Leben
von Tausenden dadurch aufs Spiel setzten, daß sie die Führung einem unerfahrenen Mädchen anvertrauten. Darum
können wir ihn nicht tadeln. Wir können ihn in diesem besonderen Falle nicht einmal schwankend oder schwach nennen. Im Gegenteil sollten wir ihm zugute halten, soviel Unterscheidungsvermögen besessen zu haben, Johanna überhaupt ernst zu nehmen.

IX

In besser gelaunter Stimmung muß Johanna derweilen ein
gewisses Vergnügen an ihrem Aufenthalt in Chinon gefunden haben. Unmöglich kann man sie sich als eine ewig fin-
stere und immer ernste Gestalt vorstellen. Sie wäre weniger
liebenswert, wollten wir sie so sehen. Schließlich war sie erst
siebzehn Jahre alt, und im Alter von siebzehn will man seine
Augenblicke der Zerstreuung; man will sich vergnügen; will
spielen und lachen; man sucht den Umgang von Altersgenossen. Johanna fand ihren besten Spielgefährten sicherlich
im Herzog von Alençon – *mon beau duc,* wie sie ihn nannte.
Dieser fröhliche, hübsche, anziehende junge Prinz von dreiundzwanzig Jahren weilte gerade in Saint Florent beim
Wachtelschießen, als Johanna in Chinon ankam. Aber als er
von einem seiner Diener erfuhr, sein Vetter, der Dauphin,

habe einem Mädchen einen Empfang gewährt, das seiner Behauptung nach von Gott gesandt war, um die Belagerung von Orléans aufzuheben, war seine Neugierde so stark geweckt, daß er am darauffolgenden Tage nach Chinon zurückzukehren beschloß. Hier fand er Johanna und den Dauphin beisammen. Nachdem Johanna sich bei Karl erkundigt hatte, wer der junge Mann sei, begrüßte sie ihn derart gnädig, daß man darüber lächeln muß: »Ihr seid sehr willkommen *(Vous soyez le très bien-venu)*. Je mehr sich vom königlichen Geblüte Frankreichs zusammenfinden, desto besser[1].«

Sie hatte einen besonderen Grund, ihn willkommen zu heißen, hatte er doch unlängst die Tochter des Herzogs von Orléans geheiratet; und der Herzog von Orléans, der zu jener Zeit Englands Gefangener war, nahm aus irgendeinem Grunde eine sehr hohe Stellung in Johannas Wertschätzung ein[2]. Sie

1 *Procès,* Bd. III, S. 91: Aussage des Herzog von Alençon.
2 Hier handelt es sich um Karl von Orléans, den Dichter. Unter den vielen Legenden, die über Johanna entstanden sind, gibt es auch eine, der zufolge sie die illegitime Tochter Karls von Orléans war. Es spricht nichts für diese Annahme; aber der Gedanke allein ist schon erheiternd, wenn man sich so nebenher überlegt: gesetzt den Fall, Johanna wäre die Tochter Karls von Orléans und der Dauphin der Sohn Ludwigs von Orléans gewesen — dann wären Dauphin und Johanna Onkel und Nichte gewesen.

Vielleicht macht dieser Stammbaum die angebliche Verwandtschaft klar:

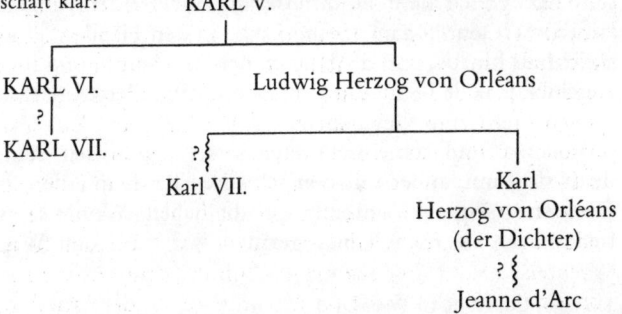

hatte ihn freilich niemals gesehen, erklärte aber, er stünde unter ihrem besonderen Schutz, da sie, wie sie sagte, wisse, daß Gott ihn liebe, und sie würde nötigenfalls über den Kanal setzen, um ihn nach Frankreich zurückzuholen. Es gab in der Tat drei Männer, welche Johanna liebte: den Dauphin, den Herzog von Orléans und den Herzog von Alençon. Die beiden ersteren liebte sie mehr einer Idee zuliebe als aus persönlichen Gründen, beinahe in der Art und Weise, wie sie ihre Heiligen liebte. Einzig d'Alençon gewann ihre persönliche Zuneigung, *et tousjours depuis se tint plus prouchaine et acointe du duc d'Alençon que de nul autre, et tousjours en parlant de lui l'appeloit Mon beau duc et non autrement*[1].

Er scheint sie ohne Zaudern gutgeheißen zu haben; er tat das tatsächlich als einziger unter den Fürsten. Sie wurden sofort Freunde. Er sah sie am nächsten Tag wieder, als sie beide in Gesellschaft des Dauphins eine Messe hörten, nach welcher Karl jedermann mit Ausnahme von d'Alençon, dem Herzog de la Trémoille und Johanna fortschickte. Diese vier hatten eine lange, bis zur Abendmahlzeit während Unterredung. Bei dieser Gelegenheit gewinnen wir den Eindruck, daß das Leben im Schloß zu Chinon nicht nur höfisch steif gewesen ist. Nach dem Essen ging der Dauphin, der es zweifellos müde war, von Johanna immer wieder gesagt zu bekommen, er müsse sein Königreich dem Himmelskönig anvertrauen, hinaus auf die Wiesen; Johanna, eine Lanze in den Händen, ging gleichfalls hinaus; und d'Alençon, der ihre Anmut und ihre Geschicklichkeit beim Lanzenstechen bewunderte, machte ihr ein Pferd zum Geschenk.

Johanna muß eine geborene Reiterin gewesen sein, denn sie kann, außer mit den schweren Bauernpferden in Domremy, wenig Vorübung gehabt haben. Wohl ist es richtig, daß sie nach Nancy geritten war, auch den Weg

1 *Procès,* Bd. IV, S. 11: Perceval de Cagny.

von Vaucouleurs nach Chinon zu Pferd zurückgelegt hatte; aber bei keiner dieser Reisen deutet eine Bemerkung eines ihrer Begleiter darauf hin, diese ungewohnte Anstrengung habe ihr irgendwelche Schwierigkeiten bereitet. Zwar muß dieser lange Ritt in einer sehr gemäßigten Gangart zurückgelegt worden sein. Nicht nur mußten die Pferde geschont werden, sondern auch die (schätzungsweise) mehr als vierhundert Kilometer lange Strecke konnte – wie eine einfache Nachrechnung beweist – leicht in den vorgesehenen elf Tagen zurückgelegt werden, ohne daß man aus dem Schritt zu fallen brauchte. D. h., wenn man annimmt, ein Pferd lege einen Kilometer in neun oder zehn Minuten im Schritt zurück, also sechs Kilometer in der Stunde, so konnten sie die gesamte Reisestrecke bei neun Stunden Tagesritt in der gegebenen Zeit bewältigen; allerdings müssen wir eine entsprechende Zeit für Rast und Mahlzeiten dazurechnen. Dieser langsame Ritt war jedenfalls etwas ganz anderes, als im Galopp daherzusprengen und lanzenzustechen. Ein richtiges Schlachtroß war etwas völlig anderes als ein Wagenpferd oder gar ein Ackergaul. Und es nimmt einen nicht wunder, daß Johanna d'Alençons Achtung errungen haben sollte und ihre entstehende Freundschaft sich festigte[1].

1 Eine Darstellung von Johannas Besuch in Nancy wird in der *Chronique de Lorraine* gegeben, jener seltsamen Saga, in der ihr die Einnahme von Paris, Bordeaux, Bayonne, Dieppe, Harfleur, Honfleur, Caen und aller Städte der Normandie mit Ausnahme von Rouen zugeschrieben wird. Ich füge die Geschichte hier an, teils auch um ein Beispiel von dem Singsangstil des Chronisten zu geben, dessen immer wiederkehrende Inversionen und Assonanzen den Gedanken nahelegen, seine Chronik sei in Wirklichkeit nur ein in Prosa verwandeltes Gedicht: *Comment! dit le duc, tu ne portas jamais armes, ne à cheval ne fus! La fille respondit que, quant elle auroit und arnois et un cheval, dessus je monteray; la verra on si je ne le scay guider. Le duc luy donna un arnois et cheval, et la fit armer. Elle estoit legère; on amena le cheval et des meilleurs, tout sellez, bridez; en présence de tous, sans mettre le pied en l'estrier, dedans la selle se rua. On luy donna une lance; elle veint en*

Ein paar Tage später nahm er sie mit, um mit seiner Frau und seiner Mutter drei oder vier Tage in Saint Florent zu verleben. Die junge Herzogin empfing Johanna aufs herzlichste, vertraute ihre aber die Ängste an, die sie um die Sicherheit ihres Gemahls hegte. Er wäre soeben erst, sagte sie, aus der Gefangenschaft[1] befreit worden, und sein Lösegeld hätte so viel gekostet, daß sie wünschen würde, er bliebe nun ruhig zu Hause. Johanna beruhigte sie: »Madame, fürchtet nichts. Ich werde ihn Euch so wohlbehalten und gesund zurückbringen, wie er es jetzt ist, oder sogar noch besser.« Sie hielt Wort und rettete ihm tatsächlich bei einer Gelegenheit das Leben.

Es ist leicht, den Gegensatz zwischen seiner bereitwilligen Aufnahme Johannas und dem Zaudern des Dauphins zu betonen; aber die Schande, die sich an Karls Namen knüpft, kommt erst viel später, zu einer Zeit, als Johanna ihren Wert bereits bewiesen hatte und er sie so schmählich ihren Feinden preisgab. Keine Schande oder Beschämung haften seinem Verhalten an, als sie das erstemal nach Chinon kam, oder seinem Verhalten während der darauffolgenden Wochen.

Freilich wehrte sich Johanna, die nicht wie wir den Vorteil hatte, die Lage rückblickend zu übersehen, gegen den Aufschub. Sie erzählte Jean Paquerel, wie sehr sie unter den endlosen Verhören gelitten habe, die sie an der Ausführung ihrer Aufgabe hinderten. Die Zeit, ihr Werk zu beginnen, war – wie sie sagte – gekommen. Wochen sollten jedoch noch vergehen, ehe ihr die Verwirklichung möglich war. In der Zwischenzeit fand sie allerdings eine ehrenvolle Aufnahme, wenn sie auch den härtesten Prüfungen aller Art unterzogen wurde – unter anderem einer von Madame de Trèves und Madame de Gaucourt geleiteten Untersuchung, die

la place du chasteau; elle couru. Jamais hommes d'armes mieux ne la couru.
Toute la noblesse esbahy estoient.

1 Er war von den Engländern in Verneuil gefangengenommen worden.

feststellen sollte, welchem Geschlecht sie angehörte –, und ihre bescheidene Unterkunft wurde mit Gemächern in der Tour du Coudray vertauscht. In ihrer runden Bastei, mit einer Wendeltreppe und einem einzigen kreisförmigen Gelaß in jedem Stockwerk, lebte sie innerhalb des eigentlichen Schloßbereichs, nur einen Pfeilschuß von ihrem geliebten Dauphin entfernt. Eine Kapelle war dem Turm angebaut, in die sie sich zum Gebet zurückziehen konnte. Sie wurde der Obhut von des Dauphins Majordomus Guillaume Bellier und dessen Frau anvertraut, welche den Ruf einer tugendsamen und frommen Frau genoß; sie hatte einen zu ihrem besonderen Dienst bestimmten Pagen bekommen; und, am wichtigsten von allem, ihr war freier Zutritt zum Dauphin gestattet. Dieser kleine Page, Louis de Contes, allgemein bekannt unter dem Namen Minguet, verbrachte den ganzen Tag bei Johanna, solange sie im Turm wohnte, harrte als einer ihrer getreuesten Diener im Verlauf der darauffolgenden aufregenden Tage bei ihr aus und hat einen Bericht von Johanna während dieser aufreibenden Zeitspanne hinterlassen. Er war zu ihrer Bedienung von seinem Gebieter, dem Herrn von Gaucourt, Statthalter von Chinon, ausgeliehen worden. Zu jener Zeit war er zwischen vierzehn und fünfzehn Jahre alt, was für unsere heutigen Ohren sehr jung klingt, bis wir uns betroffen bewußt werden, daß Johanna selbst nur drei Jahre älter war als er. Er erzählt uns, daß er sie oft vom Dauphin kommen oder zu ihm gehen sah. Jedermann, der Schloß Chinon kennt, sieht unschwer ein, daß es naturgemäß ganz leicht für ihn war, ihr Kommen und Gehen zu beobachten: Er brauchte nur auf die Zinne des Turmes hinaufzusteigen, um einen Überblick auf das ganze Schloßgebiet zu haben, insbesondere auf die Zugbrücke, welche über den tiefen Wallgraben (fosse) führte und welche Johanna überschreiten mußte, um in die Gemächer des Dauphins zu gelangen. Die übrige Zeit, wenn sie weder bei Karl war noch von bedeutenden Männern (homines magni status) verhört wurde, noch auch dem Herzog von Alençon einen

Verweis erteilte, weil er derbe Ausdrücke gebrauchte, sah er sie oftmals auf den Knien liegen, wie ihm schien in Gebet versunken. Er konnte nie hören, was sie sprach, sah sie aber manchmal in Tränen.

Es ist leicht, zwischen den Zeilen der Aussage des Mannes zu lesen, der einmal Johannas Page, der damals kleine Minguet de Contes gewesen war. Das naive, rückblickend gemachte Geständnis, er habe nie erlauschen können, was sie auf den Knien liegend betete, verdeutlicht uns lebhaft die natürliche Neugierde eines Knaben. So darf man auch einen Unterton des Bedauerns heraushören, wenn er von bedeutenden Männern spricht, die sie aufsuchten, deren Gespräch er aber nicht wiedergeben konnte, weil er sich zurückziehen mußte, wenn sie kamen. Er wäre wohl gerne im Zimmer geblieben und hätte zugehört. Es muß ein aufregendes Erlebnis für einen vierzehnjährigen Jungen gewesen sein, auf diese Weise zum persönlichen Dienst einer so viel umstrittenen Gestalt wie der Jungfrau aus Domremy abgeordnet zu werden. Sie war zu jener Zeit die meistbesprochene Erscheinung der ganzen kleinen Welt von Chinon; und Minguet de Contes hätte wohl im heutigen Schuljungendialekt von sich gesagt, »er habe Schwein gehabt«. Es fügte sich glücklich für ihn, zum Pagen dieses komischen Mädchens ausersehen zu werden, welches das Ohr des Dauphins besaß, und das in ihrem Gelaß von so fürchterlich großen Männern aufgesucht wurde, daß er nicht einmal deren Namen behalten konnte. (Nebenbei bemerkt: Minguet muß ein ziemlich dummer kleiner Junge gewesen sein. Jedenfalls wuchs er mit der verworrensten Erinnerung an diese Geschehnisse zum Mann heran. Folgerichtige Zeitordnung war nicht seine Stärke. Übergehen wir es. Er war eine ehrliche und treue Seele.)

Diese beiden jungen Menschenkinder teilten sich also gemeinsam ihren Turm. Minguet blieb den ganzen Tag über bei Johanna, aber während der Nacht traten Frauen an seine Stelle. Johanna war tatsächlich, obwohl sie Gast des Dauphins war, die ganze Zeit unter Aufsicht. Sie war unter ständiger Bewachung. Entweder war der Page anwesend, ein freundlicher, beflissener, anhänglicher Page; oder es waren die gewichtigen Männer da, die ihre Fragen stellten; oder ansonsten die Frauen, die ein strenges Augenmerk auf ihre nächtliche Sittsamkeit hatten. Nachdem sie diese einleitenden Prüfungen in Chinon überstanden hatte, wurde sie in die benachbarte Stadt Poitiers gebracht, um Prüfungen noch eingehenderer Art unterzogen zu werden. Auch der Dauphin begab sich nach Poitiers. Offenbar hatte Johanna keine Ahnung, wohin die Reise ging, wenn es wahr ist, daß sie schon halbwegs in Poitiers war, ehe sie sich auf Fragen nach dem Ziel besann: »*En nom Dieu*«, sagte sie daraufhin, »ich weiß, daß mich eine Menge Schwierigkeiten in Poitiers erwarten, aber *messires* werden mir helfen; also vorwärts[1].« Sie trug noch ihre Knabenkleidung, denn sie hatte sich geweigert, eine andere anzulegen.

1 *Procès,* Bd. IV, S. 209: *Chronique de la Pucelle;* ebenda S. 128: *Journal du siège d'Orléans.* Das *Journal* weicht ein wenig von der *Chronique* ab, indem es Johanna den Bestimmungsort durch göttliche Eingebung ahnen läßt, aber im wesentlichen ist die Geschichte die gleiche. Nach dem zu urteilen, was wir von Johannas Charakter wissen, erscheint es sehr unwahrscheinlich, sie habe sich halbwegs bis nach Poitiers bringen lassen sollen, ehe sie sich erkundigte, wohin es ging. Wahrscheinlich hatte sie schon vor dem Aufbruch gefragt. Ihre Äußerung hat jedoch ganz den Stempel ihrer Sprechweise; und tatsächlich war das, wie das *Journal* hinzufügt, *sa manière de parler.*

VIII. Kapitel

VON POITIERS NACH ORLÉANS

I

In Poitiers brachten sie Johanna im Haus eines gewissen Jean Rabateau unter, *qui avait espousé une bonne femme*. Die Rabateaux hatten ein kleines Betgelaß in ihrem Haus, in welches sich Johanna des öfteren zum Gebet zurückzog. Aber trotz der Ernsthaftigkeit ihrer häufigen Gebete war sie heiterer und zuversichtlicher Stimmung, hochgetragen von der steigenden Woge. Seitdem sie Domremy verlassen hatte, waren ihr zwar Enttäuschungen und Hindernisse begegnet; aber sie hatte keinen entscheidenden Fehlschlag erlitten. Sie hatte den Dauphin überzeugt; sie hatte keinen Grund zu glauben, die Doktoren von Poitiers seien nicht gleichfalls zu überzeugen. Ihre Antworten, die sie ihnen gab, waren gepfeffert und beinahe frech: »Wie ich sehe, seid ihr gekommen, um mir Fragen zu stellen«, sagte sie zu ihnen. »Ich weiß weder A noch B.« Und als sie einen jungen Mann namens Gobert Thibault kennenlernte, klopfte sie ihm auf die Schulter und meinte, sie wolle, sie hätte mehrere so gutgewillte Männer wie ihn getroffen – eine Bemerkung, die Andrew Lang zu der erstaunlichen Äußerung veranlaßt, »ihre Art sei die eines ehrlichen, anständigen Schuljungen gewesen«. Sie war voll Hoffnung und glaubte, sie habe nichts zu fürchten. Das Protokoll ihres Verhörs in Poitiers ist unglücklicherweise nicht mehr vorhanden. Es war schon zu der Zeit nicht mehr vorhanden, als sie in Rouen zur Verteidigung ihres Lebens vor Gericht gestellt wurde. Sollte es jemals wieder aufgefunden werden, so würde es ganz bestimmt das ohnehin schon hinreichend außergewöhnliche historische Dokument ihrer Gerichtsverhandlung ergänzen; es würde nämlich die Rechtfertigung darstellen, auf die sich Johanna im Verlauf dieser Verhandlung immer wieder berief. Sie bat ihre Richter wiederholt, in dem Buch von Poitiers nachzuschlagen. Sie taten es nie. Entweder war es unterschlagen, verloren oder vernichtet worden. Es scheint wahrscheinlicher, daß es unterschlagen oder vernichtet wurde, als daß es verlorenging. Sein Verlust würde auf ein nachgerade unwahrscheinliches Maß von Unachtsamkeit schließen lassen. Weit wahrscheinlicher hätte es sich als ein unbequemes Dokument erwiesen, als daß Johannas Richter hätten wagen dürfen, es in Rouen ans Tageslicht zu fördern. Man muß sich auch daran erinnern, daß Johanna in Rouen vor ein Kirchengericht gestellt war und daß Kirchengerichte den Ruf keiner größeren Genauigkeit verdienten als weltliche. Es war einer der schwerwiegendsten Verluste, der die arme Johanna jemals betroffen hatte, und wäre wohl einer der interessantesten Funde, den ein Gelehrter oder Geschichtsforscher jemals machen könnte, sofern es ihm gelänge, dieses Buch von Poitiers aus vergessenen Archiven ans Tageslicht zu fördern. Sogar die einfachsten Notizen, die im Verlauf dieser Untersuchung in Poitiers gemacht wurden, würden sich als von größtem Wert erweisen. Johanna selbst hielt offenbar sehr viel von diesem Buch. Ihre immer wiederkehrenden Bitten ihren Richtern gegenüber, es herbeischaffen zu lassen, lesen sich mitleiderregend. So, wie es ist, können wir nur raten, welche Enthüllungen das Buch von Poitiers wohl enthalten haben mag. Immerhin wissen wir jedoch, daß der Vorsitzende des Untersuchungsausschusses von Poitiers niemand Geringerer war als der Erzbischof von Reims, Kanzler von Frankreich, wenn er auch Johanna nicht persönlich verhört zu haben scheint. Und wir besitzen auch ein Dokument von größtem Interesse, das von einem gewissen Frère Seguin stammt, der nicht nur bei der Untersuchung gegen Johanna in Poitiers anwesend war, sondern sehr zu seinem Schaden auch dabei mitwirkte.

Sie kam herein, setzte sich auf den Rand der Bank und fragte die gelehrten Herren, was sie von ihr wollten?

Frère Seguin, ein Karmeliter, Professor der Theologie an

der Universität von Poitiers, galt als bitterböser Mann – *bien aigre homme*. Ich glaube aber, Frère Seguin wurde von seinem Kommentator ziemlich falsch beurteilt. Ich glaube, daß er im Gegenteil ein Mann mit einem gewissen Sinn für Humor war, wenn auch vielleicht einem Humor von der bitteren Sorte. Sonst hätte er wohl kaum fünfundzwanzig Jahre später den Austausch von Frage und Antwort berichtet, der zwischen ihm und Johanna stattfand und in dem er entschieden den kürzeren zog. Er war so falsch beraten gewesen, Johanna zu fragen, welche Sprache denn ihre Stimmen redeten? Er bekam seine Antwort scharf und gewandt: »Eine bessere Sprache als die Eure.« Da nun Frère Seguin nach seinem eigenen Eingeständnis französisch in der Limousiner Mundart sprach, was ungefähr soviel heißt, wie wenn ein Deutscher breites Bayerisch spricht, so darf man wohl annehmen, Johannas Antwort habe ein Lächeln, wenn nicht gar ein Gekicher bei den Versammelten hervorgerufen. Aber Frère Seguin war noch nicht hinreichend klug geworden, um sich aus der Reichweite von Johannas beißender Bauernzunge zurückzuziehen. Er fuhr mit seinen Fragen fort. Glaubte sie, fragte er, an Gott? Wieder bekam er seine Antwort: »Ja, und mehr als Ihr.« Immer noch nicht abgeschreckt, belehrte er sie daraufhin, Gott wolle nicht, daß man ihr auf ihr bloßes Wort hin glaube, und sie würden dem Dauphin nicht raten, ihr Bewaffnete zur Verfügung zu stellen, es sei denn, sie könne ihm einen Beweis erbringen, daß sie ihr Vertrauen verdiene. Hier nun scheint Johanna die Geduld verloren zu haben. »Im Namen Gottes«, sagte sie, »ich bin nicht nach Poitiers gekommen, um Zeichen zu tun. Führt mich nach Orléans, und ich werde Euch die Zeichen geben, deretwegen ich gesandt bin[1].«

Das brachte Frère Seguin einen Augenblick lang zum Schweigen. Aber Johanna fuhr fort, ihm und den übrigen

---

1 Aussage des Frère Seguin: *En nom Dieu, je ne suis pas venue à Poitiers pour faire signes*. (Im Original französisch.)

Versammelten ihr Programm zu entwickeln. Es war ein Programm, dessen kühner Anspruch ihnen den Atem verschlug (*ils estoient grandement ébahis*). Sie machte folgende vier Hauptversprechungen: die Engländer würden vernichtet werden, nachdem Orléans befreit und die Feinde vertrieben waren; der Dauphin würde zu Reims gekrönt werden; Paris würde wieder seiner Lehenspflicht zurückgegeben werden; und der Herzog von Orléans aus der Gefangenschaft nach Frankreich zurückkehren[1]

In der Hoffnung, sie zu fangen, sagte Guillaume Aymerie zu ihr: »Wie Ihr sagt, offenbaren Euch Eure Stimmen, Gott wolle das französische Volk von seinem gegenwärtigen Leiden befreien. Wenn Er es aber befreien will, so ist es nicht nötig, ein Heer zu haben.« – »*En nom Dieu*«, sagte Johanna wiederum, »*les gens d'armes batailleront et Dieu donnera victoire.*«

Die hinreißende Kühnheit solcher Verheißungen blieb nicht ohne ihre Wirkung auf diese Versammlung gelehrter Männer. Sie müssen in der Tat erstaunt gewesen sein, sich mit so zuversichtlichen Worten von der knabenhaften Gestalt angeredet zu hören, die allein und unberaten vor ihnen auf der Bank saß. Weit davon entfernt, schüchtern, erschrocken oder überwältigt zu sein, wie die Herren es sich vielleicht in ihrer Pomphaftigkeit und Feierlichkeit erwartet hatten, zügelte sie offensichtlich nur mit Mühe ihre Ungeduld oder entsann sich ihrer guten Umgangsformen gerade noch so weit, nicht einfach grob zu werden – ein Kind und ein Bauernmädchen, das so vielen Doktoren der Theologie un-

---

1 *Procès,* Bd. III, S. 205: Aussage von Frère Seguin. Es ist bemerkenswert, daß aus den zwei Versprechungen, die Johanna bei ihrem ersten Aufenthalt in Chinon gemacht hatte, vier geworden waren. Damals versprach sie nur, sie würde die Belagerung von Orléans brechen und den Dauphin zu Reims krönen lassen. Auch ist beachtlich, daß nur diese zwei Prophezeiungen zu ihren Lebzeiten erfüllt wurden. Die Unterwerfung von Paris und die Freilassung des Herzogs von Orléans aus der Gefangenschaft erfolgten erst nach ihrem Tode.

ter dem Vorsitz, wenn er sich auch im Hintergrund hielt, eines so gewaltigen Kirchenfürsten wie des Erzbischofs von Reims in eigener Person gegenüberstand. Es war eine gute Vorschule, um einer sehr anders gesonnenen Versammlung gelehrter Herren unter dem Vorsitz eines anderen Kirchenfürsten, des Bischofs von Beauvais, gegenüberzutreten. Frère Seguin, unser einziger Gewährsmann aus erster Hand für das, was sich in Poitiers zutrug, versäumt es, uns irgend etwas über die Beratungen mitzuteilen, die sie zu guter Letzt zu einer Meinungsänderung umstimmten. Er überfällt uns mit der Tatsache, daß das geschehen war: »Wir beschlossen also im Hinblick auf die dringliche Notwendigkeit und die Gefährdung Orléans', der König solle dem Mädchen erlauben, ihm beizustehen und möge es nach Orléans entsenden.« Diese etwas bevormundende Darstellung wird von einem anderen Chronisten berichtigt, der offenbar seine Feststellungen auf die Aussagen von Frère Seguin stützt. Nach diesem anderen Chronisten schienen die Dinge, welche Johanna ihnen sagte, sehr seltsam gewesen zu sein (*les choses dictes par ladicte Jeanne leur sembloient bien estranges*). So seltsam schienen diese Dinge, daß der Untersuchungsausschuß schließlich zu dem Entschluß kam, dem Dauphin anzuraten, er solle Johanna Vertrauen schenken.

II

Aber bevor das geschehen konnte, gab es nochmals neue Verzögerungen. Noch waren sie sich ihrer Sache mit Johanna nicht sicher. Von Poitiers führte man sie nach Tours und nach Blois – eine weitere verrücktmachende Verzögerung, während welcher kostbare Zeit vertan wurde. Was Johanna sich wünschte und brennend wünschte, war: zum Entsatz von Orléans aufzubrechen. Sie wollte mit ihrem Werk beginnen; sie wollte ein Heer zur Verfügung gestellt bekommen; sie hatte durchaus kein Verlangen, von Erzbi schöfen, Bischöfen, Doktoren der Theologie oder von Frauen, die dazu bestimmt waren, sie daraufhin zu untersuchen, ob sie ein Junge oder ein Mädchen sei, aufgehalten zu werden; und falls ein Mädchen, ob eine Jungfrau oder nicht. Die Damen in Chinon waren bereits dazu bevollmächtigt worden, ihr Geschlecht festzustellen. Nun wurde in Tours die Königin von Sizilien, die Schwiegermutter des Dauphins, in eigener Person zusammen mit anderen Damen mit einer erneuten Untersuchung betraut, und diese Damen berichteten über das Ergebnis in der derben Phraseologie ihres Zeitalters[1]. Sie bescheinigten die unbezweifelbare Tatsache von Johannas Jungfräulichkeit. Die derbe Offenheit ihres Berichts stößt uns ab. Sie kann uns nur abstoßen, wenn wir die Bescheidenheit bedenken, die Johanna immer in ihrem eigenen Benehmen an den Tag legte, wie uns das insbesondere von denen versichert wird, die jede Möglichkeit hatten, sie im täglichen Verlauf ihres Lebens zu beobachten. Diese unumwundene Offenheit muß uns abstoßen, wenn wir uns diesen Bericht in den Ausdrücken der Mäkelsucht unseres zwanzigsten Jahrhunderts wiedergegeben vorstellen. Vergegenwärtigen wir ihn uns in diesen Ausdrücken, so können wir nur ein schauderndes Mitgefühl mit dem armen Mädchen empfinden, das einer so unzarten Untersuchung wiederholt ausgesetzt war. Aber vielleicht sind wir damit falsch beraten. Vielleicht empfand Johanna die Untersuchung durch die Frauen als nichts so Schreckliches, wie wir es uns vorstellen. Vielleicht sollten wir uns mehr vor Augen halten, daß wir uns die Denkungsart von Leuten wieder vergegenwärtigen wollen, die im fünfzehnten und nicht im zwanzigsten Jahrhundert gelebt haben. Wir sollten uns ganz bestimmt daran erinnern, daß die Frage der Jungfräulichkeit

1 *Procès*, Bd. III, S. 209: Aussage von Jean d'Aulon: *Par lesquelles icelle Pucelle fut vue, visitée, et secrètement regardée et examinée es secrètes parties de son corps; mais après qu'elles eurent vu et regardé tout ce que faisoit à regarder en ce cas, ladicte dame dist et relata au roy qu'elle et sesdictes dames trouvoient certainement que c'estoit une vraye et entière pucelle.*

eine Frage von entscheidender Bedeutung war. Denn war Johanna eine Jungfrau, so konnte der Teufel unmöglich mit ihr zu tun haben. Die Untersuchungen waren somit nicht eine willkürliche Beleidigung. Vielleicht sollten wir uns auch daran erinnern, daß Johanna ein Bauernmädchen war, das von frühester Kindheit an mit den rauhesten Tatsachen des Lebens in Berührung gekommen war und sich deshalb nicht so leicht beleidigt fühlte, wenn diese Lebenstatsachen im Hinblick auf ihre wirklichen eigenen körperlichen Wahrheiten in die Praxis umgesetzt wurden, wie wir es uns vielleicht vorstellen. Sie ging vermutlich einfach über diese unerquicklichen Prüfungen hinweg. Sie war vermutlich weit weniger von ihnen verletzt als wir gemeinhin annehmen. Und doch, malt man sich nicht gleichzeitig unwillkürlich die Wirkung einer so intimen Untersuchung auf ein Bauernmädchen aus, die von keiner geringeren Persönlichkeit als einer Königin vorgenommen wurde? Johannas Lage war zu dieser Zeit (März–April 1429) sicherlich eine der ungewöhnlichsten. Ihr, einem unbedeutenden Bauernmädchen, war es geglückt, sich bis vor das Angesicht ihres Königs durchzusetzen. Es war ihr gelungen, ihn durch ihre Persönlichkeit bis zu einem solchen Grade zu beeindrucken, daß er einen Ausschuß einberufen hatte, um ihre Glaubwürdigkeit zu überprüfen, und so hochgeborene Damen dazu ausersah, ihrer intimen Sittenstrenge so unzart nachzuforschen. Es wäre Johanna kaum ein Vorwurf daraus zu machen, wenn sie den Kopf verloren hätte. Auch kaum daraus, wenn sie sich den Kopf hätte verdrehen lassen. Sie ließ keines von beiden geschehen. Sie gestand Pierre de Versailles ein, ohne Gottes Hilfe hätte sie nicht gewußt, wie sie sich vor einer so abgöttischen Verehrung hätte schützen sollen, wie sie das Volk an den Tag legte, das die Beine ihres Pferdes umklammerte, um ihre Hände, Füße und Gewand zu küssen. Unbeirrt ging sie den ihr vorgezeichneten Weg. Sie hatte den Dauphin aufgesucht, hatte zu ihm von ihrem Vorhaben gesprochen; hatte sich der Untersuchung durch die Doktoren in Poitiers unterzogen, wie sie sich auch noch in die peinlichere Untersuchung durch die Frauen in Tours ergeben hatte. Sie hatte sich moralisch und körperlich eingehend prüfen lassen. Sie hatte alles, was man von ihr verlangt hatte, mit der ganzen ihr zu Gebote stehenden Geduld ertragen. Und sie hatte gesiegt. Botschaften, die dringend um Hilfe nachsuchten, trafen ständig aus Orléans ein; das Volk von Poitiers stand jammernd auf ihrer Seite; der Kreis ihrer Freunde erweiterte sich täglich und erhielt mächtigen Zuwachs. Der Herzog von Alençon war ihr treuer *beau duc*. Der berühmte Bastard von Orléans hatte vor einiger Zeit ein so reges Interesse an ihr bezeugt, daß er zwei Edelleute nach Chinon entsandte, um sich nach ihr zu erkundigen. Ganz deutlich machte sie einen tiefen Eindruck auf alle, die mit ihr in Berührung kamen. Gleicherweise deutlich beeindruckte sie die Menschen, selbst bevor sie mit ihnen in Berührung kam. Warum hätte sich sonst besagter Bastard die Mühe machen und zwei Edle nach Chinon entsenden sollen, um sich nach der Jungfrau aus Domremy zu erkundigen, als besagte Jungfrau erst auf ihrem Weg nach Chinon war und in Wirklichkeit in Verfolgung ihrer Aufgabe erst bis nach Gien gekommen war? Warum hätte sich sonst die Bevölkerung von Orléans versammelt, wie sie es tat, um den Bericht dieser beiden Edelleute anzuhören? Sie hatte damals noch nichts geleistet. Sie hatte noch nicht einmal die Ehre eines Besuches beim Dauphin aufzuweisen. Wie kann man das Interesse des Bastards in einem so frühen Stadium ihrer Laufbahn erklären? Welche Gerüchte waren an sein Ohr gedrungen? Wir können es nicht sagen. Wir können nur in moderner Zeitungssprache ausgedrückt sagen, Johanna habe von allem Anfang an Neuigkeitswert besessen. Vom Augenblick an, als sie Vaucouleurs verließ, war sie eine Schlagzeilen-Neuigkeit. Es war eine unerklärliche Eigenschaft, aber zweifellos verfügte Johanna über sie.

Und jetzt endlich klärte sich der Himmel; die Hindernisse schwanden, die Dinge kamen in Fluß. Vorbereitungen wurden getroffen, um sie dem Heer beizugesellen. Ein richtiger Hofstaat wurde ihr beigegeben. Louis de Contes nebst einem anderen Jungen mit Namen Raymond wurde jetzt endgültig zu ihrem Pagen bestimmt. Der getreue Jean d'Aulon, nach den Worten des Bastards »der ehrlichste Mann im französischen Heer«, wurde auf Befehl des Dauphins in ihren Dienst gestellt. Sie bekam zwei Herolde und zwei Bedienstete. Ihr Bruder Pierre und vermutlich auch ihr Bruder Jean folgten ihr aus Domremy nach – was Johanna sicherlich als eine höchst seltsame Schicksalswendung erschienen sein muß, wenn sie an den reichlich heimlichen und kläglichen Abschied von ihrem Vaterhaus dachte. Damals hatte sie die Rolle der erhabenen Müßiggängerin gespielt; jetzt war sie in der Lage, ihren Bruder so zu empfangen, wie ein Fürst einen Bittsteller empfängt. Und, was für sie wichtiger als alles andere gewesen sein muß, sie bekam Jean Paquerel zu ihrem eigenen Beichtvater. Sie brachten ihn ihr ins Haus Jean Dupuys, wo sie in Tours wohnte, und sagten: »Johanna, wir bringen Euch diesen guten Vater, den Ihr lieben lernen werdet, wenn Ihr ihn besser kennt.« Die Tage waren zu Ende, als es noch schwierig für sie war, die Messe so oft zu hören wie sie wollte; sie konnte sie nun öfter als einmal am Tage hören und tat das auch und beichtete so oft, wie es sie danach verlangte. Mehr noch, wiederum auf Befehl des Dauphins erhielt sie eine vollständige Ausrüstung, bestehend aus Waffen, Fahnen und einem Pferd. Und am wichtigsten von allem, es wurde ihr gestattet, einen Brief an die Engländer abzusenden. Jener Brief war von ihr in Poitiers diktiert worden und ist eine der herausforderndsten Begebenheiten in ihrer ganzen herausfordernden Laufbahn.

Es fing damit an, daß sie die Geduld mit den sie Befragenden verlor. »Ich kann nicht A von B unterscheiden«, sagte sie zu ihnen, »aber Gott hat mich gesandt, um die Belagerung von Orléans aufzuheben und den Dauphin in Reims krönen zu lassen. Habt ihr Papier und Tinte? Schreibt! Ich werde euch diktieren.« Sie zwang sie daraufhin, den Brief nach ihrem Diktat niederzuschreiben. Er ist vom Dienstag der Karwoche, d. h. vom 22. März 1429 datiert.

»Jhesus Maria. König von England und Ihr, Herzog von Bedford, der Ihr Euch Regent von Frankreich nennt; Wilhelm de la Pole, Graf von Suffolk; Johann Edler von Talbot und Ihr, Thomas Edler von Scales, die Ihr Euch Verweser des besagten Bedford nennt... liefert die Schlüssel aller guten Städte, die Ihr auf Frankreichs Boden besetzt und vergewaltigt habt, der Jungfrau *(Pucelle)* aus, die von Gott dem Himmelskönig geschickt ward... Geht in Gottes Namen und kehrt in Euer eigenes Land zurück; bleibt Ihr aber, so gewärtigt in Bälde Neuigkeiten von der Jungfrau, die Euch bald zu Eurem großen Ungemach heimsuchen wird.« *(Alès vous en, en vos païs, de par Dieu, et se ainssi ne le faictes, attendés les nouvelles de la Pucelle qui vous ira veoir briefment à vostre bien grant domaige[1].)*

Nach dieser wahrhaft elisabethanischen Einleitung – abgesehen davon, daß sogar die Königin Elisabeth kaum ein anderes Staatsoberhaupt in solchen Worten zur Rechenschaft gezogen hätte – fuhr Johanna in etwas freundlicherer, Tonart fort. Sie bat den Herzog von Bedford, sie nicht dazu zu zwingen, ihn zu vernichten *(Duc de Bethfort, la Pucelle vous prie et vous requiert que vous ne vous faictes pas destruire)*. Wenn er nur vernünftig sein wollte, sagte sie,

---

1 Ich habe den Brief freilich sehr abgekürzt. Die Schreibweise des Altfranzösischen ist seltsam und regellos; aber ich habe es genau wiedergegeben, und die Abweichungen sind keine Druckfehler. Der vollständige Inhalt des Briefes ist im Anhang C, S. 479 angeführt.

könnte es sehr wohl sein, daß die Franzosen zum Wohle der Christenheit[1] die edelste Tat vollbringen würden *(Se vous faictes rayson, y pouverra venir lieu que les Francois feront le plus biau fait que oncques fut fait pour la crestienté).* »Aber«, fügte sie gleich darauf hinzu, »wenn Ihr Euch weigert, denkt an das große Unheil, das Euch in Kürze widerfahren wird« *(Se ainssi ne le faictes, de voz bien grans doumaiges vous souviegne briefment).* Sie wollte mit anderen Worten ihm und auch den anderen Franzosen Gelegenheit geben, einen wahrhaft christlichen Geist an den Tag zu legen; sofern er aber das Angebot nicht annehmen wollte, dann mochte er selbst die Folgen tragen.

Eine gewisse Meinungsverschiedenheit herrscht über das unmittelbare Schicksal dieses Briefes. Einige Autoritäten auf diesem Gebiet, aus früherer und heutiger Zeit, nehmen als feststehend an, er sei von Blois abgegangen, ehe Johanna sich nach Orléans aufmachte, und in die Hände der Engländer gelangt, ehe Johanna überhaupt in Orléans eintraf. Andere wiederum erklärten, der Brief sei erst am Tage nach ihrem Einzug in die Stadt überreicht worden; was mit anderen Worten heißen soll, sie selbst habe ihn dorthin gebracht. Größere Wahrscheinlichkeit hat wohl die letztere Darstellung, vor allem deshalb, weil diese Angaben von zeitgenössischen Zungen stammen, während die Unterlagen zugunsten der Darstellung, nach welcher der Brief schon von Blois abgegangen sein soll, nur mehr oder weniger zeitgenössischen Chroniken entnommen sind, deren Genauigkeit jedenfalls unzuverlässig und zweifelhaft ist. Eine andere Erklärung, die meines Wissens bisher noch nie versucht wurde, lautet dahin, zwei Abschriften des Briefes seien vorhanden gewesen, deren eine von Blois an den Herzog von

---

1 Dies bezieht sich auf Johannas Hoffnungen auf einen Kreuzzug. Christine de Pisan schrieb:
>   »Des Sarrasins fera essart
>   En conquérant la Sainte Terre.
>   La menra Charles, que Dieu gard.«

Bedford persönlich abging, während die andere von Johanna nach Orléans mitgenommen wurde, um geradeswegs in die Hände Lord Talbots, des englischen Befehlshabers in Orléans, zu gelangen. Wir wissen mit Sicherheit, daß Talbot eine letzte Aufforderung zur Übergabe durch Johannas Herold am Tag nach deren Eintreffen in Orléans empfing. War aber schon vorher eine ähnliche Mitteilung an den Herzog von Bedford ergangen? Der uns überkommene Brief stellt am Ende doch eine Aufforderung an Bedford dar, Frankreich zu verlassen, ohne im besonderen auf die Belagerung von Orléans einzugehen, ausgenommen insofern, als daß die Antwort nach dieser Stadt gegeben werden solle *(et faites reponse, se vous voulés faire paix, en la cité d'Orléans)*. Nun aber wußte Johanna sehr wohl, daß Talbot und nicht Bedford in Orléans befehligte: Warum hätte sie also ihre Aufforderung an Bedford ergehen lassen sollen, wenn der Brief in Wirklichkeit für Talbot bestimmt war? Andererseits war der Brief allerdings überschrieben: *An den Herzog von Bedford, sogenannten Regenten des königlichen Frankreich, oder an dessen Stellvertreter vor den Mauern der Stadt Orléans.* Somit könnte mit gleicher Logik vorgebracht werden, es sei ihr ziemlich gleichgültig gewesen, ob der Brief in die Hände Bedfords gelangte oder in die Talbots[1].

Ich gebe diese Anregung hier als das, was sie wert ist; irgendwelche urkundlichen Unterlagen dafür sind nicht vorhanden. Aber nehmen wir nur einmal an, der ursprüngliche Brief sei in Bedfords Besitz gelangt. Welchen Eindruck würde er auf ihn gemacht haben? In seiner Art ein feiner und kluger Mann, war er nicht dazu angetan, sich davon beeindrucken zu lassen. Da er Engländer war, konnte er kaum anders, als diesen Brief als ein Stück anmaßendster Unverschämtheit wegzulegen. Was er ja auch war. Als Engländer

---

1 Freilich ist richtig, daß sich der Brieftext auch an Heinrich VI., damals sieben Jahre alt, richtete. Jedenfalls aber erscheint sein Name nicht in der Anrede.

konnte er nicht umhin, gewisse Faktoren zu übersehen, mit denen er nicht gerechnet hatte. Die Engländer sind, abgesehen von ihrer Dichtung, kein phantasiebegabtes Volk: Auf dem Gebiet der praktischen Politik neigen sie eher dazu, ihre Zuflucht zur Gewalt als zur Einbildungskraft zu nehmen, ein Verfahren, daß sich in neunundneunzig von hundert Fällen bewährt. Johanna war der hundertste Fall. Der Herzog von Bedford hätte der Drohung unmöglich nachgeben können, die Johanna an ihn ergehen ließ. Wie durfte man das von ihm erwarten? Wer war diese Jehanne, diese Pucelle, welche die gläubigen Franzosen gegen ihn ins Feld zu führen beabsichtigte? Sein gediegener englischer Verstand konnte nichts anderes sagen als »Blödsinn«.

Ob nun der Brief jemals in Bedfords Besitz gelangt war oder nicht, jedenfalls wurde die Belagerung von Orléans nicht aufgehoben, so wenig wie die Engländer gehorsam zusammenpackten, um in ihr eigenes Land zurückzukehren.

IV

Inzwischen aber hatte Johanna die Regelung der Dinge vollkommen in die Hand bekommen. Was sie sagte, geschah. Der erstaunlichste Wandel war während der sechs Wochen eingetreten, die seit ihrer Ankunft in Chinon vergangen waren. Man war ihr mit Zweifel begegnet; man hatte sie mit vielleicht begreiflicher Vorsicht behandelt und jetzt, sechs Wochen später, hatte sie alles unter ihre Führung bekommen. Sie war auf eine ungewöhnliche Weise die Hoffnung Frankreichs geworden, eines verstümmelten Frankreichs. Dieses verstümmelte Frankreich jubelte ihr zu; verlangte nach ihr; bewaffnete sie; hob sie aufs Pferd und entfaltete seine Fahnen über ihrem knabenhaften Haupt. Sie hatte endgültig aufgehört, Jeannette aus Domremy zu sein, und war anerkanntermaßen Jehanne la Pucelle, die Hoffnung, die Retterin geworden. Die Stunde war für sie gekommen, ihren Willen durchzusetzen. Sie nahm Rüstung und Fahnen an; das Schwert wies sie zurück, da sie diesbezüglich ihre eigenen Pläne hatte. Sie wußte genau, nach welchem Schwert sie verlangte, und wollte kein anderes. Sie mußten gehen und es ihr holen. Sie würden es, sagte Johanna, im Erdboden hinter dem Altar der Kirche von Sankt Kathrein zu Fierbois vergraben finden. Das setzte alle Welt in Erstaunen, denn niemand hatte jemals etwas von dem Vorhandensein dieses Schwertes gehört; aber so groß war bereits der allgemeine Glaube an sie, daß ein Waffenschmied aus Tours mit einem Brief Johannas an die Geistlichkeit von Sankt Kathrein entsandt wurde, worin sie die Priester fragte, ob sie gewillt seien, das Schwert zu suchen und ihr zu überlassen. Zum allgemeinen Erstaunen kam alles so, wie sie es vorausgesagt hatte. Das Schwert war tatsächlich da, fünf Kreuze waren ihm eingraviert. Es war ganz verrostet, aber sobald die Priester es zu säubern begannen, stäubte der Rost mit ungewöhnlicher Leichtigkeit ab. Hier geschah tatsächlich ein Wunder, und Johannas Ansehen wuchs ums Hundertfache. Die Priester von Fierbois waren so beeindruckt, daß sie Johanna eine Scheide für das Schwert zum Geschenk machten, und das gleiche taten die Einwohner von Tours, so daß sie jetzt zwei Schwertscheiden hatte, eine aus karminrotem Sammet und eine aus Goldstoff. Sie selbst aber ließ sich noch eine dritte aus festem, haltbarem Leder anfertigen.

Zweifellos ist die Geschichte seltsam, selbst wenn wir das wunderbare Abstäuben der Rostschicht außer acht lassen, und sie wird kaum durch die Annahme erklärt, Johanna könne bereits von dem Schwert gehört haben, wie sie auf dem Weg nach Chinon durch Fierbois kam. Denn hätte Johanna von einem der Geistlichen von Fierbois etwas davon erfahren, warum sollten dann nicht auch andere von diesem Schwert gehört haben? Und warum mußte sie dann erst an die Geistlichkeit des Ortes schreiben und ganz genau schildern, wo man das Schwert finden würde? Sie hätte nur zu sagen brauchen: »Bitte grabt das Schwert aus, von dem Ihr mir erzählt habt, und schickt es mir.« Ihre eigene Erklärung war natürlich die übliche: Ihre Stimmen hätten ihr offenbart, wo es lag. Die zweiflerische Behauptung, Johanna selbst habe das Schwert dort verborgen oder verbergen lassen, kann übergangen werden: Das paßt in keiner Weise zu ihrem sonstigen Charakter. Ich muß offen eingestehen, daß ich keine vernunftmäßige Erklärung der Geschichte zu geben vermag. Jedenfalls machten Johannas Zeitgenossen nicht den leisesten Versuch, die Geschichte vernunftmäßig zu erklären, und Legenden entstanden um das Schwert, darunter eine mit der Behauptung, Karl Martel habe ursprünglich damit anno 732 gegen die Sarazenen bei Poitiers gekämpft. Johannas Richter machten späterhin gleicherweise keinen Versuch, die Geschichte vernunftmäßig zu erklären: Sie war ein viel zu willkommener neuer Beweis dafür, daß Johanna tatsächlich eine Hexe war.

V

Am Ende sollte diese für sie in Tours gefertigte Ausrüstung, so malerisch, kleidsam und romantisch sie auch war, sie doch in recht ernstliche Schwierigkeiten bringen. Gegen die Rüstung ließ sich, abgesehen von der Tatsache, daß Johanna keine Berechtigung hatte, Männerkleidung zu tragen, nichts sagen: Sie hatten auch nichts gegen die Rüstung einzuwenden, außer daß sie Johanna Fragen stellten, warum sie dieselbe St. Denis geweiht habe? War es deshalb, drangen sie in sie, weil sie die Rüstung angebetet wissen wollte? Aber das weiße, seidenbefranste Banner wurde höchst tadelnswert gefunden. Gotteslästerung und Sakrileg waren ganz offensichtlich damit beabsichtigt. Warum sonst hätte sie die Erde mit zwei Engeln zur Rechten und zur Linken auf ihm darstellen und das Bildnis Gottes mit den Worten *Jhesus Maria* daraufmalen lassen? Sie machte die Sache nicht besser mit ihrer Antwort, Gott habe ihr das durch die heilige Katharina und die heilige Margarete zu tun befohlen. Die ihr gegebenen Anweisungen wären sehr genau gewesen, sowohl was die Symbole als auch was die Farben anbetrifft. Warum, fragte man sie, hatte sie nicht auch die Lichtwolke dargestellt, welche ihre Heiligen und ihre Stimmen begleitete, wenn sie ihr erschienen? Das, sagte Johanna geduldig, wäre ihr nicht anbefohlen worden. Sie bedrängten sie weiter. Was liebe sie mehr, ihr Banner oder ihr Schwert? Ihr Banner, sagte sie, hundertmal mehr – obwohl sie vorher zugegeben hatte, sie liebe ihr Schwert, weil es in der Kirche der von ihr verehrten heiligen Katharina gefunden worden sei. Warum trug sie ihr Banner, fragten sie Johanna, wenn sie in die Schlacht zog? Und sie gab hierauf die sehr einfache Antwort: Sie habe es selbst getragen, um niemanden mit eigener Hand töten zu müssen. Sie habe, fügte sie hinzu, niemals jemanden getötet[1].

Ihre Antworten konnten oft so einfach sein, daß niemand ihnen Glauben schenken konnte.

VI

Johannas wenige Habseligkeiten wurden Gegenstand der unheilvollsten Auslegungen. Diese Worte JHESUS MARIA, die sie an den Anfang ihrer Briefe[2] setzte und die sie auch auf ihr Banner schreiben ließ, wiederholten sich zu ihrem Unglück auch auf einem ihrer Ringe. Sie besaß zwei Ringe. Den einen hatte sie von ihrem Bruder bekommen, den anderen von ihrem Vater oder ihrer Mutter; sie scheint sich nicht sehr schlüssig gewesen zu sein, welchen von beiden. Viel-

1 Näheres über das Banner siehe auch Anhang D, S. 480
2 z. B. in zwei an die Engländer vom 22. März und 5. Mai 1429 gerichteten Briefen; in einem Brief an die Bürger von Tournay vom 25. Juni 1429; einem Brief an den Herzog von Burgund vom 17. Juli 1429; einem Brief an den Grafen von Armagnac vom 22. August 1429 und einem Brief an die Hussiten vom 3. März 1430.

mehr verrät sie eine ziemlich rührende Unsicherheit bezüglich des Ringes, als man sie bei ihrem Prozeß darüber befragte: Sie könne nicht sagen, ob er aus Gold war oder aus einer Legierung *(laiton)*, wobei sie nach Bauernart bescheiden hinzufügte, wenn er überhaupt aus Gold wäre, dann aus nicht sehr feinem Gold. Er hatte keinen Stein. Soviel sie sich entsinnen konnte, waren ein Kreuz und die Namen *Jhesus Maria* eingeritzt; sie wisse aber nicht, wer das habe eingravieren lassen. Sie habe ihn niemals benützt, um Heilungen damit zu vollziehen. Trotz ihrer Unsicherheit in bezug auf diesen Ring, einer Unsicherheit, die teils ihrer erklärlichen Unkenntnis wertvoller Metalle, teils ihrer Unfähigkeit zu lesen zuzuschreiben war, lag ihr doch sicherlich sehr viel an diesem Ring. Er war ihr so lieb, daß sie die Gewohnheit hatte, immer, wenn sie in die Schlacht zog, auf ihn an ihrem Finger herunterzublicken, wobei sie an ihren Vater und an ihre Mutter und an die heilige Katharina dachte, welche sie mit *der* Hand berührt hatte, an welcher sie den Ring trug. Als grausame kleine Strafverschärfung nahmen ihre Feinde ihr beide Ringe ab, als sie Johanna gefangennahmen. Einer davon wurde den Burgundern ausgehändigt, der andere vom Bischof von Beauvais zurückbehalten. Bei ihrem Prozeß bat sie, der eine möchte ihr zurückgegeben und der andere der Kirche ausgehändigt werden. Es wird nicht berichtet, ob eine dieser Bitten erfüllt wurde.

VII

Wir können so ein recht vollständiges Verzeichnis von Johannas persönlichem Besitz zu der Zeit, als sie zur Befreiung von Orléans aufbrach, zusammenstellen. Sie hatte ihre einfache, völlig wappenlose Rüstung. Sie hatte ihr Pferd. Sie hatte ihr Banner – ein stolzes Banner mit dem Bildnis Christi, der Weltkugel, zwei Engeln und den Lilien Frankreichs darauf. Sie hatte eine Lanze. Sie hatte ihr Fähnlein. Sie hatte eine kleine Streitaxt, die sie manchmal in der Hand hielt. Sie hatte ihre beiden Ringe, deren einer aus Gold gewesen sein mag oder nicht, der aber wie ein winziger Spiegel die Worte zurückwarf, die auf dem ihr zu Häupten wehenden Banner geschrieben standen: JHESUS MARIA.

Ein ungefähr fünf Wochen später (am 8. Juni 1429) von dem jungen Gui de Laval an seine Mutter und Großmutter gerichteter Brief schildert Johanna mit einer Lebendigkeit, die nach Ablauf von fünf Jahrhunderten noch nichts an Farbigkeit eingebüßt hat:

»Ich sah sie ein großes schwarzes Streitroß besteigen, eine kleine Streitaxt in der Hand, bis auf den Kopf vollständig *en blanc*[1] gewappnet. Das Pferd, das sich aufgeregt vor der Türe zu ihrem Gelaß gebärdete, wollte sie nicht aufsteigen lassen, sie sagte daher: ›Führt es zu dem Kreuz hinüber‹, das vor der benachbarten Kirche stand. Dann stieg sie auf, und das Roß rührte sich nicht mehr, als wäre es angebunden gewesen. Dann wandte sie sich um nach der Kirchentüre und sagte mit einer gefälligen fraulichen Stimme: ›Ihr Priester und Kirchenvolk, bildet eine Prozession und betet zu Gott!‹ Und indem sie dann wieder ihren Weg fortsetzte, sagte sie: ›Vorwärts! Vorwärts!‹ ihre kleine Streitaxt in der Hand, ihr Banner entfaltet, das von einem schmucken Pagen getragen wurde[2].«

Unter den vielen lebendigen und persönlich gefärbten Glanzlichtern, welche die Gestalt Johannas nicht nur legendär, sondern auch menschlich machen, muß man auch den Stolz eines Bürgers von Poitiers anführen. Dieser, ein gewisser Christofle du Peirat, erzählte im Jahre 1495, damals nahezu hundert Jahre alt, dem jungen neunzehnjährigen Jean

---

1 *En blanc* oder *à blanc* bedeutet nicht *in Weiß*, wie man annehmen möchte, sondern in einer Rüstung, die keine Vergoldung oder Wappenschmuck aufwies.
2 Gui de Laval war kein guter Stilist, und sein Satzbau ist oft derart verwirrend, daß ich um der Klarheit willen nicht versucht habe, seinen Brief wörtlich wiederzugeben.

Bouchet, er habe Johanna ihr Pferd besteigen sehen, als sie nach Orléans aufbrach. *»Et me monstra une petite pierre qui est au coing de la rue Sainct Estienne, ou elle print avantage pour monter sur son cheval.«*

IX. Kapitel

ORLÉANS (1)

I

Es wäre ermüdend und unnötig, allzu ausführlich auf Einzelheiten der Belagerung von Orléans vor dem Eintreffen Johannas einzugehen. Die Belagerung ist schon wiederholt anderen Orts beschrieben worden, und es handelt sich hier nicht um ein militärisches Handbuch. Es muß genügen, wenn an dieser Stelle erwähnt wird, daß Orléans bis zum 29. April 1429 seit etwa sechs Monaten belagert worden war, d. h. seit dem 12. Oktober 1428, und zwar, wie mir scheinen will, in einer ziemlich unentschlossenen und wirkungslosen Weise. Lord Salisbury war kurz nach Beginn der Belagerung von einer Kanonenkugel getötet worden, so daß die Engländer auf diese Weise ihres obersten Befehlshabers beraubt waren. Der Herzog von Bedford war niemals mit wirklicher Überzeugung an die Belagerung herangegangen. »Alle Umstände wirkten dort zusammen«, schrieb er, »bis die Belagerung von Orléans, Gott weiß auf welchen Beschluß hin, energisch in die Hand genommen wurde.« Seine Regierung in London konnte oder wollte ihm die benötigten Verstärkungen nicht schicken, und er hat sie auch wirklich kaum dazu ermutigt. Er forderte zwar Truppen und Geld an, wie es seine Pflicht war, betonte aber ausdrücklich, ohne »großen Geldaufwand könne die Belagerung nicht aufrechterhalten werden«, was mit anderen Worten ungefähr besagen wollte, sie würden besser daran tun, ihm zu erlauben, einen Schlußstrich darunter zu machen und sich zurückzuziehen. Bis zum April war eine große Zahl Engländer desertiert. Der Herzog von Burgund hatte nach einem Streit mit dem Herzog von Bedford seine Truppen zurückgezogen. Ein Kontingent normannischer Lehnsleute war verärgert in die Normandie zurückgekehrt. Die Engländer vermochten, wenn sie auch hindern und hemmen konnten, doch das Einschmuggeln von Proviant, Mannschaften und Geld in die Stadt nicht vollständig zu unterbinden. Entweder hat man eine sehr übertriebene Vorstellung von der undurchdringlichen Geschlossenheit mittelalterlicher Belagerungen, oder aber die Engländer waren ungewöhnlich nachlässig darin, dem Feind und seiner Zufuhr freien Ein- und Austritt in die Stadt zu ermöglichen. Man muß sich daran erinnern, daß die Engländer keine *völlige* Einkreisung der Stadt vorgenommen hatten, wie ein Blick auf die nebenstehende Karte zeigt; sondern nur drei Viertel des Kreises, im Norden, Westen und Süden, waren vollständig geschlossen. Wie M. Jollois, der Geschichtsschreiber der Belagerung, erklärt, kann man leicht sehen, daß nicht alle Zugangswege abgeschnitten waren und daß zwischen der Zwingburg von Saint Loup und jener von Saint Pouair, also auf fünf Kilometer Abstand, keinerlei Hindernis vorhanden war, um die Zufuhr von Proviant und Munition in die Stadt zu sperren. Freilich waren die Belagerten verhältnismäßig knapp an Vorräten; aber es bestand keine unmittelbare Gefahr, daß sie durch eine Hungersnot zur Übergabe gezwungen worden wären. Schon die Verzeichnisse der weiterhin eintreffenden Zufuhren genügen, um zu zeigen, daß die belagerte Bevölkerung alles hereinschmuggeln konnte, was immer ihre Freunde von draußen schicken konnten. So kamen am 2. April neun fette Rinder und zwei mit Zicklein und anderen Vorräten beladene Pferde an; am 5. April hundertachtzig Schweine, sechs fette Rinder und zwei mit Käse und Butter beladene Pferde; am 6. April sechsundzwanzig Stück Hornvieh; am 7. April siebzehn Schweine und acht Pferde, sechs davon mit Weizen beladen. Das ist keine schlechte Aufstellung für vier fast aufeinanderfolgende Tage, und die Einwohner von Orléans können, wenn sie auch Angst hatten, doch nicht verzweifelt gewesen sein. Tatsächlich waren beide Parteien gewissermaßen gelähmt; weder die Belagerten noch die Belagerer konnten sich rühren. Es war auf beiden Seiten keine zur Siegeszuversicht angetane Lage. Es war eine für beide Seiten entmutigende Lage. Aber es war eine ernste Lage. Orléans war ein Schlüsselpunkt, der nicht ohne weiteres aufgegeben werden konnte. Es muß im April 1429 nach sechs sich hinschleppenden Monaten des Fehlschlags ganz offensichtlich gewesen sein, die Engländer müßten entweder einen entscheidenden Versuch wagen oder abziehen. Trotz der mangelnden Begeisterung des Herzogs von Bedford waren die Belagerer nicht willens, nach einem so lange währenden Aufwand an Kriegsvolk, Geld und Ansehen abzuziehen. Ebensowenig waren die Belagerten nachzugeben gewillt, solange sie nicht durch eine Hungersnot unweigerlich dazu gezwungen wurden. Das war in groben Umrissen die Lage, als Johanna die Dinge in die Hand nahm. Johanna bewerkstelligte es, in ein paar Tagen einen über sechs Monate währenden Streit zu beenden. Und dies gelang ihr, glaube ich, wohl einzig und allein durch den Einfluß ihrer Persönlichkeit. Gleichzeitig kam sie auch gerade in dem Augenblick an, den man heutzutage als den psychologischen Augenblick bezeichnen würde. Sie kam in dem Augenblick an, als die Engländer nicht mehr über die Zuversicht und die Mittel verfügten, den entscheidenden Angriff durchzuführen. Ohne Johannas taktische Leistung vor Orléans herabsetzen zu wollen, muß man, glaube ich, doch wohl zugeben, daß der Erfolg in der Hauptsache ein psychologischer war; ein eher psychologischer als militärischer. Johannas persönliches Beispiel und Vertrauen wogen zehntausend Mann auf. Es bedeutet keine Herabsetzung, zu sagen, Johanna sei vermutlich die einzige gewesen, die in diesem Augenblick die französischen Truppen und Bürger dazu begeistern konnte, Orléans von einem Feinde zu befreien, der sie alle seit einem halben Jahr in seiner Umklammerung hielt wie eine Schlange das Kaninchen. Diese besondere Begeisterung, die sie ihnen nach sechsmonatiger Belagerung vor den Mauern von Orléans' einflößte, spiegelt symbolisch die allgemeine Begeisterung wider, die sie nach einem nahezu hundertjährigen Krieg dem gesamten Frankreich einflößte.

Die Befreiung von Orléans war nicht Johannas eigentliche Leistung. Hierin ist ihre Heldentat stark übertrieben worden, und Orléans wurde geschichtlich für immer mit ihrem Namen verknüpft. Aus irgendwelchen seltsamen Gründen läßt die Geschichte immer derartige in keinem Verhältnis stehende Gedankenverbindungen entstehen; bei näherer Untersuchung erweisen sie sich selten als völlig berechtigt; zumeist entdeckt man, daß sie das Symbol einer größeren Wahrheit sind.

Johannas wirkliche Leistung bestand nicht in der Befreiung von Orléans, sondern in der seelischen Wiederaufrichtung eines zu Boden getretenen Frankreich.

II

Einstweilen aber war die Belagerung von Orléans für diejenigen, welche in den Kampf im April 1429 verwickelt waren, von Wichtigkeit. Die Franzosen waren mehr oder weniger in der Stadt eingeschlossen, die vollständig von Mauern umgeben war, welche in Abständen durch befestigte Türme verstärkt und durch vier Tore durchbrochen wurden: die Porte de Bourgogne, die Porte de Paris, die Porte Bannier und die Porte Regnard. Im Süden schützte sie der Fluß; er war von einer einzigen Brücke überspannt, welche von zwei starken englischen Zwingburgen beherrscht wurde, deren eine in der Bastille des Augustins bestand und die andere in einem auf der Brücke selbst gelegenen Befestigungswerk, das als les Tourelles bekannt war. Von diesen beiden wichtigen Zwingburgen abgesehen, hatten die Engländer strategische Stellungen um nahezu, wenn auch nicht restlos, die ganze Stadt inne. Sie besaßen Zwingburgen und Türme – *bastilles*. Somit ist die übliche Vorstellung von einer vollkommen von einem starken und geschlossenen Ring von

Feinden eingeschlossenen Stadt, jedenfalls im Falle von Orléans, vollständig unzutreffend. Das einzig richtige Vorstellungsbild ist das von Befestigungen in gleichbleibenden, wenn auch nicht gleichmäßig verteilten Abständen, zwischen denen ungeschützte Lücken sind. Man gab diesen Befestigungswerken Spitznamen in sehr ähnlicher Weise, wie es die englischen Soldaten auch während des Weltkrieges taten. So war die *Bastille des Douze Pierres* in Orléans volkstümlich als London bekannt, die *Bastille du Pressoir Ars* als Rouen und die *Bastille de Saint Pouair* als Paris. Auch die Franzosen hatten als eine Art Prophezeiung der »Dicken Berta« ihre Kosenamen sowohl für ihre eigenen Kanonen als auch für die ihrer Feinde: Wenn die große englische *Passevolant* ihre primitive Munition in Gestalt von hundertpfündigen Steinkugeln in die Stadt feuerte, antwortete der französische *Rifflard*. Eine andere Einzelheit erinnert seltsam an diesen anderen Krieg. Ähnlich wie die englischen und die deutschen Truppen einen inoffiziellen Waffenstillstand schlossen und Fußball im Niemandsland spielten, so wandten sich die Engländer am Weihnachtstag des Jahres 1428 an den französischen Oberbefehlshaber mit der Bitte, ihnen eine Musikantentruppe zu leihen. Der Bastard von Orléans ging entgegenkommend darauf ein und entsandte *une note de haulx ménestriers, trompettes, et clarons,* die kamen und den Engländern mehrere Stunden vorspielten, *faisans grant mélodie.* Dieser Waffenstillstand war freilich befristet und von kurzer Dauer; er währte nur von neun Uhr morgens bis drei Uhr nachmittags, wonach beide Parteien *gecterent très fort et horriblement de bombardes et canons.* Das Krachen der Steinkugeln trat wieder an die Stelle der reinen Melodien englischer Lieder.

Es scheint mitunter eine ganz freundliche Art von Belagerung gewesen zu sein. Vielleicht war der Krieg damals wie heute eine zu ernste Angelegenheit, um dauernd ernst genommen zu werden. Das Kriegsvolk brauchte seine Zerstreuung, um ihn überhaupt ertragen zu können. Vielleicht

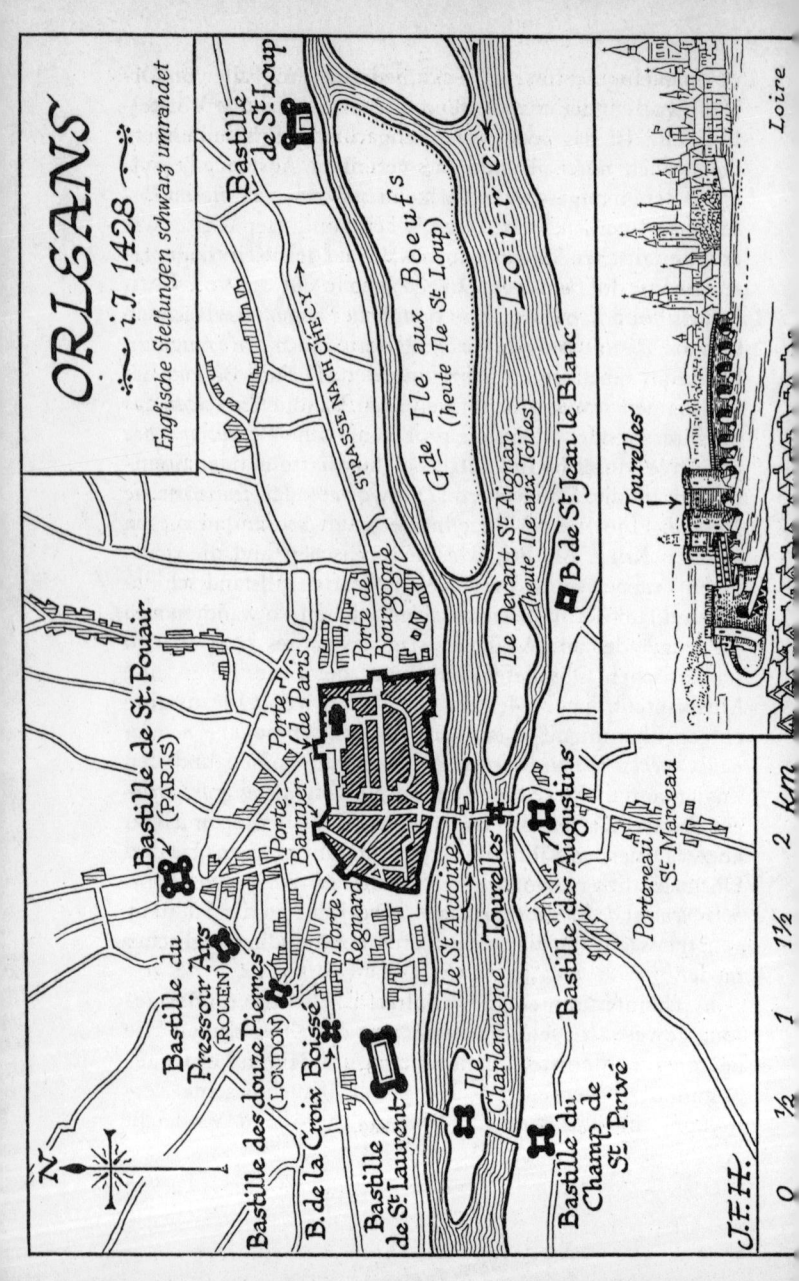

ORLEANS
i.J. 1428
Englische Stellungen schwarz umrandet

Bastille de St. Loup

STRASSE NACH CHECY →

Gde Ile aux Boeufs
(heute Ile St. Loup)

Loire

Porte de
Bourgogne

Ile Devant St. Aignan
(heute Ile aux Toiles)

B. de St. Jean le Blanc

Bastille de St. Pouair
(PARIS)

Porte r.s
Porte Paris
Bannier (de Paris)

Bastille du
Pressoir Ars
(ROUEN)

Porte
Regnard

Bastille des douze Pierres
(LONDON)

Porte
de la Croix Boissé

Porte

Ile St. Antoine

Bastille des Augustins

Bastille
de St. Laurent

Ile
Charlemagne   Tourelles

Porte
St. Marceau

Portereau

Bastille du
Champ de
St. Privé

Tourelles

Loire

N

J.F.H.

0   ½   1   1½   2 km

ist der internationale Haß niemals so tief verwurzelt wie die Liebe zu dem gefährlichen Spiel. Jedenfalls finden wir, daß nicht nur die Engländer am Weihnachtstag von ihren Feinden ein Orchester ausborgten, sondern daß auch der Bastard selbst dem Grafen von Suffolk einen warmen Pelz schickte, im Austausch für einen Teller voll Feigen.

Man fragt sich, wie wohl der Bastard seinen Pelzmantel an Lord Suffolk adressiert haben mag, denn die englischen Namen bereiteten den Franzosen erhebliche Schwierigkeiten. So erscheint Suffolk als Chuffort in des Bastards eigener Darstellung, und sein Familienname de la Pole verwandelt sich ziemlich natürlicherweise in La Poule. Aber selbst das waren noch glücklichere Versuche als manche andere. Sir Robert Willoughby ist kaum noch zu erkennen oder auszusprechen als de Wlbi, so wenig wie Lord Poynings, der seine Namenswahl zwischen Seigneur de Bumus oder de Pougnis treffen konnte. Falconbridge wird Fouquembergue; Hungerford verwandelt sich in Hougue Foie. Gethyn machte die Franzosen völlig ratlos und Mathew Gough schien ihnen mundgerechter als Matago[1].

III

Um unsere Vorstellungen in bezug auf die Undurchdringlichkeit und Wirksamkeit der Belagerung richtigzustellen, müssen wir uns ständig an die kleinen Ausmaße und die groben Bedingungen eines mittelalterlichen Krieges erinnern. So bestand bei Johannas Eintreffen in Orléans am 29. April die Besatzung einer vorsichtigen Schätzung nach vermutlich aus etwa dreitausend Mann. Zu der Zeit, als Johanna ihre Verstärkungen herangeführt hatte, konnte sie über vielleicht fünf- bis sechstausend Mann verfügen. Die Zivilbevölkerung von Orléans betrug an die dreißigtausend

1 Jollois, *Histoire du siège d'Orléans,* S. 42-46.

Seelen, von denen vielleicht fünftausend Männer waren, die sich zur Teilnahme an der Verteidigung eigneten. Wir gelangen so zu einer Zahl von zehn- oder elftausend Mann in Waffen. Die Engländer ihrerseits konnten ungefähr dieselbe Anzahl ins Feld führen. Nachdem Nahkampf, wo keine weitreichenden Waffen außer Schleudersteinen und Pfeilen vorhanden waren, unvermeidlich war, wurde die persönliche Deckung zu einer höchst wichtigen Angelegenheit und trägt sehr viel zu unserer Vorstellung von einem ungefügen, geballten, speerstarrenden *mêlée* bei, in welchem jeder Mann auf sich allein angewiesen kämpfte. Die Verteidigungs- und die Angriffswaffen waren beide dementsprechend primitiv. Auf der einen Seite standen die Verteidiger, die sich in der Hauptsache auf ihre Türme, ihre hohen Mauern, ihre tiefen, teils trockenen, teils nassen Wallgräben oder *fosses* verließen, jeden Zugangsweg nicht nur durch Bogen- oder Armbrustschützen beherrschten, die sich hinter der Brustwehr versteckt hielten, sondern auch riesige, schwer zu bedienende Kriegsmaschinen besaßen, die große Steingeschosse auf die Köpfe der angreifenden Partei schleudern konnten. Die Größe dieser Wurfmaschinen und ihrer Geschosse war natürlich ganz verschieden; aber ein paar schreckeinflößende Angaben sind vorhanden. So bemerken die Rechnungsbücher der Stadt Orléans, daß nach der Zerstörung des auf der Tour St. Paul aufgestellten Geschützes sechsundzwanzig Wagenladungen notwendig gewesen seien, um das hölzerne Rahmenwerk wegzuschaffen. Und als die Stadt Montargis den Verteidigern von Orléans das als *Rifflard* bekannte Geschütz lieh, wurden zweiundzwanzig Pferde benötigt, um es zum Hôtel de Ville hinaufzuziehen. Die von diesen Ungeheuern geschleuderten Wurfgeschosse waren von entsprechenden Ausmaßen. Der *Rifflard* selbst konnte einen hundertzwanzig Pfund schweren Stein schleudern, und andere Kanonenkugeln, die vermutlich von den Engländern gegen die Stadt geschleudert wurden, liegen heute friedlich auf dem Pflaster von Orléans herum und haben ein Gewicht, das schätzungsweise zwischen siebzig und vierundneunzig Kilogramm schwankt, und ihr Umfang beträgt einen bis nahezu eineinhalb Meter. Die Kugeln waren sämtlich aus Stein; denn erst unter der darauffolgenden Regierung wurden Eisenkugeln eingeführt. Ein besonders harter Stein wurde für Geschosse gewählt, die gegen Mauern oder Bollwerk abgeschossen wurden, während ein weicherer Stein für Geschosse verwandt wurde, die nur für das Zertrümmern des menschlichen Schädels bestimmt waren[1]. Wenn sich auch Orléans mit einundsiebzig Geschützen und *bombardes* brüsten konnte, so scheinen diese doch besonders schlecht bemannt gewesen zu sein; denn nur zwölf Geschützmeister waren vorhanden, deren einige – nicht alle – einen gelernten Helfer hatten. Man darf deshalb mit Recht annehmen, daß nicht alle *bouches à feu* zu gleicher Zeit in Tätigkeit sein konnten, sondern nur die an den jeweils bedrohten Stellen der Verteidigung aufgestellten. Die Geschützmeister konnten ihren Standort verändern, was ihre Maschinen nicht konnten. Wir dürfen jedoch nicht die beweglicheren Feldschlangen oder Kleinkanonen zu erwähnen vergessen, die (wie angenommen wird) eine soeben erst gemachte Erfindung waren und wohl zum erstenmal bei der Belagerung von Orléans benützt wurden. Da sie nur zehn oder zwölf Pfund wogen, konnten sie leicht von einem Ort zum anderen bewegt werden.

Die Franzosen hatten einen Spaßvogel in ihren Reihen, der eine solche Feldschlange bediente; er wurde Maître Jehan geheißen und war ein Landsmann Johannas, welcher er treue Gefolgschaft leistete, bis die Burgunder sie bei Compiègne gefangennahmen. Dieser Spaßvogel, der für sich und sein Geschütz eine »Tarnung« an der Innenseite eines Pfeilers einer über die Loire führenden Brücke gemacht hatte,

[1] Dieser weichere Stein scheint manchmal zu weich gewesen zu sein, um seinen Zweck zu erfüllen; ein Beispiel dafür ist der an Johannas Helm in Stücke gesplitterte (siehe S. 273).

pflegte seine Geschosse mit großer Treffsicherheit zum gleicherweise großen Schaden der Engländer abzufeuern. Dann und wann kam er immer wieder aus seinem Schlupfwinkel hervor und warf sich auf den Boden, so, als sei er tot oder verwundet, um mit den Engländern, die ihn gespannt von ihren Befestigungstürmen herunter beobachteten, seinen Spott zu treiben; oder er ließ sich – vermutlich auf einer Bahre – sogar in die Stadt zurücktragen, um später zu seiner Feldschlange zurückzukehren und die Engländer zu ihrem großen Schaden und Mißvergnügen zu belehren, daß er noch am Leben und tätig sei: ein Stückchen gallischen Witzes, dem die Engländer keinen Geschmack abgewinnen konnten.

IV

Die schwerfällige Ausrüstung der hinter ihren Wällen Verschanzten hat ihr Gegenstück in der Ausrüstung der angreifenden Partei. Mit Lanzen, Schwertern, beschlagenen Keulen und jener besonderen Schaden anrichtenden Waffe, der *guisarme* oder Streitaxt bewaffnet, welche zuerst die Rüstung mit ihrer Schneide durchschlug und dann umgedreht werden konnte, um sich mit ihrem scharfen Eisenstachel ins Fleisch zu bohren, drangen sie zum Angriff unter dem Schutz langer, als *pavas* oder *pavois* bekannter Holzschilde vor[1]. Man stellt sich gewöhnlich unter einem Schild einen Schutzschild vor, den man vor die Brust und den Leib hält. Weit davon entfernt, vor die Brust gehalten zu werden, wurde der *pavois* vielmehr auf dem Rücken getragen, so daß sein Träger in geduckter Haltung vorkriechen oder -laufen konnte und dabei doch verhältnismäßig geschützt gegen je-

1 *Histoire du siège d'Orléans*, S. 12 und Fußnote. M. Jollois deutet an, der *pavois* sei eine Erfindung aus der Zeit der Belagerung von Orléans gewesen und man muß bis in die Zeit des alten Thebens zurückgehen, ehe man wieder eine ähnliche Vorrichtung findet.

den Hagel von Steinen, Pfeilen oder siedendem Öl war, welchen der Feind von oben her auf ihn herunterprasseln lassen mochte. Die Machart dieses Schildes war so einfach wie die eines gewöhnlichen Fasses; und tatsächlich, wenn wir uns ein Faß der Länge nach durchgeschnitten vorstellen, mit starkem Leder überzogen, durch zwei Reifen verstärkt und mit zwei an der Innenseite angenagelten Lederschlaufen versehen, durch welche die Arme bis zur Schulter durchgesteckt wurden – wenn wir uns ferner vorstellen, daß diese Vorrichtung groß genug sein mußte, um nicht nur die Schenkel und den Rücken, sondern auch den Kopf des Trägers zu schützen, so können wir uns einen ungefähren Begriff davon machen, wie eine mittelalterliche Angriffspartei ausgesehen haben mag. Sie muß wie ein Heerzug riesiger Schildkröten ausgesehen haben, die unter ihren Rückenpanzern anrücken. Leitern und Lanzen müssen recht merkwürdig, sparrig und dünn ausgesehen haben, wenn sie unter solchen waagerechten und gebuckelten Formen hervorstarrten. Der *pavois* hatte den Vorteil, beide Hände freizulassen, um entweder Sturmleitern tragen zu können oder sich an die Sprossen dieser Sturmleitern zu klammern, wenn diese erst einmal gegen die Mauern gelehnt worden waren. Er ließ in der Tat die Hände zu jeglichem Gebrauch frei; sogar zu dem letzten verzweifelten Gebrauch, im Falle eines Rückzuges *chausse-trappes* in den Weg eines verfolgenden Feindes zu schleudern. Diese *chausse-trappes* oder Fußangeln wurden ständig mitgeführt; sie bestanden aus vierstacheligen Eisenkugeln, die, von einem Fliehenden hinter sich geschleudert, ein Pferd an den Weichteilen der Beine lähmten oder die laufenden Füße nachdrängender Männer, beim Bestreben auszuweichen, zum Stolpern brachten und so die Verfolgung aufhielten – ein einfaches, aber wirkungsvolles Verfahren; so wirkungsvoll, daß bei einer Gelegenheit die wundersame Jungfrau in eigener Person damit gefangen wurde.

Das Verzeichnis von Kriegsmaschinen, von großen wie kleinen, ist recht eindrucksvoll und die Geringfügigkeit ihrer Wirkung dementsprechend erstaunlich. Unsere neuzeitlichen Vorstellungen von Kriegführung müssen tatsächlich durch das umgedrehte Fernrohr betrachtet werden, um die Dinge auf den richtigen Maßstab zu bringen. Das gilt ebensosehr für Einzelfälle wie auch für die Gesamtwirkung. Es scheint verwunderlich, daß große Steinklumpen, welche durch die Luft schwirrten und hinreichend massig waren, um eine Lücke in eine feste Mauer zu schlagen – von einem Hagel von Bolzen und Pfeilen gar nicht zu reden –, so wenig Schaden angerichtet haben sollten, wie das der Fall war, selbst wenn man die Rüstung oder das Panzerhemd oder das Lederkoller zum Schutze der Kämpfenden außer acht läßt. Trotzdem fällt es den Chronisten oft schwer, wenigstens so unbedeutende Verluste wie den eines *seigneur d'Angleterre* oder einer irrtümlich getöteten Frau vermelden zu können oder den Tod eines in einen Ziehbrunnen gefallenen englischen Soldaten, in den er von den Franzosen hineinbefördert worden war; und das noch dazu an einem Tag von *grosse escarmouche*. Solche Statistiken und Einzelheiten sind ein wenig dazu angetan, unsere Achtung vor mittelalterlichen Schlachten und sogar vor Johannas Leistung herabzumindern. Verglichen mit neuzeitlicher Kriegsführung, schwerer Artillerie, Granaten, Sperrfeuer, Gas, Minen, Tanks und allen den erfindungsreichen Hilfsmitteln des Fortschritts und der Zivilisation, lassen die armseligen klobigen Vorrichtungen des fünfzehnten Jahrhunderts – die riesigen hölzernen Schilde, Sturmleitern, Reisigbündel, Feldschlangen, Bogen und Pfeile, Armbrüste – eher an ein Bild von Heath Robinson denken als an ein Handgemenge verzweifelter Männer auf Leben und Tod. Man darf jedoch nicht vergessen, daß die persönlichen Fähigkeiten jedes einzelnen Mannes ungleich mehr ins Gewicht fielen. Ein Mann war nicht in Gefahr, unvermutet von einem drei Kilometer entfernten unsichtbaren Geschütz in Stücke gerissen zu werden. Er konnte einen Stein abducken; und wenn er sehr geschwind war, sogar einen Pfeil. Die Männer, welche über sein

Schicksal entschieden, waren nicht verschwommene kleine Gestalten, die in unerreichbarer Ferne im Hauptquartier der Obersten Heeresleitung Nadeln in eine Landkarte spießten. Andererseits konnte er sehr wohl durch die ihm ins Gesicht geschlagene Faust eines Feindes rücklings von der Leiter stürzen, und die höchstbefehlenden Männer konnten sehr wohl an seiner Seite kämpfen, ebenso schweißtriefend, keuchend und erschöpft wie er. Unter solchen Umständen, wenn die halbe Schlacht aus einem sich auf kleinem Raum abspielenden Handgemenge bestand, bedeuteten Tapferkeit und Beispiel des Anführers besonders viel. Hält man daran fest, so versteht man die erstaunliche Wirkung von Johannas Gegenwart auf die französischen Truppen leichter. Ihre Stellung eines Anführers war eine einzigartige. Sie war nicht von Beruf Soldat; sie war überhaupt kein wirklicher Soldat; sie war nicht einmal ein Mann. Sie verstand nichts vom Krieg. Sie war ein verkleidetes Mädchen. Aber sie glaubte und hatte auch andere zum Glauben bekehrt, sie sei das Sprachrohr Gottes.

V

Am Freitag, dem 29. April 1429, verbreitete sich in Orléans die Neuigkeit, eine von der Pucelle von Domremy geführte Streitmacht sei im Anzug zur Befreiung der Stadt – eine Nachricht, die, wie der Chronist bemerkt, für die Bürger dieser Stadt im höchsten Maße tröstlich war.

Das Heer hatte in der Tat Blois am 27. verlassen, die Priester gingen voran und stimmten das *Veni Creator Spiritus* an, während der lange Zug von Berittenen, von Kriegsvolk aller Art, von Wagen und einer vierhundertköpfigen Rinderherde die Nachhut bildete. Es war ein großer Augenblick für Johanna. Sie hatte endlich ihre Streitmacht bekommen – drei- oder viertausend Mann, die ihr nachfolgten. Jean de Metz und Poulengy blieben weiterhin bei ihr; sie waren vertraute Kameraden; sie hatten vom ersten Augenblick an an sie geglaubt – hatten sie doch Johanna auf jener Reise ins Ungewisse von Vaucouleurs nach Chinon begleitet. Auf jener Reise waren sie zu beiden Seiten ihres Pferdes geritten, um ihr das Geleit zu geben und sie zu beschirmen. Damals war sie nur ein auf die Ritterlichkeit ihrer beiden Begleiter angewiesenes Mädchen; heute war sie offiziell die Abgesandte des Dauphins, wie auch aus eigener Machtvollkommenheit die Abgesandte Gottes. Auch ihre Brüder waren zu ihr gestoßen: Pierre und Jean, diese nämlichen Brüder, zu denen ihr Vater gesagt hatte, sie sollten ihre Schwester lieber ertränken, als ihr erlauben »mit Soldaten zu gehen«. Davon abgesehen hatte sie einige der vornehmsten Namen Frankreichs in ihrem Gefolge; sie ritt inmitten berühmter Befehlshaber: der Marschall de Sainte-Sévère; der Marschall de Rais[1]; Louis de Culen, Admiral von Frankreich; Ambroise de Loré und der gewaltige Gascon, Etienne de Vignolles, rühmlich bekannt als La Hire.

Wenn sie auch die Armee nicht unmittelbar befehligte, wie häufig irrtümlich angenommen wird, sondern sich nur in der Begleitung dieser Männer befand, so benahm sie sich doch gleich vom ersten Augenblick an in ihrer gewohnten bestimmenden Art. Sie befaßte sich mit ihnen nicht auf militärischer, sondern persönlicher Grundlage. Erst einmal hieß sie alle zur Beichte gehen und bestimmte dann, alle ihre lokkeren Weiber sollten zurückgelassen werden – zwei Anordnungen, welche die Männer beträchtlich erstaunt haben müssen, denen sie aber nichtsdestotrotz gehorchten. Sie hielt sie alle unter ihrer Fuchtel, die einzige Frau, welche nunmehr noch mit diesen Tausenden von rauhen Kriegsgesellen weiterritt, und die nicht einmal offiziell ihr Heerführer war. La Hire, der am schwierigsten zu behandelnde Soldat, mußte sein gewohnheitsmäßiges derbes Fluchen aufgeben, wenn ihm auch als Zugeständnis erlaubt wurde, Johannas

1 Hier handelt es sich um den berüchtigten Gilles de Rais.

eigene beiden Lieblingsausdrücke *en nom Dieu* und *par mon martin!* zu gebrauchen – was für ihn sehr ähnlich gewesen sein muß wie ein Glas Milch für einen starken Trinker. La Hire ragt aus der Vielzahl als eine ausgesprochene Persönlichkeit hervor. Alles, was wir von ihm wissen, ist ganz aus einem Stück. Seine Flüche und seine Gebete passen zueinander. Er fluchte und er betete. Wenn er betete, so war sein Gebet fast wie ein Fluch, es war fast eine Drohung an Gott: *»Sire Dieu, je te prie de faire pour La Hire ce que La Hire ferait pour toi si tu étais capitaine et si La Hire était Dieu.«*

Selbst seine Späße haben ihre persönliche Note. Er war es, der Aymert de Puiseux, einem französischen Pagen, den Spitznamen *Capdorat* gab, teils weil dieser sehr mutig und gewandt, teils weil sein Haar so golden war. Wiederum war er es, der Karl dem Siebenten die kühne und denkwürdige Antwort gab: *»Je pense«*, sagte er zum König, *»que l'on ne scauroit perdre son royaume plus gaiment«*, das bei einer Gelegenheit, als er den König einer wichtigen Entscheidung wegen zu fragen gekommen war und von diesem damit abgespeist wurde, daß Karl ihn wegen der Vorbereitungen für ein Fest zu Rate zog[1]. La Hire hatte offensichtlich keine Geduld mit den Leichtfertigkeiten eines Karls VII., wenn eine Jeanne d'Arc aufgetaucht war.

VI

Die erste Nacht auf ihrem Weg von Blois schliefen sie unter freiem Himmel. Johanna, die nicht an das Gewicht der schweren Rüstung gewöhnt war, welche abzulegen sie sich weigerte, erwachte an allen Gliedern zerschlagen und erschöpft. Aber sie näherten sich Orléans, und der Geist war wichtiger als der Leib. In der zweiten Nacht, nämlich am Donnerstag, dem 28., schlugen sie auf dem Südufer der

---

1 *Nouvel abrégé chronologique de l'histoire de France.*

Loire, gegenüber der Ile Saint Loup Lager, nur noch etwas über zwei Kilometer von Orléans entfernt. Hier nun entdeckte Johanna, daß sie, wie sie glaubte, getäuscht worden war. Eine Unmenge Tinte ist schon verspritzt worden in dem Versuch zu entscheiden, ob und inwieweit die Befehlshaber sie absichtlich getäuscht hatten. Ich für mein Teil bin der Überzeugung, daß eine absichtliche Täuschung überhaupt nicht stattgefunden hatte.

Die Lage war folgende (ein Blick auf die Karte S. 152 wird dem Leser zur Verdeutlichung helfen):

Blois und Orléans liegen beide in einem Abstand von sechsundfünfzig Kilometern an der Loire. Orléans liegt jedoch vollkommen am Nordufer. Um also von Blois aus dorthin zu gelangen, standen dem Heer zwei Möglichkeiten offen: Der eine Weg führte über die nördliche Seite und hätte es ermöglicht, die Stadt zu erreichen, ohne den Fluß überqueren zu müssen; der andere ging auf der Südseite und machte die Zuhilfenahme von Booten und Brücken notwendig. Vor diese beiden Möglichkeiten gestellt, erscheint es unerklärlich, warum die Befehlshaber sich für die Südseite mit ihrer gefährlichen Notwendigkeit entschieden hatten, eine große Streitmacht mit dem gesamten Troß auf dem Wasserweg zu befördern. War es doch dazu vonnöten, auf langsamen Segelbooten oder auf Pontonbrücken, welche die beiden Ufer mit Hilfe der sandigen Untiefen verbanden, überzusetzen. Wie dem auch sei, jedenfalls wurde von ihnen diese Wahl getroffen, und bei ihrer Ankunft fand sich Johanna zu ihrem großen Verdruß durch den Fluß von ihren Feinden getrennt. Freilich gab es triftige Gründe für diese sonst so unerklärlich scheinende Wahl, und diese Gründe können kurz dahingehend zusammengefaßt werden, die englischen Stellungen seien viel stärker und weit zahlreicher an der Nord-, West- und Südseite gewesen als an der Ostseite, und daß in der Nähe der Ile Saint Loup, wo das Heer haltgemacht hatte, die englischen Stellungen besonders schwach waren. Es fällt uns als seltsam auf, daß sie Johanna nicht einfach ihre Gründe erklärt haben sollten, als sie sahen, sie drohe in einen ihrer Temperamentsausbrüche zu verfallen. Warum hätten sie überdies Johanna täuschen sollen, nachdem sie sie einmal als ihre Hoffnung und ihr Heil anerkannt hatten? Wenn sie wirklich erwartet hatte, über la Beauce (d. h. auf dem Nordufer) anstatt über la Solonge (im Süden) geführt zu werden, warum dann um alles in der Welt hätten sie ihr die Gründe für ihre Entscheidung nicht anvertrauen sollen? War es deshalb, weil sie Johanna mehr für eine religiös Erleuchtete erachteten als für eine militärische Heerführerin? Sie hatte jedenfalls keine amtliche Befehlsgewalt. War es deshalb, weil diese erfahrenen Befehlshaber selbstherrlicher-, aber nicht unerklärlicherweise keinen Grund dazu vorhanden sahen, dieses völlig unerfahrene Mädchen zu ihren Beratungen hinzuziehen, wenn sie auch bereit waren, ihren Launen und ihrem Wunsch, zur Beichte zu gehen, nachzugeben, ja sogar die übelbeleumundeten Weiber aus ihren Reihen zu verstoßen? War es darum, weil sie Johanna mehr für eine Art Glücksbringerin ansahen als für einen Soldaten wie sie selber? War es nur darum, weil sie schon die Gefahr kannten, sich mit einer so starrköpfigen Persönlichkeit in eine Meinungsverschiedenheit einzulassen, und es für die einzige Möglichkeit hielten, Johanna zu ihrer Beruhigung im dunkeln zu lassen? Oder war es darum, weil Johanna selbst keinerlei Interesse für den von ihnen eingeschlagenen Weg geäußert hatte, überzeugt, wie sie war, geradeswegs gegen Talbot und seine Engländer herangeführt zu werden? War es endlich deshalb, weil sie sich weniger als Entsatzheer, denn als bewaffnete Begleitmannschaft der wertvollen Vorräte betrachteten, die sie dem darbenden Orléans brachten? Sie waren unleugbar so sehr dadurch behindert, daß sie kaum hätten wagen dürfen, die Gefahr eines plötzlichen Überfalls durch die Engländer auf ihrem Weg durch la Beauce auf sich zu nehmen. Der Weg über la Sologne war, wenn auch weniger heroisch, doch ungleich sicherer. Ich glaube, eine oder mehrere dieser Erklärungen können zutreffend sein. Aber daß Johanna kurzerhand in böser Absicht getäuscht werden sollte, fällt mir schwer zu glauben.

Jedenfalls war Johanna in der Tat sehr ärgerlich. Es goß in Strömen; es war ein stürmischer Tag; es war schon spät; Johanna war müde; ihr Harnisch drückte sie und sie war enttäuscht. Sie hatte erwartet, unmittelbar vor den Mauern von Orléans zu stehen, nur noch die Engländer zwischen sich und der Erfüllung ihres Traumes. Statt dessen hatten sie diese Männer, denen sie ihr Vertrauen geschenkt hatte, auf dem falschen Ufer eines breiten Flusses abgesetzt, so daß nichts als neue Verzögerungen und Schwierigkeiten sie erwarteten. Dem Bastard von Orléans, der eilends in einem kleinen Boot über den Fluß setzte, um sie willkommen zu heißen – erwartete er sie doch ebenso sehnlich wie die Bevölkerung von Orléans – widerfuhr ein sehr armseliger Empfang. Johanna kannte keine Achtung vor der Person. Es machte nicht den geringsten Eindruck auf sie, daß der Bastard der Befehlshaber eben der Stadt war, die zu befreien sie gekommen war; daß sein guter Wille von so entscheidender Bedeutung für sie war; daß er von königlichem Geblüt, nämlich einem Vetter ersten Grades ihres eigenen Dauphins war, ein Halbbruder ihres besonderen Schützlings, des gefangenen Herzogs von Orléans, und durch Heirat ein Stiefonkel ihres geliebten Alençons; daß er schon der Bastard von Orléans war, während sie noch nicht die Jungfrau dieser Stadt war. Noch auch kam es ihr in den Sinn, es sei sehr liebenswürdig von ihm gewesen, in eigener Person zu ihrem Empfang zu kommen. Ihre ersten an ihn gerichteten Worte waren alles andere als huldvoll. Er selbst hat eine Aufzeichnung von ihnen hinterlassen. »Johanna sagte folgende Worte: ›Seid Ihr es, den man den Bastard von Orléans nennt?‹ – ›Ich bin es und freue mich über Eure Ankunft.‹ Dann sagte sie: ›Wart Ihr es, der befahl, man solle mich auf diese Seite des Flusses bringen, statt mich geradeswegs gegen Talbot und seine Engländer heranzuführen?‹ Ich antwortete:

Ich und andere, Klügere als ich, hätten diesen Rat erteilt, weil sie ihn für den besten und klügsten hielten. Darauf sagte Johanna folgende Worte: ›*En nom Dieu!* Der Ratschlag Gottes unseres Herrn ist weiser und besser als der Eure. Ihr gedachtet mich zu täuschen, aber Ihr habt Euch selbst getäuscht, denn ich bringe Euch die beste Hilfe, die je einem Ritter oder einer Stadt zuteil ward, ist es doch die Hilfe des Himmelskönigs[1].‹«

Der arme Bastard muß völlig ratlos gewesen sein. Ganz Orléans erwartete fieberhaft die Jungfrau, und er konnte es sich nicht leisten, sie sich zu entfremden. Außerdem glaubte er selbst an sie. War es nicht großenteils seinen Bemühungen zuzuschreiben, daß sie überhaupt nach Orléans gekommen war? Und jetzt, wo sie gekommen war, fand er sich keinem sänftiglich frommen Mägdlein gegenüber, sondern einem gestrengen und ärgerlichen jungen Feldhauptmann mit sehr bestimmten eigenen Ansichten. Glücklicherweise besaß der Bastard, wie die bald darauffolgenden Geschehnisse beweisen, eine große instinktive Geschicklichkeit im Umgang mit ihr. Es bedurfte seiner ganzen Geschicklichkeit, denn Schwierigkeiten tauchten auf, die Johanna nicht vorausgesehen hatte, die in der Tat niemand hätte voraussehen können, er wäre denn mit den Ortsverhältnissen vertraut gewesen

1 *Procès,* Bd. III, S. 5: Aussage von Dunois. Der Bastard von Orléans wurde späterhin zum Grafen von Dunois; aber da er erst später in den Besitz dieses Titels gelangte, wird hier von ihm nicht als von Dunois gesprochen. Uneheliche Geburt galt für Abkömmlinge aus königlichem oder adeligem Geblüt für keine Schande: Der Bastard von Orléans selbst hatte im Alter von zwölf Jahren seinen offiziellen Vater, einen gewissen vermögenden Aubert de Flamenc, seigneur de Chauny oder Canny, abgelehnt; hatte freiwillig auf seinen Erbanspruch verzichtet und erklärt, er wolle von nun an nur noch der Bastard von Orléans sein. Tatsächlich war er von Valentina Visconti, der Witwe seines wirklichen Erzeugers, des Herzogs Ludwig von Orléans, an Kindes Statt angenommen und mit ihren eigenen Kindern großgezogen worden. Freilich, für den Dauphin lag der Fall seiner Illegitimität ganz anders, hing doch die Frage der Thronfolge davon ab.

oder hätte vorzügliche Landkarten zur Verfügung gehabt oder wäre in dauernder und enger Verbindung mit den unterrichteten Stellen gestanden. Johanna genoß keinen dieser Vorteile; weit wahrscheinlicher hatte sie sich vor ihrer Ankunft überhaupt keine praktische Vorstellung von Orléans gemacht und es sich in ihrer Gläubigkeit als ein zweites Jericho vorgestellt, dessen Mauern unter dem Trompetenschall ihres Gottes fallen würden. Eine ähnliche Äußerung hatte sie in Poitiers getan, sagte sie doch, nachdem sie ihre Forderung im Namen Gottes vorgebracht hatte, die Belagerung würde aufgehoben und die Stadt befreit werden. Der Bastard sah die Sache mehr von der praktischen Seite an. Er hatte sich einen Plan zurechtgelegt, der allem Anschein nach einleuchtend und einfach war. Er hatte geplant, Boote von den Bürgern auszuleihen und mit diesen stromaufwärts bis nach Chécy zu segeln, einem auf dem Nordufer ungefähr acht Kilometer von Orléans entfernt liegenden Dorf. Das Schlachtvieh und der Proviant sollten inzwischen die Ankunft der Boote gegenüber von Chécy am jenseitigen Ufer erwarten, um dann am nächsten Morgen von ihnen abgeholt und nach Orléans befördert zu werden, wohin sie durch das Osttor, nämlich durch die Porte de Bourgogne, gelangen sollten. Diese Stadtseite war die am wenigsten geschützte, wie ein Blick auf die Karte zeigt. Die Engländer hatten auf dieser Seite nur ein Befestigungswerk inne, die Bastille de Saint Loup, und man nahm an, ein von den Bürgern unterstützter Ausfall der französischen Besatzung durch die Porte de Bourgogne würde genügen, um die Besatzung von Saint Loup so lange in Schach zu halten, bis man das Vieh in die Stadt gebracht hatte. Der Bericht des Bastards klingt fast so, als habe er an keinen sofortigen Entsatz der Stadt durch Waffengewalt gedacht, ehe er sie nicht erneut mit Lebensmitteln versorgt hatte, ein vernünftiger und kluger Gedanke, der allerdings auch im besten Fall in keiner Weise mit Johannas Plänen hätte in Einklang gebracht werden können. Zum Unglück für den Bastard schlug auch dieses vernünftige und kluge Vorhaben fehl. Es schlug aus zwei Gründen fehl:

Erstens einmal wurden er und seine Mitbefehlshaber zu dem Schluß gezwungen, die soeben eingetroffene Entsatztruppe sei vollkommen außerstande, dem Gegenstoß der Engländer standzuhalten. Und dann, was noch weit wichtiger war, erwies es sich als undurchführbar, die Boote flußaufwärts zu bringen. Der Wind wehte in der falschen Richtung. Das war ein Umstand, der aller menschlichen Berechnung oder Macht spottete.

Sie versuchten das Johanna zu erklären. Daraufhin antwortete sie nur, sie sollten ein wenig warten, alles würde gut werden. Und plötzlich, auf unerklärliche Weise, schlug der Wind um.

VII

Trotz dieses dramatischen Geschehnisses, das ihnen ermöglichte, unbeschadet an der englischen Befestigung vorbei flußaufwärts zu kommen, waren Johannas Schwierigkeiten noch nicht zu Ende. Wohl hatte ihr Ansehen sprunghaft zugenommen, hatte doch ihre Prophezeiung bezüglich des Windes den Bastard und seine Freunde sehr begreiflicherweise beeindruckt. Aber es blieb immer noch das greifbare Hindernis, daß die Streitmacht einer Begegnung in offener Schlacht mit den Engländern für nicht gewachsen erachtet wurde. Es scheint tatsächlich so, als hätten weder der Bastard noch die Feldhauptleute diese Truppen jemals für etwas anderes angesehen als für eine Bedeckung von Vieh und Wagen. Nach Erfüllung ihrer Aufgabe wünschte sich der Bastard, die Truppe sollte nach Blois zurückkehren. Gleichzeitig wollte er, Johanna sollte dableiben und ihn nach Orléans begleiten. Orléans brannte darauf, Johanna zu sehen. Nun die Segel vom Wind geschwellt waren, bat er sie, mit ihm und dem Großprior von Frankreich, Nicolas de Giresme, über die Loire zu setzen. Dieser Vorschlag scheint Johanna sehr betrübt zu haben, und zwar aus dem unerwartetsten Grunde. Nicht daß sie die Entlassung ihres Heeres bedauert hätte; nicht daß sie gefürchtet hätte, sein Abzug vermindere ihre Aussichten auf die Befreiung von Orléans. Nein, sie schien im Augenblick Orléans ganz und gar zu vergessen und nur an ihr eigenes Widerstreben gedacht zu haben, sich von ihren Truppen zu trennen, die sämtlich gebeichtet hatten, bereuten und von guten Gedanken beseelt waren. Als was für ein seltsamer Charakter muß sie dem Bastard erschienen sein! Hier war sie endlich in Greifnähe von Orléans, nachdem sie Baudricourt, den Dauphin und den Ausschuß in Poitiers damit gequält hatte, sie dorthin gehen zu lassen; nachdem sie die ganze Zeit von nichts anderem als von ihrer göttlichen Sendung, die Stadt zu befreien, gesprochen hatte; nachdem sie sogar die Elemente dazu bewogen hatte, ihr zuliebe ihre Ordnung zu durchbrechen. Und nun wollte sie nur deshalb wieder fort, weil sie sich nicht von einem Heer trennen wollte, das sie in einen Gnadenzustand versetzt hatte! Was hätte der Bastard mit einem solchen Mädchen anfangen sollen? Sicherlich muß seine gute Meinung von ihrer religiösen Überzeugung gewachsen sein; aber er kann kaum viel besser von ihren militärischen Fähigkeiten gedacht haben. Höchst merkwürdigerweise schienen auch die Feldhauptleute, die Johanna diesen ganzen Weg hergebracht hatten, gleichfalls zu zaudern, sich von ihr zu trennen. Der Bastard mußte diese Hauptleute bitten und drängen, Johanna zu erlauben, sich nach Orléans zu begeben, während sie selbst nach Blois zurückmarschierten, auf der dortigen Brücke[1] den Fluß überschritten, um auf der Nordstraße nach Orléans zurückzukehren. Seine Diplomatie trug den Sieg davon; er gewann die Feldhauptleute dazu, ihre Überredungskunst der seinigen beizugesellen. »Jo-

---

1 Die Brücke bei Blois war die nächste, bei der sie übersetzen konnten, denn alle anderen waren in den Händen der Engländer.

hanna«, sagten sie, »ziehet hin in Frieden, denn wir verspre-chen, bald zu Euch zurückzukehren.« Und Johanna gab denn auch endlich nach, indem sie, ihr Banner in den Händen, auf den Bastard zutrat. Sie setzten über und verbrachten die Nacht in Chécy. Es war seine erste Erfahrung darin, seine Heilige gefügig zu machen, aber nicht die letzte. Ein paar Tage später sagte sie ihm, sie würde ihm den Kopf vor die Füße legen, wenn er nicht das täte, was sie wollte.

Ein sonderbares kleines Erlebnis scheint Johanna in Chécy oder in Reuilly bei Chécy in der Nacht vor ihrem Eintreffen in Orléans widerfahren zu sein. Sie verbrachte die Nacht anscheinend im Hause eines gewissen Gui de Cailly[1], eines dort ansässigen Edlen, dessen Name kaum verdienen würde, der Vergessenheit entrissen zu werden, wenn er nicht als der einzige Mensch erwähnt würde, welcher jemals die Visionen Jeanne d'Arcs geteilt hat. Die Geschichte be-kommt einige Wahrscheinlichkeit durch die Tatsache, daß Karl VII. besagten Gui de Cailly ein paar Monate später (Juni 1429) in den Adelsstand erhob, kraft eines Schreibens, das in der seltsamsten Sprachmischung von Phantasie und Heraldik abgefaßt war.

Johanna hielt ihren Einzug in Orléans auf einem weißen Roß, in voller Rüstung, und ihre Standarte wurde vor ihr hergetragen. Sie ritt zur Rechten des Bastards. Ihnen folgten viele Ritter, Schildknappen, Feldhauptleute und Soldaten, während eine Menge von Bürgern die Nachhut bildete. An-dere Soldaten und Bürger kamen ihr entgegen, Männer, Frauen und Kinder, die zahlreiche Fackeln trugen – denn es war schon acht Uhr abends –, und jubelten, als ob Gott unter sie getreten sei. Es schien ihnen, als sei die Belagerung schon aufgehoben; und so groß war das Gedränge um Johanna, wie das Volk sie oder ihr Pferd zu berühren versuchte, daß eine Fackel ihr Fähnlein in Brand setzte. Da gab Johanna

1 *Mathieu de Goussancourt, Martyrologe des chevaliers de St. Jean de Jerusa-lem;* Le Brun des Charmettes, *Histoire de Jeanne d'Arc,* Bd. II, S. 18.

ihrem Pferd die Sporen, parierte es mit großem Geschick und löschte so selbst die Flamme. Die allgemeine Bewunderung kannte keine Grenzen, und man geleitete sie unter Beifallskundgebungen von Ost nach West durch die ganze Stadt, von der Porte de Bourgogne zur Porte Regnart, wo eine Unterkunft für sie im Hause des vom Herzog von Orléans bestallten Schatzmeisters vorbereitet war.

Nachdem sich die Tür hinter ihr geschlossen hatte, ließ sie sich die Rüstung abnehmen, und sie muß sich in der Tat nach diesem Augenblick gesehnt haben, denn abgesehen von den überstandenen Aufregungen wird berichtet, sie habe diesen Tag ohne zu essen oder zu trinken verbracht. Die Abendmahlzeit war für sie hergerichtet, aber sie nahm lediglich ein wenig Wein in einem silbernen Becher, goß Wasser dazu und tauchte fünf oder sechs Bissen Brot hinein. Danach ging sie zu Bett, woselbst sie Charlotte, das Töchterchen des Schatzmeisters, ein neunjähriges Kind, zur Schlafgefährtin hatte. Man kann nur hoffen, daß dieses derart geehrte Kind die Ermahnungen beachtet hat, welche man damals den Kindern erteilte, wenn sie mit jemandem ein gemeinsames Bett teilten: auf seiner Seite zu bleiben, sich nicht unruhig hin und her zu wälzen, und mit geschlossenem Mund zu schlafen[1].

VIII

Es ist verführerisch, an dieser Stelle zu verweilen und die Lage und die Denkungsart der verschiedenen beteiligten Parteien näher zu betrachten. Johanna, der Bastard, die Bürger von Orléans und die englischen Befehlshaber, sie alle sahen die Sache von einem verschiedenen Gesichtspunkt an, als sie in jener Nacht des 29. April zu Bett gingen, nachdem

1 Franklin, *La vie privée d'autrefois,* Bd. II und XIX, an verschiedenen Stellen.

der Jubel verrauscht und die Fackeln erloschen waren. Johanna war, wie wir wissen, müde, aber jedenfalls war sie an dem Ort, an den sie sich so brennend hingewünscht hatte. Wohl war ihr ein ärgerliches Hemmnis bei ihrer Ankunft widerfahren, aber Gott war ihr zu Hilfe gekommen und hatte im richtigen Augenblick ein Zeichen vom Himmel gesandt. Sie war sich voll bewußt, daß sie in den Köpfen von Tausenden für jemand galt, der von oben herab seine Eingebung empfing: als die wahre Sendbotin Gottes. Keine persönliche Eitelkeit mischte sich in dieses Bewußtsein, hatte sie selbst doch nie auch nur einen Augenblick lang daran gezweifelt; ihre einzige Schwierigkeit war gewesen, ihre Landsleute zur Annahme einer so unumstößlichen und unleugbaren Tatsache zu bewegen. Ihr eigener Glaube an ihre Sendung und an die Unterstützung durch ihren großen Verbündeten war keinen Augenblick ins Wanken geraten; das Umschlagen des Windes war für sie keine Überraschung gewesen, sondern einfach etwas, das kommen mußte, da ja Gott auf ihrer Seite war. Dieser Windwechsel kam gelegen, teils weil er den Booten ermöglichte überzusetzen, teils weil er den Bastard und seine Gefährten aufmerksam werden ließ und ihren Glauben stärkte; sicherlich kam er gelegen, aber man hatte gar nichts anderes erwarten dürfen. Gott wollte, sie solle seinen göttlichen Willen erfüllen; Gott war allmächtig; Gott drehte den Wind.

Mit diesem kindlichen Vertrauen im Herzen war sie fast ebenso fest davon überzeugt, daß am nächsten Tag die Engländer auf die Stimme Gottes hören würden, die aus dem Briefe zu ihnen sprach, den sie sorgfältig bei sich getragen hatte. Sie würde ihnen diesen Brief schicken und ihnen so jede Möglichkeit zu einem friedlichen Rückzug geben, ehe sie sich anschickte, sie durch Waffengewalt zu vertreiben. Ein Rest ihres angeborenen gesunden Menschenverstandes sagte ihr, die Engländer wären vielleicht nicht ganz so zugänglich für die Stimme Gottes wie der Wind. Der Wind war ein Element, das unmittelbar Gottes Gesetz unterstand.

Die Engländer waren vernunftbegabte Menschen, denen von Gott selbst die Gabe freien Willens verliehen worden war; sie konnten sich weigern, kehrtzumachen und davonzulaufen; sie konnten sich weigern, in ihr eigenes Land fortzuziehen, wie sie es von ihnen forderte. In diesem Fall war sie zu kämpfen bereit. Aber selbst ihre Vorstellung vom Kampf war eng mit ihrer Religion vermischt. Sie hatte sehr lange gezaudert, ihr keusch gewordenes und durch die Beichte geläutertes Heer in Richtung auf Blois abziehen zu lassen, und nur die Beteuerung ihrer Waffengefährten, sie würden bald zu ihr zurückkehren, hatte sie dazu bestimmt, sie aus den Augen zu lassen. So wie es sich verhielt, hatte sie ihnen ihren eigenen Beichtiger, Jean Paquerel, mitgegeben. Es war ein schweres Opfer, ihn fortziehen zu lassen, denn sie brauchte ihn nötig zu Messen und häufigen Beichten, aber die Bedürfnisse des Heeres gingen vor. Als sie so im Dunkeln in dem ungewohnten Zimmer in Orléans ausgestreckt lag, den kleinen Kinderkörper, sorgfältig getrennt, neben sich, gewährte ihr vielleicht der Gedanke einigen Trost, dieser Diener Gottes würde über diese dreitausend Männer wachen, welche sie dem Gnadenstand gewonnen hatte und die zu dieser Stunde auf eben der Straße zurückmarschierten, auf der sie soeben hergereist war.

Was das anbetrifft, was sie für sich selbst von der Aussicht auf eine etwaige Schlacht erwartete, so wußte sie bereits, daß sie zu leiden haben würde. Sie hatte ihre Verwundung dem Dauphin vorausgesagt; hatte sie auch ihrem Beichtiger Paquerel im voraus verkündet. Diese Prophezeiung ist über jeden Zweifel erhaben und scheint ziemlich allgemein bekannt gewesen zu sein, denn am 12. April, fast einen Monat vor dem Geschehnis, schrieb ein in Lyon lebender flandrischer Gesandter einen Brief an seine Familie in Brüssel, in welchem er bis ins einzelne den Anlaß beschrieb, bei dem Johanna, wie sie wußte, verwundet werden würde. Solche bereits im voraus gemachten Prophezeiungen können nicht in Frage gestellt werden. Sie fußen weder auf dem Hörensagen noch auf einer Gedächtnistäuschung noch auf einer späterer entstandenen Legende, sondern auf dem ungeschminkten Zeugnis des geschriebenen, datierten Wortes. Legenden, die mit der Schnelligkeit tropischen Wachstums aufwucherten, hingen sich wie Girlanden um Johannas Nacken, erstickten sie fast und machten es ihr äußerst schwer, zwischen dem zu unterscheiden, was, wie sie wußte, falsch war, und dem, was sie für wahr hielt. Wie sie in der Nacht vom 29. April in Orléans im Bett lag, wußte sie mit Bestimmtheit, daß einige Dinge eintreten würden. Sie wußte, sie würde die Belagerung aufheben; sie wußte, daß sie verwundet werden würde; sie wußte, daß sie nicht sterben würde. Sie wußte auch, sie würde ihren Dauphin zu der erhabenen Zeremonie seiner Krönung geleiten, einem seit sieben Jahren überfälligen Vollzug, hatte doch Karl VII. die Nachfolge seines Vaters im Jahre 1422 angetreten. Alle diese Dinge wußte sie, weil ihre Stimmen es ihr gesagt hatten, und ihre Stimmen konnten nicht unbeachtet gelassen oder ihnen nicht geglaubt werden. Wie sie so in jener Nacht in Orléans im Bett lag, muß sie diese zukünftigen Dinge ganz einfach als befohlene und deshalb unausweichliche Dinge an ihrem geistigen Auge haben vorüberziehen lassen. Vermutlich war der Gedanke, an ihrem sterblichen Leib verwundet zu werden, für sie nicht aufregender als der Gedanke, einen schwachen und widerstrebenden Dauphin in eine historisch überwältigende Kathedrale schleppen zu müssen. Diese Dinge standen ihr bevor. Sie waren ihr von ihren Stimmen offenbart worden. Sie gehörten der Zukunft an. Für Leute wie Johanna besteht kein großer Unterschied zwischen Zukunft und Vergangenheit. Eins mischt sich mit dem anderen. Die gewöhnlichen Gesetze verlieren ihre Geltung.

Der Bastard, bei aller seiner Galanterie und Zuvorkommenheit ein praktischer Mann, muß ein wenig erschrocken gewesen sein, wie er im Bette liegend die Geschehnisse des Tages an sich vorüberziehen ließ. Wohl war er zum Teil mit daran schuld, daß Johanna nach Orléans gebracht worden war; aber nachdem sie einmal da war, muß er binnen weniger Stunden erkannt haben, wie schwer sie zu meistern sein würde. Sie hatte keine Achtung vor ihm bezeugt, weder vor ihm als halbköniglichem Prinzen noch als Befehlshaber. Sie hatte keine Achtung vor militärischer Klugheit oder Verbindlichkeiten. Sie hatte ihn entsetzt durch ihre Glaubensfreiheit und durch ihre Starrköpfigkeit. Außer den Überheblichkeiten eines Mannes besaß sie auch noch die Unvernunft eines Weibes. Trotzdem konnte nicht geleugnet werden, daß ihr sogar das Wetter gehorcht hatte und das einfache Volk sich in seiner Verehrung fast von den Hufen ihres Pferdes hatte zertreten lassen. Wohl hatte sie alle Anzeichen eines inspirierten Wesens zur Schau getragen, aber wie würde sie sich als Waffengefährtin erweisen? Wie hatte man mit ihr als militärischer Mitarbeiterin umzugehen? Man konnte wohl an die sprechende Stimme Gottes glauben, aber es gab auch noch andere Überlegungen, wie beispielsweise das Leben derer, für die man verantwortlich war. Des weiteren waren da die eigenen Gefährten, leidenschaftliche Männer, die keinesfalls dulden würden, daß ihre Meinung einfach übergangen wurde. Man kann nicht glauben, daß der Bastard in dieser Nacht bald eingeschlafen ist.

Die Stadtbevölkerung freilich befand sich, teils infolge religiösen Eifers und teils infolge einer Massenhysterie, in einem Zustand der Begeisterung. Ihre Befreierin weilte endlich unter ihnen, und das Ende ihrer Leidenszeit war nahe. Wie Funken ein Stoppelfeld hatte das Feuer der Begeisterung die Menge durchlaufen. Sie loderte; aber mit einem Feuerlodern, das nicht mit Blut gelöscht werden konnte. Das in dieser Nacht in Orléans entflammte Feuer sollte in der darauffolgenden Woche nicht verlöschen, so wenig wie die Rotglut der Dankbarkeit und Verehrung auf viele Jahre hinaus erkaltete.

Einzig die Engländer in ihren Befestigungen blieben unergründlich, unsichtbar und schweigsam.

X. Kapitel

ORLÉANS

I

Als sie alle am Samstagmorgen des 30. April erwachten, war die allererste Frage, die sich in jedermann erhob: Was sollte nun zunächst werden? Man durfte sehr wohl erwarten, daß Johannas Ankunft für die Franzosen das Signal zu einem erneuten und verzweifelten Versuch sein würde, ihre Belagerer zu vertreiben. Waren doch sowohl die Besatzung wie die Bürger zur Bereitschaft für jeden Versuch aufgepeitscht, und der Bastard hätte sehr wohl ihre begeisterte Erregung dazu ausnützen können, sie mit voller Wucht gegen die englischen Befestigungen heranzuführen. Ganz im Gegenteil brachte die Anwesenheit der Pucelle eine vier Tage dauernde Ruhepause mit sich. Es gab dafür verschiedene stichhaltige Gründe. Zuerst einmal war die Pucelle selbst – mit der, bescheiden gesagt, gerechnet werden mußte – entschlossen, ihre Warnung an die Engländer ergehen zu lassen, ehe sie die Feindseligkeiten eröffnete. Zum zweiten fing der Bastard, der das Heer nach Blois zurückgeschickt hatte, nunmehr an, sich zu beunruhigen, es könnte mit ungenügenden Verstärkungen nach Orléans zurückkehren. Er war deshalb zu dem Entschluß gekommen, in eigener Person nach Blois zu reiten, um dort diese lebenswichtige Angelegenheit selbst in die Hand zu nehmen. Vielleicht auch lauerte im Unterbewußtsein seiner Gedanken eine schleichende und durchaus berechtigte Angst, das Heer könnte überhaupt nicht mehr nach Orléans zurückkehren. Jedenfalls zögerte er sehr kluger Weise, anzugreifen. Kein Mann im Vollbesitz seiner Vernunft wäre zum entscheidenden Angriff geschritten, wenn ihm eine lumpige Verzögerung von vier Tagen eine sehr aussichtsreiche Möglichkeit bot, genügende Verstärkungen zu erhalten, um die Glückswaage niederzuzwingen. La Hire und Florent d'Illiers waren Feuer und Flamme für einen sofortigen Angriff; aber der klügere und vorsichtigere Bastard legte diesen Heißspornen die Zügel an. Er hatte in einer sehr heiklen Situation zu entscheiden, einer so heiklen Situation, in der ein Mann nur stecken kann. Liest man die verschiedenen Berichte, so gehört unsere ganze Sympathie dem Bastard. Er hatte es nicht nur mit jener rätselhaften Gestalt, jenem mädchen-knabenhaften Hauptmann – La Pucelle – zu tun, sondern er mußte auch mit so unberechenbaren rebellischen Leuten wie dem Sieur de Gamaches rechnen. Der Sieur de Gamaches verlor die Geduld wegen der von der Pucelle angeschlagenen selbstherrlichen Tonart, und da der Sieur de Gamaches einer der anerkannten Waffengefährten des Bastards war, muß die Lage für letzteren außerordentlich unangenehm gewesen sein. Er befand sich in der wenig beneidenswerten Lage, sowohl die unberechenbare Pucelle als auch die berechenbaren Feldhauptleute, von denen er wußte, was er von ihnen zu erwarten haben würde, richtig behandeln zu müssen. Der Sieur de Gamaches nahm eine völlig verständliche Haltung ein. »Da Ihr mehr auf die Ratschläge«, sagte er, »eines kleinen albernen Frauenzimmers *(péronelle)* von niedriger Geburt hört, als auf einen Ritter wie mich, will ich nicht länger Einspruch erheben; kommt Zeit und Gelegenheit, so wird mein gutes Schwert sprechen; ich mag dabei den Tod finden, aber der König und meine Ehre wollen es. Von jetzt an senke ich mein Banner und bin nur noch ein einfacher Schildknappe. Ich habe lieber einen adeligen Herrn zum Vorgesetzten als eine Jungfer *(fille)*, die früher Gott weiß was war.« Nach diesen Worten rollte er sein Banner zusammen und überreichte es dem Bastard. Die Feldhauptleute mischten sich jedoch ein, und es gelang ihnen, de Gamaches zu beruhigen und ihn und Johanna dazu zu überreden, sich gegenseitig auf die Wange zu küssen, was beide mit äußerstem Widerstreben taten.

Die Entscheidung, wo er am dringendsten gebraucht wurde, muß sehr schwierig für den Bastard gewesen sein: ob in Orléans, um Johanna im Zaum zu halten, oder in Blois, um das Heer anzufeuern. Mehr noch, Johanna ließ ihn ebenso ungern ziehen, wie sie ihr geläutertes Heer hatte ziehen lassen. Der Tag des 30. April erscheint zum größten Teil mit Auseinandersetzungen zwischen der Pucelle und dem Bastard vergangen zu sein, Auseinandersetzungen, bei denen der Takt des Bastards wiederum den Sieg davontrug, denn wir finden, daß er am darauffolgenden Tag nach Blois aufbricht. Kein Bericht von ihren Erörterungen ist zu uns gekommen; wir können nur nach dem Ergebnis urteilen.

Nun aber war der Tag des 30. April nicht nur zu einem beratenden Beisammensitzen der beiden Hauptfiguren benützt worden. La Hire und Florent d'Illiers zogen unterdessen zusammen mit anderen Offizieren der Besatzung und einigen Stadtbewohnern aus, um die Engländer mit Waffengewalt zu überkommen, und es gelang ihnen, sie in das von diesen Paris genannte Befestigungswerk (Saint Pouair) zurückzudrängen – eine Unternehmung, die bezeichnend war für das, was sich seit Wochen und Monaten abgespielt hatte. Wir wissen nicht, ob dieser Ausfall mit Johannas Zustimmung stattgefunden hatte oder nicht. Sie nahm selbst nicht daran teil. Vermutlich sprach sie gerade mit dem Bastard, während dieses Scharmützel zwischen der englischen Befestigung und den Stadtmauern vor sich ging. Das Scharmützel drohte einen Augenblick lang zu einer ernsthaften Angelegenheit auszuwachsen, denn es wurde laut durch die Straßen der Stadt geschrien, jedermann solle Strohbündel und Reisig herbeischaffen, um Feuer an den Schlupfwinkeln der Engländer zu legen. Zum Glück für die Engländer stimmten diese ihr *Hurrah*-Kriegsgeschrei an, das nie verfehlte, Schrecken in die französischen Reihen zu tragen, so daß weder Reisig noch Stroh gebracht wurden und die Franzosen sich unter einer Salve aus den Kanonen und Feldschlangen nach einem Geplänkel zurückzogen, bei dem es auf beiden Seiten mehrere Tote, Verwundete und Gefangene gab.

Kein Bericht darüber ist vorhanden, ob Johanna von diesen Vorgängen wußte, während sie mit dem Bastard eine geheime Beratung hielt. Der Augenblick war gekommen, ihr Ultimatum überbringen zu lassen. Wie ich bereits an anderer Stelle erklärt habe (Kapitel VIII, S. 191–93, besteht einige Unsicherheit darüber, was tatsächlich aus dem am 22. März in Poitiers diktierten Brief an die Engländer geworden war. Befand er sich bereits in Talbots Besitz, als Johanna in Orléans ankam, oder nicht? Das werden wir vermutlich nie genau wissen, so wenig wie wir jemals imstande sein dürften, die verwickelte Geschichte, was aus den verschiedenen Herolden wurde, zufriedenstellend zu entwirren. Eins nur scheint sicher, daß Johanna am 30. April die Engländer aufforderte, in Frieden abzuziehen, wenn sie die *grans doumaiges* vermeiden wollten, die sie ihnen sonst in einer Schlacht zufügen würde. Der Bastard selbst bemerkt hierzu: »Sie wollte die Engländer zum Abzug auffordern, ehe sie dieselben dazu zwang, die Belagerung aufzuheben, oder so weit ging, sie anzugreifen. Das war es, was sie wirklich tat. Sie ermahnte den Feind durch einen in ihrer Muttersprache in sehr deutlichen Worten abgefaßten Brief, in welchem sie ihm im wesentlichen mitteilte, er solle die Belagerung aufgeben und nach England zurückkehren, andernfalls würde sie einen solchen Sturm auf ihn loslassen, daß er zum Rückzug gezwungen wäre. Der Brief wurde Talbot überbracht.«

Diese Feststellung ist deutlich und unmißverständlich; überdies stimmt sie völlig mit dem Inhalt des in Poitiers diktierten Briefes überein. Man darf wohl die Darstellung des Bastards derjenigen im *Journal du siège* vorziehen, in der berichtet wird, Johanna habe nur zwei Herolde entsandt, um die Freilassung des Herolds zu fordern, den sie mit dem Brief von Blois aus geschickt hatte. Diese Forderung wäre von einem Begleitschreiben des Bastards unterstützt gewesen, in dem dieser – falls der Herold nicht wohlbehalten zurückkehren sollte – allen den von ihm in Orléans gefangengehaltenen Engländern den Tod androhte. Das ergäbe insgesamt drei Herolde, während es sich allem Anschein nach nur um zwei handeln kann: um Ambleville und Guienne, die beide am 30. April mit dem Brief von Orléans aufgebrochen waren. Guienne wurde gefangengenommen, in Eisen geschlossen, und ein Scheiterhaufen wurde hergerichtet, auf dem er verbrannt werden sollte. Ambleville, der mit einer groben Botschaft des Inhalts zurückkehren durfte, Johanna würde besser daran tun, nach Hause zu gehen und sich um die Kühe kümmern, ansonsten sie gefangengenommen und verbrannt würde, freute sich keineswegs über seinen Auftrag, als Johanna ihm sagte, er solle aufs neue zurückgehen und seinen Gefährten retten[1], hatten doch die englischen Hauptleute Johannas Brief mit Erstaunen und schäumend vor Wut gelesen, sie mit jedem unflätigen Namen belegt, der ihnen einfiel, sie vor allem *ribaude* und *vachère* genannt, wenn wir auch gerne glauben mögen, ihr Wortschatz sei damit noch nicht erschöpft gewesen. Zum Glück für Johannas armen Abgesandten Guienne zauderten sie dennoch, ehe sie die Drohung, ihn zu verbrennen, wahrmachten. Sie waren sich bewußt, das sei nicht die Art, mit einem Herold zu verfahren, und entsandten einen Boten an die Universität von Paris, um die Bevollmächtigung zu erlangen. Die Verzögerung rettete Guiennes Leben, denn bevor die Antwort eingetroffen sein konnte, befanden sich die Engländer auf der Flucht, wobei der gefesselte Guienne angesichts des wartenden Holzstoßes von den Franzosen befreit wurde, die siegreich in das aufgegebene Befestigungswerk einzogen.

Trotzdem war Johanna, so erzürnt sie auch war *(fort yrée)*, nicht damit zufrieden, ihr möglichstes getan zu haben, um Feindseligkeiten wenn möglich zu vermeiden. Sie ging daher an diesem Abend persönlich zur Brücke hinaus und rief

---

1 *Procès,* Bd. IV, S. 221: *Chronique de la Pucelle* und *Procès,* Bd. III, S. 26-27: Aussage von Jacques Lesbahi. Die *Chronique* fügt irrtümlicherweise hinzu, Ambleville habe Guienne zurückgebracht.

von dort aus Sir William Glasdale, dem Befehlshaber des le Tourelles genannten Befestigungswerkes (siehe Karte S. 206) zu, er und seine Gefährten sollten sich im Namen Gottes allsogleich trollen und ihr Leben retten. Die Engländer riefen zurück. Sie nannten sie »Kuhhirtin!« wie schon früher und riefen laut, sie würden sie verbrennen, wenn es ihnen gelänge, ihrer habhaft zu werden. Bei dieser Gelegenheit ärgerte sich Johanna durchaus nicht, sondern erwiderte nur gelassen, sie seien Lügner, und nachdem sie das gesagt hatte, wandte sie sich in die Stadt zurück[1].

Es scheint merkwürdig, daß die Engländer trotz aller ihrer Drohungen, Johanna fangen zu wollen, dies nicht einmal versuchten. Sie hatten sie widerstandlos nach Orléans ziehen lassen, hatten sie bis auf die Brücke herauskommen und sich von ihr über den Fluß hinweg anrufen lassen. Wohl hatte Johanna den Schutz eines französischen Befestigungswerks im Rücken, und ein klaffender Spalt in der Brücke trennte sie von den Tourelles; aber trotz alledem scheint es unverständlich, warum sich die Engländer mit einem Schauer von Schimpfworten statt mit einem von Pfeilen begnügt haben sollten. War es darum, weil sie in ihrer englischen Anmaßung und Dummheit Johanna nicht ernst nahmen? Sie war gut genug dazu, verbrannt zu werden, aber nicht gut genug, um viel Wesens von ihr zu machen. Sie waren im Irrtum. Wenn sie auch Johanna zu guter Letzt fingen und verbrannten, so hatten sie doch bis dahin die Verzögerung teuer bezahlen müssen.

Das Verhalten der Engländer während der drei darauffolgenden Tage bleibt gleicherweise unerklärlich. Sie erlaubten

---

1 *Journal du siège: Quant vint sur le soir, elle s'en ala au boulevert de la Belle Croix, sur le pont, et de là parla à Glacidas et autres Anglois estans ès Tourelles, et leur dist qu'ils se rendissent de par Dieu, leurs vies sauves seullement. Mais Glacidas et ceulx de sa rote respondirent villainement, l'injuriant et appelant vachère, comme devant, crians moult haut qu'ilz la feroient ardoir, s'ilz la povoient tenir. De quoy elle fut aucunement yrée, et leur respondit qu'ilz mentoyent; et ce dit, s'en retira dedans la cyté.*

nicht nur dem von Jean d'Aulon begleiteten Bastard, zur Erfüllung seiner wichtigen Aufgabe (am 1. Mai) nach Blois aufzubrechen, sondern sie gestatteten auch Johanna und La Hire nebst einer Anzahl Soldaten, ein Stück weit mit den Davonziehenden zu deren Bedeckung und Schutz aus der Stadt hinauszureiten. Warum um alles in der Welt die Engländer den Bastard und die Pucelle bei dieser Gelegenheit nicht angriffen, geht über mein Begriffsvermögen. Sie hätten beide fangen können, und was für ein Fang wäre das gewesen! Noch mehr geht es über mein Begriffsvermögen, warum sie während der drei darauffolgenden Tage davor zurückschreckten, einen entscheidenden Angriff auf Orléans zu unternehmen. Sie müssen gewußt haben, daß der Bastard fort war. Wenn sie Spione hatten, die diesen Namen verdienten, müssen sie gewußt haben, daß der Bastard mit dem ausdrücklichen Vorsatz nach Blois gegangen war, ein so zahlreiches Heer, wie er nur aufbringen konnte, zu sammeln, um damit so rasch wie möglich zurückzukehren. Was für eine günstige Gelegenheit bot sich ihnen, wenn sie sie nur hätten ergreifen wollen! Orléans, seines Oberbefehlshabers beraubt, war praktisch ihrer Gnade ausgeliefert. Der Bastard muß in der Tat Gewissensbisse verspürt haben, als er die problematische Pucelle und den unbekümmerten La Hire als tatsächliche Machthaber seiner so sorglich bewachten Stadt zurückließ. Trotzdem schien es ihm dringlicher, die Gefahr auf sich zu nehmen, zu gehen und das Gewicht seiner Persönlichkeit in Blois in die Waagschale zu werfen. Er traf vor seiner Abreise geldliche Vorkehrungen, indem er den Empfang von sechshundert *livres tournois* bestätigte, die er von den Bürgern ausgeliehen hatte, um damit während seiner Abwesenheit die Löhnung der Besatzung zu bezahlen.

Johanna und La Hire kehrten, nachdem sie dem Bastard ein Stück Wegs das Geleit gegeben hatten, von den Engländern unbelästigt nach Orléans zurück. Wenn Johanna auf einen ruhigen Tag der Zurückgezogenheit im Haus des Schatzmeisters gerechnet hatte, dann irrte sie sich. Die Leute von Orléans befanden sich noch immer in einem solchen Begeisterungstaumel über ihre Anwesenheit, daß sie fast die Türe ihres Hauses eindrückten im Wunsche, sie zu sehen. Sie verbrachte daher den Rest dieses Sonntags damit, durch die Straßen der Stadt zu reiten, konnte aber kaum vorwärtskommen wegen der unersättlich auf ihre Gegenwart erpichten Volksmenge. Trotzdem ritt sie ihr Pferd so geschickt und hielt sich so aufrecht im Sattel, als wären Waffen und Krieg von Jugend an ihr Handwerk gewesen, so daß alle sie bewunderten[1].

Nicht zufrieden mit ihrem früheren Mißerfolg, schickte sie sich noch einmal an, mit den Engländern zu rechten. Es war ihre dritte Herausforderung; die vierte sollte eine sehr andere Form annehmen. Die Geschichte berichtet uns nicht, ob der Bastard, der unterwegs nach Blois war, etwas von ihrem Vorhaben wußte. Er hatte Johanna zurückgelassen, und sie war jetzt ihre eigene Herrin. Weder Paquerel noch d'Aulon waren zugegen, um ihr Einhalt zu gebieten. Paquerel war fortgeschickt worden, um sich das sittliche Wohlergehen des Heeres angelegen sein zu lassen; d'Aulon hatte man fortgeschickt, damit er sich um den Bastard kümmere. La Hire, dem mehr oder weniger die Obhut über Johanna anvertraut war, muß ratlos und belustigt gewesen sein. Johanna wandte sich mit so ziemlich denselben Worten wie schon einmal an die Engländer und zog sich, nachdem sie so ziemlich die gleiche Antwort erhalten hatte wie schon früher, wieder nach Orléans zurück. So

1 *Journal du siège: Chevaucha par la cité Jehanne la Pucelle, accompagnée de plusieurs chevaliers et escuyers, parce que ceulx d'Orléans avoient si grant voulenté de la veoir, qu'ilz rompoient presque l'uys de l'ostel où elle estoit logée; pour laquelle veoir tant grant gent de la cité par les rues où elle passoit, que à grant peine y povoit on passer, car le peuple ne se povoit saouller de la veoir. Et moult sembloit à tous estre grant merveille comment elle se povoit tenir si gentement à cheval, comme elle faisoit. Et à la vérité aussi elle se maintenoit aussi haultement en toutes manières, comme eust sceu faire ung homme d'armes, suivant la guerre dès sa jeunesse.*

verging in dieser seltsam gespannten Stille vor dem Sturm der Sonntag.

Am Montag, dem 2. Mai, hielten sich die Engländer weiterhin in ihren Befestigungen. Johanna ritt gemächlich hinaus, um sich ihre Stellungen anzusehen. Eine Volksmenge folgte ihr, glücklich, ihr Idol zu sehen und umringen zu dürfen. Nachdem sie die englischen Verteidigungsstellungen nach Herzenslust besichtigt hatte, begab sie sich zu ihrer Vesperandacht in die Kathedrale. Das ist alles, was wir von den Ereignissen des 2. Mai wissen.

Am 3. Mai begannen die Besatzungen von Gien, Montargis, Château Reynard und Châteaudun mit vielen Fußsoldaten in Orléans einzuziehen, und gegen Abend traf die Nachricht ein, das Heer sei von Blois unter dem Befehl des Marschalls de Sainte-Sévère, des Marschalls de Rais, des normannischen Barons de Coulonces und des Monseigneur de Bueil unterwegs. Sie kamen auf der Nordstraße über la Beauce, wenn auch gewöhnlich angenommen wird, der Troß mit den Vorräten habe unter gesonderter Bedeckung die Südstraße eingeschlagen, wie schon einmal am 28. April[1]. Um jedem überraschenden Angriff vorzubeugen, hielt ein Wachtposten Tag und Nacht im Glockenstuhl von Saint Pierre Empont Ausschau; war die Gefahr, wie eben jetzt, besonders dringlich, so hielt noch ein zweiter Posten auf der Zinne des Turms von Saint Paul Wache. Auf diese Weise konnte Nachricht in die Stadt hinuntergelangen, Standarten und Lanzen eines näher kommenden Heeres seien in der Ferne zu sehen. In diesem Augenblick muß die Aufregung in Orléans gewaltig gewesen sein. Niemand wußte, was die Engländer tun würden. Würden sie angreifen oder würden sie zahm in ihren Befestigungen bleiben und so den Leuten des Dauphins erlauben, widerstandslos durch die Tore der

1 Jean Paquerel sagt jedoch, man hätte die Franzosen die Vorräte *sous les yeux des Anglais* in die Stadt bringen lassen. Das würde, da das Heer durch das Nordtor einzog, darauf hinweisen, daß auch die Vorräte auf derselben Straße nachgebracht wurden.

Stadt einzuziehen? Johanna ließ es nicht darauf ankommen. Mit der Morgendämmerung des nächsten Tages, des 4. Mai, dem Vorabend des Himmelfahrtstags, ritt sie, als das Heer nur noch fünf Kilometer entfernt war, diesem *à estendart desployé* mit fünfhundert Mann entgegen.

Es ist ein wenig schwierig, dahinterzukommen, wer bei dieser Gelegenheit irgendwo beteiligt war. Tatsächlich sind die Berichte der verschiedenen Zeugen und Chronisten von Johannas Geschichte manchmal in ihren Einzelheiten derart abweichend, daß es zu einer Art Bilder-Zusammensetzspiel wird, zu dem die Mosaiksteinchen nicht passen wollen. Wo zum Beispiel war La Hire? Die *Chronique de la Pucelle* behauptet, er sei beim Heere gewesen, was jedenfalls schwierig mit der Feststellung vereinbar ist, er sei bei Johanna in Orléans zurückgelassen worden; er wäre denn, was allerdings möglich ist, dem Heere voraus entgegengeritten. Jean d'Aulon sagt gleichfalls, La Hire sei mit ihnen in Orléans eingezogen; er machte aber nicht weiter klar, ob er sich bereits früher auf ihrem Marsch zu ihnen gesellt hatte oder erst mit Johanna gekommen war. Das *Journal du siège* und Jean Chartier sagen beide mit Bestimmtheit aus, er sei mit Johanna zu ihnen gestoßen. Wichtiger noch, wo war der Bastard? Wir wissen, daß er am 1. Mai nach Blois aufgebrochen war mit der Absicht, zusammen mit dem Heer zurückzukehren. Trotzdem finden wir seinen Namen nicht unter den in der *Chronique* aufgezeichneten Heerführern; diese stellt im Gegensatz fest, er sei ihnen mit Johanna entgegengeritten, was durchblicken läßt, daß er ihrem sich nur langsam vorwärtsbewegenden Zug auf dem Rückweg nach Orléans vorausgeeilt war. Die *Chronique* muß sich laut der *Geste des Nobles* irren. Das *Journal* und Jean Chartier stimmen beide darin überein, der Bastard sei beim Heer gewesen.

Wir dürfen also annehmen, Johanna habe an der Spitze ihrer fünfhundert Mann, begleitet von Seigneur de Villars, Florent d'Illiers, Alain Giron, Jamet de Tilloy und vielleicht auch La Hire, Orléans früh morgens verlassen, um dem Bastard und dem ihm nachfolgenden Heereszug entgegenzueilen. Die Engländer schenkten dem noch immer keinerlei Beachtung. Sie begnügten sich damit, aus der Ferne zu beobachten, statt mit ihrer gesamten Streitmacht über diese verhältnismäßig kleine Gesellschaft herzufallen, die ohne den Schutz von Mauern, Gräben und Befestigungen langsam durchs offene Land zog. Wenn sie nur eine Spur Verstand in ihren dummen Köpfen gehabt hätten, dann wären sie zuerst über Johanna und ihre fünfhundert Mann, dann über den Bastard und seine Leute hergefallen. Statt dessen erlaubten sie ihnen, ihren Weg unbehindert fortzusetzen, mit singenden Priestern und Jean Paquerel in ihrer Mitte, der das Banner trug, das Johanna eigens für dieses Heer hatte anfertigen lassen.

Es ist mir einfach unverständlich, was den Engländern einfiel. Die Franzosen erklärten es natürlich damit, daß sie sagten, Johanna habe die Engländer in Schrecken versetzt, ja sie geradezu verzaubert.

II

Der Tag des 4. Mai hatte soeben erst begonnen. Sie waren in Orléans *environ prime* eingezogen, was soviel heißt wie zwischen sechs und sieben Uhr morgens. Der Tag war eben erst geboren und Orléans voll von neuen Truppen, neuen Nahrungsmitteln und neuer Hoffnung. Der Morgen scheint ruhig verlaufen zu sein. Man darf annehmen, daß die neueingetroffenen Truppen ihre Quartiere aufsuchten und die neuen Vorräte verteilt wurden – kurz, daß jedermann viel zu beschäftigt war, um an Kampf zu denken. Johanna selbst aß mit d'Aulon zusammen im Hause des Schatzmeisters.

Nach dem Essen kam der Bastard zu ihnen. Er hatte die Nachricht erhalten, Sir John Fastolf sei mit Verstärkungen für die Engländer unterwegs und stehe bereits in Janville, einen Tagesmarsch von Orléans entfernt. Johanna schien über diese Neuigkeit erfreut zu sein, wenn auch schwer einzusehen ist, warum: Vielleicht war sie es mittlerweile müde geworden, beschimpft und mit Verachtung behandelt zu werden, und ihr Blut war in Wallung geraten, so daß sie dachte, je mehr Feinde sie ausrotten könnte, desto besser. Sie war unter allen Umständen entschlossen, Fastolf ihrem Zugriff nicht entschlüpfen zu lassen. »Bastard, Bastard«, sagte sie, »ich befehle Euch im Namen Gottes, es mich wissen zu lassen, sobald Ihr etwas von Fastolfs Kommen erfahrt; denn wenn er ohne mein Wissen durchkommt, verspreche ich Euch, daß es Euch den Kopf kostet.« Der Bastard, der sie vom ersten Augenblick an richtig zu behandeln verstanden hatte und nie Anstoß an ihrer derben Redeweise nahm, antwortete beruhigend; deshalb brauche sie sich keine Sorgen zu machen, denn er würde sie sicher rechtzeitig benachrichtigen. Dann ging er. Vermutlich wußte er, was sich draußen vor den Mauern der Stadt zutrug, wenn Johanna und d'Aulon das auch nicht wußten.

Johanna, die früh aufgestanden war, war müde und dasselbe war seinem eigenen Geständnis nach auch d'Aulon. Beide gingen in das obere Stockwerk hinauf, um auszuruhen[1], wobei sich d'Aulon auf einem Lager in Johannas Zimmer ausstreckte, während Johanna sich zusammen mit ihrer Gastgeberin in ein anderes Bett legte, um sich auszuruhen und zu schlafen. Der arme d'Aulon hatte es sich gerade bequem gemacht und war schon halb eingeschlafen, als Johanna aus dem Bett sprang und ihn weckte. Er fragte sie, was sie wolle, und vielleicht ist es nicht zu phantasievoll sich vorzustellen, er habe sich die Augen gerieben. Aus jedem Bericht geht klar hervor, daß Johanna sich in einem Zustand größter Erregung befand. *»En nom Dieu«,* stieß sie hervor, »mein Berater hat mich gegen die Engländer vorgehen geheißen, aber ich weiß nicht, ob ich gegen die Befestigungs-

[1] Daß Johannas Zimmer im oberen Stockwerk des Hauses gelegen war, geht aus dem Bericht Louis de Contes' hervor.

werke angehen soll oder gegen Fastolf, der mit seiner Verstärkung unterwegs ist.«

An diesem Punkt angelangt, verursacht das Lesen der verschiedenen Berichte eine Art Aufruhr im Kopf, so wie auch die tatsächlichen Ereignisse einen Aufruhr im Haus des Schatzmeisters verursacht haben müssen. Johanna war kein friedlicher Gast. Die Zeugenaussagen verwirren sich, und wir gewinnen den Eindruck von erschreckt hin und her laufenden Leuten, in deren Mitte Johanna wütet und wettert. D'Aulon sagt, er sei sofort aufgestanden und habe ihr so rasch er konnte beim Anlegen der Rüstung geholfen. Louis de Contes, ihr kleiner Page, sagt, ihre Gastgeberin und das Kind Charlotte hätten ihr die Rüstung gereicht. Jean Paquerel sagt, wie er mit einigen anderen Priestern dazugekommen sei, hätte sie geschrien: »Wo bleiben die, deren Amt es ist, mich zu wappnen? Das Blut unseres Volkes rötet die Erde.« Derweilen waren unten auf der Straße Rufe zu hören, der Feind füge den Franzosen schwere Verluste zu. Jean d'Aulon, der bereits hastig seine Rüstung anlegte, während Johanna schon die Treppe hinuntereilte, merkte überhaupt nicht, daß sie ihn verlassen hatte. Drunten fand sie Louis de Contes, der sie noch schlafend in ihrem Zimmer wähnte. »Ha, sanglant garçon«, sagte sie zu ihm, »du hast mir nichts davon gesagt, daß das Blut Frankreichs vergossen wird«, und sie schickte ihn Hals über Kopf fort, ihr Pferd zu holen[1].

Als er zurückkam, wartete sie unten. Sie schickte ihn hinauf, ihr Banner zu holen, das er aus irgendeinem unerklärlichen Grund durchs Fenster hinunterreichte. Man kann nur annehmen, sie habe draußen auf der Straße ungeduldig danach gerufen. Sie war sicher voll Ungeduld, und niemand konnte ihr schnell genug machen. Sie war fort, ehe d'Aulon ihr folgen konnte, und die sie forteilen sahen, sagten aus, sie

---

1 Nach der Aussage von Aignan Viole, eines Rechtsgelehrten aus Orléans (*Procès*, Bd. III, S. 127), rief Johanna aus; »*En nom Dé, nos gens ont bien à besoigner*. Bringt mir meine Waffen und holt mein Pferd.«

sei in einem solchen Galopp davongeritten, daß Funken unter den Hufen ihres Pferdes aus dem Pflaster stoben.

Louis de Contes, der offenbar ein wenig verwirrt war von all dieser Aufregung, wurde ihr von ihrer Gastgeberin nachgeschickt. D'Aulon holte Johanna bei der Porte de Bourgogne ein. Hier begegnete ihnen ein schwer verwundeter Mann, der in die Stadt hereingetragen wurde. Johanna war sehr bestürzt. War es doch ihr erster Vorgeschmack von wirklichem Kampf. Sie hielt an, um ihn zu fragen, wer er wäre, und als sie hörte, er sei ein Franzose, rief sie aus, nie könne sie französisches Blut vergossen sehen, ohne daß ihr die Haare auf dem Kopfe zu Berge stünden. Sie könne sich aber nicht länger aufhalten, denn eine Schlacht spiele sich ab bei dem englischen Bollwerk von Saint-Loup und dort müsse sie hin. (Vergleiche die Karte S. 206.)

Wiederum ist es schwierig zu entscheiden, ob der Angriff auf Saint Loup mit oder ohne Johannas Wissen stattgefunden hatte. Die Wahrscheinlichkeit spricht dafür, daß er früher als von ihr erwartet stattgefunden hatte[1]. Andernfalls hätte sie sich wohl kaum hingelegt, um sich auszuruhen, ebensowenig wäre sie mit solcher Entrüstung und Überraschung aus ihrem Bett gesprungen. Sie mag mit dem Bastard darin übereingestimmt haben, ein solcher Angriff sei insbesondere im Hinblick auf das rasche Anrücken Fastolfs ratsam, aber sie hatte ihn sicherlich nicht so bald erwartet. Als sie hinkam, fand sie die Schlacht in vollem Gange. D'Aulon sagt, er habe noch nie so viele französische Truppen auf einmal gesehen wie bei dieser Gelegenheit. Louis de Contes sagt, die Engländer hätten Anstalten zu ihrer Verteidigung getroffen, aber die Franzosen hätten beim Anblick Johannas ein Triumphgeschrei angestimmt und das Befestigungswerk im Sturm genommen.

1 Andererseits sagt Paquerel, sie seien auf Johannas Drängen hin ausgezogen, um die Engländer in der Bastille de Saint Loup anzugreifen. Man würde wünschen, diese Zeugenaussagen stimmten mehr überein. Sie machen es furchtbar verwirrend für jedermann, der herausfinden möchte, was wirklich geschah.

Damit war es den Franzosen zum erstenmal gelungen, ein englisches Befestigungswerk zu nehmen. Noch dazu war es ein wichtiges, denn es war das einzige auf dieser Seite von Orléans gelegene, das die Straße zwischen Orléans und dem damals mit einer englischen Besatzung belegten Jargeau beherrschte. Nun gab es nichts mehr, was die Franzosen daran hätte hindern können, Zufuhr und Verstärkungen durchs Osttor nach Orléans hereinzubringen. Sie verbrannten und zerstörten das Befestigungswerk, töteten hundertvierzehn englische Soldaten und schleppten weitere vierzig als Gefangene mit sich fort in die Stadt. Wie lächerlich klein doch diese Zahlen wirken! Und doch, vergleichen wir sie mit anderen Zahlen der Belagerung, so sehen wir, daß die Einnahme der Bastille de Saint Loup als ein ungewöhnlich bedeutsames Treffen hervorsticht. Talbot selbst scheint erkannt zu haben, daß seine Truppen entweder demoralisiert waren oder einer Übermacht gegenüberstanden, denn nachdem er, um der Besatzung von Saint Loup zu Hilfe zu kommen, einen Ausfall *(une sortie)* aus der Bastille de Saint Pouair versucht hatte, zog er sich sehr rasch wieder zurück, als er eine Streitmacht von sechshundert Franzosen gegen sich anrücken sah. Vielleicht fing Talbot an sich zu fragen, als er sich an diesem Abend hinsetzte, um die Lage zu überdenken, ob die Kuhhirtin nicht doch ernst genommen werden müsse?

Die Kuhhirtin war bezeichnenderweise betrübter über den Tod und das Ungemach ihrer Feinde, als erfreut über den Erfolg ihrer Freunde. Der religiöse Gesichtspunkt herrschte wiederum in ihr vor. Der Gedanke betrübte sie, daß so viele Engländer ohne vorherige Beichte gestorben waren, zumal da es der Tag vor Christi Himmelfahrt war. Sie beklagte das Los der Gefallenen *(eos multum plangebat)*, und da sie sich selbst für verantwortlich hielt, ersuchte sie Jean Paquerel, ihr an Ort und Stelle die Beichte abzunehmen. Mehr noch, sie befahl ihm, dafür zu sorgen, daß auch alle Mannschaften ihre Sünden beichten und Gott für ihren Sieg danken sollten. Andernfalls, sagte sie, würde sie von ihnen gehen und nicht mehr bei ihnen bleiben. Sie ließ auch unter Trompetenschall einen Erlaß verkünden, wonach die Kirche von Saint Loup nicht geplündert werden durfte. Es will scheinen, als hätten die Engländer schon Johannas schwache Seite gekannt, denn in der wenig verläßlichen *Chronique* wird berichtet, einige von ihnen seien auf den Glockenstuhl hinaufgestiegen und hätten sich dort mit Priestergewändern bekleidet in der, wie sich später herausstellte, berechtigten Hoffnung, so ihr Leben zu retten. Johanna legte sich ins Mittel, als ihre Landsleute, weniger leichtgläubig als sie, alle über die Klinge springen lassen wollten: Man solle nichts vom Kirchenvolk fordern, sagte sie, und ließ sie alle in Sicherheit nach Orléans bringen.

Alle Kirchenglocken von Orléans erklangen zur Feier des Sieges, und Johanna und die Feldhauptleute begaben sich zum Dankgebet.

III

Da tags darauf Himmelfahrtstag war (Donnerstag, 5. Mai), bestimmte Johanna, kein Kampf solle stattfinden. Sie beichtete wiederum und empfing die heiligen Sakramente, auch erließ sie einen Aufruf, niemand solle es am nächsten Tag wagen, die Stadt zu verlassen, um an einem Überfall oder an einer Schlacht teilzunehmen, ohne vorher gebeichtet zu haben; ebenso sollten übelbeleumundete Weiber ausnahmslos aus dem Heere ausgestoßen werden; andernfalls würde Gott, wie sie sagte, ihrer Sünden wegen die Niederlage über sie verhängen. Wiederum wurde ihr gehorcht.

Abgesehen von diesen religiösen und sittlichen Ehrerbietungsbezeugungen vor dem Feiertag fühlte sie sich auch berechtigt, ihre Aufmerksamkeit praktischeren und kriegshandwerklichen Dingen zuzuwenden. Diese Dinge gestalteten sich an diesem Tag nicht sehr glücklich für Johanna. Es ist eine merkwürdige und aufschlußreiche Geschichte; auf-schlußreich insofern, als sie bezeichnend ist dafür, bis zu welchem Grade die französischen Befehlshaber Johanna als ein Mitglied ihres Kriegsrates unbeachtet ließen. Daß sie ihre Leute durch ihre Gegenwart befeuern konnte, war recht schön und gut, aber es kam ihnen offenbar nie in den Sinn, sie zu ihren geheimen Beratungen hinzuzuziehen. Ihr Verhalten bei dieser und anderen Gelegenheiten klärt endgültig die irrige Meinung, Johanna sei irgendwie mit Befehlsgewalt über das Heer betraut gewesen. Das können wir ihnen nicht zum Vorwurf machen, Johannas Kenntnis der militärischen Taktik war notwendigerweise gleich Null, und sie waren alle kampferprobte Männer. Es erstaunt einen nicht sehr, wenn man erfährt, der Bastard habe einen Kriegsrat in demselben Hause abgehalten, in dem Johanna wohnte, ohne sie zu diesen Beratungen hinzuzuziehen.

Der Bastard, der Marschall de Rais, der Marschall de Sainte-Sévère, der Kanzler Cousinot, der Sire de Graville, der Sire de Gaucourt, Ambroise de Loré, der Baron de Coulonces, der Seigneur de Villars, Poton de Saintrailles, Denis de Chailly, Thibaut de Termes, Jamet de Tilloy, La Hire und ein schottischer Hauptmann, den die Franzosen Canède nannten, dessen wirklicher Name aber Sir Hugh Kennedy lautete, gehörten sämtlich zu den Anwesenden. Auch waren einige maßgebende Bürger von Orléans dabei. Bei dieser geheimen Sitzung wurde beschlossen, am nächsten Tag einen heftigen Angriff auf das englische Befestigungswerk Saint Laurent zu machen. Sie hofften damit die auf dem jenseitigen Südufer des Flusses stehenden Engländer zur Unterstützung ihrer auf der Stadtseite stehenden Freunde herauszulocken (bitte die Karte zu vergleichen). Dieser Angriff jedoch sollte mehr eine Finte als eine wirkliche Schlacht sein. Die wirkliche Schlacht sollte sich auf dem Südufer abspielen und sich gegen die zurückgebliebenen verminderten englischen Streitkräfte richten. Nachdem dieser Entschluß gefaßt worden war, schickten sie Ambroise de Loré, um Johanna zu holen, nachdem sie unter sich dahin übereingekommen waren, ihr nur etwas von dem geplanten Angriff auf Saint Laurent zu sagen, aber nichts von der wahren Schlacht, die sich auf der anderen Seite des Wassers abspielen sollte. Als Johanna auf ihre Aufforderung hin erschien, wurde ihr dieser Beschluß vom Kanzler Cousinot entsprechend mitgeteilt. Sie hatten nicht mit Johannas Einfühlungsvermögen gerechnet. Sie wartete, bis der Kanzler geendet hatte, dann aber weigerte sie sich, im höchsten Grade aufgebracht, den ihr angebotenen Platz anzunehmen, ging im Zimmer auf und ab und sagte: »Sagt mir, was ihr wirklich beschlossen und verabredet habt. Ich dürfte wohl ein weit größeres Geheimnis zu wahren wissen als dieses.«

Darob nun scheinen sie sehr verblüfft gewesen zu sein, und der Bastard kam ihr in seiner liebenswürdigen, taktvollen Art wieder einmal zu Hilfe. Er sah, daß es vergeblich war, ihr die Wahrheit verheimlichen zu wollen. »Johanna«, sagte er, »erzürnt Euch nicht. Wir können Euch nicht gleich alles auf einmal sagen. Was Euch der Kanzler gesagt hat, ist in der Tat beschlossen und ausgemacht worden. Aber wir haben auch vereinbart, über den Fluß zu setzen, falls diejenigen, welche auf der Sologner Uferseite des Flusses stehen, denen im Befestigungswerk zu Hilfe kommen sollten, und ihnen dort so viel Schaden zuzufügen wie irgend möglich. Wir halten diesen Plan für gut und zweckmäßig.« Das befriedigte Johanna, und sie sagte, alles sollte so wie von ihnen beschlossen ausgeführt werden.

Mit jedem Tag kamen sie immer mehr dahinter, daß Johanna nicht leicht zu behandeln war. Die von Jean Chartier nach Schilderung dieser Szene gemachte Bemerkung hat einen wehmütigen Unterton, über den man lächeln muß: »Und sehr oft taten sich gesagter Bastard und andere Anführer zusammen, um zu beraten, was am besten zu tun sei. Aber zu welchem Entschluß sie auch immer kamen, so beschloß doch Johanna die Jungfrau, wenn sie nach ihr schickten, jedesmal das reine Gegenteil.« Wenn man Jean Chartier glauben darf, so war es sogar entgegen dem Wunsch der Verantwortlichen, daß Johanna sich persönlich in das Schlachtgetümmel stürzte, *de quoy les gens de guerre estoient courouciez et moult esbahiz.*

IV

Johannas Tätigkeit am Himmelfahrtstag beschränkte sich nicht darauf, die Truppen zur Beichte zu schicken, Verordnungen gegen die leichtfertigen Weiber zu erlassen und die Versammlung der Führer aus der Fassung zu bringen. Auch gegen die Engländer mußte etwas unternommen werden. Da Johanna sie an einem Feiertag nicht mit Waffengewalt überkommen konnte, wollte sie ihnen wenigstens noch einmal einen Brief schreiben. Dieser war in noch weniger versöhnlichen Worten abgefaßt als die vorherige Botschaft: »Ihr Männer von England, die Ihr kein Recht habt, in diesem Königreich Frankreich zu sein, der König der Himmel befiehlt Euch durch mich, Johanna die Jungfrau, Eure Befestigungen aufzugeben und dahin zurückzukehren, wo Ihr hingehört. Sofern Ihr das nicht tut, werde ich ein solches *ha-hai* machen, daß man ewig daran denken soll. Ich schreibe Euch zum dritten- und letztenmal. Ich werde nicht mehr schreiben. – JHESUS MARIA, JEHANNE LA PUCELLE.«

Sie fügte eine Nachschrift hinzu: »Ich hätte Euch meinen Brief in ehrenvollerer Weise übersandt, aber Ihr nehmt meine Herolde gefangen, wie Ihr auch meinen Herold Guienne gefangengenommen habt. Bitte sendet ihn mir zurück, und ich will einige Eurer bei Saint Loup gefangenen Leute zurücksenden, denn nicht alle sind tot.«

Da sie keinen neuen Herold aufs Spiel setzen wollte, nahm sie hierauf einen Pfeil, befestigte daran mit einem Stück Faden den Brief und befahl einem Armbrustschützen, ihn ins englische Lager hinüberzuschießen, wobei sie rief: »Lest, hier sind Neuigkeiten!« Die fraglichen Neuigkeiten müssen mittlerweile schon ein wenig abgestanden geklungen haben. So dachten offenbar die Engländer, denn als sie den Pfeil aufhoben und den daran befestigten Brief gelesen hatten, antworteten sie mit höhnischen Rufen; »Ah, Neuigkeiten von der Hure der Armagnacs!« Als Johanna das hörte, rief sie Gott zum Zeugen auf und brach in eine Flut von Tränen aus *(flere cum abundantia lacrymarum)*. Ein wenig später erklärte sie, Gott habe sie getröstet, und befahl Paquerel, am nächsten Morgen noch früher aufzustehen, um ihr noch einmal die Beichte abzunehmen.

V

Am nächsten Tag (Freitag, 6. Mai) fand ein Kampf statt, an dem Johanna teilnahm. Es sind sich widersprechende Berichte darüber vorhanden, was die Hauptleute zu tun beschlossen hatten und davon, was wirklich geschah; aber es scheint unnötig, an dieser Stelle näher darauf einzugehen. Es ist nur eine unwesentliche Frage, ob der Bastard und seine Berater dahin übereingekommen waren, eine Finte zu machen oder nicht, oder ob ihre Absicht durch das Vorgehen Johannas mit der Volksmenge der Stadtbevölkerung im Gefolge zuschanden gemacht wurde. Die von Jean d'Aulon gelieferte Darstellung, der selbst an der Schlacht teilnahm, ist vermutlich die verläßlichste, der wir folgen können. Der Verlauf der Ereignisse gestaltete sich kurz gesagt folgendermaßen: Sobald die Engländer die gesammelten französischen Streitkräfte gegen die Bastille von Saint Jean le Blanc anrücken sahen – nachdem diese mit Hilfe einer Bootsbrücke, welche die Ile devant Saint Aignan (oder Ile aux Toiles) mit dem Ufer verband, über den Fluß übergesetzt waren – räumten sie Saint Jean le Blanc und zogen sich in die stärkere und größere Bastille des Augustins zurück. Die Franzosen, zu denen Johanna noch nicht gestoßen war[1], wollten soeben, als sie Saint Jean le Blanc leer fanden und les Augustins nicht einnehmen zu können glaubten, unter dem Befehl des Sieur de Gaucourt, de Villars' und d'Aulons nach Orléans selbst zurückkehren, als Johanna und La Hire mitsammen angaloppiert kamen. Inzwischen hatten die Engländer aus les Augustins herauszuströmen begonnen in der Absicht, über die Nachhut der sich zurückziehenden Franzosen herzufallen. La Hire und Johanna legten ohne Verzug die Lanzen ein und ritten auf sie los. Dieses Beispiel war zuviel für die Franzosen, die trotz des Rückzugsbefehls kehrtmachten und voranstürmten, um die Engländer in die *bastille* zurückzutreiben. Insbesondere war es zuviel für d'Aulon und einen gewissen tapferen Spanier, welche zurückgelassen worden waren, um die Nachhut zu bewachen. In einer etwas freien Übertragung berichtet d'Aulon davon wie folgt: »Ich, der ich hier zurückgeblieben war . . . mit einigen anderen, unter denen sich ein sehr tapferer Soldat aus Spanien namens Alfonso de Partada befand, sah einen ansehnlichen, großen, wohlbewaffneten Mann aus unserem Trupp an uns vorüberlaufen und rief ihm nach, er solle bei den anderen zurückbleiben und wenn nötig dem Feind Widerstand leisten. Aber er erwiderte sofort, er würde nichts dergleichen tun. Daraufhin sagte Alfonso zu ihm, da tapfere Männer wie er Befehlen gehorchen, so könne er ebensogut auch diesem Befehl gehorchen und zurückbleiben. Aber er entgegnete Alfonso, das wolle er nicht. Also wechselten die beiden herausfordernde Worte *(eurent entre eulx certaines arrogantes paroles)*, und es endete damit, daß sie einander bei der Hand ergriffen und zusammen zur Schutzwehr liefen, um zu zeigen, wer von ihnen der mutigere Mann sei.«

D'Aulon, der ein wachsames Auge hatte, nahm indessen

---

1 Ihre Verspätung scheint durch die Notwendigkeit entstanden zu sein, ihr Pferd über den Fluß zu bringen, während die Truppen zu Fuß übergesetzt hatten.

einen großen streitbaren Engländer wahr *(ung grant, fort, et puissant Anglois)*, der sich den beiden in den Weg stellte, und rief dem vielgerühmten Jean mit seiner Feldschlange zu, er solle doch den Engländer, der viel zuviel Schaden anrichte, über den Haufen schießen. Solche Einzelheiten, die in zeitgenössischen Berichten oft wiederkehren, tragen alle zu dem Beweis bei, wie lebendig damals das persönliche Element im Kriege war. D'Aulon mochte weit wichtigere Dinge in seinem Bericht vergessen oder durcheinanderbringen, aber der Zwischenfall mit dem großen Engländer, der Partada und seinem Gefährten im Wege stand, bis er von dem geschickten Jean umgelegt wurde, blieb seinem Gedächtnis eingeprägt.

Der Tag endete mit einem Besitzergreifen der Franzosen von Saint Jean le Blanc und les Augustins. Die Engländer waren gezwungen worden, auch das letzte Kastell zu räumen und sich in das starke und entscheidend wichtige Befestigungswerk von les Tourelles zurückzuziehen. Johanna hinkte nach Hause, denn sie war von einer *chausse-trappe* am Fuß verwundet worden[1].

Nach der Erschöpfung des Tages verzichtete sie auf ihr gewohntes freitägliches Fasten, war aber noch beim Abendessen, als einer der Hauptleute, dessen Name der Zeuge zu nennen vergißt, mit einer unerfreulichen Nachricht hereinkam. Sie besagte, die beratenden französischen Anführer seien sich einig geworden, ihre Truppen seien im Vergleich zu den Engländern zu gering an Zahl und es sei daher ratsam, auf weitere Verstärkungen vom Dauphin zu warten. Die Stadt war gut verproviantiert und konnte sich die Verzögerung leisten. Deshalb würde am nächsten Tage keine *sortie*

1 Die Tatsache ihrer so gearteten Verwundung macht es offensichtlich, daß sie in einem gegebenen Augenblick abgestiegen war, trotz d'Aulons Bild, wie sie mit eingelegter Lanze gegen den Feind anreitet. Vermutlich stieg sie vom Pferd, um mit den siegreichen Franzosen in les Augustins einzudringen, während die Engländer durch dessen anderen Ausgang flüchteten.

stattfinden. Johanna wandte sich ihm zu: »Ihr seid bei Eurer Beratung gewesen und ich bei meinem Berater. Glaubt mir, meine Beratung wird sich bewähren und sich erfüllen; Eure wird zunichte werden.« Dann wandte sie sich in ihrer herrischen Art an ihren Beichtiger Paquerel, der neben ihr saß: »Steht morgen frühzeitig auf, sogar noch früher als heute (ein Befehl, den sie diesem geplagten Mann fast täglich erteilt zu haben scheint) und tut Euer Bestes. Ihr müßt die ganze Zeit neben mir bleiben, denn morgen werde ich viel, mehr als je zuvor, zu tun haben und das Blut wird aus meinem Leib über meine Brust fließen.«

VI

Sie war nun seit einer Woche in Orléans, und trotz dieser verschiedenen Kampfhandlungen war noch nichts wirklich Entscheidendes geschehen. Die Belagerung war noch nicht aufgehoben. Truppen waren eingetroffen; *escarmouches* hatten stattgefunden; drei englische Befestigungswerke waren eingenommen und einige Gefangene gemacht worden; der Bastard und seine Waffengefährten hatten ihre Bekanntschaft mit Johanna vertieft – die Engländer hatten augenscheinlich nichts gelernt. Der Aufschub von einer Woche hatte sie nicht gelehrt, daß ihr verhängnisvoller Tag gekommen sei, jener verhängnisvolle Tag, der heute noch, fünfhundert Jahre später mit Fahnen, Prozessionen, Festlichkeiten und Feuerwerk gefeiert wird. Die Engländer, die sich noch im Besitz einiger der Zwingburgen, die sie über sechs Monate gehalten hatten, in Sicherheit wiegten, schienen sich offenbar keine Vorstellung von dem Dämon zu machen, der nunmehr gegen sie losgelassen werden sollte. Trotzdem waren ihre Verluste, wenn auch nicht ausschlaggebend, so doch beträchtlich gewesen. Sie hatten Saint Loup, les Augustins und Saint Jean le Blanc verloren. Ihre so zusammengeschmolzenen Verteidigungsmöglichkeiten ließen sie in einer schwächeren Position zurück, als sie jemals seit Beginn der Belagerung im Oktober des vorhergehenden Jahres innegehabt hatten.

Niemand weiß, wieviel Mann auf beiden Seiten standen. Die französischen Verstärkungen aus Blois dürften dreitausend Mann betragen haben. Natürlich befand sich die ständige Besatzung sowieso bereits in Orléans. Die Engländer werden verschieden, zwischen dreitausendfünfhundert und zehntausend Mann, eingeschätzt.

VII

Die *Tourelles* war der Name für das aus zwei Steintürmen bestehende englische Befestigungswerk unweit der geborstenen Brücke über den Fluß. Diese Türme waren auf der Orléans zugewandten Seite durch den Spalt in der Brücke geschützt, dieser Spalt selbst wiederum war geschützt durch ein Außenwerk. An der anderen oder südlichen Seite waren sie durch das übliche, mit hohen Mauern versehene Außenwerk geschützt, das mit dem für uns ziemlich irreführenden Namen *boulevard* bezeichnet wurde. Zwischen diesem *boulevard* und den *Tourelles* floß ein Nebenarm des Flusses, der aber durch eine Zugbrücke überquert werden konnte. »Die Verteidiger des *boulevards* konnten«, wie Andrew Lang sich bündig ausdrückt, »wenn sie zu hart bedrängt wurden, darauf hinübereilen, sich in die *Tourelles* zurückziehen, die Zugbrücke hochziehen und dem Feind eine Nase drehen.« Der *boulevard* war weiterhin geschützt durch eine tiefe *fosse* oder Graben. Diese Einzelheiten sind nötig, wenn wir deutlich verstehen wollen, was sich später am Tage zutrug[1].

An die sechshundert Soldaten bildeten die Bemannung der *Tourelles,* und die Namen einiger von ihnen sind uns

---

1 Ich muß den Leser wiederum auf die Karte S. 206 verweisen und insbesondere auf die kleine Sonderzeichnung von den Tourelles.

überliefert. Von den Befehlshabern kennen wir Sir William Glasdale, den die Franzosen Classidas nannten, Sir William de Moleyns, Gifford und einen Edelmann, den Jean Chartier mit dem unwahrscheinlichen Namen Sire de Bumus belegt, der aber in Wahrheit Lord Poynings hieß. Von den Gefolgsmannen kennen wir John Reid aus Redesdale, Bill Martin, Matthew Thornton, Thomas Jolly, Geoffrey Blackwell, Walter Parker, William Vaughan, William Arnold, John Burford, George Ludlow, Patrick Hall, Thomas Sand, John Langham, Dick Hawke, Davy Johnson und Black Henry[1]. Liest man diese so echt englischen Namen, so ist es fast, als ließe man den Lichtkegel eines Scheinwerfers über eine in der Dunkelheit stehende Menschenmenge hingleiten und sehe ein paar verwitterte Gesichter hochblicken ins Licht.

Die Franzosen sind uns weniger demokratisch überliefert, denn wir kennen nur die Namen der Führer und nicht die aus Reih und Glied: der Bastard, der Marschall de Rais, der Sieur de Gaucourt, der Sieur de Graville, Guillaume de Chaumont, Sieur de Guitry, Raimon Arnaut, Sieur de Coarraze en Béarn, Denis de Chailly, Louis de Culen, La Hire, Poton de Saintrailles, Florent d'Illiers, Le Bourg de Masquaren, Thibaut de Termes und Archambault de Villars, ein bewährter alter Ritter, der sich in einem vor nahezu dreißig Jahren stattgefundenen Kampf zwischen sieben Franzosen und sieben Engländern einen Namen gemacht hatte.

Das Ringen um die *Tourelles* währte den ganzen Tag von sieben Uhr morgens bis acht Uhr abends. Die französischen Anführer stimmten wohlweislich gegen den Angriff, aber Johanna, durch die Bevölkerung von Orléans unterstützt, kümmerte sich nicht um ihre Bedenken. Wie richtig ihr Urteil war, sollten sie erfahren, noch ehe der Tag um war. Daß Johanna vom Siege überzeugt war, wird durch einen komi-

1 Molandon et Beaucorps: *L'Armée anglaise vaincue par Jeanne d'Arc*, S. 134-143.

schen kleinen Zwischenfall bewiesen, der sich zutrug, ehe sie ihre Behausung verließ. Jemand brachte einen Fisch ins Haus. Ihr Gastgeber Jacques Boucher, der Schatzmeister, sagte zu ihr: »Johanna, laßt uns diesen Fisch essen, bevor Ihr fortgeht.« *»En nom Dieu«*, erwiderte sie, »wir werden ihn erst zur Abendmahlzeit essen, wenn wir wieder über die Brücke zurückgekommen sind und einen *godon* mitgebracht haben, der sein Teil davon essen wird[1].« Nachdem sie dann gebeichtet und die Messe gehört hatte, ritt sie aus der Stadt hinaus dem Siege entgegen, der ihr den stolzen Namen Jungfrau von Orléans verleihen sollte.

Ein kleines Hindernis begegnete ihr, als sie die Stadt verlassen wollte, denn der Sieur de Gaucourt, der für geschlossene Tore zu sorgen hatte, geriet mit Johanna, die gefolgt von Bürgern und Kriegsleuten durch die Porte de Bourgogne hinauswollte, in Streit. Es lag nicht in Johannas Natur, ein Tor vor sich geschlossen zu finden und sich dann demütig zurückzuziehen. Unterstützt von ihrer Gefolgschaft wütete sie gegen Gaucourt: »Ihr seid ein schlimmer Mann *(malus homo)«*, sagte sie. »Ob Ihr nun wollt oder nicht, die Soldaten werden kommen und siegen, wie sie bisher gesiegt haben.« Der Sieur de Gaucourt gestand dem *maître des requêtes*[2], er habe sich damals in großer Gefahr befunden. Offensichtlich war es nicht ratsam, sich einem aufgeregten, von Jeanne d'Arc geführten Volkshaufen zu widersetzen. Menschen, die zu kämpfen entschlossen waren, würden kämpfen, und weder ein geschlossenes Tor noch ein Sieur de Gaucourt konnten sie davon abhalten. Trotzdem wird sich der Sieur de Gaucourt unwillkürlich an den Tag erinnert ha-

1 Ein *godon* ist eine Verstümmelung des englischen *Goddam*, das die Franzosen für den Lieblingsfluch des englischen Soldaten hielten. Bedeutet also: einen gefangenen englischen Soldaten mitgebracht zu haben. (Anm. des Üb.)

2 *Procès,* Bd. III, S. 116-117: Aussage von Simon Charles, *maître des requêtes,* der, obwohl er nicht selbst dabei war, diese Angaben von de Gaucourt erhalten zu haben behauptet.

ben, an dem er Johanna in liebenswürdiger Weise einen seiner Pagen zu ihrem Dienst überließ. Die Dinge hatten sich seitdem sehr verändert.

VIII

Die verschiedenen Berichte über die Schlacht stimmen hinreichend überein. Vier der entscheidenden von ihnen als Zeugnisse von Männern, die selbst dabei waren: vom Bastard, von Jean d'Aulon, Jean Paquerel und dem jungen Louis de Contes. Die ersten drei gehen insbesondere auf Einzelheiten und die näheren Umstände ein. Aus ihnen erfahren wir, daß sich der Angriff auf die *Tourelles* hauptsächlich bei der großen *fosse* oder dem Wallgraben unter dem *boulevard* abspielte, wobei die Franzosen die höchsten Stellen der Befestigungen mit solcher Tapferkeit einzunehmen versuchten, als hielten sie sich für unsterblich, indem sie ihre Leitern gegen die Mauern aufrichteten und viele Male von den Engländern von der Höhe hinab in den Graben hinuntergeschleudert und unter dem Rauch und Feuerblitzen der Geschütze mit Beilen, Lanzen, Streitäxten *(guisarmes)*, schweren Keulen und sogar mit den bloßen Fäusten zurückgeschlagen wurden. Trotz aller ihrer Tapferkeit blieb der Platz bis zum Abend uneingenommen. Die Franzosen begannen den Mut sinken zu lassen; der Bastard beschloß einen allgemeinen Rückzug.

Inzwischen war gegen Mittag Johannas verbürgteste Prophezeiung in Erfüllung gegangen: Sie wurde von einem Pfeil gerade über der linken Brust getroffen. Er drang sechs Zoll tief ins Fleisch ein. Der Schmerz erschreckte sie, und sie fing zu weinen an. Der Sieur de Gamaches – derselbe, der unlängst lieber sein Banner eingerollt hätte, als unter ihrem Befehl zu dienen – kam hastig herangesprengt, um sie mit seiner Streitaxt zu verteidigen, als er sah, daß sich die Engländer anschickten, von den Mauern herunterzusteigen, um sie zu umzingeln. »Nehmt mein Pferd!« sagte er und fügte eine großmütige Entschuldigung hinzu. Sie ließ sich aus dem Schlachtgetümmel hinwegführen, und es wird berichtet, sie habe den Pfeil mit eigener Hand herausgezogen. Einige Soldaten kamen, als sie Johanna verwundet sahen, herbei und wollten einen Wundzauber über ihre Wunde sprechen. Dieses Heilmittel lehnte sie ab, indem sie sagte, lieber wolle sie sterben, als etwas tun, was sie für ein Verbrechen und gegen den Willen Gottes hielt. Trotzdem sagte sie mit ihrem üblichen gesunden Menschenverstand, sie lasse sich gerne von ihnen ein geeignetes Mittel gegen ihre Wunde geben, denn wenn sie auch wisse, daß sie eines Tages sterben müsse, so wolle sie sich doch jetzt wiederherstellen lassen, wenn sie das ohne Sünde könnte. Sie stillten das Blut und beträufelten die Wunde mit Olivenöl und Schweinefett. Es scheint, als habe sie dann zugestimmt, ein wenig auszuruhen, und noch einmal mit Tränen in den Augen gebeichtet[1].

In der Zwischenzeit ging die Schlacht ohne sie weiter, zweifellos sehr zur Ermutigung der Engländer, die von der beherrschenden Höhe ihrer Mauern herab Johannas Verschwinden aus dem Gewirr der angreifenden Streitkräfte bemerkt hatten. Es läßt sich nicht leicht entscheiden, wie lange Johanna abwesend war, aber so viel steht fest, daß sie im Laufe des Nachmittags an ihren Platz zurückkehrte – kein geringer Beweis von Mut für jemanden, der wenige Stunden vorher von der Eisenspitze eines Pfeiles getroffen worden war. Sie war mitten im Schlachtengetümmel, als der Bastard und seine Befehlshaber zuletzt alle Hoffnung aufgaben, die *Tourelles* an diesem Tag einzunehmen. Es war mittlerweile acht Uhr abends geworden; die Angreifer, die seit dreizehn Stunden in all dem Waffengeklirr und der Ge-

1 Es muß daran erinnert werden, daß diese Aussage von ihrem Beichtiger Pacquerel stammt, der natürlich sein Bestmöglichstes tat, den gegen Johanna bei ihrem Prozeß vorgebrachten Vorwurf der Hexerei zu entkräften.

fahr gekämpft hatten, waren erschöpft; der Bastard gab, wenn auch noch so zaudernd, Befehl, die Trompeter sollten zum Rückzug blasen.

Zum Glück für Orléans war das eine der Gelegenheiten, bei denen Johanna nicht einer Meinung mit dem Oberbefehlshaber war. Ehe die Trompeten erschallen konnten, begab sie sich zum Bastard und bat ihn noch um ein wenig Zeit[1]. Dann bestieg sie ein Pferd und ritt allein in den unweit gelegenen Weinberg davon, wo sie annähernd eine Viertelstunde lang im Gebet verharrte. Niemand gibt eine Erläuterung der Gedanken des Bastards, als er sie so davonsprengen sah oder während er auf ihre Rückkunft wartete. Andererseits gibt uns der Verfasser des *Journal du siège* eine sehr anschauliche Darstellung von den vernünftigen Anweisungen, die sie vorher noch erteilte. »Ruht euch ein wenig aus«, sagte sie, »trinkt und eßt«, *ce qu'ilz feirent, car à merveilles luy obeissoyent.*

Danach werden die Berichte ein wenig verworren. Der Bastard sagt, sie habe ihr Banner ergriffen und sei mit ihm auf der Brüstung der *fosse* gestanden, bei welchem Anblick die Engländer erzittert wären, während die Franzosen sich mit neuem Mut wieder an den Angriff auf die Mauern machten, ohne dem geringsten Widerstand zu begegnen. Das klingt fast zu schön, um wahr zu sein. Nachdem sie einen ganzen Tag lang ausgehalten hatten, ist es wenig glaubhaft, die Engländer hätten einen erschöpften Feind über ihre Mauern in die Befestigung eindringen lassen, ohne den Versuch zu machen, ihn noch eimmal zurückzuschlagen. An anderer Stelle wird berichtet, Johanna habe ihre Standarte zurückgelassen, als sie zum Gebet fortging, was den Anstrich der Wahrscheinlichkeit hat und überdies durch d'Aulons Bemerkung bestätigt wird, sie habe ihre Standarte

1 Das ist des Bastards eigene Darstellung. Jean d'Aulon sagt, der Befehl sei bereits ergangen gewesen. Das Gedächtnis des Bastards oder seine Begeisterung scheinen ihn in diesem Punkt getäuscht zu haben, wie bei vielen anderen.

bei ihrer Rückkehr verloren geglaubt. Alles zusammenge-
nommen, scheint es sehr unwahrscheinlich, das vom Bastard
entworfene heldische Bild der mit flatternder Fahne auf der
Brüstung stehenden Jungfrau treffe in dem Maße zu, wie er
es uns gerne glauben machen möchte. Jean d'Aulons Darstellung ist weit aufregender und glaubwürdiger, wenn sie
auch prahlerisch seine eigene Heldenhaftigkeit in ein Licht
rücken will, das Johannas Anteil an der *journée des Tourelles*
völlig in den Hintergrund drängt.

Seiner Beschreibung zufolge trug Johanna ihr Banner
nicht selbst. Es wurde von einem ungenannten Soldaten getragen, der es, da er völlig erschöpft war, einem der Leute
Archambault de Villars' übergab, einem Basken, den
d'Aulon als tapferen Mann kannte. D'Aulon hatte – immer
noch seiner eigenen Darstellung zufolge – große Angst, ein
Rückzug bedeutete: *boulevard* und Befestigungswerk in den
Händen des Feindes zurückzulassen. Vermutlich dachte er,
die triumphierenden Engländer würden über die sich zu-
rückziehende Streitmacht herfallen und sie in Stücke hauen.
Mehr noch spricht es für ihn, daß er die Möglichkeit wahr-
nahm, die Männer zu einem letzten und siegreichen Angriff
zu begeistern, indem man ihnen die Fahne vorantrug. Er
fragte deshalb den Basken, ob er ihm über die *fosse* bis an die
Mauern heran folgen wolle. Nachdem er die Zusage des
Basken erhalten hatte, setzte er, beim Laufen von seinem
Schild gedeckt, über den Graben, in der Meinung, dicht von
dem Basken gefolgt zu sein. Der Baske jedoch war inzwischen von jemandem aufgehalten worden, der viel groß-
mächtiger war als d'Aulon – der Pucelle selbst, die ihre ver-
lorengeglaubte Fahne erblickt hatte. Sie versuchte sie dem
Basken zu entwinden, indem sie rief: »Haa! mon étendart!
mon étendart!« und beim Versuch, sie ihm zu entreißen,
schüttelte sie die Fahne derart hin und her, daß nach d'Aulons Ansicht jedermann glaubte, sie wolle ihnen ein Signal
geben. Was für ein Signal das hätte sein sollen, berichtet er
uns nicht, aber offenbar billigte er es nicht, denn er rief: »Ha,

Baske! Ist es das, was Ihr mir versprochen habt?« Woraufhin der Baske so heftig zog, daß er die Fahne Johannas Zugriff entriß, über die *fosse* hinwegsetzte und sich mit der Fahne dem am Fuße der Mauer stehenden d'Aulon beigesellte. Dann, sagt d'Aulon voll Stolz, tat sich das Heer der Jungfrau zusammen und wandte sich aufs neue zum Angriff, wobei es die Mauern mit solcher Verbissenheit berannte *(par si grant aspresse)*, daß *boulevard* und Befestigungswerk eingenommen wurden.[1].

Es ist eine hübsche Geschichte, und sie muß zu d'Aulons restloser Befriedigung bewiesen haben, daß er eine entscheidende Rolle bei der Aufhebung der Belagerung von Orléans spielte.

IX

Die *journée des Tourelles* war fast, aber noch nicht ganz, zu Ende. Johanna hatte noch nicht ihr letztes Wort gesprochen. Sie, die acht Tage früher Glasdale in diesem nämlichen Kastell mit Zurufen herausgefordert hatte und ihm ihren an einem Pfeil befestigten Brief hinübergeschossen hatte, forderte ihn nun noch einmal unter sehr veränderten Umständen zur Übergabe auf. Die Engländer befanden sich jetzt in voller Flucht. Einerseits fielen die Franzosen, in Scharen über die Mauern kletternd, auf dem *boulevard* ein; andererseits strömten Verstärkungen aus der Stadt zu der den *Tourelles* vorgelagerten Brücke hin. Die Engländer hatten geglaubt, von dieser Seite wegen des Spaltes in der geborstenen Brücke sicher vor einem Angriff zu sein. Die Franzosen hatten dasselbe gedacht. Nun aber in ihrer Erregung und in

1 Das *Journal du siège* fügt eine von d'Aulon weggelassene Einzelheit hinzu. Sich einem Ritter an ihrer Seite zuwendend, sagte Johanna: »Haltet Euch bereit, sofern die Kehrseite meines Banners den Wall berührt.« Einige Augenblicke später sagte er; »Johanna, sie berührt ihn.« »Dann ist alles Euer«, erwiderte sie. »Hinein!«

ihrem Jubel versuchten und vollbrachten sie das scheinbar Unmögliche. Sie brachten Zimmerleute mit Leitern und Ablaufrohren herbei, die sie über den Spalt legten, und versuchten diesen zu überbrücken. Als sie entdeckten, daß ihre improvisierte Brücke zu kurz ausgefallen war, nagelten sie ein Stück Holz so fest an das längste Ableitungsrohr, daß es hielt. Der Großprior Nicolas de Giresme war der erste, der auf dieser schmalen und unsicheren Stütze hinüberging *(merveilleusement longue et estroite, et haute en l'air, sans avoir aucum appuy)*; andere folgten ihm. Die Engländer waren entsetzt, ihre Feinde vor sich und im Rücken zu finden. So entsetzt waren sie, daß einige von ihnen den Erzengel Michael und den heiligen Aignan, den Schutzpatron von Orléans, mitten durch die Luft reiten und den französischen Truppen zu Hilfe kommen sahen. Von einer wilden Panik erfaßt, hasteten sie Hals über Kopf der anderen Brücke zu – der Zugbrücke, die den *boulevard* und die *Tourelles* verband. Ein Schrei von Johannas Lippen war zu hören: »*Clasdas! Clasdas! renti, renti (rends-toi, rends-toi)* dem Himmelskönig. Ihr habt mich Hure geheißen, aber ich habe großes Mitleid mit Eurer Seele und den Seelen Eurer Leute.« Es war zu spät. Ein Brandboot war bereits unter der Zugbrücke vertäut und angezündet worden, und als Glasdale und de Moleyns zusammen mit anderen Rittern in ihren schweren Rüstungen auf die Brücke rannten, brach sie unter ihnen zusammen. Von allen denen, die hinunterstürzten, entrann nicht ein einziger dem Tode des Ertrinkens. Und von denen, die an Land geblieben waren, wurde jeder einzelne entweder getötet oder gefangengenommen.

Johanna, wie sich von selbst versteht, beweinte sofort die Seelen Glasdales und seiner Gefährten. Die Franzosen hatten mitten in ihrem Triumph noch Zeit, den Verlust der einträglichsten Lösegelder zu bedauern. Trotzdem vermochten sie nicht zu leugnen, daß der Feind geschlagen, die Belagerung aufgehoben und die uneinnehmbaren *Tourelles* in Flammen waren. Ebensowenig konnten sie leugnen, daß sich die von

Johanna an diesem Morgen gemachte Prophezeiung, sie würde bei sinkender Nacht »über die Brücke« in die Stadt zurückkehren, gar herrlich erfüllt hatte. Während die *Tourelles* in Flammen standen und der Lichtschein die Wasser der Loire rötete, läuteten sämtliche Glocken von Orléans, und Priester und Volk sangen gemeinsam das *Te Deum laudamus*, indem sie Gott, dem heiligen Aignan und dem heiligen Euverte, ihren wackeren Verteidigern, besonders und vor allem aber Johanna der Jungfrau dankten.

X

Das Jubelgeschrei verhallt; die Flammen sinken in sich zusammen; die Nacht fällt ein; der ruhige Ausklang folgt auf den rastlosen und lärmenden Tag. Noch bleibt ein kleines Bild von Johanna zu erwähnen, um die Geschichte zu vervollständigen. »Sie wurde in ihre Wohnung zurückgebracht, um ihre Wunde verbinden zu lassen. Nachdem das geschehen war, erfrischte sie sich mit vier oder fünf Schnitten Brot, die in Wein getaucht waren, den sie vorher mit reichlich Wasser vermischt hatte. Das war alles, was sie den ganzen Tag über gegessen oder getrunken hatte.«

Was Sir William Glasdale, genannt Classidas, anbetrifft, so wurde sein Leichnam aus dem Wasser gefischt, in Stücke zerschnitten, gesotten und einbalsamiert; seine sterblichen Überreste lagen eine Woche lang in einer Kapelle, in der Tag und Nacht vier Kerzen brannten, und wurden dann zur Beisetzung in sein eigenes Land befördert.

Einige andere kleine Echos dieser berühmten feindlichen Begegnung sind uns überkommen. Wir finden sie in den Abrechnungsbüchern der Stadt Orléans für das Jahr 1429. Hier folgen einige von ihnen:

»Bezahlt: vierzig Sous für ein von Jean Bazin geliefertes schweres Stück Holz, das über die Pfeiler der geborstenen

Brücke gelegt wurde, als die Tourelles den Engländern abgenommen wurden.«

»An Jean Poitevin, einen Fischer, acht Sous dafür, daß er eine *chaland* (Zille), die unter die Brücke von Tourelles gebracht worden war, um sie in Brand zu stecken, falls die Brücke eingenommen werden sollte, an Land holte.«

»An Boudon neun Sous für zwei s-förmige, viereinhalb Pfund schwere Eisen, die an der *chaland* angebracht waren, die unter der Brücke der Tourelles in Brand gesteckt wurde, um diese einzunehmen.«

»Fett und Harz gekauft zum Einfetten der Wurfmaschinen zur Beschießung der Tourelles.«

»Champeaux und anderen Zimmerleuten sechzehn Sous zu einem Umtrunk gegeben am Tag der Einnahme der Tourelles.«

XI. Kapitel

REIMS

I

Champeaux und die anderen Zimmerleute haben wohl ihren Umtrunk genossen; aber der Herzog von Bedford fühlte sich bei einem Rückblick auf die Lage weit weniger glücklich. Er setzte seine Ansicht denen daheim bald darauf in einem Brief auseinander: »Es traf, wie es scheint durch Gottes Hand, ein schwerer Schlag Euer dort (bei Orléans) zahlreich versammeltes Volk, wie ich glaube hauptsächlich deshalb, weil es ihm nicht an bösem Glauben und ungesetzlichem Zweifel fehlte, welche ihm eine Schülerin und Ausgeburt des Bösen, die Pucelle genannt, die falsche Beschwörungen und Hexenkünste trieb, eingeflößt hatte. Besagter Schlag und Ungemach bedeuteten nicht nur einen großen zahlenmäßigen Verlust für Euer dort stehendes Volk, sondern beraubte auch die Übriggebliebenen wunderbarlicher Weise ihres Mutes . . .[1]«

Der Herzog von Bedford schildert die Lage dramatisch, aber dramatische Geschehnisse lagen in der Luft. Man mag es erklären, wie man will, jedenfalls scheinen die Engländer völlig kopflos, aufgelöst und ratlos gewesen zu sein. Wir haben bereits gesehen, wie sie unbegreiflicherweise versäumten, Johanna bei ihrem ersten Einzug in Orléans anzugreifen, und in der Folgezeit wiederum versäumten, sie oder das zu ihrer Unterstützung herbeieilende französische Heer anzugreifen. Die ganze Handlungsweise der Engländer ist während dieser Zeitspanne so merkwürdig und saumselig, daß man sie nur durch übernatürliche Gründe erklären kann

---

1 *Procès,* Bd. V, S. 136–137: Fragment eines Briefes des Herzogs von Bedford. Quicherat verlegt, mit einem Fragezeichen versehen, das Datum dieses Briefes auf Ende Juli 1429.

– Gründe, die wir im Licht unseres zwanzigsten-Jahrhundert-Wissens – oder sollte man sagen, in der Finsternis unserer zwanzigsten-Jahrhundert-Unwissenheit? – schwerlich gelten lassen können. Bedford war vielleicht klüger, ausgenommen insofern, als er Johannas Kräfte lieber dem bösen Feind und nicht Johannas eigenem Himmelskönig zuschrieb. Es war ein abergläubisches Zeitalter, und Entscheidungen hingen sehr davon ab, ob man seine Befehle von Gott erhielt oder vom Teufel. Johanna glaubte, ihre Befehle stammten von Gott; der Herzog von Bedford glaubte, sie stammten vom Teufel. Es war in gewissem Sinne ganz das gleiche. Bedford und die Engländer waren auf ihre Art ebenso gläubig wie Johanna. Das Endergebnis war, daß Bedford im guten oder schlechten Sinn Betonung auf Johannas jenseitige Begabung legte. Sein Brief ist ein Beweis dafür, und Bedford war kein von Natur aus leicht gefühlsbewegter Mann. Er gehörte nicht zu der Sorte Männer, die aus einer Gemütsbewegung heraus den Einfluß eines Landmädchens bezeugt hätten, außer dieses Landmädchen hätte wirklich den Beweis erbracht, daß es einen sehr entscheidenden und wirksamen Einfluß auf das Verhalten ihrer eigenen Truppen und auf die Tauglichkeit derjenigen Truppen der kriegserprobten Engländer ausüben konnte, die fast ein Jahrhundert lang Frankreich in Schrecken versetzt und neuerdings Orléans ein halbes Jahr lang belagert hatten. Bedford selbst konnte nicht leugnen, daß Johanna die Engländer binnen dreizehn Stunden aus Orléans vertrieben hatte. Ebensowenig konnte er die plötzliche Mutlosigkeit seiner englischen Truppen erklären, außer er schrieb sie einer übernatürlichen Macht von seiten »dieser Schülerin und Ausgeburt des Bösen, die falsche Beschwörungen und Hexenkünste trieb«, zu. Bedford konnte einfachheitshalber und vielleicht auch wirklich die Tatsache übersehen, daß die englische Geistesverfassung durchaus nicht mehr dieselbe war wie unter der beschwingten und feurigen Führung Heinrichs V., und daß sich das Auftauchen Johannas in diesem Augenblick besonders glücklich für die Franzosen fügte.

Trotz Bedford verfolgte die Schülerin und Ausgeburt des Bösen ihre siegreiche Laufbahn weiter. Sie hatte ihre Anhänger dazu begeistert, das Befestigungswerk Tourelles am siebenten Mai zu nehmen. Am achten Mai boten die übriggebliebenen Engländer eine Schlacht an, aber Johanna lehnte ab und ließ den Feind sich lieber auf Meung zurückziehen. Die Geschichte ist, wie die meisten Geschichten von Johanna, eine sonderbare und zeigt sie in ihrem am meisten Don Quichotte ähnlichen und am wenigsten rachsüchtigen Licht. Frühzeitig, tatsächlich schon beim Morgengrauen, kamen die Engländer aus ihren Zelten hervor und traten in Schlachtordnung an. Johanna, die man aufgeweckt hatte, um ihr diese Neuigkeit mitzuteilen, erhob sich von ihrem Lager, der tags zuvor empfangenen Wunde wegen nur mit einem Panzerhemd (*jasseran*) bekleidet, und untersagte jeden Angriff auf die Engländer, so daß diese ohne verfolgt zu werden abziehen konnten. Dessenungeachtet zog sie mit ihrem üblichen Geleit von Hauptleuten, La Hire, Sainte-Sévère, Gilles de Rais, Poton de Saintrailles, Florent d'Illiers und anderen aus der Stadt hinaus, und die französischen und englischen Streitkräfte gingen in Stellung und maßen einander eine Stunde lang mit Blicken, ohne handgemein zu werden. Es muß ein kurioses Gegenüberstehen der beiden Heere gewesen sein. Die Franzosen brannten offenbar und klugerweise darauf, ihren Sieg vom vorhergehenden Tag weiter zu verfolgen.

Johanna verbot es. Sie hielt das ganze Heer zurück, wie ein Zuchtmeister eine Koppel jagdbegieriger Hunde zurückhält. Es war Sonntag, ein Tag, an dem nicht gekämpft werden sollte – es sei denn, man würde angegriffen, in welchem Falle es erlaubt war, sich zu verteidigen. Hier tritt wiederum Johannas Mischung von Religion und gesundem Menschenverstand in Erscheinung: an einem Sonntag sollte man nicht der Angreifer sein, aber im Falle man selbst angegriffen wurde, durfte man sich verteidigen. Ihre Gefährten konnten diesen Standpunkt kaum verstehen, sie gehorchten

ihr aber: *Les Francois souffryrent très envis, obtempérans au vouloir de la Pucelle, qui leur commanda et deffendit dès le commance-
ment que pour l'amour et honneur du sainct dimanche ne comman-
chassent point la bataille n'assaillisent les Angloys, mais se les
Angloys les assailloyent, qu'ils se deffendissent fort et hardiment et
qu'ilz n'eussent nulle paour*[1].

Die *Chronique de la Pucelle* gibt einen genauen Tatsachen-
bericht von ihrem Vorgehen. Nachdem sie einen tragbaren
Altar, der aus einem Tisch und einem Marmorblock bestand,
hatte herbeischaffen lassen, ließ sie vor versammeltem Heer
zwei Messen auf freiem Feld lesen. Nachdem diese feierliche Handlung zu Ende war, hieß sie die Hörer sich umdre-
hen und nachsehen, ob die Engländer mit dem Gesicht oder
mit dem Rücken zu ihnen standen. Als sie hörte, sie hätten
ihnen den Rücken zugewandt, sagte sie: »Laßt sie fortziehen,
es gefällt dem Herrn nicht, daß wir sie heute bekämpfen; ihr
bekommt sie ein anderes Mal.«

So hielt Johanna die rachedurstigen Franzosen rein durch
die Kraft ihrer Persönlichkeit im Zaum – was man, finde ich,
sehr wohl ihrem persönlichen Einfluß zugute halten kann;
es war aber zugleich auch ein großer Irrtum, denn damals
hätte sie leicht über die entmutigten Engländer herfallen
und sie völlig vernichten können, anstatt sie in Sicherheit
nach Meung abziehen zu lassen. Johanna machte hier einen
ebenso grundlegenden Fehler, wie ihn die Engländer gemacht hatten, als sie Johanna widerstandslos in Orléans einziehen ließen. Beide hatten ihre günstige Gelegenheit ver-
paßt: die Engländer aus einem immer unerklärlich bleiben-
den Grund; Johanna einzig auf Grund ihrer übertrieben
empfindsamen Achtung vor dem Sonntag. Man hat sie häufig als eine große militärische Befehlshaberin geschildert.
Solche Zwischenhandlungen wie diejenige, daß sie dem
englischen Heer nach der Niederlage bei Orléans den Rückzug erlaubte, müssen unter die von ihr begangenen Irrtümer

1 *Procès*, Bd. IV, S. 164: *Journal du siège d'Orléans*.

gezählt werden. Die Tatsache, daß der betreffende Tag ein Sonntag war, erschien ihr wichtiger als die Tatsache, daß sie die Engländer in diesem Augenblick in ihrer Gewalt hatte. Weil es Sonntag war, erlaubte sie ihnen zu entkommen. Man kann nur den Schluß daraus ziehen, Johanna habe wenigstens bei dieser Gelegenheit kein großes militärisches Genie bewiesen, sondern nur eine inspirierte Empfindsamkeit.

Die Franzosen, weniger empfindsam als Johanna, verfolgten die Engländer auf ihrem Rückzug und nahmen ihnen eine Anzahl Kanonen und andere Kriegsgeräte ab.

II

Mag man sie nun als empfindsam bezeichnen oder nicht, jedenfalls trieb Johanna den Dauphin mit mehr Entschlossenheit an, als sie dem halbgeschlagenen Feind gegenüber an den Tag gelegt hatte. Nachdem sie Orléans verließ, schleppte sie diesen widerstrebenden und unseligen Mann mit nach Tours. Sie war entschlossen, ihn um jeden Preis in Reims krönen zu lassen. Die Krönung in Reims war ihr sogar noch wichtiger, als Paris zurückzuerobern. Er sollte nicht mehr länger der Dauphin sein, sondern der König. Seinetwegen hatte sie Wunder vollbracht: sie hatte die Engländer aus Orléans vertrieben. Er hätte ihr dankbar sein sollen. Trotz aller Verzögerungen und Prüfungen, die er ihr auferlegt hatte, und obwohl er ihr kaum mehr als eine Woche Zeit ließ, um ihre erste Aufgabe zu vollbringen, hatte sie bereits den ersten Teil ihres Versprechens erfüllt. Sie hatte Orléans ohne die geringsten Unannehmlichkeiten für Karl selbst befreit. Er hatte sich nur bequem in seinen Sessel in Chinon zurückgelehnt, während Johanna die nötige Arbeit verrichtete. Und nun kam Johanna, nachdem die Arbeit getan und sie verwundet worden war, nachdem sie die Einwohner seines Orléans in Begeisterung versetzt und diese wichtige Stadt von ihrer langjährigen Belagerung befreit hatte, nachdem sie sich in die volkstümliche Heldin Frankreichs verwandelt hatte, Johanna, dieser Quälgeist, diese Belästigung, kam jetzt zurück, um ihn aufzufordern, sich in Reims die Krone aufs Haupt setzen zu lassen.

Er empfing sie recht huldvoll, indem er ihr entgegenkam, als sie, ihre Standarte in Händen, in Tours einritt (10. Mai 1429). Sie neigte sich tief vor ihm, er aber hieß sie sich aufrichten, und die Zuschauer dachten, er wolle sie küssen, so groß war sein Entzücken[1]. Er war auch so edelmütig, ihr besondere Ehrung in einem Brief widerfahren zu lassen, den er an die Bürger von Narbonne richtete und in welchem er diese von den letzten Ereignissen in Orléans in Kenntnis setzte. Aber Briefe ließen sich leicht diktieren, und diese noch so öffentlichen und offiziellen Anerkennungen waren durchaus nicht dasselbe, wie sich dem auszusetzen, sich in eigener Person nach Reims zu begeben.

Johanna blieb jedoch weiter beharrlich. Sie erklärte sich einverstanden, mit ihm auf sein Schloß in Loches zu gehen; nachdem sie ihn aber erst einmal dorthin begleitet hatte, wollte sie ihn nicht in Ruhe lassen. Sie kam und klopfte an die Tür seiner Privatgemächer, in die er sich mit seinem Beichtiger Christophe d'Harcourt, Bischof von Castres, und dem Seigneur de Trèves zurückgezogen hatte. Indem sie seine Knie umfing und vor ihm niederkniete, redete sie ihn wiederum an als ihren *gentil Dauphin*. »Gentil Dauphin, haltet nicht so lange und wortreiche Beratungen ab, sondern kommt zu Eurer Krönung nach Reims. Ich brenne darauf, daß Ihr dorthin geht.« Weder der Dauphin noch seine Ratgeber scheinen gewußt zu haben, was sie aus dieser Bitte machen sollten. Man möchte annehmen, der von Johanna vorgeschlagene Weg sei der augenfällig einzuschlagende Weg gewesen, denn ein nicht weiter verfolgter Sieg ist nur ein halber Sieg; trotzdem zauderten sie. Einige von ihnen waren

1 *Procès*, Bd. IV, S. 497: Eberhard von Windecken.

der Meinung, die Engländer sollten zuvor aus der Normandie vertrieben werden. Andere waren der Meinung, erst müßten alle an der Loire gelegenen bedeutenderen Städte unterworfen werden. Andere wiederum, darunter der Dauphin selbst, waren der Meinung, Johanna solle zuerst sagen, was ihre Stimmen ihr offenbart hätten; trotzdem zögerten sie, ihr diese Frage zu stellen, aus Angst, ihr damit lästig zu fallen. Johanna selbst erriet, was in ihren Köpfen vorging, und indem sie ihnen aus eigenen Stücken entgegenkam, sagte sie zum Dauphin: »*En nom Dieu*, ich weiß, was Ihr denkt und was Ihr von der Stimme, die ich gehört habe, über Eure Krönung wissen möchtet. Ich will Euch sagen, daß ich mich wie gewöhnlich ins Gebet versenkte. Als ich mich beklagte, daß niemand glauben wolle, was ich sagte, entgegnete die Stimme: ›*Fille de Dieu, va, va, va; je seray en ton aide, va*[1].«

Schließlich einigten sie sich auf ein Kompromiß. Karl würde sich bereit erklären, nach Reims zu gehen, doch sollten die Städte an der Loire unterwegs genommen werden. Das Heer unter dem Befehl des Bastards, Poton de Saintrailles' und des Marschalls von Sainte-Sévère war bereits in einen erfolglosen Angriff auf Jargeau verwickelt gewesen (10. oder 11. Mai), als Johanna sich in Karls Begleitung von Tours nach Loches begab und aus Mai mittlerweile Juni wurde. Noch einmal war sie gezwungen, kostbare Zeit zu vergeuden – sie, die von ihren Stimmen wußte, daß ihre Tage auf Erden gezählt waren. Karl, der erhabene Zauderer, der Vorläufer des Hamlet, der sich nie zu einer Tat entschließen konnte, vertrödelte seine Zeit in seiner heiteren Provinz Touraine, während Johanna sich abquälte. Sie hätte ihn freilich, nachdem der Plan mit Reims fehlgeschlagen war, zu einem Marsch unmittelbar auf Paris zwingen sollen.

1 Der Bastard sagt andererseits, der Bischof von Castres habe ihr diese Frage rundheraus gestellt, und der Bastard sollte es eigentlich wissen, denn er war mit dabei, als sie an die Türe von des Dauphins Privatgemach klopfte.

Aber ein so kompromißloser Vorschlag konnte der furchtsamen und schwankenden Seele Karls VII. kaum empfehlenswert erscheinen. Er beschied sich damit, seinen wenigen getreuen Untertanen lobende Briefe über Johanna zu schreiben und ihren jungen Freund und Gönner, d'Alençon, ihren *beau duc*, zum Generalleutnant seiner Heere zu machen. Das bedeutete jedenfalls, daß sie ihren getreuesten Freund unter den im Felde stehenden Truppen hatte, was vielleicht ebenso wichtig war, wie Freunde am Hofe zu haben.

Sie hatte nunmehr schon viele Freunde im Feld, die mit ihr im Bunde standen. Der Bastard von Orléans war ihr zur Seite gestanden, als sie an die Privattüre des Dauphins in Loches klopfte, und in d'Alençons Gesellschaft war es, daß sie sich vom Dauphin trennte und wieder durch die sie bewillkommnenden Tore in Orléans einritt (9. Juni 1429). Johanna muß sich wohl auf ihre verschiedentliche Rückkehr nach Orléans immer wieder rückhaltlos gefreut haben, da sie nunmehr ein zu dieser Stadt gehöriger Begriff geworden war und mehr als eine *persona grata* bei ihren Einwohnern, die *de laquelle veoir ne se povoyent saouler*. Es muß tatsächlich ein herzbewegendes Erlebnis für sie gewesen sein, nunmehr ohne Furcht durch diese einst bedrohten Tore zu reiten. Sie kannten ihren Weg in die Stadt, die ihr inzwischen vertraut geworden war wie ihr fernes und heimatliches Domremy. Sie hatte dort ihre persönlichen Freunde wie auch die sie anbetende namenlose Bevölkerung. Das gastfreundliche Haus Jean Bouchers war ihr wohlbekannt. Es muß ihr seltsam vorgekommen sein, auf die verkohlten Ruinen der einst furchterweckenden Tourelles zu blicken, seltsam, noch einmal die geborstene Brücke zu sehen, von der Glasdale und seine Gefährten in den von Flammen erleuchteten Fluß hinuntergestürzt waren, seltsam, noch einmal auf die verlassenen Befestigungswerke zu blicken, wo sie den Engländern ihre Herausforderung zugerufen hatte. Zu ihrem Glück erlaubte ihr die geographische Lage Orléans, es während der nun folgenden glanzvollen vierzehn Tage bis zu einem gewissen Grade zu ihrem Hauptquartier zu machen.

Eine Woche lang (vom 10. bis 18. Juni) errang die offenbar unwiderstehlich gewordene Johanna fast tagtäglich eine Reihe von Siegen. Mit d'Alençon an der Spitze des Heeres und dem Bastard, Florent d'Illiers und La Hire zu ihrer Unterstützung, hatte sie so ziemlich freie Hand. Freilich war sie niemals die offiziell anerkannte Führerin. Freilich gab es die üblichen Unstimmigkeiten unter den Hauptleuten und die üblichen Meinungsverschiedenheiten in Fragen militärischer Taktik, aber im großen und ganzen vermochte Johanna sie durch die fast körperliche Kraft ihrer innerlichen Überzeugung mitzureißen. Außerdem wußte sie, daß hinter ihr das sie vergötternde Heer stand, das ihr in seinem abergläubischen Vertrauen überallhin gefolgt wäre. Der Anblick dieser seltsamen kleinen Gestalt in ihrer schimmernden Rüstung und die immer im dichtesten Getümmel flatternde berühmte Standarte genügten, um sie immer aufs neue anzufeuern. Die Freunde des Dauphins am Hof mochten eifersüchtig gegen die Abenteurerin aus Lothringen flüstern, die weniger wahrscheinlich von Gott als vom Teufel inspiriert war: auf dem Schlachtfeld und in den Augen des Volkes war sie eine Anführerin, für die zu sterben sich lohnte, eine Heilige, deren Gewandung ehrfurchtsvolle Berührung verdiente.

Und jetzt fielen eine nach der anderen die englischen Zwingburgen unter ihrem Ansturm. Am 10. Juni verließ sie Orléans und verbrachte mit ihrem *beau duc* die Nacht in einem Walde. Am Morgen gesellten sich der Bastard und Florent d'Illiers zu ihnen und es erhob sich ein Streit darüber, ob sie Jargeau angreifen sollten oder nicht. Es wurde vom Grafen von Suffolk und seinen zwei Brüdern, den de la Poles, gehalten; auch wußte man, daß Sir John Fastolf mit einer großen Streitmacht zur Unterstützung Suffolks und seiner Leute, von Paris kommend, unterwegs war. Einige der französischen Hauptleute gaben den Rat, Fastolf abzufangen, ehe man den Angriff auf Jargeau richtete; Johanna wollte jedoch nichts von diesem Rat wissen. Gott, sagte sie, stände auf ihrer Seite; sie wäre des Erfolgs gewiß; sonst würde sie lieber wieder Schafe hüten, als sich so großen Gefahren aussetzen. Sie hörten auf sie und schlugen die Straße nach Jargeau ein in der Hoffnung, wenigstens die Vorstadtviertel an diesem Tag einnehmen zu können. Zuerst wandte sich das Glück gegen sie, denn die Engländer machten einen Ausfall aus der Stadt, um ihnen den Zugang zu verwehren, aber Johanna – die Wiederholung solcher Zwischenfälle wird eintönig – stürzte sich selbst in das Gewimmel und die ihr nachfolgenden Truppen nahmen die Außenviertel der Stadt im Sturm. D'Alençon war überzeugt, die Hand Gottes sei mit im Spiel gewesen, und fügt reichlich naiv als weiterer Beweis für Gottes Hand hinzu, infolge der geringen Anzahl der während dieser Nacht aufgestellten französischen Wachtposten hätten die Engländer leicht über das Heer herfallen und es in größte Gefahr bringen können. Die bei dieser Gelegenheit bewiesene Nachlässigkeit der Franzosen ist ebenso unerklärlich wie das englische Versäumnis, diese günstige Gelegenheit auszunützen. Die Geschichte dieser militärischen Feldzüge ist auf beiden Seiten voll solcher seltsamen Verstöße.

Johanna riet an diesem Abend ihrer Gewohnheit entsprechend den Engländern, sich zurückzuziehen und den Ort Gott und dem Dauphin zu überlassen; der ihrigen entsprechend ließen die Engländer diesen Rat unbeachtet.

Am nächsten Tag fiel die Stadt. D'Alençon versuchte seine Leute zurückzuhalten, da er es nicht für ratsam hielt, weiter anzugreifen. La Hire trat aus eigenen Stücken, ohne Wissen seiner Gefährten, mit Suffolk in Unterhandlungen. Zum Glück kam dieses Unternehmen, das schlecht zu La Hires derbem und geradem Charakter zu passen scheint und insbesondere nicht zu der Achtung, die er Johanna zollte, rechtzeitig den gerade bei einer Beratung beisammensitzenden französischen Hauptleuten zu Ohren. Sie ärgerten sich naturgemäß, schickten nach La Hire und hießen ihn zurückkommen und schenkten noch einmal Johannas Vorstellungen Gehör: »*Avant, gentil duc, à l'assault.*« Noch immer zauderte d'Alençon. Johanna stichelte ihn. Hatte er Angst? fragte sie. Erinnerte er sich nicht, daß sie seiner Frau versprochen hatte, ihn gesund und munter heimzubringen? Von diesen Worten angestachelt gab d'Alençon, der bei aller seiner Vorsicht ein mutiger Mann war, den Befehl zum Angriff. Im Gedränge der Schlacht sah er Johanna an seiner Seite. »Geht weg von diesem Platz«, sagte sie zu ihm, »oder dieses Geschütz dort auf der Schutzwehr wird Euch töten.« Ein paar Augenblicke später wurde der Sieur de Ludes tatsächlich von eben diesem Geschütz an eben dieser Stelle getroffen und getötet.

D'Alençon wurde bei diesem augenscheinlichen Wunder von Furcht erfaßt und folgte Johanna, als sie zum Angriff voranstürmte. Wenn man zwischen den Zeilen seiner eigenen Darstellung und zwischen denen der Berichte anderer Chronisten liest, so merkt man unschwer, daß der *beau duc* von ungewöhnlicher Erregung und seltsamem Vertrauen beseelt war, denn er wies nicht nur Suffolks Versuche zurück, mit ihm in Unterhandlungen zu treten, als die Franzosen die Mauern mit Leitern zu ersteigen begannen, sondern er ermutigte in einer Anwandlung von jungenhafter Laune den allbekannten Jean mit seiner Feldschlange – denselben, der sich unter der Brücke von Orléans versteckt gehalten und die Engländer mit der Vorspiegelung seiner tödlichen Verwundung geneckt hatte. Diesem Jean zeigte d'Alençon einen riesigen Engländer (*moult grant et groux*), der von der Höhe der Mauern herab große Eisenstücke auf die Leitern und die Männer unter sich schleuderte. Jean, nur zu froh, den Weisungen des Herzogs gehorchen zu dürfen, schoß den Engländer mitten in die Brust, so daß er tot hintenüber in die Stadt hinunterstürzte.

Johanna selbst stand auf einer Sturmleiter, das unvermeidliche Banner in der Hand, als ein Stein die Fahne traf, auf den Helm absprang, in Stücke zersplitterte und Johanna zu Boden warf. Es kann kein angenehmes Erlebnis gewesen sein, rücklings in schwerer Rüstung von einer Leiter zu stürzen, aber sie war im nächsten Augenblick wieder auf den Beinen und rief: »*Amis, amis, sus, sus!* Unser Herr hat die Englischen verdammt; sie sind binnen einer Stunde unser; seid guten Mutes.« Die Stadt wurde fast augenblicklich genommen, Suffolk zum Gefangenen gemacht und mehr als elfhundert Engländer erschlagen.

Suffolk soll sich einem Schildknappen aus der Auvergne namens Guillaume Regnault ergeben haben, nachdem er ihn vorher zum Ritter geschlagen hatte, damit den mittelalterlichen Ritterlichkeitsgesetzen entsprechend gesagt werden könne, er sei von einem Ritter gefangengenommen worden. Andererseits behauptet der *greffier* von La Rochelle, Suffolk habe gesagt, er würde sich nur »der tapfersten Frau der Welt« ergeben. Wir können zwischen diesen beiden Darstellungen wählen.

III

Jargeau war so die erste der Loirestädte, welche unter die Herrschaft des Dauphins fiel. Johanna und d'Alençon ritten nach Orléans zurück, wo sie einen roten Mantel und eine grüne Tunika als Geschenk von dem in England gefangengehaltenen Herzog von Orléans erhielt; waren doch Rot und Grün die Farben seines Hauses. Es war eine große Ehrung, und der Schwäche Johannas für prunkende Gewänder wurde dadurch zweifellos Genüge getan. Aber selbst in ihrem neuen roten Mantel, der, über ihre Rüstung wallend, sehr kleidsam ausgesehen haben muß, war sie nicht gewillt, in Orléans ihre Zeit zu vergeuden. Sie hatte tatsächlich nur eine Nacht und einen halben Tag in der Stadt Rast gemacht, als sie d'Alençon schon wieder aufs neue zum Weitermarsch drängte. Um die Vesperstunde sandte sie nach ihm und sagte ihm, sie wolle am folgenden Nachmittag der Stadt Meung einen Besuch abstatten; er solle dafür sorgen, sagte sie, daß das Heer zu dieser Zeit marschbereit sei. Wenn wir bedenken, daß Alençon ein königlicher Prinz und der Oberbefehlshaber war, während Johanna selbst noch mit keinerlei amtlicher Stellung betraut war, so erscheint uns der Erlaß solch willkürlicher Befehle doch einigermaßen erstaunlich. D'Alençon und die anderen Hauptleute glaubten jedoch ernsthaft an Johannas göttliche Sendung, den Dauphin wieder in sein Königreich einzusetzen. Das einfache Volk glaubte restlos an sie und schloß sich aus eigenem Antrieb in großer Zahl der Streitmacht an, die am 15. Juni von Orléans in Richtung auf Meung ausmarschierte. D'Alençon berichtet kurz, er habe die Nacht in einer Kirche nahe bei Meung mit nur einer Handvoll Soldaten verbracht und so in großer Gefahr geschwebt. Wo Johanna die Nacht zubrachte, wird nicht berichtet.

Sie begnügten sich damit, den Engländern in Meung lediglich Schrecken einzujagen, indem sie ihnen nur die Brücke wegnahmen und die Stadt selbst ungeschoren ließen. Sie hatten ein wichtigeres Ziel vor Augen: Beaugency, ein größeres Bollwerk der Engländer, das an der Loire zwischen Meung und Blois gelegen war. Talbot, der dort die Befehlsgewalt ausübte, hatte sich bereits in den sicheren Ort Janville begeben. Die von ihm zurückgelassene Besatzung schien wenig geneigt, den nunmehr triumphierenden Franzosen in offener Schlacht zu begegnen. Indem sich die Engländer in das Kastell zurückzogen, ließen sie die Franzosen, von ein paar in Häusern und hinter Mauerwerk versteckten Hinterhalten abgesehen, widerstandslos in Beaugency einziehen und unternahmen überraschende Überfälle auf sie, während diese ihre Quartiere suchten, *combien qu'ilz ne se logèrent pas à leur ayse du tout.*

Während des ganzen darauffolgenden Tages (16. Juni) tobte die Schlacht, um mit der Kapitulation der Engländer um Mitternacht zu enden. Der Rückzug nach Meung wurde ihnen unter der Bedingung gestattet, daß sie zehn Tage lang nicht wieder kämpfen würden. Hier ist es wiederum schwer zu begreifen, warum die Franzosen aus freien Stücken einer großen Besatzung erlaubt haben, der Gefangenschaft zu entrinnen, während sie doch Lösegeld für sie hätten verlangen können. Ein anderes Ereignis hatte sich im Laufe des Tages abgespielt, das vielleicht die Hauptaufmerksamkeit Johannas in Anspruch nahm. Das war die Ankunft von Artus, Grafen von Richemont, Konnetabels von Frankreich und Bruders des Herzogs der Bretagne mit einem großen Gefolge. Auf Grund früherer mit dem Dauphin und La Trémoïlle gehabter Schwierigkeiten, die in Richemont einen begreiflichen Groll zurückgelassen hatten, hegte d'Alençon einigen Zweifel, ob der Konnetabel freundlich empfangen werden sollte oder nicht; tatsächlich scheint es, als habe Johanna die Ansicht vertreten, sie müßten aufbrechen und ihn bekämpfen. Das ging denn doch etwas zu weit, und die französischen Hauptleute machten die Bemerkung, wenn sie darauf bestünde, so könne sie sehr bald merken, daß viele im Heer den Konnetabel allen *pucelles* in Frankreich vorzögen. Es war nicht Johannas Art, sich durch eine solche Antwort aus der Fassung bringen zu lassen. D'Alençon, der Bastard, der junge Gui de Laval und sein Bruder ließen es sich angelegen sein, sie zu ihrer Begegnung mit dem Konnetabel auf freiem Feld zu begleiten, wenn auch keiner von ihnen wußte, wie dieses Zusammentreffen enden sollte. Als die zwei Gruppen einander auf Sichtweite gegenüberstanden, stiegen sowohl Johanna als auch der Konnetabel vom Pferd und gingen einander entgegen. Johanna kniete ihrer Gewohnheit gemäß nieder und umfaßte seine Knie. Man darf annehmen, wenn es auch nicht berichtet wird, daß der Konnetabel das Zeichen des Kreuzes machte, denn er redete sie an und sagte: »Jehanne, man hat mir gesagt, daß Ihr gegen mich kämpfen wollt. Ich weiß nicht, ob Ihr von Gott kommt oder nicht. Wenn Ihr von Gott kommt, fürchte ich Euch keineswegs, denn Gott kennt meine lauteren Absichten; kommt Ihr vom Teufel, so fürchte ich Euch sogar noch weniger.« Sie scheinen dann ihre Händel beigelegt zu haben, denn sie ritten alle zusammen friedlich nach Beaugency zurück und die für diese Nacht bestimmten Wachtposten wurden aus den Leuten des Konnetabels ausgewählt, entsprechend dem üblichen Brauch, die Wachtposten aus den Reihen der Zuletztangekommenen abzustellen.

IV

Mit Morgengrauen (17. Juni) begann der demütigende Abzug der Engländer aus Beaugency. Aber gerade als sie die Stadt räumten, brachte einer von La Hires Leuten die Nachricht, Talbot und Fastolf rückten in Eilmärschen mit einem großen Heer (d. h. etwa 5000 Mann) zur Unterstützung ihrer in Beaugency befindlichen Freunde an. Diese Botschaft scheint die französischen Hauptleute in Schrecken versetzt zu haben, denn einige von ihnen sagten, sie täten besser daran, ihre Pferde satteln zu lassen. Johanna jedoch nahm ihren üblichen Standpunkt ein, der so seltsam aus gesundem Menschenverstand und religiöser Begeisterung gemischt war. Ihr gesunder Menschenverstand riet ihr, da Richemont nun einmal da und empfangen worden war, sich nach Möglichkeit seiner zu bedienen. »*Ah, beau Connétable*«, sagte sie zu ihm, »ich trage keine Schuld an Eurem Kommen, aber da Ihr gekommen seid, sollt Ihr willkommen sein.« Zu den Hauptleuten sagte sie, selbst wenn es Engländer vom Himmel herabregnen würde, so sollten sie gefaßt werden, denn Gott habe sie zu ihrer Züchtigung gesandt. Sie ging noch weiter. Der Dauphin, sagte sie, solle den größten Sieg erringen, den er seit langer Zeit davongetragen hätte, »*et m'a dit mon conseil qu'ils sont tous nostres*«.

Sie hatte recht. Das Ergebnis war die Schlacht von Patay (am 18. Juni), die schwerste Niederlage, welche die Engländer seit Orléans erlitten hatten.

V

Beschreibungen mittelalterlicher Schlachten sind langweilig und unwirklich bis zum Äußersten, aber zufällig hat uns ein burgundischer Anhänger Fastolfs einen Bericht von der Schlacht bei Patay hinterlassen, der, durch die Berichte d'Alençons und des Bastards ergänzt, die tote Geschichte der Vergangenheit in das lebendige Licht der Gegenwart rückt. Dieser burgundische Anhänger war ein gewisser Jean de Wavrin du Forestel, der illegitime Sohn eines Vaters, der an seiner Seite in der Schlacht von Agincourt getötet worden war. Als Soldat von Ruf und Geschick hatte er eine Truppe von Söldnern angeworben, die bald in die Dienste des Herzogs von Burgund, bald in die der Engländer gestellt wurde. Später in seinem Leben griff er einem Neffen zuliebe zur Feder, und seinem Wunsch, die jüngere Generation über die dramatischen Geschehnisse der ersten Hälfte des Jahrhunderts zu unterrichten, danken wir eine der anschaulichsten, wenn auch nicht immer genauen Denkwürdigkeiten, die wir besitzen. Das Interesse wird durch die Tatsache erhöht, daß wir endlich einmal eine Darstellung lesen, die vom englischen Gesichtspunkt aus geschrieben ist, die Schwierigkeiten und Verlegenheiten der Engländer darstellt und sich so von der gewöhnlich von den französischen zeitgenössischen Zeugen und Chronisten angeschlagenen triumphierenden Tonart unterscheidet.

Von Jean de Wavrin erfahren wir, daß die englischen Befehlshaber in Janville sehr bestürzt waren, als sie die Nachricht von der Einnahme Jargeaus erfuhren, ferner die von der teilweisen Unterwerfung Meungs und der Belagerung von Beaugency (*lesquelles nouvelles leur furent en moult grant desplaisance*). Wir erfahren auch, daß sie bei der Ankunft Talbots mit großem Jubel begrüßt wurden und daß, nachdem sie alle gemeinsam ihre Mahlzeit eingenommen hatten, die Tische abgeräumt wurden, um die Lage beraten zu können. Bei dieser Beratung gab es ebenso viele Meinungsverschiedenheiten wie erhitzte Köpfe, zum großen Teil infolge der Starrköpfigkeit Fastolfs, der seinerseits aufstand, um Talbot die bittersten Vorstellungen zu machen, indem er sagte, sie alle wüßten sehr wohl um die Verluste, welche die Engländer in Orléans, Jargeau und an anderen Orten davongetragen hätten – was darauf hinzudeuten scheint, die englischen Behörden hätten die Nachrichten von diesen Niederlagen zu verfälschen und als unbedeutend hinzustellen versucht. Fastolf, auf dessen Rede Talbot mit einem äußerst mißbilligenden und besorgten Ohr lauschte, fuhr in seinen Ausführungen fort und sagte, seiner Meinung nach würden sie die Besatzung von Beaugency am besten ihrem Schicksal überlassen und einen möglichst günstigen Vertrag mit den Franzosen abschließen, bis der Herzog von Bedford sie mit seinen in Aussicht gestellten Verstärkungen unterstützen konnte.

Talbot, ein ungestümer Mann, erklärte – auf Johannas Spuren wandelnd –, mit Gottes und des heiligen Georgs Hilfe würde er losziehen und mit jedem kämpfen, der ihm folgen wolle. Fastolf, der sah, daß seine Vorhaltungen unbeachtet blieben, erhob sich und verließ wutschnaubend den Beratungstisch. Kurzum, die Sitzung wurde abgebrochen und alle Teilnehmer zogen sich in ihre eigenen Quartiere zurück. Ein verdrießlicher und unersprießlicher Nachmittag muß darauf gefolgt sein. Trotzdem blieb Talbot fest: Fastolf war letztendlich nur der Zweitkommandierende; er mochte Einspruch erheben, aber letztes Endes mußte er gehorchen. Talbot war durchaus berechtigt, auf seiner eigenen Meinung zu bestehen. Befehle wurden erlassen, das Heer solle sich am nächsten Morgen marschbereit halten, um nach dorthin aufzubrechen, wohin immer seine Befehlshaber ziehen wollten. Wie befohlen trat es in voller Aufstellung mit Fahnen und Wimpeln an, nur um warten zu müssen, während seine Führer sich zu einer nochmaligen Beratung zurückzogen und Fastolf seine Gegengründe erneut vertrat. Seine Vorstellungen wurden sogar noch dringlicher als am Tag vorher.

Sie wären nur ein Häuflein, sagte er, um den Franzosen Widerstand zu leisten; wenn das Glück gegen sie wäre, wären alle die Eroberungen Heinrichs V. zunichte gemacht. Sie würden weit besser daran tun, sich zurückzuhalten und zu warten, bis sie Verstärkungen erhielten. Weder Talbot noch die anderen wollten auf ihn hören. Fastolf mußte nachgeben; ob er wollte oder nicht, er mußte seinen Leuten befehlen, zusammen mit den übrigen auf der Straße in Richtung auf Meung zu marschieren. Patay lag zwischen Janville und Meung, aber selbst Fastolf bei aller seiner Klugheit, selbst Talbot bei allem seinem Wagemut konnten nicht wissen, was Patay als Name in der Geschichte für sie bedeuten sollte.

Die Engländer hatten keine Ahnung, daß Beaugency bereits gefallen war. Die Franzosen, besser unterrichtet, wußten beides: daß die englische Besatzung von Beaugency auf dem Rückzug begriffen war und daß Talbots Armee gegen sie anmarschierte. Sie hatten bereits die günstigere Stellung auf einer kleinen Geländeerhöhung eingenommen – mit Wavrins Worten einer *petite montagnette* –, als Talbots Heer drüben auf der Ebene La Beauce in Sicht kam – *celle Beauce qui est ample et large*. Das nunmehrige Verhalten beider Parteien ist bezeichnend für die mittelalterlichen Methoden, welche die Kriegsführung eher als ein Schachspiel erscheinen lassen, denn als ein blutiges Handwerk. Als die Engländer die Franzosen auf ihrem Hügelchen sichteten, machten sie halt, ließen ihre Bogenschützen in die gewohnte Stellung gehen (d. h. sie steckten ihre Piken schräg gegen den Feind gerichtet als eine Art Staketenzaun in den Erdboden), und in dieser Aufstellung musterten sich die beiden Streitkräfte gegenseitig. Keiner von beiden Teilen schien eine Bewegung machen zu wollen. Endlich schickten die Engländer, als sich die Franzosen ruhig über ihnen verborgen hielten, zwei Herolde mit dem Angebot hinüber, drei ihrer Ritter seien bereit, gegen die Franzosen zu kämpfen, wenn sie den Mut hätten, herunterzukommen. Es war eine anmaßende Herausforderung, von der sie vermutlich nicht erwarteten, daß sie ernst genommen würde – ein reines Gambit, auf das die Franzosen eine ebenso herkömmliche Antwort gaben. »Geht und sucht euch eine Unterkunft für heute nacht«, sagten sie, »denn es ist schon spät; aber morgen werden wir euch, wenn es Gott und Unserer Lieben Frau gefällt, von näher besehen« (*de plus prez*).

Die Engländer zogen sich daraufhin nach Meung zurück und beschossen die Nacht hindurch die Brücke, die kurz vorher von den Franzosen genommen worden war.

Sie hatten noch immer keine Nachricht vom Fall Beaugencys erhalten und suchten am nächsten Morgen eifrig Schilder und Türen zum Schutz ihres Angriffstrupps zusammen – als ein Bote ankam und ihnen die Botschaft brachte, Stadt und Schloß von Beaugency seien bereits von den Franzosen besetzt, und gerade wie er, der Bote, aufgebrochen sei, hätten sich die Franzosen auf den Weg hierher gemacht, um eine Schlacht zu liefern.

Nach Erhalt dieser Nachrichten ergingen in aller Eile Befehle, von jedem neuen Angriff auf die Brücke von Meung abzulassen und sich sofort aufs offene Feld hinauszubegeben, wo jeder Mann seiner Stellung entsprechend Aufstellung nehmen sollte *en ordonnance de belle bataille. Laquelle chose,* fügte Wavrin wohlgefällig hinzu, *fut fait moulte agréablement* und die Engländer konnten in einem engen Durchlaß zwischen zwei Hecken im Umkreis von Patay in Stellung gehen.

Die Franzosen hatten derweil das englische Heer aus den Augen verloren. La Beauce, diese große, weite und dicht bewaldete Ebene war ein Ort, wo jedermann zu entschuldigen war, wenn er ein Heer aus den Augen verlor. Wie gewöhnlich von Johanna ermutigt, waren sie voll und ganz bereit gewesen, es mit dem Feinde aufzunehmen; sie hatten sogar am Abend vorher eine kriegerische Verabredung mit dem Feind getroffen. Auch jetzt waren sie nicht von ihrem Entschluß abgekommen. D'Alençon selbst hatte am Morgen von Patay Johanna in Gegenwart des Bastards und des Konnetabels gefragt, was er tun solle. Johanna gab eine ungewöhnlich orakelhafte Antwort: »Habt ihr alle gute Sporen?« – eine Antwort, die ihre Hörer so erstaunte, daß sie Johanna fragten, was sie damit meine? Meinte sie, daß sie den Rücken kehren, d. h. davonlaufen würden? »Nein«, erwiderte sie mit einem Wiederkehren ihrer unerschütterlichen Zuversicht, »die Engländer werden es sein, die den Rücken kehren. Sie werden sich nicht verteidigen und werden geschlagen werden, und ihr werdet Sporen brauchen, um sie zu verfolgen.«

Das war alles recht schön und gut. Aber Sporen nützten nicht viel, wenn man den Feind, den man verfolgen sollte, nicht finden konnte. An die sechzig bis achtzig französische Kundschafter schweiften auf einer Auswahl der besten Pferde (*fleurs de coursiers*) umher, und wie es das Pech der Engländer wollte, jagten sie einen Hirsch auf, der augenblicklich in die englischen Linien hineinlief – ein Anblick, dem die Engländer offenbar nicht widerstehen konnten, besonders nicht bei diesem Versteckspiel über das weite Flachland von La Beauce, wo keines der Heere wußte, wo das andere steckte. Man durfte kaum erwarten, die Engländer würden beim Anblick eines Hirsches kein Freudengeschrei anstimmen. Sie stimmten es denn auch an mit dem Ergebnis, daß sich dieses Mal die englische Liebe zum Sport gegen den Jäger richtete statt gegen den Gejagten. Die Franzosen, dadurch über ihre Gegenwart unterrichtet, konnten den Kampf mit ihnen beginnen, ehe die Engländer sich in genügende Abwehrordnung hatten formieren können, und die Schlacht von Patay war so gut wie gewonnen, ehe sie recht begonnen hatte. Das Ganze war um zwei Uhr nachmittags beendigt.

Fastolf befand sich auf der Flucht, *demanant le plus grant deuil que jamais veisse faire à homme.* Es gelang ihm, zum Herzog von Bedford zu gelangen, der ihm ohne Verzug und ungerechterweise seinen Hosenbandorden abnahm[1]. Die Englän-

---

1 Der Hosenbandorden wurde ihm später wieder zurückgegeben in Anbetracht des Einspruchs, den er Talbot gegenüber vor der Schlacht von Patay erhoben hatte.

der büßten eine große Anzahl von Toten und Gefangenen ein, die zwischen zwei- und viertausend schwankt[1]. Lord Scales, Sir Thomas Ramston und Lord Hungerford wurden gefangengenommen; und desgleichen, wichtiger noch, Talbot selbst, der sich den Leuten des Poton de Saintrailles ergab. Das war der größte Triumph, und sogar der edelmütige d'Alençon konnte einen Anflug von Spott nicht unterdrükken, als »der tapfere Talbot, der Schrecken der Franzosen« vor ihn gebracht wurde. Johanna und der Konnetabel waren anwesend. »Ihr habt heute morgen nicht gedacht«, sagte d'Alençon, »daß Euch so etwas widerfahren würde?« D'Alençon selbst hatte, wie erinnerlich, erst unlängst die Verdrießlichkeiten der Gefangenschaft bei den Engländern ausgekostet. Talbot gab eine soldatische Antwort: »Das ist Kriegsgeschick.«

Johanna war laut Louis de Contes, ihrem ergebenen aber ziemlich wirrköpfigen jungen Pagen, bezeichnender- und fraulicherweise ergriffen von den unvermeidlichen Ergebnissen der von ihr veranlaßten Schlacht. Sie war immer bereit, die bedachtsameren Hauptleute zur Schlacht zu ermuntern. Immer war sie bereit zu sagen, Gott sei auf ihrer Seite. Immer war sie bereit, sich mit den Besten ihrer Leute mitten in die Gefahr zu stürzen. Aber waren erst einmal die Hitze und die Aufregung vorbei, so war sie keineswegs bereit, die entstandenen Folgen gleichmütig hinzunehmen. Entweder beweinte sie die ohne vorhergehende Beichte dahingefahre-

1 Der Bastard von Orléans sagt 4000; Walter Bower 3000; Perceval de Cagny 2000 Tote und 400 bis 500 Gefangene; Jean Chartier 2000 bis 3000 Tote und viele Gefangene; die *Chronique de la Pucelle* vermeldet über 2200 Tote; der amtliche Brief an die Stadt Tours nennt 2500 Tote oder Gefangene; Wavrin 2000 Tote und 200 Gefangene; Monstrelet 1800 Tote und 100 bis 120 Gefangene. Wir können auf einer vernünftigen Mittellinie zwischen diesen verschiedenen Schätzungen wählen; aber wie unsere Wahl auch ausfallen mag, fest steht jedenfalls, daß die englische Niederlage vollständig und die erlittenen Verluste beträchtlich waren.

nen Seelen ihrer besiegten Feinde oder sie weinte wegen ihrer zerschlagenen Köpfe. In diesem Falle beweinte sie ein zerschlagenes englisches Haupt so sehr, daß sie es auf ihre Knie bettete und seinen Eigentümer beschwor, seine Sünden zu beichten, ehe er aus dieser Welt schied.

VI

Johanna schlief diese Nacht in Ligneroles und kehrte am nächsten Tag in ihr liebes Orléans zurück. Sie hätte freilich darauf bestehen sollen, geradewegs auf Paris weiterzumarschieren. Mit Talbot als Gefangenem, Fastolf auf der Flucht, dem englischen Heer in Auflösung und völlig demoralisiert, wie selbst der englisch-burgundische Wavrin zugibt (*considérant que par la renommée de Jehanne la Pucelle les courages anglois estoient fort altérés et faillis*), war ihr die Möglichkeit in die Hand gegeben, hätte sie sie nur ergreifen wollen. Sogar Bedford erkannte, daß der Dauphin hätte auf Paris losmarschieren sollen. Sogar Bedford hielt es für angebracht, den armen und seiner Königswürde noch nicht gewachsenen kleinen Heinrich VI. nach Frankreich zu seiner Krönung herüberkommen zu lassen. Aber die Laufbahn Jeanne d'Arcs, die in so vieler Hinsicht eine triumphierende Laufbahn war, war auch eine der verpaßten Gelegenheiten. Der gesunde Menschenverstand, der sie hätte leiten sollen, wäre ihr Intellekt mehr von der männlichen statt von der weiblichen Art gewesen, ließ sie häufig im kritischen Augenblick im Stich. Vielleicht sollten wir es anders bezeichnen. Vielleicht sollten wir, statt die Bezeichnungen männlich und weiblich zu wählen, von weltlich im Gegensatz zu geistig sprechen; von abwägend im Gegensatz zu fanatisch. Sie konnte das einzig Vernunftgebende in Fällen unmittelbarer Gefahr tun; bei größeren Entscheidungen scheint sie allzu häufig das Opfer ihrer eigenen fixen Ideen geworden zu sein. Sie dünkt einen allzuoft ein Mensch mit Eingebung, aber ohne Urteilsfähigkeit; ein Mensch mit einem Ziel, aber ohne vernünftige Politik; ein Mensch, der Hals über Kopf eine schmale Gasse hinuntergaloppiert, ohne je den Blick auf die vor ihm sich auftuende Landschaft zu erheben; ein Mensch, bei dem gerade seine Schwäche seine Stärke, gerade seine Stärke seine Schwäche war. So wie bei dieser Gelegenheit, als sie geradeswegs hätte auf Paris losreiten und d'Alençon, den Bastard und ihr ergebenes Heer mit sich hätte führen sollen und wo sie statt dessen nur ihre Zeit infolge ihrer Überzeugung verlor, es sei ihre erste Pflicht, ihren Dauphin zum gekrönten König von Frankreich zu machen. Sie hätte besser daran getan, ihren Dauphin mit einem geeinten Frankreich zu beschenken, zu dessen König er sich hätte krönen lassen können. Jedes wirkliche militärische Genie und jeder Stratege hätten das erkannt.

Freilich läßt sich viel zu ihrer Verteidigung anführen. Sie dachte mit vollem Recht, der Dauphin wäre erst der König, wenn er zum König gekrönt worden wäre. Solche Zeremonien wie die Salbung mit dem geweihten Öl waren in den Augen des fünfzehnten Jahrhunderts von ungeheurer Wichtigkeit. Keinem König von Frankreich konnte sein ihm gebührender Titel zuerkannt werden, ehe er nicht geweiht und gekrönt war und die besondere Gnade erfahren hatte, die ihm vom Heiligen Geist kraft des geweihten Öls widerfuhr. Dieses geweihte Öl, das traditionsgemäß zur Salbung der Könige von Frankreich verwandt und als solches in dem als Sainte Ampoule bekannten heiliggehaltenen Behältnis aufbewahrt wurde, war der besondere Stolz und das Eigentum der Stadt Reims und stellte in der Tat den einzigen Anspruch dar, den diese Stadt darauf erheben konnte, daß der Herrscher innerhalb der Mauern ihrer Kathedrale gesalbt wurde. Es wurde in solcher Verehrung gehalten, daß es dreizehn Jahrhunderte lang nie aus Reims herausgebracht werden durfte, ausgenommen eine einzige Gelegenheit – nämlich zur Tröstung des sterbenden Ludwigs XI., der, obwohl Selbstherrscher, zuerst nach Rom

hatte senden müssen, um die Erlaubnis des Papstes einzuholen[1]. Das Behältnis selbst war eine kleine, nur eineinhalb
Zoll lange Phiole, deren Hals durch einen Pfropfen aus roter
Seide verschlossen war. Der geweihte Inhalt war anerkannt-
termaßen eingetrocknet und geschwunden, seitdem die
Taube, die weißer war als Schnee, mit der Phiole im Schna-
bel zum Beistand des heiligen Rémi bei der Taufe Chlod-
wigs geflogen gekommen war. Aber die Größe des Behält-
nisses und sein Inhalt – *d'une consistence cérumineuse, d'une
couleur rougeâtre* – standen in keinerlei Verhältnis zu der Ehrfurcht, mit der beides angesehen wurde. Der heilige Rémi
selbst, Papst Anastatius der Zweite, der heilige Avitus, Bischof von Wien, der heilige Nicet, Bischof von Trèves, der
heilige Gregorius von Tours, sein Nachfolger Fredegaire,
die Verfasser der Lebensgeschichte des heiligen Arnoul, der
Verfasser der Lebensgeschichte des heiligen Vaast, nämlich
Alkuin, der Mönch Horicon, die Verfasser der *Gesta
Dagoberti* und der *Gesta Francorum* mochten sehr wohl mit
ihrer Zeugenschaft über die Frage eines so wunderbaren Ursprungs zurückhalten: das französische Volk wußte es besser.
Es wußte, daß der König kein König war, bis nicht der zur
Salbung notwendige Tropfen vom Öl des heiligen Rémi mit
der Spitze einer goldenen Nadel aus der Sainte Ampoule
herausgeholt worden war. Und Jeanne d'Arc war sehr wohl
eine echte Tochter Frankreichs. Sie hatte immer genau darauf
geachtet, Karl VII. vor seiner Krönung als Dauphin und nicht
als König anzusprechen, und hatte sogar erklärt, sie tue das
mit Absicht. Wenn wir bedenken, daß sie nur eine Bauerntochter war und noch dazu eine in einem gläubigen Zeitalter
lebende Bauerntochter, außerdem eine besonders inspirierte
Bauerntochter, so fangen wir zu begreifen an, warum ihr
Wunsch, den Dauphin nach Reims zu bringen – wenn das

---

1 Die Sainte Ampoule wurde später von einem Abgeordneten des
Konvents vorsätzlich zerschmettert; aber einige Glasscherben mit dem
daranhaftenden Öl sollen noch erhalten sein.

auch noch so unklug sein mochte – ihren Wunsch über-
täubte, sein Heer nach Paris zu führen. Darüber hinaus standen ihr noch andere Schwierigkeiten im Wege, die ihre
Halsstarrigkeit nur steigerten. Der dicke La Trémoïlle durch-
kreuzte ihre Absichten, so oft er konnte, eifersüchtig auf jeden Einfluß, den sie auf die zwischen ihnen beiden schwankende schwache Puppe ausüben konnte. So mißlang es ihr
dank seines rachsüchtigen Dazwischentretens vollständig,
eine Aussöhnung zwischen Karl und dem Konnetabel von
Richemont herbeizuführen; und andere führende Persönlichkeiten, die einzig ihretwegen von allen Seiten herbeige-
eilt waren, um Karl ihre Dienste auf eigene Rechnung anzubieten, wurden mit finsteren Blicken empfangen, wenn sie
auch nicht einfach abgewiesen wurden. Der Konnetabel, der
tatsächlich abgewiesen wurde, führte seine Truppe von
zwölfhundert Mann mit sich fort. Solche leichtfertige Preis-
gabe so bitter benötigter Hilfe um des persönlichen Ehrgei-
zes La Trémoïlles willen erregte allgemeine Kritik, wenn
auch niemand ein offenes Wort gegen ihn zu flüstern wagte.

Und nicht nur La Trémoïlle legte ihr Hindernisse in den
Weg, sondern Karl selbst schien wenig Ahnung zu haben,
was sie für ihn tat oder was sie als Gegenleistung von ihm
erwartete. Als sie nach Patay in St. Benoit-sur-Loire (am 19.
bis 22. Juni) mit ihm zusammentraf, brachte er sie zu Tränen
mit dem Vorschlag, sie solle sich jetzt Ruhe gönnen. Nicht
weil er undankbar gewesen wäre, denn er drückte sein Mitleid wegen all der Mühsal aus, die sie seinetwegen auf sich
genommen hatte – er konnte in der Tat nicht weniger tun –,
sondern weil er restlos unfähig war, Verständnis für einen
Feuergeist wie den Johannas aufzubringen. Nebenbei wissen wir nicht, was La Trémoïlle privatim zu ihm sagte, so
wenig wie wir gerecht beurteilen können, was an Trägheit,
Stumpfheit und sogar Feigheit zu seiner Abneigung beitrug.

Johanna setzte sich am Ende durch, aber erst nach einwöchiger Verzögerung. Wenn man Perceval de Cagny glauben
darf, so wurden alle Arten von Schwierigkeiten gemacht,

indem einige Leute wahrheitsgemäß sagten, viele feindliche Städte lägen am Weg, andere ebenso wahrheitsgetreu behaupteten, der Dauphin verfüge über kein Geld, um seine Mannschaften zu bezahlen. Die Mannschaften waren nach dem königstreuen de Cagny bereit, ihre Dienste umsonst zu leisten, indem sie sagten, sie würden überall hingehen, wohin die Pucelle sie führen wolle.

Johanna, wiederum nach Cagnys Aussage, verlor endlich die Geduld. Sie verließ den Dauphin in Gien und lagerte, nachdem sie im Trotz fortgegangen war, zwei Tage und Nächte lang ohne ihn auf freiem Feld. Diese Gebärde scheint ihn zu etwas mehr Entschlußkraft aufgerüttelt zu haben, denn am 29. Juni brach er endlich von Gien auf und am 1. Juli finden wir ihn und Johanna gemeinsam vor den Mauern der burgundischen Stadt Auxerre. Johanna soll sich gewaltsamen Eintritt in Auxerre haben erzwingen wollen, aber da das Heer dringend einer neuen Verproviantierung bedurfte, kam eine Einigung zustande, wonach die Stadt die nötige Verpflegung unter der Bedingung stellte, daß sie in Frieden gelassen wurde. Auch wird erwähnt, La Trémoïlle habe von der Stadt zweitausend Kronen als Bestechungsgeld für die guten Dienste erhalten, die er ihr durch das Zustandebringen dieses Abkommens geleistet hatte.

Es ist nicht schwer, sich Johannas Gefühle vorzustellen, als sie wiederum Auxerre betrachtete, diese prächtige Stadt mit ihren zwei so majestätisch auf dem Hang über den Fluß aufragenden großen Kirchen, die Stadt, in der sie »auf ihrem Weg aus Domremy in ihrer schwarz-grauen Pagenkleidung mit Jean de Metz und Bertrand de Poulengy eine Messe gehört hatte«, und in die sie »vier Monate später als die Gefährtin und Ratgeberin von Fürsten an der Spitze eines Heeres zurückkehrte, das, solange sie in seiner Mitte weilte, nicht eine einzige Niederlage erlitten hatte[1]. Zweifellos machte die mittelalterliche Schönheit Auxerres nicht den

1 Andrew Lang, *The Maid of France,* S. 152.

gleichen Eindruck auf Johanna, den sie auf uns mit unserem geschulten ästhetischen Verständnis und übertriebenen Hang fürs Altertümliche macht. Aber auf eine andere Art muß sie die Herrschaft der großen Gotteshäuser über das Dächergewirr der Straßen, die nicht weniger gewunden waren als die Politik ihrer Feinde, mit einer Erhabenheit und Redlichkeit beeindruckt haben, die ebenso unverrückbar war wie ihre eigenen Ziele.

Vom praktischen Gesichtspunkt aus muß sie es bedauert haben, eine nicht unterworfene Stadt hinter sich zurückzulassen, umsomehr als sie die Möglichkeit voraussehen konnte, Troyes, Châlons und selbst Reims würden durchhalten, wenn sie erfuhren, daß Auxerre das ungestraft hatte tun dürfen.

VII

Es ist vielleicht unnötig, den Marsch auf Reims bis ins kleinste zu verfolgen. Trotzdem kann ich nicht der Versuchung widerstehen, vor der burgundischen Stadt Troyes zu verweilen, wo Johanna mit einem der unter ihren Zeitgenossen so zahlreich vertretenen wunderlichen Charaktere in Berührung kam. Troyes stand in diesem Augenblick unter dem Einfluß eines Franziskanermönchs, der sich Bruder Richard nannte. Diese feurige und ungewöhnliche Persönlichkeit hatte sich bereits einen Namen als Prediger in Paris gemacht, wo er etwa drei Wochen lang die Rollen eines salomonischen Adlers und eines Savonarola in sich vereinigt zu haben scheint. Mit einer prachtvollen Stimme begabt, konnte er unter freiem Himmel von fünf Uhr morgens bis zehn oder elf Uhr sprechen, ohne mit seiner Beredsamkeit am Ende zu sein oder irgendein Anzeichen von Ermüdung zu verraten. Seine Zuhörerschaft, die lieber die ganze Nacht unter dem Sternenhimmel verbrachte, als seine ersten Worte zu versäumen, strömte zu Tausenden herbei, um seine Anklagen zu hören und ihren weltlichen Tand mit vollen Armen auf die in den Straßen brennenden Kohlenbecken zu werfen. Spielkarten, Würfel und persönlicher Putz, wie die zur damaligen Zeit ausgefallenen Kopfbedeckungen der Frauen, wurden bereitwillig auf die Flammen gehäuft. Abgesehen von seiner demagogischen Rednergabe war er so schlau, auf eine ausgesprochene Berechtigung seiner Verkündigungen Anspruch zu erheben. Er gab an, soeben aus Jerusalem zurückgekommen zu sein, wo den Brüdern seines Ordens die Obhut des Heiligen Grabes oblag und wo er Judenhorden getroffen habe oder getroffen zu haben vorgab, die nach Babylon auszogen, um dem Antichrist einen Besuch abzustatten, der einige Jahre in dieser Stadt gelebt hatte. Allein schon der Name Antichrist erregte Entsetzen. Was kümmerte es die Pariser oder was wußten sie davon, daß Babylon schon vor einigen Jahrhunderten aufgehört hatte zu bestehen? Ein Mann, der Juden getroffen hatte, die tatsächlich von Jerusalem nach Babylon auszogen, war ein Mann, der es verdiente, angehört zu werden. Überdies konnte er voraussagen, das Jahr 1430 würde die wunderbarsten Dinge mit sich bringen, die man jemals gesehen hatte. Bei solcher Aufklärung tat es bitter not, für das eigene Seelenheil zu sorgen, und somit häuften die Zuhörer nicht nur ihren Schmuck und ihre Spiele auf die Opferfeuer an den Straßenecken, sondern ließen auch Münzen aus Blei mit dem aufgeprägten Monogramm des Namens Jesus herstellen, die sie trugen. Bruder Richards Einfluß auf Paris war dramatisch, aber kurzlebig. Der religiöse Schrecken, den er wachgerufen hatte, wurde bald verdunkelt von der näherliegenden Befürchtung, er könne sich auf die Seite des Dauphins geschlagen haben – eine vorzügliche Entschuldigung dafür, alle von ihm verbotenen Lustbarkeiten wieder aufzunehmen und seine bleiernen Denkmünzen in die Seine zu werfen.

Zum Glück für den Dauphin und sein Heer hatte Bruder Richard den vorigen Advent predigend in Troyes verbracht, wo die Bevölkerung eine seiner rethorischen Schwärmereien so wörtlich ausgelegt hatte, daß sie wirkliche Bohnen statt nur die bildliche Abart säte. »Säet, liebe Leute, säet Bohnen in Menge«, hatte er zu ihnen gesagt, »denn Er, der da kommen wird, wird gar bald kommen.« Das unerwartete Ergebnis dieses Ratschlags war, daß das darbende Heer, als es im darauffolgenden Juli vor den Toren von Troyes eintraf, eine Menge zu essen vorfand. Sie fanden dort auch Bruder Richard in eigener Person, der sich durchaus nicht schlüssig war, welche Haltung er der berüchtigten Pucelle gegenüber einnehmen sollte. Nicht nur waren sie, was die Volksgunst betrifft, in gewissem Sinne Rivalen, sondern der Mönch scheint den Verdacht geteilt zu haben, der sich in den Köpfen mancher Leute behauptete, die Pucelle könnte eine Hexe sein. Jedenfalls waren die Bürger von Troyes durchaus nicht gewillt, weder dem Dauphin noch seiner *coquarde*, wie sie Johanna bezeichneten, den Eintritt in die Stadt zu gewähren. Das Beispiel von Auxerre war ihnen noch zu frisch gegenwärtig: wenn Auxerre unversehrt bleiben konnte, so konnte das auch Troyes, das überdies eine noch weit besser befestigte Stadt war. Johanna empfahl jedoch ein energisches Vorgehen an. Sie wurde zu der Beratung des Dauphins hinzugezogen und aufgefordert, ihre Ansicht zu äußern. Er solle zwei Tage warten, sagte sie, dann würde sich die Stadt ihm unterwerfen, entweder durch Gewalt oder durch Liebe. Der Erzbischof von Reims, der mit ihnen reiste, sagte, sie könnten nötigenfalls gerne sechs Tage warten – aber war sie ihrer Sache ganz sicher? Johanna war immer ihrer Sache sicher. Ebensowenig war ihre Gewißheit auf reinem Optimismus begründet, denn kaum hatte sie das Versprechen erhalten, daß sie sich gedulden wollten, als sie schon praktische Vorbereitungen traf, die – wie sie richtig bemerkte – die Bevölkerung von Troyes soweit einschüchtern würden, ihrem gesetzmäßigen König die Tore zu öffnen. Diese praktischen Vorbereitungen wurden durch einen ihrer berühmten Briefe unterstützt, der an die Bürger gerichtet war (4. Juli) und besagte, sie brauchten keine Angst um ihr Leben oder Eigentum zu haben, wenn sie nur ihren König mit dem ihm geschuldeten Respekt empfangen würden. Wenn aber nicht, dann würde sie ihnen bei ihrem Leben versichern, daß mit Gottes Hilfe alle Städte des Königreichs genommen und Frieden geschaffen würde, *qui que vienne contre.* »Antwortet rasch«. Nunmehr sandten sie Bruder Richard zu ihr, der das Zeichen des Kreuzes machte und sie mit Weihwasser besprengte, im Falle sie nicht von Gott gesandt sein sollte. Sie ermutigte ihn mit den Worten: »Tretet unbesorgt näher, ich werde nicht davonfliegen.«

Danach gesellte sich Bruder Richard dem vormarschierenden königlichen Heer bei, ein Bündnis, das sich für ihn nicht ohne materiellen Vorteil erwies.

VIII

Ein unterwürfiges Troyes hinter sich zurücklassend, rückte der Dauphin weiter auf Châlons vor, das ihn ohne weitere Umstände empfing und so bewies, wie richtig Johannas Urteil betreffs des Schreckens war, den sie Troyes eingejagt hatte. Sie waren jetzt mitten in der Champagne und die Aussichten auf einen warmen Empfang in Reims waren günstig. Was Johanna anbetrifft, so erwartete sie persönlich ein anheimelndes kleines Erlebnis in Châlons: sie traf zwei Freunde aus Domremy. Beide haben einen kurzen, aber lebendigen Bericht von ihrem Zusammentreffen hinterlassen. Einer von ihnen, ihr Pate Jean Morel, berichtet, sie habe ihm ihr altes rotes Kleid übergeben. Der andere, Gérardin d'Epinal, berichtet, sie habe ihm gesagt, sie fürchte nichts außer Verrat[1]. Diese Bemerkung ist im Lichte späterer Ereignisse bezeichnend, denn im Augenblick hatte Johanna of-

---

1 *Procès*, Bd. II, S. 423: Aussage von Gérardin d'Epinal. Laut Gérardin waren drei andere Männer aus Domremy mit ihm; aber er gibt nicht an, wer sie waren. Einer von ihnen muß freilich Jean Morel gewesen sein.

fensichtlich keinen unmittelbaren Verrat zu befürchten. Alles schien in Übereinstimmung mit ihren Plänen gutzugehen, als sie mit diesen beiden zweifellos verblüfften alten Bekannten in Châlons-sur-Marne zusammentraf. Gott schien noch ganz auf ihrer Seite zu stehen. Schwärme weißer Schmetterlinge hatte man unlängst ihr Banner begleiten sehen. Kaum mehr als fünfzig Kilometer trennten sie von ihrem Ziel Reims. Der Erzbischof von Reims hatte bereits seinen Leuten geschrieben und sie aufgefordert, ihren König willkommen zu heißen. Die Bürger von Châlons hatten an ihre Nachbarn in Reims geschrieben, den König in günstigem Lichte geschildert und ihren Nachbarn geraten, ihn in demselben Geiste wie dem von ihnen an den Tag gelegten zu empfangen.

Johanna kann nicht viel Zeit für ihre Freunde aus Domremy gehabt haben, denn sie blieb nur eine Nacht in Châlons-sur-Marne. Am nächsten Tag zog sie im Gefolge des Dauphins in ein aufgeregtes und ergebenes Reims ein.

IX

Die Krönungsvorbereitungen mußten in aller Eile getroffen werden – tatsächlich in einer solcher Eile, daß den davon Betroffenen nur eine Nacht zur Vorbereitung blieb. Bis zum letzten Nachmittag vor der eigentlichen Feierlichkeit hatten sich die Bürger von Reims noch nicht entschieden, ob sie ihre Schlüssel dem Dauphin ausliefern sollten oder nicht. Dieser Samstag, der 16. Juli, muß genügt haben, um auch die noch so nüchtern Veranlagten in Aufregung zu versetzen. Erst einmal sahen sie am Morgen zum erstenmal ihren Erzbischof, der zwanzig Jahre lang ihr Erzbischof gewesen war, ohne jemals den Fuß in ihre Stadt gesetzt zu haben. Ein paar Stunden später, am Nachmittag, sahen sie zum erstenmal ihren König und seine berühmte Pucelle, die jedermann anstarrte (*qui fut moult regardée de tous*), ohne die Ankunft eines in der Stadt Quartier suchenden Heeres zu erwähnen oder von Persönlichkeiten wie dem Herzog von Bar zu sprechen – demselben fröhlichen jungen René, um dessen Beistand Johanna fünf Monate früher im selben Jahre vergeblich am Hof von Nancy gebeten hatte. Als Höhepunkt der ganzen Aufregung wurde, während Prozessionen durch die dichtgedrängten Straßen zogen, der Befehl herausgegeben, die Krönungsfeierlichkeit finde am folgenden Tage statt. Es war Vollmond und die ganze Nacht hindurch widerhallte die Stadt vom Echo der Hammerschläge auf eiserne Nagelköpfe.

Die Kathedrale selbst war in ihrer vollen Pracht. Der Bau, dessen Grundstein 1212 gelegt und dessen Ausführung seit 1381 unterbrochen worden war, war 1427 wieder aufgenommen worden und ging seiner Vollendung entgegen. Wenig blieb mehr zu tun, außer daß jeder der beiden das große Westportal flankierenden Türme noch einen Spitzturm bekommen mußte[1], welche bei dieser Gelegenheit durch riesige heraldische Lilien (*fleurs-de-lis*) ersetzt wurden. Die aus dem dreizehnten Jahrhundert stammende Orgel war noch in Gebrauch. Viele der bunten Glasfenster waren schon über ein Jahrhundert lang an ihrem Platz, so daß die feierliche und altehrwürdige Gesellschaft von Heiligen, Aposteln, Evangelisten und Königen auf die Seitenschiffe und Transepte heruntersah, während das Mosaik der *rosaces* aufschimmerte wie lebende Blumen im Sonnenlicht und in roten, blauen und gelben Flecken auf die Säulen und Fliesen des Fußbodens fiel. Achtzehn doppelte Spitzbogenfenster im Mittelschiff stellten sechsunddreißig Bischöfe und sechsunddreißig Könige und Königinnen dar mit Krone und Zepter, in reichornamentierten Mänteln und Waffenröcken, in hohen Lehnstühlen sitzend, entsprechend dem Brauch, den Toten in ruhender Stellung darzustellen. Bischöfe und

1 Charles Cerf, *Histoire de Notre Dame de Reims,* Bd. II, S. 181–183 (2 Bde., 1861). Diese geplanten Spitztürme wurden nie hinzugebaut.

Könige waren sie sicherlich; war aber irgendeine der Darge-
stellten wirklich eine Königin? Es scheint einiger Zweifel
über diese Frage zu herrschen. Ein Geschichtsschreiber der
Stadt Reims bemerkt mit unbewußtem Humor, daß *plusieurs
de ces personnages, qui ont le même costume et les mêmes ornements
que les rois, sont entièrement imberbes.*

An die sechshundert Jahre lang widerstanden diese prächtigen, in den haltbaren Stein eingelassenen Zerbrechlichkei-
ten dem Ansturm der Elemente und der Zeit: *leur face exté-
rieure, luttant sans discontinuité contre la pluie, la poussière, l'air, et
le soleil, a cédé en mille endroits à ses influences malignes; mais rien
n'a pu ébranler la solidité des panneaux, irrévocablement attachés à
leur vêtement de fer, et bravant, dans leur imperturbable fermeté,
toute la fureur des plus terribles orages*[1].

Wahrlich, der Geschichtsschreiber von Reims konnte
nicht den fürchterlichsten aller Stürme vorausahnen, der um
so furchtbarer war, als er menschlich war und nicht elemen-
tar: den Sturm, der 1917 unwiderruflich die Schönheit zer-
störte, welche Karl VII. und Jeanne d'Arc am Sonntagmorgen des 17. Juli 1429 erwartete.

X

Es ist eine auffallende, aber seltsame Tatsache, daß die mittelalterlichen Geschichtsschreiber selten, wenn überhaupt je
das Wetter erwähnen. Sie erwähnen es nur in seinen unerquicklichen und lästigen Erscheinungsformen, wie ungewöhnlichen Regengüssen oder der Überschwemmung eines
sonst seichten Flusses. Wenn sie sich über dieses Thema aus-
schweigen, so darf man annehmen, das Wetter habe sich der
Jahreszeit entsprechend verhalten. Mangels anderer Unterlagen können wir also nur mutmaßen – wenn es auch beträchtlich zur Lebendigkeit unserer Eindrücke beitragen

1 Charles Cerf, *Histoire de Notre Dame de Reims,*Bd. II, S. 181–183.

würde, mit Sicherheit zu erfahren, ob der 17. Juli 1429 strahlend oder bewölkt war –, dieser Tag sei, da es Hochsommer und der Schauplatz die begünstigte Ebene der Champagne war, warm und sonnig gewesen, wie man es sich mit Recht *en cette heure et en ce lieu* erwarten durfte. Wäre der Himmel bei einer solchen Gelegenheit wie der langverzögerten Verwandlung des Dauphins in den König bewölkt gewesen oder hätte gar geweint, so hätten freundlich gesonnene Chronisten diese Tatsache vielleicht verschwiegen, feindlich gesonnene aber sich sicherlich mit Wonne auf dieses Sinnbild gestürzt. Wir dürfen daher annehmen, der Tag sei heiter gewesen, an dem Karl um neun Uhr morgens in großer Prozession zur Kathedrale ritt in Begleitung des Herzogs von Alençon, des Herzogs de la Trémoïlle, des Grafen von Claremont, des Grafen von Vendôme und des jungen de Lavals, welche die Pairs von Frankreich vertraten. Der Marschall von Saint-Sévère, der Marschall de Rais, der Edle de Graville und Louis de Coulen, Admiral von Frankreich, hatten sich bereits nach St. Rémy begeben, um dem Abt das Geleit zu geben, der das wunderwirkende geweihte Öl brachte. Sie führten ihn in seinen reich mit Gold ornamentierten Priestergewändern nach Notre Dame, wo sie von dem von seiner Geistlichkeit umscharten Erzbischof erwartet wurden, der das Behältnis, nachdem er es aus den Händen des Abts in Empfang genommen hatte, auf den Altar niederstellte. Auch waren andere Würdenträger der Kirche, wie der Erzbischof von Châlons und die Bischöfe von Seez und Orléans, anwesend, nebst einer riesigen Menge von Rittern und Soldaten, welche den weiten Raum der Kathedrale füllten.

Die Zeremonie wurde mit allem üblichen Pomp durchgeführt. Der Herzog von Alençon gab dem König den Ritterschlag; der Edle d'Albret hielt das Schwert. Der Erzbischof von Reims erfüllte seine traditionelle Pflicht. Aber eine einzige Gestalt lenkte alle Augen auf sich, eine Gestalt, die, wie man sagte, nach Gott der Anlaß zu dieser Krönung und dieser ganzen Versammlung war: Jeanne d'Arc, die in voller

Rüstung, ihre Standarte in Händen, ihren Platz neben dem König behauptete: »*Il avait été à la peine*«, sagte sie, als man sie fragte, warum ihre Standarte bei dem *sacre* dabeigewesen sei, »*c'était bien raison qu'il fut à l'honneur*[1]«.

---

1 *Procès*, Bd. I. S. 187: *Interroguée pour quoy il fut plus porté en l'église de Rains, au sacre, ceulx des autres cappitaines, respond: »Il avoit este à la paine, c'estoit bien raison que il fut à l'onneur.«*

XII. Kapitel

VON REIMS NACH PARIS

I

Die Krönung stellte den Gipfel von Johannas Triumph dar. Noch keine fünf Monate waren verstrichen, seitdem sie Domremy verlassen hatte, aber im Verlauf dieser Zeit hatte sie sich durchgesetzt, war eine Nationalheldin geworden und hatte zwei von ihren vier Hauptversprechen eingelöst. Sie hatte ihren Vater wiedergesehen und seine Verzeihung erlangt, denn dieser verwirrte Bauer war von Domremy nach Reims gereist, wo er mit vielen Ehren auf Kosten der Stadt einquartiert worden war. Sie war neben ihrem König auf einem Platz gestanden, der vorher nicht einmal dem größten Pair von Frankreich zugebilligt worden war, und war vor ihm aus Rührung in die Knie gesunken, während auch die übrigen Anwesenden zu Tränen gerührt waren, als ihm die Krone unter Trompetengeschmetter und unter den Rufen »*Noel!*«, so, als solle das Dachgewölbe zerbersten, aufs Haupt gesetzt wurde[1]. Es war die Stunde ihrer höchsten Entrückung, und sie hatte sie restlos ausgekostet. Es schien auch, als solle ihr Sieg einen logischen Abschluß finden, denn es wurde endgültig beschlossen, am nächsten Tag in Richtung auf Paris zu marschieren. Johanna selbst zweifelte nicht daran, Paris zum Gehorsam zu zwingen. Sie hatte schon Vorbereitungen getroffen, indem sie dem *haut et redoubté prince*, dem Herzog von Burgund, drei Wochen vorher[2] und noch einmal am Tag der Krönung geschrieben und ihn *à jointes mains* gebeten hatte, Frieden zu schließen. Aber wie die Ereignisse bewiesen, hatte sie damit als ihr schlimmster eige-

---

1 *Procès*, Bd. V, S. 129: Brief dreier Edelleute aus Anjou an die Gemahlin und an die Schwiegermutter Karls VII.
2 Dieser Brief ist nicht mehr vorhanden.

ner Feind gehandelt. Sich mit ihrem zweiten Briefe kreuzend, sandte Burgund Abgesandte nach Reims, um, wenn nicht einen dauernden Frieden, so doch wenigstens einen Waffenstillstand zu erwirken; und Karl, leichtgläubig, optimistisch und nur zu dankbar für jede Entschuldigung einer weiteren Verzögerung, vergeudete vier kostbare Tage mit *pourparlers* mit den Burgundern in Reims, indessen ein großes englisches Heer unter Kardinal Beaufort und dem Herzog von Bedford in Eilmärschen nach Paris unterwegs war, durch burgundische Mannschaften aus der Pikardie verstärkt.

In Wahrheit hintergingen die Herzöge von Burgund und von Bedford gemeinsam den König ganz so, wie sie wollten. Johannas Schicksal war besiegelt. Von Reims an war ihr Fuß auf den steilabschüssigen Pfad gesetzt, der zum Scheiterhaufen führte.

II

Johanna selbst war in Verzweiflung. Sie war sich voll und ganz des Ernstes und der Dringlichkeit der Lage bewußt, aber was konnte sie tun? Ich glaube sagen zu dürfen, daß sie nach Reims die ursprüngliche große mitreißende Kraft ihrer Eingebung verließ und daß sie nicht mehr genau so wie früher die Menschen ihrer Stimme gehorchen machen konnte. Sie scheint selbst etwas Derartiges gemerkt zu haben, denn sie sagte zum Erzbischof von Reims, als sie zwischen ihm und dem Bastard ritt, sie wünschte, Gott, ihr Schöpfer, würde ihr erlauben, ihre Waffen niederzulegen und in den Dienst ihres Vaters und ihrer Mutter zurückzukehren, um zusammen mit ihrer Schwester und ihren Brüdern, die sich sehr über ihre Rückkehr freuen würden, die Schafe zu hüten[1]. Man mag mutmaßen, der unmittelbare Grund für diese

1 Anatole France (*Vie de Jeanne d'Arc,* Bd. II. S. 17, Fußnote) deutet an,

Äußerung eines so wenig charakteristischen, schwachen Wunsches sei in der vorhergegangenen Begegnung mit ihrem Vater in Reims zu suchen. Wenn auch kein Bericht von dieser Begegnung vorhanden ist, so wenig wie von der Örtlichkeit, an welcher sie stattfand, oder von den zwischen den beiden gewechselten Worten, so ist es nur vernünftig sich vorzustellen, dieses seltsame Wiedersehen müsse in menschlicher Beziehung für beide Teile mit großen und schwierigen Erregungen verbunden gewesen sein. Man bedenke die Erlebnisse, die Johanna durchgemacht hatte und bei denen wir ihr nahezu Tag für Tag während dieser fünf ereignisreichen Monate gefolgt sind. Aber man bedenke auch die auf sich allein gestellten und ungerühmten Tage in Domremy, wo nichts übrigblieb, als geduldig den gewohnten Anforderungen eines Bauernjahres nachzukommen – Getreide zu säen, Kühe zu melken, Rüben zu schneiden und Eier zu sammeln, in der altgewohnten Weise weiterzumachen, wenn auch die eigene Tochter dem wildesten aller Traumgespinste nachgelaufen war. Wenn auch keine Nachrichten von ihr kamen, außer unglaubwürdigen Gerüchten von ihrem Wirken unter Männern, deren Namen ebenso furchteinflößend wie fern waren. Ungenügendes Mitgefühl ist meiner Ansicht nach den Eltern Jeanne d'Arcs gezollt worden. Ängstliche, verblüffte und sehr menschliche Wesen, die sie waren, wurden sie fast völlig vom Schatten ihres strahlenden Kindes verdunkelt. Hier ist es erlaubt, innezuhalten und einen Augenblick lang über die Gefühle Jakobus d'Arcs und Johannas Betrachtungen anzustellen, als beide sich am Tag vor der Königskrönung wiedertrafen: Johanna, nicht mehr die

ein Heiligengeschichten schreibender Geistlicher habe diese Stelle der Aufzeichnungen des Bastards wahrscheinlich verhübscht. Da Johannas Schwester, wie angenommen wird, zu der Zeit bereits gestorben war und zwei ihrer Brüder mit Johanna zusammen in Reims waren, scheint dieser Skeptizismus einigermaßen berechtigt.

mißachtete und von daheim ausgerissene Jeanette, sondern die herrliche Pucelle, die sich das Recht erworben hatte, neben dem König zu stehen.

War es schwierig für sie, sich sofort wieder in die Lage eines Kindes zurückzuversetzen, als sie einem Vater gegenüberstand, der ihr erst noch mit Worten verzeihen mußte? Wo trafen sie sich? War es in Jakobus' Unterkunft im *Ane Rayé*[1] oder mußte er herbeigeholt werden, weil seine Jeannette nicht durch die Straßen von Reims reiten konnte, ohne die wildesten Kundgebungen hervorzurufen? Als er sie das letztemal gesehen hatte, trug sie ihr geflicktes rotes Kleid. Nun hatte sie einen grünen Waffenrock an, eine Rüstung und einen gold- und karmesinfarbenen Mantel. Damals war sie auf ungesattelten Bauernpferden geritten; nun hatte sie ihr eigenes Streitroß, einen Haushalt, Pagen, einen Majordomus und ihren eigenen Beichtiger. Sie stand auf vertrautem Fuße mit Prinzen, mit sowohl geistlichen, als auch weltlichen großen Herren und mit dem König selber, der ihr sechzig *livres tournois* als Geschenk für ihren Vater gab. Zeigte sie ihm ihr herrliches Schwert und ihre Rüstung und erzählte ihm, wie sehr sie deren Gewicht gedrückt hatte, als sie sie zum erstenmal trug? War es für sie schwierig, nachdem sie in eine andere Welt verpflanzt worden war, plötzlich wieder in den alten Dialekt zu verfallen, oder versetzte sie der vertraute Lothringer Akzent zurück in die Vergangenheit und

---

1 Die Herberge zum *Ane Rayé* lag in der Rue de Parvis und wurde später durch das *Maison Rouge* ersetzt, das folgende ungenaue Inschrift trägt:

L'an 1429,
au sacre de Charles VII,
dans cette hotellerie appelée alors l'Ane Rayé
le père et la mère de Jeanne d'Arcq (sic)
ont été logés et defrayés
par le conseil de ville.

Die Ungenauigkeit besteht darin, daß beide, sowohl der Vater als auch ihre Mutter genannt werden, während in Wahrheit nur Johannas Vater nach Reims kam.

ließ sie ganz natürlich nach Neuigkeiten von ihrer Mutter und von ihren Freundinnen Hauviette und Mengette und allen den von ihr Zurückgelassenen fragen? Das werden wir nie wissen. Wir wissen nur, daß vierzehn Tage später der König auf ihre besondere Bitte hin den Dörfern Greux und Domremy einen dauernden Nachlaß aller Steuern und sonstigen Abgaben gewährte, und daß deren Steuerveranlagungen von da ab günstig beschieden wurden mit der Randbemerkung: *Néant, la Pucelle*[1].

Noch jemand anderer war Zeuge von Johannas Triumph in Reims: Durand Lassois, dieser geduldige Mann, der als erster an sie geglaubt hatte.

III

Alle diese Dinge waren erfreulich, aber sie reichten nicht hin, um Johanna zu befriedigen. Wie ich schon angedeutet habe, scheint nach Reims eine neue Note in die Geschichte zu kommen, so als kämpfe Johanna nunmehr gegen eine Übermacht an, die zu überwinden sie wenig Hoffnungen hatte, wenn sich auch ihr kühner Geist nachzugeben weigerte: als kämpfe sie ohne jene restlose Überzeugung weiter, die sie früher in einen ebenso unüberwindlich entrückten Zustand versetzt hatte. Vielleicht ist die Annahme nicht übertrieben, ihre Gabe des Vorherwissens habe eine leise Warnung geflüstert. Vielleicht war sie es zuletzt nur müde, den zaudernden und unzuverlässigen Karl dahin zu schleppen, wo sie ihn haben wollte.

Sie verließen zusammen mit einer viertägigen Verspätung Reims und erreichten nach weiteren zwei Tagen Soissons. Von hier ab wurde es offenbar, daß Karl, weit davon entfernt, geradeswegs auf Paris loszumarschieren, sich wieder in die Bequemlichkeit und Sicherheit der Loire zurück-

1 Dieses Privilegium wurde erst im 18. Jahrhundert aufgehoben.

schleichen wollte. Er wollte nicht einmal die wichtige Stadt Compiègne betreten, obwohl diese bereit war, sich ohne Widerstand zu ergeben. Am 2. August war er in Provins eingetroffen, wo er bis zum 5. blieb. Inzwischen hatte er einen fünfzehntägigen Waffenstillstand mit dem Herzog von Burgund geschlossen, wonach sich dieser verpflichtete, ihm am fünfzehnten Tag Paris friedlich zu übergeben.

Johanna schreibt einen Brief an die Bürger von Reims (5. August), der bitterer als jede Erläuterung ihre ganze Verzweiflung, Angst und Zweifel offenbart. Offensichtlich hat sie mit Recht kein Vertrauen zu dem Waffenstillstand, dem Herzog von Burgund oder seinen Versprechungen. Es ist wirklich tragisch, zwischen den Zeilen ihres Briefes zu lesen und zu bemerken, wie sehr sie sich eine kritiklose Treue gegen ihren König zu bewahren bemüht und gleichzeitig ihren »lieben und guten Freunden« von Reims beteuert, sie sei sich des Ernstes der Lage voll bewußt, und ihnen versichert, sie würde sie nie, solange sie lebe, im Stich lassen. »Johanna die Jungfrau«, schreibt sie, »gibt Euch Nachricht von sich und bittet und fleht Euch an, niemals an der guten Sache ihres Kampfes für das königliche Geblüt zu zweifeln, und ich verspreche und verbürge Euch (hier geht der Brief von der dritten Person in die erste Person Einzahl über), Euch niemals zu verlassen, solange ich lebe. Es ist wahr, daß der König einen Waffenstillstand von fünfzehn Tagen mit dem Herzog von Burgund geschlossen hat, wonach dieser die Stadt Paris am Ende der fünfzehn Tage friedlich zu übergeben hat. Seid trotzdem nicht erstaunt, daß ich das nur so kurz erwähne, denn ich bin durchaus nicht einverstanden (*ne soy point contente*) mit Waffenstillständen, die auf solche Art zustande gekommen sind, und weiß nicht, ob ich ihn halten werde. Wenn ich ihn aber halte, so nur um der Ehre des Königs willen, damit dem königlichen Geblüt kein Abtrag geschehe, denn ich werde das königliche Heer beisammenhalten, im Falle es nach Ablauf der fünfzehn Tage nicht zum Frieden kommen sollte[1].«

Johanna behielt freilich vollkommen recht. Die genauen Daten des Waffenstillstands sind unbekannt, aber es ist offensichtlich, daß der Herzog von Burgund nie die leiseste Absicht hatte, Paris in die Hände des Königs zu überantworten. Was er wirklich wollte, war: vierzehntägigen Aufschub für die ihm verbündeten Engländer zu gewinnen. Daß Karl sich hatte irreführen lassen, ist sowohl unglaublich als unbegreiflich. Nicht ohne guten Grund wird dafür gehalten, sein böser Genius La Trémoïlle sei von Burgund bestochen gewesen. Und La Trémoïlle verfügte über viele Machtfaktoren außer einem persönlichen Einfluß auf den armen Schelm Karl.

Eine unerwartete Bewegung von seiten der Engländer vereitelte jedoch Karls Rückzug an die Loire. Seine Absicht war gewesen, die Seine auf der Brücke bei Bray unweit von Provins zu überschreiten. Sehr zum Glück Johannas und ihrer Parteigänger beschlossen die Engländer, gerade bevor der König und sein Heer sie überschreiten konnten, die Brücke zu besetzen. Dadurch war die Straße abgeschnitten und Karl zum Rückzug auf Château-Thierry gezwungen, das wenigstens Paris näher gelegen war. Johanna und ihre Freunde, die Herzöge von Alençon und Bar und die Grafen von Clermont, Vendôme und Lavals freuten sich darüber, denn der Beschluß, über die Seine zu setzen, war völlig gegen ihren Willen gefaßt worden.

Nun will es scheinen, als habe der Herzog von Bedford, nachdem ihm genügend Zeit für seine Vorbereitungen gelassen worden war, wirklich beabsichtigt, den Franzosen eine offene Feldschlacht zu liefern: denn am 7. August richtete er einen persönlichen Brief an Karl, in dem er ihn mit den beleidigendsten Ausdrücken herausforderte, ein Treffen beider Heere entweder in der Provinz Brie, die

1 *Procès*, Bd. V, S. 139–140.

damals gleicherweise von englischen wie französischen Truppen besetzt war, oder in der angrenzenden Provinz Ile de France zu vereinbaren. Nicht nur deutete er an, Karl sei nicht der wahre König von Frankreich, nicht nur nannte er ihn unumwunden einen Mörder (nämlich schuldig an der Ermordung des vorigen Herzogs von Burgund), nicht nur beschuldigte er Karl, er sei die einzige Ursache des ganzen über das französische Volk hereingebrochenen Jammers, sondern er sparte auch keine Beiworte, um Johanna zu treffen, diese »verderbliche, als Mann verkleidete Frau«, die seine Haupthelfershelferin bei der Verführung seines unwissenden Volkes gewesen sei. Man sollte annehmen, Karls persönlicher Stolz, seine Begriffe von Ehre, Ritterlichkeit und Dankbarkeit wären beim Empfang eines derartigen Briefes zu sofortigem Handeln angestachelt worden. Wohl trieb er sich ein paar Tage in Montépilloy im Umkreis von Senlis (14. bis 16. August) herum, wobei ein paar Scharmützel zwischen den Vorposten und Patrouillen der beiden Heere stattfanden. Aber weder Karl noch Bedford, trotz seines prahlerischen Briefes, scheinen im geringsten darauf versessen gewesen zu sein, sich auf eine Entscheidungsschlacht einzulassen, auch wenn sich eine Möglichkeit dazu bot. Nach all dem Fanfarengeschmetter und den Vorverkündungen geschah weiter nichts, als daß La Trémoïlle von seinem Pferd fiel und beinahe – aber nicht ganz – gefangengenommen worden wäre. Johanna tat ihr Bestes. Sie ging so weit, bis an die englischen Verschanzungen heranzureiten und mit dem Schaft ihres Banners daranzuschlagen. Als sie sah, daß das keine Wirkung hatte, sandte sie den Engländern eine Aufforderung, herauszukommen und zu kämpfen; mehr konnte sie kaum tun, auch mit d'Alençons kühner Beihilfe nicht. Zum Schluß zogen die beiden Heere nach verschiedenen Richtungen hin ab – wie zwei Hunde, die einander mit gesträubten Rückenhaaren knurrend umkreist und umkreist haben, sich aber doch endlich lieber für Besonnenheit als für Gewalt entscheiden[1].

Bedford kehrte nach Paris zurück. Karl ließ sich endlich dazu überreden, auf Compiègne vorzurücken. Einen Augenblick lang schien es, als seien Johannas Glückssterne aufs neue im Steigen. Bedeutende Städte begannen noch einmal, ihre Schlüssel dem König oder seinen Stellvertretern zu Füßen zu legen. Senlis und Beauvais erklärten beide ihre Unterwerfung; Compiègne hieß den König persönlich willkommen. Trotzdem war Johanna in Unruhe: sie mißtraute der langen Dauer des Aufenthalts, den Karl in Compiègne zu machen vorschlug, denn aus seinem Verhalten zu schließen, erschien er ihr so zufrieden mit den von Gott empfangenen Gunstbeweisen, daß ihn der Wunsch verlassen hatte, etwas Weiteres zu unternehmen. Sie war nicht nur in Unruhe, sie war auch nachdenklich und ihre Nachdenklichkeit hatte sie zu einem Fehler verführt – dem schweren Fehler, einen Brief an den Grafen von Armagnac zu diktieren, als sie sich gerade in den Sattel schwang. Das war nicht der richtig gewählte Augenblick, um auf die Anfrage eines bedeutenden und freundlich gesinnten großen Herrn zu antworten. Und mehr noch, der Inhalt des Briefes und die Art, in der Johanna in ihrer Ungeduld darauf zu antworten beschloß, waren gleicherweise unglücklich gewählt. Denn Armagnac hatte es für richtige befunden, sie zu befragen, welchem von den drei Päpsten zu gehorchen sei, und sie darum zu bitten, Jesum Christum anzuflehen, durch sie zu künden, wer von diesen nun der wahre Papst sei. Nun hätte Johanna niemals zugeben sollen, selbst stillschweigend nicht, daß sie irgendein Recht habe, in einer Angelegenheit zu entscheiden, die einzig und allein Sache der Kirche war. Noch weniger hätte sie antworten sollen, im Augenblick sei sie zu sehr bedrängt vom Kriegsgetümmel, sobald sie aber in Paris oder sonstwo

1 Es waren auf beiden Seiten strategische Gründe für dieses unheldenhafte Verhalten vorhanden; aber ich fand es unnötig, hier auf sie einzugehen.

die nötige Muße dazu fände, wolle sie Erkundigungen einziehen und ihn benachrichtigen. Ihre Richter, die sie bei Ihrem Prozeß bedrängten, waren nur wenig von der Entschuldigung beeindruckt, dieser verfängliche Brief sei hastig diktiert worden, weil einige der Umstehenden den armagnacischen Boten in den Fluß zu werfen drohten. Es war eine Anmaßung, deretwegen ihre Richter sie schuldig sprechen konnten, was sie auch taten.

Es besteht kein Zweifel, daß Johanna wenig Zeit oder Gedanken für etwas anderes übrig hatte als für den Krieg. Zu d'Alençon sagte sie, sie wolle gehen und sich Paris aus größerer Nähe besehen; bis jetzt hatte sie nur einen Schimmer von Montmartre von den Anhöhen von Dammartin herunter erblickt. Der immer getreue d'Alençon begleitete sie nach Saint Denis (23. August), und der König begab sich, als er von der Unternehmung der beiden hörte, verdrießlich nach Senlis, allem Anschein nach unter dem Einfluß eines den Wünschen Johannas und d'Alençons entgegengesetzten Ratschlags. Es bedurfte für d'Alençon zehn Tage und wiederholten Kommens und Gehens, um den König nach mehrfach gebrochenen Versprechungen dazu zu überreden, sich in Saint Denis mit ihnen zusammenzutun. Karl spielte wie gewöhnlich ein doppeltes Spiel. Er konnte nicht offen mit d'Alençon und Johanna brechen, wohl aber konnte er – und das tat er auch – seine Unterhandlungen mit dem Herzog von Burgund fortsetzen und darin sogar so weit gehen, einen erneuten Waffenstillstand mit ihm zu schließen (28. August 1429), der das absonderliche Übereinkommen enthielt: wenn es auch den Franzosen erlaubt sein sollte, Paris anzugreifen, so sollte es doch gleicherweise dem Herzog erlaubt sein, burgundische Truppen zur Unterstützung der in Paris befindlichen Engländer abzustellen. Das hieß in Wirklichkeit soviel: Wenn sich auch Johanna als Karls eigene Beauftragte bemühen mochte, Paris für ihn zu unterwerfen, so räumte er dennoch den Burgundern das Recht ein, seine eigenen Feinde gegen seine Dienerin bei der Verteidigung von Paris zu unterstützen. Vielleicht glaubte er nicht wirklich, daß der Herzog von der Erlaubnis Gebrauch machen würde, denn gleichzeitig finden wir ihn das Anerbieten machen, dem Herzog die Stadt Compiègne zu »leihen«, ein Angebot, das in keiner anderen Beleuchtung als in der einer Bestechung angesehen werden kann. Glücklicherweise erwies sich Compiègne Frankreich treuer ergeben als sein König, und was auch der Erzbischof von Reims sagen mochte, nichts konnte seine Bürger dazu bewegen, sich ausleihen zu lassen. Sie erwiderten sehr höflich auf die Beweisgründe des Erzbischofs, *d'une commune voix*, sie seien die ergebenen Untertanen des Königs, darauf bedacht, ihm mit Leib und Gut zu dienen, doch könnten sie sich unmöglich dem Herzog von Burgund unterordnen zufolge des Hasses, den sie ob ihrer Treue zu Seiner Majestät gegen ihn hegten. Deshalb würden sie sich bei aller Ergebenheit lieber mit ihren Frauen und Kindern vernichten lassen, als besagtem Herzog in die Hände zu fallen. Königstreue und Furcht konnten nicht weiter gehen. Königstreue und Furcht hatten die Bürger von Compiègne dazu bewogen, den ausdrücklichen Wünschen des soeben von ihnen anerkannten Herrschers den Gehorsam zu verweigern. Es war schwer genug für Karls Heerführer gewesen, seine Städte für ihn zurückzuerobern. Nun sie erobert waren, tat er sein möglichstes, um sie wieder loszuwerden. Man ist immer wieder zu fragen versucht: Was wollte der Mann wirklich? Wollte er sein Königreich oder wollte er es nicht? War er ein Abtrünniger oder lediglich ein Narr? Es ist sehr schwer – wirklich sehr schwer –, Karls Gedankengängen zu folgen. Entweder waren seine Absichten insgeheim feige und unehrenhaft oder, wenn sie ehrenhaft waren, dann so undurchführbar, daß sie an Wahnwitz grenzten. Nichts wird einen vernünftigen Geschichtsforscher überzeugen, – so wenig wie Johanna etwas zu überzeugen vermochte, – irgendein anderer Vertrag hätte mit dem Herzog von Burgund geschlossen werden können, außer durch Waffengewalt.

Johanna und d'Alençon waren jetzt in Saint Denis, und Saint Denis muß als vorübergehender Aufenthalt, ganz abgesehen von seiner Lage in nächster Nähe von Paris, vollkommen nach Johannas Geschmack gewesen sein. Nicht nur war seine Abtei die Beisetzungsstätte der französischen Könige und der Aufbewahrungsort der heiligen Standarte von Frankreich, der *oriflamme*, sondern sie enthielt auch Reliquien in genügender Anzahl, um der gläubigsten und abergläubischsten Seele Genüge zu tun. Unter den profanen Reliquien befand sich das Herz Bertrand du Guesclins. Unter den religiösen Reliquien gab es ein Stück vom Kreuze Christi, die Windelbänder des Jesuskindleins, einen Splitter von dem Krug, in dem in Kana das Wasser in Wein verwandelt worden war, einen Stab vom Röstgitter des heiligen Lorenz, einen Holzbecher aus dem Besitz des heiligen Ludwig und die Kinnlade der heiligen Maria Magdalena.

Johanna, tiefgläubig wie sie war, muß von dieser merkwürdigen Sammlung äußerst beeindruckt gewesen sein. Es heißt die Einbildungskraft nicht zu weit schweifen zu lassen, wenn man annimmt, sie habe ein gut Teil ihrer Zeit mit Gottesverehrung in der an sich schon ehrwürdigen Abtei verbracht. Aber indem sie ihren Wirklichkeitssinn mit dem Mystischen verband, kundschaftete sie während ihres zehntägigen Aufenthalts in Saint Denis auch die Verteidigungsanlagen von Paris aus, um ihre schwächsten Stellen zu entdecken. D'Alençon war, wenn er nicht in Senlis weilte, um Karl zu einer Verbindung mit ihnen zu bewegen, ständig an ihrer Seite. Es hatten Geplänkel stattgefunden, aber kein ernsthafter Angriff wurde bis zum 8. September unternommen, und selbst dann ist es noch zweifelhaft, ob wir den Angriff mit Recht für ernsthaft gemeint ansehen dürfen. Die französischen Anführer schienen äußerst unbeherzt zu Werke gegangen zu sein, indem sie die Schlacht weder frühzeitig am Tage begannen noch die gesamten ihnen zur Verfügung stehenden Streitkräfte verwandten und überdies nur an einer einzigen Stelle angriffen, nämlich zwischen den Toren von Saint Honoré und Saint Denis. Laut dem Bericht eines zeitgenössischen Zeugen[1] »hätten sie die Stelle weder im Sturm noch durch Belagerung nehmen können«, selbst wenn sie an Zahl viermal so stark gewesen wären, und ihre Absicht war deshalb eher, eine Panik in der Stadt hervorzurufen, als zu versuchen, sie im Sturm zu nehmen. Wir haben nicht den Vorzug, die Überlegungen der französischen Anführer mitanhören zu können, und vermögen infolgedessen auch nicht zu beurteilen, ob sie einen wirklichen Angriff oder nur eine Einschüchterung planten. Wir können nur festhalten, daß die Bewegung gegen Paris vom 8. September als der erste bedeutende Rückschlag hervorsticht, den die königlichen Waffen, seitdem Johanna zum erstenmal bei Orléans ins Feld gezogen war, erlitten hatten.

Johannas eigene Stellung bei der Pariser Angelegenheit ist bei weitem nicht so klar umrissen und deutlich wie gewöhnlich. Sie hatte lange gedrängt, nach Paris zu kommen, trotzdem gab sie später bei ihrem Prozeß zu, sie sei am Tage des 8. September nicht dem Rat ihrer Stimmen gefolgt, sondern der Bitte gewisser Edelleute (*gentilz hommes*), die eine *vaillance d'armes* unternehmen wollten. War sie damals zum Angriff geschritten ohne jene wirkliche Überzeugung, die sie früher unweigerlich zum Sieg geführt hatte? Ist es abergläubisch anzudeuten, ohne die unmittelbare Eingebung ihrer Stimmen habe ihr der Funke gefehlt, der ihre Anhänger zu scheinbar unmöglichen Taten befeuerte? Zwar fügte sie hinzu, ihre eigene persönliche Absicht sei gewesen, weiter vorzugehen und die *fosses* von Paris zu überschreiten. Aber diese persönliche Absicht war, nach ihrer eigenen Darstellung, bei dieser Gelegenheit nicht durch himmlische Ermutigung unterstützt. Somit fragt man sich unwillkürlich, ob nicht, wenn auch ihr persönlicher Mut und ihre Ent-

1 *Procès,* Bd. IV, S. 458: Clément de Fauquembergque.

schlossenheit unvermindert blieben, hinsichtlich der eigentümlichen Quellen ihrer Stärke der ganze Unterschied zwischen menschlicher Ausdauer und geistigem Zustrom bestand? Mit anderen Worten: konnte sie scheinbare Wunder nur dann bewirken, wenn sie sich wahrhaftig vom Atem Gottes beseelt fühlte – und versagte, wenn sie sozusagen aus sich selbst heraus handelte? Hatte dieser Atem Gottes sogleich nach Reims in ihr zu versiegen begonnen? War das armselige Behältnis ihres Fassungsvermögens bereits überfüllt? Hatte sich die Anstrengung schon als so groß erwiesen, daß sie ihr nicht länger mit ihrer alten Spannkraft gewachsen war, obwohl bis jetzt noch die Hälfte ihrer Versprechungen unerfüllt blieb? Fingen ihre Segel schon an, in einem flauen Wind schlaff herunterzuhängen? War sie so bald müde geworden, wie sie es durch die nachdenkliche Bemerkung anzudeuten schien: gerne würde sie ihre Waffen niederlegen und nach Domremy zurückkehren, um die Schafe ihrer Eltern zu hüten[1]?

Es kann kein Zweifel bestehen, daß ihr persönlicher Mut so groß war wie je zuvor, wenn auch ihre persönliche Führerschaft etwas von ihrer wunderbaren Eigenschaft eingebüßt hatte. In den *fosses* von Paris bewährte sie sich mit all dem Heldenmut, den sie in den *fosses* von Orléans an den Tag gelegt hatte: in Paris wie in Orléans waren sie und ihr Banner im dichtesten Kampfgewühl und ihre Stimme erhob

1 Andrew Lang (*The Maid of France*, S. 180) weist auf einen interessanten Punkt hin. Er deutet an, Johanna habe »fälschlicherweise abgeleugnet, eine besondere Weisung von ihren Stimmen erhalten zu haben, und fälschlicherweise berichtet, die französischen Edelleute hätten keinen ernsthaften Angriff zu machen geplant. Ihre Absicht sei gewesen, die Ehre ihrer Heiligen zu retten ... und die Ernsthaftigkeit der Niederlage der königlichen Waffen als unbedeutender hinzustellen«. Aber wie er weiterhin sehr richtig zu erklären fortfährt, besitzen wir das bestätigende Zeugnis Clément de Fauquemberques, und wir dürfen hinzufügen, daß Johanna, als sich ihre Stimmen bei einer späteren Gelegenheit in Beaurevoir weigerten, ihr einen Rat zu geben, nicht zauderte zuzugeben, nicht ihrem Rat gehorsam gehandelt zu haben.

sich wie früher, um ihren Leuten Mut einzuflößen. Sie überschritt nicht nur die trockene *fosse*, sondern stieg auch in die zweite oder nasse *fosse* hinunter, um mit einem Lanzenschaft die Tiefe des Wassers oder des Schlamms auszuloten. Die äußerliche Ähnlichkeit zwischen Paris und Orléans beschränkt sich nicht nur auf ihre Heldentaten und ihr Beispielgeben im Wallgraben unter den Stadtmauern. Im Wallgraben unter den Mauern von Paris wurde sie, ganz so wie im Wallgraben unter den Mauern der Tourelles in Orléans, durch einen Pfeil verwundet – diesmal in den Schenkel statt oberhalb der Brust. »*Paillarde! ribaude!*«, sagte der Mann, der auf sie gezielt hatte, und er durchbohrte mit einem zweiten Schuß den Fuß ihres Bannerträgers. Dieser unglückselige Mann war so unvorsichtig, das Visier seines Helms hochzuschlagen, um das Geschoß (*vireton*), das ihn getroffen hatte, herauszuziehen – und in diesem ungedeckten Augenblick traf ihn ein zweiter Pfeil zwischen die Augen, so daß er tot umfiel. Johanna aber wurde sehr gegen ihren Willen von de Gaucourt und anderen aus der Gefahrenzone fortgebracht. Sie ging widertrebend mit und sagte, ohne ihr Fortgehen wäre der Platz genommen worden. D'Alençon scheint seine Stimme denen beigesellt zu haben, die sie zwangen, sich zurückzuziehen; aber sie trug ihm das offenbar nicht nach, denn frühzeitig am nächsten Morgen finden wir sie nach ihm senden mit der Bitte, den Befehl zu einem erneuten Angriff zu geben, wobei sie sagt, *par mon martin*, sie würde Paris nicht eher verlassen, als bis sie es erobert habe. Ihr *beau duc* war, wie gewöhnlich, bereit, ihr zu gehorchen, aber als sie gerade noch miteinander verhandelten, erschienen der Herzog von Bar und der Graf von Claremont mit einem Befehl des Königs, wonach beide unverzüglich mit ihm in Saint Denis zusammentreffen sollten. Höchst widerwillig gehorchten sie, aber selbst jetzt noch war nicht alle Hoffnung aus ihren Herzen gewichen. Sie wußten, daß auf d'Alençons Befehl hin unweit von Saint Denis eine Brücke über die Seine geschlagen worden war, und rechneten noch mit der Möglichkeit, auf diesem Wege in die Stadt einzudringen. Zu ihrem Unglück wußte auch Karl von der Brücke und da er ihren Plan erriet, unternahm er den unglaublichen Schritt, die Brücke heimlich bei Nacht abbrechen zu lassen. Wie sollen wir uns Karls Betragen in dieser ganzen Sache erklären? Allem Anschein nach hatte er in jeder Beziehung falsches Spiel mit Johanna getrieben. Er legte ihr jedes erdenkliche Hindernis in den Weg. Wie hätte seine getreue Dienerin unter solchen Umständen Paris für ihn erobern sollen? Seine Geschäfte mit dem Herzog von Burgund waren über alle Maßen töricht und anrüchig gewesen. Seine Zerstörung der Brücke d'Alençons war offener Verrat. Man wird fast zu der Schlußfolgerung gezwungen, er habe nie die Absicht gehabt, sich Paris von Johanna übergeben zu lassen, als wäre es ein Geschenk aus ihrer Hand. Trotzdem bleibt die Frage nach dem Warum? offen. Ein spottendes Echo antwortet: Warum? Reine Schlappheit und Feigheit können ein so offensichtlich irrsinniges Unterfangen kaum erklären. Steckte Bestechung dahinter? War er wirklich auf den Herzog von Burgund hereingefallen? War La Trémoïlle daran schuld? Diese Fragen sind vielleicht müßig, da sie nicht beantwortet werden können, aber sie drängen sich uns zu unserer Bestürzung unausweichlich auf.

Jedenfalls erreichte er sein Ziel. Am 22. September war er zurück in Gien an seiner geliebten Loire, und das Heer wurde in Ermangelung von Geldmitteln aufgelöst. Johanna ist in diesem Augenblick traurig anzusehen. Wenig mehr als eine in Ehren gehaltene Gefangene, verblieb sie in Karls Gesellschaft, aber sie scheint nicht mehr länger die heldische, glänzende Gestalt von früher. Bei Erhalt des entscheidenden königlichen Befehls, Paris aufzugeben und ihn auf seinem Rückzug zu begleiten, hatte sie ihre Rüstung – das Symbol des Sieges – ab- und vor dem Bildnis der gebenedeiten Jungfrau Maria in der Kathedrale von Saint Denis niedergelegt. Es war die hoheitsvolle Gebärde des Verzichts.

Sie trennte sich auch von d'Alençon. Ihre Freunschaft, die

so fröhlich begonnen hatte und sich so getreulich während all der Gefahren und Schwierigkeiten, denen sie zusammen getrotzt hatten, bewährt hatte, fand durch d'Alençons Abreise von Gien, um seine Frau in seiner *vicomté* von Beaumont zu treffen, ihren Abschluß. Johanna hatte seiner Frau versprochen, ihn heil und gesund heimzuschicken, und hatte ihr Wort gehalten. Aber er und sie, diese jungen und hoffnungsvollen Waffenkameraden, sollten sich nie wiedersehen. Der breite und dunkle Schatten ihrer Feinde fällt auf ihren fröhlichen, kühnen, ritterlichen und platonischen Pfad. Der Erzbischof von Reims, der Herzog de la Trémoïlle, der Edle de Gaucourt, *qui lors gouvernoient le corps du roy et le fait de sa guerre, ne vouldrent oncques consentir, ne faire, ne souffri que la Pucelle et le duc d'Alençon fussent ensemble.*

Et la Pucelle demoura vers le roy, moult ennuyée du département et par especial du duc d'Alençon que elle amoit très fort et faisoit pour lui ce que elle n'eust fait pour ung autre.

Et ainsi fut le vouloir de la Pucelle et l'armée du roy rompue[1].

---

1 *Procès*, Bd. IV, S. 29–30: Perceval de Cagny.

XIII. Kapitel

VON PARIS NACH COMPIÈGNE

I

Es wäre in gewissem Sinne besser, wenn wir hier berichten könnten, Johanna habe ihrem Wunsche entsprechen dürfen, den sie dem Erzbischof von Reims gegenüber geäußert hatte, so daß er dem Bastard von Orléans zu Ohren kam – dem Wunsche, sie jetzt nach Domremy zurückkehren zu lassen, um die Schafe ihrer Eltern zu hüten. Es wäre insofern besser für sie, als es bequemer und weniger qualvoll für sie gewesen wäre, aber in dramatischem Sinne wäre die Schürzung nicht vollständig. In dramatischem Sinne mußte Johanna jetzt sterben. Nicht am wenigsten seltsam ist in jedem einzelnen Menschenschicksal seine Beharrlichkeit, sich restlos dem ihm von Anfang an auferlegten Grundton anzupassen. Johannas Leben war in hohen Gefühlsbereichen gelebt worden, und es war angemessen, daß sie auch der Tod in demselben hohen Bereich ereilen sollte. Ihre Laufbahn mußte, um sich zu der dramatisch erforderlichen Einheit zu runden, mit einem frühen und tragischen Tode enden. Es ist etwas Unangemessenes, ja Beleidigendes an der Vorstellung, sie hätte zum Schafehüten zurückkehren sollen, nachdem sie Heere geführt hatte, oder um sich gehorsam mit einem jungen Mann aus Toul oder sonst irgendwem zu vermählen, nachdem andere, vielleicht wertvollere Männer kurzerhand durch Gottes Fügung ertrunken waren, weil sie ihre Jungfräulichkeit beleidigt hatten. Johannas Leben gliedert sich – so wie ich es sehe – in vier nahezu bewußt vorgezeichnete dramatische Akte. Erster Akt: Der Aufstieg; zweiter Akt: Der Triumph; dritter Akt: Das zögernde Zwischenspiel; vierter Akt: Der Höhepunkt der Tragödie. Der dritte Akt ist derjenige, welchen man am liebsten auslassen möchte; vielleicht würde man auch gerne einen Abkürzungsweg zwischen dem zweiten und vierten Akt einschlagen: Unglücklicherweise ist es gerade dieser dritte Ort, dem wir nun unsere Aufmerksamkeit zuwenden müssen. Tun wir das so kurz wie möglich.

Er erstreckt sich der Zeit nach vom Juli 1429 bis zum Mai 1430 und ist mit Ausnahme des fehlgeschlagenen Angriffs auf Paris im September, mit dem wir uns bereits befaßt haben, durch kein irgendwie hervorstechendes Ereignis gekennzeichnet. Danach artet er zu einem langweiligen Bericht von Johannas Hinwarten am Hofe aus. Sie war nicht zur Hofdame geboren. Sie war noch erfüllt von kriegerischen Plänen; sie wollte mit d'Alençon in die Normandie ziehen, aber davon wollte der Rat des Königs nichts wissen; als das fehlschlug, hatte sie den Gedanken, Paris zu erobern, noch nicht aufgegeben. Allen diesen Plänen wurde von Amts wegen Einhalt geboten, aus dem unter anderem sehr zutreffenden Grund, der König könne ihr nicht erlauben, gegen den Herzog von Burgund Krieg zu führen, solange der Waffenstillstand zwischen ihnen noch in Kraft sei. Johanna konnte nichts anderes tun, als sich mit einem Leben unwillkommener *fainéantise* im Gefolge ihres *fainéant* Königs zu bescheiden. Neun Monate verstrichen; neun Monate bröckelten von der kurzen, ihr gewährten Zeitspanne ab. Es empört und erstaunt einen, zu entdecken, mit welcher Sanftmut sie das hinnahm; erstaunt einen, weil solche Geduld nicht zu ihrem Charakter paßt; empört einen, weil sie nicht mehr sie selbst ist. Die alte Johanna hätte sich sicherlich aufgelehnt, hätte selbst den widerstrebendsten, müßigsten und verschuldetsten aller Könige zur Fortführung der in Angriff genommenen Aktion gezwungen. Die neue Johanna, die Johanna, die sich bei ihrer ersten ursprünglichen Anstrengung verausgabt zu haben scheint, nahm zahm die Umstände hin, statt sich mit allen Kräften gegen sie aufzulehnen. Sie fügte sich in eine zahme, billige Lebensweise, schlenderte hinter dem König und der Königin drein, ließ sich erst einmal im Haus ihres schwärzesten Feindes La Trémoïlle in Selles-en-Berri unterbringen und dann nach Bourges schleppen, was die ironische Erinnerung an die Tage geweckt haben muß, als ihr Held Karl mangels eines stolzeren Titels der König von Bourges gewesen war, ein so armer König, daß ihm sogar ein Flickschuster in der Stadt den Kredit für ein Paar Pantoffeln verweigerte, *et qu'il en avoit chaussez ung et pour tant qu'il ne le pehut payer contant, il lui redechaussit le dict houzel, et lui convint reprendre ses vielz houzels*[1]. Wenn Johanna sich das nur von Anfang an vor Augen gehalten hätte, so würde sie Karl VII. nicht mehr Vertrauen geschenkt haben als sonst einem Mann, der es fertigbrachte, ein Paar neue Pantoffeln zu bestellen, und dabei genau wußte, daß er den Schuster nicht würde bezahlen können. Karl kam diesmal allerdings in besseren Verhältnissen nach Bourges, aber immer noch unter dem Druck des Geldmangels, denn um der Gerechtigkeit willen müssen wir uns ständig vor Augen halten, wenn wir seine Untätigkeit und seine Abneigung gegen den Krieg tadeln, daß seine Schatullen dauernd leer waren und es Zeiten gab, in denen selbst die Kronjuwelen verpfändet waren. Wir müssen uns deshalb vorstellen, daß der Hof Karls VII. in Wirklichkeit weit weniger großartig war, als es dem Namen nach klingt, selbst als Karl wieder in sein altes Schlupfloch Bourges mit geweihtem Öl auf dem Haupt und der siegreichen Jungfrau von Orléans im Gefolge einzog.

II

Johannas Gastgeberin in Bourges, Marguerite La Touroulde, zu jener Zeit eine Frau von nahezu vierzig Jahren, war seit langem mit dem armseligen Stand von Karls Finanzen vertraut gewesen, war doch ihr Mann, damals Generaleinnehmer, einmal im Besitz von nur noch vier *écus* gewesen, die entweder sein Geld oder das des Königs darstellten. Sie selbst war irgendwie dem Dienst der Königin zugeteilt. Sie

---

1 *Procès*, Bd. IV, S. 325: *Le doyen de Saint Thibaut de Metz.*

und Johanna scheinen während der vier Wochen von Johannas Aufenthalt in Marguerites Haus sehr gut miteinander ausgekommen zu sein, und da Marguerite offenbar eine Plaudertasche war, die nur zu gern alles weitererzählte, was sie von ihrem berühmten Gast wußte, hat sie uns viele Einzelheiten hinterlassen, die wir aus anderen Quellen nicht erfahren. Man kann sich nicht des Verdachts erwehren, Marguerite habe unwillkürlich die zwischen ihnen beiden entstandene Freundschaft übertrieben, ebenso wie sie bereitwillig den in Umlauf gesetzten Klatsch wiederholte, wonach diejenigen, welche Johanna zuerst nach Chinon brachten, sie für verrückt zu halten angefangen hätten und sie in einen tiefen Graben werfen wollten – ein Bericht, der sich durchaus nicht mit den Worten von Jean de Metz und Bertrand de Pulengy zusammenreimt. Vielleicht fehlte der Demoiselle La Touroulde das Unterscheidungsvermögen und vielleicht stellte sie auch Johanna als mitteilsamer hin, als sie es in Wirklichkeit war. Ich stelle mir in Wirklichkeit vor, die Gastgeberin, eine auf jede Neugigkeit erpichte Seele, habe ihren Gast mit Fragen bestürmt, auf welche Johanna gutmütig Antworten gab, welche später als Beweise für ihre Intimität und Vertraulichkeit angeführt werden konnten. Ich halte – vielleicht ungerechterweise – Marguerite La Touroulde für eine liebenswürdige, sich ziemlich geschäftig gebärdende und zudringliche Frau, die sich ebenso wichtig dünkte, wie sie auch eine ehrliche Haut war, der wir aber jedenfalls dankbar sein müssen für die kleine aus ihrer Schreiberei hervorgehende Skizze, die sie uns von einer Persönlichkeit hinterlassen hat, von der keine das Gesamtbild vervollständigende Einzelheit überflüssig sein kann.

Sie schliefen dem Brauch gemäß zusammen. Sie gingen gemeinsam zur Kirche und ins öffentliche Bad, woselbst Marguerite munter entschied, Johanna sei, soweit sie beurteilen könne, eine Jungfrau. (Offenbar zauderte sie, Johanna unmittelbar danach zu fragen, denn sie stützt sich nur auf ihre eigene Beobachtungsgabe. Wie sie oder irgend jemand anderer die Tatsache der Jungfernschaft ganz einfach lediglich durch einen wenn auch noch so forschenden Blick auf ein siebzehnjähriges Mädchen, das in sein Bad stieg oder gerade daraus hervorkam, feststellen konnte, muß ich physiologisch erfahreneren Leuten zu entscheiden überlassen.) Wenn sie weder in der Kirche noch im Bad waren, plauderten sie häufig zusammen (*fabularentur ad invicem*), und laut Marguerite drehte sich ihr Gesprächsstoff um die vielen hervorstechenden Ereignisse in Johannas kurzer Laufbahn. So verdanken wir Marguerite den Bericht von Johannas Ermahnungen an den Herzog von Lothringen (siehe Kapitel VI, S. 137); ihr verdanken wir eine von Johannas Anspielungen auf ihre Untersuchung in Poitiers, ihre Antwort an die Doktoren der Theologie: *Il y a ès livres de Notre Seigneur plus que ès vortres*; ihr verdanken wir die seltsame nebensächliche kleine Aufklärung, Johanna habe Würfel gehaßt, sei in ihrer Wohltätigkeit außergewöhnlich freigebig gewesen und habe die Frauen von Bourges ausgelacht, die ihr ihre Rosenkränze ins Haus brachten, damit sie sie berühre, indem sie sagte: »Berührt sie selber, euere Berührung wird ihnen genau so gut tun wie meine.« Marguerite freilich führte dieses letztere Zeugnis als Beweis dafür an, daß sich Johanna selbst niemals heilige Kräfte angemaßt habe.

III

Der König war unstet, und den drei in Bourges verbrachten Wochen folgten Aufenthalte an verschiedenen Orten – Montargis, Loches, Jargeau, Issoudun und Meung-sur Yèvre. Die meisten dieser Namen besagen uns sehr wenig – bestenfalls begegnen sie dem auf französischen Landstraßen reisenden Touristen auf einem blau-weißen Wegweiser mit in entgegengesetzten Richtungen weisenden

Pfeilen und einer Kilometerzahl darunter wieder –; aber für Johanna müssen sie in jener Zeit ungewöhnlich und persönlich vertraut geklungen haben. Loches: das war dort, wo sie an die Privattür des Dauphins geklopft hatte, um ihn anzuflehen, mit ihr nach Reims zu kommen; Jargeau: dort hatte sie das Leben ihres lieben d'Alençon gerettet und Suffolk war zum Gefangenen gemacht worden. Wie müßig und ärgerlich muß der Wechsel vom Feldlager an den Hof erschienen sein! In Meung-sur-Yèvre schienen sich ihre Aussichten ein wenig aufzuhellen und die Möglichkeit, sich zu betätigen, zu neuem Leben zu erwachen. Das sollte sich nur als eine leere Versprechung herausstellen, aber Johanna mit ihren wiedererweckten Hoffnungen konnte das nicht voraussehen. Sie konnte im Augenblick nur sehen, daß sie wieder ihre Waffen aufnehmen durfte und zwar recht ironischerweise in einer von Amts wegen anerkannteren Stellung als je zuvor: ihr Name und der des Edlen d'Albret wurden als gemeinsame Oberbefehlshaber des Heeres genannt. Denn das Heer, wenn auch noch immer unbesoldet, sollte von neuem ins Feld ziehen. Karls im Oktober abgehaltener Kronrat entschied, es täte »sehr not, die Stadt La Charité vom Feind zu befreien«, ebenso notwendig sei es aber, zuerst die Stadt St. Pierre-le-Moutier einzunehmen. Johanna, solcherart frei geworden, ritt mit d'Albret nach Bourges, um das Heer zu sammeln, und war am 25. Oktober wieder bei ihrer alten Beschäftigung, eine Stadt zu belagern, angelangt. Die unglücklichen Bürger von Bourges wurden auf Befehl des Königs aufgefordert, sofort und ohne Verzug dreizehnhundert *écus* in Gold allsogleich an d'Albret und Johanna zu senden – ein Befehl, der von der unheilverheißenden Bemerkung begleitet war, es würde sehr zum Schaden für besagte Stadt und die gesamte Provinz Berry sein (*grant dommaige pour ladicte ville et tout le pays de Berry*), wenn die Belagerung von La Charité mangels dieser Zahlung aufgehoben werden müßte. Bourges entschied sich, vielleicht klugerweise, dafür, ein Dreizehntel der Rechte an seinem Wein-Kleinhandel auf ein Jahr an den Meistbietenden zu verkaufen[1].

Andere Städte sandten Beisteuern: Orléans, immer großzügig gegen seine Befreierin, gab Geld und Kleidung; Clermont-Ferrand Kriegsmunition; Johanna schrieb selbst nach Riom und bat um Salpeter, Schwefel und Armbrüste[2].

IV

Jean d'Aulon hinterläßt einen Bericht von ihr in St. Pierre-le-Moutier, einen Bericht, in dem sein eigenes Verdienst nicht vergessen wird, denn es war etwas in diesem ehrlichen Mann, was der Versuchung nie widerstehen konnte, sich selbst in den Vordergrund des Schauplatzes zu rücken. Bei dieser Gelegenheit erscheint er auf Krücken, da er am Fuß verwundet worden war, klettert aber heroisch auf ein Pferd und reitet zu Johanna, die von allen, mit Ausnahme von vier oder fünf Männern, verlassen, den Rückzug ihrer entmutigten Truppen beobachtet. Was, fragte er, nachdem er an sie herangeritten war, tat sie hier allein? Es ist etwas an dieser Frage, was an die um ihr Küken besorgte Henne erinnert. Er ist halb böse auf sie, weil sie sich der Gefahr aussetzt, halb stolz darauf, daß sie es tut, wie sie es schon früher so viele Male getan hat. Man kann Jean d'Aulons Aufregung begreifen. Es war auch zu seiner besten Zeit keine leichte Aufgabe für ihn, über eine streitbare Heilige zu wachen, besonders aber nicht jetzt, wo er infolge einer Verwundung an der Ferse auf Krücken ging und sich auf ein Pferd mühselig hinaufgehißt hatte, um seinem ihm so viel Sorgen bereitenden, tollkühnen und erlesenen Schützling beizustehen. Johanna, sein ein und alles, nahm ihren Helm ab, bevor sie ihm antwor-

1 La Thaumassière, *Histoire du Berry*, S. 161.
2 *Procès*, Bd. V, S. 269–270, 146 und 147–148. Johannas Brief an Riom ist derjenige, der mit einem (? ihrem) Fingerabdruck und einem schwarzen Haar gesiegelt war. Siehe Kapitel I, S. 14.

tete. Sie sei nicht allein, sagte sie dann, denn eine Gemeinschaft von Fünfzigtausend sei mit ihr. Praktisch eingestellt wie immer, fügte sie nach dieser kurzen Flucht zu der Gesellschaft der himmlischen Heerscharen unverzüglich hinzu, er müsse Reisig und Faschinen anfordern, damit sie den Wallgraben überqueren könnten, und sie erhob ihre Stimme, um ihre Leute zum Angriff zurückzurufen. Es ist eine Geschichte, die oft, wenn von Johanna die Rede ist, erzählt werden muß. Der alte Zauber wirkte noch einmal: St. Pierre-le-Moutier fiel.

V

Sie hatte weniger Glück bei La Charité, was vielleicht nicht ganz ihre Schuld war. Laut ihrer eigenen Darstellung hatte sie im Hinblick auf La Charité keine himmlische Führung erhalten. Bei ihrem Prozeß verhielt sie sich hartnäckig ausweichend über diesen Punkt; sie sagte nie deutlich, ihre Stimmen hätten ihr verboten dorthin zu gehen, wenn sie sich auch in ihrer Ehrlichkeit nicht zu der Aussage überreden ließ, sie hätten in diesem Fall überhaupt gesprochen. Eine treue Seele, die sie war, zauderte sie immer ausdrücklich festzustellen, ihr Berater habe sie in einem gegebenen Augenblick im Stich gelassen. Ohne in den billigen Irrtum verfallen zu wollen, eine Theorie über Gebühr zu verfolgen, scheint es doch bezeichnend, daß sich Johannas erste ernstlichen kriegerischen Mißerfolge – in Paris und in La Charité – nach dem einstellten, was ich als den Gipfelpunkt ihrer Laufbahn bezeichnet habe: der Krönung in Reims. Eher hat es den Anschein, ihre Eingebung habe sie verlassen. Gleichzeitig muß man sich vor Augen halten, daß die Umstände in Paris in fast überwältigendem Maße gegen sie waren – in so überwältigendem Maße, daß nur die stärkste übernatürliche Kraft gesiegt haben könnte; und bei La Charité muß denselben Überlegungen das gebührende Gewicht zugebilligt werden. Man muß sich einen klaren Kopf bewahren und wirklichkeitsbewußt bleiben; andernfalls läuft der Romantizismus Gefahr, völlig gering geachtet zu werden, wenn er einmal kühn die Gesetzmäßigkeit durchbrechen will. Johanna selbst erkannte offenbar diese elementare Wahrheit in ihrer seltsamen Mischung einer Seherin und eines Wirklichkeitsmenschen. Ohne Vision kann nichts werden; ohne die Verwirklichungsgabe kann – außer auf rein geistigen Gebieten – ebensowenig etwas vollbracht werden. Es ist zwecklos, von Jeanne d'Arc schreiben zu wollen, ohne sich einen dem ihrigen ebenbürtigen Tatsachensinn zu bewahren. Deshalb tut man gut daran, sich zu erinnern, daß sie – mochte sie sich auch in einem Augenblick der Verzückung bei St. Pierrele-Moutier von fünfzigtausend Engeln umschart sehen – doch nicht so entrückt war zu vergessen, im nächsten Augenblick Reisigbündel zum Ausfüllen der *fosse* zu verlangen. Und so muß man auch, ohne ihre natürlichen Kräfte über Gebühr zu romantisieren, nüchtern in Betracht ziehen, daß in La Charité die Winterjahreszeit gegen sie war, Geldmangel herrschte und die wiederholten Versprechungen von Geldsendungen und Zufuhr nur gemacht wurden, um gebrochen zu werden.

VI

Der Angriff auf La Charité endete mit einem traurigen Fehlschlag – die Belagerung mußte aufgegeben werden, und von Ende November 1429 bis zum Frühjahr 1430 liefern uns nur einige gelegentliche, meist aus Rechnungsbüchern und Briefen aufgelesene seltsame Bruchstücke eine flüchtige Aufklärung über Johannas Tätigkeit und ihre Aufenthaltsorte. Wir wissen, daß der Hof zwei Monate in Meung-sur-Yèvre verweilte, von November bis Januar, und es ist möglich und wahrscheinlich, daß auch Johanna dort in der zweideutigen Stellung einer zwar angesehenen, aber untätigen Untertanin verblieb. Womit beschäftigte sie sich während dieser Zeit? Wir wissen nicht einmal, wo sie wohnte – eine Angabe, die sonst gewöhnlich überliefert wurde, wann immer sie sich mehr als ein paar Tage an dem gleichen Ort aufhielt. Keine wackere Frau wie Marguerite La Touroulde wurde später beim *procès de réhabilitation* hervorgeholt, um Zeugnis von Johannas einwandfreier Lebensführung und Frömmigkeit während dieser qualvollen Zeitspanne abzulegen, in der man sich vom Satan sicherlich das Allerschlimmste gewärtigen mußte. Gleichzeitig ist bemerkenswert, wie viele Frauen gerade in dieser Phase ihres Lebens eine Rolle spielen. Wir würden deren Auftauchen kaum bemerken, wären wir nicht unbewußt schon daran gewöhnt, Johannas Leben als vollständig unter Männern geführt anzusehen. Wir haben uns wirklich so sehr an das Rasseln der Rüstung gewöhnt, daß das Rascheln eines Rockes uns ganz überraschend vorkommt. Ihr Leben als Frau ist ein Leben, das wir vergessen hatten. Zwar hatte Johanna immer Sorge getragen, ihren guten Ruf zu wahren, indem sie mit Frauen unter einem Dach schlief, wenn sie nicht die Nacht mit Männern unterm Sternenhimmel verbrachte. Aber im übrigen lebte sie so natürlich das Leben eines Mannes, daß wir uns nicht mehr nach der einen oder anderen Richtung hin ihres Geschlechts bewußt werden. Es wurde ihr sogar bei ihrem Prozeß vorgeworfen, sie habe in ihrem Zimmer und in allen geheimsten Einzelheiten jede Betreuung von Frauen abgelehnt, um Männer zu ihrer Bedienung vorzuziehen – eine hinterhältige Behauptung, der Johanna, wie ich glaube, völlig wahrheitsgemäß widersprach[1]. Gleichzeitig antwortete sie mit derselben Freimütigkeit, Männer hätten immer zu ihrem Staat gehört, womit sie augenscheinlich sagen wollte, Männer hätten das starke, wesentliche und öffentliche Element in ihrem Leben dargestellt, Frauen das sanfte, private und hilfsbereite. In dieser Hinsicht scheint sie die Männer

---

1 *Procès*, Bd. I, S. 293–294, Artikel LIV der Anklageschrift.

ganz natürlich so angesehen zu haben, wie ein anderer Mann sie angesehen hätte. Daher bedarf es – wenn Frauen auf dem Schauplatz erscheinen – fast einer Anstrengung, um uns dem Gedanken anzupassen, Johanna sei selbst eine Frau gewesen, und um uns daran zu erinnern, daß dieser junge kriegerische Feldhauptmann mit Frauen sogar noch mit natürlicherer Ungebundenheit umgehen konnte als mit Männern. Und in den Monaten zwischen September 1429 und April 1430 schreitet eine ganze Anzahl von Frauen über Johannas Bühne. Sie hatte jene drei Wochen in der ihr aufgezwungenen Vertrautheit mit Marguerite La Touroulde verlebt. Die Königin hatte sich derweilen zum König gesellt, wodurch allein schon dem Hof eine weiblich weichere Note verliehen wurde. Dann kam Johanna mit jener sehr uninteressanten Betrügerin Catherine de la Rochelle in Berührung. Johanna begegnete ihr zweimal, einmal zu Jargeau und einmal zu Montfauçon-en-Berri, und durchschaute sie mühelos. Catherine de la Rochelle war durchaus nicht die Sorte Frau, die dazu angetan war, diesen ernsthaften Geist und wachsamen Verstand zu täuschen. Ihre Begegnungen mit Johanna müssen von ihrem Gesichtspunkt aus gesehen vernichtend gewesen sein. Es ist immer peinlich, seine eigenen Wahnideen bloßgestellt zu sehen, besonders vor sich selber. Sie kann sich nicht gefreut haben, gesagt zu bekommen, sie solle zu ihrem Gatten zurückkehren und sich um ihr Hauswesen und ihre Kinder kümmern. Sie kann sich nicht gefreut haben, mit ihrem Angebot, einen Frieden mit dem Herzog von Burgund zu vermitteln, so abzublitzen, wie Johanna sie abblitzen ließ, indem sie so sehr treffend sagte, der einzige Friede, der abgeschlossen werden könnte, sei der durch Waffengewalt. Noch weniger kann sie sich gefreut haben, zwei aufeinanderfolgende Nächte in Erwartung ihrer besonderen »weißen Dame« verbringen zu müssen, damit diese ihnen beiden in ihren goldenen Gewändern erscheine. Arme Catherine de la Rochelle: in der ersten Nacht wurde es Johanna, die bis nach Mitternacht wach geblieben war, offenbar zu langweilig und sie schlief ein. Als sie am nächsten Morgen fragte, ob die »weiße Dame« erschienen sei, versicherte ihr Catherine, sie habe sich ihr in der Tat gezeigt, aber sie, Catherine, habe Johanna nicht aufzuwecken vermocht, wobei sie hinzufügte, gewißlich werde die »weiße Dame« in der nächsten Nacht wieder erscheinen. Hier nun folgt meiner Ansicht nach eines der typischsten Beispiele von Johannas bäurisch gesundem Menschenverstand, ebenso bin ich mir durchaus nicht sicher, daß es nicht auch bezeichnend ist für ihr instinktives, launiges und kluges Mißtrauen einem gewissen Typus ihres Geschlechtes gegenüber: sie schlief fast den ganzen folgenden Tag, um die ganze darauffolgende Nacht hindurch wach bleiben zu können und auf die »weiße Dame« zu warten. Sie war offensichtlich entschlossen, auch Catherine nicht einschlafen zu lassen, denn sie ließ nicht ab, sich von Zeit zu Zeit zu erkundigen, ob die besagte »weiße Dame« nicht bald erscheinen würde? Worauf die arme Catherine stets erwiderte: »Ja, bald!« Ihr müssen die Augenlider zugefallen sein, aber Johanna, die den ganzen Tag über geschlafen hatte, hielt sie mitleidlos bis zur Morgendämmerung wach, und – wie sich von selbst versteht – nichts geschah.

Johanna ließ sich nicht von Schwindlerinnen anführen. Wäre sie eine spitzfindigere Persönlichkeit gewesen, so wäre man zu sagen versucht, sie habe Catherine de la Rochelle absichtlich zum Narren gehalten. So wie es ist, wollte sie vermutlich der Wahrheit der Sache auf den Grund gehen und wählte dazu den ihrer Ansicht nach besten und raschesten Weg, indem sie mit ihrer Ernsthaftigkeit wie mit einer Sichel über den Trug der Frau hinfuhr, die ihr geraten hatte, nicht nach La Charité zu gehen, »weil es dort zu kalt sei«.

Catherine, die sich erbötig gemacht hatte, verborgene Schätze für den König zu finden, taugte nichts, und Johanna sagte das auch dem König, sehr zum Mißvergnügen von Bruder Richard und von Catherine selbst. Johanna, eine unbestechliche Persönlichkeit, hatte mit Abenteurern wie Bruder Richard und Catherine de la Rochelle keine Geduld. Andererseits setzte sie sich für Menschen ein, die ihr lieb waren, und versetzte die guten Standespersonen von Tours in einige Bestürzung durch ihr Schreiben, in welchem sie eine Heiratsaussteuer für ihre Freundin Héliote Poulnoir erbat, die Tochter jenes schottischen Malers, der Johannas Standarte und ihr Fähnlein ausgeführt hatte (siehe Anhang D, S. 480). Es ist belustigend, die Verlegenheit der Stadtoberhäupter zwischen den Zeilen ihres amtlichen Berichtes herauszulesen. Eine besondere Sitzung zum Entscheid der Angelegenheit wurde einberufen – eine sehr gewichtige Sitzung, bei welcher der Richter der Touraine, der Rat der Königin von Sizilien, vier die Kirchen von Tours vertretende Kanoniker und drei führende Bürger der Stadt anwesend waren. Es wurde entschieden, der Maler sei selbst zu Rate zu ziehen und die Ansicht zweier weiterer angesehener Bürger einzuholen, welche in jenem Augenblick in Angelegenheiten ihrer Stadt mit dem Hof in Bourges weilten. Die nächste Sitzung fand drei Wochen später statt und war sogar noch zahlreicher besucht. Héliote hatte, vielleicht klugerweise, die Beratungen nicht abgewartet und die Hochzeit hatte inzwischen stattgefunden. Ein gewisses abbittendes Bedauern spricht aus dem Beschluß, die öffentlichen Mittel von Tours seien für Instandsetzungsarbeiten der Stadt und für nichts anderes zu verwenden (*pour ce que les deniers de la ville convient emploier ès réparacions de la ville et non ailleurs*). Dieser Entscheid schien den Herren offenbar ein wenig zu ungnädig und herb, denn sie fügten hinzu, aus Liebe und um der Ehre der Pucelle willen sollte für die Braut im Namen der Stadt gebetet werden und mehr noch, sie sollte am Tage ihrer Einsegnung Brot und Wein, weißen wie roten, erhalten. Colas de Montbazon wurde mit der Ausführung dieses freundlichen Amtes betraut[1].

1 *Procès*, Bd. V, S. 154–156 und 271. *Extrait des comptes des deniers communs de la ville de Tours*. Es ist spaßig, den Rotwein als »claret« bezeichnet zu finden. Das ist ein nur auf die Farbe bezügliches Beiwort, *clairet*, und

Johannas Bemühung für ihre Freundin spricht, wenn sie auch teilweise erfolglos war, für sie. Sie war offenbar nicht so unmenschlich, wie wir manchmal versucht sein könnten zu glauben. Sie konnte sich mit der Hochzeit eines Mädchens in Tours befassen – eines Mädchens, dessen Vater den ihr vielleicht teuersten und symbolischsten Besitz geliefert hatte. Es beweist, daß sie in kleinen Dingen weder undankbar noch vergeßlich war, was mehr ist, als man von den meisten Menschen sagen kann, ob sie nun mit größeren Dingen beschäftigt sind oder nicht.

Ebensowenig dürfen wir unter den seltsamen, mit Johanna in Verbindung gebrachten Frauen La Pierronne vergessen, jene unglückliche bretonische Seherin, die behauptete, Gott erscheine ihr in einem langen weißen Gewand mit scharlachfarbener Tunika und spreche zu ihr wie ein Freund zum anderen. Sie lernte Johanna zu eben jener Zeit kennen, wurde aber – wie auch wegen Gotteslästerung – verbrannt, weil sie Johanna verteidigte, nachdem diese gefangengenommen worden war.

VII

Es wäre passend und erfreulich, den Namen der heiligen Colette de Corbie der Liste der Frauen hinzufügen zu können, welche während dieser Zeitspanne in Johannas Leben eine Rolle spielten; aber leider können wir das nicht mit Gewißheit. Es scheint mehr als wahrscheinlich, daß Johanna dieser bemerkenswerten Frau im November 1429 in Moulins begegnet sein muß, und wenn auch kein Zeugnis zum

bedeutet meines Wissens eher einen ortsgewachsenen *vin rosé* oder *vin gris*, als einen *vin de Bordeaux,* dem die Engländer den ungenauen Sammelnamen »claret« geben, ebenso wie sie auch alle Rheinweine »hock« nennen, ein Wort, das einem Deutschen nur verständlich wird, wenn er sich vergegenwärtigt, daß der Engländer für alle diese Weine seine eigene Abkürzung für »Hochheimer« verwendet.

Beweis ihres Zusammentreffens vorhanden ist, so gibt es auch umgekehrt keines, welches das Gegenteil beweist. Es ist ziemlich unglaubhaft, diese beiden Frauen, zwei der großen Heiligen Frankreichs, sollten zu derselben Zeit in derselben Stadt gewesen sein – wie wir wissen, daß sie das tatsächlich waren –, ohne den Versuch gemacht zu haben, zusammenzukommen. Freilich dachte keine von sich als von einer »großen Heiligen«; wir sind es, die sie in eine solche Beziehung zueinander bringen: die heilige Colette de Corbie, die heilige Jeanne d'Arc. Es sind triftige Gründe zu der Annahme vorhanden, die heilige Colette und die heilige Jeanne seien nahezu mit Sicherheit während der ersten Novemberhälfte des Jahres 1429 in Moulins in der Provinz Bourbonnais zusammengekommen. Da ist die Tatsache, daß Marie de Bourbon, die Johannas Freundin und ebenso die Gründerin von Colettes Kloster in Moulins war, sich gerade in Moulins aufhielt, als Johanna und Colette beide dort weilten, und selbstverständlich wäre sie darauf bedacht gewesen, die beiden zusammenzubringen. Da ist die weitere Tatsache, daß Johanna laut Überlieferung des Orts häufig und sehr lange in der Kapelle der Klarissinnen betete, des Ordens, dem Colette angehörte, und in eben der Kapelle, die an Colettes Kloster angrenzte. Dann ist da die weitere Tatsache, daß Colette – abgesehen von ihrer wunderbaren Gabe, Uhren langsamer schlagen und die Sonne zu früh aufgehen zu lassen, feindselige Männer dem Erdboden zu verwurzeln und Lämmer im Augenblick der Hostienwandlung hinknien zu lehren – nicht das Leben einer im Kloster eingesperrten Nonne geführt hatte, sondern das einer sehr praktischen und tätigen Frau, die an den öffentlichen Angelegenheiten Anteil nahm – hatte sie doch bei einer Gelegenheit sogar die Rolle einer Vermittlerin bei den Verhandlungen zwischen dem Dauphin und dem Herzog von Burgund gespielt –, so daß die zwei Heiligen außer ihren religiösen Erlebnissen vieles gemein gehabt hätten. Selbst was das religiöse Erlebnis anbetrifft, hatten sie vieles gemeinsam: beide waren in den üblichen Verdacht geraten, Hexen zu sein. Beide hatten Visionen gehabt und waren von himmlischen Stimmen geleitet worden, wenn auch Colette von ihren Besuchern weniger freundlich behandelt wurde als Johanna von den ihrigen, da sie sie erst mit Stummheit und dann mit Blindheit schlugen, als sie ein etwas begreifliches Widerstreben an den Tag legte, ihren Befehlen zu gehorchen; gelegentlich wurde sogar von unsichtbaren Händen der Stuhl unter ihr weggezogen. Es gab eine Menge Gründe für den beiderseitigen Wunsch zu einer Begegnung, und es scheint kein Grund vorhanden, warum sie diesem Wunsche nicht hätten nachkommen sollen. Wir dürfen wohl ruhig annehmen, daß Colette de Corbie den Frauen zuzuzählen ist, welche Johannas Weg während jener unglücklichen Monate kreuzten, durch welche die Zwischenzeit zwischen dem Glanz von Reims und dem Zusammenbruch bei Compiègne ausgefüllt wurde, und daß Colette de Corbie unter allen diesen Frauen der Freundschaft am würdigsten war, wie kurz diese unter diesen Umständen auch gewährt haben mochte.

VIII

Johannas Handlungen vom Dezember 1429 bis April 1430 sind nur spärlich überliefert im Vergleich zu der Ausführlichkeit, mit der wir ihr bisher folgen konnten, und die Geschehnisse, die uns einen Leitfaden für ihre Beschäftigungen liefern, erscheinen recht unbedeutend als Ausklang ihrer großen Taten. Im Dezember geruhte der König seiner *cara et delecta* Johanna, ihrem Vater, ihrer Mutter, ihren Brüdern und ihrer gesamten Nachkommenschaft den Adelsbrief zu verleihen[1]. Ich bezweifle sehr, ob diese Ehrung Johanna irgend-

---

1 Johanna wurde später bei ihrem Prozeß vorgeworfen, sie habe sich auch ein Wappen malen lassen, zwei goldene Lilien in azurnem Feld, im Kelch der Lilien eine Silberklinge mit goldenem Griff und Kreuz, über der aufgereckten Spitze eine goldene Krone.

welche besondere Freude machte, die sicher ein Schriftstück vorgezogen hätte, das ihr Vollmacht gab, gegen den Herzog von Burgund und die Engländer vorzugehen, ebensowenig wie ein Grund zu der Annahme besteht, sie selbst habe sich jemals des ihr so verliehenen Vorrechtes bedient. Das einzige Interesse, das dieser billige Beweis königlicher Gnade für uns mit sich bringt, ist das Licht, das er auf die Aussprache von Johannas Namen wirft (siehe Kapitel III, S. 43).

Die Erhebung in den Adelsstand kann kaum als Beschäftigung angesprochen werden. Sie gibt keinerlei Hinweis auf Johannas Tätigkeit zu jener Zeit; sie tritt dabei mehr als passive, denn als aktive Mitwirkende auf. Was ihre eigenen Unternehmungen anbetrifft, so mag sie vielleicht den Weihnachtstag in Jargeau verbracht haben[1]; sicher war sie am 19. Januar in Orléans, als die Stadt sie mit zweiundfünfzig Pinten Wein, sechs Kapaunen, neun Rebhühnern, dreizehn Kaninchen und einem Fasan nebst einem Wams für ihren Bruder beschenkte. Die Stadt Orléans blieb ihrer Pucelle immer treu und ergeben. Johanna selbst, die so oft sie konnte nach Orléans zurückging, scheint durch ihr häufiges Wiederkehren ihre besondere Zuneigung zu der von ihr geretteten Stadt ausgedrückt zu haben. Es wird sogar behauptet, »sie habe ein Haus in Orléans gemietet, das vielleicht als Heim für ihre Mutter gedacht war«. Nachdem sie die ganze Stadt im Sturm genommen und sie geschichtlich zu der ihrigen gemacht hatte, konnte sie es sich wohl erlauben, dort ein Haus zu ihrem Ruhequartier zu nehmen. Einen Fasan auf ihren Mittagstisch; ein Wams für ihren Bruder; eine Wohnung für ihre Mutter – Orléans war der letzte Ort in ganz Frankreich, seiner Befreierin solche kleinen Vorteile zu neiden. Johanna war immer Orléans' willkommener Gast – so willkommen, daß es vielleicht ein Glück für Pierre Cauchon, den Bischof von Beauvais, bedeutete, daß sie zufällig

---

1 *Procès*, Bd. IV, S. 474: *Le bourgeois de Paris,* eine unzuverlässige historische Quelle.

in Rouen statt in Orléans an den Brandpfahl gebunden wurde. Wäre sie in Orléans daran gebunden worden, so stelle ich mir vor, daß Schreie hätten ertönen können: »Wasser! Wasser! Löscht das Feuer!«, indessen Pierre Cauchon zu seinem Erstaunen bis über die Nasenlöcher in die Loire gehalten wurde zur selben Zeit, als das Wasser desselben Flusses aus Eimern über den brennenden Holzstoß gegossen wurde, der auf seinen Befehl hin errichtet worden war. Orléans hätte eher den Bischof ertränkt als die Pucelle verbrannt.

Aber der Bischof von Beauvais war bis dahin genaugenommen noch nicht auf der Bühne erschienen. Sein Schatten fällt bis jetzt nur dunkel und gigantisch aus den Kulissen. Er wartet.

Der Herzog von Burgund benutzte die Ruhepause, um seine dritte Heirat mit außerordentlichem Gepränge am 10. Januar 1430 in Brügge zu feiern. Geschildert als der reichste Fürst der Christenheit, hat er drei Frauen, vierundzwanzig Mätressen und darf sich die ziemlich bescheidene Freiheit von sechzehn illegitimen Kindern zugute schreiben. Bei dieser Gelegenheit heiratete er Isabella von Portugal, die ihm aus Portugal durch eine Sondergesandtschaft, zu der auch sein Lieblingsmaler Jan van Eyck gehörte, gebracht wurde. Acht Tage und Nächte lang übertraf sich die Stadt Brügge an Prachtentfaltung: siebzehn Nationen, die ihre Bankhäuser in der flämischen Stadt hatten, wetteiferten miteinander an Prunk; die Bürger wetteiferten mit den Adeligen, so daß Fest auf Fest folgte; die Straßen waren mit den üppigsten flandrischen Gobelins behangen, und Wein floß Tag und Nacht aus den Brunnen – Rheinwein aus dem Maul eines steinernen Löwen, Beaune aus dem Maul eines Hirsches, indes während der Mahlzeiten ein Einhorn Rosenwasser und Malvasier sprudelte. Als krönendes Symbol der Treue, die er in seiner Ehe zu wahren beabsichtigte, rief der Herzog einen neuen Ritterorden mit der tröstlichen Devise *Autre n'auray* ins Leben – den Orden vom Goldenen Vlies, »das Jason erbeutet hatte«.

Derweilen steigen diese drei kleinen Luftblasen an Kunde von Johanna zur Wasseroberfläche und zerplatzen: sie wird geadelt; sie verbringt Weihnachten in Jargeau; sie befindet sich im Januar in Orléans. Dann klafft eine Lücke bis zum 3. März, zu welchem Zeitpunkt sie in Sully als die Veranlasserin eines Briefes an die Hussiten in Böhmen wieder in Erscheinung tritt[1]. Dann erscheint sie wieder am 16. März und nochmals am 28. März als die unstreitige Ansagerin zweier Briefe an ihre »sehr lieben und guten Freunde« in Reims. Ihr ist durchaus nicht glücklich oder zufrieden zumute und wie bei den meisten innerlich nicht glücklichen oder unzufriedenen Menschen spricht eine gewisse Gereiztheit aus dem Ton ihrer Briefe. Sie enthält ihren lieben und guten Freunden etwas vor: sie würde ihnen gerne eine gute Nachricht geben, hat aber Angst, die Briefe könnten unterwegs abgefangen werden. (*Je vous mandesse anquores augunes nouvelles de quoy vous seriés bien joyeux: mais je doubte que les lettres ne fussent prises en chemin.*) Das ist ein kurzer Brief. Im nächsten gestattet sie sich etwas deutlicher zu werden und spricht ganz offen von *ces traitrez Bourguignons adversaires*; aber dann besinnt sie sich wieder und spielt aufs neue dunkel auf die *bonnes nouvelles* an, die sie ihnen bald *plus à plain* senden würde. Es ist klar, daß weder Johanna noch ihre Reimser Freunde den

---

1 *Procès*, Bd. V, S. 156–159. Ich sage lieber »Veranlasserin« als »Verfasserin«, denn aus verschiedenen Gründen könnte der Brief in seiner heute vorliegenden Form niemals von Johanna diktiert worden sein, wenn er vielleicht auch von ihr veranlaßt war. Er enthält nur eine Wendung, von der ich glauben kann, sie stamme unmittelbar von Johanna, eine Wendung, die ihre wahre, gebieterische, elisabethanische Note aufweist: *Ich werde Ihnen sagen, was Ihr zu thun habt.* (Im Original deutsch.) Der ganze übrige Inhalt des Briefes ist eine ziemlich hysterisch gehaltene Ausfälligkeit, und Johanna mag dafür wohl die Unterlagen, aber sicherlich nicht den Stil geliefert haben.

Es herrscht einige Meinungsverschiedenheit über das genaue Datum dieses Briefes. Quicherat verlegt es auf den 3. März, Andrew Lang auf den 23. März, indem er sich auf Th. de Sickel, *Bibliothèque de l'école de Chartres,* dritte Folge, Bd. II, S. 81, stützt.

Burgundern oder ihren Waffenstillständen im mindesten trauten. Es ist im Gegenteil ganz deutlich, daß ihre Freunde in Reims durch das Vorhandensein einer burgundischen Partei innerhalb ihrer Mauern beunruhigt waren. Die Engländer spielten sogar mit der Idee, ihren eigenen kleinen König in Reims krönen zu lassen. Er war erst acht Jahre alt; aber er konnte als Aushängeschild dienen. Sein Haupt taugte so gut wie das Haupt eines Erwachsenen, wenn nichts weiter von ihm verlangt wurde, als die Krone Frankreichs und Englands während der kurzen, aber eindrucksvollen Feierlichkeiten eine Stunde lang zu tragen. Danach konnte er zu seinem Unterricht oder seinen Spielsachen zurückkehren und das übrige den Herzögen von Burgund und Bedford überlassen. Für den Augenblick brauchte er in der Regierung seines doppelten Königreiches keine andere Rolle zu spielen.

Andererseits hatten die Herzöge von Burgund und Bedford noch mit jener im Volksmund als »la Pucelle« bekannten unbequemen Gestalt zu rechnen. Man hatte sie mehrere Monate – länger als sie es sich leisten konnte – hingehalten, und wenn auch Karl VII., den sie ihren König nannte, leicht zu überreden und zu täuschen war, so ließ sich doch sein böser Genius, diese Ausgeburt der Hölle, diese *Pucelle de malheur*, durchaus nicht täuschen. Waffenstillstände, mochten sie auch noch so oft erneuert werden, vermochten sie keineswegs zu überzeugen, daß Leute, die sie als Feinde Frankreichs betrachtete, diesem wirklich nur Gutes wünschten und nicht nur zu ihrem eigenen Vorteil Zeit gewinnen wollten. Waffenstillstände, mochten sie auch noch so oft erneuert werden, mußten eines Tages ein Ende nehmen. Die Gefahr konnte hinausgeschoben werden, aber nicht unbegrenzt lange. Es war wirklich an der Zeit, diese Hexe aus Frankreich zu vertreiben. Solange sie da war, gab es keine Ruhe weder für den Herzog von Burgund noch für den Herzog von Bedford. Keiner von beiden konnte mit seinen Geschäften zu Rande kommen.

Das war der burgundische und der englische Standpunkt.

Johannas Standpunkt war ganz anders. Johannas Standpunkt war der, sobald wie möglich wieder ins Feld zurückkehren zu können. Sie stimmte ganz mit ihren Reimser Freunden darin überein, den Burgundern sei nicht zu trauen. Gleichzeitig war sie durch ihre Untertanentreue gezwungen, sich mit dem König einverstanden zu erklären, der für den Waffenstillstand verantwortlich war. Sie konnte nach außen hin nicht uneins mit ihm sein; sie konnte sich nur innerlich verzehren.

Trotzdem ging die Zeit ihrer Untätigkeit dem Ende zu und Ende März verließ sie den König in Sully und stieß in Lagny-sur-Marne zu einer kleinen Streitmacht unter dem Befehl eines französischen Hauptmanns mit Namen Baretta, eines Schotten namens Kennedy und ihres alten Bekannten Ambroise de Loré. Ihre übrigen Getreuen waren in alle Winde zerstreut: sie muß d'Alençon, den Bastard und die anderen vermißt haben, aber wenigstens war sie wieder Soldat und nicht mehr ein ungeduldiges Anhängsel des Hofes. Zuerst schienen die Dinge gut zu gehen: Melun, das zehn Jahre lang in Händen der Engländer gewesen, aber im vorigen Oktober vom Herzog von Bedford Burgund übergeben worden war, erhob sich plötzlich aus eigenem Antrieb und vertrieb die Burgunder aus seinen Mauern. Diese Gebärde wurde nicht unerklärlicherweise Johannas Wiederauftauchen im Felde zugeschrieben, und der Gedanke muß sie glücklich gemacht haben, daß sich dieser erste und signalgebende Erfolg kurz vor Ostern ereignete. Sie, der die Kirchenfeste immer so viel bedeuteten, muß in der Tat gefühlt haben, daß mit dem großen Fest der Auferstehung auch die Hoffnungen Frankreichs aufs neue auferstanden waren. Ihre Gedanken wandten sich wieder Paris zu.

Einstweilen war sie in Melun und auf den Wällen dieser Stadt stehend geschah es, daß sie von der heiligen Katharina und der heiligen Margarete besucht wurde, welche ihr die vielleicht grausamste Nachricht brachten, die sie jemals von ihren Lippen vernommen hatte. Sie hatten sie an Ermutigung und Beratung gewöhnt, jetzt aber kamen sie mit keinem Rat, sondern nur mit der Verkündigung, vor dem Johannestag würde sie gefangen genommen werden. In diesem Augenblick der Morgenröte des Sieges und während das Läuten der Osterglocken noch nicht in der Luft verhallt war, muß das ein schwerer Schlag für Johanna gewesen sein. Sie berichtet selbst über die Umstände in ruhigen, entsagenden Worten, aus denen unschwer die Verzagtheit herauszuhören ist, die sie überkam[1].

Man konnte wohl weiterkämpfen, selbst in stetem Ringen gegen Flauheit, Zaudern und Verrat; aber es war etwas ganz anderes, weiterzukämpfen mit der Gewißheit seiner Gefangennahme und des Fehlschlags vor Augen. Denn für Johanna war selbstredend alles, was ihre Stimmen sagen mochten, Gewißheit, und an Stelle ihrer ständigen Stärkung und Unterweisung war jetzt diese entscheidenste Warnung getreten.Sie kamen danach fast alle Tage zu ihr, sagte sie, und wiederholten ihre düstere Prophezeiung: sie würde in Gefangenschaft geraten; sie dürfe nicht überrascht sein; sie müsse alles so hinnehmen, wie es komme, und Gott würde ihr helfen. Wenigstens war ein gewisser Trost in dieser letzten Versicherung. Sie machte ihr Mut, nach weiteren Einzelheiten zu fragen. Sie wollte die Stunde ihrer Gefangennahme erfahren, indem sie ziemlich mitleidheischend hinzufügte, hätte sie die Stunde gekannt, so wäre sie nicht ausgerückt. Merkwürdig genug scheint sie keinerlei Fragen nach dem Schauplatz gestellt zu haben: sie wollte nur den Zeitpunkt wissen. Aber sie wollten ihn ihr nicht angeben, sondern wiederholten nur, es sei unerläßlich und sie solle es nicht schwer nehmen (*print tout en gré*). Sie bat auch, rasch sterben zu dürfen, wenn sie gefangengenommen würde,

1 *Procès*, Bd. I, S. 115: *Respond que en la sepmaine de Pasques derrenièrement passé, elle estant sur les fossés de Melun, luy fut dit par ses voix, c'est assavoir Saincte Katherine et Saincte Marguerite, qu'elle seroit prinse avant qu'il fust la saint Jéhan, et que ainsi falloit qui fust fait, et qu'elle ne s'esbahist, et print tout en gré, et que Dieu lui aideroit.*

und so der Qual, lange im Kerker schmachten zu müssen, zu entgehen; aber darauf antworteten sie nicht. Trotzdem, fügte Johanna tapfer hinzu, hätte sie sich auf deutlichen Befehl der Stimmen hin dennoch hinausgewagt, ohne der Gefahr zu achten. Freiwillig wäre sie nicht gegangen, aber dessenungeachtet hätte sie ihren Befehlen bis zum Schluß gehorcht, was auch aus ihr werden mochte.

Sie wartete nahezu einen Monat, bis das Schwert auf sie niederfiel, denn erst am 23. Mai geriet sie in Gefangenschaft.

IX

Sie war von Melun nach Lagny zurückgekehrt, wo sie zusammen mit Kennedy, Baretta und dem Unterführer des Ambroise de Loré einen glänzenden Sieg von geringer Bedeutung gegen eine kleine englische Plünderertruppe davontrug. Das Treffen bei Lagny war für Johanna der Anlaß zu einer Menge späteren Kummers und lenkte den Tadel der Richter bei ihrem Prozeß auf einen Vorfall, der meiner Meinung nach Tadel verdient zu haben scheint. Ein burgundischer Hauptmann namens Franquet d'Arras wurde entweder von Johanna selbst oder von einem ihrer Leute gefangengenommen, und sie wollte ihn gegen den Besitzer des Gasthauses ›Zum Bären‹ in Paris austauschen. Warum sie gerade den Bärenwirt gewollt hatte, ist nicht festgestellt, aber als sie hörte, er sei gestorben, ehe er ihr übergeben werden konnte, sagte sie zu dem Amtmann von Senlis: »Da mein Mann, den ich wollte, tot ist, tut mit diesem hier (nämlich mit Franquet d'Arras), was die Gerechtigkeit erheischt.« Franquets Sache wurde darum vierzehn Tage lang verhandelt und er des Mordes, Raubes und Verrats schuldig befunden und hingerichtet. Zweifelos verdiente er seinen Urteilsspruch und tatsächlich gestand er seine Verbrechen ein, aber es ist nicht einzusehen, inwiefern dieser Vorfall für Johanna sprechen sollte. Wenn sie sowieso bereit war, Franquet das Leben zu schenken, als sie ihn für den anderen Mann austauschen zu können glaubte, so war es kaum richtig gehandelt, ihn für ein Pech büßen zu lassen, das sicherlich nicht seine Schuld war.

Es ist in Lagny, daß das wunderbare Schwert von Fierbois zum letztenmal in Johannas Geschichte auftaucht. Sie selbst sagte aus, sie habe es dort noch gehabt; aber nach Lagny habe sie das Schwert eines Burgunders getragen, ein gutes Kriegsschwert, geeignet zum Austeilen von Hieb und Stich, *de bonnes buffes et de bons torchons*. Als ihre Richter sie fragten, wo das Schwert von Fierbois geblieben sei, erwiderte sie, das habe nichts mit dem Gegenstand des Prozesses zu tun und sie wolle keinerlei Auskunft darüber geben. Nach der volkstümlichen Überlieferung hatte sie es über dem Rücken einer Kurtisane zerbrochen; aber die Chronisten sind sich nicht einig, wo sich dieser Vorfall abspielte. Sie sind sich jedoch darin einig, der König habe, als er davon hörte, sein Mißfallen geäußert und bemerkt, sie hätte einen Stock benützen sollen. Jean Chartier fügt malerischerweise hinzu, die Waffenschmiede hätten es für unmöglich befunden, das Schwert wieder zusammenzuschmieden, was ein weiterer Beweis für seinen göttlichen Ursprung war.

Gleichfalls in Lagny war es, daß man ihr das Wunder zuschrieb, ein totes drei Tage altes Kind wieder zum Leben erweckt zu haben.

Von Lagny begab sie sich nach Senlis. Der König versuchte derweilen noch immer wegen des Friedens zu unterhandeln, der nach Johannas Ansicht einzig mit Lanzenspitzen zu erzielen war; aber selbst seiner Halsstarrigkeit wurde es klar, daß weder die Engländer noch die Burgunder die leiseste Absicht hatten, sich mit ihm unter Bedingungen zu einigen, die für das zerrissene, unglückliche Frankreich günstig waren. Nur ein Waffensieg, der noch vollständiger war als der, mit dem Johanna ihren ersten Feldzug bei Orléans eingeleitet hatte, würde den Ausländer aus dem Land vertreiben und den mächtigen Herzog in den Stand eines

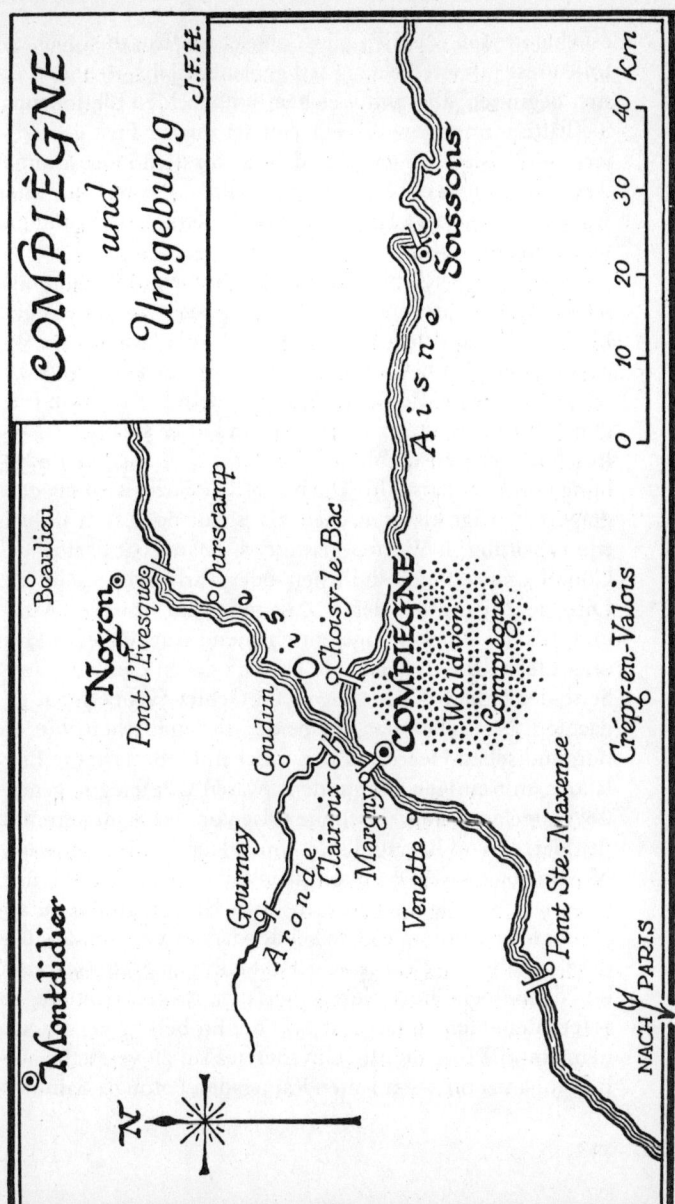

COMPIÈGNE
und
Ungebung

J.F.H.

Montdidier

N

Beaulieu

Noyon
Pont l'Evesque

Ourscamp

Gournay

Aronde
Coudun

Clairoix
Margny

Choisy-le-Bac

COMPIÈGNE

Wald von
Compiègne

Venette

Crépy-en-Valois

Pont Ste.-Maxence

Aisne

Soissons

NACH PARIS

0   10   20   30   40 Km

pflichtgetreuen Vasallen zurückversetzen. Es sah so aus, als solle dieser zweite Feldzug fast genau ein Jahr nach dem ersten beginnen, aber mit welchem Unterschied für Johanna! Sie hatte immer gewußt, ein Jahr sei ihr zur Frist gesetzt – jetzt wußte sie noch genauer, daß sie vor dem Hochsommer ihren Feinden in die Hände fallen würde. Es ging nun Ende April zu, und am 23. landete der kleine englische König mit seiner Armee in Calais.

Es war offensichtlich, daß die englischen und burgundischen Streitkräfte trachten würden, sich zu vereinigen. Ebenso offensichtlich wie ihr Wunsch, die königstreue widerspenstige Stadt Compiègne einzunehmen, die sich geweigert hatte, auf Betreiben Karls VII. dem Herzog von Burgund überantwortet zu werden, und die, solange sie im Besitz der Franzosen blieb, eine starke Stellung zur Bedrohung von Paris darstellte. Die beigefügte Karte wird die geographische Lage klarer machen, als es eine noch so ausführliche Erklärung in Worten vermöchte. Man sieht darauf, daß Compiègne auf der südlichen oder Pariser Uferseite der Oise liegt, nahe bei deren Zusammenfluß mit der Aisne, und daß die Brückenfrage entscheidend war für jedes Heer oder Heere, die in der Ile de France oder in dem auf dieser Seite der beiden Flüsse liegenden Gebiet zu operieren gedachten. Nun aber standen beide, die englischen wie die burgundischen Heere, auf den falschen Flußufern: die Engländer, mit einigen Burgundern, waren Compiègne gegenüber angelangt, aber durch die Oise von der Stadt getrennt; der Herzog von Burgund mit seiner Hauptstreitmacht war in Noyon angelangt. Da er von Montdidier nach Noyon (über Gournay) gezogen war, durfte man berechtigterweise annehmen, er würde die Oise bei der damals von den Engländern gehaltenen Brücke von Pont l'Evêque überschreiten und dann über Choisy-le-Bac herfallen, womit Compiègne, sofern dem Herzog seine Absicht der Eroberung gelang, seinem Angriff offen dalag. Um diesen Plan zu vereiteln, verließ Johanna mit ihrem alten Kameraden Poton de Saintrailles Compiègne und zog gegen Pont l'Evêque, das sie mit Tagesgrauen angriffen (14. Mai). In früheren Zeiten hätten sie die Brücke vielleicht genommen und tatsächlich waren sie auch nahe daran, als die Besatzung von Noyon, die Hals über Kopf aus drei Kilometer Entfernung herbeieilte, sie zurückschlug. Zwei Tage später kapitulierte Choisy vor dem Herzog von Burgund, der sofort die Festung zerstören und eine Brücke über die Oise schlagen ließ.

X

Da Choisy von den Burgundern besetzt war, wurde es für die Franzosen unbedingt notwendig, es sobald wie möglich wieder zurückzuerobern, wenn sie nicht ohne eine Brücke über die Aisne bleiben wollten, die näher als die von Soissons gelegen war. Wenn sie die Aisne nicht unbehelligt überschreiten konnten, war es ihnen auch nicht möglich, den Burgundern in den Rücken zu fallen; für den Augenblick aber waren sie zu dem Umweg über das rund dreißig Kilometer entfernt liegende Soissons gezwungen. In Begleitung des Grafen von Vendôme und des Erzbischofs von Reims, in dessen Gesellschaft sie jetzt zum letztenmal ritt, brach Johanna infolgedessen nach Soissons auf. Der Graf von Vendôme hatte sich ihr als guter Freund erwiesen; er war es, der sie zuerst dem Dauphin in Chinon vorgestellt hatte; er war es, der sich mit ihr gefreut hatte, als Karls Plan, sich nach der Krönung an die Loire zurückzuziehen, vereitelt wurde. Der Erzbischof war ein falscher Freund gewesen; er hatte immer, so oft er konnte, im geheimen gegen sie gearbeitet und hatte offen ihren Wünschen geschmeichelt, wenn er sah, daß ihm keine andere Wahl blieb. Am selben Tag, an dem er sie gefangen und sicher aus dem Weg geräumt wußte, beeilte er sich, an die Bürger von Reims einen höchst unerquicklichen Brief zu schreiben; aber selbst jetzt getraute er sich nicht, offen hervorzutreten und seine Meinung über sie unter seinem eigenen Namen zu äußern, sondern schob einen jungen Schwindler vor, der als *le Berger* bekannt war, und unterschob ihm die Behauptung, Gott habe die Gefangennahme der Pucelle deshalb zugelassen, weil sie so von Stolz erfüllt gewesen sei und nicht nach Gottes Willen, sondern nur nach ihrem eigenen gehandelt habe[1]. Ein erbärmlicher und verabscheuungswürdiger Mann, so daß man sich fragt, was wohl seine geheimsten Gefühle gewesen sein mochten, als er als der Stellvertreter Gottes auf Erden in Ausübung seines heiligen Amtes genötigt war, Karl die Krone aufs Haupt zu setzen, und die Pucelle auf dem Ehrenplatz stehen sah?

Er nahm in Soisson zum letztenmal Abschied von Johanna, aber nicht ohne vorher das Vergnügen gehabt zu haben, noch das neue sie dort erwartende Ungemach mitzuerleben. Es war ein Ungemach, das noch bitterer gemacht wurde durch Verrat, denn der Stadthauptmann, ein Pikarde mit Namen Guiscard Bournel, der Soissons für den König halten sollte, verweigerte Johanna und ihrer Gefolgschaft den Einlaß in die Stadt und redete den Bürgern ein, sie seien mit der heimlichen Absicht gekommen, als ständige Besatzung dazubleiben. Das bedeutete, daß alle Hoffnung, den Burgundern in den Rücken fallen zu können, vernichtet war und Johanna keine andere Wahl blieb, als nach Compiègne zurückzukehren. Heißt es eine Theorie zu weit treiben, wenn man behauptet, in den Tagen ihres Triumphes hätte sie wohl Mittel und Wege gefunden, mit der Bevölkerung von Soissons ins reine zu kommen, entweder durch Gewalt oder durch Überredung, wie sie es mit der Bevölkerung von Troyes gehalten hatte? Sie machte dazu keinen wie immer gearteten Versuch, und Bournel verkaufte ein paar Wochen später die Stadt in aller

1 Glücklicher als Johanna, wurde besagtem *le Berger* die Qual langer Einkerkerung und einer sich hinschleppenden Scheinverhandlung erspart, indem er in einen Sack eingenäht und von den Engländern ohne viel Aufhebens in den Fluß geworfen wurde.

Stille für 4000 von dem Herzog von Burgund vorauserlegte *saluts d'or*.

Der Schlag war schwerer, als es auf den ersten Blick den Anschein hat, denn er hatte mehr als die Verweigerung eines sicheren Übergangs über die Aisne im Gefolge. Er bedeutete, daß sich das von Johanna zusammengebrachte Heer zersplittern mußte, denn Compiègne konnte, so wenig wie der umliegende Landstrich, eine so große Anzahl Truppen neben seiner eigenen beträchtlichen ständigen Besatzung unterhalten. Die verschiedenen Hauptleute zogen demzufolge nach verschiedenen Richtungen ab, so daß Johanna offenbar mit Baretta und einem Häuflein Leute, insgesamt vermutlich nicht mehr als zwei- oder dreihundert Mann, draußen vor der Stadt allein zurückblieb. Wir wissen nicht, wie lange sie sich bei Compiègne aufhielten, aber um Mitternacht vom 22.–23. Mai finden wir sie in Crépy-en-Valois, wie sie im Schutze der Dunkelheit durch den dichten Wald in Richtung auf Compiègne reiten. Der unmittelbare Grund für diesen nächtlichen Aufbruch war die Nachricht, der Herzog von Burgund und der Graf von Arundel seien vor Compiègne auf dem jenseitigen Flußufer angekommen, weshalb sich Johanna augenblicklich entschlossen hatte, selbst die Lage in Augenschein zu nehmen. Ihre eigenen Leute versuchten sie mit Rücksicht auf ihre geringe Zahl von einem so gewagten Unternehmen zurückzuhalten (*elle avoit pou gens pour passer parmi l'ost des Bourguignons et Englois*), sie aber antwortete mit ihrem ganzen alten Ungestüm: »*Par mon martin, nous suymes assez; je iray voir mes bons amis de Compiègne.*«

Sie erreichte Compiègne mit Morgengrauen. Sie müssen flott geritten sein, denn beträgt auch die Entfernung zwischen Crépy und Compiègne nur rund vierundzwanzig Kilometer, so hatten sie doch unter den Bäumen kein Sternenlicht zu ihrer Orientierung, der Mond war nur eine einen Tag alte Sichel, und überdies ist die Zahl der Stunden zwischen Mitternacht und Morgendämmerung gegen Ende Mai nur gering. Sie erreichten, ohne irgenwelchem Widerstand zu begegnen, die Stadt. Davon abgesehen wissen wir nicht, wie sie den Tag bis fünf Uhr nachmittags hinbrachten; denn erst von da ab setzen die Berichte wieder ein. Es wird mit großer Wahrscheinlichkeit behauptet, daß sie sich nach ihrem anstrengenden Ritt ausruhten, Johanna die Messe besuchte und sich mit dem Statthalter beriet. Es gibt für diese Mutmaßung keine tatsächliche Unterlage; aber die gesunde Vernunft weist darauf hin. Erstens einmal war Johanna naturgemäß müde, nachdem sie dauernd auf der Hut vor Kaninchenlöchern oder vor den Burgundern durch die Nacht geritten waren. Zum zweiten war es Johannas Gewohnheit, eine Messe zu hören, wann immer es sich bequem machen ließ, besonders an Feiertagen, und es war der Tag vor Himmelfahrt. Drittens hätte sie die praktische Seite ihres Wesens bestimmt dazu getrieben – nachdem ihre religiöse Seite einmal zufriedengestellt war –, den Statthalter de Flavy aufzusuchen und von ihm eine Darlegung der strategischen Lage zu fordern. Hätte sie diese beiden Dinge nicht getan, so hätte sie nicht *dem* Charakter entsprechend gehandelt, den wir in seiner Gesamtheit als Jeanne d'Arc kennen. Aber da sie immer ihrem Charakter treu blieb, welche Schattierung er auch in einem gegebenen Augenblick herauskehren mochte – ausgenommen vielleicht den unglückseligen Zwischenfall mit Franquet d'Arras –, dürfen wir mit Andrew Lang annehmen, daß sie zuerst ihre schlaflose Nacht nachholte, dann zur Kirche ging und sich hierauf der praktischen Frage zuwandte, wo der Feind stand. Es sei denn, wir sollten die ihr von Andrew Lang vorgeschriebene Reihenfolge umstoßen und annehmen, sie habe zuerst die Messe gehört, ehe sie sich eine Rast gönnte, was sogar noch besser zu ihrem früheren Verhalten zu passen scheint.

Angenommen, sie habe sich mit dem jungen, jähzornigen und gefürchteten de Flavy beraten und er sei in der Laune gewesen, ihr die benötigte Aufklärung zu geben, so muß er ihr gesagt haben, daß der Brückenkopf in Margny (hier wiederum macht die auf Seite 339 beigefügte Karte die Lage klar) von dem Vortrupp des burgundischen Heeres unter dem Befehl Baudot de Noyelles' besetzt war. Das bedeutete, daß der Feind bereits sehr weit vorgestoßen war gegen sein Ziel: Compiègne. De Flavy muß ihr auch gesagt haben, daß die Hauptstreitkräfte mit dem Herzog von Burgund bei Coudun im Arondetal lagen. Gleichfalls muß er ihr gesagt haben, das acht Kilometer flußabwärts gelegene Venette werde von den Engländern, und Clairoix, acht Kilometer flußaufwärts, von Johann von Luxemburg, Grafen von Ligny, gehalten. Aber freilich konnte Johanna nicht ahnen, daß Johann von Luxemburg mit dem Seigneur de Créqui und acht oder zehn anderen Herren bereits nach Margny geritten war *(tous venus à cheval)*, um zu entscheiden, auf welche Weise sie Compiègne am besten belagern könnten, bot doch die hinter Margny ansteigende Gegend einen zu dieser Feststellung besonders geeigneten Auslug. *(Et regardoit par quelle manière on purroit assieger ycelle ville.)* Ebensowenig wußten die Männer in Margny, daß französische Streitkräfte, so gering sie auch waren, von Compiègne einen Ausfall unternommen hatten und sich ihnen über die Brücke näherten. So wenig ahnten sie diese Tatsache, daß die meisten von ihnen ihre Waffen beiseitegelegt hatten und herbeihasten mußten, als der Befehl zum *escarmouche* erging. Es ist eine Ironie des Schicksals, daß Johanna bei einem solchen kopflosen Durcheinander gefangengenommen werden sollte, während ein kleiner Vorposten des Feindes nicht einmal auf ihr Kommen gefaßt war und ein Dutzend bewaffneter Herren in einer recht lässig wirkenden Art dahergeritten kamen, um von der sicheren Uferseite aus einen Blick auf Compiègne zu werfen. Eben die Gegenwart dieser zwölf Herren war es, die Johannas Verderben verursachte. Im übrigen war ihr Unternehmen von der Art, wie sie an solchen schon oft teilgenommen hatte: ein überraschender Angriff auf eine kleine und ahnungslose Besatzung, mit einer freien Brücke und einer befreundeten Stadt im Rücken – ein Kinderspiel für die Siegerin von Orléans und von Patay. Es hatte den Anschein, als könne sie den Vorposten überrennen, in das Dorf hineingaloppieren und sich dann nach Belieben über die Brücke zurückziehen mit praktisch keinerlei Gefahr für sich oder ihre Leute. Für den Fall einer Verfolgung auf ihrem Rückweg hatte de Flavy Bogenschützen und Männer mit Armbrüsten und Feldschlangen am Tor von Compiègne aufgestellt und weitere Bogenschützen und Armbrustleute in kleinen auf dem Flusse schaukelnden Booten verteilt. Der erste Teil des Unternehmens verlief wie geplant: die überraschten Verteidiger wurden zurückgeschlagen, von Johanna und ihrem kleinen Trupp verfolgt. Aber unglücklicherweise war sie von den Höhen herunter von Johann von Luxemburg und von de Créqui gesichtet worden, die eine Meldung an ihre Leute in Clairoix zurückgehen ließen, ehe sie herunterkamen und sich in das Getümmel mischten. Créqui wurde schwer im Gesicht verwundet und eine Zeitlang schien es, als sollte Johanna, wie schon oft, den Sieg davontragen. Dreimal griff sie an, aber derweil kamen Hals über Kopf Verstärkungen aus Clairoix an. Jetzt war die Reihe überrascht zu sein an den Franzosen, und Johannas Leute, die sich einer Übermacht gegenübersahen, kamen in großer Bedrängnis zu ihr und baten sie, sich nach Compiègne zurückzuziehen, oder Johanna und sie wären gleicherweise verloren.

Es war just die Bitte, auf die sie immer mit gesundem Spott geantwortet hatte. Sie hörte sie jetzt mit Zorn. »*Taisez-vous*«, sagte sie zu ihnen, »ihre Niederlage hängt nur von euch ab. Denkt nur daran, über sie herzufallen.« Die Antwort war ihrer würdig, aber entweder fehlte ihrer Stimme etwas von der alten Macht, oder aber die Lage war wirklich nicht mehr zu retten: sie vermochte ihre Leute nicht wieder anzufeuern, falls sie sich überhaupt Gehör verschaffen konnte. Sie befanden sich schon in voller Flucht, retteten sich auf die Boote, strömten über die Brücke in die Stadt zurück. Johanna hielt hinter den Flüchtenden drein und kämpfte verzweifelt, um deren Rückzug zu decken. Wie selbst ein burgundischer Chronist bezeugt:[1] ihre letzten Augenblicke unter Waffen waren ihrer Tapferkeit würdig. Ihre Leute erreichten die Stadt; hatten sie erreicht; waren durch die Tore in die Sicherheit hineingeströmt. In diesem Augenblick gab de Flavy, als er die Flüchtigen dichtauf vom Feind verfolgt sah und befürchtete, sie könnten noch weiter verfolgt werden und der Kampf sich innerhalb der Stadtmauern abspielen, den verhängnisvollen Befehl, die Zugbrücke hochzuziehen und die Tore zu schließen.[2] Johanna war abgeschnitten. Sie war nahezu allein. D'Aulon, dessen Bruder Poton, ihr eigener Bruder Pierre und ein paar andere waren noch bei ihr. Engländer und Burgunder umdrängten sie. Immer noch kämpfend gewann sie die Wiesen. Hände griffen nach ihrem Pferd und nach ihr selbst; jedermann trachtete sie zu ergreifen; jedermann rief: »Ergib dich mir[3]!« Endlich riß sie ein dem Bastard von Wendonne unterstellter Bogenschütze vom Pferd. Die Jungfrau von Orléans war gefangen[4].

1 *Procès*, Bd. IV, S. 401: Monstrelet.
2 Es wurde oft behauptet, das Schließen der Tore sei ein Akt des Verrats von seiten de Flavys gewesen. Quicherat verwirft diese Theorie aus Gründen, auf die hier nicht eingegangen zu werden braucht, die aber hinreichend überzeugend sind.
3 *Procès*, Bd. IV., S. 34: Perceval de Cagny.
4 Der Bastard von Wendonne, Vendonne, Vendomme oder Wendomme in Artois wurde häufig und irrtümlicherweise als ein Abkömmling des königlichen Hauses von Vendôme bezeichnet. In Wirklichkeit war er ein gewöhnlicher Soldat im Dienste Johann von Luxemburgs.

XIV. Kapitel

VON COMPIÈGNE NACH ROUEN

I

Ihre Gefangennahme rief ungeheuere und unmittelbare Aufregung hervor, denn was für eine größere Genugtuung hätte der Furcht und dem Haß, den sie ihren Feinden das ganze verflossene Jahr hindurch eingeflößt hatte, widerfahren können? Sie hatten sie mit Schimpfnamen belegt; sie hatten behauptet, sie stamme vom Teufel; sie hatten sie als Hexe zu verbrennen gedroht, sofern sie ihrer habhaft würden; sie hatten sie als eine Frau in Männerkleidern verhöhnt; sie hatten sich den Anschein gegeben, sie zu verachten; aber jetzt, nun sie wirklich in ihrer Gewalt war, konnte kein Zweifel bestehen, daß sie Johanna als einen großen Fang ansahen. Sie jubelten unverhohlen. *Ceux de la partie de Bourgogne et les Angloix en furent moult joyeux . . . car iloz ne redoubtoient nul capitainne ne aultre chief de guerre, tant comme ilz avoient tousjours fait jusques à che présent jour, ycelle Pucelle*[1]. Ihr Verhalten Johanna gegenüber verriet keinerlei Verachtung oder Geringschätzung. Sie suchten auch keineswegs, eine Unterschätzung ihrer Gefangenen vorzutäuschen. Unter ihren ersten Besuchern war der große Herzog von Burgund selbst, der sich nicht am Kampf beteiligt hatte, aber gerade, als dieser zu Ende ging, aus Coudun eingetroffen war, während die englischen und burgundischen Truppen noch gegenüber von Compiègne jubelnd vor Freude im Felde standen *(faisans grans cris et rebaudissemens, pour la prinse de ladicte Pucelle)*[2]. Er suchte Johanna sofort auf, und zum erstenmal standen sich diese beiden so grundverschiedenen Widersa-

1 *Procès*, Bd. IV, S. 402: Monstrelet. Man muß sich daran erinnern, daß Monstrelet Burgunder war, was sein Eingeständnis nur um so beachtenswerter macht.
2 *Procès*, Bd. IV, S. 402: Monstrelet.

cher von Angesicht zu Angesicht gegenüber. Wir besitzen keinen Bericht darüber, was sich bei ihrer Begegnung an diesem Maiabend in den Quartieren Johann von Luxemburgs zutrug. Enguerran de Monstrelet war zugegen, vergißt aber, um nicht Anstoß zu erregen, bequemerweise, was sie zueinander sagten. Da es unwahrscheinlich erscheint, daß ein so einseitig eingestellter Chronist vergessen haben sollte, was in einem so denkwürdigen Augenblick gesprochen wurde, darf man mit Recht annehmen, der Herzog habe entweder seine Bemerkungen auf eine nicht der Überlieferung werte banale Erkundigung nach Johannas Befinden beschränkt oder er habe eine verfängliche Anspielung gemacht und es sei ihm als Erwiderung darauf über den Mund gefahren worden[1]. Jedenfalls wissen wir, daß der Herzog nach Coudun zurückging und am selben Abend einen Brief an die Bürger von St. Quentin diktierte – einen prahlerischen Brief, in welchem er verkündete, wenn auch auf seiner Seite kein Toter, Verwundeter oder Gefangener zu verzeichnen sei, so habe doch der Feind schwere Verluste an Toten, Ertrunkenen und Gefangenen erlitten. Durch die Gnade unseres gebenedeiten Schöpfers, sagt er, wurde die Pucelle gefangen, was – davon ist er überzeugt – überall als große Neuigkeit aufgenommen werden und den Irrtum und die tolle Gläubigkeit *(folle créance)* derer bloßstellen wird, die diesem Weib freundlich gesonnen waren[2].

Er schrieb auch an den Herzog der Bretagne. Es gab keine Vorspiegelung falscher Tatsachen: der Herzog von Burgund fühlte sich ehrlich erleichtert.

1 *Procès,* Bd. IV, S. 402: Monstrelet.
2 *Procès,* Bd. V, S. 166–167: Brief des Herzogs von Burgund, Grafen von Flandern, Artois und Namur.

Nach dem Geschrei, dem Jubel und den Briefen blieb noch ein weit wichtigerer Punkt zu klären übrig: wem gehörte die berüchtigte Gefangene wirklich? Während sie in sicherem Gewahrsam im Schloß von Beaulieu in Vermandois eingekerkert war, mit ihrem getreuen d'Aulon zu ihrer Bedienung, tobten Rechtsansprüche und Streit um ihre Person: *celle femme que l'on nomme communément Jehanne la Pucelle, prisonnière.* Der Anspruch war sozusagen in fünf Teile gestaffelt:

1. Wirklich gefangengenommen hatte sie ein im Dienste des Bastards von Wendomme stehender Bogenschütze.
2. Der Bastard von Wendomme selbst wiederum stand in Diensten Johann von Luxemburgs.
3. Johann von Luxemburg, wenn auch ein Vasall des Herzogs von Burgund, stand selbst im Dienste des Königs von England[1].
4. Der König von England seinerseits hatte ein Zurückbehaltungsrecht auf französische Gefangene, einschließlich der Person Karls VII. Deshalb hatte er auch ein Zurückbehaltungsrecht auf Johanna.
5. Als wäre es damit noch nicht genug, konnte der Bischof von Beauvais geltend machen, Johanna sei in seiner Diözese ergriffen worden und somit habe er das Recht, sie anzufordern und ihren Prozeß zu leiten. Das bedeutete, daß sie von Gesetzes wegen der Barmherzigkeit der Kirche überantwortet werden konnte.

Bei dieser außerordentlich verwickelten Sachlage verschwinden der Bogenschütze, der sie eigentlich vom Pferd

---

1 So ausgesprochen stand er in Diensten des englischen Königs, daß er in den englischen Archiven als John Lussingburgh, Empfänger von fünfhundert *livres d'or* erscheint.

gerissen hatte, und sein unmittelbarer Dienstherr, der Bastard von Wendomme, sehr bald von der Bildfläche. Es bleiben nur noch Johann von Luxemburg, der Herzog von Burgund, der König von England und die Kirche zur Auseinandersetzung übrig. Johann von Luxemburg war leicht abzufinden: er war es denn auch, der schließlich die für Johanna ausgesetzten sechstausend Franken in die Tasche steckte[1]. Zartbesaitete Menschen, die an diesen gewinnsüchtigen Schachergeschäften Anstoß nehmen, sollten sich vergegenwärtigen, daß Johann von Luxemburg in Anbetracht des zu jener Zeit üblichen Vorgehens nicht wirklich zu tadeln war, weil er nicht auf seine Tante hörte, die sich ihm mit der Bitte, seinem Namen keine Schande zu machen, zu Füßen warf. Er stammte aus vornehmem Hause, war aber arm; als jüngerer Sohn eines jüngeren Sohnes konnte er nicht einmal mit Bestimmtheit mit dem Erbe seiner Tante rechnen und mußte darauf gefaßt sein, sein älterer Bruder würde es ihm streitig machen. Die Aussicht auf ein Lösegeld war verlockend, und tatsächlich hätte er sich kaum weigern können, seine Gefangene seinem feudalen Vorgesetzten auf Verlangen auszuhändigen. Ihm blieb keine Wahl, sowenig wie dem Herzog von Burgund eine Wahl blieb (selbst wenn er gewollt hätte), im Falle der König von England, den er als König von Frankreich anerkannte, Johanna oder sonst jemanden anforderte. Der einzige Mensch, dem in der ganzen Angelegenheit wirklich ein Vorwurf gemacht werden kann, ist der erbärmliche Karl VII. Welchen leidenschaftslosen Gesichtspunkt auch immer wir uns zu bewahren bemühen, es kommt ein Augenblick, in dem unsere Entrüstung die Oberhand gewinnt. Karl verdankte Johanna alles. Gewiß, er hatte seine Schwierigkeiten, gegen die er ankämpfen mußte. Er hatte seinen schwachen Charakter und seine starken fal-

1 *Procès*, Bd. I, S. 13: Der Bastard von Wendomme erhielt ebenfalls zweihundert oder dreihundert Pfund. Der arme Bogenschütze wird nie wieder erwähnt; vermutlich bekam er nichts.

schen Freunde – zwei sich widerstreitende Einflüsse, die ihn zwischen sich in Stücke rissen. Er mußte seine eigene Armut in Betracht ziehen. Aber trotz alledem, hat man diese beiden Einwände gebührend erwogen, so bleibt doch noch ein Rückstand verachtenswerten Verrats, der für ewig seinem Namen anhaften muß. Er hätte wenigstens einen Versuch machen müssen, Johanna zu retten. Er hätte sie entweder loskaufen sollen, was technisch leicht durchführbar und durchaus gebräuchlich, wenn auch teuer gewesen wäre. Oder, wenn er diese Ausgabe nicht aus seiner Schatzkammer hätte aufbringen können, hätte er sie austauschen sollen. Auf alle Fälle hätte er einen derartigen Versuch machen können. Seit der Schlacht von Patay hatte er beispielsweise immer noch Talbot in seinem Gewahrsam. Ich will nicht behaupten, die Engländer wären bereit gewesen, Johanna gegen Talbot auszutauschen. Talbot war als Gefangener offensichtlich von weit geringerem Wert als Johanna: Talbot war nur eben einer unter anderen Feldhauptleuten, während Johanna – wenn auch genau genommen kein Feldhauptmann – doch etwas Unberechenbares und Einzigartiges war, eine wirkliche Gefahr und als solche ein wirklicher Fang. Die Engländer würden wohl klugerweise erkannt haben, daß Talbot kein guter Tausch gegen Johanna gesesen wäre. Trotzdem hätte Karl es wenigstens versuchen sollen; er hätte Talbot und andere Gefangene nebst vielleicht einer großen Summe Geldes für die Freilassung Johannas anbieten sollen. Er hatte die Kronjuwelen für geringere Zwecke verpfändet. Ein größerer Mann würde die reichsten Städte Frankreichs für eine solche Befreiung in Pfand gegeben haben.

Wiederum, wäre er ein größerer Mann gewesen, so hätte er den Erzbischof von Reims als den Primas von Frankreich zwingen können, den Bischof von Beauvais als einen Verräter und Renegaten zu brandmarken. Der Bischof von Beauvais war bereits aus seinem Bistum verwiesen worden. Er hätte in der Ausübung seiner Pflichten zeitweise seines Amtes entsetzt werden können. Karl unternahm keinen solchen

Schritt. Seine Verteidiger haben ihr Bestes getan, um ihn von dem Vorwurf verbrecherischer Undankbarkeit reinzuwaschen, aber ihre Aufgabe ist undankbar. Sie haben nicht einmal die Entschuldigung anführen können, Karl sei temperamentsmäßig außerstande gewesen, die Grundregeln der Treue überhaupt zu begreifen; denn wenn er treu sein wollte, so konnte er das leidenschaftlich und bis zur Unklugheit sein. Niemand hatte jemals gewagt, ein Wort gegen La Trémoïlle zu sagen *(si n'y avoit personne qui en eust osé parler contre icely de la Trémoïlle,* sagt Cousinot) und was Agnès Sorel anbelangt, so hielt Karl ihr derart die Treue, solange sie seine Geliebte war, daß ein Mann, wenn er einem seiner Feinde schaden wollte, nur zu sagen brauchte, jener Feind habe schlecht von dieser Dame gesprochen[1].

Karl aber versagte – wenn er auch alle Gefahren für Dinge auf sich nehmen konnte, die ihm wirklich am Herzen lagen, und den Herzog von Burgund mit Compiègne als einem Bestandteil eines unnötigen und törichten Waffenstillstands bestechen konnte – klein, jämmerlich und Ausflüchte machend, als es darauf ankam, die wertvollste Gefangene seines Königreichs loszukaufen. Er überließ seine beste Freundin ihrem Schicksal.

III

Dieses Schicksal scheint sich uns rasch und unausweichlich zu erfüllen. Seinem Opfer muß es schleppend und langsam erschienen sein. Sie, die daran gewöhnt war, ihr Banner dem Siege entgegenzutragen, war jetzt hinter Mauern eingekerkert. Zuerst wurde sie nicht unfreundlich behandelt. Sie durfte d'Aulon zu ihrer Bedienung behalten, und als man sie

1 Thomas Basin, *Histoire des règnes de Charles VII et de Louis XI, Bd. I, S. 312: Car si l'un de ces chiens de cour en voulait à quelque honnête homme, il y avait un moyen sûr d'attirer sur lui la colère du roi: c'était de dire qu'il avait mal parlé de la belle Agnès, chose tenue pour crime capital.*

von Beaulieu nach Johann von Luxemburgs am Ursprung der Schelde gelegenem Schloß Beaurevoir, unweit von St. Quentin, als an einen sichereren Ort[1] brachte, wurde sie der Betreuung dreier Frauen anvertraut, zu denen sie offenbar eine große Zuneigung faßte. Es waren dies Johanna von Luxemburg, die betagte Tante Johanns; Johanna von Béthune, dessen Frau, und Johanna von Bar, seine Stieftochter. Die Damen von Luxemburg taten für ihre junge Namensvetterin alles, was sie konnten. Sie waren sehr unglücklich über Johannas hartnäckige Weigerung, ihre Männerkleidung abzulegen, und versuchten sie mit allen Mitteln zu einer mehr fraulichen Denkungsweise zu überreden, indem sie ihr die Wahl ließen zwischen einem Frauengewand und einem Stück Stoff, um sich eines daraus anzufertigen. Johanna fühlte sich durch keinen dieser beiden Anreize verlockt. Es widerstrebte ihr, ein so gutgemeintes Angebot abzulehnen, und sie erwähnte bei ihrem Prozeß, hätte sie ihre Kleider wechseln dürfen, so würde sie es eher auf die Bitten dieser Damen hin getan haben als auf Wunsch irgendwelcher anderer Damen in Frankreich, ausgenommen ihrer Königin; Gott habe es aber nicht erlauben wollen. Ebenfalls durch Johanna erfahren wir von den Vorstellungen, welche das alte Fräulein von Luxemburg ihrem Neffen gegenüber erhob, indem sie von ihm forderte, Johanna nicht an die Engländer zu verkaufen. Es kann kein Zweifel bestehen über die gütige und liebenswürdige Behandlung, welche die Damen von Luxemburg ihrem gefangenen Gast angedeihen ließen. Man fragt sich, was sie wohl von Aimond de Macy gedacht haben mochten, einem jungen Ritter, der später naiv zugab, er habe versucht, Johanna vertraulich näherzutreten, als er sie in Beaurevoir sah *(tentavit, cum ea ludendo, tangere mammas suas,*

---

1 *Procès,* Bd. I, S. 163: Sie hatte aus Beaulieu zu entfliehen versucht; das war zweifellos der Grund, warum man sie woanders hinzubringen beschloß.

nitendo ponere manus in sinu suo), den sie aber mit ihrer ganzen Kraft zurückgestoßen hatte.

So liebenswürdig die Damen auch waren, man konnte doch nicht erwarten, Johanna würde die Gefangenschaft zahm hinnehmen. Abgesehen von ihren pesönlichen Gefühlen war sie in fürchterlicher und dauernder Verzweiflung bei dem Gedanken an das von seinem König preisgegebene und vom Feind bedrängte Compiègne. Es war recht schön und gut, d'Aulon zu versichern, der Himmelskönig würde niemals zulassen, daß Compiègne aufs neue genommen würde: wirklichkeitsbewußt wie immer wollte sie, wie sehr sie auch dem Himmelskönig vertrauen mochte, doch selbst nach dem Rechten sehen. Man hatte ihr erzählt, alle Bürger der Stadt, die über sieben Jahre alt waren, sollten mit Feuer und Schwert vertilgt werden, und sie hatte erklärt, lieber wolle sie sterben, als nach solchem Morden Schuldloser weiterzuleben. Das war schlimm genug; aber es war eine andere Drohung, die sie zu dem verzweifelten Schritt drängte, mit dem sie sich in Gedanken trug. Sie hatte die ganze Zeit über gewußt, es seien Verhandlungen über ihren Verkauf an die Engländer im Gange. Sie mußte das erfahren haben, wenn sie auch wußte, ihre freundliche alte Gastgeberin würde ihr Bestes tun, das zu verhindern. Endlich erfuhr sie mit Gewißheit, der Handel sei zustande gekommen und sie stehe tatsächlich vor der Auslieferung an den Ausländer und Feind durch jemanden, der, wenn auch Burgunder, so doch ihr eigener Landsmann war. Hier nun scheint eine Art Raserei von ihr Besitz ergriffen zu haben. Nach ihrer eigenen Darstellung hatte sie nicht den Wunsch, Selbstmord zu verüben – sie hatte nur den Wunsch, wegzukommen. Ihr graute am meisten davor, in die Hände der Engländer zu fallen. Vergeblich versuchten ihre Stimmen, ihr Einhalt zu gebieten. Umsonst versicherte ihr die heilige Katharina, sie würde nicht ausgeliefert werden, ohne vorher den König von England gesehen zu haben. Sie hatte kein Verlangen, ihn zu sehen, und sagte das auch. Trotzdem wollten die Stimmen sie nicht ermächtigen, ihren Plan auszuführen. Der Streit ging eine Zeitlang täglich weiter, indem Johanna flehte und die Stimmen ihr die Erlaubnis versagten. Zuletzt handelte sie nach eigenem Gutdünken, empfahl sich in Gottes Hände und warf sich von der Zinne des Schloßturms in die Tiefe.

Dieser Sprung von Beaurevoir stellt einen der unerklärlichsten und merkwürdigsten Zwischenfälle in Johannas Laufbahn dar. Es wird angenommen, die Höhe des Turms habe mindestens achtzehn bis zwanzig Meter betragen[1]. Der Anklageakt stellt ausdrücklich fest, sie sei von der Zinne herunter *(a summitate unius turris altae)* – also nicht aus einem Fenster auf dem Weg nach oben – gesprungen, was uns sofort einleuchtet, wenn wir bedenken, daß jedes Fenster bestimmt schwer vergittert gewesen wäre, selbst wenn wir annehmen – was unwahrscheinlich ist –, es sei etwas anderes als lediglich eine Schießscharte vorhanden gewesen; und auch, daß ihr ihre gütigen Kerkermeister vermutlich freizügig frische Luft auf dem flachen Dach zu schöpfen erlaubten,

1 J. Quicherat, *Aperçus nouveaux sur Jeanne d'Arc,* S. 57. Es wird freilich dem Leser sofort auffallen, daß die Höhe des Turms im Volksmund rasch zunahm; aber als Gegeneinwand gegen diesen augenscheinlich einleuchtenden Beweis muß ich hervorheben, 1. daß die tatsächliche Höhe niemals in zeitgenössischen Urkunden genannt wird, sondern auf einer heutigen Schätzung unter Anlehnung an Türme ähnlicher mittelalterlicher Schlösser beruht; 2. daß die einzige zeitgenössische Anspielung auf die Höhe des Turmes in den Worten *turris altae* zu finden ist, eine nüchterne Bezeichnung, welche diese Höhe ohne einen Anflug volksmäßiger oder legendärer Übertreibung festlegt; 3. daß die Höhe des Turmes, wenn es – wie ich vermute – Johanna erlaubt wurde, sich unbewacht und allein auf seiner Plattform zu ergehen, derartig gewesen sein muß, daß alle Befürchtungen, sie könne heruterspringen, ausgeschlossen waren. Ich halte dafür, daß der Turm hoch war und Johanna sich auf ihm allein ergehen durfte; denn wäre der Turm niedrig genug gewesen, um die Gefahr ihres Absprungversuchs nahezulegen, so wäre sie in Begleitung und streng bewacht gewesen. Die fast mit Sicherheit vorhandene Brustwehr oder zumindest die Zinnen hätten einem aufmerksamen Wächter hinreichend Zeit verschafft, die Gefangene an der Ausführung ihrer Absicht zu hindern.

ohne jemals auf den Gedanken zu kommen, irgendein Gefangener – mochte er auch noch so ungebärdig sein – würde so wahnwitzig sein, auf diesem Weg die Flucht zu versuchen. Sie hatten Johannas Mut und Verzweiflung unterschätzt. Es ist unserer Einbildungskraft überlassen, uns die Bestürzung der Damen auszumalen, als sie Johannas Verschwinden entdeckten, und vor allem, als sie sie bewußtlos auf dem Boden liegend fanden; denn von Johannas Antworten auf die ihr vorgelegten Fragen abgesehen, besitzen wir keinen aus erster Hand stammenden Bericht von dem Geschehnis. Zuerst hielten sie Johanna für tot, und tatsächlich gestand diese auch später, nach ihrem Fall hätte sie zwei oder drei Tage lang keinerlei Nahrung zu sich nehmen können. Sie scheint völlig bewußtlos gewesen zu sein und vielleicht sogar eine leichte Gehirnerschütterung davongetragen zu haben, denn sie bezeugt, die burgundischen Damen hätten ihr mitgeteilt, nachdem sie bemerkten, daß sie lebe, sie sei vom Turm heruntergesprungen. Diese einfache Darstellung gibt ein anschauliches Bild von der Verwirrung, in der sie sich befunden haben muß, als sie zum erstenmal wieder die Augen aufschlug. Trotzdem scheint das ein gering bezahlter Preis für ein so tollkühnes Abenteuer. Weit davon entfernt, mit dem Kopf aufzuschlagen oder sich den Hals zu brechen, verstauchte sie sich nicht einmal einen Knöchel, und sobald ihr die heilige Katharina Trost zusprach und ihr sagte, sie müsse Gott um Verzeihung bitten und die Leute von Compiègne würden vor dem St. Martinstag, dem 11. November, errettet werden, fing sie wieder zu essen an und war bald wiederhergestellt.

Wie nun um alles in der Welt sollen wir uns diese ungewöhnliche Geschichte erklären? Es kann kein Zweifel an ihrer Wahrheit bestehen, denn Johanna versuchte niemals, sie zu leugnen, und antwortete geduldig auf alle während ihres Prozesses an sie gestellten Fragen, in welchem großer Wert auf diesen Punkt gelegt wurde – stellte doch der Vorwurf versuchten Selbstmordes ein Anklagemoment von be-

357

sonderem Wert in den Augen der Kirche dar, die keinem noch so gepeinigten Menschenwesen das Selbstverfügungsrecht über seinen Körper zubilligen will. Nicht als ob Johanna versucht hätte, sich bei dem Sprung vom Turm in Beaurevoir das Leben zu nehmen. Dazu war sie eine viel zu gute Katholikin. Sie dachte einzig und allein daran, zu entrinnen, und trotz ihrer vermittelnden Stimmen entschloß sie sich zur Flucht und zog es dieses eine Mal vor, sie außer acht zu lassen und sich gleich an den Urquell Gottes um Schutz und Beistand zu wenden. Von welchem Gesichtspunkt aus wir auch die Geschichte betrachten, sie ist höchst seltsam. Sie ist insofern bezeichnend, als sie den Beweis erbringt, daß Johanna bei Gelegenheit dem Rat ihrer erwählten Heiligen vorsätzlich nicht gehorchen konnte – ein Beweis, der sicherlich den so häufig vorgebrachten Einwand hinfällig macht, »ihre Stimmen hätten nur das gesagt, was sie gern hören wollte«. Nahezu *ipso facto* erledigt diese Geschichte den gleichfalls so oft vorgebrachten Einwand, ihre Stimmen seien lediglich der subjektive Ausdruck ihrer inneren Wünsche gewesen. Sie beweist, daß ihre Heiligen gelegentlich auch gegen sie sein konnten und sie gegen ihre Heiligen. Was sollen wir daraus machen? Wir können diese Geschichte entweder als eine Erschwerung des Gesamtproblems auffassen oder als dessen Vereinfachung; kurz gesagt, wir können sie unserem persönlichen Temperament und unserer Denkungsweise entsprechend deuten. Die restlos gläubige Denkungsweise wird sie als einen endgültigen Beweis für die objektive Natur von Johannas Eingebung gelten lassen. Die mehr zur Skepsis neigende Denkungsweise wird die aufgeworfenen psychologischen Fragen abwägen und zu keinem Entscheid gelangen. Was mich selbst anbetrifft, die ich weder gläubig noch skeptisch bin, sondern das gerechte Gleichgewicht, eine *aurea mediocritas* einzuhalten versuche, so erscheint mir die ganze Geschichte als einer der seltsamsten Beweise, der für einen eher objektiven als subjektiv auf Johanna einwirkenden Einfluß vorgebracht werden kann. Es scheint mir beispielsweise höchst bezeichnend, daß ihre Stimmen, obwohl sie im Augenblick ihren eigenen Wünschen ganz entgegengesetzt waren, Johanna doch so weitgehend mit der Gabe der Prophezeiung erfüllen konnten, daß sie ihr mitteilten, Compiègne würde vor dem Martinstag befreit werden – was auch tatsächlich zutraf. Das war ein Umstand, den niemand auf Grund eines Studiums der Lage hätte voraussagen können, am wenigsten Johanna in ihrer Gefangenschaft; trotzdem scheint sie es gewußt zu haben. In diesem Falle verkündete sie es allerdings erst *nach* dem Geschehnis, ein Umstand, der bei einem weniger sündlosen Menschen sehr wohl unseren Verdacht erregen könnte: wo es sich um Johanna handelt, können wir meiner Ansicht nach sehr wohl ihr Wort bei jeder solchen ernsten Feststellung gelten lassen. Wenn sie sagte, die heilige Katharina habe ihr offenbart, Compiègne würde vor einem gewissen Zeitpunkt entsatzt werden, so dürfen wir fraglos annehmen, daß sie ernstlich glaubte, die heilige Katharina habe ihr solches berichtet. Ihre Heiligen hielten sie somit über das, was geschehen würde – wenn sie ihr auch verboten, hinunterzuspringen und ihr Leben aufs Spiel zu setzen –, weiterhin auf dem laufenden. Alles das ist sehr unerklärlich und unvereinbar.

Und selbst wenn wir das seelische Geheimnis erklären könnten, so bleibt doch der körperliche Befund gleicherweise verblüffend. Verschiedene Theorien sind aufgestellt worden, um die Tatsachen zu erklären, darunter die Behauptung, Johanna habe sich herunterzulassen versucht – vielleicht mittels zusammengeknoteter Bettlaken –, aber das Ding, was immer es gewesen sein mochte, sei abgerissen *(mais ce par quoi elle se glissait rompit)*[1]. Da jedoch der Chronist hinzufügt, sie habe sich beinahe das Rückgrat gebrochen und lange Zeit an ihren Verletzungen gelitten, so darf man seine Aussage in diesem Punkt wohl ruhig übergehen, besonders

1 *Chronique dite des Cordeliers.*

wenn man in Betracht zieht, daß bei dem sehr erschöpfen-
den Verhör während der Verhandlung weder Johanna noch
ihre Richter die geringste Anspielung auf Seile oder Bettü-
cher machten. Auch wird von einem neuzeitlichen Verfasser, der den Vorzug hat, Arzt zu sein, zu bedenken gegeben,
im Alter von neunzehn Jahren seien ihre Knochen noch
nicht verhärtet gewesen oder, wie er sich auszudrücken vor-
zieht: »ihre knorpeligen Knochenansätze waren noch nicht
verknöchert«, und daß es »bei ihrem Fall auf den weichen
Boden durchaus glaubwürdig ist, sie habe nichts Schlimme-
res als eine schwere Erschütterung davongetragen«[1]. Ich muß
gestehen, ich finde diese Behauptung weniger restlos glaubwürdig als ihr Urheber. Man stelle einmal jemanden auf
einen so hohen Turm wie den von Beaurevoir und frage ihn,
ob er Lust hat – mit einer Spur von vernünftiger Hoffnung,
beim Aufschlagen auf den Erdboden nicht zerschmettert zu
werden – hinunterzuspringen! Mehr noch, ein von mir be-
fragter bedeutender orthopädischer Chirurg antwortete
nachdrücklich, die Behauptung, die Knochen seien im Alter
von neunzehn Jahren noch nicht erhärtet, sei unhaltbar.
Denn wenn auch die Verknöcherung an den Wachstumsli-
nien in diesem Alter noch keine vollständige ist, so ist doch
der Hauptteil jedes Knochens ebenso hart und zerbrechlich
wie bei ausgewachsenen Menschen.

Dann ist da noch Monsieur Quicherat, der als die größte
und gelehrteste Autorität in allen Johanna betreffenden Fragen nicht ohne weiteres übersehen werden kann. Monsieur
Quicherat setzt eine geheimnisvolle Bemerkung in Umlauf,
der zufolge *une certaine maladie qui fait l'étonnement de la méde-
cine* Parallelfälle von gewaltigen Stürzen in die Tiefe ohne
organische Verletzungen kenne[2]. Auf welches Gebrechen
Monsieur Quicherat hier anspielt, habe ich nicht entdecken
können, ebensowenig kann einer meiner medizinischen Be-

1 *Post-mortem* von C. Mac Laurin, S. 45.
2 *Aperçus nouveaux sur l'histoire de Jeanne d'Arc*, S. 58. J. Quicherat.

kannten Licht auf das Dunkel dieses Rätsels werfen. Der von mir bereits erwähnte Spezialist war so gütig, mir einen langen Brief zu schreiben, dem ich auszugsweise nachfolgendes entnehme:

»Es gibt, wie Sie sagen, wohl einen Zustand, bei welchem die Knochen frühzeitiger als im natürlichen Verlauf spröde werden; aber es gibt keinen, bei dem sie abnorm geschmeidig wären. Sie können allerdings in einem Krankheitsfall (Knochenerweichung) besonders biegsam werden; aber das tritt nur bei Schwangerschaften oder bei ernstlichem Mangel an richtiger Ernährung auf und hat zumeist große Deformationserscheinungen des Knochengerüsts im Gefolge (Beckensenkung, Verkümmerung der Gelenke und so fort). Ich glaube nicht, daß jemals behauptet wurde, die Jungfrau von Orléans sei ein verkümmerter Krüppel gewesen, oder doch?

Ich habe selbst gelegentlich Menschen gesehen, die ohne ernste Folgen aus beträchtlicher Höhe herunterfielen. Als ich Stationsarzt in Guy's Hospital war, sah ich einen Lastträger von einem der in der Nähe gelegenen Hopfenspeicher vom vierten Stock auf das Straßenpflaster herunterstürzen und mit nur ein paar Schürfungen und dem Schrecken davonkommen. Ebenso beobachtete ich ein Kind, das aus einem Fenster im dritten Stock des Peabody Buildings fiel und völlig unverletzt blieb. Beide Patienten wurden sorgfältigst mit Röntgenstrahlen durchleuchtet.

Ebenso habe ich in meiner langen Praxis eine Anzahl von Personen gesehen, die sich durch Erschütterung oder Quetschen einen ihrer Rückenwirbel gebrochen hatten (gewöhnlich den letzten Rücken- oder den ersten Lendenwirbel), die nie, soweit sie sich erinnern konnten, ernstlich gestürzt waren oder an irgendwelchen Folgeerscheinungen ihrer Verletzung litten. Trotzdem, der Bruch ist da, für jedermann im Röntgenbild zu sehen – ganz unverkennbar. Das kann nur dadurch erklärt werden, daß ein Rückenwirbel in manchen Fällen durch verhältnismäßig geringe Gewalt gebrochen werden kann und der Bruch nur unbedeutende Störungen nach sich zu ziehen braucht, von so geringfügiger Natur, daß die zufällige Verletzung vergessen wird.

Angenommen also, die Geschichte von Jeanne d'Arc sei wahr, so trug sie möglicherweise eine Knochenverletzung davon, ohne daß sich nachher besonders störende Erscheinungen eingestellt hätten. Und wenn sie zu jener Zeit bereits sehr von religiösem Eifer, der fast einem Fanatismus gleichkam, beseelt war, so könnte sie sehr wohl Schmerzen und irgendwelche Behinderung von solcher Geringfügigkeit unbeachtet gelassen haben.«

Es bleibt uns deshalb überlassen, unsere Wahl unter den Erklärungen zu treffen. Entweder bewahrte ein außergewöhnliches Glück Johanna vor einer Verletzung; oder sie erlitt wirklich eine Verletzung, blieb aber in Unkenntnis dieser Tatsache; oder aber sie wurde von einer unerklärbaren Einwirkung getragen. In jedem Fall ist – um das Geringste darüber zu sagen – der Vorfall merkwürdig.

IV

Inzwischen hatten sich außerhalb der Umfriedung von Beaurevoir die Ereignisse einem Ende zu entwickelt, das letztendlich Johanna der Gewalt der Kirche überlieferte. Wenn sich auch später Verzögerungen einstellten, so war am Anfang keine Zeit vergeudet worden. Drei Tage nach ihrer Gefangennahme (26. Mai) hatte der Großvikar der Inquisition einen Brief an den Herzog von Burgund gerichtet, in welchem er um Johannas Auslieferung bat. Und ebenso hatte die Universität von Paris geschrieben und verlangt, die Pucelle sollte der Kirchengerichtsbarkeit unterstellt werden, um wegen Abgötterei und anderer Verbrechen gebührend abgeurteilt zu werden. Johann von Luxemburg und der Bastard von Wendomme wurden ebenfalls an ihre Pflicht erinnert, nämlich ihre Gefangene herauszugeben. Als Verzögerungen eintreten, wird der Ton der Briefe entschiedener und immer entschiedener, aber seit Anfang Juli sehen wir eine neue Gestalt die Sache in die Hand nehmen, eine Gestalt, die nicht die geringste Neigung hat, sich Johanna durch die Finger schlüpfen zu lassen. Pierre Cauchon, Bischof von Beauvais, hatte allen Grund zu wünschen, seine Rechnung mit dem französischen König und seiner Pucelle wettzumachen. Von allem Anfang an war Pierre Cauchon zum Erfolg bestimmt gewesen. Mit der Universität von Paris war er von dem Augenblick an verbunden gewesen, seit er sie als junger Student besucht hatte. In einzelnen Etappen rückte er von Verantwortung zu Verantwortung auf. Er wurde nach Rom geschickt; ihm wurde ein Amt nach dem anderen übertragen. Er stieg mit unbeirrbarer Sicherheit auf dem von ihm eingeschlagenen Weg immer höher. Als Kleriker zeichnete er sich aus, aber selbst als Kleriker mußte er sich früher oder später entscheiden, in welche weltliche Waagschale er sein politisches Gewicht werfen wollte. Er wählte die englische Seite. Seit seiner Bestallung mit dem Bistum von Beauvais im Jahre 1420 hatte er ständig der englischen Sache in Frankreich gedient, wobei er sowohl das Vertrauen Bedfords genoß, als nunmehr als Mitglied des Kronrates Heinrichs VI. auch ein Einkommen von tausend Pfund. Hochgeachtet von der Universität von Paris und in großer Gunst bei Papst Martin V., war sein Leben recht angenehm und erfolgreich, bis im Sommer 1429 das Unheil über ihn hereinbrach, indem seine englischen Freunde aus Beauvais vertrieben wurden und er selbst seines Bistums verlustig ging. Als Flüchtling in Rouen hatte er Zeit, über das Unrecht nachzudenken, das er soeben als ein mittelbares Ergebnis der siegreichen Feldzüge der götzendienerischen Pucelle erlitten hatte. Und Pierre Cauchon war nicht der Mann, der bereitwillig vergab.

Diesem kalten, rachedürstenden Prälaten muß der ihm jetzt von Bedford erteilte Auftrag äußerst angemessen erschienen sein. Es muß ihm eine aufrichtige Befriedigung gewährt haben, seinen Namen mit dem Heinrichs VI. in der Forderung zu verbünden, ihm »dieses in seiner Diözese aufgegriffene und seiner geistigen Rechtsprechung unterstehende Weib« auszuliefern, damit er ihren Prozeß gebührend leiten könne. Es muß höchst unangenehm gewesen sein, in eigener Person im Feldlager Johann von Luxemburgs jenseits von Compiègne als der bevollmächtigte Beauftragte Bedfords anzukommen, um all dem Hin und Her und Verhandeln um Johannas Person ein Ende zu bereiten. Mit der Ermächtigung Bedfords und Heinrichs VI. in der Tasche, war er in der Lage, Johann von Luxemburg und sogar dem großen Burgunder selbst zu diktieren. Er kam, von dem ganzen Ansehen der englischen Krone gestützt, Versprechungen englischen Geldes in Händen. Den Burgundischen blieb, wie wir gesehen haben, keine andere Wahl, als sich einverstanden zu erklären. Cauchon war beharrlich und energisch in seinen Bemühungen. Er reiste, wie er uns berichtet, bald nach Compiègne, bald nach Beaurevoir, dann nach Rouen und dann wieder nach Flandern, und nach Beendigung seines Auftrags erhielt er siebenhundertfünfundsechzig *livres tournois* für seine Auslagen.[1]

Die Verzögerung in der letztendlichen Übergabe Johannas war anscheinend größtenteils der Schwierigkeit zuzuschreiben gewesen, das nötige Geld aufzubringen. Es wurde schließlich durch eine dem Herzogtum Normandie auferlegte Besteuerung in Höhe von achtzigtausend Pfund aufgebracht, von denen zehntausend *livres tournois* in das Kaufgeld für Jeanne la Pucelle, *sorcière, personne de guerre,* verwandelt wurden. Erst im November 1430 wurde sie endgültig ausgehändigt. Es gibt kein genaues Datum für ihre Wegschaffung von Beaurevoir an einen anderen Ort ihrer Gefangenschaft. Wir wissen nur, daß sie zu gegebener Zeit während des Mo-

---

1 *Procès,* Bd. V, S. 194-195. Diese Auslagen wurden nicht insgesamt für die Betreibung der Sache gegen Johanna verausgabt. Sie stellen nur die Rechnung Cauchons für seine Aufwendungen von Anfang Mai 1430 bis Ende September desselben Jahres dar.

nats November 1430 von Beaurevoir nach Arras gebracht wurde, wo Johanna ihr eigenes Porträt in voller Rüstung, wie sie vor dem König kniete (siehe Kapitel I, S. 9), gezeigt wurde. Da sie in voller Rüstung darauf dargestellt war, dürfen wir uns vorstellen, diese Erinnerung an die glorreichen Tage der Vergangenheit habe sie äußerst schmerzlich berührt. *Nessun maggior dolore* . . . Wo war diese Rüstung jetzt? Sie hatte sie in einer Anwandlung von Verzweiflung in St. Denis zurückgelassen. Nebenher ist es bemerkenswert, daß die früher auf Einzelheiten eingehenden und zahlreichen Beschreibungen ihrer Gewandung vom Augenblick ihres Abstiegs an vollständig aufhören. Sie muß sich beispielsweise eine Art Rüstung beschafft haben, nachdem sie ihre eigene in St. Denis zurückgelassen hatte, denn späterhin war sie noch oft in der Schlacht; aber was wurde aus dieser Rüstung, nachdem Johanna in Compiègne gefangengenommen worden war? Wie war sie im Gefängnis gekleidet? Wie sah sie aus, ihrer Rüstung und ihres scharlachfarbenen Mantels beraubt? Beließ man sie im Besitz des Waffenrocks in den Farben von Orléans? Oder war diese Verbindung mit Orléans eine zu gefährliche Mahnung? Wir wissen nichts Sicheres darüber, außer daß sie Knabenkleidung trug, und können dieses Wissen durch die Überlegung ergänzen, da sie nunmehr nahezu sechs Monate im Gefängnis verbracht hatte und jeden Tag dasselbe Gewand trug, müsse sie zur Zeit ihres Eintreffens in Arras eine ausnehmend schäbige Erscheinung dargestellt haben. Man darf wohl folgerichtig annehmen, sie habe keine Kleider zum Wechseln gehabt. Ihre Kerkermeister, so gütig sie auch waren, hätten sich nimmermehr bereit erklärt, sie mit neuer Männertracht zu versorgen, und wir wissen, daß sie beharrlich das Angebot jeder andersgearteten ablehnte. Wir wissen auch, daß in Arras ein gewisser Jean de Pressy und andere, ungenannt bleibende, die Bitte, sie solle Frauenkleidung anlegen, erneuerten. Johannas kleine menschlichen Probleme drängen sich unserer Neugierde unvermeidlich auf. Wie brachte sie es fertig, ihr Haar zu schneiden? Es ist unwahrscheinlich, daß man ihr etwas von der Art eines Messers erlaubt hatte, und ebenso unwahrscheinlich, daß selbst die so liebenswürdigen Damen von Beaurevoir, die gerade um Johannas willen deren Beharren bei einem männlichen Äußeren bedauerten, ihrer Starrköpfigkeit durch das Leihen einer Schere aus ihren Arbeitskörben Vorschub geleistet haben sollten. Diese Fragen müssen für immer unbeantwortet bleiben. Wir können uns nur das eine mit Gewißheit vorstellen: sie müsse bei ihrer Ankunft in Arras sehr zerlumpt, sehr verlassen und sehr jung ausgesehen haben.

V

Von Arras wurde sie in Etappen nach Rouen gebracht. Zuerst in das Schloß Drugy nahe bei St. Riquier, dann in das Schloß von Crotoy, bei der Mündung der Somme am Meer gelegen. Sie hatte selbstverständlich das Meer noch nie zuvor erblickt, und es wäre interessant zu wissen, wie wohl ihre Gefühle gewesen sein mochten, als sie zum erstenmal diese riesige Fläche grauen, wogenden Wassers sah – es war der Jahreszeit nach November und das Meer der Kanal. Wenn unwissende Kinder, die nie das Meer gesehen haben, selbst heute noch durch seine Unendlichkeit in Erstaunen versetzt und beeindruckt sein können, wo man doch glauben sollte, Lichtbild und Kino hätten ihnen den Anblick bereits aus zweiter Hand vertraut gemacht, um wieviel mehr muß dann ein Mädchen wie Johanna – das einem Zeitalter ganz anders gearteter Wunder angehörte, das nie ein Lichtbild gesehen und sich, von den sehr unzulänglichen Schilderungen ungebildeter Reisender abgesehen, keine Vorstellung vom Meer hatte machen können – staunend seine Wirklichkeit angestarrt haben. Man füge dem noch hinzu, daß sie zu jener Zeit eine Gefangene war und daß für den schmachtenden Gefangenen das Meer und seine Schiffe immer in romantischer Weise ein Symbol der Freiheit und des Entrinnens darstellen. Man füge noch hinzu, daß irgendwo über dem Meer England lag, diese verschwommene, starke Insel, die solche mächtigen Feinde wie Heinrich V., Salisbury, Talbot und Bedford nach Frankreich entsandt hatte, und eben jetzt den Johanna besonders am Herzen liegenden Herzog von Orléans in einer ihrer Festungen, die der Tower von London genannt wurde, gefangenhielt. Eins zum anderen genommen, muß Johannas erster Blick auf den Kanal genügt haben, um selbst die standhafteste Seele zu erschüttern.

Noch ein anderer Umstand kann nicht verfehlt haben, sie während ihres Aufenthalts im Schloß von Crotoy gefühlsmäßig zu bewegen: es war der gleiche Ort, in welchem ihr Freund d'Alençon nach der Schlacht von Verneuil fünf Jahre lang als Gefangener der Engländer eingekerkert war. Da sie dies wußte, muß sie unwillkürlich an ihn gedacht haben, als sie selbst dort unter ähnlichen, wenn auch weit furchtbareren Bedingungen ankam. Furchtbareren, denn d'Alençon wußte, daß er losgekauft werden konnte; Johanna muß zu der Zeit schon gewußt haben, daß für sie kein Lösegeld zu erwarten war; sie muß auch gewußt haben, daß kein Angebot von Lösegeld den Entschluß der Kirche und der Engländer ins Wanken zu bringen vermochte. Sie muß mit Neid an d'Alençons unbeschwerte jugendliche Gestalt gedacht haben, der voll Ungeduld, aber doch täglich auf die Befreiung warten konnte, die sie niemals erhoffen durfte.

Trotzdem beweisen die Berichte, daß sie nirgends einfach als gewöhnliche Gefangene betrachtet wurde, die ohne Aufhebens von Ort zu Ort abgeschoben wurde. In Drugy machten ihr die Mönche der örtlichen Abtei ihre Aufwartung *(la visitèrent par honneur)* unter Vorantritt ihres Propstes und ihres Almosenpflegers und gefolgt von den führenden Bürgern von St. Riquier, die alle tief bewegt waren, als sie einen so unschuldigen Menschen solcherart verfolgt sahen[1]. In

1 *Procès,* Bd. V, S. 360–362: *Histoire généalogique des comtes de Maieur d'Abbeville, par Jacques Samson (père Ignace de Jesus Maria).*

Crotoy empfing Johanna auch die Damen von Abbeville, die gekommen waren, um sie als ein Wunder des weiblichen Geschlechtes zu bestaunen, und die in einem Boot die Somme heruntergefahren kamen, um Johanna ihre Hochachtung auszudrücken, sich ihren Gebeten anzuempfehlen, sie zu küssen und dann wieder mittels Boot, in Tränen aufgelöst, von ihr Abschied zu nehmen. So sehr beeindruckt war Johanna von ihrer Freimütigkeit, ihrer Biederkeit und ihrer Naivität *(leur franchise, leur candeur, et leur naïveté)*, daß sie nahe daran war, ihre lothringer Landsleute zu verleugnen. »Ha!« rief sie aus, *»que voicy un bon peuple! pleust à Dieu que je fusse si heureuse, lorsque je finiray mes jours, que je pusse estre enterrée en ce pays*[1].« Es fällt einem schwer, von dem edelmütigen Ausspruch der zerlumpten, knabenhaften, bedeutenden kleinen Gefangenen angesichts dieser beleibten und wohlwollenden Matronen von Abbeville nicht gerührt zu sein, die – wie man argwöhnt – in der Hauptsache zur Befriedigung ihrer Neugierde gekommen waren, wenn sie auch wirklich beeindruckt und bewegt von ihrer flüchtigen Begegnung mit einer Persönlichkeit, die so völlig andersgeartet war als sie, von dannen gegangen sein mochten. Jedenfalls segelten sie auf ihrer Barke davon, Tränen in den Augen, und Johanna blieb zurück, in der Gewißheit, früher oder später aufgerufen zu werden, um den verknöcherten, verdammenden Beisitzern in Rouen gegenüberzutreten.

In einer Hinsicht hatte Johanna Glück während ihres kurzen Aufenthalts in Crotoy: sie traf dort mit einem Mitgefangenen zusammen, einem bemerkenswerten Mann, Nicolas de Queuville, Kanzler der Kathedrale von Amiens, dessen Messelesungen im Gefängnis Johanna besuchen und dem sie beichten durfte. Aber es währte nicht lange, ehe sie dem Beispiel der Damen von Abbeville folgte, indem sie sich wie diese auf den Wassern der Somme ein-

1 *Procès,* Bd. V, S. 362.

schiffte, anders aber wie diese unter Bewachung, nur um über die weite Mündung des Flusses von Crotoy nach St. Valery auf dem jenseitigen Ufer gebracht zu werden. Sie scheint in St. Valery keinen Aufenthalt genommen zu haben, sondern wurde gleich nach Eu weitergeführt, wo sie – wie die Überlieferung sagt – im Kerkerverlies des Schlosses untergebracht wurde. Sehr wenig Unterlagen über ihre Reise stehen zu Gebote. Wir wissen nur, daß sie von Eu nach Dieppe gebracht wurde und von Dieppe – der letzten Station – nach Rouen, wo sie im Lauf des Dezembers 1430 eintraf.

VI

Die Tage achtungsvoller, ja sogar gütiger Behandlung waren zu Ende. Sie kannte nun die Bitternis der Gefangenschaft seit ungefähr sieben Monaten, aber nie einer solchen Gefangenschaft wie dieser. Geistig und körperlich litt sie jetzt, wie sie nie zuvor gelitten hatte. Ihrem Geiste wurden nunmehr alle Tröstungen der Kirche versagt. Ein körperliches Vorrecht wurde ihr verweigert, das ihr, da sie der Gerichtsbarkeit der Kirche unterstand, hätte bewilligt werden müssen: nämlich in dem Kirchengefängnis untergebracht zu werden, wo der Bischof von Rouen über einen für Frauen bestimmten Raum verfügte, und wo sie der Obhut von Frauen anvertraut gewesen wäre. Statt dessen aber wurde sie in Eisen geschlossen und in eine gewöhnliche Zelle geworfen. Das einzige, was sich zugunsten der Zelle anführen läßt, ist die Tatsache, daß sie kein Burgverlies war, führten doch acht Stufen zu ihr hinauf (Massieu). Die Zeugenberichte weichen ein wenig voneinander ab, was die genaue Natur ihrer Fesseln anbetrifft. Einige leugnen, überhaupt etwas davon zu wissen; andere, welche die Möglichkeit der Beurteilung entweder vom Hörensagen oder aus eigener Erfahrung besaßen, stimmten darin überein, ihre Füße seien gefesselt gewesen. Einige von ihnen fügen hinzu, ihre Füße seien an eine an einem Balken befestigte lange Eisenkette geschlossen gewesen[1]. Andere gehen so weit, zu sagen, nachts sei eine besondere Kette um ihren Leib geschlungen worden. Wurde ihr ein Bett bewilligt oder nicht? Hier wiederum weichen die Berichte voneinander ab. Jean Tiphaine, der sie als Arzt während einer Krankheit besuchte, sagte aus, sie habe ein Bett gehabt; so sagen auch andere (Boisguillaume, Massieu). Manchon andererseits stellt ausdrücklich fest, sie habe keines gehabt. Vielleicht kann der Widerspruch durch die Annahme erklärt werden, daß man ihr ein Bett gab, als sie erkrankte, und ihr es zu behalten erlaubte, nachdem ihnen erst einmal infolge ihrer Erkrankung die Erkenntnis aufgegangen war, sie könnte auf natürliche Weise ihre Rache zuschanden machen. Im übrigen kann kein wie immer gearteter Zweifel bestehen, daß sie trostlos untergebracht und aufs strengste bewacht war. Marie Antoinette in der Conciergerie war nicht unter dauernderer und erbarmungsloserer Aufsicht. Tag und Nacht wurde sie von fünf englischen Soldaten von der gemeinsten Sorte, *houcepaillers,* bewacht, die keine Gelegenheit versäumten, sie zu quälen und zu verhöhnen. Manchon hörte, wie sie sich beim Bischof von Beauvais und beim Grafen von Warwick darüber beklagte, die Soldaten hätten verschiedene Male versucht, ihr Gewalt anzutun, und er hörte, wie sie Warwick darauf aufmerksam machte, ohne sein rechtzeitiges Kommen auf ihre Hilfeschreie hätten sie ihr Ziel erreicht[2].

1 *Procès,* Bd. II, S. 306: Aussagen von Pierre Cusquel; *Procès,* Bd. III, S. 48, Jean Tiphaine; *Procès,* Bd. II, S. 318, Nicolas Taquel; *Procès,* Bd. III, S. 161, Boisguillaume; *Procès,* Bd. II, S. 302, Isambard de la Pierre; *Procès,* Bd. III, S. 154, Massieu, und vieler anderer. Es erscheint fraglich, ob der Balken auch wirklich ein Balken war, nämlich ein Bestandteil des Gefängnisses, oder einfach ein schwerer Holzklotz.
2 Um Warwick Gerechtigkeit widerfahren zu lassen, so scheint er sie ernstlich bestraft und die beiden Hauptschuldigen durch andere Soldaten ersetzt zu haben. Die Namen der Soldaten wurden – zweifellos in einigen Fällen falsch wiedergegeben – aufgezeichnet als John Baroust oder Berwoit, Nicholas Bertin, Julian Flosquer oder Floquet, William Mouton und William Talbot. John Gray war ihr Anführer.

Niemand konnte sich ihr ohne Erlaubnis nähern oder mit ihr sprechen; die Engländer fürchteten, sie könne entkommen, und von den drei Schlüsseln zu ihrer Zelle war einer im Gewahrsam des Kardinalbischofs von Winchester. Weitere Berichte wollen von einem für sie angefertigten Eisenkäfig wissen, und selbst wenn sie auch nie darin eingesperrt wurde, so können wir doch kaum daran zweifeln, ihre frohlockenden Feinde hätten ein Vergnügen daran gefunden, ihr diesen Käfig in allen seinen schauerlichen Einzelheiten zu beschreiben. Die Zeugenunterlage für sein Vorhandensein ist beträchtlich. Thomas Marie und Jean Massieu hatten beide davon gehört; Massieu machte sogar geltend, seine Auskunft stamme von Etienne Castille, dem Schlosser, der den Käfig angefertigt hatte, und er wiederholt gläubig die Angabe des Schlossers, Johanna sei darin vom Tage ihrer Ankunft in Rouen bis zum Beginn ihres Prozesses aufrecht stehend, an Hals, Händen und Füßen gefesselt, gefangengehalten worden. Thomas Marie hatte ebenfalls durch den Schlosser, der den Käfig gemacht hatte, davon gehört und bestätigt die Angabe, die Gefangene hätte darin aufrecht stehen müssen, sagt aber weniger bestimmt als Massieu lediglich, »er glaube«, sie sei darin gefangengehalten worden. Der interessanteste Zeuge in der Käfigfrage ist jedoch Pierre Cusquel, ein einfacher Arbeiter aus Rouen, der, dank der Tatsache, daß er bei Jean Son, dem Maurermeister des Gefängnisses, beschäftigt war, zweimal in ihrer Zelle ein Gespräch mit Johanna führte. Er hat anscheinend ganz ungehindert und sogar vertraulich mit ihr sprechen dürfen, denn er konnte sie warnen, sehr besonnen zu antworten, da es bei ihr um Leben und Tod ginge, und er konnte ihr auch Fragen stellen und von ihr Antworten darauf erhalten, während er gleichzeitig ihre Zelle mit Muße in Augenschein nehmen konnte. Er ist einer von den Zeugen, die die Kette anführen, die Johanna an einen Balken fesselte. Er sah sie nie in dem Käfig, aber – und das ist das Wertvolle an seinem Zeugnis – er sagt, er sei dabei gewesen, wie der Käfig bei ihm daheim in seinem Hause gewogen wurde. Er ist der einzige Zeuge, der Anspruch darauf erhebt, den Käfig mit eigenen Augen gesehen zu haben; die anderen stützen ihre Geschichten nur aufs Hörensagen. Warum der Käfig seinen Weg zu Cusquels Haus genommen hat, um dort gewogen zu werden, erklärt er nicht. Vielleicht hatte seine Verbindung mit dem Maurermeister etwas damit zu tun.

Worüber Johanna sich auch sonst noch in ihrem Gefängnis beklagen mochte, über Einsamkeit konnte sie sich nicht beschweren. Einsamkeit, die eine ununterbrochene Verbindung mit ihren Heiligen bedeutet hätte, wäre für sie leichter zu ertragen gewesen. So wie es war, hatte sie das derbe und oft erfindungsreiche Gehänsel und manchmal sogar die Mißhandlung der englischen Wache[1] zu erdulden; dauernde Besuche von Leuten, die unter irgendeinem Vorwand kamen, um ihre Neugierde zu befriedigen; bedrohliche Besuche von Männern, von denen sie wußte, daß sie ihre geschworenen Feinde waren; nächtliche Besuche geheimnisvoller Gestalten, denen ihr Vertrauen zu schenken sie zauderte. In der Falle gefangen, freundelos, konnte sie sich auf nichts mehr stützen als auf ihren Mut und ihren eigenen Verstand. Keiner von beiden ließ sie im Stich; aber sie war sich sehr wohl bewußt, daß sich der Ring des Schicksals so eng um sie geschlossen hatte wie die Mauern ihrer Zelle. Es war zum Teil ihre eigene prächtige Ehrenhaftigkeit, was ihre Gefangenschaft so hart machte; denn sie weigerte sich entschieden, ihr Wort zu geben, keinen Fluchtversuch zu unternehmen. Gelänge es ihr zu fliehen, sagte sie, so könnte niemand ihr vorwerfen, ihr Wort gebrochen zu haben, sofern sie es nicht verpfändet hatte. Hierauf, ziemlich unlogischerweise, beklagte sie sich über ihre Ketten und Fesseln. Aber als man ihr dann sagte, ihre früheren Fluchtversuche hätten

---

1 *Procès,* Bd. III, S. 161: Aussage von Boisguillaume: *Habebat custodes Anglicos de quibus conquerebatur multotiens, dicens quod eam multum opprimebant et male tractabant.*

den Befehl strenger Bewachung und eiserner Beinschellen notwendig gemacht, entgegnete sie in ihrer alten unnachgiebigen Art, es sei wahr, sie habe fliehen wollen und wolle das noch immer – denn es sei das Recht jedes Gefangenen. Auf keine Weise wollte sie sich dazu herbeilassen, ihre Kerkermeister zu besänftigen oder zu beruhigen.

Viele kamen, um sie in ihrem sicheren Gewahrsam zu sehen. Pierre Daron und Pierre Manuel suchten sie gemeinsam auf und machten die scherzhafte Bemerkung zu ihr *(dicendo eidem Johanna jocose),* sie befände sich wohl kaum an diesem Ort, wenn man sie nicht hergebracht hätte. So ein Witz war vielleicht nicht vom besten Geschmack, wenn er einer wehrlosen Gefangenen gegenüber gemacht wurde, die an ein schweres Stück Holz gekettet war, wie Daron Gelegenheit hatte zu bemerken. Aber die beiden fuhren fort, Johanna nach ihrem Vorherwissen des Tages zu fragen, an dem sie gefangengenommen werden sollte – Fragen, die sie geduldig, ernsthaft und mit Humor beantwortete. Weit schlimmer als diese bevorrechteten und gelegentlichen Besucher – bei denen Neugierde der einzige Grund war, warum sie einen Blick auf die Hexe werfen wollten – war der ununterbrochene Andrang derer, deren Gründe nur allzu eindeutig waren. Manchmal kamen sie in aller Öffentlichkeit und bei Tageslicht; manchmal, wie wir gleich sehen werden, in Verkleidung und bei Nacht. Eine dieser offenen Heimsuchungen ist in einiger Ausführlichkeit von demselben Aimond de Macy beschrieben, der sich bereits in Beaurevoir Freiheiten mit Johanna herauszunehmen versucht hatte und der dann am Schluß den Ausspruch tat, er glaube, Johanna weile im Paradiese. Nachdem er sie in Beaurevoir unter der Pflege ihrer gütigen Damen gesehen hatte, sollte er sie dieses Mal in Rouen sehen, von bewaffneten Männern umgeben. In der Tat muß das Getrampel der mit ihm kommenden Gesellschaft mit einer Männlichkeit von übler Vorbedeutung auf den steinernen Treppenstufen von Johannas Turm widerhallt sein. Es war eine vornehme Gesellschaft, denn sie schloß Johann von Luxemburg, seinen Bruder, den Bischof von Thérouenne, und die Grafen von Warwick und Stafford ein. Man kann sich schwer vorstellen, was Johann von Luxemburgs wirklicher Beweggrund für den Besuch war. Kam er nur, um noch einmal einen Blick auf die junge Gefangene zu werfen, die so lange seine Gastlichkeit genossen hatte? Angeblich kam er, um ihr zu sagen, er würde sie unter der Bedingung freikaufen, daß sie verspreche, nie wieder zu den Waffen zu greifen. Johanna durchschaute natürlich sofort sein leeres Versprechen und bedeutete ihm sehr richtig, da er weder den Wunsch noch die Macht hierzu habe, mache er sich, *en nom Dé!,* offenbar über sie lustig. Als von Luxemburg weiter darauf bestand, wiederholte Johanna mehrmals das bereits Gesagte und fügte dann hinzu, sie wisse sehr wohl, die Engländer würden sie aus dieser Welt befördern im Glauben, nach ihrem Tode das Königreich Frankreich wieder zurückgewinnen zu können. »Aber«, sagte sie, »selbst wenn ihrer hunderttausend Godons mehr wären als jetzt, bekämen sie das Königreich nicht.«

Diese anmaßende Sprechweise von seiten einer völlig in ihrer Gewalt befindlichen Gefangenen reizte Stafford dazu, seinen Dolch zu ziehen, um sie damit zu erstechen; aber Warwick legte sich ins Mittel. Es war keine sanfte Regung, was ihn ihr Leben zu retten veranlaßte: die wahrste Güte wäre gewesen, Stafford den Stoß führen zu lassen. Aber in Warwicks Sinn war sie anderen Dingen vorbehalten.

VII

Sie hatte andere Besucher. Die strittige Frage ihrer Jungfräulichkeit wurde aufs neue aufgenommen, und die Herzogin von Bedford kam entweder persönlich oder sandte andere Frauen, um die Angelegenheit zu untersuchen. Boisguillaume behauptet, Bedford habe selbst der Untersuchung beigewohnt, an einem geheimen Platz versteckt. Das mag

nun wahr sein oder nicht – und ich bezweifle es sehr –, jedenfalls gab es keinerlei geheimgehaltene Intimitäten für
die arme Johanna. Rouen war von Klatsch erfüllt, wie es unvermeidlich war in einer kleinen, plötzlich von Würdenträ-
gern wimmelnden Stadt, wo englische Bogenschützen an
französischen Doktoren der Theologie vorüberstreiften und
große Kirchenfürsten, von ihren Kantoren gefolgt, ein so
alltäglicher Anblick geworden waren wie Bürger, die an ihr
Tagewerk gehen. Die im Turm von Philipp August einge-
sperrte Hexe war naturgemäß das allgemeine Tagesgespräch.
Sie besprachen den Groll der Engländer gegen sie[1], die Parteilichkeit oder Unparteilichkeit ihrer Richter; sie besprachen ihre Gewandung[2]; besprachen ihre Tugend. Nicht einmal ihr privatestes Leben war vor der öffentlichen Neugierde geschützt. Im Zusammenhang mit ihrer Tugend
wurde gesagt, sie habe, wenn sie auch tatsächlich eine Jungfrau sei, beim Reiten Schaden genommen[3]. Sie hechelten die
Fragen ihrer Züchtigkeit nach allen Richtungen durch. Jeannotin Simon zum Beispiel, ein von der Herzogin von Bedford mit dem immer wieder erneuerten Angebot eines Frau-
enkleides gesandter Schneider, wiederholte, so daß andere
es hören konnten, Johanna habe ihm bei der Anprobe dieses
Kleides entrüstet eine Ohrfeige gegeben, weil er sanft ihre
Brust zu berühren versucht hatte[4]. Die Jeannotins von
Rouen waren nicht dazu angetan, verschwiegen den Mund
zu halten, wenn sie damit prahlen konnten, soeben die ge-
feierte Pucelle in ihrer Zelle gesehen zu haben. Sogar die
normalerweise erniedrigende Tatsache, eine Ohrfeige ver-

1 *Procès*, Bd. III, S. 178 und andere: Aussage von Jean Lemaire: *Fama
erat in Rothomago*,etc.
2 *Procès*, Bd. II, S. 306: Aussage von Pierre Cusquel: *Populos dicebat*, etc.
3 *Procès*, Bd. III, S. 63: Aussage von Jean Monnet: *Fuit laesa in inferiori-
bus de equitando.*
4 *Procès*, Bd. III, S. 89: Aussage von Jean Marcel: *Eam accepit dulcitur per
mammam. Quae fuit pro hoc indignata, et tradidit dicto Johannotino unam ala-
pam.*

abreicht bekommen zu haben, erhielt einen gewissen Neuigkeitswert, wenn sie von der Pucelle verabreicht worden war.

Man darf die Qual nicht überschätzen, die Johanna durch solch unzartes Gerede zugefügt wurde. Erstens einmal wußte sie vermutlich nichts von dem Klatsch, der draußen die Straßen hinauf- und hinunterwogte und über die Plätze von Rouen umlief. Zum zweiten, wäre es ihr zu Ohren gekommen, so hätte sie als Bauernabkömmling sich sehr wohl dadurch geschmeichelt fühlen können – so wie Bauern in einem wohlbestallten Begräbnis einen gewissen Trost bei allem ihrem Kummer finden. Drittens würde es äußerst übereilt sein, ihre Empfindsamkeit in diesen besonderen Dingen nach unseren eigenen Begriffen zu beurteilen. Viertens und vielleicht am zutreffendsten dürfen wir annehmen, die Entrücktheit ihres geistigen Lebens habe sie gegenüber der Niedrigkeit und Einmischung dieser Welt vollkommen gleichgültig gelassen.

In ähnlicher Weise sollten wir vermutlich auch viel von dem körperlichen Leiden, das sie zu erdulden hatte, in Abzug bringen. Johanna – daran müssen wir uns immer erinnern – war zäh und derb von frühester Jugend an. Die Zimmer in ihrem Vaterhaus in Domremy erscheinen uns kaum viel besser als Gefängniszellen. Wenige von uns würden heutzutage mit Dankbarkeit die kellerartige Kammer als Unterkunft annehmen, die (zu Recht oder Unrecht) als die ihrige gezeigt wird. Es ist ratsam, nie ungebührlich über diese Dinge in Gefühlen zu schwelgen.

Dennoch wäre es schwierig, das Leiden zu übertreiben, das ihr durch die vollständige Vorenthaltung aller Tröstungen ihrer Kirche und durch die Ränke, welche die Vertreter dieser Kirche ihr öffentlich und insgeheim antaten, zugefügt wurde. Auf das öffentliche Verhalten dieser Vertreter kommen wir an gegebener Stelle zu sprechen. Im Augenblick beschäftigt uns nur, was in diesem sicher verschlossenen und bewachten Turm von Philipp August vor sich ging. Wir wissen zum Beispiel, daß Jean Massieu, dem der Auftrag oblag, Johanna zwischen ihrem Gefängnis und ihren Richtern hin- und zurückzubringen, ernstlich von d'Estivet, einer Kreatur des Bischofs von Beauvais, gescholten wurde, weil er Johanna erlaubt hatte, im Gebet vor dem Tabernakel einer an ihrem Weg gelegenen Kapelle zu verharren, und daß ihm mit unmißverständlichen Worten verboten wurde, das noch einmal zu tun. D'Estivet sagte ihm in bündigen Worten, er würde ihn in einen solchen Turm werfen lassen, daß er einen Monat lang weder Sonne noch Mond zu sehen bekäme. *(Je te ferai mettre en telle tour, que tu ne verras lune ne soleil d'icy à ung mois.)* Ebenso wissen wir dank des überwältigenden Beweismaterials, das die Geschichte allen Zweifeln enthebt, daß dieser selbe d'Estivet und eine andere unerquickliche Persönlichkeit namens Nicolas Loiselleur es sich zur Gewohnheit machten, sich in der Stille der Nacht unter falschem Vorwand Zutritt zu Johannas Zelle zu verschaffen, um ihr Vertrauen zu gewinnen. Loiselleur war bei weitem der schlimmere Sünder. Es fällt einem schwer, seine Worte zu mäßigen, wenn man von Loiselleur schreibt. Eine Ratte auf einem Abfallhaufen ist nicht widerlicher als er. Unter der Maske eines Priesters gab er sich für einen Landsmann Johannas aus, und nachdem er sich durch Neuigkeiten aus ihrer Heimat bei ihr eingeschmeichelt hatte *(en lui disant nouvelles du pays à lui plaisantes)*, ließ er sich zu ihrem Beichtiger bestallen, und nicht zufrieden damit, das Beichtgeheimnis gegenüber den beim Prozeß mitwirkenden Richtern zu brechen, schmuggelte er auch die beiden Notare Manchon und Boisguillaume nebst anderen Zeugen heimlich in das angrenzende Zimmer ein, wo sie durch ein Guckloch alles, was Johanna sagte oder beichtete, hören konnten[1] *(. . . une chambre prouchaine, ou estoit ung trou par lequel on pouvoit escouter, affin qu'ilz peussent rapporter ce qu'elle disoit ou confessoit audit Loyseleur . . . pour trouver moien de la prendre captieusement).*

---

1 *Procès,* Bd. II, S. 11: Aussage von Guillaume Manchon.

Solche Niedrigkeit läßt Staffords gezückten Dolch von Ehrenhaftigkeit erglänzen; solche Niedrigkeit scheint unglaubhaft, wenn sie auch von Manchon berichtet wird, einem der beiden beteiligten Notare. Sagte Manchon die Wahrheit? Hoffen wir, daran zweifeln zu dürfen. Aber wir können nicht die ganze Geschichte bezweifeln. Die Schraube wird fester angezogen, wenn wir erfahren, Loiselleur habe sich als aus Lothringen stammender Schuhmacher verkleidet und Johanna weisgemacht, er sei ein Mitgefangener, wobei er ihr riet, sich nicht den Geistlichen anzuvertrauen, »denn«, wie er sagte, »wenn Ihr ihnen vertraut, werden sie Euch vernichten«. Das ist die Aussage von Boisguillaume, der hinzufügt, der Bischof von Beauvais sei mit Bestimmtheit Mitwisser der Täuschung gewesen, andernfalls hätte Loiselleur sie niemals ins Werk zu setzen gewagt. Und tatsächlich müssen die englischen Wachen Befehl gehabt haben, ihm Einlaß zu gewähren. D'Estivet, sagt er, erwarb sich Johannas Vertrauen auf dieselbe Weise, indem er sich für einen Mitgefangenen ausgab. Von den vielen mit Johannas Prozeß zusammenhängenden häßlichen Geschichten ist diese hier sicherlich eine der häßlichsten. Der manchmal vorgebrachte Einwand[1], die Rolle eines falschen Beichtigers sei mit dem inquisitorischen Verfahren vereinbar gewesen, kann kaum die beschämende Rolle erklären, die sich Loiselleur und d'Estivet zu spielen bereitfanden.

1 Z. B. von P. Champion, *Procès de condamnation de Jeanne d'Arc,* Bd. II, S. 332, Anmerkung 22.

XV. Kapitel

DER PROZESS (1)

I

Eine vollständig neue Gruppe von Personen hat jetzt von der Bühne Besitz ergriffen. Alle jene vertrauten Gestalten, die Gefährten von gestern, die Johanna während so vieler Monate begleiteten, sind verschwunden – der ritterliche d'Alençon, der liebenswürdige Bastard, der ungestüme La Hire, der getreue, immer geschäftige D'Aulon, der schwankende König selbst, der beleibte La Trémoïlle und der verschlagene Regnault, Erzbischof von Reims. Beim Rückblick gewinnen selbst die letzten Drei etwas an Glanz, standen sie doch zumindest offiziell auf Johannas Seite, anders als die sie jetzt zähnefletschend umkläffende erbärmliche Meute. Auch die Stellung der Engländer ändert sich jetzt: statt der halbverborgene Feind zu sein, der am Rande des Schauplatzes herumplänkelt, ohne daß die einzelnen Stimmen erkenntlich oder die jeweiligen Gesichtszüge vertraut würden, befinden wir uns jetzt im Herzen ihrer eigenen Feste und sehen Warwick und Stafford dort, wo sie die befehligenden Männer sind, sich deutlicher umrissen bewegen. Ihr König ist bei ihnen. Johanna ist die Fremde, nicht länger mehr unter den Leuten ihrer eigenen Partei, verlassen und allein.

Es ist alles in allem keine sehr achtunggebietende Gesellschaft. Warwick und Stafford mögen hingehen, ehrliche Soldaten, die eine Feindin gefangen haben und sie aus der Welt schaffen wollen; aber die geistlichen und gelehrten Kläger und Beisitzer, Sekretäre und Schreiber, mönchischen Rechtsgelehrten und spitzfindigen Theologen, dieser ganze von dem Bischof von Beauvais mit solchem Geschick und solcher Unversöhnlichkeit gelenkte Vorspann ruft einen Schauder der Furcht und der Verachtung hervor, wenn ihre dunklen Gestalten eine nach der anderen hineinschlüpfen und auf den Bänken des Gerichtshofes Platz nehmen. Die Liste ist lang, aber nur gewisse Namen stechen hervor und treten aus Reih und Glied heraus: Cauchon selbst, eiskalt, geschmeidig, unbarmherzig, der dann und wann die Geduld verliert, gerade genügend, um unter der Maske des sanftmütigen Prälaten den unbeugsamen Mann erkennen zu lassen; sein Mitrichter[1] Jean Lemaistre, dominikanischer Vikar des Inquisitors von Frankreich in Rouen, unsicher, dem ganzen Fall abgeneigt und ihn hassend, aber gezwungen, wie anbefohlen zu handeln; die drei Schreiber oder Notare Boisguillaume, Taquel und Manchon, alle drei furchtsam und eingeschüchtert[2]; die drei Beisitzer, welche laut Manchon am fanatischsten entschlossen waren, Johanna zu vernichten: Jacques de Touraine, Nicolas Midi, der später an Aussatz sterben sollte, und Jean Beaupère, der bei einer Schlägerei mit Banditen seine rechte Hand eingebüßt hatte; Jean Massieu, dessen Amt es war, die Gefangene vor Gericht zu bringen, und der später, obwohl ein freundlicher Mann, Geistlicher und Dekan der Kathedrale von Rouen, wegen seiner *mauvaises mœurs* und *inconduite* in Schwierigkeiten geriet; Estivet, der Anklagevertreter des Falles, ein leidenschaftlicher Parteigänger der Engländer, der sich nicht nur – wie wir gesehen haben – unter falschen Vorspiegelungen in Johannas Gefängnis einschlich, sondern sich auch bei anderen Gelegenheiten ein Vergnügen daraus machte, sie dort zu beschimpfen, indem er sie mit *putain* und *paillarde* und ähnlichen Namen belegte, die Johanna sehr an die von den Engländern bei den Befestigungen von Orléans zurückgeru-

---

1 Es gab nur zwei *Richter*: Cauchon und Lemaistre. Die anderen, wenn sie auch als Richter bezeichnet werden, hatten in Wirklichkeit nur die Befugnisse von Rechtsberatern oder Beisitzern. Lemaistre hatte versucht, sich der Teilnahme am Prozeß zu entziehen; zu seinem Unglück war sein Vorgesetzter, Jean Graverent, der Großinquisitor, bei einem anderen Prozeß in Coutances beschäftigt.

2 Boisguillaume war der Protokollschreiber des Prozesses, Taquel der Schreiber der Inquisition und Manchon der Schreiber für Cauchon.

fenen Begrüßungsworte erinnert haben müssen; der Abbé de Fécamp, von dem gesagt wurde, er sei mehr von Haß auf Johanna und Liebe zu den Engländern erfüllt gewesen als von Liebe und Gerechtigkeit; Thomas de Courcelles, ein glänzend begabter junger Mann von hohen geistigen Fähigkeiten, aber schwachem Charakter, ein junger Mann, der – wie der ihn bewundernde Pius II. später berichtete – immer »zu Boden blickte wie jemand, der unbemerkt zu bleiben wünschte«; Guillaume Erard, hitzig und tatkräftig, der vom Generaleinnehmer der Normandie im Auftrag des Königs von England eine Bezahlung von einunddreißig *livres tournois* in Raten von zwanzig *sols tournois* für jeden Tag erhielt, den er der Verhandlung von *celle femme qui se faisoit nommer Jehanne la Pucelle*[1] beigewohnt hatte, und dessen Beredsamkeit bei der Leitung einer der dramatischsten Szenen in Johannas ganzer Laufbahn in Dienst gestellt wurde. Es ist eine gemischte Sippschaft. Es befanden sich Männer von klugem Verstand, Rechtschaffenheit und Mitgefühl darunter, Männer, welche die Art der Verhandlungsführung mißbilligten, Männer, die der Gerechtigkeit und Menschlichkeit gerne mehr Spielraum gewährt hätten. Aber es waren wenige unter ihnen, die auch nur eine solche Anspielung zu machen wagten. Den Zorn des Bischofs von Beauvais konnte man nicht so leichtfertig auf sich laden, und es besteht kein Zweifel, daß er sie alle im Zaume hielt und einschüchterte. Jean de la Fontaine zum Beispiel, der in den Verdacht geriet, Johanna einen Rat gegeben zu haben, der ihr vielleicht ermöglichte, die Absichten ihrer Richter zuschanden zu machen, mußte

---

1 Es wäre ungerecht, Erard als den einzigen hinzustellen, der vom englischen Schatzamt für seine während des Prozesses geleisteten Dienste eine Geldentschädigung erhielt. Unter anderen bekamen Beaupère, Jacques de Touraine, Midi und de Courcelles jeder zwanzig *sols tournois* pro Tag; Beaupère erhielt eine weitere Sondervergütung von dreißig *livres tournois* für besondere Kleidung und drei Pferde, die er gekauft hatte. Lemaistre, dieser widerstrebende Mann, empfing zwanzig *saluts d'or*.

Rouen in aller Eile verlassen. André Marguerie wurde barsch zurechtgewiesen, weil er eine Zwischenfrage gestellt hatte. Nicolas de Houppeville wurde sogar ins Gefängnis geworfen, weil er hinter Cauchons Rücken eine Kritik gewagt hatte. Jean de Chatillon wurde geheißen ruhig zu sein und die Richter sprechen zu lassen, oder er dürfte den Sitzungen nur noch beiwohnen, wenn er aufgerufen wurde. Isambard de la Pierre, der Johanna einen Wink zu geben versuchte, wurde angehalten, in des Teufels Namen ruhig zu sein. *(Taceatis in nomine diaboli.)* Jean Lefèvre, obwohl selbst Bischof, wurde gleichfalls von Cauchon zurechtgewiesen, weil er die Bemerkung machte, eine gewisse Frage sei eine sehr ausschlaggebende Frage und Johanna sei nicht verpflichtet, sie zu beantworten. Es war in demselben Gerichtssaal kein Raum für Cauchon und für Redefreiheit. Das geringste Gemurmel abweichender Auffassung wurde sofort unterdrückt. Es konnte kein Zweifel darüber bestehen, wer der Herr dieses Gerichtshofes zu sein wünschte, und sie alle wußten es.

Und hinter der drohenden Gestalt des Bischofs stand die ganze Macht der Engländer. Rouen war in jeder Hinsicht eine englische Stadt, und jedermann in Rouen wußte sehr wohl, daß die Engländer nicht die leiseste Absicht hatten, ihre Gefangene durch die Maschen schlüpfen zu lassen. Um das Gesicht zu wahren, mochten sie sie wohl dem von der Universität von Paris ernannten Kirchengericht leihweise überlassen; das war eine Formsache, und wenn Johanna nur starb, war es ihnen höchst einerlei, wer sie verurteilte. Aber von allem Anfang an wurde ausdrücklich bestimmt, Johanna sei, sofern sie keiner Verbrechen gegen den katholischen Glauben für schuldig befunden würde, der in dem König von England[1] verwurzelten weltlichen Macht zu-

---

1 *Procès*, Bd. I, S. 19: Brief Heinrichs VI., datiert 3. Januar 1430: *Toutesvoies c'est nostre entencion de ravoir et reprendre pardevers nous icelle Jehanne, se ainsi estoit qu'elle ne fust convaincue ou actainte des cas dessudiz.*

rückzuerstellen – was in Wirklichkeit gleichbedeutend war mit der Überlegung: sollte man sie nicht bei dem einen Anklagepunkt fassen können, dann bei einem anderen. Der Scheiterhaufen oder die Seine; aber sie hätten es sehr viel lieber gesehen, daß es der Scheiterhaufen wäre und Johanna ihn als Ketzerin und Götzendienerin gebrandmarkt besteigen müßte. Deshalb wurden immer dann, wenn sie irgendwelche Anzeichen von Schwäche oder Zaudern bei dem religiösen Tribunal zu entdecken glaubten, Einsprüche erhoben, nicht immer ohne daß scharfe Worte fielen. Staffords Schwert war immer bereit, aus der Scheide zu fahren. Das war kaum ein Geist, der dazu angetan war, eine Atmosphäre der Ruhe und der unbefangenen Überlegung im Gerichtssaal zu schaffen. Cauchon wußte, daß sich die Wünsche der Engländer genau mit den seinigen deckten. Er konnte in einer so willkürlichen Art, wie ihm beliebte, verfahren.

Johanna hatte vom ersten Augenblick an nicht die geringste Aussicht. Die Frage, ob ihr denn kein gerechter Prozeß gemacht wurde, findet hier ihre Antwort. Ihr wurde ein Prozeß gemacht, der mit dem ganzen eindrucksvollen Aufwand an feierlichem Gepränge, Gelehrsamkeit und Scholastik geleitet wurde, über welche die Heilige Katholische Kirche, das Inquisitionstribunal und die Universität von Paris gemeinsam verfügten; aber im Grunde war das ganze Prozeßverfahren nur eine tragische Posse, deren Ausgang man im voraus wußte. Das bemerkenswerteste daran ist meiner Ansicht nach, daß sie sich überhaupt die Mühe machten, Johanna einen Prozeß angedeihen zu lassen, ganz zu schweigen von einem Prozeß, bei dem ein Kardinal, sechs Bischöfe, zweiunddreißig Doktoren der Theologie, sechzehn Bakkalaureen der Theologie, sieben Doktoren der Medizin und hundertdrei andere Verbündete mitwirkten[1]; abgesehen davon, daß die Burgunder Johanna nicht augenblicklich in einen Sack eingenäht und in die Oise bei Compiègne ge-

1 Vollständiges Verzeichnis siehe Anhang E, S. 481

worfen hatten. Es ist ein erstaunlicher Beweis der Anerkennung ihrer Leistung, für die Hochachtung, die sie eingeflößt, und für die Stellung, die sie sich in der öffentlichen Meinung errungen hatte, daß es ihnen nie einfiel, solche vereinfachten Methoden anzuwenden wie sie gegen proletarische Emporkömmlinge im Schwang waren, die mit dem Anspruch, ungewöhnliche Kräfte zu besitzen, hervortraten. Wenigstens erwiesen sie ihr die Aufmerksamkeit, das ganze Räderwerk eines Prozeßverfahrens gegen sie in Bewegung zu setzen. Zumindest erkannten sie Johanna als eine Feindin an, die ernstlich, feierlich und von Amts wegen bekämpft werden mußte, die keine gewöhnliche, wenn auch unbequeme Abenteurerin war, welche im geheimen aus dem Wege geschafft werden konnte, ohne daß ein Hahn danach gekräht hätte. Dazu hatte sie in Frankreich zu viel Aufsehen erregt. Sie hatte so viel Aufsehen erregt, daß Fürsten und Prälaten in ganz Europa einander Briefe mit Erkundigungen nach ihrem Schicksal schrieben. Sie hatte sich in der Tat in die einzigartige Lage hineingearbeitet, eine Gefangene von größter Wichtigkeit zu sein und doch gleichzeitig eine Gefangene ohne bevollmächtigte Verteidigung. Sie hatte überhaupt niemanden, um sie zu verteidigen. Karl VII., ihr natürlicher Schirmherr, war vollständig von der Bildfläche verschwunden. Ihr wurde beim Prozeß kein Rechtsbeistand gewährt[1]; kein einziger Zeuge wurde in ihrer Sache gehört; kein einziges Mitglied der ihr gewogenen Partei befand sich unter ihren Richtern; keiner wagte seine Stimme zu erheben, um ihr beizustehen oder ihr eine Anleitung zu geben; jedermann war durch Cauchon oder die Engländer – häufig durch beide – eingeschüchtert. Keine formelle Anklageschrift wurde ihr verlesen, außer am Ende des Prozesses. Ihre Richter taten ihr möglichstes, sie durch ein Bombardement

1 *Procès*, Bd. I, S. 200–201. Ihr wurde ein Berater angeboten, nachdem der Prozeß schon über einen Monat gedauert hatte; sie wurde aber belehrt, sie müsse ihn aus den anwesenden Beisitzern auswählen, worauf sie begreiflicherweise das Angebot ablehnte.

von zusammenhanglosen und scheinbar nicht zur Sache gehörigen Fragen zu verwirren, deren Absicht zu durchschauen außerordentlich schwierig für sie gewesen sein muß. Auf sich allein gestellt, ohne die ihr zur Unterschrift vorgelegten Schriftstücke lesen oder nachprüfen zu können, mußte sie dieser ganzen Versammlung gelehrter, geschulter und gewissenloser oder feiger Männer die Stirne bieten. Trotzdem, müde und erschöpft, wie sie gewesen sein muß – hatte sie doch nahezu zwei Monate im Gefängnis von Rouen mit Hinwarten verbracht, ohne die sechs Monate der Gefangenschaft zu erwähnen, ehe sie überhaupt in Rouen eintraf –, ließen sie ihre geistigen Fähigkeiten sowenig im Stich, daß sie die ihr so schlau gestellten Fallen zu vermeiden verstand. Ja, mit unfehlbarem Scharfsinn vermochte sie sich selbst solchen Fragen zu entziehen, die unmöglich zu beantworten schienen, ohne Gefahr zu laufen, an Gotteslästerung grenzender Vermessenheit überführt zu werden.

»Wähnt Ihr Euch in der Gnade Gottes?« wurde sie gefragt.

»Wenn ich es nicht bin, möge Gott mich in den Stand der Gnade versetzen. Bin ich es aber, so möge er mich darin erhalten.«

II

Nachdem wir so den Standpunkt der Gefangenen dargelegt und auf der Tatsache beharrt haben, das Urteil habe von vornherein festgestanden, so ist es nur recht und billig, auch den Standpunkt der Richter zu würdigen. Vor allen Dingen muß man sich bewußt werden und daran erinnern, daß der Fall nicht auf politischer, sondern auf religiöser Grundlage verhandelt wurde. Wenn auch die Engländer einen so starken und rachegierigen Druck auf den Gerichtshof ausübten und Cauchon wie die Luchse bewachten, um jedes mögliche Anzeichen von Milde in diesen klugen bischöflichen Augen aufflackern zu sehen, so nahmen sie doch an der Verhandlung selbst und dem gegen die Gefangene anhängig gemachten Verfahren offiziell nicht teil. Johanna wurde nicht unter der Beschuldigung des Hochverrats gegen den englischen König abgehandelt, der in ihren Augen auch König von Frankreich war, sondern unter der Beschuldigung der Ketzerei, Gotteslästerung, Götzendienerei und Hexerei. Und in der Vorstellung eines mittelalterlichen Kirchenmannes konnte es kein abscheulicheres und gefährlicheres Bekenntnis geben als das, eine Ketzerin und eine Hexe zu sein. Auf Grund keiner der beiden Beschuldigungen konnte Johanna vernünftigerweise erwarten, dem Verbrennungstod zu entgehen. Ihre Antworten hätten restlos befriedigend, ihre Widerrufung vollständig sein müssen, um es dem Gerichtshof unmöglich zu machen, sie anstandshalber dem wartenden Henker zu überantworten. Ohne Zweifel hätten sie es lieber gesehen, Johanna hätte widerrufen, so daß sie sie zu einer milderen Strafe wie Gefängnis auf Lebenszeit oder auf eine Anzahl von Jahren hätten verurteilen können; denn die Kirche war grundsätzlich abgeneigt, Menschenblut zu vergießen *(ecclesia abhorret a sanguinez)*. Da sie aber keinen Widerruf erreichen konnten, waren sie durchaus gewillt, bis zum Letzten zu gehen. Es ist wohl wahr, daß sie dazu nötigenfalls entschlossen waren; aber wahr ist auch, daß ihrem Entschluß echter Abscheu und Überzeugung zugrunde lagen. Da sich das so verhielt, könnte man sehr wohl die Sache so darstellen, als sei Cauchon persönlich Johanna gegenüber mit beachtenswert langmütiger Sanftmut verfahren. Er machte auch tatsächlich wiederholt Versuche, sie wieder mit *dem* auszusöhnen, was seiner Ansicht nach die einzige und alleinige Kirche war, deren Entscheid sie als Katholikin anerkennen mußte. Er hätte sie verurteilen können, lange bevor er das tat. Er wußte genau, jede Verzögerung würde von den Engländern übel vermerkt werden und er selbst der erste sein, der unter dem Verdacht der Milde oder Parteilichkeit zu leiden haben würde. Rouen wimmelte von Engländern. Er stand in enger und dauernder Verbindung mit so achtunggebietenden Gestalten wie dem selbstherrlichen Warwick, dem ungestümen Stafford und dem Kardinalbischof von Winchester – Männern, die reichlich und täglich Gelegenheit hatten, ihm zu sagen, was sie über den Verlauf des Prozesses dachten. Solche Bemerkungen können nicht immer angenehm gewesen sein und waren es auch nicht. Trotzdem räumte er Johanna eine Möglichkeit nach der anderen ein. Er ließ über einen Monat verstreichen (vom 18. April bis 24. Mai), in welcher Zeit er ihr immer wieder Möglichkeiten bot. Bei verschiedenen Gelegenheiten richtete er freundliche Ermahnungen an sie und scheint nie die Geduld mit ihr verloren zu haben, auch nicht, als sie ihm hinreichend Anlaß dazu gab[1]. Es fällt mir nicht schwer zu glauben, Cauchon habe mit dem besseren Teil seines Ichs wirklich gewünscht, eine Abtrünnige wieder auf den Weg der Wahrheit und des Heils zurückzuführen, und habe in diesem Bestreben jede Gefahr auf sich genommen, ehe er Johanna endgültig dem Scheiterhaufen überantwortete. Ich kann unschwer glauben, Cauchon habe sich allen Ernstes vor ein Problem gestellt gesehen, bei dem seine weltlichen und seine religiösen Überzeugungen miteinander im Kampfe lagen. Dasselbe Zugeständnis muß man wohl auch vielen anderen Mitgliedern des Gerichtshofes machen. Ich finde keine Schwierigkeit darin, zu glauben, die Mehrzahl dieser Söhne der Kirche, Cauchon selbst eingeschlossen, sei aufrichtig überzeugt gewesen, Johanna habe wie alle ihresgleichen ihre heilige Mutter Kirche höchst gefährlich bedroht und beleidigt. Mochten sie auch Männer von Welt und Gelehrte sein, so war doch im fünfzehnten Jahrhundert Bildung kein Schutz gegen die Schrecken des Aberglaubens, sowenig wie irgendwelche Erwägungen wie menschliches Fühlen mit Jugend, Weiblichkeit oder Unwissenheit einen

1 Es ist allerdings möglich, daß die Zwischenfälle, wenn er seine Geduld verlor, im *procès-verbal* weggelassen wurden. Auf Grund einiger späterer Zeugnisse scheint dies nicht nur möglich, sondern wahrscheinlich, siehe z. B. die Aussage von Frère Isambard (S. 390).

Augenblick die Oberhand gewinnen durften. Die menschlichen Tugenden fielen in diesem rauhen Zeitalter sowieso nur wenig ins Gewicht, und wenn die Furcht vor den Mächten der Finsternis in die Waagschale geworfen wurde, so konnte kaum ein Zweifel bestehen, nach welcher Seite das Zünglein ausschlagen würde. Man muß sich a priori den grundlegenden Gedanken zu eigen machen, daß Johanna entweder als Heilige oder als Teufelin angesehen werden mußte. Eine andere Wahl stand nicht offen. Sie entschieden sich dafür, sie als Teufelin anzusehen. Unbarmherzige Unterdrückung wurde daher strenge und heilige Pflicht. Wo aber der Bischof von Beauvais und seine Amtsgenossen einen Irrtum begingen, das war in der Unredlichkeit ihrer Prozeßführung, nicht in ihrer Überzeugung, Ketzerei und Zauberei müßten ausgetilgt oder Johanna, als schuldige Unglückliche, vernichtet werden, sofern sie sich nicht von ihrer Sünde abbringen ließe.

Ebensowenig darf man je vergessen – ein entscheidender Punkt, den ich zum Schluß aufgespart habe –, daß der Prozeß gegen Johanna als eine Hexe gleichzeitig auch einen Angriff auf den König in sich schloß, der sie in seinen Dienst gestellt hatte.

III

Der Einwand wird häufig und mit einiger Berechtigung erhoben, Johanna sei nicht von *der Kirche* der Prozeß gemacht worden, sondern nur von einem kleinen und feindselig eingestellten Teil derselben. Selbst der unparteiischste Schiedsrichter wird das Gewicht dieser Behauptung nicht leugnen können. Es ist bereits darauf hingewiesen worden, daß der Gerichtshof, der sich für eine religiöse und unpolitische Körperschaft ausgab oder zumindest für eine Körperschaft, die gegen die Kirche und nicht gegen den Staat begangene Verbrechen abzuurteilen berufen war, in Wirklichkeit ganz aus Männern zusammengesetzt war, die unmittelbar oder mittelbar von den Interessen der englischen Sache geleitet wurden. Wie groß auch immer das Ansehen des Bischofs von Beauvais in seiner eigenen Diözese gewesen sein mag, man kommt nicht über die Tatsache hinweg, daß der Gerichtshof im Namen der Gerechtigkeit wenigstens eine entsprechende Anzahl unvoreingenommener Geistlicher hätte enthalten sollen, selbst wenn wir einräumen, wir gingen vielleicht zu weit in der Erwartung, unter ihnen einen Teil aus der Johanna besonders günstig gesonnenen Partei ausgewählt zu finden. Weiterhin kommt man auch nicht über die Tatsache hinweg, daß Johanna selbst zu wiederholten Malen bat, vor den Papst gebracht zu werden – ein Ansuchen, das mit dem unzulänglichen und wirklich albernen Einwand beantwortet wurde, Rom sei zu weit entfernt[1]. Ebensowenig wie man über die Tatsache hinwegkommt, daß sie sich durchaus bereit und sogar beflissen erklärte, vor das Konzil von Basel gebracht zu werden. Daß sie vor den Papst gebracht zu werden bat, ist unbestreitbar, denn es steht schwarz auf weiß im amtlichen Protokoll des Prozesses. Die Mitteilung, sie habe gebeten, vor das Konzil zu Basel gebracht zu werden, verdanken wir unter Mithilfe von Manchon hauptsächlich dem Entlastungszeugen Isambard de la Pierre, der neunzehn Jahre nach Johannas Tod für sie aussagte. Die Beweiskraft solcher nach dem Tode gemachten Zeugenaussagen muß immer mit leisem Vorbehalt hingenommen werden; dennoch ist dieser besondere Bericht so eingehend und so glaubwürdig, daß er hier in seiner Vollständigkeit folgen soll. Man wird bemerken, daß sowohl de la Pierre wie auch Johanna selbst Cauchon angreifen, weil er seinem Schreiber befohlen habe, die diesbezüglichen Stellen in dem von ihm geschriebenen Protokoll wegzulassen – eine bezeichnende Tatsache angesichts der oft

1 *Procès*, Bd. I, S. 445: *Non poterat fieri quod iretur quaesitum dominum nostrum Papam ita remote.*

gegen die Richter erhobenen Vorwürfe, sie hätten den Text durch Fälschungen wie auch durch Weglassungen entstellt.

Frère Isambard war seiner eigenen Darstellung nach, wenn man ihm ganz glauben darf, einer von den wenigen, welcher der verwirrten Gefangenen eine hilfreiche Hand zu bieten wagten:

»Frère Isambard de la Pierre erklärt hiermit, daß einmal in seiner und mehrerer anderer Personen Anwesenheit besagte Johanna aufgefordert und ermahnt wurde, sich der Kirche zu unterwerfen. Worauf sie erwiderte, sie würde sich gerne dem Heiligen Vater unterwerfen, und vor ihn gebracht zu werden bat, nicht aber würde sie sich dem Urteil ihrer Feinde unterwerfen. Und als Frère Isambard ihr riet, sich dem Generalkonzil von Basel unterzuordnen, fragte ihn besagte Johanna, was ein Generalkonzil sei. Er antwortete, es sei eine Kongregation der allumfassenden Kirche und des Christentums und daß bei diesem Konzil ebenso viele von ihrer Partei dabei wären als von der englischen Partei. Als sie das gehört und verstanden hatte, rief sie aus: ›Oh, sintemalen dort einige von unserer Partei sind, will ich gerne hingehen und mich dem Konzil von Basel unterwerfen.‹ Und sofort, mit großem Unwillen und Unbehagen rief der Bischof von Beauvais: ›Schweigt still, *de par le diable!*‹ und verbot dem Schreiber niederzuschreiben, daß sie sich zu ihrer Unterwerfung unter das Generalkonzil von Basel bereit erklärt hatte. Dieserhalb und anderer Dinge wegen wurde Frère Isambard von den Engländern und ihren Offizieren fürchterlich bedroht, sie würden ihn in die Seine werfen, wenn er nicht seinen Mund hielte.«

Das ist die eine der von Frère Isambard gegebenen Darstellungen; später fügte er hinzu, Johanna habe zu dem Bischof gesagt: »Oh, Ihr schreibt die Dinge nieder, die gegen mich zeugen, aber nicht die Dinge, die zu meinen Gunsten sprechen.«

Abgesehen von diesen Bitten, bei denen sie vollständig in ihrem Recht war, muß man zugeben, daß Johanna ihren Richtern die Sache bei jeder Wendung sehr leicht machte, indem sie sich ihnen selbst in die Hände spielte. Sie ersparte ihnen fast die Schwierigkeit, sie zu verurteilen, indem sie das immer wieder aus eigenem Munde tat. Noch nie lieferte ein Gefangener so reichlich, ja mit wahrem Eifer Beweismaterial gegen sich selbst. Nicht aus Dummheit tat sie das, denn wenn sie wollte, so konnten ihre Antworten auf die gestellten Fragen diese durch ihre Schläue und Grobheit so sicher hinfällig machen wie nur die Antworten eines geschickten Anwalts – in sehr ähnlicher Weise, wie sie in ihren früheren Tagen die Feldhauptleute durch ihre Gewohnheit verwirrt gemacht hatte, die anerkannten Gesetze militärischer Taktik kurzerhand zu durchbrechen. Aber häufiger noch hatte sie unter dem gewaltigen Nachteil zu leiden, daß sie an jede Frage mit einem schlichten, gläubigen und fühlenden Herzen herantrat, welches die Windungen ihrer eigenen Absichten nicht verstand, deren erworbene Erfahrung aber nur zu gut auszunützen gelernt hatte. Sie litt auch unter dem Nachteil, keine Furcht an den Tag zu legen, selbst wenn sie solche empfand, so daß sie, weit davon entfernt, vor ihren mächtigen Richtern zu erzittern, diese mit einem Mangel an Feierlichkeit behandelte, der gelegentlich an Unverschämtheit grenzte. Es muß ihre Richter gröblich beleidigt haben, zu entdecken, daß Johanna mitten in all dieser Feierlichkeit ihren Scherz treiben und heiter sein konnte *(de quo gavisa est ipsa Johanna)*, wie sie das beispielsweise tat, als sie Boisguillaume bei einer Ungenauigkeit bezüglich einer von ihr acht Tage zuvor gegebenen Antwort ertappte – war doch ihre Erinnerung besser als die seine, obwohl er alles in seiner eigenen Handschrift zu Papier gebracht hatte und sie, die weder lesen noch schreiben konnte, sich nur auf ihr Gedächtnis verlassen mußte –, indem sie ihm vor versammeltem Gerichtshof sagte, wenn er wieder einen solchen Fehler mache, würde sie ihn bei den Ohren nehmen. Es war vielleicht ein bäurischer Scherz, ein derber Scherz, kein Scherz von der Art, wie ihn die Universität von Paris für witzig gehalten haben würde; aber er muß eine Versammlung von Kirchenmännern und Rechtsgelehrten, die über ein Mädchen auf Leben und Tod zu Gericht saßen, beträchtlich erstaunt haben. In ernsteren Fragen – abgesehen von dem Gerichtsschreiber, den sie bei den Ohren nehmen wollte – konnte sie den gleichen Mangel an Respekt an den Tag legen. Nicht zufrieden damit, die Ablegung des von ihr geforderten Eides zu verweigern oder auf Fragen nicht zu antworten, die zu beantworten sie nicht für richtig hielt, konnte sie soweit gehen, sogar Cauchon persönlich zur Vorsicht zu ermahnen: »Ihr sagt, Ihr wäret zu meinem Richter berufen. Ich weiß nicht, ob Ihr das seid oder nicht. Aber habt wohl acht, nicht falsch über mich zu richten, sonst begebt Ihr Euch in große Fährlichkeit. Ich warne Euch jetzt davor, damit ich durch meine Warnung, wenn Gott Euch dieserhalb straft, meiner Pflicht genügt habe[1].«

Das ist kaum die Sprache, die der Bischof von Beauvais gewöhnt war, seiner Person gegenüber gebraucht zu hören. Er war nicht gewöhnt, von Bauern und Gefangenen gesagt zu bekommen, wofür oder wofür nicht Gott der Herr ihn strafen würde. Er hatte vermutlich noch nie eine so unlenksame Gefangene vor sich gehabt, und im großen und ganzen scheint seine Geduld Johanna gegenüber lobenswert gewesen zu sein. Er konnte – und tat das auch – seine Geduld mit seinen Untergebenen verlieren; aber nur von einer Gelegenheit wird berichtet, bei der er seine Geduld mit der Gefangenen verlor. Nicht daß Johanna irgendwelche Zugeständnisse in dem Bestreben gemacht hätte, sich ihn geneigt

1 *Procès*, Bd. I, S. 154–155: *Vous dictes que vous estes mon juge, je ne scay se vous l'estes; mais advisez bien que ne jugés mal, que vous vous mectriés en grant danger; et vous en advertis, afin que se nostre Seigneur vous en chastie, que je fais mon debvoir de le vous dire.*

zu machen. Vielmehr gab sie schon durch ihre ersten bei ihrem erstmaligen Erscheinen vor dem Gerichtshof geäußerten Worte den Ton an für das, was folgen sollte, und nur für eine kurze Stunde bemitleidenswerter Panik wich sie von der ruhigen, stolzen Haltung voll Festigkeit und Sicherheit ab, die sie von allem Anfang an eingenommen hatte.

V

Die einleitenden Vorbereitungen für den Prozeß dauerten nun schon fast sechs Wochen (vom 9. Januar bis zum 20. Februar 1431), während welcher zehn Sitzungen abgehalten wurden, ehe Johanna – durch Jean Massieu – kurz nach acht Uhr morgens am Mittwoch, dem 21. Februar, zum erstenmal zum ersten öffentlichen Verhör vor den Gerichtshof gebracht wurde. Massieu war tags zuvor zu ihr geschickt worden, um sie darauf vorzubereiten, ihre Anwesenheit würde verlangt werden, und Johanna hatte wissen lassen, sie würde gerne erscheinen, bäte aber, Geistliche von der französischen Partei möchten in gleicher Anzahl vertreten sein wie Geistliche von der englischen; auch solle man ihr erlauben, vor dem Erscheinen beim Prozeß eine Messe zu hören. Man fragt sich, welche mitleidige oder höhnische Stimme sie von der Zusammensetzung des Tribunals unterrichtet hatte, denn ihre erste Bitte macht es klar, daß sie wußte, sie würde nur Feinden gegenüberstehen. Jedenfalls wurde die Bitte, wenn auch getreulich von Massieu überbracht, unbeachtet gelassen. Das zweite Ansuchen wurde auf d'Estivets Betreiben kategorisch abgelehnt. Ohne einen Freund, ohne auch nur einen Ratgeber wurde die neunzehnjährige Gefangene dem in der königlichen Kapelle des Schlosses zu Rouen versammelten Gerichtshof vorgeführt.

Ihr wurde gestattet, sich angesichts des Gerichtshofes zu setzen.

Sie brauchten nicht lange zu der Entdeckung, daß sie es

nicht mit einem verängstigten, demütigen Mägdlein zu tun hatten; vielmehr war die junge Gefangene von Rouen in der Tat ganz die gleiche Persönlichkeit wie der junge Hauptmann von Patay und Orléans. Johannas erste Worte machten das klar. Aufgefordert, auf die Evangelien zu schwören, nur die lautere Wahrheit zu antworten, erwiderte sie, sie wisse ja nicht, was die Richter sie fragen wollten. »Vielleicht«, fügte sie hinzu, »wollt Ihr mich Dinge fragen, die ich Euch nicht sagen will.«

Das war kein guter Anfang. Sie bestanden jedoch nicht allzusehr darauf. Sie brachten sie dahin, zu sagen, sie wolle bereitwillig wahrheitsgetreue Auskunft geben über ihren Vater und ihre Mutter und über alles, was sie, seitdem sie nach Frankreich kam, getan hatte und – nach häufigen Ermahnungen – über alles, was den katholischen Glauben anbetraf. Damit mußten sie sich zufrieden geben, sahen sie doch, daß sie nichts über die ihr von Gott gemachten Offenbarungen aussagen wollte, die sie, wie sie sagte, nur ihrem König anvertraut hatte; über sie wolle sie zu niemandem anderen reden, und koste es ihren Kopf. Vermutlich waren sie ein wenig beschwichtigt durch ihre Bemerkung, vor Ablauf einer Woche würde sie wissen, ob ihr Schweigen geboten sei oder nicht – eine Ausflucht, die ihnen in den folgenden Tagen vertraut werden sollte. Kniend, die Hände auf der Bibel, wurde ihr die Ablegung des Eides in seiner gemilderten Form gestattet; auch konnten sie Johanna trotz anderer, bei darauffolgenden Verhören oft wiederholter Bemühungen in dieser Frage niemals dazu bringen, von ihrem ursprünglichen Entschluß abzuweichen.

Der so eröffnete Prozeß findet sich in seiner Gesamtheit in einer der merkwürdigsten und fesselndsten aller geschichtlichen Urkunden aufgezeichnet. Er wurde ins Lateinische übertragen, aber ein großer Teil davon ist noch in den ursprünglichen französischen Aufzeichnungen vorhanden. Beim erstmaligen Lesen gewinnt man den Eindruck eines folgewidrigen und zusammenhanglosen Wirrwarrs, der einen Johannas Klagen verstehen läßt, sie suchten sie zu verwirren und ihr Fragen zu stellen, die nichts mit dem Gegenstand des Prozesses zu tun hätten: »Gebt mir die Möglichkeit zu sprechen«; »Ce n'est pas de votre procès«; »Muß ich Euch das sagen?« »Passez outre« – wendet sie wiederholt ein[1]. Es muß wahrlich ein Rätsel für sie gewesen sein, die grundlegende Richtung ihres Verhörs herauszufinden. Allmählich aber muß es ihr klar geworden sein, daß gewisse Gegenstände immer wiederkehrten: ihr Beharren auf dem Anlegen von Männertracht; ihre Weigerung, davon abzulassen; und natürlich und vor allem die Stimmen, immer wieder die Stimmen. Auf die eine oder andere Art, unmittelbar oder mittelbar, konnten nahezu sämtliche Fragen mit den Stimmen in Zusammenhang gebracht werden. Die Quelle ihrer Eingebung, die Tragweite ihrer Behauptung, mit Gott und Seinen Heiligen in wahrhaftiger Verbindung zu stehen, ihr Gehorsam oder Ungehorsam gegenüber der Kirche, ihre Selbstüberhebung als einer mit wunderbaren Kräften begabten geheiligten Persönlichkeit, ihre Beziehung zum König – es gab nichts, was nicht mit diesem gefährlichen, fluchwürdigen Anspruch in Zusammenhang gebracht werden konnte. Und es war ein Punkt, in dem sie vollkommen unerschütterlich war. Sie hatte die Stimmen vernommen; sie hatte ihre Weisungen empfangen; was sie getan hatte, hatte sie auf deren Geheiß getan; Gott selbst hatte ihr die Stimmen gesandt; Gott selbst hatte sie nach Frankreich geschickt; sie hatte nicht nur die Stimmen gehört, sondern auch die Heiligen gesehen – sie gesehen, mit ihnen gesprochen, sie berührt, sie geschmeckt, sie umarmt ... Wunderbar an dem Ganzen ist nur, daß der Prozeß so lange währte, wie er es tat. Johanna hatte genug gesagt, um alle Jungfrauen Lothringens dem Scheiterhaufen zu überantworten.

1 Nach dem Bischof von Demetriades war dieses System der Fragestellung ein absichtliches, indem die Verhörenden von einem Gegenstand auf den anderen übersprangen, um so zu sehen, ob sich Johanna widersprechen würde.

Jedoch muß bemerkt werden, daß sie über einen Punkt merkwürdig verschwiegen war. Willens wie sie war, *ad nauseam* zu antworten, die Stimmen hätten ihr das, dies oder jenes gesagt, so war sie doch genau so abgeneigt, auf Fragen mehr persönlicher Natur über ihre Heiligen zu antworten. Das erstemal, als das Verhör eine auf den Wesenskern des Geheimnisses zielende Wendung zu nehmen drohte, legte sie große Unruhe und Unbehagen an den Tag und bat um Aufschub: »Ich sage Euch nicht alles, was ich weiß. Ich fürchte mich mehr, der Stimmen verlustig zu gehen, indem ich etwas äußere, was ihnen mißfallen könnte, als davor, Euch durch mein Schweigen zu erzürnen.« Vielleicht schrak sie mit demselben Instinkt, der sie als Kind mit sich selbst hatte zu Rate gehen lassen, jetzt vor der offenen Erörterung des heiligen Gegenstandes zurück. Gefragt, ob sie irgend etwas außer dem Antlitz von den Heiligen gesehen habe, erwiderte sie, eher ließe sie sich den Hals abschneiden, als alles, was sie wisse, zu sagen. Vielleicht auch entdeckte sie zu ihrem Leidwesen, als die scharfsinnigen Verhörenden sie auf irgendwelche genauen Beschreibungen festzunageln versuchten, daß ihr Erinnerungsbild nicht ganz so deutlich war, wie sie gewähnt hatte; ein Einwand, der sicherlich denen willkommen sein wird, welche die Erscheinungen als rein halluzinatorischer Natur abtun. Es war leichter, sich goldene huldvolle Visionen in einer Lichtwolke aufschimmernd vorzustellen, als anzugeben, ob sie Haare hatten oder nicht, oder in welche Stoffe sie gehüllt, oder wie alt sie waren. Trotzdem blieb sie dabei, sie mit ihren leiblichen Augen gesehen zu haben, so deutlich wie sie die Richter vor sich sah[1]. Wie immer die Erklärung lauten mag, Johannas Abneigung, von den persönlichen Kennzeichen der Heiligen zu sprechen, ist deutlich und dauernd. Sie hatte verschiedene Methoden, um sich aus der ihr unangenehmen Situation zu

---

1 *Procès*, Bd. I, S. 73: *Ego vidi eos oculis meis corporalibus, aeque bene sicut ego video vos.*

ziehen. Die eine Methode war eine glatte Weigerung. Die andere bestand darin, daß sie sagte, sie habe keine Erlaubnis erhalten. Eine dritte bestand in der Bitte um Aufschub, indem sie ihre Richter durch das Versprechen einer späteren Antwort abzuwehren versuchte, nachdem sie Zeit gehabt hätte, ihre Besucher zu Rate zu ziehen. Eine andere bestand darin, zu sagen, in Poitiers habe sie bereits darauf geantwortet, und gleichzeitig zu bitten, im »Buch von Poitiers« nachzuschlagen, einem Schriftstück, auf das sie offenbar großen Wert legte, das aber nie wieder zum Vorschein kam. (Was einen nicht wunder nimmt, denn verschiedene von den Männern, die sie in Poitiers einem Verhör unterzogen hatten und auf deren Empfehlung hin sie zur Befreiung von Orléans entstandt worden war, saßen nun über sie zu Gericht.)

Einige Auszüge aus dem Prozeß mögen für sich selber sprechen[1]:

Frage: Wann habt Ihr die Stimmen zuletzt vernommen?
Antwort: Gestern und heute.
F. Zu welcher Zeit vernahmt Ihr sie gestern?

1 Diese Auszüge sind nicht ihrer unmittelbaren Reihenfolge nach geordnet, d. h. sie beziehen sich nicht alle auf den gleichen Tag des Verhörs. Einfachheitshalber habe ich sie in die Form von Frage und Antwort, in direkte Rede umgesetzt, ohne jedoch etwas am Sinn zu ändern und in dem Bestreben, so viel wie möglich die in der Urschrift gebrauchten Worte zu erhalten. Das folgende Beispiel wird zeigen, wie die obige Darstellung in der Urschrift lautet:

Item interrogata depost quam horam audiverat vocem quae veniebat ad eam: respondit: Ego audivi heri et hodie.

Item interrogata qua hora, hesterno die, ipsam vocem audiverat: respondit quod ter in illo die ipsam audiverat, semel de mane, semel in vesperis, et tertia vice cum pulsaretur pro Ave Maria de sero; et multotiens audit eam pluries quam dicat.

Interrogata quid heri de mane faciebat, cum illa vox venit ad eam: respondit quod ipsa, dormiebat, et vox excitavit eam.

Interrogata si vox excitavit eam tangendo ejus brachia: respondit quod per vocem fuit excitata sine tactu.

A. Ich hörte sie dreimal: einmal am Morgen, ein zweites Mal zur Vesperstunde und zum drittenmal am Abend, als das Ave Maria geläutet wurde. Sehr häufig vernehme ich sie noch öfter, als ich es Euch sage.

F. Was tatet Ihr, als Ihr sie gestern früh hörtet?

A. Ich schlief, und die Stimme weckte mich.

F. Weckte Sie Euch auf, indem sie Euren Arm berührte? (Eine merkwürdige Frage, denn wie könnte eine Stimme einen Arm berühren? Vielleicht eine Falle, um von ihr ein Geständnis körperlicher Berührung zu erhalten.)

A. Die Stimme weckte mich, ohne mich anzurühren.

F. War die Stimme in Eurem Zimmer?

A. Ich weiß es nicht. Sie war im Schloß.

F. Bezeigtet Ihr der Stimme Eure Dankbarkeit und ließet Ihr Euch auf die Knie nieder? (Nach dieser Frage zu schließen, scheinen die Wachen – wahrheitsgetreue oder falsche – Auskunft über Johanna gegeben zu haben. In Wirklichkeit war sie wohl in ihr Gebet versunken, als die Wachen sie beobachteten.)

A. Ich bezeugte meine Dankbarkeit dadurch, daß ich mich im Bett aufrichtete. Ich faltete meine Hände und flehte sie um Beistand an. Die Stimme gebot mir, mutig Rede zu stehen. (Sie wiederholte diese Feststellung viermal, wobei sie hin und her lief und der Ton ihrer Antwort beherzt war.)

F. Sprach die Stimme nicht gewisse Dinge zu Euch, ehe Ihr Eure Bitte an sie richtetet?

A. Ja, doch ich verstand nicht alles. Aber als ich vom Schlaf erwacht war, bedeutete sie mir, ich solle mutig antworten.

F. Hat die Stimme Euch verboten, alles zu beantworten, was Ihr gefragt werdet?

A. Ich will darauf nicht antworten. Die Stimme offenbarte mir auch den König betreffende wichtige Dinge, die ich Euch nicht mitteilen werde.

F. Hat die Stimme verboten, diese Dinge zu enthüllen?

A. Sie hat mir nichts darüber gesagt. Gebt mir fünfzehn Tage Zeit, und ich will Eure Fragen beantworten.

F. Wenn die Stimmen ertönen, sehet Ihr noch anderes als Licht?

A. Ich kann Euch nicht alles sagen; ich darf es nicht, es fällt auch nicht unter den von mir geleisteten Eid.

F. Kleiden sich die besagten Heiligen (Sta. Katharina und Sta. Margarete) gleicherweise?

A. Ich kann Euch jetzt nicht mehr über sie verraten; ich darf es nicht. Glaubt Ihr mir nicht, so geht nach Poitiers.

F. Sind sie gleich alt?

A. Ich darf nichts darüber aussagen.

F. Welche der beiden Heiligen zeigte sich Euch zuerst?

A. Ich erkannte sie nicht sofort; ich wußte es früher, welche zuerst erschien, habe es aber vergessen; wenn es mir gestattet wäre, wollte ich es Euch gerne sagen. Im Buch von Poitiers steht es überdies geschrieben.

F. Wie sah Sankt Michael aus?

A. Darauf kann ich Euch noch keine Anwort geben; ich darf es noch nicht sagen ... Hättet Ihr nur jenes Buch von Poitiers.

F. Woher wißt Ihr, daß es die heilige Katharina und die heilige Margarete sind, die mit Euch sprechen?

A. Ich habe Euch jetzt oft genug versichert, daß es die heilige Katharina und die heilige Margarete sind. Glaubt Ihr mir nicht, so laßt es bleiben.

F. Seht Ihr die beiden Heiligen immer in die gleichen Stoffe gekleidet?

A. Ich sehe sie immer in der gleichen Gestalt. Sie tragen auf ihren Häuptern kostbare Kronen. Dies ward mir vom Herrn mitzuteilen erlaubt. Ich weiß nichts über ihre Kleider.

F. Unter welcher Gestalt *(figuram)* zeigen sie sich Euch?

A. Ich sehe ihr Antlitz.

F. Haben sie Haare?

A. Das muß man nur wissen! *(C'est bon à savoir! – Bonum est ad sciendum!)*

F. Ist ihr Haar lang und offen?

A. Ich weiß es nicht. Ich weiß nicht, ob sie Arme oder andere Gliedmaßen haben.

F. Wenn sie keine Gliedmaßen hatten, wie konnten sie dann sprechen?

A. Das steht bei Gott.

F. Spricht die heilige Margarete englisch?

A. Warum sollte sie englisch reden, da sie doch nicht auf seiten der Engländer steht?

F. In welcher Erscheinung zeigte sich Euch Sankt Michael, als er Euch erschien?

A. Ich sah keine Krone und weiß nichts über seine Gewänder.

F. War er nackend?

A. Glaubt Ihr denn, unser Herr sei nicht reich genug, um ihn zu kleiden?

F. Hatte er Haare?

A. Warum hätten sie abgeschnitten sein sollen?

Sie sagte jedoch von St. Michael »*Il estoit en la fourme d'un très vray preud'homme*«, wenn sie es auch wiederum ablehnte, seine Gewandung oder sonst etwas zu beschreiben. Sie bestürmten sie erneut mit Fragen nach Alter und Aussehen der heiligen Katharina und der heiligen Margarete, nur um als Antwort zu bekommen: »*Vous estes respondus de ce que vous en aurez de moy, et n'en airés autre chose*«. Danach versuchten sie ihr eine neue Falle zu stellen, indem sie Johanna fragten, ob diese beiden Heiligen die Engländer haßten; aber sie war für sie zu klug: »*Elles ayment ce que nostre Seigneur ayme, et haient ce que Dieu hait*«. Sie konnte ebenso schlau wie auch mutig antworten, wie es ihr die Heiligen befohlen hatten.

Durch ihr Bestehenbleiben auf der Wirklichkeit ihrer Offenbarungen hatte sie sich bereits in die größte Gefahr gebracht; nun aber gab es noch zwei andere untergeordnete Punkte unter der Unzahl der untergeordneten, auf welchen die Richter nie müde wurden herumzureiten. Das waren die Fragen nach ihrer Männerkleidung und nach ihrem Gehorsam der Kirche gegenüber. Nur mit Mühe kann man genau verstehen, warum die Doktoren und Rechtsgelehrten solchen Nachdruck auf Johannas Kleiderwahl legten, bis man gegen Ende des Prozesses die Erklärung findet. Zuerst will es scheinen, als könne weder Häresie noch Zauberei damit zu tun haben. Es scheint in der Tat schwer zu durchschauen, um welche Sünde, welches Verbrechen oder Laster es sich dabei handeln könnte. Keine widernatürliche Form der Unzucht wurde ihr jemals vorgeworfen, und die Erklärung, die sie für ihr Anlegen männlicher Gewandung gab, war sicherlich für jeden vernünftigen Menschen hinreichend überzeugend: daß sie nämlich darin weniger Gefahr lief, vergewaltigt zu werden, als wenn sie als Frau gekleidet herumlief. Trotzdem erschien diese Frage den Richtern von grundlegender Wichtigkeit. Johanna selbst, die nicht den Rätselschlüssel besaß, war verwirrt durch die Beharrlichkeit ihrer Richter, denn auf die Frage, ob ihr Männertracht anbefohlen worden sei, antwortete sie verächtlich, die Kleiderfrage sei von geringer Bedeutung, von höchst geringer. Zu ihrem Unglück teilte sonst niemand diesen Standpunkt. Für die Auffassung des fünfzehnten Jahrhunderts haftete offenbar ihrer Wahl etwas zutiefst Anstößiges an; sogar die gütigen Damen von Beaurevoir, sogar die sanftmütige junge Herzogin von Bedford waren unglücklich darüber gewesen und hatten alles in ihrer Macht Stehende getan, sie umzustimmen. Johanna hatte sich in dieser Hinsicht wie in so vielen anderen zu einem Standpunkt praktischer Vernunft durchgerungen, der weit über den Horizont der Anschauungen des fünfzehnten Jahrhunderts hinausging. Sie war über diesen Standpunkt hinaus: aber für die Rechtsgelehrten in Rouen war das nach wie vor ein Punkt, auf Grund dessen sie über alle Gebühr bedrängt, bedroht und verfolgt werden konnte; es war noch immer ein Punkt, bei dem sie ihre Urteilserlasse auf die lediglich ortsgültigen Gesetze eines hebräischen Volksstamms stützen konnten. Sie griffen zurück auf das Alte Testament. Sie führten das fünfte Buch Mose, Deuteronomium, Kapitel XXII an: »Ein Weib soll nicht Mannsgewand tragen, und ein Mann soll nicht Weiberkleider antun; denn wer solches tut, der ist dem Herrn, deinem Gott, ein Greuel«, und vergaßen dabei ganz, daß schon die nächste Zeile der Heiligen Schrift eine reine Ortsvorschrift enthält. Sie zitierten auch das Neue Testament, besonders im Hinblick auf Johannas rundverstutzes Haar *(capillos tonsos in rotundum)*, indem sie den Apostel Paulus zur Beweisführung heranzogen: »Ein Weib aber, das da betet oder weissagt mit unbedecktem Haupt, die schändet ihr Haupt: denn es ist ebensoviel, als wäre sie geschoren ... Oder lehrt euch nicht auch die Natur, daß es einem Manne eine Unehre ist, so er das Haar lang wachsen läßt, und dem Weibe eine Ehre, so sie langes Haar hat? Denn das Haar ist ihr zur Decke gegeben[1].« Trotzdem blieb Johanna auf der Behauptung bestehen, Gott und Seine Engel seien allein verantwortlich, wobei sie ausdrücklich betonte, keine lebende Seele habe sie dabei beeinflußt, am wenigsten der König. In diesen Antworten über diesen Gegenstand ist, finde ich, ein Unterton geduldiger Erbitterung erkennbar. Dieser Unterton ist auch vereinbar mit ihrer Bemerkung, die Kleiderfrage sei von nur geringfügiger Bedeutung:

F. Als Ihr zum erstenmal Euren König saht, fragte er Euch da nicht, ob es Euch offenbart worden sei, Ihr solltet Männerkleidung tragen?

1 I. Korintherbrief, XI. Kapitel.

A. Ich habe Euch das schon beantwortet. Jedenfalls erinnere ich mich nicht mehr daran. In Poitiers steht es geschrieben.

F. Erinnert Ihr Euch, ob die Verhörenden der anderen Partei (nämlich Karls Partei) Euch darüber gefragt haben?

A. Ich erinnere mich nicht mehr. Sie fragten mich, woher ich die Männertracht hätte, und ich antwortete ihnen, aus Vaucouleurs.

F. Haben Euch der König oder die Königin oder andere aus Eurer Partei nicht zuweilen aufgefordert, sie abzulegen?

A. Das hat nichts mit Eurem Prozeß zu tun.

Sie ließ sich nicht dazu verleiten, den König, die Königin oder einen ihrer Freunde bloßzustellen.

Trotz ihrer Entrüstung war sie bereit, in der Kleiderfrage Vernunft anzunehmen:

F. Da Ihr bittet, der Messe beiwohnen zu dürfen, wäre es nicht geziemender *(honestius)*, Ihr würdet sie in Frauenkleidung hören? Würdet Ihr lieber Frauentracht anlegen und die Messe hören oder auf Männerkleidung beharren und sie nicht hören?

A. Bürgt mir dafür, daß ich sie hören darf, wenn ich mich wie eine Frau anziehe, dann will ich Euch antworten.

Vorsichtige Johanna! Sie hatte wenig Vertrauen zu den verlockenden Anerbietungen ihrer Richter. Der Verhörende[1] gab das verlangte Versprechen. Es läßt sich leicht ein Unterton von Spott in ihrer Antwort entdecken, wenn man sich an die immer wiederkehrenden Auseinandersetzungen erinnert, die sie mit ihren Richtern über die Frage

1 Wir wissen nicht, welcher Verhörende das war. Cauchon, Lemaistre, La Fontaine, Nicolaus Midi, Isambard de la Pierre und zwei andere waren bei dieser Gelegenheit anwesend. Die Gesamtzahl der Anwesenden war so gering, weil das Verhör in Johannas Gefängnis stattfand.

der Eidesablegung gehabt hatte: »Und was würdet Ihr sagen, wenn ich dem König geschworen und versprochen hätte, dieses Kleid nicht abzulegen? Trotzdem will ich Euch antworten: Laßt mir ein bis zum Boden reichendes Kleid ohne Schleppe machen und laßt es mich zur Messe tragen. Und nach meiner Rückkehr will ich wieder meine alte Tracht anlegen.«

Das Anerbieten führte zu nichts, wenn auch der strittige Punkt immer wieder aufgegriffen wurde.

VII

Die Frage ihrer Unterwerfung unter die Kirche, die – wie uns dünken will – den Richtern eines Kirchengerichtshofes weit wichtiger erscheinen sollte als die Frage, ob sie Rock oder Hosen trug, zog sich freilich stillschweigend durch den ganzen Prozeß hin, wenn sie auch eine untergeordnete Rolle bei dem Verhör zu spielen scheint und tatsächlich nicht eher ausdrücklich erwähnt wurde, als bis der Prozeß nahezu vier Wochen gedauert hatte. Dann geschah es (am 15. März), daß Cauchon und sechs andere Johanna in ihrem Kerker aufsuchten und sie zum erstenmal fragten, ob sie die ihr von der Kirche auferlegte Buße, wie es ihre Pflicht war, auf sich nehmen wolle, sofern befunden werden sollte, daß sie gegen ihren Glauben verstoßen habe? Sie erwiderte, ihre Antworten sollten durch die Schreiber verlesen werden und dann sollte man ihr sagen, ob sie etwas dem christlichen Glauben Widersprechendes enthielten, in welchem Falle sie die Sache ihrem *conseil* – womit sie ihre Stimmen meinte – vorlegen und ihnen dann erklären würde, was der *conseil* gesagt hatte. Sie fügte hinzu, sie würde nicht auf irgendwelchem Ungehorsam gegenüber dem von Gott befohlenen Christenglauben beharren; aber es war offensichtlich, daß sie nicht *die* Antworten gab, die sie hätte geben sollen, wenn sie ihr Leben retten wollte. Sie erwies sich vielmehr des Kapitalverbrechens schuldig, »unentwegt auf dem Grundsatz des eigenen Urteils zu beharren, was dem von der Kirche geforderten einfachen Gehorsam widersprach[1]«.

Diese einer Betrachtung von Pater Thurston über Bernard Shaws »Heilige Johanna« entnommenen klaren und treffenden Worte umreißen tatsächlich die ganze Sachlage. Indem sie das Urteil ihrer Stimmen, d. h. ihre eigene private Offenbarungsquelle, dem Urteil der zu Stellvertretern Gottes auf Erden Berufenen voranstellte, verstieß sie natürlich gegen eines der Hauptgesetze der Kirche. Die streitbare Kirche auf Erden gestattet keine solche unmittelbare Berufung auf die frohlockende Kirche im Himmel. Durch ihre Behauptung, auf unmittelbare Weisung des Himmels zu handeln, beging Johanna die unverzeihliche Sünde, den Bischof von Beauvais und alle seine Amtsgenossen auszuschalten. Es war sogar offensichtlich, sie würde bei gegebener Gelegenheit selbst den Papst ausschalten, denn wenn sie auch wiederholt vor ihn gebracht zu werden bat, so ließ sie doch deutlich durchblicken, bei aller ihrer Verehrung für Seine Heiligkeit und sein apostolisches Amt würde doch Gott allein ihre letztentscheidende Zuflucht bleiben.

Der erste Artikel des Anklageakts macht unverkennbar alle Kräfte der beunruhigten und entschlossenen Geistlichkeit mobil.

Er wird eingeleitet von einer ungeheuerlichen Anklage. Die Rechtsgelehrten der Inquisition und der Universität von Paris taten sicherlich dabei ihr Bestes an ausfallender Gerechtigkeit:

»Daß jenes gemeinhin Johanna die Jungfrau genannte Weib ... angeklagt und überführt werden solle als Hexe, Wahrsagerin, falsche Prophetin, Beschwörerin böser Geister, Teufelsbannerin, als abergläubisch, verwickelt in und ergeben den Künsten der Magie, Irrgläubige unseres katho-

---

1 The Rev. Herbert Thurston, S. J., in einem Aufsatz über Bernard Shaws »Heilige Johanna« in *Studies*, September 1924.

lischen Glaubens, Abtrünnige vom Glaubensartikel der heiligen Einheit der Kirche (*Unam Sanctam*, etc.)[1] und verschiedentlichen anderen Glaubenssätzen, zweiflerisch und abgewichen vom rechten Weg, gotteslästerlich, götzendienerisch, abtrünnig, falsch Zeugnis redend und schädlich, eine Lästerin Gottes und Seiner Heiligen, Verleumderin, Verführerin und Störerin des Friedens, Kriegsentfacherin, grausam gierig auf Menschenblut, welche Blutvergießen heraufbeschwört, gänzlich und schamlos den Züchtigkeiten ihres Geschlechts entsagt und sich anmaßend Tracht und Stand eines Kriegers zugelegt hat; deshalb und anderer, vor Gott und den Menschen abscheulicher Dinge wegen, und weil sie eine Verräterin göttlicher und menschlicher Gesetze und auch der Satzungen der Kiche ist, eine Verführerin von Fürsten und Volk, die sich in Verachtung und Geringschätzung Gottes verehren und anbeten ließ, reichte sie doch ihre Hände und ihre Gewänder dar zum Kuß, Ketzerin oder jedenfalls der Ketzerei aufs schwerste verdächtig, weshalb sie nach göttlichem und kanonischem Recht bestraft und zum Rechten geführt werden soll . . .«

Dann folgt der erste Artikel von den siebzig, welche den eigentlichen Anklageakt darstellen. Er erklärt die Berechtigung des Bischofs von Beauvais, gegen in seiner Diözese ergriffene Übeltäter einzuschreiten, sowie auch die Zuständigkeit Lemaistres als eines Glaubensinquisitors. Johanna war bereits der Unterschied zwischen der streitbaren und der frohlockenden Kirche sorgfältig erklärt worden, so daß sie sich über diesen Punkt in keinem Irrtum befinden konnte. Trotzdem erfolgte ihre Antwort auf diesen ersten Artikel mit ihrer üblichen furchtlosen Hartnäckigkeit:

»Sie glaubt durchaus, daß unser Heiliger Vater, der Papst in Rom, die Bischöfe und andere Geistliche dazu berufen sind, den christlichen Glauben zu bewahren und diejenigen

---

1 Die Nichtbeachtung dieses Glaubensartikels gilt als der erste Verstoß gegen den Grundsatz der Einheit der Kirche.

zu bestrafen, die gegen ihn verstoßen. Aber, was ihre eigenen Handlungen betrifft, so will sie sich einzig der Himmelskirche unterstellen – also Gott, der Jungfrau Maria und den Heiligen im Paradiese. Und sie ist fest überzeugt, nicht gegen den Glauben verstoßen zu haben, sowenig wie sie das zu tun wünsche[1].«

VIII

Cauchon und seinen Amtsgenossen konnte kaum ein Vorwurf daraus gemacht werden, daß sie Johannas Stellungnahme der Kirche und deren erhabenem Oberhaupt gegenüber als gefährlich und schismatisch bis zum äußersten erklärten. Es war nicht ihre Schuld, nicht zu der vereinfachten Grundanschauung ihrer müden jungen Gefangenen gelangen zu können, die immer noch den Wald sehen konnte, während sie nie etwas anderes hatten sehen können als Bäume. Der Vordergrund ihres Ausblicks war so verbaut mit der streitbaren Kirche und den zu ihrer Erhaltung notwendigen Satzungen, daß die frohlockende Kirche als lebendiger Faktor fast ganz aus dem Blickfeld entschwunden war. Sie erwiesen ihr in ihrer erlesenen Vollendung die schuldige Ehrfurcht, aber in solchen Fällen wie dem vorliegenden durfte in der praktischen Politik die frohlockende Kirche kaum eine Rolle spielen. Was Johanna nicht begriff, nicht

---

1 *Procès*, Bd. I, S. 204–205. Es ist ziemlich verdächtig, daß die französische Protokollabschrift folgendermaßen endet: *Et croist fermement qu'elle n'ait point défailly en nostre foy chrestienne, et n'y vouldroit défaillir, et requiert . . .* Es steht nichts von einem *et requiert* in der amtlichen lateinischen Fassung, was recht naheliegend darauf hinweist, daß Johanna noch um etwas bat, was den Schreibern ins Protokoll zu setzen verboten wurde. Worum bat sie wohl? Es ist bemerkenswert, daß bei einer anderen Gelegenheit (*Procès*, Bd. I, S. 185) die französische Niederschrift lautet: *Elle requiert qu'elle soit menée devant lui* (den Papst), und bei dieser Gelegenheit die Bitte auch in dem lateinischen Text erscheinen durfte.

begreifen konnte – nicht etwa nicht begreifen wollte – war, daß praktische politische Erwägungen überhaupt in solche grundlegenden Fragen hereinspielten. Für sie war das Ganze völlig logisch und einfach: man gehorchte der Kirche und beachtete ihre Gebote im täglichen Leben und das Christenjahr hinduch, aber in grundlegenden seelischen Fragen hatte Gott das letzte Wort, der es besser wußte als selbst Seine Heiligkeit in Rom. Sie hatte allerdings den Vorzug außergewöhnlich unmittelbarer Belehrung genossen, und nachdem sie dieses Vorteils teilhaftig geworden war, mußte ihr jede andere Belehrung als aus zweiter Hand kommend dünken.

Vom Bischof von Beauvais und seinesgleichen durfte man sich naturgemäß nicht erwarten, daß sie die Sache von diesem Gesichtspunkt aus ansehen würden. Erst einmal hielten sie Johanna vielleicht wirklich für ein Werkzeug des Bösen, und selbst falls sie Johanna nicht wirklich dafür ansahen, muß sie ihnen zumindest für eine böse und aufrührerische Tochter der Kirche, zu welcher sie sich bekannten, gegolten haben. In diesem Falle rüttelte sie an den Wurzeln ihres berufenen Ansehens. Wenn man sie mit ihren Behauptungen durch die Maschen schlüpfen ließ, so schuf man in ihr ein höchst bedenkliches Beispiel. »Wenn die Prälaten der Kirche nicht dagegen einschreiten, kann die Folge sein, daß das ganze Ansehen der Kirche ins Wanken gerät. Männer und Frauen können allerorten aufstehen, angeblich durch Offenbarungen Gottes oder Seiner Engel ermuntert, Lügen und Irrtümer säen, wie wir es viele Male erfahren haben, seitdem dieses Weib aufstand und beim Christenvolk Ärgernis zu erregen und ihren Trug vorzubereiten begann[1].« Sie waren freilich beunruhigt. Johannas Antworten, die schlechterdings alle Schutzwälle ihrer Orthodoxie durchbrachen, waren Antworten einer Denkungsart, mit der sie nichts anzufangen vermochten, es sei denn, sie vernichteten den Leib:

1 *Procès*, Bd. I, S. 317.

F. Wollt Ihr Euch in allen Euren Worten und Taten, ob guten oder schlechten, dem Beschluß unserer heiligen Mutter, der Kirche, unterwerfen?

A. Ich liebe die Kirche und würde sie mit meiner ganzen Kraft um des christlichen Glaubens willen unterstützen. Nicht ich bin es, die man am Kirchgang oder am Messehören hindern müßte!

Die Frage wird wiederholt, aber Johanna bleibt unerschütterlich: »Ich berufe mich auf Gott, der mich gesandt hat, auf Unsere Liebe Frau und auf alle die seligen Heiligen im Paradiese. So wie ich es sehe, sind Gott und die Kirche ein und dasselbe und Ihr solltet darin keinerlei Schwierigkeiten erfinden. Warum erfindet Ihr Schwierigkeiten?

F. Würdet Ihr Euch nicht für verpflichtet halten, dem Papst als dem Vikar Gottes auf Erden die reine Wahrheit in allen Fragen, die Euren Glauben und Euer Gewissen angehen, zu antworten?

A. Bringt mich vor ihn und ich will auf alles, was ich beantworten muß, Antwort geben.

Diese Einschränkung kann ihnen nicht behagt haben: sie bedeutete, daß sie – Papst oder nicht Papst – weiterhin ihrem eigenen Urteil gemäß zu handeln gedachte.

Am Schluß verfielen sie darauf, ihr zu drohen. Sie würde verbrannt werden, sagten sie, wenn sie bei ihrer Ketzerei beharrte. Sie erwiderte – und der Gerichtsschreiber setzte die Worte *Superba responsio* an den Rand seines Protokolls –: »Ich will nicht mehr darüber sagen. Und hätte ich das Feuer vor Augen, so würde ich doch alles sagen, was ich gesagt habe, und nicht anders handeln[1].«

Die Frage mag offen bleiben, ob die Richter jemals ernst-

---

1 *Procès*, Bd. I, S. 393: *Je ne vous en diray autre chose: et se je veoye le feu, si diroye-je tout ce que je vous dy, et n'en feroye autre chose.*

lich erwogen, Johanna nach Rom zu bringen oder nicht. Höchstwahrscheinlich nicht, auch wenn es ihnen die Engländer erlaubt hätten. Sie hatten reichliches Beweismaterial emsig zusammengetragen, ohne sich diese Mühe und Kosten zu machen, und am letzten Tag des März erlangten sie die Gewißheit, daß Johanna unter keinen Umständen die Absicht hatte, von ihren früher gemachten ungehorsamen Aussagen abzugehen. Würde sie sich nunmehr dem Spruch der irdischen Kirche unterwerfen? – fragten sie Johanna zum letztenmal. Ihre Antworten waren wie schon früher unzweideutig und klar: sie wolle der Kirche gehorchen, vorausgesetzt, daß sie nichts Unmögliches von ihr fordere. Sie würde nie, um nichts auf der Welt, die Erklärungen widerrufen, die sie im Laufe des Prozesses über ihre Geschichte und Offenbarungen gemacht hatte. Nie, um nichts auf der Welt, wolle sie der Kirche gehorchen, falls diese ihr etwas den ihrer Aussage nach von Gott erhaltenen Weisungen Entgegengesetztes befehlen sollte. Immer wolle sie sich auf Gott berufen, sollte auch die Kirche ihre Offenbarungen als trügerisch, teuflisch, abergläubisch oder böse bezeichnen. Sie wolle sich der streitbaren Kirche unterwerfen – das heißt also dem Papst, den Kardinälen, den Erzbischöfen und dem übrigen Klerus, aber an erster Stelle käme Gott.

Nachdem sie diese Antworten erhalten hatten, zogen sich die Richter zu der Überlegung zurück, was nun in dem Prozeß als gegen Glaubensfragen verstoßend zu tun übrigblieb.

IX

Ein sehr merkwürdiger und bezeichnender Zwischenfall muß noch berichtet werden, ehe der Prozeß rasch durch seine verschiedenen Phasen seinem logischen Ende zugeführt werden kann. Dieser Zwischenfall betrifft das seinerzeit dem König gegebene Zeichen. Es ist ein an und für sich nicht so sehr wichtiger Zwischenfall, aber interessant des

Lichtes wegen, das er auf einen höchst unerwarteten und nahezu koboldartigen Charakterzug Johannas wirft. Es ist ein Charakterzug, der sich bereits das eine oder andere Mal in ihrer kurzen Lebensgeschichte geäußert hat, ein Charakterzug, der wie ein farbig leuchtendes Juwel der Einbildungskraft aus der einfachen Fassung ihres launigen gesunden Menschenverstands hervorsticht. Denn Johanna war in der Regel kein phantasievoller Mensch. Selbst wenn wir einräumen, ihre Visionen und ihre Stimmen seien ein ausschließliches Erzeugnis der Einbildungskraft gewesen, so waren sie das doch nicht durch eine absichtlich von ihr in diesem Sinne in Tätigkeit gesetzte Einbildungskraft. Eher war diese Einbildungskraft ihr von ungefähr auferlegt und nicht das Ergebnis eines bewußten Bestrebens ihrerseits, die Phantasie schweifen zu lassen. Bezüglich des dem König gegebenen Zeichens ließ sie sich anscheinend die Zügel schießen. Es scheint, als habe sie sich in einer plötzlichen Anwandlung von Leichtsinn mit den schulmeisterlichen Doktoren vorsätzlich einen Spaß erlaubt, um sie zu verwirren und aus der Fassung zu bringen. Wäre der Gegenstand nicht so ehrfurchtgebietend und ernst, so möchte man sagen, sie habe sich einen kleinen Scherz mit ihnen herausgenommen – eine Art Erholung von dem tödlichen Einerlei von Frage und Antwort während des Prozesses. Es ist ein Scherz, von dem man sich vorstellen könnte, sie hätte ihn in ihrer früheren fröhlichen Laune in Poitiers gemacht; er ist um so erstaunlicher, weil er in der grausigen Umgebung von Rouen in Erscheinung tritt. Johanna gleicht jetzt einem Kinde, das einem offenen Mundes lauschenden Zuhörerkreis eine Geschichte erzählt und diese beim Erzählen ausschmückt und ausspinnt.

Kurz umrissen lautete Johannas Geschichte dahingehend, ein Engel vom Himmel habe ihr anläßlich ihrer ersten Audienz beim König das Geleit gegeben und eine Krone mitgebracht, edler als Gold.

Ihre Richter selbst hatten ihr diesen Gedanken zuerst eingegeben. Am 1. März fragten sie Johanna, ob sie eine Krone auf dem Haupt des Königs erblickt habe, als sie ihm zum erstenmal das Zeichen gab. Das ist die erstmalige Erwähnung einer solchen Offenbarung, und bei dieser Gelegenheit erfolgt keinerlei Andeutung, die Krone sei von einem Engel gebracht worden. Am 27. Februar jedoch fragten sie Johanna, ob ein Engel über dem Haupt des Königs geschwebt sei, als sie ihn zum erstenmal sah, und sie hatten darauf die spöttische Antwort erhalten: »Bei der heiligen Mutter Gottes, wenn einer da war, so bemerkte ich es nicht und habe ihn nicht gesehen.« Am 10. März hat sich ihr Ton völlig geändert: dieses Mal sagt sie, das Zeichen sei von einem Engel Gottes überbracht worden und von niemandem anderen; sie habe ihm ihre Ehrfurcht bezeugt, indem sie auf die Knie gefallen sei und ihre Kappe abgenommen habe. Das Zeichen selbst, sagt sie, sei herrlich, ehrend und glaubwürdig gewesen; das denkbar erlesenste und prächtigste. Es würde tausend Jahre überdauern und noch mehr. Sie wollte keine genaueren Einzelheiten angeben; sie wollte nicht sagen, ob es aus Gold, Silber oder Edelsteinen war, sie wollte nur sagen, kein Sterblicher vermöchte ein so herrliches Ding zu beschreiben. Aber es war offensichtlich, daß Johanna bereits ihrer Einbildungskraft die Zügel schießen ließ im Verfolg des ihr von ihren Richtern so unbedacht eingegebenen Gedankens. Nunmehr nahm in ihr das Gleichnis vom Engel, der Krone und dem König endgültig Gestalt an. Es ist, als habe sie zu sich selbst gesagt: »Sie wollen herausfinden, was ich wirklich zum König gesagt habe und was das überzeugende Zeichen war, das ich ihm gab; ich kann aus Treue zum König seinen Feinden nicht sagen, daß ich ihn seiner Legalität versicherte; aber irgendeine Geschichte wollen sie hören und *en nom Dé!* sollen sie auch haben.« Die Geschichte, welche sie ihnen auftischen konnte, nahm Gestalt an, und am 13. März setzte sie ihnen diese Geschichte in ihrer ganzen wohldurchdachten Pracht vor.

Sie waren erneut auf die Frage zurückgekommen. Zuerst

machte Johanna Einwendungen und wollte wissen, ob sie sich selbst des Meineids zeihen solle? Nachdem sie sie aufs neue bedrängten, ob sie der heiligen Katharina versprochen habe, das Zeichen nicht zu enthüllen, erwiderte sie, nicht nur habe sie geschworen und versprochen, es nicht zu enthüllen, sondern sie habe es aus freien Stücken enthüllt, weil man sie allzu hart bedrängt hatte. Dann hörten sie Johanna zu sich selber murmeln: nie wieder würde sie einem Menschen ein Wort davon sagen.

Dessenungeachtet beharrten sie auf der Frage, und mit ihrer Beharrlichkeit scheinen sie Johannas Zweifel zunichte gemacht zu haben. Nachdem ihr letzter Versuch, ehrlich zu bleiben, unterdrückt war, stürzte sie sich mit wahrhaft Johannascher Vorbehaltlosigkeit in eine rückhaltlose Ausschmückung. Sie war immer sehr für Kronen eingenommen gewesen; Kronen waren etwas, von dem sie fast besessen war – eine kindliche und bäuerliche Besessenheit – als von einem Symbol der Königswürde und Göttlichkeit. Es ist bemerkenswert, daß sie trotz ihrer Abneigung, die persönlichen Merkmale ihrer Heiligen zu beschreiben, doch immer bereit war, auf der Tatsache zu bestehen, sie hätten herrliche Kronen getragen.

Der Engel, sagte sie, bestätigte die Rechte ihres Königs, indem er ihm die Krone brachte und ihm sagte, das ganze Königreich Frankreich solle durch Gottes Hilfe und ihre, Johannas, Bemühungen sein ungeteilter Besitz werden; er solle Johanna auf die Probe stellen und ihr Soldaten an die Hand geben, andernfalls würde er nicht so bald gekrönt und gesalbt werden.

Nach dieser kühnen Einleitung scheint sie sich ein wenig verwirrt zu haben, denn sie bringt die erdichtete Ankunft des Engels mit der Krone und die tatsächliche Krönung in Reims durcheinander. Es ist ein ziemlich rührendes Durcheinander insofern, als es ihre ländliche Unerfahrenheit mit Kronen, Königen und Krönungen verrät. Ich glaube, daß sie an diesem Punkt inmitten ihres kühnen Abstechers in die weiten Gefilde der Dichtung erschrak und wieder auf die Erde herabzukommen versuchte – mit höchst verwirrenden Ergebnissen. Nachdem sie einen Engel und eine Krone erfunden oder, richtiger gesagt, die diesbezügliche Erfindung der Richter sich zu eigen gemacht hatte, erinnerte sie sich plötzlich, im wirklichen Leben gesehen zu haben, wie ihr König von jemandem gekrönt wurde, der alles andere eher war als ein Engel. Deshalb antwortete sie auf die Frage, auf welche Weise genau der Engel die Krone überbracht hätte und ob er sie dem König aufs Haupt gesetzt habe, die Krone sei einem Erzbischof, dem Erzbischof von Reims, übergeben worden, soviel sie wisse in Gegenwart des Königs, und der Erzbischof habe sie in Empfang genommen und dem König in ihrer, Johannas, Gegenwart überreicht und die Krone sei dem Königsschatz einverleibt worden.

Hier nun hatte eine offensichtliche Verwechslung von Tatsache und Dichtung stattgefunden und die Richter erkannten das sofort. Wohin, fragten sie, wurde die Krone gebracht?

Johanna griff eilends auf ihre Dichtung zurück und es ist auffallend, wie ausführlich, auf alle Einzelheiten der damaligen Umstände eingehend, nach diesem kurzen Versuch, Dichtung mit Tatsache zu verquicken, ihre Angaben werden. Die Krone, sagt sie, wurde in das Gemach des Königs in Chinon gebracht. Sie konnte sich nicht an den genauen Tag erinnern, und was die Stunde anbetrifft, so entsann sie sich nur, daß es schon spät war[1]. Es war entweder im April oder im März, glaubt sie; und nächsten Monat oder diesen Monat (sie spricht am 13. März 1431) werden es zwei Jahre; und es war kurz nach Ostern.

Die Krone selbst ist nunmehr aus purem Gold, so reich und herrlich, daß Johanna ihren Wert nicht beziffern oder abschätzen kann; die Krone bedeutet, daß der sie tragende

---

1 Das reimt sich gut mit Johannas Feststellung zusammen, der Saal sei von Fackeln erleuchtet gewesen. Vgl. VII. Kapitel, S. 167

König das Königreich Frankreich zu eigen haben wird. Kein Goldschmied der Welt hätte sie so herrlich machen können. Sie ist ein wenig vorsichtig in der Beantwortung der Frage, ob die Krone auch Edelsteine trug: »Ich habe Euch bereits gesagt, was ich darüber weiß.« In Wirklichkeit hatte sie ihnen nichts darüber gesagt, sondern war dieser Frage bei einer früheren Gelegenheit ausgewichen.

Sie fragten sie sodann, ob der Engel, als er die Krone brachte, aus der Höhe herabgeschwebt oder auf dem Boden gewandelt sei – und sofort geht Johanna wieder auf Einzelheiten ein mit ihrer Angabe: der Engel wäre auf Gottes Befehl aus der Höhe herabgeschwebt und durch die Türe hereingetreten. Er habe sich vor dem König verneigt und habe sich, von der Türe aus auf dem Boden schreitend, dem König genähert. Die Entfernung zwischen der Türe und dem König mochte eine Lanzenlänge betragen. (Das klingt seltsam wahr: Johanna kannte die Länge einer Lanze und hätte sie sehr natürlicherweise als ein gerade greifbares Längenmaß betrachtet.) Sie folgte dem Engel in das Gemach und sagte zum König: »Sire, hier ist Euer Zeichen; nehmt es entgegen.«

Sie war auf diese Erscheinung wohl vorbereitet gewesen, war ihr doch der Engel schon in ihrer Wohnung in Chinon erschienen, ehe sie überhaupt eine Audienz beim König erwirkt hatte. Tatsächlich suchten sie gemeinsam den König auf, der Engel von anderen Engeln begleitet, die für andere Menschen nicht sichtbar waren. Sie glaubte trotzdem, daß etliche Leute den Engel gesehen hätten, so der Erzbischof von Reims, Karl von Bourbon und die Herzöge von La Trémoïlle und Alençon[1]. Etliche Leute sahen die Krone, ohne

1 Johanna begeht hier einen seltsamen und nicht zu ihr passenden Irrtum: sie behauptet, der Herzog von Alençon sei unter denen gewesen, welche den Engel sahen. Nun aber war der Herzog von Alençon noch nicht in Chinon eingetroffen, als ihre erste Zusammenkunft mit Karl VII. stattfand. Entweder ließ sie hier ihr sonst so erstaunlich genaues Gedächtnis im Stich oder aber wir können in diesem offensichtlichen

den Engel zu sehen.

Einige der den Engel begleitenden, von ihr wahrgenommenen Engel glichen einander, andere sahen anders aus; einige hatten Schwingen, andere nicht; die heilige Katharina und die heilige Margarete kamen leibhaftig mit den Engeln ins Königsgemach.

Sie weinte, als der Engel sie verließ, und wünschte, er hätte ihre Seele mit sich nehmen können; aber sie war weder erschrocken noch ängstlich, nur traurig, als er fortging.

Der Engel, fügte sie als Antwort auf eine weitere Frage hinzu, hatte ihr nie briefliche Botschaften geschrieben.

Diese seltsame Geschichte kann nur durch die Annahme erklärt werden, Johanna habe, in die Enge getrieben, ihre Zuflucht zur allegorischen Phantasie genommen. Die Allegorie ist recht deutlich: sie selbst war der Engel, der Karl die Königskrone von Frankreich überbrachte – wie es ja auch tatsächlich geschah. Daß sie in einem gegebenen Augenblick in Verwirrung geriet, ist begreiflich, denn ihr Verstand war gleich Null, wenn auch ihr Genius groß war. Die Unzulänglichkeit ihres Verstandes konnte wegen eines kleinen und feststehenden Umstandes mit der Geschichte nicht mehr fertig werden: die Gestalt aus Fleisch und Blut des Erzbischofs von Reims drängte sich dazwischen und ebenso die wirkliche Krone, die sie in Reims gesehen hatte und von der sie wußte, daß sie in die königliche Schatzkammer zurückverbracht worden war. Sie gerieten zwischen das Bildnis des Engels – von dem sie beiläufig behauptete, es sei der Erzengel Michael gewesen – und das der herrlichen Krone, die der Engel in Chinon Karl aufs Haupt gesetzt hatte. Chinon und Reims, Erzengel und Erzbischof, symbolische und wirkliche Krone, alles das schmolz zu einer für ihr erfindungswilliges Gehirn allzu schwierigen und prunkvollen Geschichte zusammen. Es wurde behauptet, späterhin habe sie ein volles

Gedächtnisirrtum einen weiteren Beweis dafür sehen, daß sie die ganze Geschichte erfand.

Geständnis abgelegt, ihren Richtern einen Bären aufgebunden zu haben, um den Gang der Verhandlung aufzuhalten. Da sie nicht die Wahrheit sagen konnte, hätte sie eine Geschichte erfunden. So wurde behauptet. Da aber die Verbürgtheit dieser Behauptung zweifelhaft ist, wurde der volle Bericht in einen Anhang verwiesen[1].

---

1 Siehe Anhang G. S. 487. Es soll hier auch erwähnt werden, daß Johanna höchstwahrscheinlich Geschichten von Engeln, Kronen und Königen gehört hatte. Z. B. wurde beim Einzug Richards II. in London im Jahre 1377 auf dem Marktplatz von Cheapside ein Kulissenschloß aufgebaut, aus dem ein Engel herunterschritt, um dem König eine goldene Krone zu überreichen.

XVI. Kapitel

DER PROZESS (2)

I

In dem vorausgehenden Kapitel ist sehr wenig über die Prozeßführung als solche gesagt worden, und vielleicht wurde so der unbeabsichtigte Eindruck hervorgerufen, das Verhör habe sich auf solche wichtigeren Gegenstände wie die Offenbarungen der Stimmen, die körperlichen Erscheinungen der Heiligen, das Beharren Johannas auf Männerkleidung und ihre durch ihre Unabhängigkeit von dem Urteil der streitbaren Kirche geäußerte Ketzerei beschränkt. Das ist nicht der Fall. Viele andere Fragen wurden erhoben, verfolgt, fallen gelassen und häufig wieder aufgenommen, einige davon scheinbar unbedeutend und nur in ihrer wahren Bedeutung zu verstehen, wenn wir uns ständig vergegenwärtigen, daß sie uns aus einer Welt geistiger Finsternis erreichen, in der die Menschen aus Angst vor den bösen Mächten der Hölle jedes Schnipfelchen von Beweis dazu benützten, ein Mädchen als Ketzerin und Hexe zu verdammen. Daher die endlosen Fragen über den Frauenbaum und den Chenu-Wald in Domremy, über die Kindheitsbeschäftigungen, über die von Johanna angeblich am Busen getragene Alraunwurzel, über ihr Banner, ihr Schwert, ihre Ringe, die Überschrift Jhesus Maria auf ihren Briefen, ihre Prophezeiungen, den Tod Franquet d'Arras' und ihren Sprung vom Turm zu Beaurevoir: Alle diese Fragen zielten auf den eigentlichen Wesenskern des Verhörs, wenn ihr Zweck uns auch manchmal rätselhaft erscheinen mag und sicherlich der armen unwissenden ungeschulten Johanna doppelt rätselhaft erschienen sein muß. Allein schon die Frage nach ihrer Jungfräulichkeit hätte an sich für ein Gerichtsverfahren genügt, wenn nicht das negative Ergebnis der amtlichen Untersuchungen eine Weiterverfolgung in dieser Richtung unmöglich gemacht hätte. Die *Pucelle* war wirklich eine *pucelle*: darüber konnte kein Zweifel bestehen. Die Tatsache war mehrere Male in Zeitabständen von Zeugen festgestellt worden, deren Ansehen der Gerichtshof nicht anzweifeln konnte. Abgesehen von den Damen von Chinon und Tours hatte sich erst neuerdings die Herzogin von Bedford persönlich mit einer diesbezüglichen Untersuchung befaßt, ebenso wie ein Mitglied des Gerichtshofes selbst, der Doktor der Medizin Guillaume de la Chambre, der Gelegenheit gehabt hatte, Johanna während ihrer zweimaligen Erkrankung im Gefängnis zu untersuchen, und der seiner Meinung einige Jahre später mit mehr Offenheit als Feingefühl Ausdruck gab[1]. Vom Gesichtspunkt der Kleriker aus war es ein Jammer, daß Johannas Züchtigkeit keine Angriffsfläche bot, denn es galt als wohlbekannte Tatsache, daß dem Teufel über die schützende Reinheit einer Jungfrau keine Macht zustand. Kam nicht das schneeweiße Einhorn, das schneller war als die Schwalbe und das kein Jäger auf seinem Lauf durch den Wald aufzuhalten vermochte, schmeichlerisch auf den Zuruf einer reinen Jungfrau – und nur einer reinen Jungfrau – herbei? Solche Tatsachen waren Gemeinplätze des Glaubens und Jungfräulichkeit ein entsprechend köstlicher Besitz. Sogar William Caxton (der erste Buchdrukker Englands, der, nebenbei bemerkt, ihr genauer Altersgenosse war) versuchte nie, die Keuschheit dieses Mägdleins anzuzweifeln, »das wie ein Mann ritt und ein gar tapferer Hauptmann war«, sondern konnte nur behaupten, sie habe ihre Häscher zu täuschen versucht: »sagte sie doch, sie trüge ein Kind unterm Herzen, woraufhin ihr eine Weile Aufschub gewährt wurde. Aber am Schluß stellte sich heraus, daß sie kein Kind trug, und dann wurde sie in Rouen verbrannt«.

1 *Procès*, Bd. III, S. 50: Aussage von Guillaume de la Chambre: *Scit ipse loquens, prout percipere potuit secundum artem medicinae, quod erat incorrupta et virgo, quia eam vidit quasi nudam, cum visitaret eam de quadem infirmitate; et eam palpavit in renibus, et erat multum stricta, quantum percipere potuit ex aspectu.*

II

Es ist offensichtlich unmöglich, an dieser Stelle auf alle Einzelheiten des Prozesses einzugehen. Man kann nur seine Entwicklung und Grundlinien in ihren verschiedenen Stadien andeuten, mit dem unausweichlichen Höhepunkt der Tragödie auf dem Marktplatz.

Die erste öffentliche Sitzung, bei welcher die Gefangene zum erstenmal vorgeführt wurde, fand am 21. Februar in der königlichen Kapelle des Schlosses von Rouen statt. Der Gerichtshof zog am nächsten Tag in die benachbarte *salle d'honneur* oder *chambre de parement* um. Heinrich VI. und Johanna waren so einander näher als je zuvor, wenn auch nicht berichtet wird, sie hätten einander jemals von Angesicht zu Angesicht gesehen. Die Verhandlung gegen Johanna fand in dem Raum statt, der fast unmittelbar an das Zimmer angrenzte, in welchem der damals neun Jahre alte kleine englische König seine Spiele spielte oder seine Aufgaben machte, in unschuldsvoller Unkenntnis der Tragödien, die sich in seiner nächsten Umgebung abspielten. Westminster und Domremy waren durch Welten voneinander getrennt. Tag um Tag trat der Gerichtshof um acht Uhr morgens an demselben Ort zusammen, ständig war der Bischof von Beauvais anwesend, wenn auch die Zahl und die Zusammensetzung seiner Amtskollegen schwanken mochte, ständig auch die Gefangene, der keine andere Wahl blieb. Tag um Tag begann die Verhandlung mit dem gleichen Streit über die Ablegung des Eides – Streitigkeiten, deren Heftigkeit abnahm, je deutlicher sich die Starrköpfigkeit der Gefangenen offenbarte, um zuletzt aus einem verbissenen Kampf zu einer reinen Formsache zu werden. Nach drei Sitzungen wurde der Fall durch die Erkrankung der Gefangenen unterbrochen, so daß vom 24. bis 27. Februar die Verhandlung eingestellt werden mußte. Johanna war tatsächlich schwer erkrankt *(multum vomitum)*, und der Gerichtshof sah sich gezwungen, in seinen eigenen Reihen Umschau zu halten nach einem

Arzt, der für die körperlichen Bedürfnisse sorgen konnte, während die seelischen Bedürfnisse eine Zeitlang in der Schwebe belassen wurden. Sie fanden einen geeigneten Mann in der Person des Jean Tiphaine, der an dem Prozeß zuerst nicht hatte teilnehmen wollen, zuletzt aber aus Angst vor den Engländern und ihrer Rache klein beigegeben hatte. Er empfand ehrliche Hochachtung vor Johanna und ihren mutigen Antworten und erinnert sich insbesondere eines bestimmten Tages, an welchem Jacques de Touraine Johanna fragte, ob sie jemals dabei gewesen sei, wenn ein Engländer getötet wurde? *»En nom Dieu, si ay. Comme vous parlez doucement*[1] *!* Warum trollten sie sich nicht aus Frankreich und kehrten in ihr eigenes Land zurück?« Als er das hörte, rief ein englischer Lord, dessen Namen Tiphaine vergaß: »Wahrlich, die Frau ist richtig! Wäre sie nur eine Engländerin!«

Tiphaine wurde von d'Estivet zur Untersuchung in Johannas Zelle geführt, woselbst sie, krank wie sie war, den Bischof von Beauvais beschuldigte, ihr einen Karpfen geschickt zu haben, den sie für die Ursache ihrer Beschwerden hielt. D'Estivet geriet in Wut und warf ihr vor, Heringe und andere Dinge gegessen zu haben, von denen sie wußte, daß sie ihr nicht gut bekamen. Johanna antwortete ihm heftig, und dann scheinen sie einander herzhaft beschimpft zu haben.

Die Szene in der Zelle ist recht lebendig: Johanna mit ihren in Ketten geschlossenen Fußgelenken, wie Tiphaine berichtet, und er bei dem Versuch, ihr während des Wortwechsels den Puls zu fühlen. Aber es scheint äußerst unwahrscheinlich, daß Cauchon sie wirklich habe vergiften oder auch nur vorübergehend verhandlungsunfähig machen wollen. Daß Johanna eines natürlichen Todes sterben sollte, war wohl das Letzte, was die Richter oder die Engländer sich wünschten. Ein anderer Arzt, Guillaume de la Chambre, be-

---

1 Im Original französisch. Der Zwischenfall ist im *procès-verbal* nicht erwähnt.

richtet ausdrücklich, der Bischof von Winchester und Lord Warwick hätten nach ihm gesandt, als Johanna erkrankte, und Warwick habe zu ihm gesagt: »Wie ich höre, ist Johanna krank, und ich habe Euch kommen lassen, damit Ihr sie wiederherstellt. Der König möchte sie um keinen Preis eines natürlichen Todes sterben wissen: sie ist ihm teuer, nachdem sie ihm so teuer zu stehen kam. Sie darf nur durch die Hand der Gerichtsbarkeit sterben und muß verbrannt werden. Tut alles Nötige und bemüht Euch, sie wieder gesund zu machen.« Sogar der Vorschlag des Arztes, die Patientin zur Ader zu lassen, beunruhigte Lord Warwick: »Seid sehr vorsichtig beim Aderlaß. Sie ist schlau und könnte ihren eigenen Tod herbeiführen.«

Trotz Karpfen, Heringen und Aderlässen, trotz eines Fieberrückfalls infolge ihres Wutausbruchs mit d'Estivet genas sie und die Sitzungen wurden wieder aufgenommen. Bis zum 3. März war der erste Teil des Kreuzverhörs zu Ende und während der darauffolgenden sechs Tage hielten die Richter tägliche Besprechungen in Cauchons prächtigem Hause ab, bei welchen sie das Beweisergebnis in seinen Einzelheiten durchgingen und entschieden, über welche Punkte Johanna weiterhin befragt werden sollte. Zu diesem Zeitpunkt berief Cauchon, in der Annahme, seine anderen Verpflichtungen könnten ihm nicht immer erlauben, den Sitzungen beizuwohnen, Jean de la Fontaine zu seinem Stellvertreter bei dem Verhör, das im Beisein sämtlicher geschworenen Feinde Johannas stattfand: Beaupère, de Touraine, Nicolas Midi, de Courcelles und der schurkische Loiselleur waren anwesend. Von diesem Zeitpunkt an ändert sich auch der Schauplatz des Prozesses; er findet nicht mehr in der Schloßhalle statt, für alle Beisitzer, die ihm beizuwohnen wünschen, zugänglich, sondern in Johannas Gefängnis, wo der enge Raum nur die gleichzeitige Anwesenheit einer geringen Anzahl von Männern gestattet. Der arme schüchterne Mönch Lemaistre war gezwungen, seine Rolle als Vertreter des Großinquisitors entschiedener zu spielen als bisher, wo er lediglich als der Verbündete seines gefürchteten bischöflichen Amtsbruders in Erscheinung getreten war, denn Cauchon war nun nicht mehr anwesend, und Lemaistre nebst la Fontaine waren gezwungen, die Führung zu übernehmen. Eine weitere Änderung bestand darin, daß nunmehr oft zweimal statt einmal am Tage ein Verhör stattfand; am Vormittag und am Nachmittag mußte Johanna auf ihre forschenden und heimtückischen Fragen Rede und Antwort stehen. Sie war in Ketten gelegt; sie war jetzt auch des kurzen Erholungsganges von ihrem Gefängnis bis zum Gerichtssaal beraubt; sie war krank gewesen, und da es gerade die Fastenzeit war, fastete sie. Ihr Mut verließ sie nie, aber es war kaum verwunderlich, daß ihre Richter Johanna zu sich selber flüstern hörten, als sie diese mit Fragen über das dem König gegebene Zeichen bedrängten: »Ich schwöre, nie wieder einem Menschen etwas davon zu sagen.«

Nur noch wenige Ruhepausen wurden ihr gegönnt. Fast täglich füllte sich ihre Zelle – am 10. März, zweimal am 12., am 13., zweimal am 14., am 15. und zweimal am 17. – neun Sitzungen in acht Tagen. Ebensowenig war es ein Prozeß, bei dem Zeugen aufgerufen wurden: der einzige Zeuge war die Gefangene. Sie mußte die ganze Zeit während der ganzen Qual und dem Grauen auf der Hut sein. Sie war erschöpft; am 14. März bat sie, es möge ihr, im Falle sie zu einem erneuten Verhör nach Paris gebracht werden sollte, zu sagen erlaubt sein, sie sei schon in Rouen verhört worden, und man möge sie nicht länger mit so vielen Fragen verfolgen.

III

Nach dem Passionssonntag, dem 18. März, wurden ihr ein paar Tage Aufschub gewährt, indessen sich die gelehrten Herren erneut in Cauchons Haus versammelten und über das Untersuchungsprotokoll berieten. Nachdem sie eine

Woche darauf verwandt hatten, begaben sie sich wieder in das Gefängnis (24. März) und lasen – auf französisch – Johanna das Schriftstück vor, die es mit nur geringfügigen Unterbrechungen als wahre und genaue Aufzeichnung alles des von ihr Gesagten anerkannte. Ein seltenes kleines Eingeständnis der Schwäche entschlüpfte ihr: »Gebt mir ein Frauenkleid, um in mein Vaterhaus zurückzukehren – so will ich es anziehen!« Sie fügte hinzu, sie bäte deshalb darum, um aus dem Gefängnis herauszukommen, damit sie sich Rat holen könne, was sie tun solle.

Dann kam der Palmsonntag und Johanna bat wiederholt, die Messe hören zu dürfen, sowohl an diesem Tag als am Ostersonntag. Natürlich machten sie sich diese Bitten zunutze, um die alte Streitfrage ihrer Kleidung wieder aufleben zu lassen. Johannas Verzweiflung schreit selbst aus der gerichtsschreibermäßigen Umständlichkeit des Protokolls: »Sie wurde unsererseits befragt, ob sie ihre Männertracht aufgeben wollte, sofern wir ihr diese Vergünstigung gewähren würden. Sie antwortete, darüber habe sie keine Weisung erhalten und könne das fragliche Frauenkleid noch nicht anlegen. Und wir fragten sie, ob sie ihre Heiligen um Rat befragen wolle, um Frauenkleidung zu erhalten? Sie entgegnete, sicherlich würde man ihr erlauben, die Messe zu hören so wie sie war, was sie brennend wünschte, daß sie aber ihre Kleidung nicht ändern könne, denn das sei ihr nicht möglich. Die Doktoren ermahnten sie erneut, das ihrem Geschlecht angemessene Kleid anzulegen, aber sie erwiderte, das sei ihr nicht möglich, und wenn es ihr möglich wäre, so würde sie es gerne tun. Dann wurde sie geheißen, ihre Stimmen darum anzugehen, ihr das Anlegen von Frauenkleidern zu gestatten, um an Ostern ihren Herrn und Erlöser zu empfangen; aber sie antwortete, soweit es an ihr läge, wolle sie nicht den Erlöser dafür empfangen, daß sie ihre Gewandung gegen ein Frauenkleid austauschte, und sie bat erneut, die Messe als Mann gekleidet hören zu dürfen, denn, wie sie sagte, das

Tragen dieser Kleidung bedrückte nicht ihre Seele, auch verstoße es nicht gegen die Kirche.«

So leidenschaftlich wie ihr Verlangen, die Messe zu hören, auch war, besonders während dieser Woche, die ihr die Passion lebendiger nähergebracht haben muß als selbst dem glühendsten und lebhaftest nacherlebenden Christen, weigerte sie sich doch, in diesem scheinbar unbedeutenden Punkt nachzugeben. Es erscheint seltsam, daß sie mit solcher Beharrlichkeit an ihrem Entschluß festhielt und darin sogar so weit ging, auf die von ihr meistersehnte Vergünstigung zu verzichten. Man kann ihr Anlegen von Mannstracht als eine vernünftige und tatsächlich notwendige Vorsichtsmaßnahme zur Bewahrung ihrer Jungfräulichkeit verstehen. Schwieriger ist es, ihre Starrköpfigkeit um solchen Preis zu verstehen. Entweder war dieser Entscheid inzwischen zu einer prinzipiellen Frage geworden, die mit allen den anderen Befehlen ihrer Heiligen verquickt war, oder aber eine sehr bittere Erfahrung muß sie gelehrt haben, darin bestünde ihre einzige Sicherheit in einer Welt von Männern.

IV

Am 27. März waren sie wieder in den großen Saal zurückgekehrt und ein sehr wichtiger Streit entbrannte darüber, ob Johanna die siebzig ihre Vergehen betreffenden Anklageartikel erst vorgelesen werden sollten, oder ob sie ohne weiteren Aufschub für exkommuniziert erklärt werden sollte. Da ein überwiegender Teil der Beisitzer der Meinung war, die Artikel sollten ihr verlesen werden, wandte sich Cauchon an die Gefangene und versicherte ihr, die kundigen und hochgelehrten Doktoren wünschten weder Rache zu nehmen noch körperliche Züchtigung zu verhängen, sondern wollten sie nur auf den Weg der Wahrheit und des Heils zurückführen. Sie müsse den immer von ihr geforderten Eid leisten, da sie aber in solchen schwierigen Dingen nicht hinreichend erfahren sei, würden sie ihr gestatten, einen oder mehrere aus der Zahl der Beisitzenden zum Berater auszuwählen.

Johanna erwiderte mit einer Höflichkeit und Würde, die um so beachtenswerter sind, wenn wir bedenken, daß sie Männern ins Antlitz schaute, die sie während des vergangenen Monats sowohl öffentlich als insgeheim verfolgt hatten. D'Estivet, de Courcelles, Beaupère, de la Fontaine, Jacques de Touraine, Midi – sie alle waren anwesend (Loiselleur fehlte). Es war unwahrscheinlich, daß sie einen Ratgeber aus dieser Gesellschaft wählen würde. Sie tat es auch nicht. »Erst einmal danke ich Euch für die Ermahnungen zu meinem Wohl. Für den mir angebotenen Rat seid ebenfalls bedankt, aber ich habe nicht die Absicht, dem Ratschluß Gottes unseres Herrn zu entsagen. Betreffs des geforderten Eides, den ich ablegen soll, bin ich zu schwören bereit, die Wahrheit zu sagen über alles, was im Bereich Eures Prozesses liegt.« Das war ihr üblicher Vorbehalt, und wie üblich mußten sie Johanna den Eid nach eigener Wortwahl schwören lassen.

Die Verlesung der Anklageartikel war nicht vor dem nächsten Tag, dem 28. März, beendet. Am 31. erschien Cauchon in Begleitung von Beaupère, de Touraine, Midi, Lemaistre, de Courcelles und Pierre Maurice bei Johanna im Gefängnis und sie machten noch einmal einen Versuch, Johanna zum Widerruf ihrer eigenen Worte zu bewegen. Die darauffolgenden paar Tage bis zum 5. April waren damit ausgefüllt, d'Estivets siebzig Artikel auf zwölf zusammenzuziehen, die als Grundlage für den letztendlichen Urteilsspruch dienen sollten und dann den Beisitzern übergeben wurden mit dem Ansuchen, ihre Meinung noch im Laufe der Woche kundzugeben. Am 12. April waren die Entscheidungen in Cauchons Händen. Freilich konnte nie ein Zweifel über den gefaßten Beschluß bestehen, und in der Tat scheint es, als sei das Wort »Ketzerin« in blutigen Lettern über alle Seiten gekritzelt. Trotzdem besuchten sie Johanna am 18. April noch einmal in ihrer Zelle, weil bedeutet worden war, man müsse sie noch einmal ermahnen – und sicherlich boten sie ihr jede erdenkliche Möglichkeit.

Johanna hatte sie über vierzehn Tage lang nicht gesehen. Was diese vierzehn Tage für sie bedeutet haben mögen, können wir nur mutmaßen. Gewiß wissen wir nur, daß sie selbst glaubte, sterben zu müssen. Cauchon redete sie mit erstaunlicher Freundlichkeit an, von der ich persönlich nicht glaube, daß sie scheinheilig war. Er erneuerte nicht nur sein Angebot eines aus den Reihen des Gerichts abgestellten Beraters, sondern versprach auch, jede passende Persönlichkeit herbeiholen zu lassen, die sie angeben wollte – etwas, was er nie vorher getan hatte. Das scheint anständig, wenn wir auch freilich nicht beurteilen können, wie er gehandelt hätte, wäre Johanna wirklich auf seinen Vorschlag eingegangen. Ich fürchte, es ist nur allzu wahrscheinlich, die von ihr gewählte Persönlichkeit wäre für nicht »passend« befunden worden und man hätte irgendeine glaubwürdige Ausrede gefunden. Glücklicherweise ließ sie das Anerbieten unbeachtet, wenn sie Cauchon auch für die gütigen Worte dankte, die er zu ihrer Seelenrettung gesprochen hatte, und sich auf die Bitte beschränkte, man solle sie – sofern sie infolge ihrer Erkrankung in Todesgefahr schwebe - beichten und kommunizieren lassen und in geweihter Erde beisetzen. Sie fügte jedoch mit ihrem gewohnten Vertrauen zur letzten Instanz hinzu, wenn sie ihr keine christliche Ruhestätte gewähren sollten, so würde Gott ihr sicher gnädig sein.

Sie sagten ihr, wenn sie der Kirche nicht gehorsam sein wolle, würden sie sie als Heidin ausstoßen. Sie antwortete nur, sie sei eine gute Christin, wie sich's gehört getauft, und als gute Christin wolle sie auch sterben.

Sie starb nicht. Weitere vierzehn Tage vergingen, die sie zu ihrer Genesung verwandte, soweit bei einer Kerkerzelle, Eisenketten, Seelenqualen und der dauernden Anwesenheit englischer Soldaten von einer Genesung gesprochen werden kann: jedenfalls fand die nächste Sitzung (2. Mai) nicht im Gefängnis, sondern wie schon früher im *chambre de parement* statt. Es ist kein Bericht vorhanden, was sie alle während dieser zwei Wochen trieben, wenn sie auch aller Wahrscheinlichkeit nach lediglich darauf warteten, bis ihre Gefangene wieder genügend hergestellt war, um aufs neue vor sie gebracht zu werden. Ihrer fünfundsechzig waren diesmal anwesend, ohne die Gerichtsschreiber mitzuzählen; denn es war ein feierlicher Anlaß, und Cauchon hatte ausdrücklich ihre Anwesenheit gewünscht, damit sie die öffentliche Mahnrede mitanhören konnten, welche der Erzdiakon von Evreux, Jean de Chatillon, zu halten angewiesen war. Cauchon hielt eine kurze Ansprache an die Richter, in welcher er sie dringend bat, alles in ihrer Macht Stehende zu tun, um das verirrte Lamm wieder in die Christengemeinde zurückzuführen. Hierauf sandten sie nach Johanna und der Erzdiakon traf Vorbereitungen zur Abhaltung seiner Predigt.

Johanna sagte nur: »*Lisez vostre livre*« – denn der Erzdiakon hielt einige Papiere in Händen, und für sie, die nicht lesen konnte, bedeutete jeder Stoß Papier ein Buch – »*lisez vostre livre, et puis je vous respondray. Je me actens à Dieu, mon créateur, de tout: je l'ayme de tout mon cuer*[1].«

Es war vom Standpunkt der Kirche aus keine schlechte Predigt; es war keine lieblose Predigt. Sie war nur insofern falsch, als sie sich den Gesichtspunkt des Fachmanns zu eigen machte, statt den Gesichtspunkt des Dilettanten, den Johanna einnahm – ein von ihnen allen durchweg gemachter

---

1 *Procès*, Bd. I, S. 385. Johannas Bemerkung wird im lateinischen Text französisch zitiert.

Fehler. Tatsächlich stritten und sophistizierten sie über diesen entscheidenden Unterschied zwischen der streitbaren Kirche auf Erden und der frohlockenden Kirche in der Höhe. Sie konnten die – jedenfalls für Johanna – einfache Tatsache nicht fassen, daß die eine der anderen untergeordnet war, daß der Teil geringer war als das Ganze. De Chatillon, ein wohlmeinender Mann, nicht mehr jung, mit einer fast dreißigjährigen Erfahrung an der Universität von Paris hinter sich, erging sich in der Verkündigung der Lehre, wie bedenklich und gefährlich es sei, neugierig die Dinge zu erforschen, die über das Begriffsvermögen eines Menschen hinausgehen, und neuen Dingen zu glauben oder sogar neue und ungewöhnliche Dinge zu ersinnen; denn die Dämonen verstehen es, sich in solche Neugierde einzuschleichen, entweder durch okkulte Einflüsterungen oder durch sichtbare Manifestationen, sooft sie als Engel des Lichtes erscheinen. Es ist die ewig von den Alten der Jugend gehaltene Predigt. Johanna blieb unerschütterlich. Sie drohten ihr mit dem Feuertod. Darauf hatte sie nichts zu erwidern, als daß sie auch angesichts der Flammen alles das sagen würde, was sie gesagt hatte und nichts anderes – eine Bemerkung, welche den Gerichtsschreiber die Worte *Superba responsio* an den Rand schreiben ließ. Cauchons Geduld als Vorsitzender war bei dieser Gelegenheit vorbildlich. Nicht umsonst hatte er seine Amtsbrüder dazu angehalten, Johanna freimütig zur Errettung ihrer Seele zu ermahnen: sie taten, was sie vermochten, um sie umzustimmen. Sie redeten wieder von ihrer Gewandung und vom Papst; sie holten wieder die Geschichte von dem Zeichen hervor, das sie dem König gegeben hatte, und machten Johanna den Vorschlag, sie solle das Geheimnis dieses Zeichens dem Erzbischof von Reims, dem Marschall de Sainte-Sévère, Karl von Bourbon, La Trémoïlle oder sogar La Hire anvertrauen. Wenn sie sich anderen von ihrer Partei anvertrauen wollte, so brauchten diese ihren Bericht nur unter Siegel niederzulegen. Sofern drei oder vier Rechtskundige oder Ritter ihrer Partei unter sicherem Geleit zu ihr gebracht wurden, würde sie sich ihnen dann betreff ihrer Erscheinungen und anderer im Prozeß erwähnter Dinge anvertrauen? Würde sie sich der Kirche von Poitiers anvertrauen und beugen, wo ihr erstes Verhör stattgefunden hatte? Angesichts all dieser Angebote will es scheinen, als hätten sie nicht großzügiger und weitgehender handeln können. Johanna muß gute, uns unbekannte Gründe für die restlose Ungläubigkeit ihrer Antworten gehabt haben: »Gewährt mir einen Boten und ich werde ihnen alles über diesen Prozeß mitteilen« – »Schickt sie mir her und dann werde ich Euch antworten« – »Glaubt Ihr, mich mit diesen Mitteln fangen und so für Euch gewinnen zu können?«

Vielleicht war diese zweifelnde Ungläubigkeit, was immer ihre Ursache sein mochte, berechtigt; denn ungeachtet eines eine Woche später erneut gemachten Angebots, sie möge sich an den Erzbischof von Reims wenden, beließ man diese Helfer ungestört dort, wo immer sie weilten, und das war sicherlich nicht innerhalb der Mauern von Rouen.

VI

Am Schluß der letzten Sitzung, nach der öffentlichen Ermahnung, hatte Johanna um Zeit gebeten, um sich ihre endgültige Antwort zu überlegen, und es hat den Anschein, als habe man ihr eine Woche zugebilligt, denn erst am 8. Mai, der Jahreswende des Tages, an dem sie vor zwei Jahren aus einem befreiten und ihr zujubelnden Orléans hinausgeritten war, wurde sie vor Cauchon und eine kleine Zahl ihrer Richter in den großen Turm[1] des Schlosses gebracht. Der Grund für diesen Szenenwechsel wurde bald offenbar: sie wollten ihr die Folterkammer mit den neben ihren Werkzeugen wartenden und in Bereitschaft stehenden Folterknechten

1 Heute als der Jeanne-d'Arc-Turm bekannt.

zeigen. Es gab verschiedene Anklagepunkte, derentwegen Johanna (um der Rettung ihres Seelenheils willen, wie sie ihr freundlich erklärten) gemäß den Gesetzen und Bestimmungen der Inquisition der Folter überantwortet werden konnte. Die Folter konnte verhängt werden, wenn in den vom Schuldigen gegebenen Antworten Widersprüche wahrgenommen wurden oder wenn diese Antworten sich nicht mit dem bekannten Beweismaterial deckten. Jedes dieser beiden Vergehen konnte entweder durch die Wasserprobe oder durch das Ausrenken der Glieder mit Hilfe von Seilen bestraft werden. Selbst diese schaurige Aussicht vermochte Johanna zu keinem Widerruf zu bewegen. »Wahrlich«, sagte sie, »wolltet Ihr mir auch die Glieder in Stücke reißen und mir die Seele aus dem Leib vertreiben, so könnte ich nichts anderes sagen; und wenn ich etwas sagte, so würde ich Euch nachher immer bezichtigen, ich sei dazu gezwungen worden.«

Wiederum müssen wir Cauchons Zurückhaltung loben. Statt sofort und auf der Stelle die Anwendung der Folter anzuordnen, gelangte er zu dem Ergebnis, Johanne würde bei ihrem seelenverstockten Zustand nur wenig Gewinn daraus zuteil werden, und er ließ sie in ihr Gewahrsam zurückbringen, bis er mit seinen Amtsbrüdern Rücksprache über die Frage hatte nehmen können. Dieser Meinungsaustausch fand drei Tage später in Cauchons eigenem Hause statt, ohne Johannas Gegenwart, worauf mit zehn Stimmen gegen drei beschlossen wurde, die Maßnahme sei weder vonnöten noch ratsam. Die drei, welche dafür stimmten, Johanna der harten Probe zu unterwerfen, waren Aubert Morel, Thomas de Courcelles und Nicolas Loiselleur.

Das war am 12. Die Verhandlungen mußten eine Woche ausgesetzt werden, weil Beaupère, de Touraine und Nicolas Midi sich nach Paris begaben, um den ganzen Fall der Universität von Paris zu unterbreiten und mit dem Ergebnis ihrer Beratungen zurückzukehren. Man mag kaum daran denken, was diese dauernden Verzögerungen für die in ihrer

Zelle eingeschlossene Gefangene bedeutet haben müssen. Am 19., wiederum ohne Johannas Gegenwart, wurde eine große Sitzung in der Kapelle des erzbischöflichen Palastes abgehalten. Die drei Abgesandten waren aus Paris zurückgekehrt, lange, in blumenreicher Sprache verfaßte, unzweideutige, sowohl an den König als auch an den Bischof von Beauvais gerichtete Schriftstücke in Händen. Die Universität war, stellte sich heraus, zu der Entscheidung gelangt, das gemeiniglich *la Pucelle* genannte Weib habe ihr Gift derart ausgestreut, daß es sogar die wahre Christengemeinde fast des gesamten Abendlandes angesteckt habe. Dann folgten die Beschlüsse der theologischen Fakultäten und der jeweilige päpstliche Entscheid zu jedem der zwölf Artikel. Sie lauteten restlos verdammend. Ohne eine einzige anderslautende Stimme schloß sich der Gerichtshof dem Befund der Universität an: sofern die Gefangene auf ihrer Weigerung eines Widerrufs beharren sollte, müsse sie als Ketzerin, Hexe, Ausgestoßene und Abtrünnige betrachtet werden.

VII

Es schien, als bliebe nur noch sehr wenig zu tun übrig, außer das Urteil zu fällen und für seine Vollstreckung zu sorgen. Da jedoch die Mehrheit der Beisitzenden der Ansicht gewesen war, es müsse noch eine würdige letzte Ermahnung an Johanna ergehen und es solle zu guter Letzt nochmals ein Versuch gemacht werden, auf daß sie in den Schoß der Kirche zurückkehre, begaben sich Cauchon und Lemaistre mit den Bischöfen von Thérouenne und Noyon nebst sieben anderen in ein in der Nähe von Johannas Kerker gelegenes Gemach im Schloß und ließen Johanna dorthin kommen. Es war der 23. Mai; genau ein Jahr war verstrichen, seitdem sie in Compiègne gefangengenommen worden war. Sie mußte zuerst die lange, auf die zwölf Artikel ihrer Beschuldigung gestützte Anklage über sich ergehen lassen, die ihr in französischer Fassung vorgelesen und Punkt für Punkt von Pierre Maurice, dem Domherrn der Kirche von Rouen, erklärt wurde, und dann eine lange, aber nicht unfreundlich klingende Ansprache aus demselben Munde anhören. Wir müssen Maurice die Gerechtigkeit widerfahren lassen, anzuerkennen, daß er die ganzen Kräfte seiner Rednergabe dazu verwandt hat, Johanna den Irrtum ihres Gebarens in einer Sprache aufzuzeigen, die auch der beschränkteste Geist verstehen konnte. Aber Johannas Geist litt an einer Form der Beschränktheit, für die Maurice kein Verständnis haben konnte und durfte. Sie wiederholte nur eben ihre Bemerkung, ihr Verhalten würde sich nicht ändern, auch nicht angesichts des flammenden Holzstoßes – was für den Schreiber wiederum ein Grund war, *Responsio superba* an den Rand zu vermerken –, wenn sie auch diesmal ihre Weigerung durch den Zusatz verschärfte: und stünde sie auch schon mitten im Feuer, so würde sie doch alles, was sie vormals gesagt hatte, aufrechterhalten bis in den Tod.

Am folgenden Tag, dem 24. Mai, genossen die Bürger von Rouen den Vorzug, Zeugen einer höchst eigenartigen und überaus dramatischen Szene zu sein. In dem an die Abtei von St. Ouen angrenzenden ummauerten Friedhof waren zwei Schaugerüste errichtet worden, auf deren einem Würdenträger wie der Kardinalbischof von Winchester, die Bischöfe von Beauvais, Thérouenne, Noyon und Norwich mit einer Gefolgschaft von Äbten, Prioren und Doktoren des Rechts wie der Theologie standen. Auf dem anderen Gerüst lenkten nur zwei Gestalten alle Blicke auf sich: die Gestalt des Maître Guillaume Erard und die Gestalt der Gefangenen in Knabentracht. Eine ungeheure Volksmenge war versammelt und kochte vor Erregung; es war ganz offensichtlich, daß Unruhen von den Engländern zu erwarten waren, wenn die Dinge nicht genau nach ihren Wünschen verlaufen sollten. Da war Lord Warwick, nicht weit entfernt vom Bischof von Beauvais, nebst anderen Engländern, nicht nur Soldaten, die sich unter die Menge gemischt hatten, sondern solche, die unter der Schar der Standespersonen auf dem Gerüst standen. Trotzdem darf man annehmen, das Volk habe stumm der Mahnrede gelauscht, die sich Maître Erard soeben anschickte zu halten. Wenn wir seinem Bediensteten Frère Jean de Lenozoles glauben dürfen, schätzte er diese ihm auferlegte Aufgabe durchaus nicht und wünschte sich fort nach Flandern, weit weg von einer so unerquicklichen Angelegenheit.

Er wählte als Unterlage seiner Predigt die Worte aus dem Johannes-Evangelium: »Die Rebe kann keine Frucht bringen von ihr selber, sie bleibe denn am Weinstock . . .« und er fuhr aufzuzeigen fort, jeder Katholik müsse am wahren Weinstock der Kirche festhalten, der von Jesus Christus zu seiner Rechten gepflanzt war. Die genaue Aufzeichnung der Predigt fehlt; aber dank den Berichten von Massieu und Aimond de Macy, die beide anwesend waren, können wir ihren allgemeinen Inhalt wiederherstellen und selbst ein paar Einzelheiten ergänzen. So berichtet Massieu, als der Prediger ungefähr halbwegs fertig gewesen sei, habe er mit erhobener Stimme ausgerufen: »O Frankreich, du bist bitter getäuscht worden, und Karl, der sich deinen König und Herrscher nennt, hat die Worte dieses nutzlosen, schändlichen und ehrlosen Weibes gutgeheißen, als Ketzer und Abtrünniger der er ist. Und nicht nur er, sondern auch sein gesamter Klerus, von dem sie verhört und nicht gezüchtigt wurde.« Er wiederholte diese Worte betreffs des Königs zu zweien oder dreien Malen und fügte dann, Johanna mit dem Finger drohend, hinzu: »Ich spreche zu Euch, Johanna, und sage Euch, daß Euer König ein Ketzer und Abtrünniger ist.« Das war mehr, als Johannas Königstreue ertragen konnte. Sie unterbrach ihn: »*Par ma foi,* ich möchte bei meinem Leben behaupten und beschwören, daß er der edelste aller Christen ist, der innig den Glauben und die Kirche liebt und nicht so ist, wie Ihr sagt.« Erard wandte sich zu Massieu: »Sagt ihr, sie solle schweigen.«

Nachdem die Mahnrede zu Ende war, zeigte er Johanna

dem Brauch entsprechend den Richtern, die, wie er sagte, so oft von ihr gefordert hatten, ihre Worte und Taten der Kirche zu unterwerfen.

Sie sagte: »Ich will Euch Rede stehen. Was meine Unterwerfung unter die Kirche anbetrifft, so habe ich meinen Richtern bereits meine Antwort gegeben. Laßt alle meine Worte und Taten nach Rom unserem Heiligen Vater dem Papst vermelden, dem ich mich nach Gott in die Hand geben will. Was das angeht, was ich gesagt und getan habe, so habe ich es auf Gottes Geheiß getan. Ich beschuldige niemanden, weder meinen König noch sonst jemanden; wenn eine Schuld begangen wurde, so ist es einzig meine.«

Sie sagten ihr, das genüge nicht; der Papst wohne zu weit fort und die von ihm eingesetzten Geistlichen seien Richter in ihrer Diözese. Aber da sie sich weigerte, eine weitere Antwort zu geben, erhob sich endlich der Bischof von Beauvais von seinem Sitz und begann das Urteil zu verlesen.

Er hatte es mehr als zur Hälfte verlesen, als Johanna ihn unterbrach. »Aus diesen Gründen erklären wir Euch für exkommuniziert und ketzerisch und verfügen, daß Ihr als eine von der Kirche ausgestoßene Ausgeburt der Hölle der weltlichen Gerichtsbarkeit übergeben werdet...« Nach allen diesen Monaten und Wochen herrlicher und unerschrockener Entschlossenheit waren diese verhängnisvollen Worte, der Anblick des mit seinem Schinderkarren wartenden Henkers, die grausam lüsterne Menge, die emporgerichteten Gesichter zu viel für Johanna. Sie gab erschüttert nach, bis nichts mehr von ihrem stolzen Leugnen übrigblieb. Sie wolle sich in allen Dingen der Kirche und ihren Richtern beugen. Sie wolle nicht länger an ihren Erscheinungen und Offenbarungen, die sie angeblich gehabt hatte, festhalten. Sie sagte das mehrere Male, als wolle sie sichergehen, vollkommen verstanden zu werden, und sagte erneut, sie würde sich in allem ihren Richtern und der Kirche fügen.

Es ist ein wenig schwierig, festzustellen, was dann geschah, denn die Erregung der Volksmenge scheint in eine

Art Tumult ausgeartet zu sein. Zeugen bekunden, Johanna habe den heiligen Michael angerufen (Bouchier). Aimond de Macy (dessen Gedächtnis ihn allerdings Nicolas Midi mit Erard als dem Prediger verwechseln ließ) sagt, ein englischer Sekretär namens Lawrence Calot habe ein kleines Schriftstück aus seinem Ärmel gezogen und es Johanna mit einer Schreibfeder zum Unterzeichnen hingehalten. Er hatte sie bereits sagen hören, sie gäben sich reichlich Mühe, sie zum Abschwören zu bewegen. »Aber«, sagte sie dann, immer noch laut de Macy, »ich kann weder lesen noch schreiben.« Als Calot weiterhin beharrlich blieb, ergriff sie die Feder und malte verächtlich ein rundes O. Daraufhin ergriff Calot ihre Hand und ließ sie ein anderes Zeichen machen. De Macy hatte vergessen, was das andere Zeichen war.

Diese Geschichte kann wahr sein oder auch nicht. Der Teil des ein Schriftstück aus seinem Ärmel ziehenden Sekretärs hat einen den Umständen entsprechenden Anstrich von Wahrheit; aber es ist viel wahrscheinlicher, daß der Sekretär ein Franzose war, vielleicht Massieu, denn was hätte ein Sekretär des Königs von England mit einer bereitgehaltenen Abschwörungsurkunde tun sollen? Was wir durch Massieu erfahren, ist nur die Tatsache, Erard habe zuerst das Schriftstück verlesen und es dann, als Johanna sagte, sie verstünde es nicht und wünschte Beratung, Massieu überreicht, der es ihr noch einmal vorlas. Immer noch Massieus Bericht folgend scheint es, als habe die Volksmenge zu murren angefangen, als sie sah, daß Johanna zur Unterschrift gedrängt wurde; das Murren schwoll zu einem Tumult an und Steine flogen, wenn Massieu auch nicht sagen konnte, wem sie galten. Der Bischof von Beauvais schien sich über irgend jemanden zu ärgern, denn Massieu hörte ihn sagen: »Das sollt Ihr mir bezahlen. Ich bin beschimpft worden. Ich werde nicht fortfahren, ehe mir nicht Genugtuung geworden ist.« Massieu wußte nicht, was vorgefallen war, und nur durch die Aussagen der Zeugen (Dudesart, Bouchier, de Mailly, Migiet, Marcel, Marguerie) erfahren wir von dem zwischen dem Bischof und einem englischen Geistlichen, der dem Bischof von Winchester beigegeben war, entbrannten Streit. »Ihr begünstigt Johanna.« »Das lügt Ihr«, sagte Cauchon und der Bischof von Winchester mußte vermittelnd eingreifen (de Mailly). Dennoch sagt ein anderer Zeuge (Bouchier), Cauchon habe seine Papiere im Zorn auf den Boden geschleudert und gesagt, er würde an diesem Tage nicht weitermachen. Derweilen zauderte Johanna noch immer, und sich widersprechende Gerüchte durchliefen die Menge: Hatte sie unterzeichnet oder hatte sie nicht? (de Lenozoles). Massieu und Erard sagten ihr beide, man würde sie verbrennen, wenn sie nicht unterschreibe. Die Engländer, die ihr Opfer schon ihrem Zugriff entrinnen sahen, wurden aufsässig. Der Bischof von Noyon hörte die Leute sagen, alles sei nur List *(pure trufferie)* und Johanna mache sich über sie lustig. Wenn auch keiner der Berichte ganz mit dem anderen übereinstimmt, so stimmen sie doch hinreichend überein, um uns den Eindruck einer allgemeinen Verwirrung zu vermitteln, und wenn eine solche Verwirrung in den Köpfen derer herrschen konnte, bei denen es nicht um Leben oder Tod ging, in welcher Verwirrung muß sich dann erst die arme Gefangene befunden haben? De Courcelles, dieser ausweichende junge Mann, machte sich Jahre später diese Verwirrung rückwirkend zunutze, um bequemerweise alles zu vergessen, was geschehen war: er »vergaß« den Wortlaut von Erards Mahnrede, er »vergaß«, ob die Abschwörungsurkunde Johanna jemals laut vorgelesen wurde oder nicht. Das einzige, was als vollständig feststehend herausragt, ist die Erinnerung, ein Schriftstück sei hervorgeholt worden und Johanna habe es nach einigem Zögern unterzeichnet, entweder mit einem Kreis oder mit einem Kreuz.

Die Frage, wie Johanna ihren Widerruf unterzeichnet hat, wurde nie befriedigend geklärt. Laut Massieu unterzeichnete sie ihn mit einem Kreuz. Laut de Macy unterzeichnete sie ihn zuerst mit einem runden O und dann, indem Lawrence Calot ihre noch die Feder haltende Hand ergriff, unterzeichnete sie mit einem anderen Zeichen, vermutlich einem Kreuz. Die Frage erhebt sich sehr begreiflicherweise: Warum unterzeichnete sie nicht mit ihrem Namen? Wir wissen, daß sie ihren Namenszug schreiben konnte, wenn schon nichts anderes.

In einem Versuch, Licht in das Dunkel dieses Geheimnisses zu bringen, stellt Hochwürden Pater F. Wyndham (in *L'héroïsme de la bienheureuse Jeanne d'Arc*) die Theorie auf, sie habe in jenen Tagen, als sie sich noch im Heerbann ihres Königs befand, ehe sie auch nur ihren Namen zu schreiben gelernt hatte, die Gewohnheit gehabt, die von ihr diktierten Briefe mit einem Kreuz zu unterzeichnen, falls sie dieselben im genau umgekehrten Sinne verstanden wissen wollte. Auf diese Weise, sagt er, konnte sie ihren Truppen eine Warnung zukommen lassen, die dem uneingeweihten Feind vollkommen entging, falls der Brief in seine Hände fiel. Das von ihr zuerst unter ihren Widerruf gesetzte Kreuz mache diesen Widerruf so in ihren eigenen Augen hinfällig. Aber wie verhält es sich mit dem runden O? Ach das, sagt Pater Wyndham mit der Begeisterung und der Findigkeit eines eine Theorie entwickelnden Biographen, bedeutete eine restlose Null.

Mit einiger dank ihrer Erfahrung erworbenen psychologischen Schläue müssen die Richter vorausgeahnt haben, ein derartiger Vorfall würde vermutlich im letzten Augenblick eintreten. Sicherlich hielten sie das Schriftstück in Bereitschaft, wo auch immer es während der ganzen Ansprache Erards und während des ersten Teils der Urteilsverkündung versteckt gewesen sein mochte. Es lag irgendwo bereit, um bei dem ersten Anzeichen menschlicher Schwäche hervorgeholt zu werden. Die einzige Frage lautet: Was stand denn genau auf diesem Schriftstück, das Johanna so schwierig zu verstehen fand? Massieu, der es wissen müßte – hatte er es doch selbst gelesen –, ist ganz sicher, der von Johanna unterschriebene Wortlaut sei nicht derselbe gewesen wie der im *procès-verbal*. Der im *procès-verbal* stehende Wortlaut nahm einen Raum von fast fünfzig enggedruckten Zeilen ein und stellte eine wirklich erschreckende Selbstbeschuldigung dar. Aber fünf unabhängige Zeugen, welche das in St. Ouen hervorgeholte Originalschriftstück sahen, stimmen dahin überein, es sei nicht länger als sechs bis acht Zeilen gewesen – ungefähr so lang, sagte Migiet, wie ein Vaterunser. Taquel, der unweit von Johanna stand und seine Augen auf sie gerichtet hielt, während das Schriftstück laut verlesen wurde, sagt, es habe ungefähr sechs Zeilen großer Schrift umfaßt. Er fügt hinzu, was niemand anders sonst erwähnt, Johanna habe – während Massieu sie vorlas – die Worte wiederholt, und es ist, glaube ich, sehr wohl möglich, daß sie das vor sich hinmurmelnd in dem Bemühen tat, sie besser zu verstehen[1]. Jean Monnet, der auf dem Schaugerüst zu Füßen seines Oberen Beaupère saß, konnte das Schriftstück sehen, das ihn *une parva schedula* von sechs oder sieben Zeilen dünkte. Endlich bezeugt auch der Arzt de la Chambre, der angibt, nahe genug gewesen zu sein, um das Dokument zu sehen, es seien sechs oder sieben Zeilen auf einem zusammengefalteten Blatt Papier gewesen. Solche Einstimmigkeit der Zeugenaussagen ist eindrucksvoll, besonders da keiner dieser Männer irgendeinen Beweggrund hatte, den im *procès-verbal* niedergeschriebenen Wortlaut des Widerrufs in Zweifel zu stellen. Das vorsätzlich zu tun, wäre tatsächlich gleichbedeutend damit gewesen, einen Falscheid zu begehen, wovor die Zeugen in ihrer Eigenschaft als Geistliche außerordentlich zurückgeschreckt wären. Die am meisten einleuchtende Erklärung lautet, daß Johanna ihre Zustimmungserklärung auf einem nur kurz, wenn auch treffend abgefaßten Schriftstück erteilte und niemals die ausführlichere Fassung zu Gesicht bekam, welche in die Prozeßakten wanderte. Die Richter hatten am Ende allen Grund, den Wortlaut von Johannas Geständnis so kurz wie

1 *Procès*, Bd. I, S. 451. In diesem Zusammenhang soll auch erwähnt werden, daß Cauchon bei der Urteilsverkündung sagt, Johanna habe ihren Widerruf mit eigenem Munde erklärt; *per tuum proprium organum cum omni haeresi, vivae vocis oraculo abjurasti.*

möglich abzufassen: so bestand mehr Wahrscheinlichkeit, sie würde verstehen, was man von ihr zu unterzeichnen verlangte, und weniger Wahrscheinlichkeit, daß sie auf halbem Wege ihre Absicht änderte. Auch hatten sie triftige Gründe, zu wünschen, die Widerrufserklärung in amtlich gültiger Form abzufassen, um auf diese Weise Streit und Zweideutigkeit auszuschalten; obendrein war ihr Gewissen nicht so zart besaitet, daß es sie gezwungen haben würde, in aller Öffentlichkeit zu erklären, was sie getan hatten.

Hier nun war es geschehen: die Gefangene hatte widerrufen, sie hatte sich vor der alleinseligmachenden Kirche gedemütigt, sie hatte ihre Haut in Sicherheit gebracht. Cauchon wandte sich an den Kardinal, um ihn zu fragen, was er nunmehr tun sollte. Der Kardinal erwiderte, er müsse Johanna als eine Büßerin ansehen. Statt des Todesurteils, das er bereits zu verlesen begonnen hatte, gab Cauchon daraufhin ein anderslautendes Urteil bekannt, das zugleich mit dem Johanna vorgelegten kleinen Schriftstück vorbereitet worden war. Erlöst aus den Banden der Exkommunikation, wieder in den Schoß der Kirche aufgenommen, dachte sie sehr begreiflicherweise, ihre Lage würde jetzt eine Änderung erfahren. Wohl hatte sie der Bischof am Schluß seiner Ansprache zu lebenslänglicher Gefangenschaft[1] bei Schmerzensbrot

1 Wenigstens ein Kommentator Johannas ist mit dieser Auslegung des lateinischen Textes nicht einverstanden, nämlich der zum Jesuitenorden gehörige Rev. Herbert Thurston, der in der Zeitschrift *Studies* vom September 1924 schreibt: »Bernard Shaw übersetzt *carcer perpetuas*, wozu Johanna nach ihrem Widerruf verurteilt wurde, mit »lebenslänglichem Gefängnis«. Das ist zweifellos die natürliche und naheliegende Übertragung. Aber die Redewendung bedeutet, das möchte ich zu bedenken geben, wie aus verschiedentlichen Inquisitions-Protokollen hervorgeht, ganz einfach ein lediglich als Gefängnis dienendes Gebäude im Gegensatz zu gelegentlich aushilfsweise zu diesem Zwecke verwandten Gebäuden. Der Urteilsspruch war gleichbedeutend mit Haft in einem öffentlichen Gefängnis, wie deren einige im Besitz der Inquisition waren, und sagte nichts aus über die Dauer des Gewahrsams.

und Sorgenwasser verurteilt, auf daß sie ihre Sünden bis zum Ende ihrer Tage abbüßen könne, aber selbst wenn sie in der Erregung des Augenblicks die volle Bedeutung dieser harten Worte begriff, war sie doch wenigstens berechtigt zu glauben, die grauenvollen Tage ihrer Bewachung durch die Engländer seien nunmehr zu Ende. Betäubt wie sie gewesen sein muß, war das doch das erste, woran sie dachte. Loiselleur hatte die Schamlosigkeit, auf sie zuzutreten und zu sagen: »Johanna, Ihr habt einen schönen Tag gehabt, danket Gott; Ihr habt Eure Seele gerettet.« Aber sie ließ ihn vollkommen unbeachtet und rief aus: *»Or ça, entre vous gens d'Eglise,* bringt mich in euer Gefängnis, damit ich nicht länger in den Händen dieser Engländer sei.« Aber Cauchon: »Bringt sie dahin zurück, wo ihr sie hergeholt habt.«

VIII

Die allgemeine Aufregung hatte sich noch keineswegs gelegt – vielmehr hatte sie noch größere Ausmaße angenommen, seitdem sich die Neuigkeit als feststehend verbreitete, die Hexe habe sich dem Zugriff der Gerechtigkeit entwunden. Johanna selbst wurde von englischen Soldaten beschimpft, als sie ins Gefängnis zurückgeführt wurde, ohne daß deren Hauptleute Einspruch erhoben hätten. Die gesamten englischen Befehlshaber waren höchst entrüstet über die Franzosen und insbesondere über den Bischof von Beauvais, weil Johanna nicht schuldig gesprochen, verurteilt und dem Henker übergeben worden war. Auf seinem Rückweg, bei dem er von seinen Amtsgenossen begleitet war, umdrängten ihn die Engländer, bedrohten ihn mit ihren Schwertern und sagten, er habe nicht das Geld verdient, das ihr König an ihn verschwendet hatte. Warwick selbst hatte Einspruch erhoben: »Der König ist übel bedient«, sagte er zu Cauchon, »da uns Johanna entwischt ist.« Jemand versuchte ihn zu beschwichtigen: »Mein Lord, regt Euch nicht auf; bald werden wir sie wieder haben[1].«

Rouen muß während des ganzen darauffolgenden Nachmittags eine zerspaltene, in zwei Lager geteilte Stadt gewesen sein.

Johanna war dem allen fern; sie war wieder in ihrer dunklen Zelle. Sie war wieder in Eisenketten an ihren Holzblock angeschlossen, und von den sie nach wie vor bewachenden fünf englischen Soldaten schliefen drei die Nacht über in der Zelle und zwei draußen vor der Türe. Cauchon und Warwick mochten sich knurrend um sie streiten wie Hunde um einen Knochen, die Schwerter der Engländer mochten im Maiensonnenschein blitzen, indes der Bischof seine Priestergewänder verächtlich ablegte und die Volksmenge sich mit einem aufgeregten Gemurmel hitziger und streitlüsterner Meinungsverschiedenheit verlief, aber für die Gefangene blieb nur eine hoffnungslose Verzweiflung. Ihr Fleisch war vor den Flammen gerettet, aber um welchen Preis! Sie hatte alles verraten, was ihr am heiligsten war. Was aber am bittersten von allem war: sie muß sich gefragt haben, ob ihre sie beschirmenden Heiligen sie wirklich verlassen hatten, ob nicht die Doktoren in Wahrheit recht gehabt hatten mit der Behauptung, ihre Stimmen seien durchaus nicht die Stimmen von Heiligen, sondern die von trügerischen Teufeln. Man schaudert davor zurück, an die entsetzliche Seelenvereinsamung zu denken, die Johanna in einem solchen Augenblick überkommen haben muß. Nachdem die Anspannung des Vormittags vorüber war, blieb nichts mehr zu tun übrig als zurückzublicken auf das, was sie getan hatte. Die streitbare Kirche hatte sie gepriesen, aber hatte sie in Wirklichkeit in den Augen der frohlockenden Kirche greulich gesündigt? War ihr Verhalten in Wahrheit dem von Simon Petrus vergleichbar gewesen? Hatte sie Gott ihren

1 *Procès,* Bd. II, S. 376: Aussage von Jean Fave: *»Domine, non curetis; bene rehabebimus eam.«*

Herrn verleugnet? Es muß fast eine Erleichterung gewesen sein, als das Erscheinen von Lemaistre, Loiselleur, de Courcelles, Nicolas Midi und Isambard de la Pierre sie solchen Überlegungen entriß.

Sie waren in ihr Gefängnis gekommen, um ihr zu bedeuten, welche große Gnade ihr Gott am heutigen Tage habe widerfahren lassen, und auch, um sie ihrerseits des Wohlwollens und der Vergebung ihrer heiligen Mutter, der Kirche, zu versichern, wobei sie deutlich durchblicken ließen, jeder weitere Rückfall in ihre Irrungen würde die Pforten der Kirche endgültig hinter ihr verschließen. Dann rückten sie mit dem ersten greifbaren Beweis ihrer Buße heraus: Johanna mußte, wie es vorgeschrieben war, Frauenkleidung anlegen. Sie war völlig gehorsam. Sie legte die Mannestracht ab und kleidete sich als Frau[1]. Sie ließ sich von ihnen das Haupthaar scheren, um so das anstößige Symbol ihres knabenhaften Rundschnitts zu entfernen. Die Jeanne d'Arc der volkstümlichen Legende schien für immer aus den Seiten der Geschichte verschwunden.

IX

Nicht ohne Erstaunen erfuhr daher der Bischof von Beauvais, die Gefangene trage wieder ihre Männerkleidung. Diese Neuigkeit wurde ihm in der Zeit zwischen Donnerstag, dem 24. Mai – dem Tag, an dem sich die Szene in St. Ouen abgespielt hatte – und dem Pfingstsonntag, dem 27. Mai, überbracht. Er entsandte sofort Beaupère und Midi, um Johanna wieder zur Vernunft zu bringen; aber während die beiden im Gefängnishof warteten, bis die benötigten Schlüssel gebracht wurden, kamen einige Engländer auf sie

---

1 *Procès*, Bd. I, S. 452–453. Es scheint wahrscheinlich, daß sie bei dieser Gelegenheit Jeannotin Simon ohrfeigte. Siehe vorhergehendes XIV. Kapitel S. 375.

zu und sagten zu ihnen, würfe jemand die beiden in den Fluß, so würde er damit ein gutes Werk tun. Der einhändige Beaupère macht kein Geheimnis aus dem Eindruck, welchen diese Bemerkung auf ihn und seinen Mitkanoniker machte *(les dessus dictz furent espouvantez)*, und sie gingen davon, ohne mit Johanna gesprochen zu haben. Vielleicht taten sie gut daran, denn die Stimmung der Engländer war außerordentlich gereizt. André Marguerie widerfuhr ein recht ähnlicher Empfang. Als er und ein paar andere, deren Namen er nicht nennt, sich voll Neugierde beim Gefängnis einfanden, erhoben die Engländer einen großen Lärm *(magnum tumultum)*; ein englischer Soldat bedrohte ihn mit dem Schwert und aus Angst um ihr Leben mußten sie sich eiligst aus dem Staube machen. Rouen kann während dieser Tage für die französischen Geistlichen kein sehr angenehmer Aufenthaltsort gewesen sein. Massieu und Manchon bezeugen beide Szenen heftiger Feindseligkeit: kamen doch Massieu und die Beauftragten sehr erstaunt und bestürzt *(moult esbahis et espaourez)* vom Schloß zurück und sagten, die Engländer hätten sie mit Schwertern und Äxten fortgejagt, wobei sie »Verräter!« und andere Beschimpfungen riefen. Manchon sagt, achtzig bis hundert Engländer hätten sich an sie herangemacht, sie armagnacische Verräter und falsche Ratgeber genannt und ihn persönlich so sehr erschreckt, daß er sich am nächsten Tag, als nach ihm geschickt wurde, weigerte, ohne die schützende Bedeckung eines von Warwicks Leuten zum Gefängnis zu gehen. Diese überhitzte Atmosphäre behagte begreiflicherweise den Männern der Feder nicht.

Wir verdanken jedoch Massieu den eingehendsten Bericht darüber, was sich innerhalb des Gefängnisses zutrug, während die unzufriedenen Engländer drunten im Hof zürnten oder lärmten. Massieu hatte Johanna von allem Anfang an gütig zu behandeln gewagt, und das in so weitgehendem Maße, daß er, um ihr einen Gefallen zu tun, sogar seine eigene Sicherheit gefährdet hatte. Er war es, der sie immer aus ihrem Gewahrsam in den Gerichtssaal geleitete, wieder zurückgeführt und nach St. Ouen gebracht hatte. Kein an dem Prozeß beteiligter Mann, vielleicht Ladvenu ausgenommen, hatte mehr Recht, sich so wie er einer engen Vertraulichkeit mit ihr zu rühmen. Die Geschichte, die er von dem Kleiderwechsel erzählt, der dem Bischof von Beauvais so viel Kummer bereitete und seine Abgesandten in solche Gefahr brachte, Prügel zu bekommen, ist so anschaulich und rührend menschlich, daß wir kaum an ihrer Glaubwürdigkeit zweifeln können.

Er sagt, er habe sie von Johanna selbst – sie hatte sie ihm erzählt, als Warwick und d'Estivet fortgegangen waren, ihn mit ihr allein ließen und er sofort die Gelegenheit ihres Alleinseins benützte, um sie nach dem Anlaß zu dieser Verwandlung zu fragen. Und sie entdeckte ihm, nach dem Widerruf, als sie das ihr zur Verfügung gestellte Frauenkleid anlegte, sei ihr eigenes Gewand, die Männertracht, in einen Sack zusammengebündelt worden, der zur Aufbewahrung durch die englischen Wachen in ihrer Zelle gelassen wurde. Anscheinend durfte sie die ihr anbefohlene Frauenkleidung ohne Beanstandung bis zum Sonntagmorgen, drei Tage später, behalten, als sie aufwachte und ihre Kerkermeister bat, sie von ihren Ketten zu befreien, da sie ihr Bett zur Verrichtung einer natürlichen Notdurft verlassen wollte *(ut surgeret a lecto et purgaret ventrem)*. Sie hatte in ihren Kleidern geschlafen, aber einer der Soldaten nahm sie ihr weg, entleerte den die Männertracht enthaltenden Sack, warf diese auf ihr Bett, wobei er ihr sagte, sie solle derweilen aufstehen, und stopfte statt dessen das Frauengewand in den Sack. Dann wurde sie – nach dem zu schließen, was sie Massieu erzählte – gezwungen, ihre alte Tracht wieder anzulegen, erhob aber dabei Einspruch dagegen, indem sie sagte: »Leute, ihr wißt, daß mir das verboten ist; ich kann dieses Mannsgewand nicht anziehen, ohne mich schuldig zu machen.« Aber was sie auch dagegen sagen mochte, sie konnte die Engländer nicht dazu bewegen, ihr das Frauenkleid zurückzugeben, obwohl sie bis Mittag mit ihnen herumstritt, zu welchem Zeitpunkt sich die leiblichen Bedürfnisse nicht länger verleugnen lassen wollten und sie die Zelle verlassen mußte. Und als sie zurückkam, erzählte sie Massieu, hätten weder ihre Bitten noch ihre Vorstellungen irgendwelchen Erfolg gezeitigt.

Der mitfühlende Massieu ist nicht der einzige, der uns eine Beschreibung von Johanna im Gefängnis liefert. Isambard de la Pierre sah sie ebenfalls dort und hörte sie sich beklagen, sie habe viel von den Engländern zu erdulden gehabt, seit sie als Frau gekleidet aufgetaucht war, »und in der Tat«, fügte er hinzu, »ich sah sie in großer Kümmernis, ihr Gesicht von Tränen naß, so entstellt und schändlich behandelt, daß ich von Erbarmen und Mitleid ergriffen wurde«. Ladvenu geht noch weiter – man hofft, zu weit, wenn man auch nicht leugnen kann, daß er ihr an ihrem letzten Morgen die Beichte abgenommen hatte – er geht so weit zu behaupten, sie habe ihm eingestanden, von einem englischen Adeligen vergewaltigt worden zu sein. Zum Glück beraubt seine unglaubwürdige Versicherung, »sie habe kaum das Vaterunser und das Ave Maria gekannt«, seine gutgläubige Zeugenaussage der Hälfte ihres Wertes.

X

Damit waren die Geschichten noch nicht zu Ende, die Johanna Cauchon erzählte, als dieser – ungeachtet der Engländer, die bei verschiedenen Gelegenheiten bereits seine Beauftragten belästigt hatten – am Pfingstmontag, den 28. Mai, ihr Gefängnis betrat, um persönlich ein Verhör anzustellen. Freilich werden wir nie ganz sicher wissen, ob nicht de Courcelles (der dabei war) oder Boisguillaume, der die lateinische Fassung vornahm, den Bericht über die Vorgänge auf Cauchons Befehl hin verfälschte. Angesichts der Zeugenaussage von de la Pierre, der ebenfalls anwesend war, und angesichts der zunehmenden Unbeliebtheit, der Cauchon von seiten der Engländer begegnet wäre, wenn er weiterhin einen zu schmeichelhaft wahren Bericht hätte erscheinen lassen, scheint dies sehr wahrscheinlich. Vielleicht ließ er nur einige Beschwerden im Protokoll weg, die Johanna wegen der Gefährdung ihrer Tugend gegen die Engländer erhoben hatte; denn abgesehen von diesem nicht sehr bedeutenden Punkt haben die meisten ihrer in dem amtlichen Protokoll angeführten Antworten denselben verhängnisvoll stolzen Klang wie in ihren kompromißlosesten Tagen. Ihnen eignet Johannas unverkennbarer Stempel. Die drei fanden Johanna wieder als Mann gekleidet, und indem sie das zur Grundlage ihres Verhörs machten, fragten sie sie unverzüglich, wann und warum sie diese Männertracht angezogen habe, warum sie ihr nicht entsagen wolle und auf wessen Rat hin das geschehen sei. Sie muß dieser Fragen müde gewesen sein.

»Ich erwählte sie aus eigenen freien Stücken. Niemand hat mich dazu gezwungen. Ich kleide mich lieber als Mann denn als Frau ... Ich habe niemals geschworen, daß ich nicht mehr Männertracht trüge ... Ich tat es, weil es mir passender erschien, als mich als Frau zu kleiden, da ich nur unter Männern lebte ... Ich zog es deshalb wieder an, weil Ihr nicht gehalten, was Ihr mir versprochen habt, nämlich daß ich zur Messe gehen und den Leib meines Heilands empfangen dürfe und mir meine Ketten abgenommen würden. Lieber will ich sterben als in Eisen liegen, doch laßt Ihr mich zur Messe gehen und löst meine Eisen, bringt mich in ein milderes Gefängnis *(en prison gracieuse)* und laßt eine Frau um mich sein, so will ich mich fügen und tun, was die Kirche will.«

Dieses letztere Versprechen verhieß Gutes; aber die nächste Frage lockte Johanna auf gefährlichen Boden: »Habt Ihr seit letztem Donnerstag (dem Tag des Widerrufs) die Stimmen der heiligen Katharina und Margarete gehört?«

Johanna: »Ja.«

»Was sprachen sie zu Euch?«

»Sie sagten mir, Gott ließe mir durch sie sagen, wie sehr

Er den Verrat bedauere, den ich dadurch beging, daß ich, um mein Leben zu retten, abschwor und widerrief, und indem ich mein Leben rettete, hätte ich mich verdammt. Vor Donnerstag hatten sie mir gesagt, was ich tun sollte, und was ich dann an diesem Tag auch tat. Sie sagten mir, ich solle auf dem Schaugerüst dem Prediger kühn antworten; er war ein falscher Prediger und beschuldigte mich, verschiedene Dinge getan zu haben, die ich nicht getan hatte. Wenn ich leugnete, von Gott gesandt zu sein, so stürzte ich mich in Verdammnis, denn es ist wahr, daß mich Gott gesandt hat. Seither haben mir meine Stimmen gesagt, daß ich sehr übel daran getan hatte, so zu handeln, wie ich handelte, und ich müsse bekennen, falsch gehandelt zu haben. Aus Angst vor dem Feuer sagte ich, was ich gesagt habe . . .[1]«

Neben den Worten: *Sie sagten mir, Gott ließe mir durch sie sagen, wie sehr Er den Verrat bedauere* schrieb Boisguillaume: *Responsio mortifera* – todbringende Antwort – an den Rand.

1 *Procès,* Bd. I, S. 455-457.

XVII. Kapitel

DER LETZTE AKT

I

Ein paar Formalitäten blieben noch zu erfüllen, und der nächste Tag – Dienstag, der 29. Mai – war ihnen gewidmet. Einundvierzig Stimmen wurden bei der von Cauchon in der erzbischöflichen Kapelle einberufenen Versammlung gehört und unter allen diesen einundvierzig Meinungen gab es nur eine einzige: »Rückfällige Ketzerin«. Der erste Sprecher, Nicolas de Venderès, Erzdiakon von Eu und Domherr der Kathedrale von Rouen, drückte sich in Worten aus, die für jeden im Kirchenrecht nicht unterrichteten Leser irreführend sein könnten: *Johanna solle der weltlichen Justiz übergeben werden mit dem Ansuchen, diese möge gnädig mit ihr verfahren.*

Diese Redewendung bedeutet nicht, was ihr versöhnlicher Wortlaut glauben läßt. Sie ist eine reine, durch die Findigkeit der Kirche ersonnene Formel, um auf eine beschönigende Art zu sagen, die Schuldige solle verbrannt werden. Diese Feinheiten wurden zwischen den kirchlichen und den weltlichen Behörden genau verstanden. Ebenso wie anerkannt war, die Kirche könne weder Blut vergießen noch hinrichten, so war auch die Exkommunikation als ihre besondere Waffe anerkannt und der Geächtete, erst einmal exkommuniziert, durfte nicht länger mehr Anspruch auf ihren Schutz oder auf ihren Richterspruch erheben. Die Auslieferung eines Exkommunizierten an die weltliche Gerichtsbarkeit bedeutete daher, die Kirche wasche ihre Hände in Unschuld von jeder weiteren Verantwortung, sehr wohl wissend, wie ein zeitgenössischer Richter es sehr treffend ausgedrückt hat, daß »was die eine Hand begonnen hatte, die andere vollenden würde«.

Gemäß dem mit solcher Einstimmigkeit von allen Anwesenden ausgedrückten Urteilsspruch war es ihnen allen ohne

Ausnahme zur Pflicht gemacht, Johannas Erscheinen auf dem alten Marktplatz um acht Uhr folgenden Morgens zu fordern, damit sie sich selbst für exkommuniziert und rückfällig erklärt hören konnte.

II

Massieu muß am Mittwoch, dem 30. Mai, früh aufgestanden sein, denn um sieben Uhr morgens hatte er bereits einen an den Bischof und Lemaistre gerichteten Brief geschrieben, in welchem er ihnen mitteilte, ihr Befehl sei ausgeführt worden und an Johanna die formelle und persönliche Aufforderung ergangen, um acht Uhr vor ihnen zu erscheinen. Laut amtlicher Eintragung nahm die Szene auf dem Marktplatz nicht vor neun Uhr ihren Anfang. Was hatte sich im Gefängnis zugetragen, um diese Unpünktlichkeit zu erklären? Von einigen der Vorfälle können wir mit Sicherheit berichten; andere müssen ein Gegenstand der Meinungsverschiedenheit und Mutmaßung bleiben[1]. Betrachten wir für den Augenblick das Feststehende.

Fest steht, daß Ladvenu, begleitet von einem jungen Mönch namens Toutmouillé, frühzeitig im Gefängnis erschien, um Johanna die Beichte abzunehmen. Ladvenu tat das, sagt Toutmouillé, mit Barmherzigkeit und Gewissenhaftigkeit. Massieu war zugegen und ging auf Ladvenus Ansuchen fort, um beim Bischof von Beauvais die Erlaubnis einzuholen, Johanna die heiligen Sakramente erteilen zu dürfen. Das Einholen dieser Erlaubnis nahm einige Zeit in Anspruch, denn es bedingte, daß zuerst einige Sachverständige zu einer Beratung zusammengerufen werden mußten;

1 Das bezieht sich auf die Frage, ob Johanna früh am Morgen von Venderès, Pierre Maurice, de Courcelles, le Camus, Loiselleur und Cauchon im Gefängnis aufgesucht wurde und wenn ja, was sich dort zwischen ihnen zutrug. Siehe vorgehendes XV. Kapitel, S. 416; und Anhang G, S. 487.

aber zu guter Letzt wurde die Genehmigung erteilt. Massieu nahm heftigen Anstoß an der mangelnden Ehrerbietung, mit der die Sakramente von einem Gerichtsschreiber gebracht wurden; auf einem Hostienteller, sagt er, eingehüllt in das zum Bedecken des Kelches bestimmte Linnen, ohne Kerzen oder Geleit, ohne ein Chorhemd oder eine Stola. Ladvenu, ebenfalls ungehalten, sandte den Schreiber zurück, um Lichter und eine Stola zu holen. Massieu beobachtete Johanna, während sie die Kommunion empfing, »mit großer Andacht und vielen Tränen«.

Ladvenus schmerzliche Aufgabe war es, Johanna von der ihr bevorstehenden Todesart zu unterrichten. Sie hatte immer ein Entsetzen vor Feuer empfunden und brach jetzt zusammen, wobei sie jammervoll klagte *(doloreusement et piteusement)*: »Ach, daß ich so schrecklich und grausam soll behandelt werden! Daß mein noch unberührter Leib heute verzehrt und verbrannt werden soll zu Asche! Oh! Ach! Lieber würde ich siebenmal enthauptet, als so verbrannt.«

In diesem Augenblick kam Cauchon herein, zu dem sie sofort sagte: »Bischof, ich sterbe durch Euch.« Er versuchte, ihr Gegenvorstellungen zu machen, indem er ihr bedeutete, sie selbst habe durch ihre gebrochenen Versprechungen den Tod auf sich herabbeschworen; aber sie hatte darauf keine andere Erwiderung, als ihm Vorwürfe zu machen, indem sie sagte, wenn er sie in ein Kirchengefängnis gebracht und der Obhut tauglicher und geeigneter Wärter übergeben hätte, so wäre all dies nie gekommen *(ceci ne fust pas advenu)*.

Pierre Maurice kam ebenfalls. Er hatte Johanna schon früher einmal gütig behandelt und sie wandte sich jetzt um Trost an ihn: »Maître Pierre, wo werde ich heute abend sein?« Und auf seine Frage, ob sie denn nicht auf Gott vertraue, antwortete sie: das täte sie wohl, und wenn es Gott gefalle, so sei sie heute abend im Paradies.

Sie führten sie hinaus. Eine Rotte englischer Soldaten wartete bereits auf sie, mit Schwertern, Stücken und Äxten bewaffnet, so daß niemand mit ihr zu sprechen wagte außer

Massieu und Ladvenu, die mit ihr gingen und sich dicht bei ihr hielten, ihre Tränen aber nicht zurückzuhalten vermochten. Isambard de la Pierre folgte ihnen. Der Marktplatz war gedrängt voll, als sie dort anlangten. Ein Zeuge sagt, zehntausend Bürger seien versammelt gewesen und nahezu tausend englische Soldaten scheinen dagewesen zu sein (Manchon; Massieu). Drei Schaugerüste waren aufgerichtet worden, eines für die Richter, eines für die Geistlichkeit, und eines, still und düster, für einen mit Holzstößen umschichteten Schandpfahl. Vor diesem stand ein Brett, das mit den Worten bemalt war: »Jehanne, die sich la Pucelle nannte, Lügnerin, Verruchte, Volksverderberin, Hexe, Abergläubische, Gotteslästerin, Vermessene, Abtrünnige des Glaubens unseres Herrn Jesus Christus, Überhebliche, Götzendienerin, Grausame, Liederliche, Teufelsbannerin, Apostatin, Schismatikerin und Häretikerin.«

Sie wurde zuerst vor die Geistlichen geführt und man hieß sie auf das Prangergerüst steigen, auf daß alle sie deutlich sehen konnten. Sie wurde alsdann feierlich von Nicolas Midi angesprochen, der den ersten Korintherbrief, XII. Kapitel, Vers 26 zu seinem Text wählte: *Und so ein Glied leidet, so leiden alle Glieder mit.* Johanna hörte – wie Massieu sagt – sehr ruhig zu, bis er zu den Worten kam: »Johanna, gehet hin in Frieden, die Kirche kann Euch nicht länger beschirmen und übergibt Euch der weltlichen Gerechtigkeit.« Da sank sie in die Knie, betete laut zu Gott und bat, alles versammelte Volk möge sich ihr gegenüber barmherzig zeigen, ob es nun zu ihrer Partei gehöre oder zur anderen, denn sie vergebe ihnen alles ihr zugefügte Leid. Sie fuhr in dieser Weise etwa eine halbe Stunde lang fort, bis sogar den Richtern und einigen von den Engländern Tränen in die Augen traten. Loiselleur war bereits weinend davongegangen und wäre ohne Warwicks Schutz von einer Gesellschaft von Engländern, denen er zufällig in den Weg lief, als Verräter überfallen worden. Manchon verließ den Schauplatz, denn er konnte nicht mit ansehen, was nun folgen sollte; tatsäch-

lich, sagt er, sei er einen Monat lang nicht darüber hinweg-
gekommen, und er verwandte einen Teil des von ihm für
seine Dienste während des Prozesses erhaltenen Geldes zum
Erwerb eines Meßbüchleins, das er Jahre hindurch zum Andenken an Johanna aufbewahrte und dazu benützte, Gebete
für sie zu lesen. Massieu blieb und reichte ihr das grobe
kleine Kreuz, von einem englischen Soldaten aus zwei
Holzstücken für sie gefertigt, das sie zuerst küßte und dann
an ihre Brust drückte, zwischen Haut und Kleid. Der karge
amtliche Bericht freilich besagt nur trocken, der Bischof von
Beauvais habe sich sodann erhoben und nachdem er Johanna
dazu angehalten hatte, auf den Rat derer zu achten, die sie zu
ihrem Seelenheile belehrten, insbesondere auf die beiden
ehrwürdigen Brüder (Ladvenu und de la Pierre), die in diesem Augenblick neben ihr standen, verlas er das endgültige
Urteil, wonach sie ausgestoßen, hingerichtet und verworfen
wurde.

III

Die Engländer begannen indessen ungeduldig zu werden
und fingen zu rufen an: »Nun, Priester, glaubt Ihr, wir wollen hier zu Mittag essen?«

Kein laienrichterliches Urteil wurde verkündet; das
scheint gewiß. Keines ist amtlich protokolliert und sämtliche
Zeugen stimmen darin überein, es sei keines erlassen worden. Manchon sagt, Johanna sei dem Amtmann (bailli) von
Rouen vorgeführt worden, der nur eben eine Gebärde mit
der Hand machte und dabei sagte: »Fort mit ihr!« Allerdings
redete Manchon nur das Gehörte nach, da er ja bereits, von
Rührung überkommen, den Schauplatz verlassen hatte; aber
die allgemeine Übereinstimmung ist eine derartige, daß sie
jeden Zweifel ausschließt. Englische Hände ergriffen Johanna und stießen sie roh dem Schaugerüst zu, wo der
Scheiterhaufen und die Reisigbündel warteten, und hoben

sie hinauf; das Gerüst war aus Gips und sehr hoch – so hoch, daß der Henker einige Mühe hatte, an Johanna heranzukommen und sein Werk nicht rasch vollenden konnte. Anstatt einer Dornenkrone wurde ihr eine hohe Papierkappe, ähnlich einer Mitra, aufs Haupt gesetzt, welche die Aufschrift trug: »Ketzerin, Rückfällige, Abtrünnige, Götzendienerin«. Massieu, Ladvenu und de la Pierre blieben ihr zur Seite; de la Pierre holte auf ihre Bitte und von Massieu gesandt das Kruzifix aus der benachbarten Kirche von St. Sauveur und hielt es, auf das Gerüst kletternd, Johanna vor Augen. Sie bat ihn, wenn das Feuer angezündet würde, hinunterzusteigen, aber weiterhin das Kruzifix hochzuhalten, damit sie es sehen könne. Derweilen banden sie Johanna an den Scheiterhaufen und einige der Engländer brachen in Gelächter aus, als sie mit lauter Stimme die heilige Katharina, die heilige Margarete und den heiligen Michael anrief, um dann auszurufen: »*Ah, Rouen! j'ay grant paour que tu ayes à souffrir de ma mort!*[1]« Als dann die Flammen knisterten und hochloderten, rief sie laut und zu wiederholten Malen Jesum an; dann sank ihr Haupt vornüber; es war das letzte Wort, das man von ihr vernahm.

Viele weinten; John Tressart, Sekretär des Königs von England, rief aus: »Wir sind verloren, wir haben eine Heilige verbrannt.« Seltsame Dinge ereigneten sich. Der Name Jesus züngelte in Flammenschrift durch den Feuerbrand, und ein englischer Soldat, der geschworen hatte, ein Reisigbündel auf den Scheiterhaufen zu werfen, behauptete gesehen zu haben, wie eine weiße Taube aus den Flammen hervorkam und in Richtung auf Frankreich davonflog. Jean Alaspée wünschte offen und unter Tränen, seine Seele möge dereinst dort sein, wo er glaube, daß die ihrige sei. Damit kein Zweifel bestehen könne, daß die Hexe tot war – denn die Engländer fürchteten sehr, es könnten Gerüchte von

1 *Procès,* Bd. III, S. 53: Aussage von Guillaume de la Chambre. Johannas Worte sind im Originaltext französisch.

ihrem Entrinnen entstehen –, wurde dem Henker befohlen, die Flammen zu teilen und Johannas am Schandpfahl hängenden verkohlten nackten Körper zu zeigen[1]. Ladvenu und Isambard de la Pierre hatten einen bewegten Nachmittag. Sie mußten sich um den Engländer kümmern, der die Taube hatte davonfliegen sehen; der Mann war so außer Fassung geraten, daß ihn seine Kameraden in eine benachbarte Schenke gebracht hatten, um ihn durch einen Trunk zu trösten; als aber das nichts nützte, suchte er einen englischen Mönch auf und legte ihm in Frère Isambards Gegenwart die Beichte ab. Sie mußten sich sogar noch um den Henker kümmern. Er kam im Hause der Frères Prêcheurs auf der Suche nach Ladvenu und de la Pierre an, sehr entsetzt und zerknirscht, war er doch, wie er sagte, verdammt, da er eine Heilige verbrannt hatte, und Gott würde ihm niemals verzeihen. Er erzählte ihnen, wie er trotz allen Öls, Schwefels und Brennmaterials, die er verwendet hatte, Johannas Eingeweide oder ihr Herz nicht hatte zu Asche verbrennen können. Er hatte alles, was von ihr übriggeblieben war, in die Seine geworfen.

---

1 *Procès*, Bd. III, S. 191: Aussage von Jean Riquier. Jean Riquier ist der einzige Zeuge, der diese Einzelheit anführt; aber seine Aussage wird vom *Journal d'un bourgeois de Paris (Procès,* Bd. IV, S. 471) mit folgenden schrecklichen Worten bestätigt: *fut liée à une estache qui estoit sur l'eschaffault qui estoit fait de plastre, et le feu sus lui; et là fut bientost estainte et sa robe toutte arse, et puis fut le feu tiré arrière; et fut veue de tout le peuple toutte nue, et tous les secrez qui peuent estre ou doibvent en femme, pour oster les doubtes du peuple. Et quant ilz l'orent assez à leur gré veue toutte morte liée à l'estache, le bourrel remist le feu grant sus sa poure charongne, qui tantost fut toute comburée, et os et char mis en cendre.*

XVIII. Kapitel

NACHLESE

I

Das also ist, so redlich wie möglich erzählt, die Geschichte. Aber trotzdem bleiben alle ihre tieferen Schlußfolgerungen unerklärt und sogar ununtersucht. Sie läßt viele Fragen offen, die, wenn wir sie beantworten könnten, uns der Erklärung vieler Geheimnisse um ein gutes Stück näherbringen würden. Darin besteht für mich der zauberische Reiz von Frankreichs Nationalheiliger, daß sie nicht lediglich Stoff für eine Biographie ist, nicht nur eine malerische Gestalt in Rüstung und scharlachfarbenem Mantel, sondern eine Gestalt, die einige der zutiefst verwurzelten Grundsätze dessen, was wir glauben oder nicht glauben, in Frage stellt. Mehr vielleicht als irgendeine andere kriegerische Gestalt der Geschichte zwingt sie uns zum Nachdenken.

Sie zwingt uns zum Nachdenken und regt uns zu Fragen an; sie entschleiert die dunklen Bezirke, in die wir uns im allgemeinen zu blicken scheuen. Wir lesen, und nachdem wir gelesen haben, erheben sich die grundlegenden Fragen: Offenbart sich Gott bei Gelegenheiten auf unmittelbare Weise? Ist die sichtbare Welt die einzige Welt, welche wir in Betracht ziehen müssen? Ist es für einen Sterblichen möglich, mit den Wesen einer anderen Welt in Verbindung zu treten? Sollte es wirklich überirdischer Führung verstattet sein, unserer menschlichen Unzulänglichkeit zu helfen? Sollten wirklich gewisse Menschen mit einem sechsten Sinn geboren sein, einer ihren stumpferen Mitmenschen so überlegenen Empfänglichkeit, daß wir, um sie zu erklären, unsere Zuflucht zu Worten wie »wunderbar« und »übernatürlich« nehmen müssen?

Am besten geben wir ohne Umschweife zu, auf die Grundfrage keine befriedigende oder erschöpfende Antwort geben zu können. Was nun Johanna selbst anbetrifft, so können wir ihre Ernsthaftigkeit ohne Zweifel gelten lassen und im übrigen versuchen, indem wir Vergleiche anstellen, zu einer Schlußfolgerung zu gelangen – einer Schlußfolgerung, die sich uns entzieht und in letzter Instanz dem Eigenurteil überlassen bleiben muß. Mit Eigenurteil meine ich nämlich, daß es zwei Möglichkeiten gibt, an die Sache heranzugehen: die eine ist der sogenannte wissenschaftliche Weg, die andere der sogenannte religiöse – zwei Annäherungswege, die sich zwar sehr wohl als nicht parallel erweisen mögen, sich aber in einem Punkt irgendwann einmal schneiden. Ich glaube, daß uns die Widersprüche dieser beiden Wege nur deshalb im Augenblick so rätselhaft erscheinen, weil wir noch nicht weit genug zu sehen vermögen, um ihren Verlauf bis zu ihrem deutlichen und verständlichen Schnittpunkt zu verfolgen.

Nur zögernd führe ich meine eigenen Überzeugungen ins Feld; aber in einem gegebenen Augenblick wird es sicherlich für jeden Biographen der heiligen Johanna unvermeidlich, seinen eigenen Standpunkt darzulegen, selbst auf Kosten eines persönlichen Glaubensbekenntnisses, sei es auch nur, um jeden Verdacht persönlicher Voreingenommenheit auszuschalten. Die Worte, in die ich dieses Bekenntnis kleiden muß, sind – wie ich mir bewußt bin – abgebraucht, aber die hinter ihnen stehende Überzeugung ist ernst und echt. Ich will deshalb vorausschicken, daß ich persönlich nicht das bin, was man im orthodoxen Sinne der Redewendung einen »religiösen« Menschen nennt, sowenig wie ich einer Kirchenorganisation angehöre. Vor das letztentscheidende Rätsel gestellt, glaube ich jedoch – und zwar zutiefst – an das Vorhandensein einer geheimnisvollen, gesammelten Urkraft, welche die natürliche Schwäche und Unzulänglichkeit der menschlichen Natur notwendigerweise in einem Namen versinnbildlichen mußte, einer Mischung aus Furcht und Trost, die man Gott oder God oder Dieu oder Jehova oder Allah oder X oder auch »eine rein mathematische Größe« nennen mag, ohne das ein *unbeding-ter* Grund vorhanden wäre, diese Urkraft unseren eigenen menschlichen Begriffen von Gut und Böse anzugleichen. Daraus folgert logischerweise, daß ich im Besitz dieses Glaubens mit meinen Mitmenschen den alten Aberglauben teile, den keine wissenschaftliche Erklärung zerstören kann, den aber bis jetzt auch noch keine wissenschaftliche Beweisführung hat erklären können: der Glaube an das, was wir einfachheitshalber das Übernatürliche nennen. Ich glaube so fest daran, daß mich Bezeichnungen wie übernatürlich oder außernatürlich fehl am Platze dünken. Für mich gibt es nur eine allumfassende, wunderbare Einheit, von der wir nur den kleinsten Ausschnitt erfassen. Meine Beschäftigung mit der Geschichte Jeanne d'Arcs hat nur bewirkt, mich in meinem Glauben an diese Einheit noch zu bestärken, ebenso wie in meinem Glauben daran, gewisse Menschen stünden mit dieser Einheit in Verbindung – oder sollten wir besser sagen: seien für deren Einflüsse empfänglich? –, eine Einheit, für die wir keinen entsprechenden Namen besitzen, von deren größerem Ganzen unsere eigene Vorstellungswelt nur einen winzigen Bruchteil umfaßt. Ohne Anspruch auf die Erklärung erheben zu wollen, wie oder warum diese Menschen solcherart begünstigt werden, lasse ich die Tatsache als solche sowie auch die logische Schlußfolgerung gelten, daß Johanna als unter ihnen besonders hervorstechend betrachtet werden muß – eine karge und kurze Schlußfolgerung, die man, wie ich fürchte, als unbefriedigend und ausweichend ansehen wird.

Ich habe jedoch bereits eingeräumt, daß wir nicht in der Lage sind, eine einigermaßen zufriedenstellende Antwort zu finden. Ich habe angedeutet, keiner der zwei möglichen Annäherungswege – des wissenschaftlichen und des religiösen – reiche für sich allein aus, das Problem zu lösen. Der religiöse freilich verspricht rascher aus der Schwierigkeit herauszuhelfen: blinde Hinnahme sagt manchen Geistern mehr zu als die mehr kritische und forschende Haltung. Das ganze Problem ist vereinfacht für diejenigen, die fest überzeugt sind, Gott habe drei von seinen Heiligen entsandt, um Johanna zu unterweisen; für diejenigen also, kurz gesagt, die sich in die Denkungsart des gutgläubigen Christen versetzen können. Leider ist es einigen von uns nicht gegeben, sich diese Haltung blindlings zu eigen zu machen. Ich selbst wurde schmerzlich hin und her gerissen. Es gibt Augenblicke, in denen ich durchaus nicht sicher bin, der religiöse Annäherungsweg könnte sich am Ende nicht doch als der richtige erweisen; in denen ich durchaus nicht sicher bin, ob nicht der Instinkt wie gewöhnlich den von der Vernunft abgelehnten kürzeren Weg eingeschlagen hat. Beide mögen am Schluß beim gleichen Punkt angelangen; nur erweist es sich vielleicht, daß der Instinkt zuerst dahin gelangt ist. Ich bin in der unglücklichen Lage jedes Menschen, der zwischen instinktivem Vertrauen zum Instinkt und vernunftmäßigem Vertrauen zur Vernunft hin und her gerissen wird.

Einstweilen scheint es mir, die einzige Geistesverfassung, in welcher wir an das Problem von Johannas Stimmen und Visionen herantreten sollten, sei beim heutigen Stand unseres Begriffsvermögens eine Gesinnung völliger Vorurteilslosigkeit und das Bekenntnis unserer Unwissenheit. Unsere Unwissenheit und unsere Grenzen sind tatsächlich noch derartige, daß wir sehr wohl die Kühnheit, überhaupt an ein solches Problem heranzutreten, in Frage ziehen können. Wir sind in der Lage eines Schuljungen, der sich anheischig macht, nachdem er sich einige Kenntnisse im einfachen oder sogar gemischten Bruchrechnen erworben hat, über höhere Mathematik mitzureden. Das Ergebnis eines solchen Versuchs wäre in den Augen eines geschulten Mathematikers äußerst jammervoll und lächerlich. Ebenso jammervoll sind vielleicht in den Augen nachfolgender und aufgeklärterer Generationen die Versuche des in den Kinderschuhen steckenden zwanzigsten Jahrhunderts, der Erklärung eines Phänomens zuzustolpern, das dem erwachseneren Wissen der Zukunft vielleicht keinerlei wie immer geartete Schwierig-

keiten bietet. Es ist möglich, denkbar und sogar wahrscheinlich, mit unserer zunehmenden Erkenntnis der physikali-
schen, psychologischen und psychischen Welten könnten
solche Probleme aufhören, überhaupt noch Probleme zu
sein, und sie könnten ein Gemeinplatz allgemeinen Wissens
werden. Mit der Aussicht auf diese Hoffnung möchte es daher scheinen, als sei jeder heutige Versuch, tiefer hinter das
Geheimnis der Dinge dringen zu wollen, ein zweckloses
Bemühen, und wir Kinder des frühen zwanzigsten Jahrhunderts täten besser daran, geduldig auf das Kommen einer er-
schöpfenderen Weisheit zu warten – einer Weisheit, deren
Erfüllung vielleicht allzu ferne liegt, um uns Menschen von
heute überhaupt noch zugute zu kommen –, statt unsere Zeit
nur damit zu vergeuden, uns dem Antiquitäteninteresse unserer Nachwelt als ein weiteres Beispiel lobenswerter Wiß-
begierde, aber veralteter Unwissenheit zu bewahren.

II

Gleichzeitig würden wir gut daran tun, nachdem wir so demütig unsere Unzulänglichkeit eingeräumt haben, die aus
wissenschaftlichen oder pseudowissenschaftlichen Quellen
verfügbare Belehrung näher zu untersuchen. Die Fachsprache solcher Quellen ist hinreichend unglücklich, um den Leser gegen sie einzunehmen. Allein schon das Wort »psychisch« hat einen üblen Geruch für rationelle Nüstern und
ist in der Volksmeinung mit Geschichten von gläubigen
Frömmlern und betrügerischen Medien eng verknüpft. Wir
alle haben schon solche Geschichten gehört, und vermutlich
war bei einem hohen Prozentsatz von Fällen unser Mißtrauen berechtigt.

Gewisse ernsthafte und beachtenswerte, im besonderen
Hinblick auf Jeanne d'Arc geschriebene Betrachtungen können jedoch nicht einfach übergangen werden. Es ist für jeden sich ernsthaft mit Jeanne d'Arc Beschäftigenden un-

möglich, sie einfach unbeachtet zu lassen oder sie nicht in der Hoffnung, wenigstens die eine oder andere aufklärende Wendung in ihnen zu entdecken, zu überprüfen. Es ist für den sich mit Jeanne d'Arc Befassenden in der Tat notwendig, wenn er der Wahrheit so nahe wie möglich kommen will, Berichte und Erläuterungen von Erlebnissen, welche an die Johannas anklingen, zu prüfen und zu vergleichen. Um solche Erlebnisse zu finden, wendet man sich einleuchtenderweise an die Berichte in den *Protokollen der Gesellschaft für Psychische Forschung*.[1]

Diese Protokolle liefern zwei wertvolle Beiträge: wertvoll für uns insofern, als sie mit Johanna im Zusammenhang stehen. Keiner von beiden berichtet von irgendwelchen spiritistischen »Sitzungen« und es bedarf also keines diesbezüglichen Verdachtes von seiten des Lesers. Sie sind lediglich auf beglaubigte geschichtliche Vorkommnisse gestützte übersinnliche Betrachtungen. Die erste Abhandlung, auf welche ich anspiele, stammt von Frederic Myers[2] und handelt von dem berühmten »Dämon des Sokrates«. Sokrates wurde bekanntlich in allen Angelegenheiten des Lebens von einer mahnenden Stimme geleitet – einer Stimme, die ihm bei gewissen Gelegenheiten gewisse Warnungen erteilte und bei anderen Gelegenheiten dadurch, daß sie sich kundzutun unterließ, stillschweigend seine Handlungen billigte. Myers ist – und das mit Recht – äußerst vorsichtig darin, den Einflüsterungen dieser leitenden Stimme eine übertriebene Bedeutung beizumessen. »Wir können«, sagt er, »nicht sicher sein, das mahnende Zeichen habe Sokrates jemals vor etwas gewarnt, was ihm nicht auch alltägliche Klugheit ent-

1 Ich möchte hier, um ein Mißverständnis zu vermeiden, von vornherein hinzufügen, daß ich nie etwas mit spiritistischen Dingen zu tun gehabt habe; nie in meinem Leben an einer ›Sitzung‹ teilgenommen habe; auch keinerlei Erfahrung mit Medien oder ihrer Kontrolle besitze, somit also nicht das Geringste mit solchen Versuchen zu tun habe.
2 *Proceedings of the Society for Psychical Research*, Bd. V, Teil XIV, S. 522 (Trübner & Co., London, 1889): F. W. H. Myers, *The Daemon of Socrates*.

deckt haben würde.« Seine ganze Abhandlung hindurch deutet er vielmehr an, Sokrates habe sich eher auf das gestützt, was wir heute sein Unterbewußtsein nennen würden, als daß er Führung von einer fremden und nicht in ihm verwurzelten Kraft erhalten hätte. »Ich glaube, es ist heutzutage aufzuzeigen möglich«, sagt Myers, ». . . die von Sokrates empfangenen Botschaften seien nur ein überdurchschnittliches Beispiel eines Vorgangs gewesen, der, wenn übernormal, so doch nicht unnormal ist und diejenige Verstandesform charakterisiert, die wir als Genie bezeichnen. Denn Genie wird am besten nicht als eine unbeschränkte Fähigkeit der Arbeitsleistung[1] definiert, sondern eher als eine geistige Beschaffenheit, welche einem Menschen mühelos erlaubt, die Erzeugnisse unterbewußter Gedanken in die Bewußtseinssphäre zu übertragen« – eine treffende Wendung, die um so gehaltvoller wird, je länger man sie erwägt. Aber – wie Myers zu bemerken fortfährt – der Fall Sokrates überragt das Normalmaß und könnte für zu außergewöhnlich angesehen werden, um als Beweisstütze zu dienen. War doch Sokrates einer der edelsten Geister, die Griechenland jemals hervorgebracht hat. Sokrates stand, wie Myers sagt, zu turmhoch über dem gewöhnlichen Menschen, als daß wir weitergehende Folgerungen von seinem Beispiel ableiten dürften. »Es wäre gut«, fährt er fort, »wenn wir einen nicht durch so überragendes Genie belasteten Fall anführen könnten – einen Fall, bei welchem jemand ohne große natürliche Gaben, ohne unbegreifliche Seelenregungen trotzdem

1 Sicherlich wurde selten ein geflügeltes Wort jemals in so unzutreffender und allgemeiner Weise zitiert! Denn in Wirklichkeit schrieb Carlyle: »Genie, welches vor allen Dingen eine die bekannten Maße übersteigende Fähigkeit zur Bemühung heißen will« (*Friedrich der Große,* IV. Buch, III. Kapitel). Auch richtig angeführt wird die unfaßbare Idiotie von Carlyles Definition nicht geringer. Das einzige in der ganzen Wendung, das auf die Frage: was ist ein Genie? einiges Licht wirft, lautet: »die bekannten Maße übersteigend«. Myers eigene kurzgefaßte Definition kommt der Wahrheit weit näher.

durch mahnende Stimmen Weisheit gelehrt und zu Ehren erhoben wurde, einen Fall, bei dem nach Möglichkeit die Tatsache der innerlichen Botschaft durch einen Zeugen verbürgt wäre, den die Welt nicht ablehnen kann. Einen solchen Fall gibt es; es gibt eine in der Geschichte einzig dastehende und wunderbare Gestalt, wunderbar aber nur in dieser einen Hinsicht. Es gibt einen Menschen, der ohne bemerkenswert großen Intellekt und in keiner hohen oder mächtigen Stellung geboren wurde, zu dem aber von Kindheit an Stimmen sprachen und ihm letztendlich einen seltsamen Befehl überbrachten. Einen Menschen, der lediglich dadurch, daß er diesem Ruf gehorchte, sich zur Retterin einer großen Nation erhob. Einen Menschen, dessen Los es war, diesen Gehorsam bis zum letzten auszukosten und sein Leben für die Wahrheit hinzugeben, der lieber am Schandpfahl sterben wollte, als diese Stimmen zu verleugnen oder diesem inneren Gesetz ungehorsam zu werden.

Ich meine selbstverständlich Jeanne d'Arc.

Man möge mich entschuldigen, wenn ich bei diesem bemerkenswerten Beispiel verweile; denn ich glaube, wir können erst jetzt mit unserem Verständnis *für die Möglichkeit, aus der tieferen Sphäre des Bewußtseins einen Befehl zu empfangen, der so weit von Wahnsinn entfernt ist, daß er weiser ist als sogar unser gesunder Verstand selber* – erst jetzt, wiederhole ich, können wir diese bekannte Geschichte richtig begreifen« (der Kursivdruck stammt von mir). »Wir sind«, sagt Myers abschließend, »nicht gezwungen anzunehmen, die von Johanna gehörten Stimmen seien einem anderen Geist als ihrem eigenen entsprungen, sowenig wie wir annehmen müssen, die Gestalten, in deren äußerliche Form ihre tapferen und frommen Impulse sich manchmal kleideten, seien wirkliche Heilige gewesen« – eine Schlußfolgerung, der Johanna selbst sicherlich aufs heftigste widersprochen haben würde. Aber man muß sich vor Augen halten, daß Myers den rein wissenschaftlichen, nicht den religiösen Standpunkt einnimmt.

Der Kernpunkt seiner Ausführungen besteht interessanterweise darin, weder im Falle des Sokrates noch in dem Johannas sei die geringste Spur von Wahnsinn oder Hysterie zu finden gewesen. (Nebenbei bemerkt, schließt er in bezug auf Sokrates jede Möglichkeit einer Epilepsie aus.) Er besteht auch auf der Tatsache, sowohl Sokrates wie Johanna seien beide, so grundverschieden sie in ihren Geistesgaben auch sein mochten, doch Menschen von derber körperlicher Gesundheit gewesen. Genie billigt er ihnen zu; aber seiner Ansicht nach bedeutet Genie eher vollendete und ideale Gesundheit als Störung eines hysterischen und übererregbaren Geistes. Genie ist für ihn gleichbedeutend mit der mühelosen Übertragung des Unterbewußten in die Bewußtseinssphäre und kann die verschiedenartigsten Ausdrucksformen annehmen. So zögert er nicht, Phänomene wie den »blitzschnellen Rechner« oder »das arithmetische Wunder meist zarten Alters[1], das befähigt ist, im Kopf und fast unmittelbar Aufgaben zu lösen, zu denen gewöhnliche Rechner Bleistift und Papier und ungleich längere Zeit benötigen würden – Aufgaben, welche in manchen Fällen der Durchschnittsmensch überhaupt nicht zu lösen imstande ist, die aber der rechnende Wunderknabe mit Leichtigkeit und Genauigkeit[2] enträtselt, zu den Genies zu zählen«. Wie er auch

1 In diesem Zusammenhang soll darauf hingewiesen werden, daß musikalische und mathematische Wunder frühzeitige Beweise ihrer unerklärlichen Gaben abgelegt haben. Man braucht kaum das augenfällige Beispiel Mozarts anzuführen. Es ist vielleicht weniger allgemein bekannt, daß Capablanca bereits im Alter von zwölf Jahren Schachmeister von Kuba war. Es ist vermutlich etwas mehr als ein rein zufälliges Zusammentreffen, das an einen Zusammenhang zwischen Musik und Mathematik denken läßt und sich möglicherweise auch auf die Begabung des sehr jungen Kindes für Zusammensetzspiele erstreckt – eine Fähigkeit, die zumeist nach erreichtem Alter von zehn Jahren abnimmt. Jedenfalls ist es ein weites Gebiet, über das unsere Ansichten auf absehbare Zeit notwendigerweise nur auf Mutmaßungen fußend und ungenau bleiben müssen.
2 F. W. H. Myers, *Human Personality and its Suvival after Death*, S. 51

Beispiele wie das Sir John Herschels dazuzählt, der Gesichte in Form von geometrischen Figuren hatte, die ihm sowohl bei hellem Tageslicht als in der Dunkelheit erschienen. Es geht aus allem, was Myers zu dem Thema zu sagen hat, hervor, daß er alle solchen Erscheinungen als *den* Erlebnissen ähnlich und somit vergleichbar betrachtet, die auf ihre verschiedene Art Sokrates und die heilige Johanna bei deren Lebensgestaltung leiteten. Hier findet sich kein Hinweis auf eine übernatürliche oder religiöse Führung. Hier ist von keiner Andeutung auf ein krankhaftes oder halluzinatorisches Gehirn die Rede. Hier findet sich nur der Hinweis, alle diese umstrittenen Probleme könnten sich vielleicht durch den kühlen Verstand tieferen psychologischen Wissens erklären lassen; lediglich der Hinweis, kein anderer geheimnisvoller Faktor spiele jemals herein als die noch unerforschte oder halberforschte Frage der Trennungslinie zwischen unserem bewußten und unserem unbewußten Selbst. Myers Annäherungsweg beschränkt sich tatsächlich auf das rein Wissenschaftliche. Das religiöse oder übernatürliche Element spielt hier überhaupt nicht herein.

Darin wird er unterstützt durch Sir Francis Galton[1]. Galton spricht nicht im besonderen von Johanna; aber er hat bestimmte Beobachtungen mitzuteilen, die etwas Licht auf das unlösbare Problem ihrer Stimmen, Visionen und deren Ursprung werfen können. Er legt wie Myers Nachdruck auf die Ansicht, die Sehergabe sei nicht notwendigerweise begleitet von einer zerrütteten Geistesverfassung. »Die Sehergabe«, sagt er, »ist viel verbreiteter unter gesunden Menschen als im allgemeinen vermutet wird.« Und wieder an einer anderen Stelle: »die bekannten Halluzinationen des Geisteskranken finden sich weit häufiger als gemeinhin angenommen wird ... bei kerngesunden Menschen«. Er führt verschiedene Beispiele aus seiner persönlichen Erfahrung an: eine seiner nahen Verwandten z. B. »sah sehr häufig

1 *Inquiries into Human Faculty and its Development.*

Gaukelbilder, war aber dabei geistig ausnehmend gesund und von so rüstiger Verfassung, daß ihre Fähigkeiten vor ihrem mit neunzig Jahren erfolgten Tod kaum nachließen« und »eine andere Dame, offensichtlich von kräftiger Gesundheit und aus einer kräftig-gesunden Familie stammend«, erzählte ihm, seit einigen Monaten sei sie von Stimmen heimgesucht worden. Die vernommenen Worte waren anfänglich reiner Unsinn; dann kehrte häufig das Wort »bete« wieder. Er führt auch den Fall Goethes an, der als Geistesgröße sicherlich nicht ruhmlos neben Sokrates besteht und der, wie wohl bekannt ist, willkürlich das Bild einer Rose vor seinem geistigen Auge heraufbeschwören konnte, »die nicht einen Augenblick lang ihre Form beibehalten wollte, sondern sich aus sich selbst heraus entfaltete und einen Regen meist roter, manchmal aber grüner Blütenblätter herniederrieseln ließ und ... ohne in ihrer Pracht abzunehmen so lange damit fortfuhr ... als er zuzusehen Lust hatte«.

Alle diese fast aufs Gratewohl ausgewählten Beispiele deuten auf etwas sehr Unerklärtes und Seltsames in der Tätigkeit des menschlichen Geistes hin. Welcher Zusammenhang, werden wir unwillkürlich fragen, könnte wohl zwischen der blitzschnellen Kalkulation eines Rechenwunders, der Frühreife Mozarts, der Figurenführung Capablancas, den geometrischen Figuren Herschels, der Rose Goethes, dem Dämon des Sokrates und den Stimmen der Jeanne d'Arc bestehen? Welcher kausale Zusammenhang, fragen wir vielleicht wiederum, besteht zwischen solchen weltlichen kriegerischen Befehlen, wie sie Johanna empfing, und solchen Befehlen, wie sie dagegen eine Bernadette von Lourdes erhielt – Bernadette, ein anderes dreizehnjähriges Bauernmädchen, das hinausging, um Holz zum Feueranmachen zu sammeln, und einer Erscheinung gegenüberstand, deren Übereinstimmung mit der Persönlichkeit der Jungfrau Maria sie binnen vierzehn Tagen feststellen konnte und unter deren Anleitungen sie eine so wundertätige Quelle entdeckte, daß noch heute alljährlich Tausende von Pilgern aus allen Teilen Europas in der Hoffnung auf Heilung zu ihr wandern? Welches Bindeglied verknüpft alle diese Wunder miteinander? Wir können die Frage nicht beantworten. Wir beschäftigen uns gegenwärtig nur mit den durch die Analyse gelieferten Gegebenheiten: die Synthese entgeht uns noch.

Deshalb ist es vielleicht besser, von der Mutmaßung abzugehen und zum nüchternen wissenschaftlichen Annäherungsweg zurückzukehren. Es ist ermutigend, besonders wenn wir an Jeanne d'Arc denken, solche Sätze wie die Galtons zu lesen: »Die Sehergabe ist höher beim weiblichen als beim männlichen Geschlecht entwickelt«; oder: »Die Franzosen scheinen die Seherbegabung in hohem Maße zu besitzen«. Trotzdem bringen uns diese Feststellungen irgendwie dem Kern der Frage nicht sehr viel näher. Wir fragen uns nach wie vor, wo die Wahrheit wirklich liegt. Solche Feststellungen mögen wertvoll sein als Wegweiser, aber trotzdem deutet nichts in ihnen darauf hin, die grundsätzlichen Annäherungswege liefen nicht nebeneinander her.

Das mögliche Vorhandensein eines dritten Annäherungsweges zu einer Erklärung fußt auf physiologischer Schlußfolgerung: auf physiologischer mit ihren Rückwirkungen auf psychologische. Andrew Lang drückt sich zartfühlend aus, indem er sagt, Johanna sei beim erstmaligen Vernehmen ihrer Stimmen »in einem kritischen Alter gewesen, bei dem, soviel ich weiß, Kinder weiblichen Geschlechts manchmal das Opfer von Sinnestäuschungen werden[1]«. Unumwundener ausgedrückt will er sagen: das Auftauchen ihrer Stimmen sei mit dem Einsetzen der Geschlechtsreife zusammengefallen. Trotzdem deutet ein anderer Schriftsteller unverblümt an, im Falle Johannas habe sich die Geschlechtsreife mit ihren üblichen Symptomen überhaupt nie eingestellt, statt dessen hätten sich mit entsprechendem Alter die Stimmen als eine Art

---

1 *Proceedings of the Society for Psychical Research*, Bd. XI, S. 198–212: Andrew Lang, *The Voices of Joan of Arc*.

von Überhöhung der gewöhnlichen körperlichen Naturvorgänge gemeldet – eine Schlußfolgerung, welche sich auf die sehr unzulängliche und aus zweiter Hand stammende Aussage gewisser Zeuginnen stützt, wonach Johanna ihres Wissens nie an der üblichen fraulichen Schwäche gelitten habe. Diese Theorie vervollständigt er durch die Andeutung, Johannas Keuschheitsgelübde sei das Ergebnis des erstmaligen Erkennens ihrer Unfähigkeit gewesen – mit anderen Worten: »Wir können den Gedanken, jungfräulich bleiben zu wollen, in die Fachsprache der Psychoanalyse übertragen, indem wir sagen, Johanna habe deutliche Kennzeichen ihres unterdrückten Sexualkomplexes aufgewiesen[1].« Leider ist diese freimütige Theorie nur äußerst schwach unterbaut. Sie leitet sich von einer Stelle der Zeugenaussage Jean d'Aulons ab, die wir – wenn auch nicht in das verschleiert, was Gibbon das Dunkel der Gelehrtensprache nennt – doch lieber unübersetzt im französischen Urtext belassen wollen: *Dit encores plus qu'il a oy dire à plusieurs femmes, qui ladicte Pucelle ont veue par plusieurs foiz nue, et sceu de ses secretz, que oncques n'avoit en la secrecte maladie des femmes et que jamais nul n'en peut riens cognoistre ou appercevoir par ses habillemens, ne aultrement[2].*

Dieses Zeugnis besagt meiner Ansicht nach nichts weiter, als Johanna habe eine ungewöhnliche Bescheidenheit darin an den Tag gelegt, die intimen Dinge ihres Lebens für sich zu behalten und sie weder in Worten noch durch Kleiderspuren zu verraten. Sie besagt nichts weiter als die ziemlich naive Bemerkung eines anderen Zeitgenossen – Simon Charles –, Johanna sei, wenn sie in voller Rüstung zu Pferde saß, nie zur Erledigung eines natürlichen Bedürfnisses abgestiegen und alle Krieger hätten sich sehr über die lange Zeit gewundert, die sie im Sattel auszuhalten vermochte[3]. Simon

1 C. Maclaurin, *Post-mortem*, S. 34–65.
2 *Procès*, Bd. III, S. 219: Aussage von Jean d'Aulon.
3 *Procès*, Bd. III, S. 118: Aussage von Simon Charles: *Dum erat in armis et eques, nunquam descendebat de equo pro necessariis naturae; et mirabantur omnes armati quomodo poterat tantum stare supra equum.*

Charles unterschätzte offenbar das beträchtliche Haltungsvermögen der Frauen im Gegensatz zu dem häufigen Beiseitetreten der Männer, an das seine Alltagserfahrung mehr gewöhnt war. Wir dürfen auch die Tatsache nicht vergessen, daß Johanna immer mäßig im Essen und Trinken war. Die diesbezüglichen Bemerkungen ihrer Waffengefährten zeugen hinreichend für ihre Genügsamkeit.

Trotzdem bleiben noch gewisse physio-psychologische Gesichtspunkte übrig, die nicht außer acht gelassen werden dürfen. Wir können es uns zum Beispiel nicht leisten, einen Vergleich Johannas mit anderen »Heiligen« zu versäumen. Wir dürfen die Tatsache gewisser zwischen ihnen bestehender grundlegender Unterschiede nicht übergehen. An erster Stelle dürfte einem auffallen, daß Johanna weder ein ekstatischer noch ein mystischer noch ein in irgendeinem Sinne des Wortes »hysterischer« Mensch war. Wir können in ihr keinerlei Anzeichen gefühlsmäßiger oder temperamentsmäßiger Überschwenglichkeit entdecken. Weder Beigeisterung noch Verzweiflung beeindruckten sie übermäßig. Sie war weder unverhältnismäßig himmelhochjauchzend noch unverhältnismäßig zu Tode betrübt. Wohl jubilierte sie in Poitiers hoffnungsvoll; aber sogar in Melun, als ihre Stimmen die düstere Prophezeiung eines unmittelbar bevorstehenden Fehlschlags verkündeten, wurde sie nicht die Beute schwarzer Verzweiflung. Während aller ihrer seltsamen Erlebnisse bewahrte sie einen erstaunlichen Gleichmut. Die dunkleren Regungen der Seele scheinen überhaupt nie auf ihr Leben eingewirkt zu haben. Sollte sie darunter gelitten haben, so hat sie doch nie einen Bericht darüber hinterlassen. Ihr Glaube war keinen Augenblick lang getrübt. Im Gegenteil war sie ein ausgesprochen wirklichkeitsbewußter Mensch, und das einzige ungewöhnliche Element in ihrem Leben tritt in Form der Stimmen in Erscheinung, die ihr befahlen, nach Frankreich zu ziehen, die Engländer zu vertreiben und den Dauphin zu krönen. Abgesehen davon war sie ein sehr gewöhnliches Menschenkind und blieb das auch durchweg.

Ihr ursprünglicher Charakter änderte sich überhaupt nicht, angefangen von dem Augenblick, als sie Domremy verließ, bis zu dem Augenblick ihrer Verbrennung in Rouen. Die ihren Richtern in Rouen erteilten Antworten beweisen, daß sie immer restlos das geblieben war, was sie war: ein schlaues, argwöhnisches, geradsinniges, derbhumoriges Bauernmädchen – mit dem einzigen Unterschied zwischen ihr und ihresgleichen, daß Gott mit Seinen Weisungen zwischen sie und ihre Ackergäule getreten war.

Darin unterscheidet sie sich in bemerkenswerter Weise von den anderen Heiligen. Sie führte zum Beispiel nie so herkömmliche Ausdrücke im Munde wie »mein himmlischer Gemahl« oder »mein himmlischer Bräutigam«, wie sie den meisten zum Mystizismus neigenden Frauen geläufig sind. Ich glaube, vielleicht hatte sie kein Bedürfnis, ihre irdischen Wünsche auf diese pseudosexuelle Art und Weise zu sublimieren, da diese ihr Ventil in Johannas glühender Hingabe an den Dauphin und an die Sache Frankreichs fanden. Sie ist die am wenigsten in Gefühlen schwelgende und die wirklichkeitsbewußteste aller Heiligen – was vielleicht die Erklärung dafür ist, warum man in jeder Dorfkirche Frankreichs immer einen frischen Blumenstrauß vor beispielsweise dem Bildnis der heiligen Therese von Lisieux findet, während man selten einen ähnlichen Strauß zu Füßen Jeanne d'Arcs niedergelegt finden wird. Rosen und Reseden sind nichts für sie, sondern nur Lorbeer und Palmen. Sie ist eine gestrenge, keine sanfte Heilige. Hier findet sich nichts von poetischem Element wie im heiligen Franziskus. Sie ist zu heroisch und zu herb, um den Durchschnittsgeist innerlich anzusprechen. Sie begeht den Irrtum, immer etwas das Menschenmaß Überragendes zu sein; etwas, das doch bei aller Bewunderung und Achtung, die sie einflößen mag, nie ganz so menschlich geliebt werden kann wie die menschlicheren Heiligen. Heldentum mag sich wohl die Achtung des einfachen Volkes erringen, aber Gefühlsschwelgerei erobert sein Herz. Johanna wendet sich überhaupt niemals ans Gefühl.

Auch in ihrer Heiligenwürde bleibt sie hart und unnahbar. Als Kind vertraute sie sich niemandem an. Als herangewachsenes Mädchen war sie entschlossen, ungeduldig und oft barsch. Ihr Mitgefühl steht außer Frage, aber ihre Umgangsformen waren nicht immer die besten. Wie Pater Martindale bemerkt: »Heilige behalten die ganze in ihnen steckende menschliche Natur bei, alle ihre persönlichen, temperamentsmäßigen, ererbten und anerzogenen Charaktermerkmale ... Sie bewahren ihre Neigung zu Güte oder Herrschsucht, zu Humor oder zu Erhabenheit (oder zu beiden), zu Schüchternheit oder Kühnheit so gut wie sonst jemand; handelt es sich um ausgesprochen kluge Menschen, so werden keine Tölpel daraus; handelt es sich um sehr einfache Menschen, so werden sie nicht zu Philosophen[1].« Man kann die Lebensbeschreibung der heiligen Johanna nicht lesen, ohne die Wahrheit dieser Worte als auf sie gültig zu erkennen. Von Anfang bis Ende ist sie ganz aus einem Holz geschnitzt.

III

Der physiologische Annäherungsweg birgt wahrhaftig nur sehr wenig Interesse im Hinblick auf die Unzulänglichkeit der Zeugenunterlage. Wir verbleiben nach wie vor im Dunkel über den Kernpunkt des Problems: Traten wirklich himmlische Stimmen mit Johanna in Verbindung oder stützte sie sich nur auf das, was wir einfachheitshalber ihre Einbildungskraft nennen würden, was aber Psychologen wie Myers vielleicht lieber mit einem Fachausdruck als ihr sublimiertes Selbst bezeichnen?

Wir können nur eine Antwort auf die Frage zu finden versuchen, indem wir einen Augenblick lang über die Natur der Stimmen und Gesichte nachdenken. Erst einmal wird

1 The Rev. C. C. Martindale, S. J., *What are Saints?* S. 152–153.

uns auffallen, daß Johanna behauptete, sie seien immer von einem Lichtschimmer begleitet gewesen – meines Wissens eine Form der Offenbarung, die gewöhnlich von jenen Menschen, welche den Vorzug der Gesichte haben, ins Feld geführt wird. Zweitens werden wir auch bemerken, daß sie sehr nachdrücklich auf der Tatsache bestand, die Erscheinungen mit den leiblichen Sinnen wahrgenommen zu haben – sie »sah sie mit ihren leiblichen Augen«, d. h. nicht nur in ihrer Einbildung, betastete ihre Glieder, spürte ihre Wärme, hörte ihre Stimmen und roch ihren Wohlgeruch. Aber wenn auch Johanna beharrlich auf diesem Punkte bestand, so bleibt es dem Zweifler doch unbenommen, diesen Punkt – wenn er so will – als einen Teil ihres allgemeinen Irrwahns abzutun. Nun aber gibt es nichts restlos Beweiskräftiges an einer persönlichen Behauptung, was nicht durch die unabhängig davon gemachten Zeugenaussagen belegt werden könnte. Andererseits besteht die sehr merkwürdige Tatsache, daß Johanna manchmal den erhaltenen himmlischen Befehlen nicht gehorchte. Sofern das wahr ist und wir die Theorie Andrew Langs außer acht lassen (siehe Kapital XII, S. 311 Fußnote), wonach Johanna nur aus Anständigkeit *sagte*, sie habe ihren Stimmen nicht gehorcht, um so jedem Verdacht vorzubeugen, ihre Stimmen hätten jemals unrecht haben können, so werden wir uns nur sehr schwer der Ansicht anschließen können, Johannas Stimmen hätten nur gesagt, was sie nach ihrem Wunsch sagen sollten, d. h. sie seien nur der Ausdruck ihrer eigenen Wünsche und infolgedessen rein subjektiven Ursprungs gewesen. Demnach sprechen so die Beweise bald zugunsten einer subjektiven Selbsttäuschung, bald zugunsten eines wirklich objektiven Erlebnisses. Das ist im höchsten Grade verwirrend. Für das subjektive Argument läßt sich zugegebenermaßen anführen, Johannas wenige, nur mit Zögern vorgebrachte Beschreibungen der Heiligen und ihrer Erscheinungsformen seien genau auf das hinausgegangen, was man sich von der Vorstellung eines Bauernmädchens von himmlischen Wesen erwarten durfte. Für das objektive Argument wiederum spricht ein Punkt, den ich noch nie an anderer Stelle aufgezeigt gefunden habe: Warum erschienen ihr – der eine dauernd und der andere gelegentlich – Sankt Michael und Sankt Gabriel? Gemäß der Theorie, gewisse bevorzugte Menschen könnten von den Geistern Verstorbener heimgesucht werden, darf man folgern, die heilige Katharina und die heilige Margarete, Johannas beide anderen Lieblingsheiligen, hätten tatsächlich, um mit ihr zu sprechen, auf die Erde zurückkehren können. Aber diese Beweisführung kann keinesfalls auf Gabriel und Michael angewandt werden. Als große Erzengel, die sie nach Johannas Glauben waren, bleiben sie die symbolische Erfindung der menschlichen Einbildungskraft: es wurde nie in bezug auf sie der Anspruch erhoben, sie hätten jemals ein irdisches Dasein geführt. Wie dann konnte das verkörperte Ebenbild dieser beiden gewaltigen Phantasieerzeugnisse wieder auf eine Erde zurückkehren, auf der sie nie als Sterbliche gewandelt waren? Hier ist nur eine Schlußfolgerung möglich: Johanna habe sie tatsächlich kraft ihrer Phantasie in sterbliche Gestalt gekleidet, ihnen Kronen aufs Haupt gesetzt und ihre Schultern mit Flügeln begabt – sie also ganz nach der Vorstellung gestaltet, die sie sich von Engeln zu machen gelehrt worden war.

Andererseits müssen wir uns jedoch daran erinnern, daß die erstmaligen Offenbarungen sich ganz unerwartet zu ihrem Erstaunen, Schrecken und sogar zu ihrer Bestürzung einstellten. Sie kamen unvermutet und verwirrten sie anfänglich restlos. Nach ihrer eigenen Darstellung zu urteilen, besteht kein Grund zur Annahme, sie seien das Erzeugnis einer romantisch ausgesponnenen Geschichte von der Art gewesen, wie sie sich alleingelassene Kinder gern erzählen. So manches Kind hätte sich selbst, vermutlich unter einem anderen Namen, als Erretterin Frankreichs geträumt; aber Johannas unverzügliche Erwiderung auf die ersten kriegerischen Befehle (»Ich sagte, ich sei nur ein armes Mägdelein, das nicht reiten könne und allem Kriegerischen fremd sei«)

scheint gleichsam in der Absicht erfolgt zu sein, uns die Ablehnung dieser Annahme zu ermöglichen. Nebenbei bemerkt, war die erste Äußerung der Stimmen kein dramatischer Befehl; sie fingen damit an, Johanna zu ermahnen, ein artiges Mädchen zu sein – sicherlich eine ziemlich nüchterne Aufforderung, um – wenn auch nur unterbewußt – von einem auf Abenteuergeschichten und Tollkühnheiten versessenen Kind erfunden zu sein?!

Es hat also fast den Anschein, als seien ihr diese seltsamen Offenbarungen tatsächlich von außen her zuteil geworden, ohne eine Vorbereitung oder Absicht ihrerseits. Sie erfolgten, so wie es sich verhielt, unvermutet, und wiederum bleibt die Frage offen nach dem Warum? Es ist wohl richtig, daß sie ein außergewöhnlich frommes Kind gewesen zu sein scheint, und wir wissen, daß ihr jene rechtschaffene Frau, ihre Mutter, eine religiöse Erziehung hatte angedeihen lassen; war sie aber irgendwie auffallend frömmer als andere Mädchen ihres Alters und der gleichen Lebensumstände im selben Jahrhundert? Tausende von unwissenden, unbelesenen Bauernmädchen ihrer Zeit müssen ebenso gläubig und blindfromm gewesen sein, vielleicht auch ebenso tugendhaft, ebenso gut unterrichtet über die Leiden eines kriegsverwüsteten Frankreichs, ja sogar besser unterrichtet, wenn sie zufällig im Kriegsgebiet ansässig waren statt in Domremy, das verhältnismäßig fernab gelegen war. Aber warum die Wahl auf Johanna gefallen sein sollte, die keinerlei hervorstechende Befähigungen für ihre ungeheure Aufgabe aufwies, bleibt ein Rätsel, das vernunftmäßig zu lösen unmöglich erscheint.

IV

Wenn man sagt, sie habe keine besonderen Befähigungen besessen, so muß man eine wichtige Ausnahme machen: sie besaß die Gabe, das durchzuführen, was sie unternommen

hatte. Ihr Mut und ihre Überzeugung waren übermensch-
lich. Sie waren von der Art, die keinen Zweifel und kein
Hindernis kennt. Ihr ungebrochener Glaube war das Geheimnis ihrer Stärke. Das ist durchaus nicht dasselbe, als von
ihr zu behaupten, sie sei ein großes militärisches Genie gewesen, wie es sogar ein so vorsichtiger und erfahrener Befehlshaber wie Marschall Foch von ihr behauptet hat. Wir
mögen wohl ihr richtiges Gefühl für die Dinge und ihre
Gabe, die Foch betont hat, »mit den Umständen, wie sie sich
jeden Tag neu darstellten, fertig zu werden«, anerkennen;
aber sofern wir überhaupt im Hinblick auf sie Anspruch darauf erheben wollen, ein Genie gewesen zu sein, müssen wir
das umfassender und weniger im besonderen tun: wir müssen ihr Persönlichkeitsgenie zubilligen. Ist auch Persönlichkeitsgenie nicht leichter zu definieren als Persönlichkeits-
zauber oder Schönheit, so kommen wir doch im Falle
Johannas einer Definition vielleicht irgendwie nahe, indem
wir sagen, diese alles überwindende Durchschlagskraft habe
ihren Grund in der Stärke ihrer inneren Überzeugungen gehabt. Das erhob ihren psychologischen Wert als Führerin,
wie ich im Vorausgehenden immer wieder hervorgehoben
habe, so hoch über ihren taktischen oder strategischen Wert.
Ihre Grundehrlichkeit war es, was sie befähigte, verzagte
Männer mitzureißen und widerstrebende Fürsten ihrem
Willen zu beugen.

Anhang A

DAS GEBROCHENE EHEVERSPRECHEN

(siehe Kap. V, S. 105–106)

Ich wollte, wir wüßten mehr von der Touler Angelegenheit. Wir können nicht einmal das Datum mit Sicherheit angeben, an dem der Fall vor Gericht zum Austrag kam. Schätzungsweise fand die Untersuchung in den ersten Februartagen 1429 statt, zu einer Zeit also, während der Johanna von Vaucouleurs nach Nancy unterwegs war. Einer von Johannas glühendsten Bewunderern und überschwenglichsten Biographen, Jean-Baptiste Joseph Ayroles vom Jesuitenorden, versucht eine sorgfältig durchgeführte Erklärung, welche wenigstens in seinen Augen Johannas Abstecher nach Nancy teilweise erklärt[1]. Père Ayroles deutet an, Jakobus d'Arc habe selbst das Gerichtsverfahren wegen gebrochenen Eheversprechens anhängig gemacht, da er dadurch mit Hilfe eines Meineids das zu erwirken hoffte (durch amtliche Unterstützung von seiten der Diözese), was er durch elterliche Überredungskunst nicht hatte erreichen können: nämlich Johanna von ihrer geplanten Reise nach Frankreich abzuhalten. Mit wirklichem Scharfsinn überzeugt er uns beinahe davon, der bestürzte Vater habe seine Tochter nach Vaucouleurs verfolgt, eine Behauptung, die er an erster Stelle von Johannas eigener Aussage ableitet, ihr Vater und ihre Mutter seien fast von Sinnen gewesen, als sie nach Vaucouleurs fortging, und zweitens durch die Zeugenschaft eines gewissen Jean le Fumeux, der zu jener Zeit Chorknabe war und späterhin Priester wurde. Dieser behauptete sich zu erinnern, einmal Johannas Vater und Mutter in Vaucouleurs gesehen zu haben. Mit demselben Scharfsinn führt Père Ayroles ins Feld (und das ist, glaube ich, der in seinem Fall einzige überlegenswerte Punkt), Jean de Metz müsse – als er Johanna während der ersten Etappe ihrer Reise bis nach Toul begleitete, um sie dann die restlichen Etappen bis Nancy ohne sein Geleit zurücklegen zu lassen und Hals über Kopf nach Vaucouleurs zurückzukehren – einen sehr zwingenden Grund für sein Verhalten gehabt haben. Dieser Grund, behauptet Père Ayroles, war sein Wunsch, Zeuge zu sein, wie sich ein so streitbarer Geist vor den Schranken des Gerichts bewähren würde, denn alle, welche Johannas wahren oder falschen Wert erkennen wollten, hatten daran ein denkbar großes Interesse. Jean de Metz wäre also tatsächlich – vermutlich von Robert de Baudricourt – als eine Art Spion Johanna zur Begleitung mitgegeben worden. Um die Erklärung abzurunden, wird angedeutet, der Beweggrund des Herzogs von

---

1 *La vraie Jeanne d'Arc:* »La paysanne et l'inspirée«, Bd. II, S. 293–294.

Lothringen, ihr ein Geleit zu ihrer größeren Sicherheit mitzugeben, sei vielleicht nicht ganz frei von seiner Neugierde über den Ausgang der Touler Angelegenheit gewesen.

Das Endergebnis von Père Ayroles' Schlußfolgerung wäre eine Verlegung des Datums der Angelegenheit mit dem gebrochenen Eheversprechen auf den Februar 1429 – ein jedenfalls nicht sehr wichtiger Punkt –, und es scheint weit wahrscheinlicher, daß sich der fragliche Fall im Juli 1428 abspielte.

Glücklicherweise für Père Ayroles läßt sich jeder Satz seiner Beweisführung – mit vielleicht einer Ausnahme – ohne Schwierigkeit entweder durch den gesunden Menschenverstand oder durch genauere Einsicht in den Zeugenbefund widerlegen. Einmal ist es kaum wahrscheinlich, Jakobus d'Arc habe zu dem Mittel gegriffen, seine eigene Tochter unter einer so ehrenrührigen Beschuldigung vor die Schranken des Gerichts zu schleppen; eher würde man glauben, er wäre nach seinen eigenen Worten imstande gewesen, sie zur Bewahrung ihrer Tugend zu ertränken. Und dann: ist es wahrscheinlich, falls er zu jenem Zeitpunkt wirklich mit Johanna in Vaucouleurs war und tatsächlich diese gerichtliche Vorladung nach Toul ersonnen hatte, daß er Johanna erlaubt haben sollte, mit Jean de Metz davonzuziehen, und nicht selbst auch mitgegangen wäre, um sie zu beaufsichtigen? Drittens jedoch und sehr zum Schaden für Père Ayroles besteht nicht der geringste einleuchtende Grund zur Annahme, Jakobus habe seine Tochter nach Vaucouleurs verfolgt. Père Ayroles führt wohl die Aussage des Chorknaben Le Fumeux an, wonach dieser Jakobus und Isabella einmal in Vaucouleurs gesehen hatte, aber er macht sich die Sache leicht und vergißt, a) daß Jakobus vermutlich zwei Jahre früher, ehe Johanna überhaupt dorthin kam, nach Vaucouleurs gereist war, um dort in Geschäften seines Dorfes mit Robert de Baudricourt zu verhandeln, so daß ihn Le Fumeux ebensogut bei dieser Gelegenheit dort gesehen haben kann; und b) daß Jakobus d'Arc und Isabella Romée sehr wohl aus keinem anderen Grunde als zu einem Feiertagsausflug nach Vaucouleurs gegangen sein konnten. Die einzige Stelle, die überhaupt einigen Sinn zu behalten scheint, ist die betreffs Jean de Metz; sonst vernimmt man nichts als die Stimme eines Theoretikers, der seine Sache verteidigen will. Père Ayroles geht sogar so weit, die Namen zweier junger Männer zu nennen, die vielleicht nacheinander von Johannas Eltern als zukünftige Schwiegersöhne in Aussicht genommen wurden. Das waren zwei junge Leute, deren Aussagen in den früheren Kapiteln bereits verschiedene Male angeführt wurden. Wiederum findet sich zum Unglück für Père Ayroles in keiner von ihren Aussagen ein Wort, das irgendwie Grund zur Annahme wäre, das sei der Fall gewesen. Der erste, Michel Lebuin, sagt aus, er habe Johanna gut gekannt; habe sie manchmal nach Sainte Marie de Bermont begleitet; und er erinnerte sich, sie sei häufig zur Beichte gegangen. Der zweite von Ayroles genannte junge Mann, Jean Waterin, sagte gleichfalls aus, er habe Johanna gut gekannt; sei mit ihr hinter dem Pflug ihres Vaters hergegangen; habe mit ihr und den anderen Kindern auf den Wiesen gespielt, und als Johanna sich absonderte, um anscheinend mit Gott zu reden (*se trahebat ad partem et loquebatur Deo, ut sibi videbatur*), habe er sich zusammen mit den anderen über sie lustig gemacht.

Das ist keineswegs das gleiche, als daß sie jemals eine Heirat mit ihr erwogen hätten.

Anhang B

LA PUCELLE

(Siehe Kap. VII, S. 166)

»Gentil Dauphin, j'ai nom Jehanne la Pucelle.« So meldete Johanna sich selbst bei ihrem ersten Erscheinen in Audienz bei Karl VII. an; diese Bezeichnung legte sie, nachdem sie sich diese bei Beginn ihrer öffentlichen Laufbahn einmal zugelegt hatte, späterhin nie mehr ab.

Es ist nicht erstaunlich, daß sie sich sofort und öffentlich zur Jungfrau erklärte. Wenn je eine Frau einen Beinamen verdiente, der sich auf einen so negativen Vorzug stützte, dann war sicherlich sie es. Nicht nur hatte sie ein Keuschheitsgelübde abgelegt, sondern es gab auch andere Gründe, welche eine so kluge und anmaßliche Erklärung ratsam erscheinen ließen. Die Klugheit dieser Verkündigung war offensichtlich für eine Frau, deren Laufbahn sie ins Feldlager und an den Hof führte, wo sie von Kriegsgesellen und Bösewichtern umgeben war; Johanna war immer vernünftig und kannte das Leben. Es war wohl das beste, die Männer gleich wissen zu lassen, woran sie waren. Aber es gab noch andere Gründe, die außer acht zu lassen sie bestimmt die letzte gewesen wäre. Himmlischer Ratschlag hatte den Entschluß weltlicher Klugheit bestärkt. Später bei ihrem Prozeß befragt, konnte sie antworten, ihre Stimmen hätten sie bereits vor der Befreiung von Orléans als Jehanne la Pucelle, Tochter Gottes, angesprochen, und da kein Grund besteht, an Johannas Zuverlässigkeit in dieser wie in allen anderen Fragen zu zweifeln, darf man annehmen, sie habe geglaubt, dieser Titel habe als Billigung ihres Gelübdes die Weihe des Himmels empfangen. Jedenfalls legte sie sich dieses Prädikat, nachdem sie es einmal in Chinon offiziell angenommen hatte, von da ab unabänderlich bei, wenn von ihr selbst die Rede war. Sogar in ihrem vor der Befreiung von Orléans an die Engländer gerichteten Brief kommt diese Bezeichnung nicht weniger als sechsmal vor. Und es kann kein Zweifel bestehen, daß sie dieses entweder sich selbst oder vom Himmel verliehene Beiwort verdiente, denn auf wiederholte Frage bot sie sich zur Untersuchung an, vorausgesetzt, daß diese von achtbaren Frauen vorgenommen würde – wie sie es auch wirklich zu deren restloser und zweifellos kritischer Befriedigung wurde.

Es ist ergötzlich, dieses einzige Wörtchen von mittelalterlichem Französisch (Pucelle) im heutigen Sprachgebrauch nur noch im Zusammenhang mit Johanna gebraucht zu finden. Es ist, als habe sie ihm ohne ihr Dazutun unvergängliches Leben eingehaucht.

Auch den Engländern ist das Wort viel geläufiger in seiner französischen Bedeutung als in seiner englischen Form, *puzzel*, das eine so erstaunlich entgegengesetzte Bedeutung haben kann: nämlich Hure, Schlampe oder Kurtisane – ein Widerspruch, der offensichtlich auch Shakespeare aufgefallen ist und ihm Gelegenheit zu einem unübersetzbaren doppelten Wortspiel über Johanna und ihren Dauphin gegeben hat:

> Pucelle or puzzel, dolphin or dogfish,
> Your hearts I'll stamp out with my horse's heels,
> And make a quagmire of your mingled brains.

König Heinrich VI., Erster Teil, I. Akt, IV. Szene.

Anhang C

JOHANNAS ERSTER BRIEF AN DIE ENGLÄNDER

22. März 1429
(Siehe Kap. VIII, S. 191–194)

An den Herzog von Bedford, sogenannten Regenten des Königsreichs von Frankreich und an seine vor der Stadt Orléans weilenden Unterführer.

JHESUS, MARIA

König von England, und Ihr, Herzog von Bedford, der Ihr Euch Regent des Königreichs Frankreich nennt; Ihr, Wilhelm de la Pole, Graf von Suffolk; Johann, Edler von Talbot und Ihr, Thomas Edler von Scales, die Ihr Verweser des besagten Herzogs von Bedford seid, vernehmt, was der Himmelskönig Euch anbefiehlt: liefert die Schlüssel aller guten Städte, die Ihr auf Frankreichs Boden besetzt und vergewaltigt habt, der Jungfrau aus *(rendez à la Pucelle . . .).* Sie ist von Gott (dem Himmelskönig) gesandt, um dem königlichen Geblüt zu seinen Rechten zu verhelfen. Sie ist gewillt, Frieden zu schließen, wenn Ihr tut, was sie von Euch fordert, daß Ihr nämlich allen Boden Frankreichs, den Ihr Euch angeeignet habt, heraus und zurückgebt. Und Ihr allesamt, Bogenschützen,

Kriegsvolk aller Art und was sich sonst noch vor den Mauern der (guten) Stadt Orléans aufhält, zieht ab im Namen Gottes und kehrt in Euer eigenes Land zurück; bleibt Ihr aber, so gewärtigt in Bälde Neuigkeiten von der Jungfrau, die Euch bald zu Eurem größten Ungemach heimsuchen wird. König von England, handelt Ihr nicht nach diesem Rat, so wisset, daß ich Kriegsherrin *(chef de guerre)* bin und wo immer ich Eure Leute auf französischem Boden finde, werde ich sie verjagen, ob sie wollen oder nicht; und wollen sie nicht, so werde ich sie alle niedermachen. Ich bin von Gott, dem Himmelskönig, hierher entboten, um Euch, Mann um Mann *(corps pour corps)* aus den Grenzen Frankreichs zu vertreiben. Sind sie willens zu gehorchen, so werde ich ihnen Gnade angedeihen lassen. Und glaubt nicht, das Königreich Frankreich sei Euch jemals (von) Gott, dem Himmelskönig, dem Sohn (der) heiligen Maria, überantwortet worden; es ist dem König als dem rechtmäßigen Erben verliehen; denn Gott, der Himmelskönig, will es so, und durch die Jungfrau ward es Karl verkündet; dieser wird in Paris einziehen mit prächtigem Geleit. So Ihr nicht glauben wollt, was die Jungfrau Euch von Gott offenbart, werden wir Euch, wo immer wir Euch treffen werden, stellen und ein so großes Schlachten[1] *(ung si grant hahay)* beginnen, daß es noch in tausend Jahren kein größeres auf französischer Erde gegeben haben wird, wenn Ihr nicht Vernunft annehmt.

Und seid auch fest davon überzeugt, daß der Himmelskönig die Jungfrau und auch ihren tapferen Waffenbrüdern mehr Kraft verleihen wird, als Ihr werdet überwinden können, wenn Ihr auch Eure gesamte Streitmacht wider sie aufbietet; es wird sich in der Stunde der Entscheidung zeigen, wer unter dem Schutz des Himmelskönigs steht. Euch, Herzog von Bedford, beschwört und bittet die Jungfrau, Ihr sollet Euch nicht selbst vernichten. Nehmt Ihr aber Vernunft an, so könnt Ihr zusammen mit der Jungfrau die herrlichste von den Franzosen für die Christenheit vollbrachte Tat erleben. Und gebet Antwort in die Stadt Orléans, ob Ihr Frieden schließen wollt; und wollt Ihr es aber nicht, so wird Euch in Kürze großes Unheil treffen. Geschrieben am Dienstag (der) Karwoche[2].

(Von der Jungfrau.)

1 Fabre meint, die Redewendung spiele auf den Einfall Attilas in Frankreich an.
2 Mindestens fünf leicht voneinander abweichende Fassungen dieses Briefes sind bekannt. Als der Brief Johanna im Laufe ihres Prozesses vorgelesen wurde (*Procès*, Bd. I, S. 55), bestritt sie, die Worte *rendez à la Pucelle, chef de guerre* und *corps pour corps* diktiert zu haben.

DAS BANNER

(Vgl. Kap. VIII, S. 197)

Es wird einem auffallen, daß Johannas Banner nicht gestickt, sondern gemalt war. Die Ausführung dieser Malerei wurde *Hauves Poulnoir, paintre, demourant à Tours* für *25 livres tournois*[1] anvertraut. Dieser Hauves Poulnoir oder Poulvoir war in Wahrheit ein Schotte namens Hamish Power – ein Name, der für die französische Rechtschreibung zu große Schwierigkeiten bot, obwohl sich zu jener Zeit viele Schotten in Frankreich aufhielten. In diesen *25 livres tournois* war seine Gesamtarbeit an den beiden Bannern nebst Material, *ung grant estandart et ung petit pour la Pucelle . . .* enthalten. Auf der großen, aus weißem Atlas gefertigten Standarte war Christus auf der Erdkugel sitzend dargestellt, je ein Engel zur Linken und zur Rechten, der Grund war mit den goldenen Lilien von Frankreich besät. Das kleine Banner, oder *panon*, stellte die Verkündigung dar, mit einem der Jungfrau Maria eine Lilie überreichenden Engel.

VERZEICHNIS
DER BEIM PROZESS BETEILIGTEN PERSONEN

(Vgl. Kap. XV, S. 383)

LES DEUS JUGES

Cauchon, Pierre, évêque de Beauvais; juge.

Lemaistre, Jean, bachelier en théologie, prieur des dominicains ou Frères Prêcheurs de Rouen, vice-inquisiteur; juge-adjoint.

OFFICIERS DE LA CAUSE

La Fontaine, Jean de, maître ès arts, licencié en droit canon, conseiller, commissaire et examinateur de la cause, délégué habituel de Cauchon.

Estivet, Jean d', chanoine de Beauvais et de Bayeux, promoteur de la cause, ou procureur général.

NOTAIRES

Manchon, Guillaume, prêtre, notaire impérial et apostolique près la cour ecclésiastique de Rouen, notaire pour Cauchon.

---

1 *Procès*, Bd. V, S. 258. Das *livre tournois* hatte einen ungefähren Wert von M. 6,80; obwohl seine Kaufkraft freilich bedeutend größer war.

Colles, Guillaume, appelé aussi Bois-Guillaume; mêmes qualités.

Taquel, Nicolas; même profession, greffier ou notaire de la cause pour l'inquisition.

Massieu, Jean, prêtre, doyen de la cathédrale de Rouen.

Assesseurs ou consulteurs
Docteurs en théologie

Adelie, Guillaume.

Beaupère, Jean.

Belorme, Martin, vicaire général du grand inquisiteur, à Paris.

Bonesgue, Jean de, aumônier de l'abbaye de Fécamp.

Boucher ou le Bouchier, Guillaume.

Carpentier ou Charpentier, Jean.

Castillon ou Chatillon, Jean Hulot de, archidiacre et chanoine d'Evreux.

Dierry, Pierre de, docteur en l'Université de Paris.

Du Fou, Jean.

Dupré, Richard.

Du Quesnay ou du Quesnoy, Maurice.

Duremort, Gilles de, abbé de la Ste-Trinité de Fécamp.

Emengard ou Ermengard, Erard.

Erard ou Evrard, Guillaume.

Feuillet, Gérard.

Fouchier, Jean.

Gilebert, Robert, anglais, doyen de la chapelle royale.

Graverand, Jean, dominicain, grand inquisiteur de France.

Gravestein, Jean.

Guesdon, Jacques, de l'ordre des FF. mineurs ou franciscains.

Houdenc, Pierre.

Lami, Nicolas.

Lefèvre ou Fabri, Jean.

Maurice, Pierre.

Midi, Nicolas, chanoine de Rouen.

Migiet, Pierre, prieur de Longueville-Giffard.

Nibat, Jean de.

Sabreuvois, Denis de.

Soquet, Jean.

Théroulde, Guillaume, abbé de Mortemer.

Touraine, Jacques de, nommé aussi J. Tessier ou Texier; en latin, Textoris.

Troyes, Jean de, doyen de la faculté de théologie de Paris.

Bacheliers en théologie

Baudrebois, Guillaume de.
Bourrilliet, Jean, dit François, prêtre, maître ès arts, licencié en décret.
Coppequesne ou Coupe-chêne, Nicolas.
Courcelles, Thomas de.
Duval, Jean.
Eude, Jean.
Grouchet, Richard de, chanoine de la Saussaye, au diocèse d'Evreux.
Haiton ou Heton, William, anglais.
Legagneur, Richard; en latin, Lucratoris.
Lemaistre, Guillaume.
Lemire ou le médecin: Medici, Nicolas.
Lermite, Guillaume.
Le Vautier, Jean.
Minier, Pierre.
Pigache, Jean.
Sauvage ou Saulvaige, Raoul. Radulfus Silvestris.

Docteurs en droits civil et canon (in utroque jure)

Bonnel, Guillaume, abbé de Cormeilles, au diocèse de Lisieux.
Conti, Guillaume de, abbé de la Trinité du Mont Ste-Catherine, près Rouen.
Guarin ou Guérin, Jean, chanoine de Rouen.
Roussel, Raoul, trésorier de l'eglise de Rouen.

Licenciés in utroque

Barbier, Robert, chanoine de Rouen.
Du Mesle, Guillaume, abbé de St-Ouen de Rouen.
Gastinel, Denis.
Labbé, Jean, dit Jean de Rouen, abbé de St-Georges de Boscherville.
La Crique, Pierre de.
Le Bourg, Guillaume, prieur de St-Lô de Rouen.
Moret, Jean, abbé de Préaux.

Docteurs en droit canon

Boisseau, Guérould, doyen de la faculté de décret à Paris.
Duchesne, Bertrand, religieux de l'Ordre de Cluny, doyen de Lihons en Santerre.
Fiefvet, Thomas.
Le Roux, Nicolas, abbé de Jumiéges.
Vaux, Pasquier des.

Licenciés en droit canon

Augny ou Auguy, Raoul, avocat en la cour ecclésiastique de Rouen.
Basset, Jean, official de Rouen.
Brullot, Jean, chantre de la cathédrale de Rouen.
Carré, Pierre, avocat en ladite cour.
Colombel, Jean, idem.
Dubut, Laurent, id.
Duchemin, Jean, id.
Ledoux, Jean, id.
Maréchal, Pierre.
Mauger ou Maugier, Jean, chanoine de Rouen.
Morel, Aubert, avocat en ladite cour.
Pinchon, Jean.
Postel ou Poustel, Guérould, avocat en ladite cour.
Saulx, Richard de, id.
Venderès, Nicolas de, archidiacre d'Eu en la cathédrale de Rouen.

Licenciés en droit civil

A l'Epee ou Alespée, Jean, chanoine de Rouen.
Carreau ou Carrel, Pierre.
Caval, Nicolas, chanoine de Rouen.
Cave, Pierre.
Cormeilles, Bureau de, avocat en la cour ecclésiastique de Rouen, chanoine de la chathédrale.
Crotay ou Crotoy, Geoffrey du, id.
Deschamps, Gilles, chancelier et chanoine de la cathédrale de Rouen.
Livet, Guillaume de, avocat à ladite cour.
Marguerie, André.
Maulin, Nicolas.
Tavernier, Jean, avocat à ladite cour.

Docteurs en médécine

Canivet ou Quenivet, Gilles.
De la Chambre, Guillaume.
De la Mare, Simon, maître ès arts et en médécine.
Desjardins, Guillaume.
L'écrivain, Roland, Rolandus Scriptoris.
Tiphaine ou Epiphanie, Jean.
Tybout, Henri, maître ès arts et en médécine à Paris.

Maîtres ès arts[1] *(consultés ou mentionnés)*

Abessore, Richard, à Paris.
Barrey, Jean, idem.
Bereth, Martin, maître ès arts à Paris, un anglais.
Gouda, Pierre de, id., recteur de l'Université.
Hébert, Michel, id., greffier de l'Université.
Lefourbeur, Raoul, notaire de l'inquisition à Paris.
Loutrée, Boémond de. Bohemundus de Lutrea, grand bedeau de la nation de France en l'Université de Paris.
Nourrisseur, Jacques, Université de Paris.
Oscohart, Guillaume, id.
Pelé, André, id.
Trophard, Jean, id.

Cardinal

Beaufort, Henri de, évêque de Winchester, cardinal du titre romain de St-Eusèbe, appelé aussi le cardinal d'Angleterre.

Évêques

Alnwick, William, évêque de Nordwich, en Angleterre.
Castiglione, Zanon de, évêque de Lisieux.
Luxembourg, Louis de, évêque de Thérouenne.
Mailly, Jean de, évêque de Noyon.
Montjeu, Philibert de, évêque de Coutances.

Abbés et prieurs

Dacier, Jean, abbé de Ste-Corneille de Compiègne.
Frique, Thomas, abbé du Bec-Hélouin.
Jolivet ou Lejolivet, Robert, abbé du Mont St-Michel-au-péril-de-la-mer.

Prêtres ou clercs, consultés ou mentionnés

Amouret, Thomas, religieux dominicain.
Bats, Frère Jean de. Frater Johannes de Bastis.
Cateleu, Eustoche ou Eustache, prêtre.

---

1 Ce grade correspond à celui que nous nommons aujourd'hui licenciés ès lettres. Il n'y avait pas de docteurs ès arts, mais seulement des bacheliers et des maîtres.

Champrond, Enguerrand de, official de Coutances.

De la Pierre, Frère Isambard, dominicain.

Dudesart, Guillaume, chanoine de Rouen.

Foville, Nicolas de, id.

Guérould, Robert, notaire du chapitre de Rouen.

Hampton, John ou Jean de, prêtre anglais.

Ladvenu, Frère Martin, dominicain.

Le Cauchois, Guillaume, prêtre.

Le Duc, Laurent, id.

Legrand, Guillaume, id.

Lejeune, Regnauld, id.

Lermite, Frère Guillaume.

Le Roy, Jean, chanoine de Rouen.

Loiselleur, Nicolas, maître ès arts, chanoine de Rouen.

Mahommet, Jean, prêtre.

Manchon, Jean, chanoine de Mantes.

Morel ou Morelet, Robert, chanoine de Rouen.

Rosay, Jean, curé de Duclair.

Vacheret, Jean, grand bedeau de la faculté de théologie de Paris.

Valée, Frère Jean, dominicain.

Assistants ou témoins appelés

Bosquier, Pierre, religieux dominicain.

Brolbster ou Brewster, William, prêtre anglais.

Camus ou le Camus, Jacques, prêtre, chanoine de Reims.

Carbonnier, Jean.

Cochon, Pierre, prêtre, notaire de la cour de Rouen.

Fécard, Jean, avocat.

Hubant ou Hubent, Nicolas de, notaire apostolique.

Le Bateur, Matthew, prêtre du diocèse de Londres.

Lecras, Guillaume, prêtre, notaire en la cour de Rouen.

Le Danois ou Dani, Simon, prêtre, id.

Luxembourg, Jean de, comte de Ligny, seigneur de Beaurevoir, etc.

Mathieu, Jean, prêtre.

Milet, Adam, secrétaire du roi d'Angelterre.

Orient, Pierre.

Orsel, Louis, clerc du diocèse de Noyon.

Toutmouillé, Jean, dominicain.

ÜBERSETZUNG DES LATEINISCHEN TEXTES EINER SEITE AUS DEN PROZESSAKTEN

... als Frauenkleider anzulegen. Item sagte sie, sie hätte es deshalb wieder angezogen, weil die ihr gemachten Versprechungen nicht gehalten wurden, daß sie nämlich zur Messe gehen dürfte, kommunizieren könnte und nicht mehr in Ketten gelegt werde.

Auf die Frage, ob sie denn früher nicht abgeschworen und ausdrücklich versprochen hätte, besagte Männertracht nicht wieder anzulegen, erwiderte sie, lieber sterben zu wollen, als in Ketten zu liegen, doch ließe man sie zur Messe gehen und löste sie aus den Eisen, so wollte sie nicht widersetzlich sein und wollte tun, was die Kirche verlangte.

Item, da wir, die Richter, von bestimmten Leuten erfahren hatten, sie habe sich immer noch nicht von den Irrtümern ihrer angeblichen Erscheinungen freigemacht, die sie vorher widerrufen hatte, fragten wir sie, ob sie die Stimmen der heiligen Katharina und Margarete seit Donnerstag vernommen habe: sie erwiderte, sie habe sie vernommen.

Verhängnisvolle Antwort. Auf die Frage, was die Stimmen zu ihr gesagt hätten, erwiderte sie, Gott habe ihr durch die heilige Katharina und Margarete sagen lassen, sie habe sich zu einem großen Verrat herbeigelassen, als sie einwilligte, abzuschwören und zu widerrufen, um ihr Leben zu retten, und daß sie sich dadurch, daß sie ihr Leben rettete, verdammt habe.

Item sagte sie, vor Donnerstag hätten ihre Stimmen ihr entdeckt, was sie an diesem Tag tun werde und was sie dann auch tat. Sie sagte auch, ihre Stimmen hätten sie ermahnt, als sie vor allem Volk auf dem Schaugerüst am Pranger stand, dem Prediger, der damals die Predigt hielt, kühn zu antworten. Dieser, sagte Johanna, wäre ein falscher Prediger gewesen, der sie verschiedener Dinge beschuldigte, die sie nicht getan habe. Item sagte sie, wenn sie leugnete, von Gott gesandt zu sein ...

DAS DEM KÖNIG GEGEBENE ZEICHEN

(Siehe Kap. XV, S. 416 und Kap. XVII, S. 450)

Wir haben bereits gehört, was Johanna über die geheimnisvolle Offenbarung sagte, oder richtiger, sich weigerte zu sagen, die sie in Chinon

Karl VII. eröffnete (S. 169–173) und auch die seltsame symbolische Geschichte, die sie erfand, um den beharrlichen Fragen ihrer Richter zu entrinnen. Aber es ist unmöglich, die Frage zu erschöpfen, ohne auch das strittige Schriftstück zu erwähnen, das dem Prozeßprotokoll angefügt war.

Dieses Schriftstück ist datiert vom Donnerstag, dem 7. Juni 1431, und ist ein Bestandteil des amtlichen Protokolls *(Quaedam acta posterius)*. Es stellt einen Bericht von Johannas letzten Geständnissen dar, welche sie am Morgen ihres Todestages machte. Nach diesem Bericht wurde sie in den frühen Morgenstunden von Loiselleur und Maurice, Ladvenu und Toutmouillé, Le Camus und de Courcelles, welche Cauchon höchstpersönlich begleiteten, in ihrer Zelle besucht. Immer noch diesem Bericht zufolge entlockten sie ihr gewisse Geständnisse:

(1) ihre Stimmen und Gesichte hätten sie getäuscht (Ladvenu; Maurice; Toutmouillé; Le Camus; de Courcelles; Loiselleur);

(2) die Geschichte von dem Engel und der Krone sei nur eine Erfindung (Ladvenu; Maurice; Toutmouillé; Loiselleur), und der einzige Engel sie selbst gewesen.

Ist dieses Schriftstück eine Fälschung oder nicht? Es wurde als eine solche von de l'Averdy[1] abgetan auf Grund der Tatsache, daß Manchon sich weigerte, es zu unterschreiben[2]. Quicherat lehnt es jedoch ab, dieses Schriftstück von Anfang bis Ende als eine Fälschung zu betrachten, wenn er auch zugibt, es bleibe ein »unlösbares Problem«. Er zieht vor, es als eine übriggebliebene Sammlung von Bruchstücken eines letzten Verhörs zu betrachten, das aus irgendeinem Grunde in dem Bericht von Johannas letztem Tag auf Erden (30. Mai) nicht enthalten war, und gibt mit viel dafürsprechender Wahrscheinlichkeit zu bedenken: *un habile homme comme l'évêque de Beauvais exagère ou réduit la vérité: il ne forge pas de toutes pièces le mensonge*[3]. Zur Unterstützung seiner Ansicht, das Schriftstück stelle eine teilweise Wahrheit dar, weist er darauf hin, (1) daß es auch die Beglaubigung von de Courcelles, dem *rédacteur des procès-verbal*, enthält; (2) daß besagtes Schriftstück von den Rechtsgelehrten des Rechtfertigungsverfahrens als echt anerkannt wurde; (3) daß Taquel, selbst einer von den Notaren, erwähnt, in der Zelle während eines Verhörs am Morgen des Martyriums anwesend gewesen zu sein.

---

1 *Notices des manuscrits*, Bd. III, S. 447–460.

2 *Procès*, Bd. II, S. 14: Aussage von Guillaume Manchon: *Il ne fut point à quelque certain examen de gens qui parlèrent à elle à part, comme personnes privées; néantmoins monseigneur de Beauvais le voulut contraindre à ce signer; laquelle chose ne voulut faire.*

3 *Aperçus nouveaux*, S. 138–144.

(Warum dann – eine von Quicherat nicht gestellte Frage – ließ man Taquel nicht das Schriftstück beglaubigen, nachdem Manchon das unter dem Einwand verweigert hatte, er sei nicht anwesend gewesen?) Freilich bleibt die verdächtige Tatsache bestehen, daß das Schriftstück von keinem der Notare unterzeichnet ist; daß Manchon rundweg verweigerte, es zu unterschreiben; und daß es im Gegensatz zum sonstigen *procès-verbal* nicht auf jeder Seite von einem der Notare beglaubigt ist. Wir können Quicherat kaum einen Vorwurf daraus machen, daß er das Problem unlösbar nennt, trotzdem ist es gleichzeitig unmöglich, nicht mit ihm darin einig zu gehen, der Bischof von Beauvais sei nicht dazu angetan gewesen, ein solches Schriftstück in seiner Gesamtheit zu fälschen, insbesondere weil er verschiedene Zeugen namhaft macht, deren jeder ihn in jedem Augenblick verraten haben könnte.

Es lohnt sich, die Aufmerksamkeit auf einen kleinen Umstand zu lenken, den Quicherat an dieser Stelle übergeht, wenn er auch anderswo darauf anspielt, und der mir nicht wie eine Erfindung von Cauchon oder die eines anderen klingt. Es ist dies die von Ladvenu, Maurice und Toutmouillé berichtete Bemerkung Johannas, ihre Erscheinungen wären manchmal in der Gestalt winzig kleiner Dinge gekommen *(quantitate minima: sub specie quarumdam rerum minimarum; minimus rebus).* Maclaurin[1] erklärt mit abbittendem Zynismus, »er stelle nur ungern die Behauptung auf, dieses Geflimmere vor den Augen könne das Ergebnis einer inneren Blutvergiftung infolge der langen Haft und des Grauens gewesen sein«. Marcel Hébert[2] liefert einen interessanten Beitrag zu der Frage, indem er einen Vergleich zwischen Johannas Aussage und derjenigen der heiligen Rosa von Lima zieht, die Jesum in Fingergröße sah.

Anhang H

DIE FAMILIE JEANNE D'ARCS

Man mag fragen: Was wurde aus der Familie Jeanne d'Arcs nach deren Tode? Wir wissen, daß ihnen im Dezember 1429 der Adelsbrief unter dem Beinamen du Lys verliehen wurde. Der Adelsbrief, welcher Johanna, ihren Vater, ihre Mutter, ihre Brüder und ihre gesamte Nachkommenschaft männlicher und weiblicher Linie in den Adelsstand erhob, besagt nichts über ein Wappenrecht; wir wissen aber von Johanna, daß ihnen das Recht eingeräumt wurde, die goldenen Lilien von Frank-

1 *Post-mortem,* S. 60.
2 *Jeanne d'Arc, a-t-elle abjuré?*

reich und ein Schwert in azurnem Feld zu führen. Sie selbst machte nie Gebrauch von dem Vorrecht, dieses Wappen zu führen, wohl aber taten das ihre Brüder.

Wir wissen fernerhin, daß Jean und Pierre du Lys, ihre Brüder, heirateten und eine zahlreiche Nachkommenschaft erzeugten. Jean, der auf Robert de Baudricourt als Statthalter von Vaucouleurs von 1455 bis 1468 nachfolgte, war der Großvater von Claude du Lys, dem wir, glaubt man, viel von der Erhaltung und Restaurierung von Johannas Geburtsort verdanken. Pierre begleitete seine Mutter nach Orléans, wo sie 1458 starb. Er überlebte sie nicht lange, und seine Nachkommen sterben gegen Mitte des siebzehnten Jahrhunderts aus oder verschwinden jedenfalls aus der Geschichte.

Von Jakobus d'Arc wird behauptet, er sei 1431 infolge des ihm durch den tragischen Tod seiner Tochter bereiteten Kummers gestorben.

Anhang I

WAR JEANNE D'ARC AUS KÖNIGLICHEM GEBLÜT?

In den Jahren 1805 und 1819 veröffentlichte ein gewisser P. Caze zwei Arbeiten über Jeanne d'Arc, die erste ein schmales Bändchen, die zweite ein zweibändiges Werk. Der Kern dieser Arbeiten zielt darauf zu beweisen, im Jahre 1407 habe die Königin von Frankreich, Isabeau von Bayern, einem Kinde mit Namen Johanna das Leben geschenkt, dem ehebrecherischen Abkömmling ihres Liebesverhältnisses mit dem Herzog von Orléans; dieses Kind sei zu Arbeitsleuten in Lothringen, die sich d'Arc nannten, gebracht worden; und der *Curé* von Domremy sei beauftragt worden, dieses Kind über seine ihm vorbestimmte Aufgabe aufzuklären, und zwei hochgeborene Damen aus den Nachbardörfern Commercy und Gondrecourt hätten die Rollen der heiligen Katharina und der heiligen Margarete gespielt.

Im Jahre 1932 gab Monsieur Jean Jacoby, der seine Schlußfolgerung auf ein offenbar eingehendes Studium desselben Themas stützte, auf das sein Vater an die zwanzig Jahre seines Lebens verwandt hatte, einen *Le secret de Jeanne d'Arc* betitelten Band heraus. Seine These war im Prinzip die gleiche wie die von P. Caze und ist als eine Studie, die um jeden Preis den Nachweis eines gewissen Punktes führen will, wahrhaftig lesenswert. Seine Darstellung der Geschichte lautet folgendermaßen: Im Februar 1403 gebar Isabeau von Bayern, Königin von Frankreich, einen später als Karl VII. bekannten

Sohn. Sodann verstrichen vier Jahre als Unterbrechung des Stromes ihrer fortlaufenden Fruchtbarkeit; aber im November 1407 schenkte sie wiederum einem Sohn das Leben, der den Namen Philipp erhielt und noch am Tage seiner Geburt starb. So weit wenigstens stimmt Jacoby mit den feststehenden historischen Tatsachen überein. Dann aber beginnt der Zauber der These zu wirken. Dieser arme kleine Prinz benahm sich nämlich höchst taktlos. Erstens einmal hätte er überhaupt nie geboren werden sollen, da er in Wahrheit der Sohn von Ludwig von Orléans und nicht der des geisteskranken Königs Karl VI. war. Aber nachdem er nun schon einmal das Licht der Welt erblickt hatte, begeht er den zweiten Fehler, zu leben und nicht zu sterben. Er begeht den ebenso unverzeihlichen Fehler, ein Mädchen zu sein statt ein Knabe. So finden wir also die Königin mit einem unehelichen Kind gestrandet, das zu töten sie nicht übers Herz bringt *(Isabelle est une épouse infidèle, mais non une mère dénaturée)*, einem Kind, das noch dazu unbedingt dem falschen Geschlecht angehören wollte.

Was war zu tun?

Prinz Philipp von Valois war der Öffentlichkeit gegenüber gestorben; das kleine lebende Mädchen wurde nach Lothringen gebracht und der Pflege von Jakobus d'Arc und Isabella Romée anvertraut. Es wurde Johanna getauft, ein Name, der – wie Monsieur Jacoby gewichtig bemerkt – in der Familie Valois vorkam. Zu einem bestimmten Zeitpunkt im Laufe ihrer Kindheit wurde ihr das Geheimnis ihrer Geburt entschleiert – Jacoby drückt sich nicht sehr deutlich über diesen Zeitpunkt oder die Mittel und Wege aus – und von da ab geht es mit geschwellten Segeln lustig weiter. Ihre Liebe zu Frankreich erklärt sich, ist sie doch in Wahrheit eine französische Prinzessin; desgleichen ihre Liebe zum Dauphin, der doch ihr Bruder ist; ihre Zuneigung zu dem gefangenen Herzog von Orléans, der doch ebenfalls ihr Bruder ist; und die zum Bastard aus dem gleichen Grunde. Es wird eine richtige Familienversammlung daraus. Damit ist auch das berühmte »königliche Geheimnis« restlos befriedigend erklärt.

Zum Unglück für Monsieur Jacoby sind seine Unterlagen für diese Auslegung die allerspärlichsten. Indem er ohne ein Wort der Erläuterung über die Tatsache hinweggeht, daß das anerkannte Datum von Johannas Geburt, nämlich Januar 1412, auf November 1407 verlegt werden muß, um mit seiner Theorie übereinzustimmen, wodurch er sie um über vier Jahre älter macht – was finden wir als Grundlage für seine Behauptungen? Nämlich folgendes:

(1) Johanna habe, als sie den Herzog von Alençon willkommen hieß, den Ausspruch getan: »Je mehr vom königlichen Geblüt Frankreichs versammelt sind, desto besser.« Das legt Jacoby dahingehend

aus, Johanna habe sich nebst dem Dauphin und d'Alençon miteinbezogen.

(2) Die Anrede des vom Grafen von Armagnac an Johanna gerichteten Briefes, worin er sie *meine sehr liebwerte Dame (ma très chère dame)* nennt.

(3) Die beiden Verszeilen in einem Gedicht von Martin le Franc:

> Et pour un fier prince conté
> Non pas pour simple bergère.

(4) Der Titel Prinzessin, mit dem ein Italiener, Lorenzo Buonincontro, von ihr spricht.

(5) Die ihr vom Erzbischof von Embrun zuteilgewordene Unterstützung.

(6) Das riesige für sie bezahlte Auslösegeld und die von Cauchon gebrauchten Worte, wonach »sämtliche Gefangenen, ob König, Dauphin oder andere Fürsten« vom englischen König käuflich abgelöst oder angefordert werden könnten.

(7) Die Tatsache, daß Johanna die Farben des Hauses Orléans und dessen heraldische Nesseln trug und daß das ihrer Familie verliehene Wappen die Lilien von Frankreich enthielt.

(8) Ihre Gleichgültigkeit gegen die Familie d'Arc nach ihrem Aufbruch von Domremy. Die Tatsache, daß ihre beiden Brüder dauernd an ihrer Seite waren und ihr Vater mit ihr in Reims zusammentraf, scheint Jacoby nicht weiter zu beirren.

(9) Ihre Annahme der Bezeichnung *La Pucelle* statt des Beinamens d'Arc oder sogar Romée.

(10) Zuletzt und vor allem ihr volkstümlicher Name einer Jungfrau von Orléans. Das bedeutet nach Monsieur Jacoby, Johanna habe sich selbst ganz so *la Pucelle d'Orléans* genannt, wie sich der Bastard *le Bâtard d'Orléans* nannte und aus demselben Grunde, nämlich weil er ein Kind dieses königlichen Hauses war.

Noch eine andere Mitteilung Jacobys muß hier verzeichnet werden: »Die öffentliche Meinung wußte schon zu jener Zeit sehr wohl, wie sie zwischen der Legende von der Schäferin und der prinzlichen Wirklichkeit zu unterscheiden hatte.« Wenn sich das so verhält, scheint es befremdlich, daß keine zeitgenössische Chronik wenigstens auf diesen sicherlich interessanten Sachverhalt angespielt haben sollte!

Anhang J

DIE WUNDER JEANNE D'ARCS

Inwieweit ist es möglich, für Johanna Anspruch auf ein echtes Wunder zu erheben? Wiederholen wir ganz kurz die Gelegenheiten, auf Grund derer eine solche Behauptung entstanden ist, vom Hauptproblem der Erscheinungen und Stimmen abgesehen.

(1) Ihr Erkennen Robert de Baudricourts. Das kann, glaube ich, leicht damit abgetan werden, indem wir uns erinnern, (a) daß Johannas Vater den Statthalter Baudricourt sehr wohl gesehen und ihn nachträglich beschrieben haben könnte; (b) daß Johanna seine Beschreibung vielleicht von verschiedenen anderen Leuten gehört haben konnte, war er doch eine hochangesehene Persönlichkeit in der Gegend; (c) daß sie ihn vielleicht selbst durch die Straßen von Vaucouleurs habe reiten sehen, ehe sie endlich bei ihm vorsprechen durfte. (Siehe Kapitel V, S. 90–96.)

(2) Das Erkennen des Dauphins. Es läßt sich auf dieselbe Weise erklären. Johanna hatte sich elf Tage lang in der Gesellschaft von Jean de Metz, Poulengy und Colet de Vienne befunden; letzterer war sogar ein königlicher Kurier, und es ist unwahrscheinlich, sie hätte diese drei nicht nach dem Aussehen des Mannes fragen sollen, mit dem sie eine Begegnung so sehr herbeisehnte. Auch darf man nicht vergessen, daß sie zwei Tage in Chinon verbrachte, ehe sie zum Dauphin vorgelassen wurde, während welcher Zeit sie reichlich Gelegenheit hatte, ihre Gastgeber oder das Stadtvolk über ihn auszufragen. (Siehe Kapitel VII, S. 167–168.)

(3) Das Schwert von Fierbois. Das ist weit schwieriger wegzuerklären. Der Zweifler mag einwenden, Johanna habe vielleicht eine örtliche Legende gehört, und tatsächlich muß es eine Unmenge solcher Legenden im Zusammenhang mit einer Kirche gegeben haben, in der dankbare Soldaten ihre Waffen als Votivgaben niederlegten. Aber selbst dann noch müssen uns ihre genauen Angaben fast ebenso rätselhaft erscheinen, wie sie es für ihre Zeitgenossen waren. (Siehe Kapitel VIII, S. 194–196.)

(4) Das Umschlagen des Windes bei Orléans. Man kann dieses »Wunder« unmöglich ernst nehmen. Johanna war ein Bauernmädchen und als solches daran gewöhnt, einen bevorstehenden Witterungswechsel zu bemerken. Außerdem wurde diese Geschichte vermutlich sehr von allen denen – einschließlich des Bastards – übertrieben, welche entschlossen waren, an Johannas Sendung zu glauben und andere daran glauben zu machen. (Siehe Kapitel IX, S. 221.)

(5) Das in Lagny wiederauferstandene kleine Kind. Hier waren vermutlich ärztliche Unwissenheit und spätere Übertreibung an der Be-

zeichnung »Wunder« schuld. Das Kind war angeblich seit drei Tagen tot und schwarz im Gesicht. Johanna vereinigte ihr Gebet mit dem der Jungfrauen der Stadt, die vor dem Gnadenbilde Unserer Lieben Frau beteten, als das Kind Lebenszeichen von sich gab, Atem holte, lange genug lebte, um getauft zu werden und gleich hinterher unwiderruflich starb. Johanna war somit nicht allein verantwortlich. »Wenn es «, wie Andrew Lang sagt, »eine Sünde war, zu beten und gleichbedeutend mit Hexerei, gnädiges Gehör zu finden, so war doch zumindest das Gebet ein gemeinsames, und alle die jungen Mädchen von Lagny machten sich schwer schuldig. (Siehe Kapitel XIII, S. 338.)

(6) Der Sprung vom Turm zu Beaurevoir. Ich habe diese Frage an der entsprechenden Stelle mit einiger Ausführlichkeit behandelt (Kapitel XIV, S. 356–362), brauche also hier die Tatsachen nicht mehr zu wiederholen. Im großen und ganzen finde ich es das am schwierigsten zu erklärende von Johannas »Wundern«, bin aber trotzdem nicht überzeugt, daß sich niemals eine vernunftmäßige Erklärung dafür finden lassen sollte.

(7) Die Frage des zweiten Gesichts oder der Gabe der Prophezeiung. Hier verfügen wir über zumindest zwei Beispiele, deren eines hinreichend überzeugend, das andere über jeden Zweifel erhaben belegt ist. Um der Reihe nach vorzugehen:

(a) Johannas Wissen um die Schlacht bei Rouvray (siehe Kapitel VII, S. 143) an demselben Tag, an dem diese stattfand, und die Mitteilung, die sie Baudricourt darüber machte, ehe die Nachricht vom Ausgang der Schlacht sie auf natürlichem Wege hätte erreichen können. Unsere Gewährsquelle dafür sind das *Journal du siège d'Orléans (elle avoit sceu véritablement le jour et l'heure de la journée des Harens, ainsi qu'il fut trouvé par les lettres de Baudricourt)* und die *Chronique de la Pucelle*, die in Wirklichkeit kaum etwas anderes ist als ein wiederaufgewärmter Bericht des *Journal du siège* und Jean Chartiers. Es findet sich darin keine *vor* dem Ereignis gemachte Darstellung oder auch nur eine, die am Tage des Ereignisses selbst gemacht worden wäre, so daß wir überzeugt sein dürfen, die Chronisten hätten die Geschichte nicht nachträglich verbessert, um auf diese Weise das Ansehen ihrer Heldin zu erhöhen. Man weiß wohl, daß Chronisten oft keine Bedenken trugen, derartige Verbrämungen anzubringen, wenn auch im großen und ganzen die Johanna zugeschriebenen Taten weit weniger merkwürdig waren als die anderen Heiligen nachgerühmten. Dieser besondere Fall muß in der Schwebe bleiben.

(b) Johannas Vorherwissen um ihre Verwundung bei Orléans. Das ist eine ganz andere Sache. Hier besitzen wir eine Zeugenunterlage in Form eines vierzehn Tage vor dem Ereignis geschriebenen Briefes, wonach sie in der Schlacht von Orléans verwundet werden, wenn auch nicht das Leben einbüßen würde[1] (*ed quod ipsa ante Aureliam in conflictu telo vulnerabitur, sed inde non morietur*). Wir verfügen auch über die spätere Aussage Paquerels, ihres Beichtigers, welche dahin lautet, Johanna habe ihm am Abend vorher gesagt, sie würde am nächsten Morgen verwundet werden und Blut würde aus ihrem Leib über ihre Brust fließen. Das ist sicherlich nicht so überzeugend – wenn auch weit deutlicher ausgedrückt –, als das Zeugnis des Briefes; aber unter den gegebenen Umständen darf es als eine weitere Bestätigung von Johannas Vorherwissen gelten. Andererseits könnte der Einwand erhoben werden, Johanna hätte es selbst sehr wahrscheinlich finden müssen, in Orléans verwundet zu werden; war es doch zum erstenmal, daß sie überhaupt in die Schlacht zog, und sie empfand vielleicht begreiflicherweise eine gewisse Besorgnis (mit anderen Worten: hatte Angst), und zum Beweis ihres Glaubens an ihre himmlische Sendung umriß sie diese Besorgnis sofort genauer, indem sie sagte: »Ich werde verwundet werden, werde aber nicht sterben.« Wie hätte denn auch die berufene Retterin Frankreichs gleich bei Beginn ihrer Laufbahn ihr Leben lassen können? Eine solche Vorstellung war ein Widerspruch in sich. Es war nur natürlich, daß Johanna die Möglichkeit einer Verwundung in Erwägung zog: ebenso natürlich war es, daß sie sich als die, die sie war, weigern würde, mit einer tödlichen Verwundung zu rechnen. Ohne ungebührliche Skepsis dürfen wir behaupten, diese Prophezeiung sei vermutlich eher unter Zugrundelegen der Wahrscheinlichkeit entstanden als auf Grund übernatürlicher Weisung. Trotzdem bleibt die Tatsache bestehen, daß diese Prophezeiung am Abend vor dem Ereignis gemacht wurde. Wir können die Tatsache nicht leugnen, und sie muß unser verbürgtestes Beispiel von Johannas prophetischer Gabe bleiben. (Siehe Kapitel X, S. 251 und 255.)

Die anderen Prophezeiungen – wonach die Belagerung von Orléans aufgehoben, die Engländer aus Frankreich vertrieben, der Dauphin in Reims gekrönt, Paris wieder zum Gehorsam zurückgeführt und der Herzog von Orléans aus der Gefangenschaft befreit würde – dürfen eher als der zuversichtliche Ausdruck eines Wunsches denn als ein Vorherwissen der Zukunft gedeutet werden. Tatsächlich gingen nur zwei dieser Prophezeiungen zu Lebzeiten Johannas in Erfüllung – nämlich die Aufhebung der Belagerung von Orléans und die Krönung in Reims –, wenn auch nach dem Herzog von Alençon Johanna

---

1 *Procès*, Bd. IV, S. 426: *Lettre du greffier de la Chambre des Comptes de Brabant*, Lyon, 22. April 1429).

immer so sprach, als sollten sie sich sämtlich vor ihrem Tode erfüllen[1]. Wiederum laut d'Alençon pflegte sie zu sagen, ihr sei nur ein Jahr oder nicht viel mehr zur Frist gesetzt – eine Prophezeiung, die sich nur zu tragisch erfüllte, wenn Johanna auch fehlgriff im Glauben, alle ihre Aufgaben kämen während dieses einen Jahres ihres Wirkens zur Vollendung.

Ihre Worte, die sie an den Mann richtete, der ihr am Eingang von Chinon (siehe Kapitel VII, S. 165–166) Schimpf antat, können kaum anders ausgelegt werden als ein zufälliges Zusammentreffen. Man kann sie nicht als Prophezeiung bezeichnen. Was genau sagte Johanna? Sie sagte: »Ihr verleugnet Gott, der Ihr Eurem Tode so nah seid!« Für Johanna, die nicht Frieden brachte, sondern ein Schwert, war jeder Krieger ein mit einem Fuß im Grabe stehender Mann. Es war eine Entgegnung, die sie an jeden unehrerbietigen Soldaten hätte richten können und vielleicht an viele gerichtet hat, die sie ihr verhaßte Fluchworte aussprechen hörte; nur ertrank in diesem Fall der Mann zufällig, ehe er in der Schlacht getötet werden konnte, und der fromme Paquerel berichtete diese ihre Worte mit Wohlgefallen als ein Beispiel ihrer himmlichen Eingebung.

Mit der Warnung ihrer drohenden Gefangennahme, die ihr in Melun zuteil wurde (siehe Kapitel XIII, S. 336), können wir uns an dieser Stelle nicht befassen, denn sie fällt unter das allgemeine Kapitel der durch die Stimmen gemachten Offenbarungen. Wir dürfen jedoch nicht den Vorfall mit dem Gebet des Königs vergessen (siehe Kapitel VII, S. 169–173), welcher – wenn wir den Bericht des *Abbréviateur du Procès* nebst anderen als wahr unterstellen – nur durch die Annahme der Telepathie oder des Gedankenlesens erklärlich wird. Die »Wunder« scheinen somit eigentlich nicht so weit her gewesen zu sein. Das wirkliche Wunder war die ganze Laufbahn, nicht ein paar herausgegriffene Einzelfälle.

1 *Procès*, Bd. III, S. 99: Aussage des Herzogs von Alençon. Diese Feststellung ist einem Brief entnommen, den Pancrazio Justiniani am 10. Mai 1429 in Brügge an seinen Vater Marco Justiniani schrieb, der diesen am 18. Juni in Venedig erreichte. (*Chronique d'Antonio Morosini.*)

ZEITTAFEL

Der Hundertjährige Krieg beginnt	1337
Könige von England:	
Eduard III.	1327–1377
Richard II.	1377–1399
Heinrich IV.	1399–1413
Heinrich V.	1413–1422 31. Aug.
Heinrich VI., geb. 1421, bei der	
Thronfolge neun Monate alt	1422–1461 gest. 1471
Könige von Frankreich:	
Karl V.	1364–1380
Karl VI.	1380–1422 21. Okt.
Karl VII.	1422–1461 22. Juli
JEANNE D'ARCS GEBURT	1412 WAHRSCHEINLICH AM 6. JANUAR
VERTRAG VON TROYES	1420
JOHANNA HÖRT ZUM ERSTENMAL DIE STIMMEN	1424 WAHRSCHEINLICH IM HOCHSOMMER
ERSTER BESUCH IN VAUCOULEURS	1428 MAI
FLUCHT NACH NEUFCHÂTEAU	1428 JULI
ZWEITER BESUCH IN VAUCOULEURS	1429 JAN.–FEBR.
AUFBRUCH NACH NANCY	1429 FEBR.
(SCHLACHT VON ROUVRAY ODER »SCHLACHT DER HERINGE«)	1429 12. FEBR.
JOHANNA BRICHT VON VAUCOULEURS NACH CHINON AUF	1429 23. FEBR.
IN ST. URBAIN	1429 24. FEBR.
IN AUXERRE	1429 UNGEF. 27. FEBR.
IN GIEN	1429 UNGEF. 1. MÄRZ
IN ST. KATHREIN VON FIERBOIS	1429 4.–5. MÄRZ
ANKUNFT IN CHINON	1429 6. MÄRZ
JOHANNA WIRD VOM DAUPHIN EMPFANGEN	1429 UNGEF. 9. MÄRZ
IN CHINON, POITIERS, TOURS UND BLOIS	1429 MÄRZ–APRIL
VON BLOIS UNTERWEGS NACH ORLÉANS	1429 25. APRIL
ANKUNFT VOR ORLÉANS	1429 28. APRIL
DIE NACHT IN CHÉCY	1429 28.–29. APRIL
EINZUG IN ORLÉANS	1429 29. APRIL
IN ORLÉANS	1429 29. APRIL–10. MAI
JOURNÉE DES TOURELLES	1429 7. MAI
DIE BELAGERUNG WIRD AUFGEHOBEN	1429 8. MAI
ABREISE VON ORLÉANS	1429 10. MAI

In Tours	1429 10.–11. Mai
In Loches	1429 ? 12.–23. Mai
In oder nahe bei Selles-en-Berri	1429 ? 24. Mai–6. Juni
In Romorantin	1429 6. Juni
In Orléans	1429 ? 9.–10. Juni
Einnahme von Jargeau	1429 11.–12. Juni
In Orléans	1429 13.–14. Juni
In Meung-sur-Loire	1429 15. Juni
Einnahme von Beaugency	1429 16.–17. Juni
Zwischen Beaugency und Meung	1429 17. Juni
Schlacht von Patay	1429 18. Juni
In Orléans, Sully, St. Benoit und Châteauneuf	1429 19.–24. Juni
In Gien	1429 24.–27. Juni
Im Feldlager	1429 ? 27.–29. Juni
Unterwegs nach Reims	1429 30. Juni
Vor Auxerre	1429 1., 2. oder 3. Juli
In St. Florentin	1429 4. Juli
In St. Phal	1429 5. Juli
Vor Troyes	1429 5.–11. Juli
Einzug in Troyes	1429 ? 5.–12. Juli
In Bussy-Lettré	1429 13.–14. Juli
In Chalons-sur-Marne	1429 14.–15. Juli
In Sept-Saulx	1429 16. Juli
In Reims	1429 16.–21. Juli
Krönung Karls VII.	1429 17. Juli
Karl VII. und Johanna verlassen Reims	1429 21. Juli
In Cerbeuy (St. Marcoul)	1429 21. Juli
In Vailly	1429 22. Juli
In Soissons	1429 23.–28. Juli
In Château-Thierry	1429 29. Juli
In Montmirail-en-Brie	1429 1. Aug.
In Provins (Nangis, Bray)	1429 2.–5. Aug.
In Coulommiers und Château-Thierry	1429 7. Aug.
In La Ferté Milon	1429 10. Aug.
In Crépy-en-Valois	1429 11. Aug.
In Lagny-le-Sec	1429 12. Aug.
In Dammartin und Thieux	1429 13. Aug.
In Baron und Montepilloy	1429 14. Aug.
Schlacht von Montepilloy	1429 14.–15. Aug.
In Crépy-en-Valois	1429 16.–17. Aug.
In Compiègne	1429 18.–23. Aug.

IN ST. DENIS UND LA CHAPELLE	1429	26. AUG.–8. SEPT.
ANGRIFF AUF PARIS (JOHANNA WIRD VERWUNDET)	1429	8. SEPT.
LA CHAPELLE UND ST. DENIS	1429	9. SEPT.
IN ST. DENIS	1429	10. UND 13. SEPT.
ABREISE VON ST. DENIS AN DIE LOIRE	1429	13. SEPT.
LAGNY, PROVINS, BRAY, SENS, COURTENAY, CHÂTEAURENARD, MONTARGIS, GIEN	1429	14.–21. SEPT.
MEUNG-SUR-YÈVRE, BOURGES	1429	OKTOBER
ST. PIERRE-LE-MOUTIER	1429	OKT. UND NOV.
MOULINS	1429	9. NOV.
ANGRIFF AUF LA CHARITÉ-SUR-LOIRE	1429	24. NOV.
MEUNG-SUR-YÈVRE	1429	DEZ.
ORLÉANS	1429	19. DEZ.
JARGEAU?	1429	? 25. DEZ.
JOHANNAS FAMILIE WIRD GEADELT, MIT DEM BEINAMEN DU LYS	1429	29. DEZ.
SULLY	1430	3.–28. MÄRZ
ABREISE VON SULLY	1430	MÄRZ ODER APRIL
LAGNY – SCHLACHT VON LAGNY	1430	APRIL
MELUN	1430	17.–23. APRIL
SENLIS, COMPIÈGNE, BERENGLISE BEI ELINCOURT, STE. MARGUERITE, SOISSONS, CRÉPY-EN-VALOIS	1430	APRIL
COMPIÈGNE UND PONT L'EVÊQUE	1430	14.–15. MAI
SOISSONS	1430	? 18. MAI
CRÉPY-EN-VALOIS	1430	? 19. MAI
AUFBRUCH VON CRÉPY-EN-VALOIS	1430	22. MAI MITTERNACHT
COMPIÈGNE UND ANGRIFF AUF MARGNY; JOHANNA WIRD GEFANGENGENOMMEN	1430	23. MAI
CLAIROIX	1430	23.–25. MAI
IN BEAULIEU, ALS GEFANGENE	1430	? MAI, JUNI, JULI
BEAUREVOIR	1430	? MITTE JULI BIS MITTE NOV.
ARRAS, ST. RIQUIER, DRUGY, LE CROTOY	1430	NOV.
ST. VALÉRY, EU, DIEPPE, ROUEN	1430	DEZ.
ALS GEFANGENE IM TURM DES SCHLOSSES VON PHILIPP AUGUST IN ROUEN	1430	25. DEZ.? BIS 30. MAI 1431
VON DEN ENGLÄNDERN DER INQUISITION UND DER KIRCHE ÜBERANTWORTET	1431	3. JAN.
DER PROZESS BEGINNT	1431	9. JAN.

JOHANNA SCHWÖRT AB	1431	24. MAI
AUF DEM SCHEITERHAUFEN VERBRANNT	1431	30. MAI
BEGINN DES ZEUGENVERHÖRS ZUR REHABILITIERUNG UNTER LEITUNG VON GUILLAUME BOUILLÉ	1450	
WIEDERAUFNAHME DES PROZESSES UNTER KARDINAL D'ESTOUTEVILLE, BISCHOF VON DIGNE, UND JEAN BRÉHAL, INQUISITOR VON FRANKREICH	1452	
WEITERFÜHRUNG DES WIEDERAUFNAHMEVER-FAHRENS AUF BEFEHL DES PAPSTES CALIXTUS III.	1455–56	
DAS URTEIL WIRD VON PAPST CALIXTUS III. WIDERRUFEN	1456	JULI
JOHANNA WIRD ZUR HEILIGSPRECHUNG IN VORSCHLAG GEBRACHT	1903	FEBRUAR
PAPST PIUS X. GIBT IHR DEN TITEL »VEREHRUNGSWÜRDIGE«	1904	JANUAR
ERLASS DER SELIGSPRECHUNG	1909	11. APRIL
HEILIGGESPROCHEN DURCH PAPST BENEDIKT XV.	1920	16. MAI

KURZES BÜCHERVERZEICHNIS

I. DER PROZESS: TEXTE UND ÜBERTRAGUNGEN

Procès de condamnation et de réhabilitation de Jeanne d'Arc. JULES QUICHE-
RAT. 5 Bände. (Jules Renouard & Cie., 1861.)
Das klassische Werk über Jeanne d'Arc, auf das ich mich in meinen
Fußnoten durchweg als auf *Procès* bezogen habe. Es ist vergriffen und
nicht leicht zugänglich.

Procès de condamnation de Jeanne d'Arc. PIERRE CHAMPION. 2 Bände
(Honoré et Edouard Champion, 1921.)
Der erste Band enthält den lateinischen Text; der zweite eine Einleitung, eine französische Übertragung des lateinischen Textes und
viele Anmerkungen.

Procès de condamnation de Jeanne d'Arc. M. VALLET DE VIRIVILLE. I. Band.
(Firmin Didot frères, 1867.)
Eine französische Übertragung, mit Anmerkungen.

Jeanne d'Arc, Maid od Orléans. DOUGLAS MURRAY. I. Band. (Heinemann,
1902.) Vergriffen.
Eine englische Übertragung, mit einer kurzen, aber interessanten
Einleitung.

Procès de réhabilitation de Jeanne d'Arc. JOSEPH FABRE. 2 Bände. (Delagrave,
1888.) Vergriffen.
Eine französische Übersetzung der Zeugenaussagen. Nicht so zuverlässig und so genau, wie man annehmen sollte; aber das meines Wissens einzige Werk, das sämtliche Zeugenaussagen enthält.

*Les deux procès de condamnation, les enquêtes et la sentence de réhabilitation de
Jeanne d'Arc.* E. O'REILLY. 2 Bände. (Plon, 1868.)
Eine französische Übertragung mit einer Einführung und Anmer-
kungen. Verwirrend.

Chronique de la Pucelle, Geste des Nobles und Chronique normande. M. VAL-
LET DE VIRIVILLE. I. Band. (Garnier frères.)

La vraie Jeanne d'Arc. J.-B. J. AYROLES (ein Jesuit). 5 Bände. (1890–1902.)
I. »La Pucelle devant l'église de son temps.«
2. »La paysanne et l'inspirée.«
3. »La libératrice.«
4. »La vierge-guerrière.«
5. »La martyre.«
Ein riesiges, unzuverlässiges und beinahe hysterisch voreingenom-
menes Werk.

II. LEBENSBESCHREIBUNGEN DER JEANNE D'ARC

The Maid of France. ANDREW LANG. 1 Band. (Longmans, Green & Co., 1908.)

Langs Biographie, deren historischer Wert unbestreitbar ist, erhebt keinen Anspruch auf dichterische Bedeutung. In den Geschehnissen und Einzelheiten genau und verläßlich. Übereinstimmung mit Langs Ansichten wird immer eine Frage des persönlichen Geschmacks bleiben. Neigt leicht dazu, sentimental zu werden und auszuschmücken. Im großen und ganzen die beste englische Biographie Johannas.

Vie de Jeanne d'Arc. ANATOLE FRANCE. 2 Bände. (Calmann-Lévy, 1908.)

Ein herausforderndes, blendendes Werk, das den Leser vielleicht empören, aber niemals langweilen kann. Alle Quellenangaben sind unglaublich ungenau: man muß ihnen sämtlich mißtrauen.

Joan of Arc. MILTON WALDMAN. 1 Band. (Longmans, Green & Co., 1935.)

Die zuletzt erschienene Biographie in englischer Sprache. Da dieses Buch zu einem Zeitpunkt herauskam, als ich gerade an meinem eigenen schrieb, habe ich davon abgesehen, es zu lesen, und vermag daher auch nichts darüber anzugeben.

Joan of Arc and England. JOHN LAMOND. 1 Band. (Rider & Co.)

Joan of Arc. GRACE JAMES. I Band. (Methuen.)

St. Joan of Arc. CHANOINE JUSTIN ROUSSEIL, übertragen von dem REV. JOSEPH MURPHY, S.J. 1 Band. (Burns, Oates & Washbourne, 1925.)

Joan of Arc. A. BIGELOW PAINE. 2 Bände. (Macmillan, New York, 1925.)

Jeanne d'Arc. MRS. OLIPHANT. 1 Band. (Putnam, New York, 1896.)

Joan of Arc. HILAIRE BELLOC. 1 Band.

Entwicklung des Bildes Hexe-Heldin-Heilige.

Jeanne d'Arc. GABRIEL HANOTAUX. 1 Band. (1911.)

Joan of Arc. FRANCIS C. LOWELL. 1 Band. (Boston, 1896.)

Jeanne d'Arc. H. WALLON. 2 Bände. (1860.)

The Maid of Orléans. REV. F. WYNDHAM. 1 Band. (1894.)

III. BESONDERE STUDIEN

Jeanne d'Arc à Domremy. SIMÉON LUCE. I. Band. (Champion, 1886.)

Aperçus nouveaux sur Jeanne d'Arc. JULES QUICHERAT. 1 Band. (Renouard, 1856.)

Verschiedene durchwegs interessante Essays von dem wissenschaftlich exakten Historiker Johannas.

La première étape de Jeanne d'Arc. MARQUIS DE PIMODAN 1 Band. (Champion, ungefähr 1890.)

   Eine ausführliche Studie des von Johanna und ihren Begleitern während der ersten Nacht ihrer Reise nach Chinon, von Vaucouleurs nach St. Urbain, eingeschlagenen Weges.

Jeanne d'Arc écuyère. L. CHAMPION. 1 Band. (Berger-Levrault, 1901.)

   Ein enttäuschendes Buch über ein interessantes Thema; enthält verschiedene brauchbare Tatsachen.

The France of Joan of Arc. LT.-COL. ANDREW HAGGARD. 1 Band (Stanley Paul.)

For Joan of Arc. Essays von MARSCHALL FOCH und anderen. 1 Band. (Sheed & Ward, 1930.)

»The Voices of Joan of Arc.« ANDREW LANG. *Proceedings of the Society for Psychical Research*, Bd. XI, S. 198–212.

»The Daemon of Socrates.« FREDERIC MYERS. *Proceedings of the society Psychical Research,* Bd. V, Teil XIV, S. 522. (1899.)

Human Personality and its Survival of Bodily Death. FREDERIC MYERS. (Longmans, Green & Co., 1920.)

Post-Mortem. C. MACLAURIN. Essay über Jeanne. (Cape, London.)

L'héroïsme de la bienheureuse Jeanne d'Arc. REV. F. M. WYNDHAM. 1 Band. (1914.)

»Blessed Joan of Arc in English Opinion.« REV. HERBERT THURSTON, S. J. Essay in *The Month*, Mai 1909.

»A Rationalised Joan of Arc.« REV. HERBERT THURSTON. Besprechung über Anatole France in *The Month*, Juli 1908.

Some Inexactitudes of Mr. G.G. Coulton. REV. HERBERT THURSTON, S. J. 1 Band. (Sheed & Ward, 1927.)

Le secret de Jeanne d'Arc. JACOBY. 1 Band. (Champion, 1932.)

   Ein Versuch zu beweisen, Johanna sei die illegitime Tochter des Herzogs von Orléans und der Isabeau von Bayern gewesen.

Jeanne d'Arc médium. LÉON DENIS. 1 Band. (Jean Meyer, 1926.)

HISTORISCHES

Histoire de Charles VII. G. DU FRESNE DE BEAUCOURT. 6 Bände. (Société bibliographique, 1881.)

   Ein ausführliches Werk; im Grunde ein Versuch, Karl VII. reinzuwaschen.

Histoire de Charles VII. M. VALLET DE VIRIVILLE. Bd. IV. (1861–65.)

Les Lorrains et la France au Moyen Age. COMTE MAURICE DE PANGE. 1 Band. (Champion.)

The Close of the Middle Ages. R. LODGE. 1 Band. (1901.)

Histoire du siège d'Orléans. J. B. M. JOLLOIS. 1 Band. (1833.)
   Vergriffen; selten.
Louis d'Orléans. F. D. S. DARWIN. 1 Band. (John Murray, 1936.)
House of Orléans. M. CORNY. 1 Band. (Barker, 1936.)
Jeanne d'Arc. J. MICHELET. 1 Band.
La France pendant la guerre de cent ans. SIMÉON LUCE. (1890.)
Guillaume de Flavy. PIERRE CHAMPION. (1906.).

TOPOGRAPHISCHES

Sainte Catherine de Fierbois. CHANOINE HENRI BAS und L'ABBÉ CHARLES
   PICHON. 1 Band. (Tours, 1920.)
Chinon. EUGÈNE PEPIN. 1 Band. (Laurens.)
Histoire et description de Notre Dame de Reims. CH. CERF. 2 Bände. (Reims,
   1861.)

NACHWORT

Unter der großen Schar der weiblichen Heiligen nimmt Jeanne d'Arc durch ihre Lebensumstände und ihre ruhmreichen Handlungen einen ganz besonderen Platz ein. Aufgrund ihrer außergewöhnlichen, oftmals verblüffenden Persönlichkeit sprengt sie in vielerlei Hinsicht den Rahmen der tradierten Heiligenbilder.

Ihre Einzigartigkeit tritt sehr klar hervor, wenn wir sie mit den frühchristlichen Märtyrerinnen vergleichen, und zwar mit jenen ganz jungen Frauen aus Europa und Kleinasien, die sich zur Zeit der großen Christenverfolgungen im 3. und im frühen 4. Jahrhundert ihrem Glauben und dem Ideal der gottgeweihten Jungfräulichkeit opferten. Viele ihrer Namen sind uns von der legendenumwobenen Geschichte jener Epoche und vom christlichen Kalender her vertraut: aus Rom die Cäcilia und Agnes, die Sizilianerinnen Agatha und Lucia, die Barbara aus Nicodemien – oder Jeannes »eigene« Heiligen, Katharina aus Alexandrien oder Margareta aus Antiochia. Als Opfer der antichristlichen Politik der spätrömischen Kaiser wurden sie gefoltert und erlitten besonders grausame Formen des Märtyrertodes. Im Gegensatz zu deren heldenhaftem, aber größtenteils passivem Widerstand und Opfertod nimmt sich das Leben von Jeanne d'Arc ganz anders aus – geprägt von Tatendrang und Tatenkraft. Sie war *die* stürmisch handelnde »Kriegsheilige«, griff unmittelbar in die Politik Frankreichs im 15. Jahrhundert ein, wurde Feldhauptmann und zudem eine zu Lebzeiten vom Volk verehrte Kultfigur in den Wirren des Hundertjährigen Krieges, um dann im Alter von neunzehn und nach nur zwei Jahren dramatischen Wirkens von ihren Gegnern als Ketzerin verbrannt zu werden.

Dieses bewegte Leben mitten im Weltgeschehen, von

den Theologen als der »mittlere Weg zur Heiligkeit« bezeichnet, stand im starken Kontrast zur Lebensform der anderen großen, heiligen Frauen des Mittelalters. Hildegard von Bingen, Klara von Assisi oder Colette de Corbie, die französische Zeitgenössin Jeannes, führten ein vorwiegend kontemplatives Leben in der Abgeschiedenheit eines stillen Klosters. Die Mediävistin und Jeanne-d'Arc-Forscherin Régine Pernoud betont, daß sie jedoch auch gestaltend tätig waren, vorwiegend im Ordensleben, in Einzelfällen sogar politisch einflußreich. Sie widmeten sich erzieherischen und karitativen Aufgaben in der Betreuung der Armen und Kranken wie die heilige Elisabeth von Thüringen. Einige, beispielsweise Katharina von Siena, lebten sogar als »tertiäre« Ordensschwestern außerhalb des Klosters. Aber alle diese bewundernswerten Frauen genossen den Schutz ihrer Orden und der Schirmherrschaft der Kirche. Jeanne d'Arc dagegen entbehrte völlig solchen Schutzes und war in auffälliger Weise immer auf sich gestellt – auf ihrer langen harten Reise zum Hofe des Dauphins, dann in der für sie verwirrenden, tückischen höfischen Welt, anschließend als »Capitaine« am Kriegsschauplatz. Als Gefangene wurde sie von den Engländern gefesselt und isoliert gehalten, ohne den Trost der heiligen Messe und der Sakramente. Vor dem Inquisitionsgericht stand sie ohne jeglichen Rechtsbeistand und ohne Zeugen, starb zuletzt allein gelassen von König und Kirche.

Aber nicht nur die äußeren Daten ihres exponierten Lebens unterscheiden sich stark von der typischen Lebensweise der großen weiblichen Heiligen der Feudalzeit. Auch ihre visionären Erlebnisse scheinen wesentlich anders gewesen zu sein als die der berühmten Mystikerinnen. Wie fast alle Biographen und auch Vita Sackville-West betonen, waren Jeannes unwillig vor der Inquisition gemachten Aussagen über ihre Stimmen und Erleuchtungen ganz individuell. Nach den Worten des Kulturhistorikers Huizinga fehlte ihr nicht nur »das in starken Farben und in heftiger Bewußtheit miterlebte Leiden des Herrn« oder »die grelle Phantasmagorie des Todes« – typische Merkmale mystischer Äußerungen im Mittelalter. Sie benutzte nie die charakteristisch überhöhte, pseudo-erotische Sprache der Ekstatiker oder die obskure Symbolik, wie wir sie in Hildegard von Bingens *Buch der Göttlichen Werke* (1163) oder später im 16. Jahrhundert in den Schriften von Theresia von Avila, der »Doctora mystica Ecclesiae«, vorfinden. Jeanne dagegen sprach naiv-verhalten, konkret und schlicht von ihren Visionen. Die einsamen Verzückungen der Mystik lagen ihr fern. In diesem Zusammenhang betont Vita Sackville-West: »Sie ist die am wenigsten in Gefühlen schwelgende und wirklichkeitsbewußteste aller Heiligen ... Rosen und Reseda sind nichts für sie, sondern nur Lorbeer und Palmen.«

Von dieser einfachen, aber geschichtlich so glanzvollen Gestalt ging und geht heute noch eine erstaunliche Ausstrahlungskraft aus. Jeanne d'Arc ist Gegenstand einer wahren Flut von dichterischen Werken, Monographien, ausführlichen Biographien und wissenschaftlichen Abhandlungen sowie von unzähligen Darstellungen in der bildenden Kunst geworden. Die Faszination, die sie auf die Gemüter und Geister Europas ausgeübt hat, beruht vorwiegend auf ihrer charismatischen Persönlichkeit und wird verstärkt durch jene rätselhaften, sogar wundersamen Episoden in ihrem Leben, die die charakteristisch überspitzte Bemerkung George Bernard Shaws rechtfertigen, sie sei der größte Sonderling unter den vielen ausgefallenen Gestalten des Mittelalters gewesen. Aber abgesehen von ihrer Person warf das geistesgeschichtliche Phänomen Jeanne d'Arc große und höchst kontroverse Fragen über die geschichtlichen und politischen Auswirkungen ihres Lebens auf, besonders in bezug auf die historisch bedeutsame Entwicklung des Begriffs der »Nation« und des französischen Nationalbewußtseins. Auch die religiöse Problematik ihrer Inspiration, ihrer Verurteilung und sehr späten Heiligsprechung im Jahre 1920 hat zu den verschiedensten Interpretationen und Streitfragen geführt. In seinem *Jeanne d'Arc und die Geschichte* (1989) schrieb der Historiker und Jeanne-d'Arc-Spezialist Gerd Krumeich: »Als Lanéry d'Arc im Jahre 1890 seine nahezu komplette Jeanne-d'Arc-Bibliographie herausbrachte, umfaßte diese fast 3000 Titel, was die Zeitgenossen als unermeßliche Fülle betrachteten.« (Er schätzt, daß sich diese Zahl bis in unsere Zeit verdoppelt haben könnte – »denn das Forschungsinteresse ist nach wie vor wach«.) Es war also im Jahre 1936 ein kühnes Unternehmen, als in England eine neue Biographie erschien: *Saint Joan of Arc* von Vita Sackville-West.

II

Auf den ersten Blick könnte uns Vita Sackville-West als Biographin von Jeanne d'Arc überraschen. Sie war keine Historikerin, nicht katholisch und keiner anderen Glaubensrichtung zugehörig. Andererseits gehörte sie auch nicht zu jenen rationalistischen Kritikern, die die Gestalt von Jeanne, der Magd Gottes, in ein aufklärerisches oder sogar bilderstürmerisch gefärbtes Licht rücken wollten. Direkte wahlverwandtschaftliche Parallelen zwischen ihr und ihrer Heldin gab es nicht. Sie war weder von einfacher Herkunft noch von asketischer Natur, sondern eine adlige, angesehene Schriftstellerin, deren Lebensweise höchst privilegiert und äußerst erfolgreich war.

Als einzige Tochter des hochadligen Lord Sackville-West und seiner halb-spanischen Kusine Lady Victoria wurde sie 1892 in dem riesigen Herrenhaus »Knole« in der südenglischen Grafschaft Kent geboren. Sie wurde nicht nur zur Gutsherrin erzogen, sondern genoß eine unsystematische, doch für Mädchen ihres Standes zur damaligen Zeit recht umfassende Bildung. Schon in ganz jungen Jahren beschäftigte sie sich mit literarischen und geschichtlichen Themen, die sie eifrig zu Dramen und Romanen verarbeitete. Diese für ihre Schicht ungewöhnlichen schriftstellerischen Ambitionen erwiesen sich als ernsthaft und nachhaltig. Sie blieb jedoch ihr Leben lang Mitglied des weniger intellektuell orientierten britischen Establishments. 1913 heiratete die honourable Miss Sackville-West den jungen Diplomaten Harold Nicolson, der in den dreißiger Jahren als aktiver Politiker und geachteter »homme de lettres« bekannt wurde. An der Seite diese klugen Mannes verkehrte Vita ständig in den illustren Kreisen der englischen Oberschicht.

Dank ihrer ausgeprägten Kreativität wurde sie eine sehr angesehene Figur im kulturellen Leben Großbritanniens. Einerseits pflegte sie hierbei traditionelle britische Interessen, schrieb Reise- und Gartenbücher, entwickelte auch eine große Begabung als Gartengestalterin, die sie mit Hilfe ihres Mannes im berühmten Garten von Schloß Sissinghurst in Kent, dem späteren Familiensitz, verwirklichte. Sie schlug andererseits auch intellektuelle Wege ein, und bis zu ihrem Tode im Jahre 1962 hatte sie elf Romane, fünf Frauenbiographien und zahlreiche lyrische und epische Gedichte verfaßt. Der Erfolg blieb auch nicht aus: Als Gartenexpertin veröffentlichte sie regelmäßig im ›Observer‹ und verfaßte sehr beliebte literaturkritische Radiosendungen bei der BBC.

Die auffällige – und psychologisch aufschlußreiche Erscheinung von Vita Sackville-West erregte damals Bewunderung, sogar Verwunderung. Auch in späteren Lebensjahren behielt sie ihre exotisch gefärbte Schönheit, das Erbe ihrer spanischen Großmutter mütterlicherseits. Ihr langgliedriges, stattliches Aussehen war allerdings mit maskulinen Zügen durchwirkt, die der Maler William Strang in seinem bekannten Porträt im Jahre 1918 unterstrich. Vitas Sohn, Nigel Nicolson, schreibt hierzu: »Hier erscheint Vita nicht als südländische Schönheit, sondern als elisabethanischer Jüngling, aufrecht und hochmütig, die Hand in die Hüfte gestemmt – sich kurz ausruhend, könnte man sich vorstellen, bevor sie aufs Pferd oder auf ein Segelschiff springt.« Im Laufe ihres Lebens zeigte sie immer deutlicher einen rebellisch anmutenden Hang zum Männlichen, trug gerne Reithosen, Stiefel und breitkrempige Hüte. Die leicht transvestitenhafte Wirkung dieses extravaganten Stils wurde nur durch ihre sanfte, liebenswürdige Art gedämpft. Vitas Vorliebe für diese maskuline Art von Kleidung ist für unser Thema nicht unwichtig. Victoria Glendinning, die ausführlichste Biographin von Vita Sackville-West, wittert hier eine psychische Affinität zwischen Jeanne d'Arc und der englischen Schriftstellerin. Jeanne hatte zuerst ihre berühmte, von ihren Anklägern angeprangerte Männerkleidung aus Zweckmäßigkeit und aus Gründen des Selbstschutzes angenommen: In Gefangenschaft weigerte sie sich dann aber hartnäckig, diese abzulegen, und gestand, daß sie sich lieber als Mann kleide. Daß Vita hier eine Identifikationsmöglichkeit mit ihrer Heldin entdeckte, ist naheliegend.

Wie dem auch sei, »le style, c'est l'homme« – bzw. »la femme«. Vitas oft provokantes Erscheinungsbild verriet die Ambivalenz ihrer erotischen Natur. Ihr Privatleben verlief in scheinbar befestigten Bahnen im Rahmen ihrer offensichtlich liebevollen Ehe und in ihrer Rolle als Mutter zweier Söhne. Ihre innere Gefühlswelt wich jedoch von der Norm ab. Vitas lesbische Neigungen ließen sich nicht unterdrücken, und so führte sie ein möglichst diskretes, aber zeitweise gewagtes Doppelleben. In *Portrait einer Ehe* (1973) veröffentlichte Nigel Nicolson ein autobiographisches Fragment, in dem Vita ihre große Leidenschaft für ihre Jugendfreundin, Violet Trefusis, in den Jahren zwischen 1918 und 1920 schilderte. Einige Jahre später entwickelte sich eine Liebesbeziehung zwischen ihr und Virginia Woolf, die sich nach ein paar Jahren in eine lebenslange Freundschaft verwandelte. Victoria Glendinning beschreibt, wie Vita offenbar auf den Rausch und die schöpferische Stimulation der damals offiziell verpönten lesbischen Liebe nie ganz verzichten konnte, wenn sie auch dabei öfter in verworrene und belastende Situationen geriet, wie in den frühen dreißiger Jahren, als sie sich der Beschäftigung mit Jeanne d'Arc zuwandte. Auf jeden Fall war bei Vita von der Keuschheit und der damit verbundenen Unschuld der »Pucelle« gar keine Spur zu finden.

Die religiöse Intensität und Ausschließlichkeit der Jeanne d'Arc teilte sie auch nicht. Zwar interessierte sich Vita, vor allem in kritischen Lebensphasen, sehr stark für religiöse Figuren, besonders aus der mystischen Erfahrungswelt. So sollte sie 1943 in *Adler und Taube* – eine sehr einfühlsame und wissenschaftlich vertiefte Doppelbiographie – das Leben der zwei großen katholischen Mystikerinnen Theresia von Avila und Thérèse de Lisieux darstellen. In den vierziger Jahren plante sie eine nie ausgeführte Biographie über den englischen Cardinal Newman. Trotzdem blieb ihre eigene Einstellung zum Glauben – und zu der für unsere Überlegungen zentralen Frage nach der Inspiration der Jeanne d'Arc – zwiespältig und unentschlossen. Im 18. Kapitel von *Saint Joan of Arc* bekennt sie sich zu einer Art mystischer Gläubigkeit, zum »Vorhandensein einer geheimnisvollen, gesammelten Urkraft, welche die natürliche Schwäche des Menschen in einem Namen versinnbildlichen mußte, einer Mischung aus Furcht und Trost, die man Gott oder Dieu oder God oder Jehova oder Allah oder x oder eine rein mathematische Größe nennen mag …« Aber ihre Formulierungen in solchen Passagen bleiben verschwommen, tastend: »Daraus folgt logischerweise, daß ich, da ich diesen Glauben habe, mit anderen Sterblichen den alten Aberglauben teile, den keine wissenschaftliche Erklärung zerstören kann, den aber keine wissenschaftliche Erklärung aufzuhellen vermag: den Glauben an das, was wir praktischerweise das Übernatürliche nennen.« Wenn sie auch Jeannes Visionen als Manifestation dieser Urkraft ansah, konnten solche vagen Aussagen streng orthodoxe Leser ihrer Biographie natürlich nicht befriedigen. Ihre sehr katholische Freundin Christopher St. John fand das Buch deshalb »schwach und schwankend«. Vitas Emotionalität war jedoch tief im rein menschlichen Bereich verwurzelt; ihr Interesse für das Religiöse war nicht durchgängig in ihrem Leben vorhanden und blieb –

bei allem Einfühlungsvermögen in spirituelle Erfahrungen – unverbindlich und eher nostalgischer Natur.

Die Frage drängt sich auf, warum sie sich in den Jahren zwischen 1934–1936 so stark zu der Figur von Jeanne d'Arc hingezogen fühlte, sie sogar zum Gegenstand einer Biographie machen wollte. Die Gründe hierfür liegen sicherlich zum Teil in der wachsenden Verunsicherung, die sie ihrer eigenen Arbeit, vor allem ihren Romanen gegenüber empfand. Schon 1930 hatte sie sich in einem Brief an Virginia Woolf verächtlich über die, wie sie selbst meinte, Oberflächlichkeit ihres erfolgreichsten Werkes, des Gesellschaftsromans *Schloß Chevron* (engl. *The Edwardians*), geäußert: »Ich erröte, wenn ich mir vorstelle, daß du ihn liest.« In dieser Zeit gefragt, welchen ihrer Romane sie bevorzuge, antwortete sie wortkarg: »Ich mag sie alle nicht.« Ihre später erschienenen Romane *Erloschenes Feuer* (engl. *All passion spent*, 1931) und *Eine Frau von 40 Jahren* (engl. *Family History*, 1932) hat sie wohl eher akzeptiert, weil sie Frauenschicksale ernsthafter und subtiler darstellten. Aber ihre Unzufriedenheit mit sich schwelte weiter. 1934 machte sie in *The Dark Island* den Versuch, sehr private und dunkle Facetten des eigenen Gefühlslebens zu beschreiben. Der Roman fiel aber melodramatisch und schwer verständlich aus und wurde vom Publikum sehr reserviert aufgenommen. Tief enttäuscht legte Vita die Romanform für einige Jahre ganz beiseite.

Solche grundlegenden Selbstzweifel wurden höchstwahrscheinlich durch die Kritik von Virginia Woolf geschürt. Virginia, die Avantgardistin, blickte immer mit Skepsis auf die Arbeit von Vita, der Traditionalistin. Sie warf ihr einen Mangel an »zentraler Transparenz« und eine hemmende Zurückhaltung vor, und ermutigte sie ständig, Neuland zu betreten. Die Vermutung liegt nahe, daß Vita bei der Wahl des Jeanne-d'Arc-Themas und der objektiveren (und ihr wohl unverfänglicher erscheinenden) Form der Biographie hoffte, sich selbst und vielleicht auch der intellektuell strengen Freundin zu beweisen, daß sie einen ernsten Stoff, der ihr auch wissenschaftliche Fähigkeiten abverlangte, meistern konnte.

Von Vitas Biographen wird allerdings angenommen, daß die unmittelbare Anregung zu der neuen Arbeit von ihrer Schwägerin Gwen St. Aubyn kam. Nach einem schweren Unfall im Jahre 1933 wurde Gwen von Vita in Obhut genommen, und in den nächsten Jahren verbrachten die beiden Frauen viel Zeit zusammen, auf Schloß Sissinghurst, in Italien und 1935 auf einer gemeinsamen Reise nach Frankreich zu den Lebensstationen der Pucelle. In dieser Zeit war Gwen St. Aubyn in einer Midlife-Crisis befangen und auf der Suche nach weltanschaulicher Neuorientierung. 1935 konvertierte sie zum Katholizismus. Vita war gleichzeitig beunruhigt und beeindruckt von diesem ernsthaften Schritt, und deshalb, so Victoria Glendinning, »kanalisierte sie ihre Neugierde und die eigene religiöse Ambivalenz in ihren Forschungen über Jeanne d'Arc«.

Im wesentlichen aber lagen die Beweggründe für Vitas Interesse an dem neuen Thema in ihrer inneren Verfassung. Ihre verwickelten Liebesaffären drohten damals in Irrungen und Wirrungen auszuufern. Sie fühlte sich oft nervlich erschöpft, befürchtete mit 43 das Herannahen des Alters. Auf ihre Familie wirkte sie bedrückt und sehr verletzlich und zeigte ein zunehmendes Verlangen nach Ruhe und Zurückgezogenheit auf ihrem Schloß. 1935 schrieb Virginia Woolf an eine gemeinsame Freundin: »Harold meint, daß Vita merkwürdig erschlafft ist ... Sie sitzt in ihrem roten Turm und träumt.« Der sich verstärkende Hang zum Alleinsein war sicherlich Ausdruck ihres Bedürfnisses nach innerer Klärung. Victoria Glendinning ist der Meinung, daß Vita in dieser Lebensphase eine Abkehr von dem zigeunerhaften, spanischen Erbe der Großmutter, der Tänzerin Pepita, vornahm – zugunsten der solideren, konservativen und »englischen« Elemente in ihrer Natur. Diese Sicht ihrer Entwicklung mag ein wenig vereinfachend sein. Auf jeden Fall war Vitas Hinwendung zu der lauteren und unbeirrbaren Figur von Jeanne d'Arc symptomatisch für ihre Suche nach Befestigung, im persönlichen und im schöpferischen Bereich.

III

Als Vita Sackville-West mit den Recherchen zu ihrer Arbeit anfing, stand sie vor der schon erwähnten Überfülle an Jeanne-d'Arc-Literatur. In der französischen Dichtung gab es Bilder von der Nationalheiligen, die vom mittelalterlichen Preisgedicht *Ditié en l'honneur de Jeanne d'Arc* Christine de Pisans 1429, über Voltaires derbe, aufklärerische Satire *La Pucelle d'Orleans*, 1759 (wo Jeanne als einfältige Marionette in den Händen von Klerus und König dargestellt wurde), bis hin zu verklärenden Versionen des Themas in Werken des »renouveau catholique« unseres Jahrhunderts, wie *Le Mystère de la Charité de Jeanne d'Arc*, von Péguy, oder Claudels *Jeanne Relapse et Sainte* reichten. Auch einige englische Dichter hatten die Geschichte von Saint Joan aufgegriffen: Shakespeare im Königsdrama *Henry VI Part One*, 1592, der Dichter Robert Southey im 18. und der Kritiker Thomas de Quincey im 19. Jahrhundert – und vor allem George Bernard Shaw, dessen Drama *Saint Joan. A chronicle play in 6 scenes and an epilogue*, 1924, im englischen Sprachraum am bekanntesten ist. Die berühmten deutschen Fassungen des Themas waren Vita höchstens in der Übersetzung bekannt, denn sie war des Deutschen nicht mächtig; und Schillers historisch äußerst ungenaue »romantische Tragödie« aus dem Jahre 1801, in der, so Shaw, »Jeanne ertränkt wurde in einem Hexenkessel tobender Romantik« oder Brechts Verwandlung der Heiligen in einen Leutnant der Heilsarmee im modernen Chicago, *Die heilige Johanna der Schlachthöfe*, 1929, hätten ihrem geschichtsbewußten englischen Geschmack kaum entsprechen können.

Überhaupt hatten die Dichter der Figur der Jeanne symbolische Dimensionen verliehen, die ihren eigenen Weltanschauungen entsprangen. So ist Schillers Jungfrau von Orleans »eine in seinem philosophischen Sinne konzipierte Figur. Ihre Sendung droht an dem ›ihr aufgezwungenen Kampf zwischen Pflicht und Neigung‹ (Julius Petersen) zu scheitern: Zuletzt aber stirbt sie, geläutert und ans Ziel gelangt, auf dem Schlachtfeld.« Shaws Saint Joan wird nicht nur als »The first Protestant Martyr« dargestellt, sondern auch als eine jener genialen Persönlichkeiten, in der sich die evolutionäre »Life Force« des irischen Dramatikers manifestiert. Aber als eine das Authentische suchende Biographin mußte Vita Sackville-West solche dichterischen Überhöhungen ausklammern. Sie verweist nur kurz auf Shakespeares zugunsten der englischen Monarchie gefärbtes Bild von Johanna als Hexe und erwähnt kritisch Shaws »brillante, aber unzuverlässige Sehweise«.

Zur Hauptgrundlage ihrer Arbeit machte sie die uns überlieferten Akten der zwei Prozesse gegen Johanna, *Des procès de condamnation* (1431) und des postumen *Procès de réhabilitation*, 1456. Diese Akten wurden von dem großen französischen Gelehrten Jules Quicherat zum ersten Mal 1841–49 systematisch zusammengetragen, einschließlich anderer Zeugnisse und Chroniken aus dem 15. Jahrhundert. Neben dieser Primärquelle benutzte Vita weitere geschichtliche Sekundärliteratur, vor allem *Précis de l'histoire de France au Moyen Age* (1841) von dem berühmten Historiker Jules Michelet. Wie Gerd Krumeich belegt, hatten Michelets monumentale Arbeiten eine Wende in der französischen Geschichtsschreibung über die Nationalheilige eingeleitet. Bis zum 19. Jahrhundert waren die historischen Studien der Figur vorwiegend durch eine katholisch-royalistische Sicht des Lebens und Wirkens Johannas gekennzeichnet. Mitte des letzten Jahrhunderts jedoch entwickelten liberal-republikanische Historiker wie Michelet und Quicherat eine völlig neue, »demokratische« Betrachtungsweise, die in Jeanne die »Tochter des Volkes« und »befreiende Patriotin« sah.

Vita Sackville-West hegte gewisse Vorbehalte gegen Michelet, weil sie die patriotischen Elemente in seinem Denken als überschwenglich empfang; trotzdem wurde ihre eigene Meinung über Jeanne d'Arc von ihm entscheidend mitgeprägt.

Unter ihren Vorgängern im biographischen Genre traf Vita eine strenge Auslese. Im eigenen Text bezieht sie sich öfter auf zwei sehr unterschiedliche Biographien, die interessanterweise im selben Jahr, 1908, erschienen waren. *La Vie de Jeanne d'Arc* von Anatole France und *The Maid of France* von Andrew Lang. Lang, schottischer Literat und Mythenforscher, betonte Johannas religiöses Genie, wobei er sie auf sehr gefühlvolle Weise idealisierte. Dagegen zeichnete Anatole France, der liberale Skeptiker, ein Lebensbild der Heldin, das sie bei allem Mitgefühl und väterlicher Sympathie als Opfer ihres eigenen visionären »Wahnes« und der Manipulationen politischer und kirchlicher Interessen darstellte.

Vita wollte jedoch weder die verklärende noch die rationale Sicht übernehmen. In ihrer Arbeit war sie bestrebt, ein geschichtlich treues, von ideologischen Tendenzen freies Charakterbild zu vermitteln. In ihrem Vorwort gibt sie »viele absichtliche Weglassungen zu« und gesteht, daß sie ihre ganze Aufmerksamkeit auf Jeanne selber richten und nur »das Notwendigste an damit zusammenhängender Politik« mit heranziehen wollte. Es war also ihre Absicht, das zu realisieren, was die Wissenschaft die »Individualisierung der geschichtlichen Figur« nennt.

In ihrer kurzen Auseinandersetzung mit den vielen bildnerischen Darstellungen Johannas bedauert Vita, daß »eine willfährige Einbildungskraft« die Gestalt von Jeanne so oft verfälscht hatte, daß ein zweifaches Bild von ihr entstanden war – »einer versonnenen und schäferischen . . .« oder »einer kriegerischen und heldischen Johanna, wobei die wahre Grundlage beider Deutungen dick mit den Farben der Sentimentalität und der Romantik überpinselt worden ist«. Sie vermißt ein »einfaches Bildnis, das ohne Schmeichelei, verbürgt und ungeschminkt gemalt wäre«. Deshalb mochte Vita unter den zahllosen Statuen Johannas die kleine Plastik im Museum von Domremy am liebsten, obwohl diese – streng historisch gesehen – etliche Ungenauigkeiten aufweist. Die gedrungene Form und überaus feste Qualität dieser Statue scheinen ihr am eindringlichsten Jeannes realistische, bäuerliche Eigenschaften wiederzugeben und damit Vitas eigenen Vorstellungen der Heldin nahezukommen. Solche volkstümlichen Züge wie körperliche Stärke, Zähigkeit, »common sense« und Erdgebundenheit bilden die Grundstruktur auch ihres Porträts. In der Betonung solcher Merkmale nähert sich Vita Sackville-West sehr der Auffassung von Michelet, der auch die schlichte Natürlichkeit dieser »fille du peuple«, die einer robusten Volkskultur entsprang, hervorhob.

Bei diesem klaren, einfachen Grundriß ließ es Vita aber nicht bewenden. Durch eine besondere Farbgebung und Detailarbeit gewinnt ihre Darstellung an Komplexität. Zuerst wird die 17jährige Jeanne anschaulich als ein kräftig gebautes Mädchen mit kurzem schwarzen Haar, »wahrscheinlich braunen Augen« und sonnengebräunter Haut vorgestellt, ganz im Geiste der ›Jehanne, la bonne Lorraine‹ von François Villon. Das Bild wird aber vertieft: Vita fragt nach Johannas außergewöhnlicher Begabung, Menschen in ihren Bann zu ziehen. Dabei verweist sie auf die Beobachtungen von Kriegsgefährten der Heldin, die ihre charismatische Wirkung nicht auf weiblichen Liebreiz, sondern auf eine besondere seelische Leuchtkraft zurückführten.

Hierzu schreibt Vita: »Es ist, glaube ich, nicht ungerecht, sie als unattraktiv zu bezeichnen. Männer versuchen keine Vergewaltigung, Frauen waren nicht eifersüchtig.« Dieser unerotische Aspekt der Persönlichkeit Johannas interessierte Vita sehr: Sie ist der Meinung, die Verwicklungen der Sexualität hätten weder für Johanna noch für andere Schwierigkeiten mit sich gebracht. Vielleicht weil Vita mit den Belastungen erotischer Verwicklungen schmerzhaft vertraut war, hat sie darin eine der Quellen von Jeannes erstaunlicher Kraft gesehen – und griff dabei die uralte Vorstellung auf, daß die Jungfräulichkeit Stärke und Unabhängigkeit verleiht.

Gleichzeitig jedoch hebt Vita Sackville-West hervor, daß wir uns Jeanne nicht als engelähnliches Neutrum vorzustellen haben, sondern eher als einen Menschen, in dem sich weibliche und männliche Wesenszüge in ausgeprägtem Maße abwechselten. Sie macht den Leser darauf aufmerksam, daß Zeitgenossen neben Jeannes maskuliner Art auch ihre angenehme weibliche Stimme und üppige Figur erwähnten, wie zur Zeit ihres Aufstiegs und großen Erfolgs körperliche Ausdauer und militärisches Geschick sich mit einer ausgeprägten Liebe zu kostbarer, wenn auch jünglinghafter Kleidung und Ausstattung verbanden, wie bereitwillig sie die scharlachroten und grünen Embleme des Hauses von Orléans trug und die allerschönsten Pferde für sich beanspruchte. Sie schildert Jeannes häufige Stimmungswechsel auf dem Schlachtfeld, wo ihr großer Mut oftmals jäh von heftigem Mitleid mit den Gefallenen und Verletzten abgelöst wurde. »Sie war in der Tat leicht zu rühren und weinte bei jeder sich bietenden Gelegenheit reichlich – eine so seltsame Mischung weiblicher und männlicher Eigenschaften, wie sie nur je den Feind unermüdlich bestürmt hat und dann bitterlich weinte, wenn sie ihn verwundet sah.« Allerdings berichtet Vita auch, wie Johanna später auf die Frage ihrer Richter, ob sie je tote Engländer gesehen habe, verwundert und ironisch antwortete »En nom Dieu, si ay. Comme vous parlez doucement!«

Solche Gefühlsambivalenzen konnte die psychisch zwitterhaft veranlagte Vita offenbar besonders lebhaft nachempfinden. Ihre Charakterstudie vertiefte sie dann weiter. Erklärterweise wollte sie ein ungeschminktes und ehrliches Porträt erstellen, und obwohl sie die starke spirituelle Ausstrahlungskraft der Heldin immer wieder durchscheinen läßt, ist ihre Johanna durchaus nicht nur als übermenschliche

Heilige zu sehen. In den Kapiteln der Biographie, die Jeannes anfänglichen Erfolg beschreiben, wird sie auf der einen Seite als eine äußerst gewinnende, vitale junge Frau gezeigt, deren großer Elan und humorvolle Frische ihre müden und demoralisierten Mitstreiter immer wieder aufrichten konnten. Vitas Saint Joan ist jedoch auch gelegentlich unbequem, unwirsch – überhaupt eine Heilige mit recht scharfen Ecken und Kanten. Die Biographie weist offen darauf hin, daß die Heldin oft eine sehr ungestüme, herrische Art an den Tag legte. So wird sie in der Zeit ihrer großen Triumphe manchmal als eigenwillig und ungeduldig, sogar »impertinent und arrogant« im Umgang mit Freund und Feind gezeichnet. »Her manners were not always of the best«, schreibt Vita im Epilog. Sie zeigt auch deutlich, wie Jeannes Kraft und Inspiration nach der Krönung des Dauphins in Reims erlahmten, wie ihre geschwächte Urteilskraft zu schwerwiegenden Fehlentscheidungen führte.

Jedoch achtet Vita Sackville-West sehr bewußt darauf, daß die Gestalt Johannas letztlich ständig an Größe gewinnt. In der Phase ihrer Gefangenschaft, besonders in ihrem Verhalten vor dem Inquisitionsgericht und zuletzt bei ihrer Hinrichtung wächst die Heldin über ihr natürliches menschliches Selbst hinaus. Eindringlich wird erzählt, wie Jeanne trotz aller Demütigungen ihre ehemalige Stärke und unerschütterliche Überzeugung wiedergewinnt. Auf die verfänglichen Fragen ihrer Richter beim Verhör gibt sie Antworten, die von frappierendem Scharfsinn und größter Gelassenheit geprägt sind – »paroles sublimes« in den Worten mancher französischen Kommentatoren. Schließlich beschreibt Vita Sackville-West in einem sehr ruhigen Ton, sogar mit sachlich wirkendem Understatement, wie Johanna – nach der Episode des in Panik geleisteten Widerrufs – duldsam die tödlichen Folgen ihres unbeirrbaren Glaubens an den göttlichen Auftrag ihrer Visionen erleidet. In den Schlußszenen erreicht ihre Haltung einen Grad an Mut und Glaubenskraft, der an das Übermenschliche grenzt. So wird

die Gestalt von Jeanne d'Arc von ihrer Biographin zwar in-
dividualisiert und vermenschlicht – aber nicht entheroisiert.
Durch die allmähliche Steigerung an Intensität und Ernst in
der Darstellung von Johannas Weg zu dieser seelischen
Größe verleiht sie ihrem realistischen Bild zum Schluß
einen leisen, verklärenden Glanz.

IV

Saint Joan of Arc erschien im Mai 1936 und wurde von der
historisch und literarisch interessierten Welt mit Ausnahme
einiger katholischer Kritiker positiv aufgenommen. So
schrieb das ›Times Literary Supplement‹ anerkennend über
Vita Sackville-Wests Akribie, Klarheit und weise Bescheidenheit als Biographin: »Die Vorsicht wird hier zur Tugend,
und man ist Miss Sackville-West ehrlich dankbar, daß sie
nicht den Anspruch erhebt, die erleuchtete Deuterin des
großen Geheimnisses zu sein.«

Allerdings erhob sich im privaten Bereich eine kritische,
wenn auch wohlwollende Stimme. Fast erwartungsgemäß
war es Virginia Woolf, die, kurz nach der Veröffentli-
chung der Biographie, in einem Brief Vita auf gewisse
Defizite in ihrem Geschichtsverständnis hinwies: »Ich
hätte mir sehr gewünscht, Du hättest noch ein gesondertes
Kapitel zum Thema des damaligen Aberglaubens geschrieben – und zwar ganz spezifisch über das Denken französischer Bauern in jener Zeit . . . Ich kann mich nicht des Gedankens erwehren, daß die Denkart dieser Menschen so
gänzlich anders als die unsere war, daß ihre ›Stimmen‹,
sogar ihre Heiligen, nicht direkt von Gott, sondern aus
einer allgemein verbreiteten Vorstellungs- und Erfah-
rungsweise kamen.« Dieser nicht ganz unberechtigte Vorwurf, daß Jeannes Erlebnisse zu wenig aus der kulturge-
schichtlichen Perspektive des Mittelalters gesehen worden
waren, war eine jener »teuflischen, blitzgescheiten Einsich-

ten Virginias«, die, wie Vita selbst gesteht, sie schmerzlich treffen konnten.

Vom wissenschaftlichen Standpunkt aus gesehen wäre es überhaupt ein leichtes, Vitas Geschichtsbild als »begrenzt« abzutun. So stellt sie Jeanne d'Arc als Heldin eines großen historischen Charakterdramas dar, umgeben von berühmten Nebenfiguren und vor dem Hintergrund eines bunten, historisch detailliert gemalten Bühnenbildes. Sicherlich konnte eine so stark personalisierte Geschichtsauffassung die großen geistigen Bewegungen des späten Mittelalters kaum erfassen, z. B. das folgenschwere Aufkommen protestantischen Gedankengutes oder den bedeutsamen Übergang vom feudalen Reichsgedanken zu der neueren Vorstellung vom Nationalstaat – Phänomene, die von Jeanne d'Arcs Wirken und Denken stark mitgetragen wurden. Der Einbezug solcher geschichtstheoretischen Dimensionen hätte aber die Grenzen gesprengt, die Vita sich in kluger Selbsterkenntnis gesetzt hatte. Ihre Stärke lag in der einfühlsamen historischen Charakteranalyse, nicht im Bereich der unpersönlichen Geschichtsschreibung. Daß sie sich mit der systematischen Betrachtungsweise schwertat, zeigt sich auch im Epilog *Nachlese*, wo sie unter anderem versucht, Jeannes Visionen unter dem Aspekt tiefenpsychologischer Deutungen einzuordnen. Seit Ende des 19. Jahrhunderts war die rationalistische Tradition in der Jeanne-d'Arc-Forschung durch freudianische Erklärungen ihrer mystischen Erlebnisse fortgesetzt worden – vornehmlich als Sublimierung ihrer Sexualität. Der heutige Leser mag Vitas etwas unsicheren Umgang mit den damals ungewohnten Begriffen und Ideen der Psychoanalyse unbeholfen finden. In unserer Zeit haben tiefenpsychologische Interpretationen von Jeannes Inspirationen sich verfeinert und sich manchmal dabei sehr weit vorgewagt. Eine neuere Theorie zum Beispiel postuliert, daß sie an einem »Amazonenzwang« neurotischen Ausmaßes litt und deshalb ihre Stimmen zur Legitimierung ihrer kriegerischen Aktivität erfinden mußte. In den dreißiger Jahren allerdings steckte das allgemeine Verständnis psychoanalytischer Thesen noch sehr in den Kinderschuhen: Vitas couragiertes Angehen solcher Problemstellungen dürfen wir nicht unterschätzen, wenn sie sich dabei auch in Gedankengängen verwickelte, die ihrem klaren, konkreten Denken eigentlich recht fremd waren.

Ihre Abneigung gegenüber Theorien sollte man nicht allzu kritisch als Mangel ansehen, denn gerade dadurch entging Vita der Gefahr, sich im Dickicht der ideologischen Kämpfe um Jeanne d'Arc zu verirren. Allzuoft ist die Gestalt Johannas als Beweismaterial für Thesen und Tendenzen in den Kontroversen zwischen der theologischen Glaubensrichtung und rational-agnostischen Bilderstürmern benutzt worden, sogar als Waffe im politischen Kampf. Interessanterweise haben fast alle politischen Gruppierungen Frankreichs im späten 19. und im 20. Jahrhundert die Nationalheilige für sich beansprucht; zum Beispiel entweder als sozialistische Volksheldin, die die leidenden Massen vom Übel des Krieges befreien wollte – oder im Gegensatz als Kämpferin für eine christlich-konservative, monarchistische Staatsauffassung. Wie Krumeich berichtet, wurde Jeanne sogar von der faschistischen Vichy-Regierung im Jahre 1944 für ihre anti-britische Propaganda eingespannt. »Pour que la France vive il faut comme Jeanne d'Arc bouter les Anglais hors de l'Europe«, lautete eine ihrer Parolen. Traurig ist es auch, daß in unserer jetztigen Zeit auch extrem-nationalistische Gruppen sie auf ihr grelles Banner gehißt haben. Vita Sackville-West warnte ahnungsvoll vor dem Mißbrauch der geschichtlichen Person, indem sie Sainte Beuves kluges Wort an den Anfang ihrer Biographie setzte: »Pauvre Jeanne d'Arc! Elle a eu bien du malheur dans ce que sa mémoire a provoqué d'écrits et de compositions de diverses sortes.« Sie selber jedoch kam nie in die Versuchung, Jeanne in einer solchen Weise zu instrumentalisieren. Jegliche Dogmatik oder Polemik war ihr wesensfremd, und letztendlich war sie hierfür zu unpolitisch.

Im Roman wie in ihren Biographien galt Vitas Hauptinteresse der Einzigartigkeit bemerkenswerter Frauengestalten. Ihr unprogrammatisches Denken läßt es nicht zu, sie der modernen Frauenbewegung zuzuordnen; sicherlich war sie trotzdem eine der Wegbereiterinnen feministischer Anschauungen. Sie besaß ein feinsinniges Gespür für die seelische Lage von Frauen, deren Individualität so ausgeprägt war, daß sie in der einen oder anderen Weise in Konflikt mit ihrem gesellschaftlichen Umfeld gerieten. Ihre Biographie von Aphra Behn, 1927, schildert die Lebensgeschichte der ersten berufsmäßigen englischen Schriftstellerin, die im 17. Jahrhundert gesellschaftskritische Dramen, ja sogar einen philosophischen Roman gegen die Sklaverei verfaßte: Damals wurden diese satirischen Arbeiten und auch Aphra Behns eigenwillige Lebensart wegen übermäßiger Freizügigkeit schärfstens angegriffen. (Auch zwei herausragende Schriftstellerinnen des 19. Jahrhunderts haben großes Interesse bei Vita erweckt – George Sand und Jane Carlyle, eine der großen Briefschreiberinnen Englands. Leider sind Vitas geplante Biographien dieser zwei Autorinnen nicht verwirklicht worden.) In dem Roman *Erloschenes Feuer* begegnen wir Lady Sloane, die als sehr liebenswerte, aber »unwürdige Greisin« im Alter von 88 Jahren mit den spätviktorianischen Regeln ihrer Gesellschaftsschicht bricht.

Vita malte in der Doppelbiographie *Pepita* ein schillerndes Bild nicht nur ihrer skandalumgebenen Großmutter, der spanischen Tänzerin, sondern auch ihrer turbulenten und für die Familie äußerst anstrengenden Mutter Victoria – die aber sicherlich nicht ohne guten Grund von herausragenden Männern der Jahrhundertwende, wie dem Dichter Kipling, William Waldorf und Henry Ford verehrt und vom großen englischen Architekten Lutyens und dem Bildhauer Rodin geliebt wurde.

Aus ihrer großzügigen, humanen Grundhaltung heraus hat Vita Sackville-West solchen unkonventionellen Frauenleben in der ihr eigenen geschmeidigen, lebendigen Sprache und häufig mit spielerischer Ironie gewinnende Gestalt verliehen. Dabei wirkt sie allerdings nicht nur ansprechend und gefällig. Mit leichter Hand und manchmal täuschend sanftem Ton regt sie immer wieder zum Nachdenken über die Brüche und Belastungen solcher Lebenswege an, deutet auf deren Gefahren hin. Dies gilt vor allem für Vitas sorgfältiges, mitfühlendes Bild von Jeanne d'Arc, die weitaus bedeutendste und rätselhafteste ihrer Außenseiterinnen. Im letzten Satz ihres Anhanges über die unerklärlichen Wunder der Heldin faßt sie Jeannes kühnen, höchst gefährlichen Weg mit einem Unterton verhaltener Trauer prägnant zusammen: »Das Wunder war die ganze Laufbahn . . .«

Rita Hortmann

NAMEN- UND SACHREGISTER

Auf die Anhänge wird hier nicht Bezug genommen
In den Fußnoten erwähnte Quellenangaben und Zeugen sind hier nicht
erwähnt